PHP5

Cours et exercices

Jean Engels

PHP5

Cours et exercices

3e édition

Deuxième tirage 2016

EYROLLES

ÉDITIONS EYROLLES
61, bd Saint-Germain
75240 Paris Cedex 05
www.editions-eyrolles.com

Avec la contribution de Olivier Salvatori pour la 1re édition.

Table des matières

Avant-propos XIX

CHAPITRE 1

Introduction 1

  Avant de commencer 2

    Compétences requises 2

    Installation d'un serveur local 3

  Premier contact avec PHP 6

    Organisation de PHP 6

    Structure des fichiers HTML 8

    Écriture du code PHP 10

    Ajout de commentaires 15

CHAPITRE 2

Variables, constantes et types 17

  Les variables 17

    Affectation par valeur et par référence 18

    Les variables prédéfinies 20

    Les opérateurs d'affectation combinée 21

  Les constantes 22

    Définir ses constantes personnalisées 22

    Les constantes prédéfinies 23

  Les types de données 24

Déterminer le type d'une variable 24

    La conversion de type 25

    Contrôler l'état d'une variable 26

Les entiers 27

Les flottants 28

Les opérateurs numériques 29

Les fonctions mathématiques 30

Les booléens 32

    Le type boolean 32

    Les opérateurs booléens 33

Les chaînes de caractères 35

    Définir des chaînes 35

    Concaténer des chaînes 37

Les tableaux 37

Les objets 41

Les types divers 42

    Le type resource 42

    Le type NULL 42

Mémo des fonctions 43

Exercices 44

CHAPITRE 3

Les instructions de contrôle 47

Les instructions conditionnelles 47

    L'instruction if 47

    L'instruction if...else 48

    L'opérateur ? 51

    L'instruction switch...case 52

Les instructions de boucle 53

    La boucle for 53

    La boucle while 57

    La boucle do...while 58

La boucle foreach   58

Sortie anticipée des boucles   61

Gestion des erreurs   64

Suppression des messages d'erreur   65

Gestion des exceptions   66

Exercices   71

CHAPITRE 4

Les chaînes de caractères   73

Affichage des chaînes   73

Affichage formaté   74

Longueur d'une chaîne et codes des caractères   77

Mise en forme des chaînes   78

Modification de la casse   78

Gestion des espaces   80

Entités HTML et caractères spéciaux   81

Recherche de sous-chaînes   83

Comparaison de chaînes   87

Transformation de chaînes en tableaux   89

Les expressions régulières   90

Définition d'un motif élémentaire   91

Les fonctions de recherche PHP   95

Définition d'un motif complexe   97

Mémo des fonctions   99

Exercices   102

CHAPITRE 5

Les tableaux   105

Créer des tableaux   105

La fonction array()   105

Créer des suites 110

Créer un tableau à partir d'une chaîne 111

Compter le nombre de valeurs d'un tableau 112

Lire les éléments des tableaux 114

Lire avec une boucle for 114

Lire avec une boucle while 116

Lire à l'aide de la fonction each() 118

Lire avec each() et list() 122

L'instruction foreach 124

Manipuler des tableaux 126

Extraire une partie d'un tableau 127

Ajouter et enlever des éléments 129

Opérations sur plusieurs tableaux 132

Trier les éléments d'un tableau 136

Trier des tableaux indicés 136

Trier des tableaux associatifs 141

Opérer une sélection des éléments 145

Appliquer une fonction à un tableau 146

L'objet ArrayObject 149

Création d'un objet tableau 149

Les méthodes de tri des éléments 153

Mémo des fonctions 156

Exercices 161

CHAPITRE 6

Les formulaires 163

Création d'un formulaire HTML 163

L'élément <input /> 165

L'élément <textarea> 169

L'élément <select> 170

Exemple de code <form> 170

Récupération des données du formulaire 172

    Valeurs uniques 173

    Les valeurs multiples 181

Transfert de fichiers vers le serveur 185

    Transfert de plusieurs fichiers 189

Gérer les boutons d'envoi multiples 191

Exercices 194

CHAPITRE 7

Les fonctions 197

Les fonctions natives de PHP 197

Créer ses propres fonctions 199

    Définir une fonction 200

    Les fonctions qui ne retournent pas de valeur 202

    Les fonctions qui retournent une valeur 205

    Retourner plusieurs valeurs 207

    Les paramètres par défaut 208

Les fonctions avec un nombre de paramètres variable 210

    Les paramètres de type array 210

    Les fonctions particulières de PHP 211

Portée des variables 213

    Variables locales et globales 213

    Les variables statiques 215

Passer des arguments par référence 217

Cas particuliers 220

    Les fonctions dynamiques 220

    Les fonctions conditionnelles 222

    Fonction définie dans une autre fonction 223

    Les fonctions récursives 224

Exercices 226

CHAPITRE 8

Dates et calendriers 229

Les dates 229

Définir une date 232

Vérifier une date 233

Afficher une date en clair 235

La fonction getdate() 237

Afficher la date en français 238

Les fonctions de calendrier 242

Mémo des fonctions 244

Exercices 245

CHAPITRE 9

La programmation objet 247

Terminologie des objets 248

Classe et instance 249

Création d'une classe 249

Créer un objet 253

Accès aux variables de la classe 257

Les modificateurs d'accessibilité 260

Propriétés et méthodes statiques 263

Constructeur et destructeur d'objet 265

Déréférencement 267

Typage des paramètres 269

Héritage 269

Enrichir un objet 269

Création d'une classe dérivée 271

Les traits 273

Late Static Binding 280

Les classes abstraites 281

Les interfaces 283

Méthode et classe finales 286

Clonage d'objet 287

Les namespaces 289

    Création et utilisation 289

    Utilisation des alias 294

Méthodes magiques 295

Mémo des fonctions 296

Exercices 297

CHAPITRE 10

Les images dynamiques 299

Principes généraux 299

    Création du cadre de l'image 301

    Création des couleurs 303

    Tracé de formes géométriques 304

    Écriture de texte 313

Utilisation pratique 315

Mémo des fonctions 319

Exercices 322

CHAPITRE 11

Les fichiers 323

Création, ouverture et fermeture d'un fichier 324

    Ouverture du fichier 324

    Fermeture du fichier 326

    Verrouillage des fichiers 327

Écriture dans un fichier 328

    Conserver une information 328

    Formatage des données 330

Lecture de fichiers 333

    Lire une ligne à la fois 333

    Lire un nombre de caractères donné 335

Lire un caractère à la fois   339

Lecture d'une partie d'un fichier   340

Lecture de données formatées   342

Lecture de la totalité d'un fichier   344

Modifications de fichiers   349

Copier un fichier   349

Renommer un fichier   349

Effacer un fichier   350

Informations sur les fichiers   350

Existence d'un fichier   350

Taille des fichiers   351

Mémo des fonctions   354

Exercices   356

CHAPITRE 12
Cookies, sessions et e-mails   357

Les cookies   357

Écriture des cookies   358

Lecture des cookies   360

Exemple de page avec cookies   361

Les sessions   364

Le mécanisme des sessions   365

Session avec cookie   365

La gestion de panier   371

Les sessions sans cookie   375

L'envoi d'e-mails   376

La fonction mail()   376

Envoi d'e-mails au format texte   377

Envoi d'e-mails au format HTML   381

Mémo des fonctions   383

Exercices   383

CHAPITRE 13

Rappels sur les SGBDR 385

   Le modèle entité/association 386

      Les entités 386

      Les attributs 387

      Les associations 388

      Les cardinalités 388

      Conception du MCD 391

      Normalisation du MCD 391

      La base magasin en ligne 392

   Passage au modèle relationnel 393

      Le modèle relationnel 393

      Conception du MLD 394

      Le MLD de la base magasin en ligne 396

      Modèle physique de données 396

   Exercices 397

CHAPITRE 14

Le langage SQL et phpMyAdmin 399

   L'interface phpMyAdmin 399

   Création d'une base de données 401

   Création de tables 403

      Les types de données MySQL 403

      Création des tables 407

      Modification des tables 412

   Insertion de données 417

      Insertion ligne par ligne 417

      Mise à jour des données 418

      Importation à partir d'un fichier texte 419

      Insertion à partir d'un fichier Excel 421

      Les données de la base magasin 422

Sélection des données 424

Sélection dans une table 424

Les jointures 437

Jointure de deux tables 437

Jointure de plus de deux tables 439

Exercices 440

CHAPITRE 15

Accès procédural à MySQL avec PHP 443

Connexion au serveur MySQL 444

Envoi de requêtes SQL au serveur 447

Lecture du résultat d'une requête 448

Lecture à l'aide d'un tableau 448

Lecture des noms de colonnes 451

Récupération des valeurs dans un objet 455

Insertion de données dans la base 456

Insertion des données 457

Mise à jour d'une table 460

Recherche dans la base 464

Mémo des fonctions 468

Exercices 470

CHAPITRE 16

Accès objet à MySQL avec PHP 473

Connexion au serveur MySQL 473

Envoi de requêtes SQL au serveur 476

Lecture du résultat d'une requête 477

Lecture à l'aide d'un tableau 477

Lecture des noms de colonnes 480

Récupération des valeurs dans un objet 482

Insertion de données dans la base 485

Insertion des données 485

Mise à jour d'une table 488

Recherche dans la base 492

Les requêtes préparées 495

Les transactions 498

Mémo des méthodes et propriétés 500

Classe mysqli : méthodes 500

Classe mysqli : propriétés 501

Classe mysqli_result : méthodes 501

Classe mysqli_result : propriétés 502

Classe mysqli_stmt : méthodes 502

Classe mysqli_stmt : propriétés 503

Exercices 503

CHAPITRE 17

PDO et MySQL 505

Connexion au serveur MySQL 506

Envoi de requêtes SQL au serveur 508

Lecture du résultat d'une requête 509

Lecture à l'aide d'un tableau 510

Lecture des noms de colonnes 511

Récupération des valeurs dans un objet 514

Insertion de données dans la base 517

Insertion des données 517

Mise à jour d'une table 520

Recherche dans la base 524

Les requêtes préparées 527

Les transactions 530

Mémo des méthodes 532

Classe PDO 532

Classe PDOStatement 533

Classe PDOException 533

Exercices 534

CHAPITRE 18

La base SQLite 535

Caractéristiques générales 535

L'interface SQLiteManager 537

Méthodes d'accès à SQLite 539

La méthode SQLite3 540

Connexion à la base 540

Envoi des requêtes 541

Insertion de données 543

Les transactions 545

Lecture des résultats d'une requête 547

Création de fonctions SQL personnalisées 549

Les requêtes préparées 551

Accès à SQLite avec PDO 553

Mémo des méthodes des objets 554

Classe SQLite3 554

Classe SQLite3Result 555

Classe SQLite3Stmt 556

Exercices 556

CHAPITRE 19

PHP et SimpleXML 559

Notions de XML 559

Lecture d'un fichier XML 563

Accéder au contenu d'un fichier XML 563

Lecture des attributs d'un élément 567

Lecture d'un fichier à structure complexe 569

Modification des valeurs des éléments et des attributs 571

Recherche dans un fichier 572

Création d'un fichier XML à partir d'un formulaire 576

Relations entre XML et une base MySQL 578

Création d'un fichier XML à partir d'une table MySQL 578

Création d'une table MySQL à partir d'un fichier XML 584

Mémo des fonctions et méthodes 586

Exercices 586

CHAPITRE 20

Le framework PEAR 589

Installer PEAR 589

Le package HTML_QuickForm 591

L'objet formulaire 591

Composants de saisie de texte 592

Les boutons radio 594

Les cases à cocher 594

Les listes de sélection 595

Les champs cachés 597

Les boutons d'envoi 597

Les règles de validation 598

Récupération des données 602

PEAR : une multitude de packages 603

Exercices 604

CHAPITRE 21

Travaux personnels 605

Démarche à suivre 605

TP n° 1. Un site de rencontres 606

L'interface 606

La base de données SQLite 609

TP n° 2. Dictionnaire de citations interactif   609

   L'interface   610

   La base de données MySQL   611

TP n° 3. Commerce en ligne   612

   Les besoins du client   612

   Votre travail   613

TP n°4. Création d'un blog   615

Index   617

Avant-propos

Cet ouvrage est destiné en priorité à ceux qui veulent se former à PHP 5 et aux bases de données MySQL et SQLite pour créer des pages web dynamiques et interactives. Nous y présentons à la fois les bases du langage, qui étaient celles de PHP 4, et les importantes nouveautés de la version 5, qui représentent une évolution majeure. Depuis la parution de la version 5.0, PHP s'est encore enrichi dans la version 5.4, objet de cette troisième édition, en particulier dans le domaine des objets avec, entre autres, l'apparition des namespaces (espaces de noms) y compris l'emploi du mot-clé use, du namespace global, des alias et des appels de variables statiques. La création de constantes et de fonctions dans les namespaces et le Late State Binding sont également introduits. L'extension mysqli, introduite dans la première édition, permet un accès objet riche à MySQL alors que l'extension sqlite3 offre un accès objet à la base SQLite. La couche d'abstraction PDO, quant à elle, permet l'accès aux bases de données les plus diverses. Avec la version 5.4 utilisée dans cette nouvelle édition, PHP confirme qu'il est un langage encore plus professionnel et solide, tout en conservant la simplicité et l'efficacité qui ont fait son immense succès.

Les exercices proposés à la fin de chaque chapitre vous permettront une mise en œuvre immédiate des points étudiés. Les travaux personnels proposés à la fin de l'ouvrage vous permettront d'appliquer l'ensemble des connaissances acquises dans des cas réels de sites web dynamiques.

Les corrigés de ces exercices, téléchargeables sur le site *www.editions-eyrolles.com*, sont également visibles et exécutables sur le site *www.funhtml.com*, et vous permettront de mesurer votre compréhension des notions abordées.

L'ouvrage est divisé en vingt et un chapitres, qui abordent successivement les sujets suivants.

- Le chapitre 1 rappelle le fonctionnement général de PHP dans la création de pages dynamiques. Il montre comment installer les outils nécessaires aux tests des scripts, en particulier le serveur web Apache.PHP.MySQL, et dresse l'inventaire des nouveautés de PHP 5.

- Le chapitre 2 définit les différents types de données manipulables avec PHP et montre comment les utiliser en créant des variables ou des constantes.

- Le chapitre 3 fait un tour d'horizon des instructions de contrôle indispensables à tout langage. Il montre comment créer des instructions conditionnelles et des boucles et comment gérer les erreurs par le mécanisme des exceptions, une des nouveautés de PHP 5.

- Le chapitre 4 traite de la création et de la manipulation des chaînes de caractères. Il décrit les différentes techniques d'affichage, simple ou formaté, des chaînes et présente l'écriture d'expressions régulières.

- Le chapitre 5 se penche sur la création de tableaux, un type de données très pratique aux multiples applications. Diverses techniques de lecture des tableaux sont explicitées à l'aide de nombreux exemples ainsi qu'un accès objet aux tableaux.

- Le chapitre 6 détaille la création des formulaires, qui sont les vecteurs indispensables au transfert d'informations entre le poste client et le serveur, désormais entièrement adaptée à HTML 5 qui a ajouté un grand nombre de composants utiles. Il montre comment récupérer et gérer les données saisies par les visiteurs d'un site.

- Le chapitre 7 est consacré aux fonctions qui permettent une meilleure organisation des scripts. Le passage d'arguments par valeur et par référence ainsi que la gestion des paramètres et le retour des valeurs multiples par une fonction y sont détaillés.

- Le chapitre 8 fait le tour des outils permettant le calcul des durées et la gestion des dates et des calendriers avec PHP.

- Le chapitre 9 aborde le nouveau modèle objet de PHP 5 et introduit les nouvelles méthodes qui révolutionnent la création d'objets avec PHP, le rapprochant ainsi des langages de POO. L'ajout des traits dans la version 5.4 améliore la modularisation du code.

- Le chapitre 10 montre comment PHP est capable de créer des images dynamiques, susceptibles de rendre les sites plus attractifs, par la création d'images GIF, JPEG ou PNG en fonction des besoins et aussi à partir de données.

- Le chapitre 11 aborde la gestion des fichiers sur le serveur et livre une première approche du stockage sur le serveur d'informations issues du poste client. Les différentes méthodes de création de fichiers, de lecture et d'écriture de données y sont décrites en détail.

- Le chapitre 12 est dédié à la création et à la gestion des cookies ainsi qu'au mécanisme des sessions, qui permet la conservation et la transmission d'informations entre toutes les pages d'un même site. La création et l'envoi d'e-mail pour renforcer les possibilités de contact entre l'internaute et le site sont également abordés.

- Le chapitre 13 rappelle les notions théoriques indispensables à la modélisation d'une base de données. Il dresse une rapide synthèse du modèle entité/association et du passage au modèle relationnel, qui est utilisé par la plupart des SGBD actuels, en particulier MySQL et SQLite, qui font l'objet des chapitres suivants.

- Le chapitre 14 est un rappel du langage SQL en vue de son utilisation dans MySQL. Ce survol est réalisé en dehors du contexte PHP au moyen de l'interface de gestion phpMyAdmin.

- Le chapitre 15 explique comment accéder à une base MySQL au moyen de scripts PHP de manière procédurale classique dans le cadre d'un site. Y sont abordées les différentes commandes d'insertion et de mise à jour de données ainsi que de lecture et de recherche élaborées sur une ou plusieurs tables au moyen de jointures.

- Le chapitre 16 utilise l'extension mysqli, introduite dans les dernières versions de PHP 5, qui permet l'accès à MySQL uniquement en POO. Elle enrichit considérablement les possibilités par rapport à l'accès procédural qui était de mise jusqu'à présent et doit être considérée comme la méthode à privilégier désormais.

- Le chapitre 17 présente la couche d'abstraction PDO qui permet l'accès à MySQL mais également à d'autres bases de données et qui représente une solution d'avenir dans ce domaine.

- Le chapitre 18 aborde la base de données embarquée SQLite, qui constitue l'un des ajouts majeurs de PHP 5. La grande nouveauté de la version 5.4 est d'avoir supprimé l'accès procédural à SQLite et donc d'imposer la méthode objet, plus proche de la nouvelle orientation de PHP 5.

- Le chapitre 19 dévoile une autre nouveauté de PHP 5, SimpleXML, qui permet la manipulation en lecture et en écriture des fichiers XML, de manière nettement simplifiée par rapport à celle de la version précédente.

- Le chapitre 20 présente PEAR, le framework le plus célèbre et le plus répandu, puis en donne une application complète pour la création de formulaires à partir des classes spécialisées fournies dans le package QuickForm.

- En conclusion, le chapitre 21 est constitué de quatre sujets de travaux personnels, que vous devrez réaliser en faisant appel aux connaissances acquises tout au long des chapitres précédents. De difficulté croissante, ces sujets vous permettront d'évaluer de manière concrète la pertinence de vos acquisitions. Les corrigés de ces travaux personnels sont donnés et utilisables sur le site : *http://www.funhtml.com*.

1

Introduction

Le sigle PHP signifiait à l'origine *Personal Home Page*. Pour Rasmus Lerdorf, l'auteur de ce qui allait devenir le langage de script côté serveur incorporable dans tout document HTML que nous connaissons, il s'agissait alors d'ajouter quelques fonctionnalités à ses pages personnelles. PHP signifie aujourd'hui *Php Hypertext Preprocessor* car il renvoie à un navigateur un document HTML construit par le moteur de script Zend Engine 2 de PHP, dont nous allons voir le fonctionnement. Il permet de créer des pages web dynamiques et interactives.

Imaginez que vous soyez fan de moto et que vous vouliez présenter les photos de vos modèles préférés et leurs caractéristiques techniques. La création de quelques pages HTML statiques, agrémentées de liens pour naviguer d'une page à l'autre, peut suffire. Imaginez maintenant que vous soyez rejoint par d'autres personnes qui partagent la même passion et que votre site présente des centaines de modèles et une rubrique de petites annonces et de contacts entre membres. La quantité d'informations à présenter ne permet plus de naviguer dans le site au moyen de liens mais réclame, dès la page d'accueil, un moteur de recherche. L'utilisateur saisit un ou plusieurs critères de recherche, à partir desquels le code d'un script PHP crée une page contenant les informations recherchées et seulement elles. Chaque visiteur et chaque besoin particulier génèrent donc des pages différentes, personnalisées, construites dynamiquement.

PHP permet en outre de créer des pages interactives. Une page interactive permet à un visiteur de saisir des données personnelles. Ces dernières sont ensuite transmises au serveur, où elles peuvent rester stockées dans une base de données pour être diffusées vers d'autres utilisateurs. Un visiteur peut, par exemple, s'enregistrer et retrouver une page adaptée à ses besoins lors d'une visite ultérieure. Il peut aussi envoyer des e-mails et des fichiers sans avoir à passer par son logiciel de messagerie. En associant toutes ces caractéristiques, il est possible de créer aussi bien des sites de diffusion et de collecte d'information que des sites d'e-commerce, de rencontres ou des blogs.

Pour contenir la masse d'informations collectées, PHP s'appuie généralement sur une base de données, généralement MySQL mais aussi SQLite avec PHP 5, et sur des serveurs Apache. PHP, MySQL et Apache forment d'ailleurs le trio ultradominant sur les serveurs Internet. Quand ce trio est associé sur un serveur à Linux, on parle de système LAMP (Linux, Apache, MySQL, PHP). PHP est utilisé aujourd'hui par plus de la moitié des sites de la planète et par les trois quarts des grandes entreprises françaises. Pour un serveur Windows, on parle de système WAMP, mais ceci est beaucoup moins courant.

Vous passerez en revue dans le cours de cet ouvrage tous les outils nécessaires à la réalisation d'un site dynamique et interactif à l'aide de PHP et d'une base de données MySQL ou SQLite. Les principaux avantages de ces outils sont la facilité d'apprentissage, la grande souplesse d'utilisation, l'excellent niveau de performance et, ce qui ne gâte rien, la gratuité.

Pour parvenir à la réalisation des types de site que nous venons de voir nous allons aborder successivement les points suivants :

• La syntaxe et les caractéristiques du langage PHP, dont la connaissance est la base indispensable à toute la suite.

• Les notions essentielles du langage SQL permettant la création et la gestion des bases de données et la réalisation des requêtes sur ces bases.

• Le fonctionnement et la réalisation de bases de données MySQL puis SQLite et les moyens d'y accéder à l'aide des fonctions spécialisées de PHP ou d'objets.

Pour progresser rapidement il vous sera nécessaire de lire ce livre de manière linéaire au moins pour le début et de ne pas brûler les étapes. N'essayez donc pas de commencer par la fin en abordant les bases de données sans connaissance préalable de PHP ou de SQL.

Avant de commencer

Avant d'envisager d'écrire votre premier script, il vous faut faire le point sur les connaissances nécessaires à cette réalisation. Il n'est pas envisageable de commencer cet apprentissage sans aucune connaissance d'Internet et de la création de pages HTML. Du point de vue matériel, vous devez de surcroît disposer des quelques outils qui vous permettront d'écrire et surtout de tester vos scripts sur un ordinateur personnel.

Compétences requises

L'objectif de cet ouvrage étant de permettre un apprentissage progressif de PHP5, la connaissance d'un langage de programmation quelconque n'est pas vraiment indispensable. Cependant, quelques notions de programmation en langage C, Java ou en JavaScript, par exemple, ne peuvent que rendre l'accès à PHP plus facile. En revanche, la connaissance du langage HTML est recommandée puisque le serveur PHP renvoie les pages HTML que vous programmez.

Pour ce qui concerne la méthode, commencez par télécharger et tester les exemples du livre, puis modifiez-en certains paramètres afin d'évaluer le rôle de chacun d'eux. Cela vous permettra de mieux apprécier l'effet réel d'une instruction, par exemple.

Les outils de création

Puisqu'il s'agit de construire des pages web et de produire un document HTML lisible par un navigateur, un éditeur HTML peut convenir pour créer la structure générale des pages, y compris s'il est WYSIWYG, comme Dreamweaver ou WebExpert. Le code des scripts PHP peut quant à lui être écrit dans n'importe quel éditeur de texte, tel que le Bloc-notes de Windows.

Si les éditeurs tels que Dreamweaver privilégient l'aspect visuel en cachant le code, d'autres outils de création très simples, comme HTML Kit, obligent le programmeur à voir en permanence les éléments HTML utilisés. Un bon compromis consiste à utiliser un éditeur WYSIWYG pour créer le design et la mise en page générale des pages web puis de récupérer le fichier HTML réalisé dans un éditeur PHP spécialisé afin d'effectuer les tests facilement après avoir installé le serveur local PHP.

Le tableau 1-1 présente une liste d'outils de développement de scripts.

Tableau 1-1 – Éditeurs HTML et PHP

Produit	Statut	Description	Adresse
HTML Kit	Gratuit	Éditeur HTML	*http://www.chami.com*
HTMLPad Rapid PHP	Payants	Éditeurs HTML et PHP	*http://www.blumentals.net*
EditPlus	Shareware	Éditeur HTML permettant l'écriture et l'exécution de scripts PHP	*http://www.editplus.com*
Maguma Studio	Version freeware ou payante	Éditeur HTML permettant l'écriture et l'exécution de scripts PHP dans votre navigateur. Aide à la saisie des fonctions	*http://www.maguma.com*
NuSphere	Payant	*Idem*, mais comporte une bonne aide syntaxique	*http://www.nusphere.com*
WebExpert	Payant	La version 6 permet l'écriture et l'exécution faciles de scripts PHP	*http://software.visicommedia.com/fr/*

Installation d'un serveur local

Faute de disposer d'un serveur local sur votre ordinateur personnel, vous seriez obligé pour tester vos pages PHP de les transférer sur le serveur distant de votre hébergeur puis d'appeler ces pages en vous connectant au site à l'aide de votre navigateur. La moindre erreur de code ou la moindre modification vous obligerait à répéter toute cette procédure, d'où une importante perte de temps.

Il est donc indispensable d'installer sur votre poste de travail un serveur local simulant votre serveur distant et vous permettant d'effectuer en direct tous les tests désirés. Vous aurez alors dans votre navigateur exactement le même aspect pour toutes ces pages que les visiteurs de votre site quand vous aurez opéré le transfert de vos fichiers sur le serveur distant qui l'hébergera.

Le serveur local comprend les éléments suivants, disponibles séparément aux adresses entre parenthèses :

- Serveur Apache *(http://www.apache.org)*.
- Interpréteur de code PHP *(http://www.php.net)*.
- Base de données MySQL *(http://www.mysql.com)*.
- Base de données SQLite *(http://www.sqlite.org)*.
- Utilitaire phpMyAdmin, qui permet de créer et de gérer bases et tables de données MySQL*(http://www.phpmyadmin.net)*.
- Utilitaire SQLiteManager, qui permet de créer et de gérer bases et tables de données SQLite *(http://www.sqlitemanager.org)*.

On peut trouver sur le Web divers packages complets pour Windows, Linux ou Mac, qui permettent d'installer en une seule opération tous ces éléments, évitant du même coup les problèmes de configuration.

Un installeur est apparu à l'occasion de la sortie de PHP 5. Son auteur, Romain Bourdon, se montre très réactif en publiant une nouvelle version à chaque évolution. Son package, nommé Wampserver, téléchargeable à l'adresse *http://www.wampserver.com,* est destiné aux ordinateurs sous Windows.

Une fois la procédure de téléchargement terminée, il vous suffit de lancer l'exécutable WampServer2.0b.exe, qui installe automatiquement Apache, PHP, MySQL, SQLite phpMyAdmin et SQLiteManager sur sur votre ordinateur. Si, pendant la phase d'installation, vous avez choisi d'installer PHP en tant que service Windows, le serveur est lancé automatiquement à chaque démarrage du système d'exploitation.

Figure 1-1
L'icône de WampServer et les options d'administration

La figure 1-1 montre l'icône de WampServer 2.0 telle qu'elle figurera sur votre Bureau Windows et le menu d'administration qui apparaît quand vous cliquez sur l'icône de lancement rapide ressemblant à un demi-cercle gradué.

Si vous avez réalisé l'installation dans le dossier C:\wamp, vous obtenez l'arborescence illustrée à la figure 1-2.

Figure 1-2

Arborescence du dossier d'installation de WampServer

Pour pouvoir être exécutés par le serveur local, tous les scripts que vous écrivez doivent être enregistrés dans le sous-dossier www. Dans ce dernier, vous pouvez créer un ou plusieurs sous-dossiers correspondant à chaque site que vous voulez tester (voir la figure 1-2). Au prochain lancement du serveur, ils apparaîtront dans la page d'accueil de WampServer dans la rubrique « vos projets » (voir figure 1-3).

La page d'administration du serveur local vous donne accès à différents paramètres, tels que l'accès à la page d'accueil de WampServer en cliquant sur « localhost », ou l'accès direct à phpMyAdmin ou SQLiteManager pour gérer vos bases de données.

La figure 1-3 montre la page d'accueil de WampServer. Elle peut également être obtenue si vous entrez dans votre navigateur l'adresse *http://localhost*.

Linux et Mac OS

Pour les partisans de Linux, il existe une version d'un installeur de serveur local nommé LAMP à l'adresse *http://doc.ubuntu-fr.org/lamp*

Les amateurs de Mac OS en trouveront un équivalent nommé MAMP à l'adresse *http://www.mamp.info/en/index.html*.

Premier contact avec PHP

Étant désormais doté de tous les outils nécessaires, vous pouvez aborder le fonctionne-ment de PHP et les différentes méthodes de travail que vous devrez utiliser par la suite.

Organisation de PHP

PHP ne repose pas sur une hiérarchie de classes regroupées en sous-ensembles (name-space), comme ASP.Net ou Java, mais sur des modules. Le module de base, dit standard, permet d'accéder aux instructions élémentaires, aux différents types de données et à un grand nombre de fonctions. Des modules additionnels spécialisés permettent d'ajouter des fonctionnalités particulières, comme l'accès aux diverses bases de données et leur gestion. Chaque module donne accès à un grand nombre de fonctions spécialisées pour un domaine particulier.

La liste des modules disponibles actuellement est visible dans la documentation générale du langage sur le site officiel de PHP, à l'adresse *http://www.php.net.*

Vous pouvez télécharger sur le même site la documentation officielle de PHP, qui donne, y compris en français, la définition de toutes les fonctions existantes. Le document compte quelque deux mille pages au format Acrobat PDF.

Pour savoir quels modules vous pouvez utiliser sur votre serveur local, il vous suffit de cliquer sur le lien `phpinfo()` de la page d'accueil de votre serveur local WampServer (voir figure 1-3).

Figure 1-3

Page d'administration du serveur local Apache PHP MySQL

Pour obtenir la même information pour le serveur qui héberge votre site, procédez de la façon suivante :

1. Écrivez le script PHP suivant, d'une simplicité enfantine (vous n'en écrirez jamais d'aussi court donnant autant d'informations), à l'aide de l'éditeur que vous avez choisi :

```php
<?php
phpinfo();
?>
```

2. Enregistrez le script sous le nom `info.php`. Sous PHP, tous les scripts commencent par la ligne `<?php` et se terminent par `?>`. Notez que, sauf recommandation spéciale de votre hébergeur, tous les fichiers qui contiennent des instructions PHP sont enregistrés avec l'extension `.php`. Les extensions `.php3`, `.php4`, `.php5` ou `.phtml` se rencontrent sur certains serveurs, suivant la configuration effectuée par l'administrateur.

3. Transférez le fichier `info.php` sur votre serveur distant à l'aide d'un logiciel FTP. Si vous n'en avez pas, vous pouvez télécharger FileZilla, un logiciel gratuit, dont le fonctionnement est aussi simple que convivial, à l'adresse *http://www.sourceforge.net/ projects/filezilla*.

4. Saisissez l'adresse *http://www.votresite.com/info.php* dans votre navigateur.

Un grand nombre d'informations utiles concernant votre serveur et l'ensemble des modules qui y sont installés apparaissent alors (voir figure 1-4).

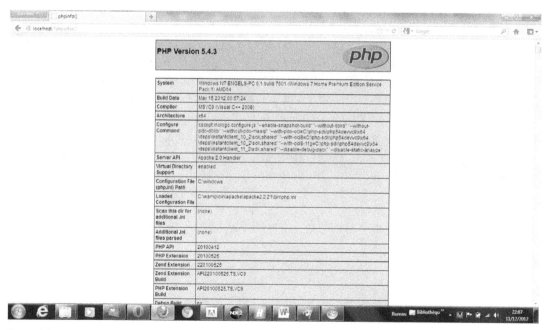

Figure 1-4

Informations concernant le serveur fournies par phpinfo()

Il est recommandé d'imprimer ces informations et de les conserver précieusement car elles vous permettront de déterminer, au moment où vous en aurez besoin, si vous pouvez utiliser tel ou tel module ou fonction. Il serait dommage de travailler des heures à créer un script qui utilise des fonctions utilisables en local mais non disponibles sur votre serveur distant.

Structure des fichiers HTML

Comme expliqué précédemment, la connaissance du langage HTML est utile pour se lancer dans l'écriture de scripts PHP. Il est donc utile de connaître la structure des fichiers HTML car une page dynamique PHP est bien un document HTML envoyé par le serveur vers le poste client.

Pour être conforme aux recommandations HTML 5, un document doit avoir la structure suivante (fichier pagehtml.html) :

```
<!DOCTYPE html>
<html lang="fr">
<head>
<meta http-equiv="Content-Type" content="text/html; charset=UTF-8" />
<title>Titre de la page</title>
</head>
<body>
<h2>Bienvenue sur le site PHP 5 </h2>
</body>
</html>
```

Cette page primaire est écrite en HTML pur, et tous les visiteurs de votre site verront exactement le même contenu, quel que soit le moment de leur connexion. Le fichier peut avoir l'extension .html ou .htm car il ne contient que du code HTML, mais il pourrait tout aussi bien avoir une extension .php et avoir le même rendu dans un navigateur.

Vous pourriez lui apporter un brin de dynamisme en affichant la date du jour en tête de page à l'aide du code PHP suivant (fichier codephp.php) :

```
<!DOCTYPE html>
<html lang="fr">
 <head>
  <meta http-equiv="Content-Type" content="text/html; charset=UTF-8" />
  <title>Une page PHP</title>
 </head>
 <body>
  <?php
   echo "<h3> Aujourd'hui le ". date('d / M / Y H:m:s')."</h3><hr />";
   echo "<h2>Bienvenue sur le site PHP 5</h2>";
  ?>
 </body>
</html>
```

Le code de votre nouvelle page contient les nouveaux éléments suivants, qui ne sont pas du HTML :

```php
<?php
echo "<h3> Aujourd'hui le ". date('d / M / Y H:m:s ')."</ h3><hr />";
echo "<h2>Bienvenue sur le site PHP 5</h2>";
?>
```

Les éléments `<?php` et `?>` marquent respectivement le début et la fin de tout script PHP, qu'il soit inclus dans du code HTML ou isolé dans un fichier ne contenant que du code PHP. Vous pouvez inclure autant de blocs de code PHP que vous le désirez dans un document HTML, à condition que chacun d'eux soit délimité par ces marqueurs.

Entre ces éléments figure le code PHP proprement dit :

```php
echo "<h3> Aujourd'hui le ". date('d / M / Y H:m:s')."</ h3><hr />";
echo "<h2>Bienvenue sur le site PHP 5</h2>";
```

L'instruction `echo` permet d'écrire dans le document final le contenu qui la suit, que ce soit du texte ou le résultat retourné par une fonction, comme dans les deux lignes précédentes. Notez que les lignes de code PHP se terminent toujours par un point-virgule.

Si vous recopiez et exécutez ce fichier dans votre navigateur, vous obtenez le résultat illustré à la figure 1-5, qui donne un aperçu de ce qu'est une page dynamique élémentaire. Vous pourriez faire la même chose à l'aide d'un script JavaScript exécuté non pas sur le serveur mais par le navigateur du poste client. La différence est que la date et l'heure affichées ici sont celles du serveur et pas celle de votre ordinateur, comme le ferait JavaScript. L'un des avantages de PHP est cependant que vous n'avez pas à tenir compte des capacités du navigateur du visiteur.

Figure 1-5

Résultat de votre première page PHP

Examinez maintenant le code source du document tel qu'il a été reçu par le navigateur. Dans Firefox, par exemple, allez dans le menu Affichage>Source de la page. Le code suivant s'affiche :

```html
<!DOCTYPE html>
<html lang="fr">
 <head>
```

```
   <meta http-equiv="Content-Type" content="text/html; charset=UTF-8" />
   <title>Une page PHP</title>
 </head>
 <body>
   <h3> Aujourd'hui le 11 / Dec / 2012 21:09:26</h3><hr />
   <h2>Bienvenue sur le site PHP 5</h2>
 </body>
</html>
```

Par rapport au code du fichier codephp.php, ce qui était contenu entre les éléments <?php et ?>, soit :

```
<?php
echo "<h3> Aujourd'hui le ". date('d / M / Y H:m:s ')."</h3><hr />";
echo "<h2>Bienvenue sur le site PHP 5</h2>";
?>
```

a été remplacé par :

```
<h3> Aujourd'hui le 11 / Dec / 2012 21:09:26</ h3><hr />
<h2>Bienvenue sur le site PHP 5</h2>
```

L'interpréteur PHP analyse le document dans son ensemble puis renvoie le code HTML tel quel, accompagné de l'évaluation des expressions contenues dans le code PHP. Cela fait d'ailleurs dire à certains que tout est expression dans PHP puisque tout le code peut être évalué comme une chaîne de caractères, un nombre ou une valeur booléenne.

Les parties de code contenues dans les guillemets sont renvoyées dans le flux du document HTML, et les balises qu'elles contiennent sont interprétées en tant que telles par le navigateur. C'est le cas de la deuxième ligne. La première ligne comporte une fonction PHP qui retourne la date du jour. Cette date est concaténée avec le texte qui l'entoure puis est retournée au navigateur.

Le cycle de vie d'une page PHP est le suivant :

- Envoi d'une requête HTTP par le navigateur client vers le serveur, du type
  http://www.monserveur.com/codephp.php.

- Interprétation par le serveur du code PHP contenu dans la page appelée.

- Envoi par le serveur d'un fichier dont le contenu est purement HTML.

Vous constatez ainsi que votre code PHP n'est jamais visible par les visiteurs de votre site.

Écriture du code PHP

Le code PHP est toujours incorporé dans du code HTML. Vous pouvez donc incorporer autant de scripts PHP indépendants que vous le souhaitez n'importe où dans du code HTML, du moment que ces parties sont délimitées par les balises ouvrantes et fermantes <?php et "?>" (repères ❶, ❷, ❹, ❻ et ❼) ou par la forme courte <?= et ?> (repères ❺ et ❽) ou encore par l'élément HTML <script language="php"> (repère ❸), qui est rarement employé.

Dans un fichier .php, vous pouvez à tout moment passer du code PHP au code HTML, et réciproquement. C'est ce qui donne sa grande souplesse d'utilisation à ce code.

Le listing suivant illustre cette particularité :

```
<!DOCTYPE html>
<?php ←❶
  $variable1=" PHP 5";
?>
<html lang="fr">
<head>
<meta http-equiv="Content-Type" content="text/html; charset=UTF-8" />
<?php ←❷
echo "<title>Une page pleine de scripts PHP</title>";
?>
</head>
<body>
<script language="php"> ←❸
  echo"<h1>BONJOUR A TOUS </h1>";
</script>
<?php ←❹
  echo "<h2> Titre écrit par PHP</h2>";
  $variable2=" MySQL";
?>
<p>Vous allez découvrir <?= $variable1 ?> ←❺</p>
<?php ←❻
  echo "<h2> Bonjour de $variable1</h2>";
?>
<p>Utilisation de variables PHP<br />Vous allez découvrir également
  <?php←❼
  echo $variable2
  ?>
</p>
<?= "<div><big>Bonjour de $variable2 </big></div>" ?> ←❽
</body>
</html>
```

Huit mini-scripts PHP sont placés aussi bien dans l'en-tête (entre <head> et </head>) que dans le corps (entre <body> et </body>) ou encore même en dehors du bloc délimité par les éléments <html> et </html> du document HTML.

Certains de ces scripts interviennent comme contenu d'un élément HTML avec une syntaxe particulière. Par exemple :

```
<?= $variable1 ?>
```

peut être utilisé pour des instructions courtes. Il est équivalent à :

```
<?php echo $variable1 ?>.
```

Attention, pour utiliser cette notation il faut que la directive short open tag soit activée dans le fichier de configuration de PHP 5 (le fichier php.ini). À partir de ce document, vous obtenez le résultat illustré à la figure 1-6.

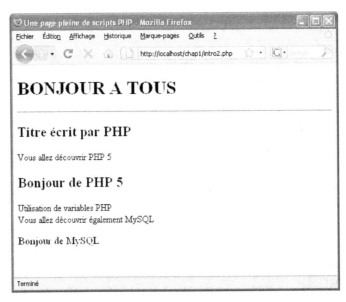

Figure 1-6

Résultat des mini-scripts

Comme précédemment, la consultation du code source dans le navigateur montrerait que le résultat de chaque mini-script est purement HTML et qu'aucun code PHP ne subsiste.

Inclure des fichiers externes

Comme en JavaScript, il est possible d'écrire du code PHP ou HTML dans des fichiers séparés puis de les incorporer dans du code HTML ou d'autres scripts PHP en fonction des besoins. Cela peut constituer un début de modularisation du code, permettant d'écrire une seule fois certaines parties de code et de les réutiliser dans plusieurs pages différentes, avec économie de temps. Cette possibilité permet notamment de créer une bibliothèque de fonctions d'utilisation courante.

On donne généralement aux fichiers de code PHP l'extension .inc ou .inc.php, cette dernière ayant l'avantage de protéger les données confidentielles que peut contenir le code, comme les paramètres de connexion à la base de données (login et mot de passe). Le contenu du fichier est interprété par le serveur. Si le fichier ne contient que vos paramètres dans des variables, le serveur ne renvoie rien au poste client si quelqu'un tente de l'exécuter, alors qu'un navigateur affiche le contenu d'un fichier avec l'extension .inc seule.

Pour inclure le contenu d'un fichier externe dans du code PHP, vous disposez des fonctions recensées au tableau 1-2.

Tableau 1-2 – Fonctions d'inclusion de code externe

Fonction	Description
`include("nom_fichier.ext")`	Lors de son interprétation par le serveur, cette ligne est remplacée par tout le contenu du fichier précisé en paramètre, dont vous fournissez le nom et éventuellement l'adresse complète. En cas d'erreur, par exemple si le fichier n'est pas trouvé, `include()` ne génère qu'une alerte, et le script continue.
`require("nom_fichier.ext")`	A désormais un comportement identique à `include()`, à la différence près qu'en cas d'erreur, `require()` provoque une erreur fatale et met fin au script.
`include_once("nom_fichier.ext")` `require_once("nom_fichier.ext")`	Contrairement aux deux précédentes, ces fonctions ne sont pas exécutées plusieurs fois, même si elles figurent dans une boucle ou si elles ont déjà été exécutées une fois dans le code qui précède.

L'exemple suivant utilise les possibilités d'inclusion fournies par ces fonctions pour créer une page HTML à partir de quatre fichiers indépendants. Il s'agit d'un début de modularisation du code d'un site. Notre hypothèse est que chaque page du site a le même en-tête et le même pied de page et que chacune des pages ne diffère des autres que par son contenu.

L'exemple comprend les fichiers suivants :

- `tete.inc.php`. Contient le début du code HTML d'une page normale (`<html>`, `<head>`, `<body>`) et trois petits scripts PHP. Le dernier de ces scripts (repère ❶) affiche le bandeau commun à toutes les pages (repère ❷) ainsi que le nom du fichier exécuté et celui du fichier inclus (repère ❸).

- `corps.inc.php`. Ne contient que du code PHP affichant deux lignes de texte (repère ❹).

- `corps.html`. Ne contient que du code HTML affichant deux lignes de texte (repère ❺).

- `pied.inc.php`. Contient un script affichant un bandeau de pied de page et deux liens vers des sites dignes d'intérêt (repère ❻).

- `principal.php`. Script utilisant les quatre précédents à l'aide des fonctions `include()` (repère ❶), `include_once()` (repère ❷), `require()` (repère ❸) et `require_once()` (repère ❹). C'est le seul qui doive être appelé directement. Les autres fichiers n'étant que des composants, ils ne doivent normalement pas être utilisés seuls.

La figure 1-7 donne un aperçu du résultat obtenu.

☞ Exemple 1-1. Inclusion de fichiers externes

Le fichier `tete.inc.php` :

```
<!DOCTYPE html>
<?php
  $variable1=" PHP 5";
?>
<html lang="fr">
<head>
```

```
<meta http-equiv="Content-Type" content="text/html; charset=UTF-8" />
<?php
echo "<title>Une page pleine d'inclusions $variable1</title>";
?>
</head>
<body>
<?php←❶
$variableext="Ce texte provient du fichier inclus";
echo "<div><h1 style=\"border-width:5;border-style:double;background-color:#ffcc99;\">
Bienvenue sur le site $variable1 </h1>";←❷
echo "<h3> $variableext</h3>";
echo "Nom du fichier exécuté: ", $_SERVER['PHP_SELF'],"   "; ←❸
echo " Nom du fichier inclus : ", __FILE__ ,"</div> "; ←❸
?>
```

Le fichier corps.inc.php :

```
<?php
echo "<h1> Ceci est le corps du document </h1>"; ←❹
echo "<h2> Ceci est le corps du document </h2>";
?>
```

Le fichier corps.html :

```
<h1> Ceci est le corps du document : Avec PHP on progresse vite et avec MySQL le
➥site devient vite très dynamique................</h1>
<h2> On s'y met tout de suite!!!! </h2> ←❺
```

Le fichier pied.inc.php :

```
<hr />
<?php
echo "<div><h1 style=\"border-width:3;border-style:groove; background-color:
➥#ffcc99;\">  Fin de la page PHP Liens utiles : <a href=\"php.net\">php.net</a>
➥  <a href=\"mysql.org\">mysql.org</a></h1>"; ←❻
echo "Nom du fichier exécuté: ", $_SERVER['PHP_SELF'],"    " ;
echo "Nom du fichier inclus: ", __FILE__ ,"</div>";
?>
</body>
</html>
```

Le fichier principal.php :

```
<?php
include("tete.inc.php"); ←❶
echo "<hr />";
include_once("corps.inc.php"); ←❷
require("corps.html"); ←❸
require_once("pied.inc.php"); ←❹
?>
```

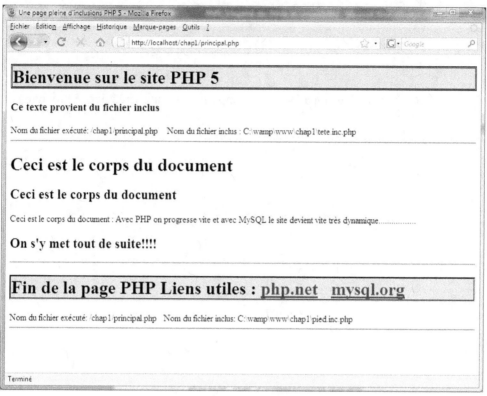

Figure 1-7

Un page composée de fichiers inclus

Ajout de commentaires

Il est toujours utile de commenter les scripts que vous écrivez. Lors de l'écriture, tout peut paraître évident, mais à la relecture, plusieurs mois plus tard, lorsqu'il s'agit d'effectuer des mises à jour, par exemple, autant éviter de perdre du temps à redécouvrir la logique adoptée auparavant.

Les commentaires ne sont pas pris en compte par l'analyseur PHP. S'ils alourdissent un peu le fichier PHP en termes d'octets sur le serveur, ils ne sont pas présents dans le code HTML renvoyé au navigateur client. Leur poids est donc sans importance pour la rapidité de transmission des pages.

PHP supporte les trois syntaxes de commentaires suivantes :

• commentaires sur une seule ligne introduits par les caractères // :

```
//ceci est un commentaire court sur une ligne
```

- commentaires sur plusieurs lignes introduits par les caractères / * et fermés par les caractères */ :

```
/* Ceci est commentaire abondant
qui va occuper plusieurs lignes
et va expliquer le code qui suit............ */
```

- commentaires de type Unix, ne comportant qu'une seule ligne introduite par le caractère # :

```
#**************************************
# commentaires de type Unix
#**************************************
```

2

Variables, constantes et types

Comme tout langage, PHP manipule des données. Pour un site dynamique, ces données sont variables. De plus, elles peuvent être de types différents, tel du texte sous forme de chaîne de caractères, comme vous en avez utilisé avec l'instruction echo, sous forme de nombres entiers ou décimaux ou encore sous forme de valeurs booléennes vrai ou faux (TRUE ou FALSE). Ces types de base sont les plus employés, mais il en existe d'autres, qui peuvent être des types composés, comme les tableaux et les objets, ou des types particuliers, comme resource ou NULL.

Les variables

Une variable est le conteneur d'une valeur d'un des types utilisés par PHP (entiers, flottants, chaînes de caractères, tableaux, booléens, objets, ressource ou NULL).

Chaque variable possède un identifiant particulier, qui commence toujours par le caractère dollar ($) suivi du nom de la variable. Les règles de création des noms de variable sont les suivantes :

- Le nom commence par un caractère alphabétique, pris dans les ensembles [a-z], [A-Z] ou par le caractère de soulignement (_).

- Les caractères suivants peuvent être les mêmes plus des chiffres.

- La longueur du nom n'est pas limitée, mais il convient d'être raisonnable sous peine de confusion dans la saisie du code. Il est conseillé de créer des noms de variable le plus « parlant » possible. En relisant le code contenant la variable $nomclient, par exemple, vous comprenez davantage ce que vous manipulez que si vous aviez écrit $x ou $y.

- La déclaration des variables n'est pas obligatoire en début de script. C'est là une différence notable avec les langages fortement typés comme Java ou C. Vous pouvez créer des variables n'importe où, à condition bien sûr de les créer avant de les utiliser, même s'il reste possible d'appeler une variable qui n'existe pas sans provoquer d'erreur.

- L'initialisation des variables n'est pas non plus obligatoire et une variable non initialisée n'a pas de type précis.

- Les noms des variables sont sensibles à la casse (majuscules et minuscules). $mavar et $MaVar ne désignent donc pas la même variable.

Les noms de variables suivants sont légaux :

```
$mavar
$_mavar
$mavar2
$M1
$_123
```

Les suivants sont illégaux :

```
$5mamar
$*mavar
$mavar+
```

Affectation par valeur et par référence

L'affectation consiste à donner une valeur à une variable. Comme expliqué précédemment, lors de la création d'une variable, vous ne déclarez pas son type. C'est la valeur que vous lui affectez qui détermine ce type. Dans PHP, vous pouvez affecter une variable par valeur ou par référence. Vous verrez que les méthodes et les conséquences de ces deux types d'affectation sont différentes et peuvent amener des résultats inattendus, si vous n'y prenez garde.

L'affectation par valeur se fait à l'aide de l'opérateur =, soit après la création de la variable, soit en même temps.

Dans l'exemple suivant :

```
$mavar = expression;
```

la variable $mavar prend la valeur de l'expression, qui peut être une valeur numérique, par exemple, une chaîne de caractères littérale, mais aussi une autre variable ou encore une expression PHP valide contenant des fonctions.

Dans les affectations suivantes :

```
$mavar=75;
$mavar="Paris";
$mavar=7*3+2/5-91%7; //PHP évalue l'expression puis affecte le résultat
$mavar=mysql_connect($a,$b,$c); //la fonction retourne une ressource
$mavar=isset($var&&($var==9)); //la fonction retourne une valeur booléenne
```

remarquez l'utilisation du même nom de variable alors que les valeurs affectées sont de type différent.

Dans l'affectation par valeur à l'aide de l'opérateur =, l'opérande de gauche, c'est-à-dire la variable à affecter, prend la valeur de l'expression contenue dans l'opérande de droite, et voilà tout. Toute modification ultérieure de l'opérande de droite, même s'il est lui-même une variable, n'a aucune incidence sur la variable affectée.

Dans l'exemple suivant :

```php
$mavar1="Paris";
$mavar2="Lyon";
$mavar2=$mavar1;
$mavar1="Nantes";
```

à la fin du code, la variable `$mavar2` contient la chaîne `"Paris"`, puisque vous lui avez affecté la valeur de l'expression `$mavar1`, et `$mavar1` vaut `"Nantes"`, puisque sa valeur a été modifiée à la fin du script.

Avec l'affectation par référence, toujours réalisée au moyen de l'opérateur =, l'opérande de droite est une variable qui doit être précédée du caractère & (esperluette).

Dans l'exemple suivant :

```php
$mavar1="Paris";
$mavar2="Lyon";
$mavar2 = &$mavar1;
$mavar1="Nantes";
```

la variable `$mavar2` devient un alias de la variable `$mavar1`, et les modifications opérées sur `$mavar1` sont répercutées sur `$mavar2`. Plus déroutant encore pour le novice, et plus dangereux aussi, toute modification apportée à la valeur de `$mavar2` est répercutée dans `$mavar1` puisque `$mavar2` est un alias de `$mavar1`. C'est ce qu'illustre le script de l'exemple 2-1.

☞ **Exemple 2-1. Affectation par valeur et par référence**

```php
<?php
//Affectation par valeur de $mavar1 et $mavar2
$mavar1="Paris";
echo "\$mavar1= ",$mavar1,"<br />";
$mavar2="Lyon";
echo "\$mavar2= ",$mavar2,"<br />";
//Affectation par référence de $mavar2
$mavar2 = &$mavar1;
echo "Affectation par référence de \$mavar2 <br />";
echo "\$mavar1= ",$mavar1,"<br />";
echo "\$mavar2= ",$mavar2,"<br />";
echo "modification  de \$mavar1 <br />";
$mavar1="Nantes";
echo "\$mavar1= ",$mavar1,"<br />";
echo "\$mavar2= ",$mavar2,"<br />";
echo "modification  de \$mavar2 <br />";
$mavar2="Marseille";
```

```
echo "\$mavar1= ",$mavar1,"<br />";
echo "\$mavar2= ",$mavar2,"<br />";
?>
```

Le résultat de l'exécution de ce script montre l'évolution des valeurs des deux variables après plusieurs affectations.

```
$mavar1= Paris
$mavar2= Lyon
affectation par référence de $mavar2
$mavar1= Paris
$mavar2= Paris
modification de $mavar1
$mavar1= Nantes
$mavar2= Nantes
modification de $mavar2
$mavar1= Marseille
$mavar2= Marseille
```

Lorsque vous utilisez ce type d'affectation, il est important de ne pas oublier ses effets en cours de script car chacune de ces deux variables change de valeur de manière sous-jacente chaque fois que vous intervenez sur l'autre, sans que la modification soit explicitement écrite.

Les variables prédéfinies

PHP dispose d'un grand nombre de variables prédéfinies, qui contiennent des informations à la fois sur le serveur et sur toutes les données qui peuvent transiter entre le poste client et le serveur, comme les valeurs saisies dans un formulaire (voir le chapitre 6), les cookies ou les sessions (voir le chapitre 13).

Depuis PHP 4.1, ces variables se présentent sous la forme de tableaux, accessibles en tout point de n'importe quel script. On appelle ces tableaux *superglobaux*. Le tableau 2-1 donne une brève description de ces variables sans en détailler le contenu car un certain nombre d'entre elles ne présentent pas un intérêt pratique immédiat. Vous aurez toute précision nécessaire sur leur utilisation à mesure que vous les utiliserez dans le cours de l'ouvrage. Reportez-vous à la section concernant les tableaux pour lire le contenu de ces variables.

Tableau 2-1 – Les variables serveur PHP

$GLOBALS	Contient le nom et la valeur de toutes les variables globales du script. Les noms des variables sont les clés de ce tableau. $GLOBALS["mavar"] récupère la valeur de la variable $mavar en dehors de sa zone de visibilité (dans les fonctions, par exemple).
$_COOKIE	Contient le nom et la valeur des cookies enregistrés sur le poste client. Les noms des cookies sont les clés de ce tableau (voir le chapitre 13). Avant PHP 4.1, cette variable se nommait $HTTP_COOKIES_VARS.

Tableau 2-1 – Les variables serveur PHP *(suite)*

`$_ENV`	Contient le nom et la valeur des variables d'environnement qui sont changeantes selon les serveurs. Avant PHP 4.1, cette variable se nommait `$HTTP_ENV_VARS`.
`$_FILES`	Contient le nom des fichiers téléchargés à partir du poste client. Avant PHP 4.1, cette variable se nommait `$HTTP_FILES_VARS`.
`$_GET`	Contient le nom et la valeur des données issues d'un formulaire envoyé par la méthode `GET`. Les noms des champs du formulaire sont les clés de ce tableau (voir le chapitre 6). Avant PHP 4.1, cette variable se nommait `$HTTP_GET_VARS`.
`$_POST`	Contient le nom et la valeur des données issues d'un formulaire envoyé par la méthode `POST`. Les noms des champs du formulaire sont les clés de ce tableau. Avant PHP 4.1, cette variable se nommait `$HTTP_POST_VARS`.
`$_REQUEST`	Contient l'ensemble des variables superglobales `$_GET`, `$_POST`, `$_COOKIE` et `$_FILES`. Avant PHP 4.1, cette variable n'existait pas.
`$_SERVER`	Contient les informations liées au serveur web, tel le contenu des en-têtes HTTP ou le nom du script en cours d'exécution. Retenons les variables suivantes : `$_SERVER["HTTP_ACCEPT_LANGUAGE"]`, qui contient le code de langue du navigateur client. `$_SERVER["HTTP_COOKIE"]`, qui contient le nom et la valeur des cookies lus sur le poste client. `$_SERVER["HTTP_HOST"]`, qui donne le nom de domaine. `$_SERVER["SERVER_ADDR"]`, qui indique l'adresse IP du serveur. `$_SERVER["PHP_SELF"]`, qui contient le nom du script en cours. Nous l'utiliserons souvent dans les formulaires. `$_SERVER["QUERY_STRING"]`, qui contient la chaîne de la requête utilisée pour accéder au script.
`$_SESSION`	Contient l'ensemble des noms des variables de session et leurs valeurs.

Les opérateurs d'affectation combinée

En plus de l'opérateur classique d'affectation =, il existe plusieurs opérateurs d'affectation combinée. Ces opérateurs réalisent à la fois une opération entre deux opérandes et l'affectation du résultat à l'opérande de gauche.

Le tableau 2-2 décrit l'ensemble de ces opérateurs.

Tableau 2-2 – Les opérateurs d'affectation combinée

Opérateur	Description
`+=`	Addition puis affectation : `$x += $y` équivaut à `$x = $x + $y` `$y` peut être une expression complexe dont la valeur est un nombre.
`-=`	Soustraction puis affectation : `$x -= $y` équivaut à `$x = $x - $y` `$y` peut être une expression complexe dont la valeur est un nombre.
`*=`	Multiplication puis affectation : `$x *= $y` équivaut à `$x = $x * $y` `$y` peut être une expression complexe dont la valeur est un nombre.

Tableau 2-2 – Les opérateurs d'affectation combinée *(suite)*

/=	Division puis affectation : `$x /= $y` équivaut à `$x = $x / $y` `$y` peut être une expression complexe dont la valeur est un nombre différent de 0.
%=	Modulo puis affectation : `$x %= $y` équivaut à `$x = $x % $y` `$y` peut être une expression complexe dont la valeur est un nombre.
.=	Concaténation puis affectation : `$x .= $y` équivaut à `$x = $x . $y` `$y` peut être une expression littérale dont la valeur est une chaîne de caractères.

Les constantes

Vous serez parfois amené à utiliser de manière répétitive des informations devant rester constantes dans toutes les pages d'un même site. Il peut s'agir de texte ou de nombres qui reviennent souvent. Pour ne pas risquer l'écrasement accidentel de ces valeurs, qui pourrait se produire si elles étaient contenues dans des variables, vous avez tout intérêt à les enregistrer sous forme de constantes personnalisées.

PHP dispose d'un ensemble de constantes prédéfinies utilisables dans tous les scripts.

Définir ses constantes personnalisées

Pour définir des constantes personnalisées, utilisez la fonction `define()`, dont la syntaxe est la suivante :

```
boolean define(string nom_cte, divers valeur_cte, boolean casse)
```

Dans cet exemple, vous attribuez la valeur `valeur_cte` à la constante nommée `nom_cte`, dont le nom doit être contenu dans une chaîne de caractères délimitée par des guillemets. Le paramètre `casse` vaut `TRUE` si le nom de la constante est insensible à la casse et `FALSE` sinon. La fonction `define()` retourne `TRUE` si la constante a bien été définie et `FALSE` en cas de problème, par exemple, si vous essayez de redéfinir une constante existante, ce qui est interdit. Toute tentative de modifier la valeur d'une constante en la redéfinissant provoque un avertissement (warning) de la part du serveur.

Attention

Une constante n'étant pas précédée du signe dollar ($), vous ne pouvez l'incorporer telle quelle dans une chaîne comme vous le faites avec les variables. Il vous faut donc la concaténer avec une chaîne ou la séparer de ce qui précède par une virgule dans l'instruction `echo`.

La fonction `defined(string nom_cte)` permet de vérifier si une constante nommée existe. Elle retourne `TRUE` si la constante nommée `nom_cte` existe et `FALSE` sinon. Cette vérification peut être utile, car il est impossible de déclarer deux constantes de même nom.

☛ **Exemple 2-2. Création et lecture de constantes**

```php
<?php
// Définition insensible à la casse
define("PI",3.1415926535,TRUE); ←❶
// Utilisation
echo "La constante PI vaut ",PI,"<br />";
echo "La constante PI vaut ",pi,"<br />";
// Vérification de l'existence
if (defined( "PI")) echo "La constante PI est déjà définie","<br />";
if (defined( "pi")) echo "La constante pi est déjà définie","<br />";
// Définition sensible à la casse, vérification de l'existence et utilisation
if(define("site","http://www.funhtml.com",FALSE)) ←❷
{
echo "<a href=\" " ,site, " \">Lien vers mon site </ a>";
}
?>
```

La constante PI étant déclarée insensible à la casse (repère ❶), elle peut être utilisée sous la forme PI ou pi ou encore Pi ou toute autre variante. Par contre, la constante site est déclarée sensible à la casse (repère ❷) et ne peut être utilisée qu'en minuscules.

Les constantes prédéfinies

Il existe dans PHP un grand nombre de constantes prédéfinies, que vous pouvez notamment utiliser dans les fonctions comme paramètres permettant de définir des options. Nous ne pouvons les citer toutes tant elles sont nombreuses, mais nous les définirons au fur et à mesure de nos besoins.

Le tableau 2-3 définit quelques constantes utiles à connaître. Si, par curiosité, vous voulez afficher l'ensemble des constantes existantes, vous pouvez écrire le code suivant :

```php
<?php
print_r(get_defined_constants());
?>
```

Vous obtenez une liste impressionnante, dont un grand nombre des valeurs sont des entiers.

Tableau 2-3 – Quelques constantes prédéfinies

PHP_VERSION	Version de PHP installée sur le serveur
PHP_OS	Nom du système d'exploitation du serveur
DEFAULT_INCLUDE_PATH	Chemin d'accès aux fichiers par défaut
__FILE__	Nom du fichier en cours d'exécution
__LINE__	Numéro de la ligne en cours d'exécution

En complément, vous trouverez à la section consacrée aux fonctions mathématiques, ultérieurement dans ce chapitre, une liste de constantes mathématiques classiques.

Les types de données

Dans PHP, il n'existe pas de déclaration explicite du type d'une variable lors de sa création. Même PHP 5 reste un langage pauvrement typé comparé à Java ou au C.

PHP permet la manipulation d'un certain nombre de types de données différents dans lequel on distingue :

- Les types scalaires de base :
  - Entiers, avec le type `integer`, qui permet de représenter les nombres entiers dans les bases 10, 8 et 16.
  - Flottants, avec le type `double` ou `float`, au choix, qui représentent les nombres réels, ou plutôt décimaux au sens mathématique.
  - Chaînes de caractères, avec le type `string`.
  - Booléens, avec le type `boolean`, qui contient les valeurs de vérité `TRUE` ou `FALSE` (soit les valeurs 1 ou 0 si on veut les afficher).
- Les types composés :
  - Tableaux, avec le type `array`, qui peut contenir plusieurs valeurs.
  - Objets, avec le type `object`.
- Les types spéciaux :
  - Type `resource`.
  - Type `null`.

Vous verrez dans les sections suivantes de quelle manière vous pouvez définir des variables pour qu'elles aient un des types ci-dessus.

Déterminer le type d'une variable

Avant de manipuler des variables, en utilisant, par exemple, des opérateurs, il peut être utile de connaître leur type. Cela permet de s'assurer que le résultat obtenu est conforme à ce qui est attendu et qu'il n'y a pas d'incompatibilité entre les types de ces variables. L'opérateur d'incrémentation appliqué à une chaîne, par exemple, peut donner des résultats curieux.

La principale fonction permettant de déterminer le type d'une valeur est `gettype()`, dont la syntaxe est la suivante :

```
string gettype($mavar)
```

Elle retourne une chaîne de caractères contenant le type de la variable en clair.

Les fonctions suivantes permettent de vérifier si une variable est d'un type précis :

- `is_integer($var)` ou `is_int($var)`
- `is_double($var)`
- `is_string($var)`

- is_bool($var)
- is_array($var)
- is_object($var)
- is_resource($var)
- is_null($var)

Elles retournent la valeur booléenne TRUE si la variable est du type recherché et FALSE dans le cas contraire.

Vous pouvez savoir si une variable contient une valeur scalaire en appelant la fonction is_scalar($var) et, plus précisément, si elle contient une valeur numérique de type integer ou double en appelant la fonction is_numeric($var).

Dans le code suivant, la variable $var est incrémentée d'une unité uniquement si elle contient une valeur numérique (repère ❶), et la variable $var2 est concaténée avec la chaîne "à tous" uniquement si elle est de type string (repère ❷) :

```php
<?php
$var = 73;
if(is_int($var)) ←❶
{
$var++;
echo "La variable vaut $var <br />";
}
// Affiche : La variable vaut 74
$var2="Bonjour ";
if(is_string($var2)) ←❷
{
$var2.=" à tous!";
echo $var2;
}
// Affiche : Bonjour à tous !
?>
```

La conversion de type

Malgré la grande souplesse, ou le grand laxisme, selon les opinions, de PHP à l'égard des types des variables, il peut être indispensable de convertir explicitement une variable d'un type dans un autre. C'est particulièrement vrai pour les variables issues d'un formulaire, ce dernier étant l'outil essentiel de communication du poste client au serveur. Ces variables sont toujours de type string.

Pour convertir une variable d'un type dans un autre, utilisez la syntaxe suivante :

```php
$result = (type_désiré) $mavar;
```

Si vous créez bien de la sorte une nouvelle variable du type désiré à partir de la première variable, celle-ci conserve son type initial. Si vous n'avez pas de raison de craindre de perdre la valeur initiale, il vous suffit de donner le même nom aux deux variables.

Dans l'exemple suivant, vous transformez une chaîne de caractères successivement en nombre décimal puis en entier et enfin en booléen :

```php
<?php
$var="3.52 kilomètres";
$var2 = (double) $var;
echo "\$var2= ",$var2,"<br />";//affiche "$var2=3.52"
$var3 = (integer) $var2;
echo "\$var3= ",$var3,"<br />";//affiche "$var3=3"
$var4 = (boolean) $var3;
echo "\$var4= ",$var4,"<br />";//affiche "$var4=1" soit la valeur true
?>
```

Vous avez également la possibilité de modifier le type de la variable elle-même au moyen de la fonction settype(), dont la syntaxe est la suivante :

```php
boolean settype($var,"type _désiré")
```

Elle retourne la valeur TRUE si l'opération est réalisée et FALSE dans le cas contraire. Avec cette fonction, le code précédent devient :

```php
<?php
$var="3.52 kilomètres";
settype($var,"double");
echo "\$var= ",$var,"<br />";//affiche "$var=3.52"
settype($var,"integer");
echo "\$var= ",$var,"<br />";//affiche "$var=3"
settype($var,"boolean");
echo "\$var= ",$var,"<br />";//affiche "$var=1" soit la valeur true
?>
```

Contrôler l'état d'une variable

Lors de l'envoi de données d'un formulaire vers le serveur, le script qui reçoit les informations doit pouvoir détecter l'existence d'une réponse dans les champs du formulaire. Les fonctions isset() et empty() permettent ce type de contrôle.

La fonction isset(), dont la syntaxe est la suivante :

```php
boolean isset($var)
```

retourne la valeur FALSE si la variable $var n'est pas initialisée ou a la valeur NULL et la valeur TRUE si elle a une valeur quelconque.

La fonction empty(), dont la syntaxe est la suivante :

```php
boolean empty($var)
```

retourne la valeur TRUE si la variable $var n'est pas initialisée, a la valeur 0 ou NULL ou la chaîne "0", et la valeur FALSE si elle a une quelconque autre valeur.

L'exemple suivant illustre les différences subtiles entre ces deux fonctions :

```
<?php
$a=null;
if(isset($a)){echo "\$a existe déjà<br />";}
else {echo "\$a n'existe pas<br />";}
if(empty($a)){echo "\$a est vide <br />";}
else {echo "\$a a la valeur $a<br />";}
//Affiche "$a n'existe pas" et "$a est vide"
$b=0;
if(isset($b)){echo "\$b existe déjà<br />";}
else {echo "\$b n'existe pas<br />";}
if(empty($b)){echo "\$b est vide <br />";}
else {echo "\$b a la valeur $b<br />";}
//Affiche "$b existe déjà" et "$b est vide"
$c=1;
if(isset($c)){echo "\$c existe déjà<br />";}
else {echo "\$c n'existe pas<br />";}
if(empty($c)){echo "\$b est vide <br />";}
else {echo "\$c a la valeur $c<br />";}
//Affiche "$c existe déjà" et "$c a la valeur 1"
?>
```

Pour la variable $a qui a la valeur NULL, isset() retourne également FALSE et empty(). Pour $b, qui a la valeur 0, isset() permet de détecter l'existence de cette variable bien que empty() la déclare vide. Il en irait de même si $b était une chaîne vide.

Pour une valeur numérique affectée à la variable $c, les deux fonctions retournent TRUE. Ces fonctions, et en particulier isset(), vous permettront de vérifier si un utilisateur a bien rempli tous les champs d'un formulaire (voir le chapitre 6).

Les entiers

Le type integer est affecté aux variables qui contiennent des valeurs entières positives ou négatives en base 10 (décimal), en base 2 (binaire), en base 8 (octal) ou en base 16 (hexadécimal).

Les entiers sont codés sur 32 bits sur la plupart des plates-formes, mais cela peut varier en fonction des serveurs. L'intervalle de valeur des entiers est donc dans ce cas de − 2 147 483 648, soit − 2^{31} à + 2 147 483 647, soit 2^{31} − 1 en base 10.

Si une opération sur une variable de type integer l'amène à contenir une valeur en dehors de cet intervalle, elle est automatiquement convertie en type double et conserve sa nouvelle valeur.

Les nombres en base 10 s'écrivent de la manière, que chacun connaît :

```
$varint = 1789;
$varint = -758;
```

Les nombres en base 2 doivent commencer par les caractères 0b, précédés éventuellement d'un signe et suivis d'un ou plusieurs chiffres strictement inférieurs à 2 :

```
$varbin = 0b1101;
echo $varbin; // Affiche 13
```

soit la valeur $1 \times 23 + 1 \times 22 + 0 \times 21 + 1 \times 20$, donc 13 en décimal.

Les nombres en base 8 doivent commencer par le chiffre 0, précédé éventuellement d'un signe et suivi de un ou plusieurs chiffres strictement inférieurs à 8 :

```
$varoct = 03267;
echo $varoct; // Affiche 1719
```

soit la valeur $3 \times 83 + 2 \times 82 + 6 \times 81 + 7 \times 80$, donc 1719 en décimal.

Notez que PHP n'affiche pas directement les valeurs en octal ou binaire et que l'utilisation de l'instruction echo $varoct, par exemple, n'affiche donc pas 03267 mais la valeur décimale 1719.

Les sections suivantes donnent les différentes fonctions de conversion entre les bases de numération.

Les nombres en base 16 commencent par les caractères 0x, ou 0X, au choix, suivis de un ou plusieurs chiffres (de 0 à 9) ou des lettres A (pour 10) à F (pour 15) :

```
$varhex = 0xFAC7;
echo $varhex;//Affiche 64199
```

soit, en décimal, la valeur :

$$15 \times 16^3 + 10 \times 16^2 + 12 \times 16^1 + 7 \times 16^0 = 64199.$$

Là encore, la deuxième ligne de code n'affiche pas la valeur hexadécimale. Pour afficher la valeur hexadécimale, utilisez les fonctions de conversion mathématiques, présentées ultérieurement dans ce chapitre.

Les flottants

Le type double est censé représenter les nombres réels. En fait, une représentation exacte des réels est impossible à réaliser dans la plupart des cas avec un nombre de bits limités, ici 32 bits.

En toute rigueur, le type double représente l'ensemble des nombres décimaux avec une précision de 14 chiffres, ce qui est suffisant dans la plupart des cas. Ce n'est pas un détail si vous voulez procéder à des calculs précis, scientifiques par exemple.

Pour effectuer des calculs plus précis qu'avec des nombres de type double, vous pouvez utiliser la bibliothèque BCMath. Présente par défaut dans WampServer et sur de nombreux serveurs susceptibles d'héberger votre site, elle fournit un éventail de fonctions de calcul avec une précision choisie à l'avance (pour plus de détails voir la page *http://fr2.php.net/manual/fr/book.bc.php*).

PHP admet pour les nombres flottants la notation décimale classique, avec le point comme séparateur, et la notation exponentielle, dite scientifique, avec le symbole e ou E.

Vous pouvez donc avoir les notations suivantes :

```php
<?php
$vardbl = 1952.36;
$vardbl2= 1.95236E3;//Soit 1.95236 x 1000
echo $vardbl2,"<br />";//Affiche 1952.36
$vardbl3= 1.95236e3;
echo $vardbl3,"<br />";//Affiche 1952.36
echo $vardbl3*100000000000,"<br />";//Affiche 1.95236E14
?>
```

L'affichage se fait sous forme décimale tant que le nombre a moins de 15 chiffres. Au-delà, il est fait sous forme exponentielle.

Les opérateurs numériques

PHP offre un large éventail d'opérateurs utilisables avec des nombres. Les variables ou les nombres sur lesquels agissent ces opérateurs sont appelés les opérandes.

Le tableau 2-4 donne la description de ces opérateurs, dont la plupart vous sont certainement familiers.

Tableau 2-4 – Les opérateurs numériques

Opérateur	Description
+	Addition
-	Soustraction
*	Multiplication
/	Division

%	Modulo : reste de la division du premier opérande par le deuxième. Fonctionne aussi avec des opérandes décimaux. Dans ce cas, PHP ne tient compte que des parties entières de chacun des opérandes.
	`$var = 159;`
	`echo $var%7; //affiche 5 car 159=22x7 + 5.`
	`$var = 10.5;`
	`echo $var%3.5; //affiche 1et non pas 0.`

--	Décrémentation : soustrait une unité à la variable. Il existe deux possibilités, la prédécrémentation, qui soustrait avant d'utiliser la variable, et la postdécrémentation, qui soustrait après avoir utilisé la variable.
	`$var=56;`
	`echo $var--; //affiche 56 puis décrémente $var.`
	`echo $var; //affiche 55.`
	`echo --$var; //décrémente $var puis affiche 54.`

++	Incrémentation : ajoute une unité à la variable. Il existe deux possibilités, la préincrémentation, qui ajoute 1 avant d'utiliser la variable, et la postincrémentation, qui ajoute 1 après avoir utilisé la variable.
	`$var=56;`
	`echo $var++; //affiche 56 puis incrémente $var.`
	`echo $var; //affiche 57.`
	`echo ++$var; //incrémente $var puis affiche 58.`

Les fonctions mathématiques

Le module de base de PHP offre un grand nombre de fonctions mathématiques utiles. Les noms des fonctions n'étant pas sensibles à la casse, vous pouvez écrire abs(), Abs() ou ABS() pour la fonction valeur absolue, par exemple.

Le tableau 2-5 récapitule les fonctions mathématiques offertes par PHP.

Tableau 2-5 – Les fonctions mathématiques

`double/integer abs (double/integer X)`	Valeur absolue de X : `echo abs(-543); //affiche 543.`
`double acos (double X)`	Arc cosinus de X, qui doit être compris entre – 1 et + 1. Le résultat est en radians : `echo acos(0.5); // affiche 1.0471975511966.`
`double acosh (double X)`	Arc cosinus hyperbolique de X. Ne fonctionne pas sous Windows.
`double asin (double X)`	Arc sinus de X, qui doit être compris entre – 1 et + 1. Le résultat est en radians : `echo asin(0.5); // affiche 0.5235987755983.`
`double asinh (double X)`	Arc sinus hyperbolique de X. Ne fonctionne pas sous Windows.
`double atan (double X)`	Arc tangente de X. Le résultat est en radians : `echo atan(5);// affiche 0.46364760900081.`
`double atan2 (double Y, double X )`	Arc tangente du rapport Y/X. Le résultat est en radians. Il faut que Y soit différent de 0.
`double atanh (double X)`	Arc tangente hyperbolique de X.
`string base_convert (string N, integer B1, integer B2)`	Convertit le nombre N contenu dans une chaîne de la base B1 dans la base B2.
`integer bindec (string X)`	Convertit un nombre binaire X contenu dans une chaîne en base 10.
`double ceil (double X)`	Retourne l'entier immédiatement supérieur à X.
`double cos (double X)`	Cosinus de X qui doit être exprimé en radians.
`double cosh (double X)`	Cosinus hyperbolique de X.
`string decbin (integer X)`	Convertit X de la base 10 en binaire.
`string dechex (integer X)`	Convertit X de la base 10 en hexadécimal.
`string decoct (integer X)`	Convertit X de la base 10 en octal.
`double deg2rad (double X)`	Convertit X de degrés en radians.
`double exp (double X)`	Exponentielle de X, soit e^x.
`double expm1 (double X)`	Retourne l'exponentielle de X – 1, soit ex –1.
`double floor (double X)`	Retourne la partie entière de X, soit l'entier immédiatement inférieur à X.
`double fmod (double X, double Y)`	Retourne le reste de la division de Y par X pour des opérandes de type double.
`integer getrandmax (void)`	Indique la valeur maximale retournée par la fonction rand().

Tableau 2-5 – Les fonctions mathématiques *(suite)*

`integer hexdec (string CH)`	Convertit la chaîne hexadécimale CH en décimal.
`double hypot (double X, double Y)`	Retourne la valeur de l'hypoténuse d'un triangle rectangle dont les côtés de l'angle droit sont X et Y, donc la valeur de la racine carrée de $(X^2 + Y^2)$.
`boolean is_finite ( double X)`	Retourne TRUE si la valeur X est finie, c'est-à-dire dans l'intervalle des valeurs admises pour un double, et FALSE dans le cas contraire.
`boolean is_infinite ( double X)`	Retourne TRUE si la valeur X est supérieure à la valeur maximale admise pour un double, et FALSE dans le cas contraire.
`boolean is_nan (double X)`	Retourne TRUE si la valeur X n'est pas un nombre, et FALSE dans le cas contraire.
`double lcg_value (void)`	Retourne un nombre aléatoire compris entre 0 et 1.
`double log (double X, double B)`	Logarithme népérien (de base e) du nombre X.
`double log10 (double X)`	Logarithme décimal (de base 10) de X.
`double log1p (double X)`	Logarithme népérien de $(1 + X)$.
`double/integer max (double/integer X, double/integer Y)`	Retourne la valeur maximale de X et de Y.
`double/integer min (double/integer X, double/integer Y)`	Retourne la valeur minimale de X et de Y.
`integer mt_getrandmax (void)`	Retourne la plus grande valeur aléatoire que peut retourner la fonction `mt_rand()`.
`integer mt_rand ( integer Min, integer Max)`	Génère un résultat compris entre Min et Max ou entre 0 et la constante RAND_MAX si vous omettez les paramètres.
`void mt_srand ( integer N)`	Initialise le générateur de nombres aléatoires pour la fonction `mt_rand()`. Le paramètre *N* est un entier quelconque.
`integer octdec (string CH)`	Convertit un nombre octal contenu dans la chaîne CH en base 10.
`double pi (void)`	Retourne la valeur de `pi`.
`double/integer pow (double/integer X, double/integer Y)`	Calcule X à la puissance Y. Les paramètres peuvent être entiers ou décimaux.
`double rad2deg (double X)`	Convertit X de radians en degrés.
`integer rand (integer Min, integer Max)`	Retourne un nombre aléatoire compris entre Min et Max y compris les bornes.
`double round (double X, integer N)`	Arrondit X avec N décimales.
`double sin (double X)`	Sinus de X exprimé en radians.
`double sinh (double X)`	Sinus hyperbolique de X.
`double sqrt (double X)`	Racine carrée de X (qui doit être positif).
`void srand (integer N)`	Initialise le générateur de nombres aléatoires de la fonction `rand()`. Le paramètre *N* est un entier quelconque.
`double tan (double X)`	Tangente de X qui doit être en radians.
`double tanh (double X)`	Tangente hyperbolique de X.

Les booléens

L'utilisation d'expressions booléennes est à la base de la création des instructions conditionnelles, qui permettent de gérer le déroulement d'un algorithme.

En plus de la définition du type `boolean`, il est important de connaître la manière dont PHP procède à l'évaluation des expressions dans un contexte booléen. Certaines évaluations ne sont pas du tout intuitives et peuvent donner des résultats inattendus au premier abord.

Le type boolean

Le type `boolean` est sûrement le plus simple puisqu'il ne peut contenir que deux valeurs différentes `TRUE` ou `FALSE`, correspondant aux valeurs vrai et faux qui peuvent être prises par une expression conditionnelle. Par exemple, `$a < 75` est évaluée à `TRUE` si `$a` vaut 74 et à `FALSE` si `$a` vaut 76.

L'exemple de code suivant :

```
<?php
$a=80;
$b= ($a<95);
echo "\$sb vaut ",$b,"<br />";
?>
```

affiche `$b vaut 1`.

La variable `$b` est de type `boolean` car elle est le résultat de l'expression `$a<95`. Sa valeur est `TRUE`. PHP assimile en interne la valeur `TRUE` à 1 et la valeur `FALSE` à 0, ce qui est un héritage de PHP 3, dans lequel le type `boolean` n'existait pas explicitement. C'est pour cette raison que l'affichage de `$b` est 1 au lieu de `TRUE` et une chaîne vide au lieu de 0 si `$b` vaut `FALSE`, ce qui peut être déconcertant.

Vous pouvez bien sûr affecter directement des variables avec des valeurs booléennes, comme ci-dessous :

```
$vart = TRUE;//ou encore $vart =true
$varf = FALSE;//ou encore $varf =false
```

Cette méthode n'est toutefois à utiliser que pour modifier explicitement la valeur d'une variable existante ou pour s'assurer de l'existence d'une valeur par défaut.

Nous manipulons généralement non pas des variables booléennes mais des expressions à valeur booléenne dans des instructions conditionnelles, comme `if($a<95)`, dans laquelle l'expression `$a<95` a une évaluation à `TRUE` ou à `FALSE` selon la valeur de `$a`.

L'expression peut être une fonction dont la valeur de retour est un booléen. PHP réalise une évaluation booléenne d'un certain nombre d'expressions qui ne comportent pas d'opérateurs de comparaison.

Vous pouvez donc écrire :

```
$a=15;
if($a) {echo "$a existe et vaut $a";}
```

L'expression entre parenthèses qui ne contient que la variable $a est évaluée à TRUE car la variable $a existe et a une valeur non nulle. Dans le contexte d'évaluation booléenne de l'instruction if la valeur de $a n'a pas d'importance.

Vous pouvez traduire if($a) par « si $a existe et a une valeur », ce qui est vrai dans l'exemple ci-dessus. Chaque expression simple ou complexe peut donc être évaluée par une valeur booléenne en dehors de sa valeur propre, numérique ou autre.

Évaluation booléenne des expressions

Le tableau 2-6 indique la manière dont sont évaluées les expressions PHP dans un contexte booléen. Il est important de bien connaître ces règles.

Tableau 2-6 – Règles d'évaluation booléenne des expressions

Expressions évaluées à FALSE	– Le mot-clé FALSE
	– La valeur entière 0 de type integer
	– La valeur décimale 0.0 de type double
	– La chaîne "0" de type string
	– Une variable de type NULL
	– Une variable non initialisée
	– Un tableau vide
	– Un objet sans propriété ni méthode
	– Une expression logique fausse utilisant un ou plusieurs opérateurs
Expressions évaluées à TRUE	Toutes les autres possibilités, y compris l'entier -1, car il est non nul, et la chaîne "false", car elle est non vide. Les variables de type resource sont également évaluées à TRUE.

Les opérateurs booléens

Quand ils sont associés, les opérateurs booléens servent à écrire des expressions simples ou complexes, qui sont évaluées par une valeur booléenne TRUE ou FALSE.

Typiquement utilisés dans les instructions conditionnelles (voir le chapitre 3), ils se décomposent en deux catégories : les opérateurs de comparaison (voir tableau 2-7), qui testent, par exemple, l'égalité de deux valeurs, et les opérateurs logiques proprement dits, qui servent à écrire des expressions composées (voir tableau 2-8).

Il est important de bien manipuler ces opérateurs car ils sont à la base de l'élaboration des expressions conditionnelles complexes. En règle générale, les opérandes de ces opérateurs sont des expressions plus ou moins complexes.

Tableau 2-7 – Les opérateurs de comparaison

Opérateur	Description

==	Teste l'égalité de deux valeurs.
	L'expression $a == $b vaut TRUE si la valeur de $a est égale à celle de $b et FALSE dans le cas contraire :
	`$a = 345;`
	`$b = "345";`
	`$c = ($a==$b);`
	$c est un booléen qui vaut TRUE car dans un contexte de comparaison numérique, la chaîne "345" est évaluée comme le nombre 345. Si $b="345 éléphants" nous obtenons le même résultat.

!= ou <>	Teste l'inégalité de deux valeurs. L'expression $a != $b vaut TRUE si la valeur de $a est différente de celle de $b et FALSE dans le cas contraire.

===	Teste l'identité des valeurs et des types de deux expressions.
	L'expression $a === $b vaut TRUE si la valeur de $a est égale à celle de $b et que $a et $b sont du même type. Elle vaut FALSE dans le cas contraire :
	`$a = 345;`
	`$b = "345";`
	`$c = ($a===$b);`
	$c est un booléen qui vaut FALSE car si les valeurs sont égales, les types sont différents (integer et string).

!==	Teste la non-identité de deux expressions.
	L'expression $a !== $b vaut TRUE si la valeur de $a est différente de celle de $b ou si $a et $b sont d'un type différent. Dans le cas contraire, elle vaut FALSE :
	`$a = 345;`
	`$b = "345";`
	`$c = ($a!==$b);`
	$c est un booléen qui vaut TRUE car si les valeurs sont égales, les types sont différents (integer et string).

<	Teste si le premier opérande est strictement inférieur au second.
<=	Teste si le premier opérande est inférieur ou égal au second.
>	Teste si le premier opérande est strictement supérieur au second.
>=	Teste si le premier opérande est supérieur ou égal au second.

Tableau 2-8 – Les opérateurs logiques

Opérateur	Description

OR	Teste si l'un au moins des opérandes a la valeur TRUE :
	`$a = true;`
	`$b = false;`
	`$c = false;`
	`$d = ($a OR $b);//$d vaut TRUE.`
	`$e = ($b OR $c); //$e vaut FALSE.`

||	Équivaut à l'opérateur OR mais n'a pas la même priorité.

Tableau 2-8 – Les opérateurs logiques *(suite)*

XOR	Teste si un et un seul des opérandes a la valeur TRUE :

	```$a = true;```
	```$b = true;```
	```$c = false;```
	```$d = ($a XOR $b); //$d vaut FALSE.```
	```$e = ($b XOR $c); //$e vaut TRUE.```

AND	Teste si les deux opérandes valent TRUE en même temps :

	```$a = true;```
	```$b = true;```
	```$c = false;```
	```$d = ($a AND $b); //$d vaut TRUE.```
	```$e = ($b AND $c); //$e vaut FALSE.```

&&	Équivaut à l'opérateur AND mais n'a pas la même priorité.
!	Opérateur unaire de négation, qui inverse la valeur de l'opérande :

	```$a = TRUE;```
	```$b = FALSE;```
	```$d = !$a; //$d vaut FALSE.```
	```$e = !$b; //$e vaut TRUE.```

Attention

Une erreur classique dans l'écriture des expressions conditionnelles consiste à confondre l'opérateur de comparaison == avec l'opérateur d'affectation =.

L'usage des parenthèses dans la rédaction des expressions booléennes est souvent indispensable et toujours recommandé pour éviter les problèmes liés à l'ordre d'évaluation des opérateurs.

Les chaînes de caractères

Les chaînes de caractères sont avec les nombres les types de données les plus manipulés sur un site web. De surcroît, dans les échanges entre le client et le serveur au moyen de formulaires, toutes les données sont transmises sous forme de chaînes, d'où leur importance.

Définir des chaînes

Une chaîne de caractères est une suite de caractères alphanumériques contenus entre des guillemets simples (apostrophes) ou doubles. Par exemple :

```
$a = 'PHP5 et MySQL';
$b = "PHP5 et MySQL";
```

Si les chaînes ne contiennent que des caractères, les deux types de notation sont parfaitement équivalents. Si une chaîne contient une variable, celle-ci est évaluée, et sa valeur incorporée à la chaîne uniquement si vous utilisez des guillemets et non des apostrophes :

```
$a = 'PHP';
$b = 'MySQL';
$c = "PHP et $b";//affiche : PHP et MySQL
```

```
$d = 'PHP et $b';
/*affiche PHP et $b car $ et b sont considérés comme des caractères sans
➡signification particulière*/
```

Se pose alors la question de l'inclusion des guillemets simples ou doubles comme caractères normaux à l'intérieur d'une chaîne.

Pour inclure une apostrophe dans une chaîne délimitée par des apostrophes, il faut les faire précéder du caractère d'échappement antislash \. Le principe est le même pour les guillemets.

L'exemple suivant :

```
$a = 'Faire l\'ouverture ';
echo $a;
```

affiche le texte « Faire l'ouverture », et le suivant :

```
$b = "Sa devise est : \"Liberté, Égalité, Fraternité\" ";
echo $b;
```

affiche « Sa devise est : "Liberté, Égalité, Fraternité" ».

Si vous voulez utiliser le caractère \ en tant que tel dans une chaîne, vous devez le faire précéder d'un autre antislash.

L'exemple suivant :

```
$path = "C:\\php\\www\\exemple.php";
echo $path;
```

affiche « C:\php\www\exemple.php ».

Le tableau 2-9 indique les séquences d'échappement utiles en PHP.

Tableau 2-9 – Les séquences d'échappement

Séquence	Signification
\'	Affiche une apostrophe.
\"	Affiche des guillemets.
\$	Affiche le signe $.
\\	Affiche un antislash.
\n	Nouvelle ligne (code ASCII 0x0A).
\r	Retour chariot (code ASCII 0x0D).
\t	Tabulation horizontale (code ASCII 0x09).
\[0-7] {1,3}	Séquence de caractères désignant un nombre octal (de 1 à 3 caractères 0 à 7) et affichant le caractère correspondant : `echo "\115\171\123\121\114"; //Affiche MySQL.`
\x[0-9 A-F a-f] {1,2}	Séquence de caractères désignant un nombre hexadécimal (de 1 à 2 caractères 0 à 9 et A à F ou a à f) et affichant le caractère correspondant : `echo "\x4D\x79\x53\x51\x4C"; // Affiche MySQL`

Concaténer des chaînes

L'opérateur PHP de concaténation est le point (.), qui fusionne deux chaînes littérales ou contenues dans des variables en une seule chaîne.

Le code suivant :

```
$a = "PHP";
$b = "MySQL";
$c = "Utilisez ".$a." et ".$b. " pour construire un site dynamique";
echo $c;
```

affiche :

```
Utilisez PHP et MySQL pour construire un site dynamique
```

Lors de l'affichage avec l'instruction echo, cette concaténation peut être simulée en séparant chaque chaîne ou variable par une virgule.

L'exemple suivant :

```
echo "Utilisez ",$a," et ",$b, " pour construire un site dynamique";
```

affiche le même résultat, mais aucune chaîne ne contient l'ensemble du texte.

De nombreuses fonctions permettent d'effectuer toutes sortes de manipulations sur les chaînes de caractères. Le chapitre 4 leur est entièrement consacré.

Les tableaux

Les tableaux représentent un type composé car ils permettent de stocker sous un même nom de variable plusieurs valeurs indépendantes d'un des types de base que vous venez de voir. C'est comme un tiroir divisé en compartiments. Chaque compartiment, que nous nommerons un élément du tableau, est repéré par un indice numérique (le premier ayant par défaut la valeur 0 et non 1). D'où l'expression de tableau indicé.

Chaque élément peut aussi être identifié par une étiquette, qui est une chaîne de caractères ou une variable de type string, nommée clé, associée à l'élément du tableau. Ce type de tableau est appelé tableau associatif.

Les éléments de ces tableaux peuvent être de type integer, double, boolean, string ou même array, ce qui permet de créer des tableaux de tableaux, c'est-à-dire des tableaux multidimensionnels, ce que PHP ne permet pas explicitement, contrairement à d'autres langages.

Les éléments d'un tableau pourraient aussi être des types object ou resource, qui sont présentés dans les sections suivantes.

D'une manière primaire, vous définissez la valeur d'un élément de tableau indicé à l'aide de la syntaxe à crochets [], avec un nom de variable, suivi des crochets, qui contiennent l'indice ou la variable de type integer :

```
$tab[0] = 2004;
$tab[1] = 31.14E7;
$tab[2] = "PHP5";
$tab[35] = $tab[2]. "et MySQL";
$tab[] = TRUE;//voir les paragraphes suivants
$ind = 40;
$tab[$ind] = "Dernier élément";
echo "Nombre d'éléments = ", count($tab);
```

La variable $tab est un tableau par le simple fait que son nom est suivi de crochets et d'un indice. Il contient maintenant six éléments de types variés.

Les trois premiers éléments sont affectés en utilisant des indices incrémentés d'une unité. Pour le quatrième élément, l'indice utilisé ne succède pas aux précédents. Cela implique que les éléments d'indice 3 à 34 sont non seulement vides mais n'existent pas. En effet, la fonction count($tab), qui retourne le nombre d'éléments du tableau qui lui est passé en paramètre, retourne ici la valeur 6 (en réalité, ces éléments sont de type NULL).

L'élément suivant est affecté sans qu'aucun indice soit précisé. Dans ce cas, il a automatiquement l'indice suivant celui de l'élément précédemment affecté, soit ici l'indice 36. L'avantage de cette syntaxe est de permettre d'ajouter un nouvel élément à la fin d'un tableau sans connaître la valeur du premier indice disponible.

Le dernier élément est créé en lui donnant comme indice la valeur d'une variable de type integer qui est de 40.

Pour lire la valeur d'un élément de tableau dans un script, il suffit d'utiliser la même syntaxe en précisant l'indice de la valeur désirée.

L'exemple suivant :

```
echo "<p> Le langage préféré de l'open source est $tab[2] <br />";
echo " Utilisez $tab[35] </p>";
```

affiche :

```
Le langage préféré de l'open source est PHP
Utilisez PHP et MySQL
```

La syntaxe permettant de définir les éléments de tableaux associatifs est similaire, mais vous remplacez l'indice numérique par une chaîne de caractères quelconques ou par une variable ou une constante de type string. Il ne faut donc pas oublier d'inclure cette chaîne dans des apostrophes ou des guillemets, faute de quoi vous vous exposez à quelques problèmes dans des cas particuliers.

Pour bien voir le danger de ne pas utiliser de guillemets pour définir les clés, analysez le code suivant, dans lequel l'élément de clé "lang" est défini avec la valeur "PHP et MySQL" puis un élément dont la clé est CTE (sans guillemets) et la valeur "ASP.NET". Comme vous n'avez pas utilisé les guillemets, CTE ne représente pas la chaîne "CTE" mais la valeur d'une constante définie précédemment et dont la valeur est `"lang"`. En affichant `$tab2["lang"]` vous obtenez la valeur `"ASP.NET"` et non `"PHP ET MySQL"`, laquelle a été écrasée. De même, en affichant `$tab2["CTE"]`, vous obtenez la valeur `"JAVA"`.

L'utilisation d'éléments de tableau associatif dans des chaînes pose problème.

Le fait d'écrire :

```
echo "<p> Vous utilisez $tab2['deux'] <br />";
```

provoque une erreur et l'arrêt du script, ce qui ne se produit pas avec un tableau indicé. Pour pallier cet inconvénient, il faut que la variable soit contenue dans des accolades, comme dans l'exemple ci-dessous :

```
echo "<p> Vous utilisez {$tab2['deux']} <br />";
```

qui réalise un affichage normal, ou encore concaténer les chaînes et la variable comme ci-dessous :

```
echo "<p> Vous utilisez".$tab2['deux']. " <br />";
```

☞ **Exemple 2-2. Création de tableaux associatifs**

```php
<?php
$tab2["zéro"] = 2003;
$tab2['un'] = 31.14E7;
$tab2["deux"] = "PHP";
//***La ligne suivante provoque une erreur si elle est décommentée
//echo "<p> Vous utilisez $tab2['deux'] <br />";
//***on écrira à la place:
echo "<p> Vous utilisez {$tab2['deux']} <br />";
define("CTE","lang");//Crée la constante CTE
$tab2["lang"] = " PHP ET MySQL";
$tab2[CTE] = " ASP.NET";
$tab2["CTE"] = "JAVA";
echo "Le nombre d'éléments est ", count($tab2),"<br />";
echo "L'élément \$tab2[\"CTE\"] vaut ",$tab2["CTE"],"<br / >";
echo "L'élément \$tab2[CTE] vaut ",$tab2[CTE],"<br />";
echo "<p> Le langage préféré de l'open source est{$tab2["lang"]} <br />";
?>
```

Le script retourne le résultat suivant :

```
Vous utilisez PHP
Le nombre d'éléments est 5
L'élément $tab2["CTE"] vaut JAVA
L'élément $tab2[CTE] vaut ASP.NET
Le langage préféré de l'open source est ASP.NET
```

Remarquez que la dernière ligne ne correspond pas du tout à vos attentes, pas plus d'ailleurs qu'à la réalité.

> **Attention**
>
> Les clés des tableaux associatifs étant sensibles à la casse,
>
> `$tab["cle"]`
>
> est différent de
>
> `$tab["CLE"]`
>
> De plus, les chaînes définissant les clés ne doivent pas comporter d'espaces.

L'exemple 2-3 crée dynamiquement une liste de liens à partir des valeurs des éléments d'un tableau associatif. Dans la pratique, les valeurs des éléments du tableau devraient provenir d'une base de données pour que la page soit réellement dynamique. Les liens sont affichés dans un liste à puces créée avec les balises HTML `<ul>` et `<li>`, auxquelles est appliqué un style CSS défini dans l'en-tête du document.

☞ **Exemple 2-3. Utilisation des tableaux**

```
<!DOCTYPE html>
<html lang="fr">
<head>
<meta http-equiv="Content-Type" content="text/html; charset=UTF-8" />
<title>Les tableaux</title>
<style type="text/css">
ul {list-style-image:url("etoile.gif");}
</style>
</head>
<body>
<?php
//création des éléments du tableau
$tab["php"] = "php.net";
$tab["mysql"] = "mysql.com";
$tab["xhtml"] = "w3.org";
//création des liens
echo"<h2> Mes liens préférés </h2>";
echo "<ul><li><a href=\" http://www.{$tab['php']}\" title=\"Le site php.net\">
➥  PHP </a> </li>";
echo "<li><a href=\" http://www.{$tab['mysql']}\" title=\"Le site mysql.com\">
➥   MySQL </a> </li>";
echo "<li><a href=\" http://www.{$tab['xhtml']}\" title=\"Le site du W3C\">
➥   XHTML </a> </li></ul>";
?>
</body>
</html>
```

Le script affiche le résultat illustré à la figure 2-1.

Figure 2-1

Création dynamique de liens

Comme les chaînes, les tableaux offrent de nombreuses possibilités de manipulation des données. PHP fournit en standard un grand nombre de fonctions spécialisées permettant d'améliorer cette gestion. Elles seront abordées en détail au chapitre 5.

Les objets

PHP permet l'utilisation des classes et utilise le type object pour toute variable créée en tant qu'instance d'une classe. Nous reviendrons plus en détail sur les notions de classe et d'objet au chapitre 9.

La version 5 de PHP offre un éventail beaucoup plus large et rigoureux que PHP 4 de possibilités de programmation objet.

Le script suivant :

```php
<?php
class myclass{
// Définition de la classe (ici elle est vide)
}
$varcl = new myclass;      ←❶
echo "Le type de la variable \$varcl est :",gettype($varcl);   ←❷
?>
```

crée une classe nommée myclass puis une variable $varcl à l'aide de l'opérateur particulier new (repère ❶).

La ligne suivante (repère ❷) affiche :

```
Le type de la variable $varcl est : object
```

Vous venez de créer une variable d'un type nouveau.

Les types divers

PHP offre également deux types particuliers qui sont utilisés dans des circonstances bien définies.

Le type resource

Le type `resource` représente une référence à des informations présentes sur le serveur. Il est le type retourné par certaines fonctions particulières. C'est le cas, entre autres, des fonctions utilisées pour accéder à une base de données lors de la connexion, qui retournent une valeur de type `resource`. Cette dernière permet d'identifier chaque connexion initiée par un utilisateur puis est utilisée pour retourner les données après interrogation de la base par l'utilisateur concerné. Cet identifiant trouve toute son utilité quand il y a plusieurs connexions simultanées sur une même base, notamment à partir d'un même script.

L'exemple suivant réalise une connexion au serveur MySQL à l'aide de la fonction `mysql_connect()` et récupère un identifiant de connexion $connect, qui est la valeur retournée par cette fonction. Il affiche ensuite la valeur puis le type de cette variable.

```php
<?php
//*************Le type resource***************
$connect = mysql_connect("localhost","root","") or die ("ERREUR de CONNEXION");
echo "L'identifiant de connexion vaut : $connect <br />";
echo "Le type de la variable \$connect est ",gettype($connect);
?>
```

Le script affiche le résultat suivant :

```
L'identificateur de connexion vaut : Resource id #1
Le type de la variable $connect est resource
```

La lecture de la valeur de la variable $connect n'a pas d'intérêt particulier une fois la connexion réalisée, mais sa récupération permet d'accéder à la base de données. Pour plus de détails, voir le chapitre 15, consacré à l'accès aux bases de données MySQL.

Le type NULL

Le type `NULL`, ou `null`, est celui qui est attribué à une variable qui n'a pas de contenu ou qui a été explicitement initialisée avec la valeur `NULL`. Aussitôt qu'une valeur légale est donnée à la variable, elle prend le type correspondant.

> **Attention : *NULL* et *zéro***
> Une variable contenant une chaîne vide ou la valeur "0" n'a pas le type `NULL` mais `string`. De même, une variable contenant la valeur 0 est du type `integer`.

Dans le code suivant, le code de création de la variable $varvide (repère ❶) est déconseillé dans un script, car il génère un avertissement. De même, l'utilisation de cette variable par l'instruction echo est à proscrire.

```php
<?php
//***************le type NULL***************************
$varvide; ←❶
echo "La variable vide vaut : $varvide <br />";
echo "Le type de la variable \$varvide est ",gettype($varvide),"<br />";
$varvide="";
echo "La variable vide vaut : $varvide <br />";
echo "Le type de la variable \$varvide est ",gettype($varvide);
?>
```

Le code affiche le résultat suivant :

```
La variable vide vaut :
Le type de la variable $varvide est NULL
La variable vide vaut :
Le type de la variable $varvide est string
```

Mémo des fonctions

```
boolean define(string nom_cte, valeur [,bool casse])
```

Crée la constante nom_cte et lui attribue une valeur. Le paramètre casse indique que le nom de la constante est insensible à la casse (TRUE) ou non.

```
boolean defined(string nom_cte)
```

Retourne TRUE si la constante nom_cte existe et FALSE dans le cas contraire.

```
string gettype($nom_var)
```

Retourne le type de la variable $nom_var.

```
boolean empty($nom_var)
```

Retourne TRUE si la variable $nom_var n'est pas affectée ou a une des valeurs NULL, 0 ou "0" et FALSE dans le cas contraire.

```
boolean isset($nom_var)
```

Retourne TRUE si la variable $nom_var existe et est définie avec une valeur différente de NULL.

```
array get_defined_constants()
```

Retourne un tableau contenant toutes les constantes prédéfinies et celles qui ont été créées dans le script.

```
boolean settype($var, string type)
```

Effectue le transtypage de $var dans le type précisé. Retourne TRUE si l'opération est réussie et FALSE dans le cas contraire.

```
boolean is_array($var)
boolean is_bool($var)
boolean is_double($var)
boolean is_integer($var)
boolean is_null($var)
boolean is_object($var)
boolean is_resource($var)
boolean is_string($var)
```

Ces fonctions retournent TRUE si la variable est du type testé et FALSE dans le cas contraire.

Exercices

Exercice 1

Parmi les variables suivantes, lesquelles ont un nom valide : mavar, $mavar, $var5, $_mavar, $_5var, $__élément1, $hotel4* ?

Exercice 2

Donnez les valeurs de $x, $y, $z à la fin du script suivant :

```
$x="PostgreSQL";
$y="MySQL";
$z=&$x;
$x="PHP 5";
$y=&$x;
```

Exercice 3

Lisez les valeurs des variables du script de l'exercice 2 à l'aide du tableau $GLOBALS.

Exercice 4

Déterminez le numéro de version de PHP, le nom du système d'exploitation de votre serveur ainsi que la langue du navigateur du poste client.

Exercice 5

Donnez la valeur de chacune des variables pendant et à la fin du script suivant, et vérifiez l'évolution du type de ces variables :

```
$x="PHP5";
$a[]=&$x;
$y=" 5e version de PHP";
$z=$y*10;
$x.=$y;
$y*=$z;
$a[0]="MySQL";
```

Exercice 6

Donnez la valeur des variables $x, $y, $z à la fin du script :

```
$x="7 personnes";
$y=(integer) $x;
$x="9E3";
$z=(double) $x;
```

Exercice 7

Donnez la valeur booléenne des variables $a, $b, $c, $d, $e et $f :

```
$a="0";
$b="TRUE";
$c=FALSE;
$d=($a OR $b);
$e=($a AND $c);
$f=($a XOR $b);
```

3

Les instructions de contrôle

On retrouve dans PHP la plupart des instructions de contrôle des scripts. Indispensables à la gestion du déroulement d'un algorithme quelconque, ces instructions sont présentes dans tous les langages. PHP utilise une syntaxe très proche de celle du langage C.

Ceux qui ont déjà pratiqué un langage tel que le C ou plus simplement JavaScript seront en pays de connaissance. Pour les autres, une adaptation sera sans doute nécessaire. La version 5 de PHP a vu l'apparition de nouvelles instructions dédiées à la gestion des exceptions, comme try…catch ou throw, qui lui faisaient défaut jusqu'à présent. La version 5.4 a même vu le retour de l'ancestrale instruction goto, très controversée dans tous les langages.

Les instructions conditionnelles

Comme tout langage, PHP dispose d'instructions conditionnelles qui permettent d'orienter le déroulement d'un script en fonction de la valeur de données.

L'instruction if

L'instruction if est la plus simple et la plus utilisée des instructions conditionnelles. Présente dans tous les langages de programmation, elle est essentielle en ce qu'elle permet d'orienter l'exécution du script en fonction de la valeur booléenne d'une expression.

Sa syntaxe est la suivante :

```
if (expression) instruction;
```

Si l'expression incluse dans les parenthèses est évaluée à la valeur booléenne TRUE, l'instruction qui suit est exécutée. Dans le cas contraire, l'exécution passe directement à la ligne suivante.

L'instruction if peut être suivie d'un bloc d'instructions délimité par des parenthèses qui sera entièrement exécuté dans les mêmes conditions :

```
if(expression)
{
//bloc de code
}
```

La rédaction de l'expression est importante. Elle peut devenir complexe lorsqu'elle comprend des opérateurs logiques associant ses différents composants.

Dans le code suivant :

```
<?php
$a=6;
if(is_integer($a) && ($a<10 && $a>5) && ($a%2==0) ) {echo "Conditions satisfaites";}
?>
```

l'expression composée :

```
(is_integer($a) && ($a<10 && $a>5) && ($a%2==0))
```

est évaluée à TRUE si $a répond simultanément aux trois conditions suivantes : être un entier, être compris entre 5 et 10 et être divisible par 2, soit pour $a les valeurs possibles de 6 et 8 uniquement. Le message ne s'affiche donc que dans ces cas.

PHP réalise une évaluation booléenne d'un grand nombre d'expressions qui ne contiennent pas en elles-mêmes de variables booléennes. Il admet, par exemple, des expressions du genre :

```
$a = 25;
if($a) {echo "La condition est vraie <br />";}
```

Dans ce cas, ce n'est pas la valeur de la variable $a qui est prise en compte mais son évaluation booléenne, qui vaut TRUE. Nous avons déjà abordé ce point au chapitre 2. Le lecteur pourra se reporter au tableau 2-6 pour revoir les conditions d'évaluation dans les différents cas.

Ne pas se tromper d'opérateur

Une erreur courante consiste à confondre l'opérateur de comparaison == avec l'opérateur d'affectation =. Dans les expressions conditionnelles, pour tester l'égalité de deux valeurs il faut employer l'opérateur == ou encore === pour tester l'identité (même valeur et même type).

L'instruction if...else

L'instruction if...else permet de traiter le cas où l'expression conditionnelle est vraie et en même temps d'écrire un traitement de rechange quand elle est évaluée à FALSE, ce que ne permet pas une instruction if seule. L'instruction ou le bloc qui suit else est alors le seul à être exécuté. L'exécution continue ensuite normalement après le bloc else.

L'exemple 3-1 suivant calcule le prix net après une remise variable en fonction du montant des achats selon les critères suivants :

- Si le prix total est supérieur à 100 euros, la remise est de 10 %. Cette condition est traitée par l'instruction if (repère ❶).

- Pour les montants inférieurs ou égaux à 100 euros, la remise est de 5 %. Cette condition est traitée par l'instruction else (repère ❷).

☞ **Exemple 3-1. L'instruction *if...else***

```php
<?php
$prix=55;
if($prix>100)   ←❶
{
    echo "<b>Pour un montant d'achat de $prix &euro;, la remise est de 10 % </b>
    ➡<br />";
    echo "Le prix net est de ",$prix*0.90;
}
else   ←❷
{
    echo "<b>Pour un montant d'achat de $prix &euro;, la remise est de 5 %</b><br />";
    echo "<h3>Le prix net est de ",$prix*0.95,"</h3>";
}
?>
```

Compte tenu de la valeur attribuée ici à la variable $a, le script affiche le résultat suivant :

```
Pour un montant d'achat de 55 ¤, la remise est de 5 %
Le prix net est de 52.25 ¤
```

Le bloc qui suit les instructions if ou else peut contenir toutes sortes d'instructions, y compris d'autres instructions if...else. Nous obtenons dans ce cas une syntaxe plus complexe, de la forme :

```
if(expression1)
{//Bloc 1}
elseif(expression2)
{//Bloc 2}
else
{//Bloc 3}
```

Cette construction s'interprète de la façon suivante : si l'expression 1 est évaluée à TRUE, le bloc 1 est exécuté ; dans le cas contraire, si l'expression 2 qui suit l'instruction elseif est évaluée à TRUE, le bloc 2 est exécuté. Dans les autres cas, c'est le bloc 3 qui est exécuté. Quelle que soit la situation, un seul bloc est exécuté.

Dans l'exemple 3-11, vous voulez afficher le montant d'une remise calculée selon les modalités suivantes :

- Si vous achetez un PC de plus de 1 000 euros, la remise est de 15 %.

- Pour un PC de 1 000 euros et moins, la remise est de 10 %.

- Pour les livres, la remise est de 5 %.

- Pour tous les autres articles, la remise est de 2 %.

La première instruction if…elseif…else (repères ❶, ❷ et ❸) contrôle la catégorie du produit. La deuxième instruction if…else détermine le montant de la remise si le produit est un PC (repères ❹ et ❺). L'indentation du code permet une lecture plus facile. Faute d'une telle indentation, il est difficile de distinguer à quelle instruction if se rapporte une instruction else.

☛ **Exemple 3-2. Les instructions *if* imbriquées**

```php
<?php
// *********************if...elseif...else************** **
$cat="PC";
$prix=900;
if($cat=="PC")  ←❶
{
   if($prix >= 1000)  ←❹
   {
      echo "<b>Pour l'achat d'un PC d'un montant de $prix &euro;, la remise est de
      ➥15 %</b><br />";
      echo "<h3> Le prix net est de : ",$prix*0.85, "&euro; </h3>";
   }
   else  ←❺
   {
      echo "<b>Pour l'achat d'un PC d'un montant de $prix &euro;, la remise est de
      ➥10 %</b><br />";
      echo "<h3> Le prix net est de : ",$prix*0.90, "&euro; </h3>";
   }
}
elseif($cat=="Livres")  ←❷
{
   echo "<b>Pour l'achat de livres la remise est de 5 %</ b><br />";
   echo "<h3> Le prix net est de : ",$prix*0.95, "&euro; </h3>";
}
else  ←❸
{
   echo"<b>Pour les autres achats la remise est de 2 %</ b><br />";
   echo "<h3> Le prix net est de : ",$prix*0.98, "&euro; </h3>";
}
?>
```

Le résultat de ce script pour $cat à la valeur "PC" et la variable $prix à la valeur 900 donne l'affichage suivant :

```
Pour l'achat d'un PC d'un montant de 900 ¤, la remise est de 10 %
Le prix net est de : 810¤
```

L'opérateur ?

L'opérateur ? permet de remplacer avantageusement une instruction if...else en évaluant une expression et en attribuant à une variable une première valeur si la condition est vraie ou une autre valeur si elle est fausse.

Sa syntaxe est la suivante :

```
$var = expression ? valeur1 : valeur2
```

Elle est équivalente à :

```
if(expression) {$var=valeur1;}
else {$var=valeur2;}
```

Le premier exemple de calcul de remise pourrait s'écrire :

```
$var = ($prix>100)? "la remise est de 10 %":"la remise est de 5 %";
echo "<b>Pour un montant d'achat de $prix &euro;: $var </b><br />";
```

au lieu de :

```
if($prix>100)
{
    echo "<b>Pour un montant d'achat de $prix &euro;, la remise est de 10 %</b><br />";
}
else
{
    echo "<b>Pour un montant d'achat de $prix &euro;, la remise est de 5 %</b><br />";
}
```

Cet opérateur est généralement employé avec des expressions booléennes courtes. L'exemple 3-3 adapte un texte en fonction de la valeur d'une variable, soit pour une formule de politesse en fonction du sexe du visiteur, soit pour mettre au pluriel un mot en fonction d'un nombre.

☞ Exemple 3-3. L'opérateur ?

```
<?php
$ch = "Bonjour ";
$sexe="M";
$ch .= ($sexe=="F")?"Madame":"Monsieur";
echo "<h2>$ch</h2>";
$nb = 3;
$pmu ="Il faut trouver ".$nb;
$mot = ($nb==1)?" cheval":" chevaux";
echo "<h3> $pmu $mot </h3>";
?>
```

Compte tenu des valeurs des variables $sexe et $nb le résultat retourné est le suivant :

```
Bonjour Monsieur
Il faut trouver 3 chevaux
```

L'instruction switch...case

Supposez que vous vouliez associer un code de département avec son nom réel. Avec une suite d'instructions if, vous écririez le script suivant :

```php
<?php
$dept=75;
if($dept==75) echo "Paris";
if($dept==78) echo "Hauts de Seine";
if($dept==91) echo "Yvelines";
if($dept==93) echo "Seine Saint Denis";
?>
```

dans lequel la variable $dept proviendrait d'un formulaire, par exemple.

Ce code peut être simplifié sans multiplier les instructions if grâce à l'instruction switch...case. Cette dernière permet de comparer la valeur d'une expression avec une liste de valeurs prédéterminées par le programmeur et d'orienter le script en fonction de la valeur de cette expression.

La syntaxe de cette instruction est la suivante :

```php
switch(expression)
{
case valeur1:
 bloc d'instructions 1;
 break;

case valeur2:
 bloc d'instructions 2;
 break;
.......................
case valeurN:
 bloc d'instructions N;
 break;

default:
 bloc d'instructions par défaut;
 break;
}
```

Si l'expression qui suit le mot-clé switch vaut valeur1, les instructions qui suivent la première instruction case sont exécutées, après quoi l'exécution passe à la fin du bloc switch. Il en va de même pour les valeurs suivantes. Si aucune concordance n'est trouvée, ce sont les instructions qui suivent l'instruction default qui sont exécutées.

La présence de cette instruction n'est pas obligatoire, mais elle est conseillée pour faire face à toutes les éventualités, telles les erreurs de saisie, par exemple. Chaque groupe case doit se terminer par une instruction break, faute de quoi les autres blocs case sont aussi exécutés.

La valeur qui suit chaque instruction case peut être une constante littérale ou une constante nommée, déclarée précédemment à switch à l'aide du mot-clé define.

Plusieurs instructions case différentes peuvent se succéder avant qu'intervienne un bloc d'instructions (voir repère ❶ dans l'exemple 3-4). Dans ce cas, les différentes valeurs indiquées déclenchent l'exécution du même code (repère ❷).

Le script précédent devient celui de l'exemple 3-4.

☞ **Exemple 3-4. L'instruction *switch...case***

```php
<?php
$dept=75;
switch($dept)
{
//Premier cas
case 75: ←❶
case "Capitale": ←❶
echo "Paris"; ←❷
break;
//Deuxième cas
case 78:
echo "Hauts de Seine";
break;
//Troisième cas
case 93:
case "Stade de France":
echo "Seine Saint Denis";
break;
//la suite des départements...
//Cas par défaut
default:
echo "Département inconnu en Ile de France";
break;
}
?>
```

Les instructions de boucle

Les boucles permettent de répéter des opérations élémentaires un grand nombre de fois sans avoir à réécrire le même code. Selon l'instruction de boucle utilisée, le nombre d'itérations peut être défini à l'avance ou être déterminé par une condition particulière.

La boucle for

Présente dans de nombreux langages, la boucle for permet d'exécuter plusieurs fois la même instruction ou le même bloc sans avoir à réécrire les mêmes instructions. Sa syntaxe est la suivante :

```
for(expression1; expression2; expression3)
{
//instruction ou bloc;
}
```

expression1 est toujours évaluée. Il s'agit généralement de l'initialisation d'une ou plusieurs variables servant de compteur pour la boucle. expression2 est ensuite évaluée avec une valeur booléenne : si elle vaut TRUE, la boucle continue et les instructions comprises dans le bloc sont exécutées, sinon la boucle s'arrête. Si elle est toujours vraie on obtient une boucle infinie, vérifiez donc qu'elle peut être fausse. expression3 n'est exécutée qu'à la fin de chaque itération. Il s'agit le plus souvent d'une instruction d'incrémentation de la variable compteur.

L'exemple 3-5 crée un document qui affiche six niveaux de titre utilisant les balises <h1> à <h6> en deux lignes de code seulement.

☞ **Exemple 3-5. Une boucle *for* simple**

```
<?php
for($i=1;$i<7;$i++)
{
echo "<h$i> $i :Titre de niveau $i </h$i>";
}
?>
```

Le résultat de la boucle est illustré à la figure 3-1.

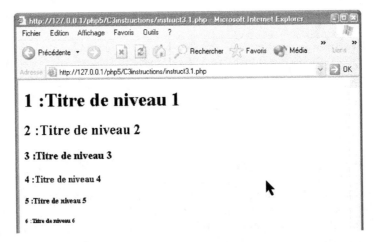

Figure 3-1
Création de titres

Les trois expressions utilisées dans la boucle for peuvent contenir plusieurs parties séparées par des virgules. La boucle peut en ce cas être réalisée sur plusieurs variables, comme illustré à l'exemple 3-6.

☞ **Exemple 3-6. Une boucle à plusieurs variables**

```php
<?php
for($i=1,$j=9;$i<10,$j>0;$i++,$j--)
//$i varie de 1 à 9 et $j de 9 à 1
{
echo "<span style=\"border-style:double;border-width:3;\"> $i + $j=10</span>";
}
?>
```

Le résultat de cette boucle double est la table d'addition de la figure 3-2.

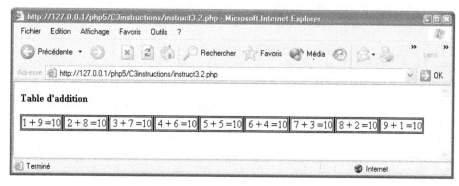

Figure 3-2

Table d'addition créée par une boucle double.

Les boucles imbriquées

Il est possible d'imbriquer des boucles for les unes dans les autres sur autant de niveaux que désiré, le bloc qui suit la première contenant toutes les autres. Chaque variable compteur déclarée dans une boucle n'est utilisable que dans la boucle qui la déclare et dans celles de niveau inférieur.

L'exemple 3-7 ci-après crée une table de multiplication dans un tableau HTML à deux dimensions, chaque dimension étant gérée par une variable compteur différente, $i et $j. La première boucle for (repère ❶) ne sert qu'à créer la ligne d'en-tête de la table. La variable $i est locale à la boucle. Le fait de réutiliser le même nom de variable dans la boucle suivante n'a donc aucune importance.

Deux autres boucles imbriquées sont ensuite utilisées pour créer le corps de la table. La première (repère ❷) itère les numéros de ligne avec la variable $i, et la deuxième (repère ❸) le contenu des cellules du tableau avec la variable $j.

☞ **Exemple 3-7. Les boucles *for* imbriquées**

```php
<?php
echo "<h2> Révisez votre table de multiplication!</ h2>";
//Début du tableau HTML
```

```
echo "<table border=\"2\" style=\"background-color:yellow\"> <th>
➥ X  </th>";
//Création de la première ligne
for($i=1;$i<10;$i++)
{
echo "<th> $i </th>"; ←❶
}
//Fin de la boucle 1
//*****************************
//Création du corps de la table
//*****************************
//Boucles de création du contenu de la table
for($i=1;$i<10;$i++) ←❷
{
  //Création de la première colonne
  echo "<tr><th> $i </th>";
  //Remplissage de la table
  for($j=1;$j<10;$j++) ←❸
  {
    echo "<td style=\"background-color:red;color:white\">    <b>". $i*$j.
    ➥"   </td>";
  }
  echo "</b></tr>";
}
echo "</table>"
?>
```

La figure 3-3 présente la table de multiplication créée par ce script.

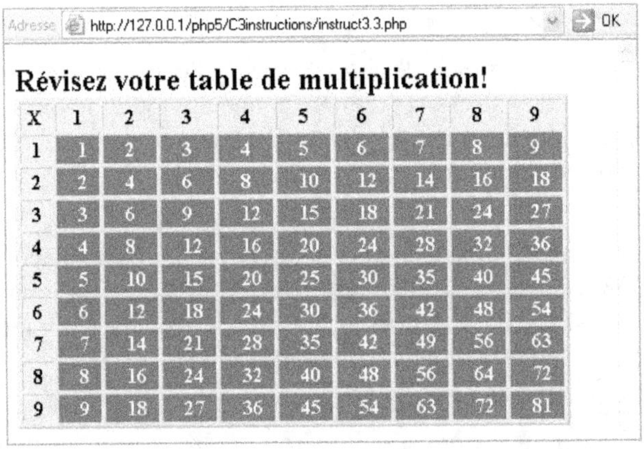

X	1	2	3	4	5	6	7	8	9
1	1	2	3	4	5	6	7	8	9
2	2	4	6	8	10	12	14	16	18
3	3	6	9	12	15	18	21	24	27
4	4	8	12	16	20	24	28	32	36
5	5	10	15	20	25	30	35	40	45
6	6	12	18	24	30	36	42	48	54
7	7	14	21	28	35	42	49	56	63
8	8	16	24	32	40	48	56	64	72
9	9	18	27	36	45	54	63	72	81

Figure 3-3

Notre table de multiplication

Vous trouverez de nombreux exemples d'utilisation de boucles `for` tout au long de cet ouvrage, notamment au chapitre 5 pour la lecture de l'ensemble des éléments d'un tableau.

La boucle while

La boucle for oblige à préciser les valeurs limites pour lesquelles la boucle va s'arrêter. À moins d'utiliser une instruction if pour la stopper à l'aide de l'instruction break (voir le paragraphe « Sortie anticipée des boucles » dans les sections suivantes), il faut connaître ces valeurs limites. La boucle while permet d'affiner ce comportement en réalisant une action de manière répétitive tant qu'une condition est vérifiée ou qu'une expression quelconque est évaluée à TRUE et donc de l'arrêter quand elle n'est plus vérifiée (évaluée à FALSE).

La boucle while permet, par exemple, d'afficher tous les résultats fournis après interrogation d'une base de données, sans en connaître à l'avance le nombre exact. La syntaxe de cette instruction est la suivante :

```
while(expression)
{
//Bloc d'instructions à répéter
}
```

L'expression précisée doit pouvoir être évaluée de façon booléenne par PHP et pouvoir changer de valeur au cours du script, faute de quoi la boucle serait infinie.

L'exemple suivant :

```
$a = "oui";
while ($a) {echo $a; }
```

constitue une boucle infinie, car $a est évaluée à TRUE en tant que chaîne non vide.

De même, dans le code suivant :

```
$a = 54;
while ($a>100) {echo $a; }
```

l'instruction echo $a n'est jamais exécutée car l'expression $a>100 contenue dans while est toujours fausse.

L'exemple 3-8 ci-dessous effectue une suite de tirages de nombres aléatoires compris entre 1 et 100 grâce à la fonction rand()(repère ❷), avec comme condition supplémentaire que le nombre tiré soit un multiple de 7 (repère ❶). Le script affiche les nombres tirés jusqu'à trouver un multiple de 7.

☞ **Exemple 3-8. Tirage d'un multiple de 7 avec une boucle *while***

```
<?php
$n=1;
while($n%7!=0 ) ←❶
{
$n = rand(1,100); ←❷
echo $n,"  /";
}
?>
```

Vous obtenez, par exemple, la suite de nombres 72 / 79 / 50 / 95 / 11 / 43 / 18 / 49 / (cette suite varie évidemment à chaque tirage).

La boucle do...while

La boucle do...while apporte une précision à la boucle while. Dans celle-ci, en effet, si l'expression booléenne est évaluée à FALSE, les instructions qu'elle contient ne sont jamais exécutées. Avec l'instruction do...while, au contraire, la condition n'est évaluée qu'après une première exécution des instructions du bloc compris entre do et while.

La syntaxe de la boucle do...while est la suivante :

```
do {
//bloc d'instructions
}
while(expression);
```

Le script de l'exemple 3-9 reprend celui de l'exemple 3-8, mais il n'est plus besoin cette fois d'initialiser la variable $i à 1 car la divisibilité par 7 n'est testée qu'après le premier tirage (repère ❶).

☛ **Exemple 3-9. Tirage avec une boucle *do...while***

```
<?php
do
{
$n = rand(1,100);
echo $n,"  / ";
}
while($n%7!=0); ←❶
?>
```

Les résultats obtenus sont similaires.

La boucle foreach

Introduite à partir de la version 4.0 de PHP, l'instruction foreach permet de parcourir rapidement l'ensemble des éléments d'un tableau, ce que fait aussi une boucle for, mais foreach se révèle beaucoup plus efficace.

La boucle foreach est particulièrement efficace pour lister les tableaux associatifs dont il n'est nécessaire de connaître ni le nombre d'éléments ni les clés. Sa syntaxe est variable selon que vous souhaitez récupérer seulement les valeurs ou les valeurs et les clés (ou les indices).

Pour lire les valeurs seules, la première syntaxe est la suivante :

```
foreach($tableau as $valeur)
{
//bloc utilisant la valeur de l'élément courant
}
```

La variable `$valeur` contient successivement chacune des valeurs du tableau. Il importe cependant de ne pas utiliser un nom de variable existant, faute de quoi sa valeur est écrasée. Les variables utilisées dans une boucle `foreach` ne sont pas locales à la boucle et gardent donc la valeur du dernier élément lu dans tout le script.

Pour lire les valeurs et les clés (ou les indices), la deuxième syntaxe est la suivante :

```
foreach($tableau as $cle=>$valeur)
{
//bloc utilisant la valeur et la clé de l'élément courant
}
```

Ici, la variable `$cle` contient successivement l'indice ou la clé de chacun des éléments du tableau dans l'ordre numérique pour les tableaux indicés et dans l'ordre de création des éléments pour les tableaux associatifs. La variable `$valeur` contient la valeur associée à la clé ou à l'indice courant.

Dans ces deux cas, la variable `$tableau` peut être remplacée par une expression dont la valeur est du type `array`, comme ce pourrait être le cas, par exemple, d'une fonction retournant un tableau. Cette instruction est abondamment utilisée pour lire tous les résultats obtenus après interrogation d'une base de données.

L'exemple 3-10 crée d'abord un tableau indicé contenant les puissances de 2 à l'aide d'une simple boucle `for` (repère ❶) puis lit l'intégralité des éléments à l'aide d'une boucle `foreach` (repère ❷).

☞ **Exemple 3-10. Lecture des valeurs d'un tableau indicé**

```
<?php
//Création du tableau de 9 éléments
for($i=0;$i<=8;$i++)
{
   $tab[$i] = pow(2,$i); ←❶
}
$val ="Une valeur";
echo $val,"<br />";
//Lecture des valeurs du tableau
echo"Les puissances de 2 sont :";
foreach($tab as $val) ←❷
{echo $val." : ";}
?>
```

Le résultat suivant est affiché :

```
Les puissances de 2 sont :1 : 2 : 4 : 8 : 16 : 32 : 64 : 128 : 256:
```

L'exemple 3-11 lit les indices et les valeurs du même tableau en utilisant la deuxième syntaxe (de la forme `$tab as $ind=>$val`) pour récupérer les indices dans la variable `$ind` et les valeurs dans `$val` (repère ❶). Il est possible de vérifier que les variables `$ind` et `$val` sont toujours visibles à l'extérieur de la boucle en affichant leurs valeurs après la fin de la boucle `foreach` (repère ❷).

☞ **Exemple 3-11. Lecture des indices et des valeurs**

```php
<?php
//Création du tableau
for($i=0;$i<=8;$i++)
{
   $tab[$i] = pow(2,$i);
}
//Lecture des indices et des valeurs
foreach($tab as $ind=>$val) ←❶
{echo " 2 puissance $ind vaut $val <br />";}
echo "Dernier indice ",$ind, " ,dernière valeur ",$val; ←❷
?>
```

L'exemple affiche la liste suivante :

```
2 puissance 0 vaut 1
2 puissance 1 vaut 2
.......................
2 puissance 7 vaut 128
2 puissance 8 vaut 256
Dernier indice 8, dernière valeur 256
```

L'exemple 3-12 crée un tableau associatif dont les clés sont des identifiants de clients et associe à chacun un code aléatoire compris entre 100 et 1 000 (repère ❶) puis lit et affiche les clés et les valeurs du tableau (repère ❷).

☞ **Exemple 3-12. Lecture des clés et des valeurs**

```php
<?php
//Création d'un tableau associatif
for($i=0;$i<=8;$i++)
{
   $tabass["client".$i] = rand(100,1000); ←❶
}
//Lecture des clés et des valeurs
foreach($tabass as $cle=>$val) ←❷
{echo " Le client de login <b>$cle</b> a le code <b>$val</b><br />";}
?>
```

Les résultats suivants sont affichés :

```
Le client de login client0 a le code 638
Le client de login client1 a le code 569
.........................................
Le client de login client6 a le code 135
Le client de login client7 a le code 786
Le client de login client8 a le code 406
```

> **foreach et les objets**
>
> Depuis PHP 5, vous pouvez lire l'ensemble des noms et des valeurs des propriétés d'un objet à l'aide d'une boucle `foreach` comme nous le faisons pour un tableau. Vous rencontrerez aux chapitres 9, 16 et 17 des illustrations de ce type de lecture.

Sortie anticipée des boucles

Vous pouvez avoir besoin d'arrêter une boucle avant son terme normal. Pour cela, vous disposez des instructions `break` et `continue`, qui permettent de réaliser un arrêt partiel ou total.

L'instruction *break*

Il est possible d'arrêter complètement une boucle `for`, `foreach` ou `while` avant son terme normal si une condition particulière est vérifiée, à l'aide de l'instruction `break`. Le script n'est pas arrêté, comme avec l'instruction `exit`, et seule la boucle en cours se termine.

Si plusieurs boucles sont imbriquées, seule celle qui contient l'instruction `break` se termine. Pour arrêter plusieurs boucles en même temps, on emploie la syntaxe suivante :

```
break n;
```

dans laquelle n désigne le nombre de boucles les plus internes que vous souhaitez fermer. Celles de niveau supérieur à n continuent à s'exécuter normalement.

L'exemple 3-13 crée un tableau de noms (repère ❶), puis une boucle `for` lit le tableau (repère ❷). Cette boucle contient une instruction `if` qui vérifie que le nom commence par la lettre A (repère ❸). Si la condition est remplie, le script affiche le nom. La boucle est fermée grâce à une instruction `break` (repère ❹).

> **La notation $tab[$i][0]**
>
> La notation `$tab[$i][0]` permet de récupérer la première lettre de la chaîne de caractères contenue dans la variable `$tab[$i]`, `$tab[$i][1]` la deuxième lettre, et ainsi de suite.

> **La fonction count($tab)**
>
> La fonction `count($tab)` retourne le nombre d'éléments du tableau `$tab`, ce qui permet de connaître le nombre maximal d'itération de la boucle. Cette expression pourrait être supprimée car c'est l'instruction `break` qui met fin à la boucle. Il est toutefois préférable de l'utiliser pour arrêter la boucle, car si le tableau ne contient aucun nom commençant par la lettre A, vous avez une boucle infinie, ce que le serveur n'appréciera pas.

☞ **Exemple 3-13. L'instruction *break***

```php
<?php
//Création d'un tableau de noms  ←❶
$tab[1]="Basile";
$tab[2]="Conan";
$tab[3]="Albert";
$tab[4]="Vincent";
//Boucle de lecture du tableau
for($i=1;$i<count($tab);$i++)  ←❷
{
  if ($tab[$i][0]=="A")  ←❸
  {
    echo "Le premier nom commençant par A est le n° $i: ",$tab[$i];
    break;  ←❹
  }
}
?>
```

L'instruction continue

À la différence de l'instruction break, l'instruction continue n'arrête pas la boucle en cours mais seulement l'itération en cours. La variable compteur est incrémentée immédiatement, et toutes les instructions qui suivent le mot-clé continue ne sont pas exécutées lors de l'itération en cours.

L'exemple 3-14 donne deux illustrations de ce mécanisme :

- La première utilise une boucle for pour afficher tous les nombres de 1 à 20, à l'exception des multiples de 5 grâce au code if($i%5==0) { continue;} (repère ❶).

- La deuxième utilise une boucle foreach qui parcourt un tableau de départements et permet de n'afficher que ceux qui commencent par la lettre E (repère ❷).

☞ **Exemple 3-14. Interruption partielle d'une boucle**

```php
<?php
//Interruption d'une boucle for
for($i=0;$i<20;$i++)
{
  if($i%5==0) { continue;}  ←❶
  echo $i,"<br />";
}
//*********************
//Interruption d'une boucle foreach
$tab[1]="Ain";
$tab[2]="Allier";
$tab[27]="Eure";
$tab[28]="Eure et Loir";
$tab[29]="Finistère";
$tab[33]="Gironde";
foreach($tab as $cle=>$valeur)
```

```
    {
      if($tab[$cle][0]!="E") { continue;} ←❷
      echo "code $cle : département ",$tab[$cle],"<br />";
    }
    ?>
```

Le résultat affiché par cet exemple est le suivant :

```
1 : 2 : 3 : 4 : 6 : 7 : 8 : 9 : 11 : 12 : 13 : 14 : 16 : 17 : 18 : 19 :
code 27 : département Eure
code 28 : département Eure et Loir
```

De même que pour l'instruction break, si plusieurs boucles sont imbriquées, il est possible d'interrompre les *n* boucles les plus internes en utilisant la syntaxe suivante :

```
continue N
```

Cette possibilité est illustrée à l'exemple 3-15, qui contient trois boucles for imbriquées (repères ❶, ❷ et ❸). La plus interne contient une instruction if qui stoppe les itérations en cours pour les trois boucles si la somme des variables compteur $i, $j et $k est un multiple de 3. C'est l'instruction continue 3 (repère ❹). Si tel est le cas, l'exécution passe directement à l'incrémentation de la variable $i, terminant ainsi de manière anticipée les itérations des trois boucles en cours.

Exemple 3-15. Interruption de plusieurs boucles

```
<?php
for ($i=0;$i<10;$i++) ←❶
{
  for ($j=0;$j<10;$j++) ←❷
  {
    for ($k=0;$k<10;$k++) ←❸
    {
      if(($i+$j+$k)%3==0) continue 3; ←❹
      echo "$i : $j : $k <br /> ";
    }
  }
}
```

L'instruction goto

À la demande générale, je suppose (?!), les concepteurs de PHP ont ajouté l'instruction goto à la version 5.4. Comme son nom l'indique, elle renvoie l'exécution en un point précis du script marqué par un label (dit aussi étiquette), ce dernier étant constitué par une chaîne de caractères terminée par le caractère : (deux-points). Un exemple typique peut être le suivant dans lequel le mot « Cacher » ne sera bien sûr jamais affiché au profit du mot « Voir ».

```
<?php
goto a;
echo 'Cacher';
```

```
a:
echo 'Voir';
?>
```

Cette instruction est généralement utilisée avec une instruction conditionnelle ce qui nécessite au moins une précaution. Dans l'exemple 3-16, nous reprenons la seconde partie de l'exemple 3-14 en utilisant un goto. Le but est ici d'afficher uniquement le premier département dont la première lettre est « E » (repère ❶) en renvoyant l'exécution au label « info » (repère ❹). Signalons qu'un problème se pose si aucune solution n'est trouvée (si on cherche un département commençant par la lettre K, par exemple). Dans ce cas, le message contenu dans la variable $result va s'afficher (repère ❷) mais le contenu du label aussi ! Pour éviter cela, nous insérons une instruction exit (repère ❸) pour terminer proprement en cas de recherche infructueuse.

☞ **Exemple 3-16. L'instruction goto**

```
<?php
$tab[1]="Ain";
$tab[2]="Allier";
$tab[27]="Eure";
$tab[28]="Eure et Loir";
$tab[29]="Finistère";
$tab[33]="Gironde";
foreach($tab as $cle=>$valeur)
{
  if($tab[$cle][0]=="E") {$result=$tab[$cle]; goto info;}  ←❶
  else $result="Pas de résultat";
}
echo $result;  ←❷
exit;  ←❸
info:  ←❹
echo "Premier trouvé = ",$result;
?>
```

Gestion des erreurs

Un bon script ne devrait théoriquement pas générer d'erreur. Certaines erreurs sont inévitables comme celles qui sont dues à des problèmes de connexion défaillante ou de bogue sur le serveur. Nous nous intéressons ici davantage aux erreurs qui peuvent être provoquées par des actions de l'utilisateur comme des saisies erronées qui provoquent l'arrêt du script ou encore à celles qui peuvent survenir lors de la tentative d'accès à une ressource inexistante.

La gestion des erreurs a pour but de signaler « proprement » les problèmes au visiteur et d'éviter l'affichage des messages d'erreur bruts tels que PHP les envoie au navigateur.

Suppression des messages d'erreur

Si vous écrivez le code ci-dessous :

```php
<?php
$a=10;
$b=0;
echo $a/$b; ←❶
fopen("inconnu.txt","r"); ←❷
?>
```

les messages suivants apparaissent :

```
Warning: Division by zero in c:\wamp5\www\php5\c3instructions\instruct3.15a.php
⇒on line 4

Warning: fopen(inconnu.txt) [function.fopen]: failed to open stream: No such file or
⇒directory in c:\wamp5\www\php5\c3instructions\instruct3.15a.php on line 5
```

Le premier message correspond à la division par 0 (repère ❶), et le second à la tentative d'ouverture d'un fichier qui n'existe pas (repère ❷). Ces messages affichés dans le cours d'une page HTML sont du plus mauvais effet pour les visiteurs du site.

Pour éviter l'affichage des messages d'erreur de PHP dans le navigateur, il existe les moyens élémentaires suivants :

- Faire précéder l'appel d'une fonction du caractère @ en écrivant par exemple `@fopen("inconnu.txt","r")`.

- Utiliser la fonction `error_reporting()`, qui permet de n'afficher que certains messages selon le type d'erreur. Sa syntaxe est `int error_reporting ( [int niveau])`. C'est le paramètre `niveau` qui permet de choisir le niveau d'affichage des messages d'erreur. Ses principales valeurs sont indiquées au tableau 3-1. Vous pouvez combiner plusieurs valeurs avec l'opérateur |, comme dans le code suivant :

```php
error_reporting(E_WARNING | E_PARSE) ;
```

qui permet de n'afficher que les alertes et les erreurs de syntaxe. Pour bloquer tous les messages d'erreur, il faut passer à la fonction le paramètre 0. Cette fonction doit être utilisée dès le début du script.

Tableau 3-1 – Liste des niveaux d'erreur courants

Constante	Valeur	Niveau d'affichage
E_ERROR	1	Erreur fatale qui provoque l'arrêt du script, par exemple, l'appel d'une fonction qui n'existe pas.
E_WARNING	2	Avertissement ne provoquant pas l'arrêt du script, par exemple, une division par 0.
E_PARSE	4	Erreur de syntaxe détectée par l'analyseur PHP et provoquant l'arrêt du script, par exemple l'oubli du point-virgule en fin de ligne.
E_NOTICE	8	Avis que le script a rencontré un problème simple qui peut ne pas être une erreur.
E_ALL	4095	Toutes les erreurs

Il est évident que pendant la phase de développement des scripts, ces méthodes doivent être désactivées pour permettre au programmeur d'être alerté sur les causes et la localisation des erreurs.

Gestion des exceptions

Une exception est un mécanisme qui permet d'intercepter une erreur générée par un script et de déclencher une action en réponse à cette erreur. Si PHP 4 ne permettait pas d'effectuer une gestion des exceptions, la version 5 fournit un mécanisme qui permet de gérer les conséquences d'une erreur.

La classe Exception

Si vous n'êtes pas familiarisé avec les notions de classe ou d'objet, ainsi que de propriété et de méthode, reportez vous au chapitre 9 pour acquérir ces quelques notions de base.

PHP 5 introduit la classe prédéfinie Exception qui offre une gestion évoluée des exceptions.

Gérer une exception consiste à délimiter un ou des blocs de code et à prévoir une action particulière qui doit être réalisée dans le cas où l'erreur prévue se produit. Ces blocs constituent les gestionnaires d'exceptions. Pour les créer, procédez de l'une des façons suivantes :

- Créez un bloc à l'aide de l'instruction try qui délimite le code dans lequel peut survenir une erreur. Il peut s'agir, par exemple, du code qui gère les saisies faites par des utilisateurs dans un formulaire (voir le chapitre 6). Ce bloc contient une instruction throw pour déclencher l'exception en créant un objet de type Exception à l'aide du mot-clé new.

- Créez un bloc à l'aide de l'instruction catch associée au bloc try précédent. Il comporte le code qui va gérer l'erreur si elle se produit. C'est ce bloc qui utilise l'objet Exception créé par l'instruction throw. Si aucune erreur ne se produit dans le bloc try, l'objet Exception n'est pas créé, et le code du bloc catch est ignoré. L'exécution se poursuit dans tous les cas après le bloc catch.

Un gestionnaire d'exception a donc le structure suivante :

```
try
{
  //Code à surveiller
  if(erreur prévue){throw new Exception();}
  else{// Résultat;}
}
catch(Exception $except)
{
  //Gestion de l'erreur
}
```

Le nom de l'objet utilisé dans l'instruction catch est sans importance. Un même script peut comporter autant de bloc try…catch que vous voulez. Il est également possible d'imbriquer des blocs `try` les uns dans les autres, à condition que chacun ait un bloc `catch` associé.

Le constructeur de l'objet `Exception` créé dans l'instruction `throw` reçoit deux paramètres, correspondant aux propriétés `message` et `code` de l'objet. Le premier est une chaîne contenant le message d'erreur et le second un entier qui définit un code d'erreur facultatif. Cet objet est utilisé dans le bloc `catch` en appelant ses méthodes pour afficher des informations sur l'exception. Le tableau 3-2 donne la liste et le rôle des méthodes de l'objet `Exception`.

Tableau 3-2 – Les méthodes de l'objet *Exception*

Méthode	Définition
`__construct()`	Constructeur de l'objet. Il est appelé automatiquement lors de la création d'un objet avec le mot-clé `new`. Il définit les propriétés `message` et `code` de l'objet. Cette méthode ne doit pas être appelée explicitement.
`getMessage()`	Retourne la valeur de la propriété `message` dans une chaîne.
`getCode()`	Retourne la valeur de la propriété `code` sous la forme d'un entier.
`getFile()`	Retourne la valeur de la propriété `file` qui contient le nom et le chemin d'accès du fichier dans lequel s'est produite l'erreur.
`getLine()`	Retourne la valeur de la propriété `line` qui indique le numéro de ligne à laquelle a été créée l'exception.
`__toString()`	Retourne une chaîne contenant toutes les informations sur l'exception.

L'exemple 3-17 présente une première mise en œuvre du mécanisme des exceptions et des méthodes ci-dessus. Vous y définissez deux variables dans le but d'afficher le résultat de la division (repères ❶ et ❷). Ces valeurs proviendraient en pratique des saisies d'un utilisateur. L'absence de gestion de l'erreur provoquerait l'affichage d'une alerte (warning). Supprimer l'affichage de cette alerte en utilisant la fonction `error_reporting()` avec le paramètre 0 laisserait l'utilisateur dubitatif car le résultat attendu ne serait pas affiché, et ce sans aucune explication.

Vous créez donc un bloc `try` (repère ❸) pour gérer ce type d'erreur. Le contrôle de la valeur de la division permet de déclencher une exception en définissant un message approprié et un code d'erreur (repère ❹). Si la valeur de `$b` était valide, le résultat de la division serait affiché normalement, et le bloc `catch` serait ignoré (repère ❺).

Comme ici `$b` vaut 0, le bloc `catch` (repère ❻) affiche successivement le message d'erreur (repère ❼), le nom du fichier dans lequel se produit l'erreur (repère ❽), la ligne de l'instruction `throw` à laquelle l'objet `$except` a été créé (repère ❾), le code d'erreur (repère ❿) et les informations sur l'exception (repère ⓫). L'affichage du mot `"FIN"` prouve que l'exécution du script continue normalement, que le bloc `catch` soit exécuté ou non (repère ⓬).

☞ **Exemple 3-17. Création d'un gestionnaire d'exceptions**

```php
<?php
$a=100; ←❶
$b=0; ←❷
try ←❸
{
  if($b==0){throw new Exception("Division par 0",7);} ←❹
  else{echo "Résultat de : $a / $b = ",$a/$b;} ←❺
}
catch(Exception $except) ←❻
{
  echo "Message d'erreur :",$except->getMessage(),"<hr>"; ←❼
  echo "Nom du fichier :",$except->getFile(),"<hr>"; ←❽
  echo "Numéro de ligne :",$except->getLine(),"<hr>"; ←❾
  echo "Code d'erreur :",$except->getCode(),"<hr>"; ←❿
  echo "__toString :",$except->__toString(),"<hr>"; ←⓫
}
echo "FIN"; ←⓬
?>
```

La figure 3-4 montre le résultat obtenu.

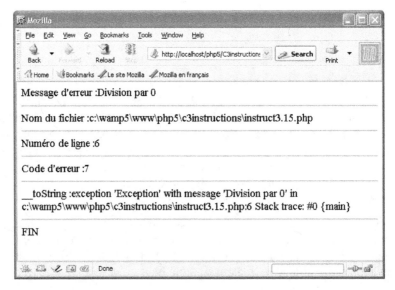

Figure 3-4
Affichages créés par l'objet Exception

Cet exemple n'a pour but que d'illustrer l'utilisation des méthodes de l'objet Exception. En production, vous n'afficheriez pas toutes ces informations, qui n'intéressent pas le visiteur.

Vous allez donc modifier ce script pour afficher une boîte d'alerte signalant simplement le problème à l'utilisateur. L'exemple 3-18 montre les modifications opérées. Dans le bloc `catch`, vous créez une boîte d'alerte utilisant la fonction JavaScript `alert()`, qui affiche uniquement le message et le code d'erreur (repère ❶).

☞ **Exemple 3-18. Affichage pour le visiteur**

```php
<?php
$a=10;
$b=0;
try
{
  if($b==0) {throw new Exception("Division par 0",7);}
  else{echo "Résultat de : $a / $b = ",$a/$b;}
}
catch(Exception $except)
{
  echo "<script type=\"text/javascript\"> alert(' Erreur n°
➡ ",$except ->getCode()," \\n  ",$except ->getMessage() ," ' ) </script> "; ←❶
}
echo "FIN";
?>
```

Figure 3-5
Message d'erreur pour le visiteur

Personnalisation de l'objet *Exception*

Le mécanisme de l'héritage (voir le chapitre 9) permet d'étendre une classe pour lui ajouter des méthodes ou des propriétés. Vous pouvez donc enrichir l'objet `Exception` avec de nouvelles méthodes. Il serait même envisageable de créer des objets personnalisés permettant de gérer des types d'erreurs spécifiques.

L'exemple 3-19 illustre cette possibilité d'extension en créant une classe qui hérite de la classe `Exception` (repère ❶). Une nouvelle méthode, nommée `alerte()`(repère ❷), est ajoutée pour créer une boîte d'alerte JavaScript. Le simple appel de la méthode `alerte()` pour l'objet `MonException` (repère ❸) retourne le code qui crée cette boîte (repère ❹) sans avoir à réécrire systématiquement ce code dans chaque script à chaque utilisation.

Pour montrer qu'un même bloc `try` peut gérer plusieurs erreurs différentes, vous créez deux conditions `if` qui correspondent à des situations différentes. La première déclenche une exception si `$b` vaut 0 (repère ❺), et la seconde une autre exception si le résultat de

$a/$b n'est pas un entier, c'est-à-dire si $a n'est pas un multiple entier de $b (repère ❻). En fonction de la valeur de $b, l'appel de la méthode alerte() contenue dans le bloc catch (repère ❼) de l'objet de type MonException qui sera créé affiche une boîte d'alerte identique à celle de la figure 3-5 (si $b vaut 0) ou celle de la figure 3-6 (comme c'est le cas dans l'exemple où $b vaut 3).

☞ **Exemple 3-19. Exception personnalisée**

```php
<?php
//Création d'une classe dérivée de Exception
class MonException extends Exception  ←❶
{
  public function alerte()  ←❷
  {
    $this->message ="<script type=\"text/javascript\"> alert(' Erreur n˚ ".$this->
    ➥getCode()." \\n  ".$this->getMessage() ." ' )</script> ";  ←❸
    return $this->getMessage();  ←❹
  }
}
//Utilisation de la classe
$a=100;
$b=3;
try
{
  if($b == 0) {throw new MonException("Division par 0 ",7);}  ←❺
  elseif($a%$b != 0) {throw new MonException("Quotient entier impossible",55);}  ←❻
  else{echo "Résultat de : $a / $b = ",$a/$b;}
}
catch(MonException $except)
{
  echo $except->alerte();  ←❼
}
echo "FIN";
?>
```

Figure 3-6

Affichage pour une erreur de divisibilité

Vous pouvez envisager de créer un grand nombre d'objets personnalisés permettant de gérer rapidement et d'une manière adaptée toutes sortes d'erreurs de types très différents.

Exercices

Exercice 1

Rédigez une expression conditionnelle pour tester si un nombre est à la fois un multiple de 3 et de 5.

Exercice 2

Écrivez une expression conditionnelle utilisant les variables $age et $sexe dans une instruction if pour sélectionner une personne de sexe féminin dont l'âge est compris entre 21 et 40 ans et afficher un message de bienvenue approprié.

Exercice 3

Effectuez une suite de tirages de nombres aléatoires jusqu'à obtenir une suite composée d'un nombre pair suivi de deux nombres impairs.

Exercice 4

Créez et affichez des numéros d'immatriculation automobile (pour Paris, par exemple) en commençant au numéro 100 PHP 75. Effectuez ensuite la même procédure en mettant en réserve les numéros dont le premier groupe de chiffres est un multiple de 100. Stockez ces numéros particuliers dans un tableau.

Exercice 5

Choisissez un nombre de trois chiffres. Effectuez ensuite des tirages aléatoires, et comptez le nombre de tirages nécessaire pour obtenir le nombre initial. Arrêtez les tirages, et affichez le nombre de coups réalisés. Réalisez ce script d'abord avec l'instruction while puis avec l'instruction for.

Exercice 6

Créez un tableau dont les indices varient de 11 à 36 et dont les valeurs sont des lettres de A à Z. Lisez ensuite ce tableau avec une boucle for puis une boucle foreach, et affichez les indices et les valeurs (la fonction chr(n) retourne le caractère dont le code ASCII vaut n).

Exercice 7

Utilisez une boucle while pour déterminer le premier entier obtenu par tirage aléatoire qui soit un multiple d'un nombre donné. Écrivez la variante utilisant la boucle do…while.

Exercice 8

Recherchez le PGCD (plus grand commun diviseur) de deux nombres donnés. Gérez au moyen d'une exception le cas où au moins un des nombres n'est pas entier.

4

Les chaînes de caractères

Dans un site web, vous manipulez constamment des chaînes de caractères, qui constituent l'essentiel du contenu de la plupart des pages. Quand le contenu est créé dynamiquement à partir de fichiers ou d'une base de données, ce sont encore pour une part importante des chaînes de caractères qui sont manipulées. De plus, toutes les variables issues de l'envoi d'un formulaire par le poste client sont de type string.

Affichage des chaînes

Vous avez vu à l'œuvre à plusieurs reprises la fonction echo pour afficher des données. Cette fonction est utilisable de plusieurs façons quand il s'agit d'afficher plusieurs chaînes ou variables à la suite l'une de l'autre afin de ne pas multiplier les appels à echo.

Vous pouvez utiliser l'opérateur de concaténation entre chaque expression, comme dans l'exemple suivant :

```
$nom = "Schultz";
echo "Bonjour Monsieur ". $nom. " nous sommes le ". date('d');
```

Dans le code, vous réalisez successivement la concaténation d'une chaîne littérale, d'une variable de type string, d'une deuxième chaîne puis de la valeur retournée par une fonction, qui est ici de type string. Après quoi, echo affiche l'ensemble dans le navigateur.

Le même résultat pourrait être obtenu sans concaténation, en séparant chaque expression par une virgule, comme ci-dessous :

```
echo "Bonjour Monsieur ", $nom," nous sommes le ",date('d');
```

Il n'est pas possible d'inclure de fonction dans une chaîne unique, comme ci-dessous :

```
echo "Bonjour Monsieur $nom nous sommes le date('d')" ;
```

Si la variable $nom est bien évaluée, la fonction date() ne pourrait pas l'être.

La « fonction » print() est quasiment similaire à echo. Vous pouvez écrire, par exemple :

```
print ("Bonjour Monsieur $nom nous sommes le ". date('d') );
```

ou :

```
print ("Bonjour Monsieur $nom nous sommes le "). date('d');
```

Dans ces deux cas, vous obtenez la valeur retournée par la fonction date().

Affichage formaté

Un affichage formaté permet d'obtenir des résultats uniformes, par exemple, pour aligner des chaînes sur plusieurs lignes ou des nombres dans un format particulier, comme un nombre de décimales fixe et une superposition correcte des chiffres en colonnes pour des montants financiers.

Vous disposez de deux fonctions pour cela, printf() et sprintf().

La syntaxe de printf() est la suivante :

```
void printf(string "format", string $ch1, string $ch2,..... $chN)
```

Cette fonction affiche directement le contenu des chaînes $ch1, $ch2, ..., $chN selon le format spécifié dans la chaîne "format".

La syntaxe de sprintf() est la suivante :

```
string sprintf(string "format",string $ch1, string $ch2,..... $chN)
```

Elle retourne une chaîne unique, qui peut être composée de une ou plusieurs fois les chaînes $ch1, $ch2, ..., $chN formatées selon le modèle défini dans la chaîne "format", comme précédemment.

Les fonctions vprintf et vsprintf, dont la syntaxe est la suivante :

```
void vprintf(string "format" , array $tab)
string vsprintf ( string "format", array $tab)
```

jouent des rôles équivalant respectivement à printf() et sprintf(), mais avec pour particularité que les chaînes sont passées en argument dans un tableau.

Le plus difficile est ici de bien définir la chaîne de formatage. Celle-ci peut être composée d'un texte ordinaire, généralement explicatif, et de directives d'affichage. Ces dernières sont constituées de caractères spéciaux qui indiquent la manière dont les variables passées en paramètre doivent être incorporées dans la chaîne. C'est cette chaîne qui est affichée directement ou retournée, selon la fonction utilisée.

Les directives d'affichage sont composées, dans l'ordre, du caractère % suivi de :

- Un caractère de remplissage, utilisé pour compléter la chaîne quand on lui impose une longueur fixe. Pour définir un caractère autre que 0 ou l'espace (valeur par défaut), il faut le préfixer par une apostrophe (').

- Un caractère moins (-), pour indiquer un alignement à droite. Par défaut, l'alignement se fait à gauche.

- Un nombre, indiquant le nombre de caractères pour la chaîne formatée.

- Un point suivi d'un entier, indiquant le nombre de décimales à afficher pour les décimaux.

- Une lettre, indiquant la spécification du type de la valeur à afficher. Le tableau 4-1 donne la liste et les définitions de ces caractères.

Tableau 4-1 – Les caractères de formatage du type de donnée

Caractère	Signification
%b	Interprète la chaîne $ch comme un entier et l'affiche en binaire : `$ch="89";` `printf ("En binaire $ch s'écrit %b  ", $ch);` `// Affiche: En binaire 89 s'écrit 1011001`
%c	Interprète la chaîne $ch comme un entier et affiche le caractère dont le code ASCII correspond à ce nombre : `$ch="115";` `printf (" Le caractère de code $ch est %c  ", $ch);` `// Affiche : Le caractère de code 115 est s`

%d	Interprète la chaîne $ch comme un entier signé et l'affiche comme un nombre en base 10 :
	`$ch = "-25";`
	`printf ("La valeur de \$ch est %d", $ch); // Affiche -25`

%f	Interprète la chaîne $ch comme un nombre de type double et l'affiche avec sa partie décimale à 6 chiffres. Les caractères non numériques de $ch ne sont pas pris en compte :
	`$ch = "25.52 mètres";`
	`printf ("La longueur est de %f m", $ch);// Affiche: La longueur est de 25.520000 m`

%o	Interprète le chaîne $ch comme un entier et l'affiche en octal :
	`$ch = 252;`
	`printf ("En octal le nombre $ch s'écrit %o", $ch);`
	`// Affiche: En octal le nombre 252 s'écrit 374`

%s	Interprète $ch comme une chaîne et l'affiche telle quelle :
	`$ch1 = "Monsieur " ; $ch2 = " Schtroumpf" ;`
	`sprintf ("Bonjour,%s %s bravo !",$ch1 $ch2);`
	Équivaut à :
	`echo "Bonjour $ch1 $ch2, bravo !";`

%x
ou
%X
	Interprète la chaîne $ch comme un entier et l'affiche en hexadécimal en minuscules (%x) ou (%X) :
	`$ch ="252756";`
	`printf ("En hexadécimal $ch s'écrit %x ", $ch);`
	`// Affiche : En hexadécimal 252756 s'écrit 3db54`

Spécifier le type

La chaîne doit contenir au minimum la spécification du type selon lequel la chaîne doit être traitée (entier, décimal, octal, hexadécimal, binaire, double ou chaîne).

L'exemple 4-1 présente une application des fonctions de formatage des chaînes qui affiche les lignes d'une facture et permet d'aligner tous les montants HT, TVA et TTC de chaque article sur plusieurs lignes. La première fonction, sprintf(), retourne la chaîne des en-têtes affichée avec echo (repère **❶**). La chaîne de formatage utilise un caractère de remplissage et un spécificateur de longueur.

Le prix HT de chaque article est contenu dans un tableau (repères **❷**,**❸** et **❹**). Chaque prix est lu par une boucle for contenant la seconde fonction sprintf(), qui permet d'aligner correctement les montants, quelle que soit leur longueur (repères **❺** et **❻**). Un dernier appel à sprintf() retourne la ligne des totaux de chaque colonne (repère **❽**). L'utilisation de la fonction str_repeat() permet de créer une chaîne contenant la répétition de *N* fois la même chaîne $ch, sans avoir à multiplier les appels à echo (repère **❼**).

La syntaxe de str_repeat() est la suivante :

```
string str_repeat (string $ch, int N)
```

La figure 4-1 illustre le résultat de ce script.

☞ **Exemple 4-1. Utilisation de spécificateurs**

```php
<?php
echo"<h3>Votre facture </h3>";
echo sprintf("<b>%'_25s %'_25s %'_25s <br /></b>","Prix H.T.","T.V.A.",
➥ "Prix T.T.C.");  ←❶
$ht[1] = 27.55 ;  ←❷
$ht[2] = 3450.40 ;  ←❸
$ht[3] = 320.75 ;  ←❹
for($i=1;$i<4;$i++)  ←❺
{
   echo sprintf ("%'_20.2f %'_22.2f %'_20.2f <br />",$ht[$i],$ht[$i]*0.196,
   ➥ $ht[$i]*1.196);  ←❻
   $total+=$ht[$i];
}
echo str_repeat("*",71),"<br />";  ←❼
echo sprintf ("%'_20.2f %'_22.2f %'_20.2f <br />",$total,$total*0.196,
➥ $total*1.196);  ←❽
?>
```

Si le nombre de paramètres de type string est important, il est possible de les placer dans un tableau et de passer ce tableau comme deuxième paramètre à l'aide des fonctions vprintf() et vsprintf(), dont la syntaxe respective est la suivante :

```
void vprintf (string "format", array $tab)
string vsprintf (string "format", array $tab)
```

Ces fonctions équivalent respectivement aux fonctions printf() et sprintf().

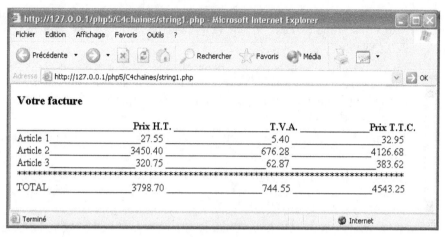

Figure 4-1

Formatage de l'affichage

Ordre de passage

La fonction `sprintf()` incorpore les chaînes passées en paramètre dans l'ordre de leur passage. Vous pouvez modifier cet ordre ainsi que réutiliser la même valeur sans avoir à passer plusieurs fois le même paramètre.

Le code ci-dessous illustre cette possibilité. La chaîne de formatage du deuxième appel à `sprintf()` fait référence au premier paramètre en écrivant "%1\$s" et "%2\$s" pour le second :

```php
$ch1 = "Monsieur " ;
$ch2 = " Rasmus" ;
echo sprintf ("Bonjour %s %s, bravo !",$ch1,$ch2);
//Affiche: Bonjour Monsieur Rasmus, bravo !
echo sprintf ("Bonjour %2\$s , bravo %1\$s!",$ch1,$ch2);
//Affiche: Bonjour Rasmus , bravo Monsieur !
```

Longueur d'une chaîne et codes des caractères

Pour déterminer le nombre de caractères d'une chaîne, utilisez la fonction `strlen()`, dont la syntaxe est la suivante :

```php
int strlen (string $ch)
```

Le paramètre unique peut aussi bien être une variable de type `string` ou une chaîne littérale entre guillemets.

La fonction `strlen()` peut servir, par exemple, à vérifier qu'un code postal saisi par un internaute comporte bien cinq caractères en écrivant :

```php
$code = "7508" ;
if (strlen($code) != 5) echo "Code erroné !" ;
```

Pour vérifier qu'il s'agit bien de cinq chiffres et non pas de cinq caractères quelconques, il faut utiliser une expression régulière (voir la section « Les expressions régulières » dans ce chapitre).

Vous pouvez aussi afficher séparément chaque caractère d'une chaîne à l'aide d'une boucle. Une chaîne est en fait assimilable à un tableau (voir le chapitre 5), dont chaque lettre est un élément. Vous pouvez donc lire chaque lettre en utilisant la notation à crochets des tableaux.

Le code suivant affiche chaque lettre verticalement en réalisant une boucle for dont la condition d'arrêt est déterminée par strlen() :

```
$lang = "PHP 5" ;
for ($i =0;$i< strlen ($lang);$i++)
{echo "<h1> $lang[$i] </h1>";}
```

Vous pouvez retrouver le code Unicode d'un caractère à l'aide de la fonction ord() et, réciproquement, obtenir le caractère à partir de son code à l'aide de la fonction chr().

La syntaxe de ces fonctions est la suivante :

```
int ord (string car)
string chr (int code)
```

L'exemple 4-2 crée un mot de passe composé de cinq lettres, dont les codes Unicode compris entre 65 et 90 sont générés aléatoirement par la fonction rand() (repère ❶). Chaque lettre est créée à partir de son code puis concaténée dans la variable $code (repère ❷), après quoi le mot de passe est affiché (repère ❸).

☞ Exemple 4-2. Création d'un mot de passe littéral

```
<?php
for($i=1;$i<6;$i++)
{
   $nb=rand(65,90); ←❶
   $code.=chr($nb); ←❷
}
echo "Votre mot de passe est : ",$code; ←❸
?>
```

Mise en forme des chaînes

Il est souvent nécessaire de remettre en forme les chaînes utilisées dans les scripts, notamment lorsqu'elles émanent d'une source extérieure, comme les saisies faites par des visiteurs dans un formulaire.

Modification de la casse

PHP offre plusieurs fonctions de conversion de la casse d'une chaîne utilisables pour normaliser l'affichage, quelle que soit la casse utilisée par un visiteur pour saisir des informations. Il s'agit des fonctions strtolower, strtoupper, ucwords et ucfirst.

```
string strtolower(string $ch)
```

retourne la chaîne avec tous les caractères en minuscules.

```
string strtoupper(string $ch)
```

retourne la chaîne avec tous les caractères en majuscules.

```
string ucwords(string $ch)
```

retourne la chaîne avec toutes les initiales des mots qui la composent en majuscules.

```
string ucfirst(string $ch)
```

retourne la chaîne avec uniquement la première lettre en majuscule.

Pour réaliser un affichage conforme aux usages, vous pouvez combiner plusieurs de ces fonctions pour éliminer les fantaisies éventuelles des différents utilisateurs, par exemple pour réaliser un affichage sur une page ou enregistrer ces données dans une base de données. Par exemple, si la saisie fantaisiste est `"jEaN EngelS"`, utilisez d'abord `strtolower()` pour transformer le texte en minuscules puis `ucwords()`pour mettre les initiales en majuscules.

L'exemple 4-3 utilise les fonctions précédentes pour réaliser un affichage normalisé à partir de chaînes ayant des casses hétéroclites.

☛ **Exemple 4-3. Normalisation de la casse des chaînes**

```php
<?php
$nom = "ENgelS" ;
$prenom = "jEan " ;
$adresse = "21, rue compoinT" ;
$ville = "75018 pAris" ;
$mail = "ENGELS@funPHP.Com" ;
$prenom = ucfirst (strtolower ($prenom )) ;
$nom = strtoupper ($nom) ;
$adresse = ucwords(strtolower ($adresse )) ;
$ville = strtoupper ($ville);
$mail = strtolower ($mail);
echo "Mes coordonnées <br />";
echo $prenom, $nom, "<br />";
echo $adresse, "<br />" ;
echo $ville, "<br />" ;
?>
```

Le script fournit l'affichage standard suivant :

```
Mes coordonnées
Jean ENGELS
21, rue Compoint
75018 PARIS
```

Les utilisateurs peuvent donc saisir leurs coordonnées dans un formulaire dans la casse de leur choix. Les résultats, quant à eux, auront tous la même présentation.

Gestion des espaces

De même, dans le but de réaliser un affichage uniforme à partir de saisies des utilisateurs ou de stocker ces dernières dans une base de données, il peut être utile de supprimer les caractères d'espaces inutiles en début et en fin de chaîne.

Vous disposez pour cela des trois fonctions, `ltrim`, `rtrim` et `trim`.

```
string ltrim (string $ch [,string liste])
```

renvoie la chaîne $ch nettoyée des espaces situés en début de chaîne.

```
string rtrim (string $ch [,string liste])
```

supprime les espaces situés en fin de chaîne.

```
string trim (string $ch [,string liste])
```

supprime les espaces situés en début et en fin de chaîne.

Le paramètre `liste` permet de définir une liste de caractères à supprimer, qu'ils soient des caractères d'espacement ou des caractères quelconques.

Le code suivant supprime les points situés au début et l'espace situé à la fin de la chaîne $a ainsi que les caractères de soulignement situés à la fin de la chaîne $b :

```php
<?php
$a = "...Jean " ;
$b = "Dupont___";
echo $a,$b,"<br />";
echo trim($a,' .')," ",rtrim($b,' _');
?>
```

Les résultats affichés sont :

```
...Jean Dupont___
Jean Dupont
```

Dans le même ordre d'idée, la fonction `wordwrap()` permet d'afficher un texte long avec une largeur maximale déterminée. Sa syntaxe est la suivante :

```
string wordwrap ( string $ch [, int N [, string car [, boolean coupe]]])
```

Le paramètre N définit cette largeur et `car` contient la chaîne à insérer dans $ch tous les N caractères. Le paramètre booléen `coupe`, permet, s'il vaut TRUE, d'effectuer une césure des mots dont la longueur dépasse N caractères.

Avec le code suivant :

```php
echo wordwrap($ch,30,"<br />",1);
```

le contenu de la chaîne $ch s'affiche dans une colonne de 30 caractères de largeur. Dans le code source HTML, vous trouvez donc un élément <br /> tous les 30 caractères.

Entités HTML et caractères spéciaux

Pour ajouter automatiquement le caractère d'échappement \ devant les caractères spéciaux tels que apostrophe ('), guillemets ("), antislash (\) et le caractère NUL, vous devez utiliser la fonction addslashes(), dont la syntaxe est la suivante :

```
string addslashes (string $ch)
```

Cette fonction peut être utilisée avant d'enregistrer des chaînes dans une base de données. Réciproquement, la fonction stripslashes() enlève les caractères d'échappement.

Par exemple, le code suivant :

```
$ch="Le répertoire est : 'C:\PHP_doc\php5'";
$ch = addslashes($ch);
echo $ch;
$ch =stripslashes($ch);
echo $ch;
```

affiche la chaîne $ch après chacune de ces transformations :

```
Le répertoire est : \'C:\\PHP_doc\\php5\'
Le répertoire est : 'C:\PHP_doc\php5'
```

Données de formulaire

La fonction addslashes() est inutile pour les données en provenance d'un formulaire si la directive magic_quotes_runtime est active dans le php.ini.

La fonction quotemeta() est similaire à addslashes(), à la différence près qu'elle introduit un caractère d'échappement devant les métacaractères ., \, +, *, ?, [,], (,), $ et ^. Sa syntaxe est la suivante :

```
string quotemeta ( string $ch)
```

Pour créer du code HTML ou XML, vous devez transformer certains caractères spéciaux (&, ", ', <, >) en entités de caractères. Vous utilisez pour cela la fonction htmlspecialchars(), dont la syntaxe est la suivante :

```
string htmlspecialchars (string $ch [, int CTE[,string charset]])
```

Le paramètre CTE est une constante qui détermine le traitement des guillemets. Elle prend les valeurs suivantes :

- ENT_COMPAT ou 2 (valeur par défaut) convertit les guillemets doubles mais pas les guillemets simples.

- ENT_QUOTES ou 3 convertit les guillemets doubles et simples.

- ENT_NOQUOTES ou 0 ne traite aucun des guillemets.

Le paramètre charset désigne le jeu de caractères utilisé. Par défaut, il s'agit de UTF-8.

La fonction `htmlentities()`, dont la syntaxe est la suivante :

```
string htmlentities (string $ch [, int CTE[,string charset]])
```

retourne une chaîne dans laquelle tous les caractères spéciaux en HTML, donc tous ceux dont le code UNICODE est supérieur à 128, en entités de caractère interprétables par les navigateurs.

Les paramètres `CTE` et `charset` ont les mêmes significations que dans la fonction `htmlspecialchars()`. Appliquée aux saisies des visiteurs, cette fonction empêche la création intempestive de code HTML en cas de saisie de balises dans une zone de texte.

Dans le code suivant :

```
$ch = "Cliquez sur l'icône en tête pour démarrer" ;
$ch2 = "L'élément HTML du bouton est <button>" ;
echo htmlentities($ch);
echo "<br />";
echo htmlentities($ch2);
```

Si vous écrivez `"echo $ch2;"` vous obtenez un bouton dans la page alors qu'en appelant `htmlentities()` le code apparaît normalement. Le code source du fichier HTML contient les lignes suivantes :

```
Cliquez sur l'ic&ocirc;ne en t&ecirc;te pour d&eacute;marrer<br />
L'&eacute;l&eacute;ment HTML du bouton est &lt;button&gt;
```

Pour réaliser l'opération inverse, c'est-à-dire transformer les entités en caractères ordinaires, vous devez faire appel à la fonction suivante :

```
string html_entity_decode (string $ch [, int CTE[,string charset]])
```

qui possède les mêmes paramètres.

Pour transformer les sauts de lignes `"\n"` d'une chaîne en sauts de ligne HTML `<br />`, utilisez la fonction `nl2br()`. Elle permet d'améliorer la présentation des textes saisis dans les zones multilignes (voir le chapitre 6).

Le code suivant affiche la chaîne `$ch` sur trois lignes :

```
$ch = "Voici une ligne \n puis une autre \n Fin\n" ;
echo nl2br($ch) ;
```

Nous avons déjà signalé que, dans un site dynamique, de nombreuses chaînes provenaient de saisies opérées par les visiteurs et enregistrées ensuite pour être affichées sous une forme quelconque dans une page HTML.

Imaginez qu'une personne mal intentionnée saisisse la chaîne `$ch` suivante dans un formulaire afin qu'elle soit enregistrée et réutilisée par la suite :

```
$ch="<script type= text/javascript> alert('Salut'); history.back(); </script>";
```

Si le site doit utiliser cette chaîne pour l'afficher avec une instruction `echo`, la page ainsi créée est inutilisable car le navigateur affiche d'abord une boîte d'alerte JavaScript, créée par la fonction `alert()`. L'utilisateur est ensuite redirigé automatiquement vers la page précédente par la fonction `history.back()`. La page n'est donc jamais visible.

Pour éviter ces problèmes, il est possible d'enlever les balises HTML d'une chaîne grâce à la fonction `strips_tags()`, dont la syntaxe est la suivante :

```
string strip_tags ( string $ch [, string balise_ok])
```

La fonction retourne la chaîne `$ch` débarrassée des balises d'ouverture et de fermeture des éléments HTML autres que ceux qui sont précisés dans le deuxième paramètre comme étant acceptés.

Par exemple, dans le code suivant :

```
$ch="<script type =text/javascript> alert('Salut'); history.back(); </script>";
//echo $ch; ←❶
$ch=strip_tags($ch); ←❷
echo $ch; ←❸
```

si vous décommentez la deuxième ligne (repère ❶), vous vous exposez au problème signalé ci-dessus, alors qu'en appliquant la fonction `strip_tags()` à `$ch` (repère ❷) puis en affichant la chaîne `$ch` modifiée (repère ❸), la page ne contient que l'affichage :

```
alert('Salut');history.back();
```

Tout en étant parasite, cet affichage n'est pas dangereux.

Recherche de sous-chaînes

Une chaîne pouvant être considérée comme un tableau de caractères (indice de 0 à N), vous pouvez récupérer le caractère d'indice N en écrivant `$ch[N]` ou `$ch[$N]` si la variable `$N` contient un entier.

Le code suivant :

```
$ch = "Bonjour Geneviève" ;
echo "Le 9ème caractère de la chaîne $ch est {$ch[8]}" ;
```

affiche le caractère G.

Plusieurs fonctions spécifiques permettent d'extraire une sous-chaîne d'une chaîne donnée. La fonction `strstr()` — ou `strchr()`, qui en est un alias —, dont la syntaxe est la suivante :

```
string strstr (string $ch, string $ch2)
```

recherche si la chaîne `$ch2` est contenue dans `$ch` et retourne tous les caractères allant de la première occurrence de `$ch2` jusqu'à la fin de `$ch`. Cette recherche est sensible à la casse. Pour effectuer une recherche insensible à la casse, vous devez utiliser la fonction suivante :

```
string stristr (string $ch, string $ch2)
```

Par exemple, le code suivant :

```
$ch = "Perette et le pot au lait"
$ssch = strstr ($ch, "pot")
echo $ssch ;
```

affiche la sous-chaîne "pot au lait".

Si $ch2 ne figure pas dans $ch, la fonction retourne FALSE.

Contrairement à la précédente, la fonction strrchr(), dont la syntaxe est la suivante :

```
string strrchr (string $ch, string $ch2)
```

ne retourne que la portion de $ch présente à partir de la dernière occurrence de $ch2. Par exemple :

```
$ch = "Perette et le pot au lait. C'est pas de pot !" ;
$ssch = strrchr($ch, "pot")
echo $ssch ;
```

n'affiche que la sous-chaîne "pot !".

Les fonctions suivantes permettent d'extraire des sous-chaînes en fonction des indices des caractères dans la chaîne analysée (le premier étant à l'indice 0).

La fonction substr(), dont la syntaxe est la suivante :

```
string substr (string $ch, integer ind [, integer N])
```

retourne la chaîne contenant *N* caractères de $ch extraits à partir de l'indice ind inclus. Si le paramètre *N* est omis, elle retourne la sous-chaîne comprise entre l'indice ind et la fin de $ch.

La fonction substr_count() retourne le nombre d'occurrences d'une sous-chaîne $ssch dans une chaîne $ch. Sa syntaxe est la suivante :

```
int substr_count (string $ch, string $ssch)
```

Il est possible de remplacer toutes les occurrences d'une sous-chaîne par une autre au moyen de la fonction str_replace() :

```
string str_replace(string $ch1,string $ch2,string $ch [,string $var])
```

La fonction retourne la chaîne $ch, dans laquelle toutes les occurrences de $ch1 sont remplacées par $ch2. Le quatrième paramètre est le nom d'une variable à laquelle est passé par référence le nombre de remplacement effectué. Dans l'exemple 4-6, le mot "pot" est remplacé par "bol".

☞ **Exemple 4-5. Extraction et remplacement de sous-chaînes**

```
<?php
$ch = "Perette et le pot au lait. C'est pas de pot!" ;
$ssch = substr ($ch, 8, 9) ;
echo $ssch,"<br />" ;
```

```
$ssch = substr($ch,8);
echo $ssch ,"<br />";
$ch2="pot";
$nb=substr_count($ch,$ch2);
echo "Le mot $ch2 est présent $nb fois dans $ch <br />";
$ch3=str_replace('pot','bol',$ch);
echo $ch3,"<br />" ;
?>
```

Les résultats affichés sont les suivants :

```
et le pot
et le pot au lait. C'est pas de pot!
Le mot pot est présent 2 fois dans Perette et le pot au lait. C'est pas de pot!
Perette et le bol au lait. C'est pas de bol!
2 remplacements
```

La fonction strpos() retourne la position du premier caractère de la première occurrence d'une sous-chaîne $ch2 dans $ch ou FALSE si $ch2 ne figure pas dans $ch.

La syntaxe de la fonction strpos()est la suivante :

```
int strpos (string $ch,string $ch2[,int N])
```

Puisque la fonction retourne FALSE si le mot n'est pas trouvé, elle peut permettre indirectement de détecter la présence d'un mot dans une chaîne en la plaçant dans une condition if, ce qui est réalisé dans l'exemple 4-6 (repère ❶).

Les variantes de cette fonction, aux syntaxes identiques, sont stripos(), qui est insensible à la casse, strrpos(), qui retourne la position de la dernière occurrence trouvée, et strripos(), qui est identique à strrpos() mais insensible à la casse.

☛ **Exemple 4-6. Recherche de la position ou de l'existence d'un mot**

```
<?php
$ch = "Perette et le pot au lait. C'est pas de pot ! La Fontaine" ;
echo "\$ch = $ch <br />";
$ch2 = "pot" ;
//recherche sensible à la casse
$n=strpos ($ch, $ch2);
echo "Le mot $ch2 commence à la position $n dans \$ch <br />" ;
//recherche insensible à la casse
$ch3 = "POT" ;
$n2=stripos($ch, $ch3);
echo "Le mot $ch3 commence à la position $n2 dans \$ch <br />" ;
//recherche de la dernière occurrence sensible à la casse
$n3=strrpos($ch, $ch2);
echo "La dernière occurrence du mot $ch2 commence à la position $n3 dans \$ch<br />"

//recherche sensible à la casse de l'existence d'un mot
$ch4="fontaine";
```

```
if(!strpos ($ch,$ch4)) ←❶
{ echo "Le mot $ch4 n'est pas dans \$ch";}
?>
```

Le résultat affiché est le suivant :

```
$ch = Perette et le pot au lait. C'est pas de pot ! La Fontaine
Le mot pot commence à la position 14 dans $ch
Le mot POT commence à la position 14 dans $ch
La dernière occurrence du mot pot commence à la position 40 dans $ch
Le mot fontaine n'est pas dans $ch
```

Les mêmes conventions de formatage utilisées par la fonction printf() sont utilisables pour extraire des sous-chaînes et affecter leurs valeurs à des variables. Vous pouvez utiliser ces variables indépendamment de la chaîne dont elles sont extraites à l'aide de la fonction sscanf(), dont la syntaxe est la suivante :

```
array|string sscanf (string $ch, string "format" [, $var1,$var2,…])
```

Pour utiliser cette fonction, la chaîne $ch doit répondre au format défini à l'aide des spécificateurs récapitulés au tableau 4-1, que vous avons déjà rencontrés avec la fonction printf(). Elle peut alors être bien analysée. Chacun de ces éléments est affecté aux variables dont les noms sont donnés dans les paramètres $var1, $var2, etc.

Dans l'exemple 4-6, la chaîne $personne contient quatre informations écrites selon le format précis suivant :

```
"date_de_naissance-date_de_décès prénom nom"
```

Dans l'exemple 4.7, la chaîne de format qui permet d'analyser et de récupérer chacun de ses éléments est la suivante (voir repère ❶) :

```
$format="%d-%d %s %s"
```

La fonction sscanf() affecte ces informations aux variables nommées $ne, $mort, $prenom et $nom (repère ❷) et retourne le nombre d'informations dans la variable $nb. Ces variables sont utilisées pour un affichage (repère ❸).

☞ **Exemple 4-7. Capture de sous-chaînes dans des variables**

```
<?php
$personne = "1685-1750 Jean-Sébastien Bach";
$format="%d-%d %s %s"; ←❶
$nb = sscanf($personne,$format,$ne,$mort,$prenom,$nom); ←❷
echo "$prenom $nom né en $ne, mort en $mort <br />"; ←❸
echo "Nous lisons $nb informations";
?>
```

Le résultat affiché est le suivant :

```
Jean-Sébastien Bach né en 1685, mort en 1750
Nous lisons 4 informations
```

Comparaison de chaînes

Les opérateurs de comparaison usuels sont utilisables avec les chaînes. Cela inclut bien sûr les opérateurs d'égalité (==) et d'identité (===), ce dernier ne permettant d'obtenir la valeur TRUE dans une expression conditionnelle que si les deux opérandes ont non seulement la même valeur mais aussi le même type.

Avec l'opérateur d'égalité, si les deux opérandes sont des chaînes, elles doivent avoir exactement les mêmes caractères pour que l'égalité soit vérifiée. Le code suivant affiche FALSE :

```
$ch="scripts PHP 5";
$ch2="script PHP 5";
if($ch2==$ch) echo "TRUE <br />";
else echo "FALSE <br />";
```

Si la comparaison se fait entre une chaîne commençant par des chiffres et un nombre, elle a lieu comme s'il s'agissait de deux nombres, seuls les caractères numériques du début de la chaîne étant pris en compte. Le code suivant affiche TRUE :

```
$nb=59;
$ch="59scripts";
if($ch==$nb) echo "TRUE <br />";
else echo "FALSE <br />";
```

Par contre, si vous écrivez if($ch===$nb), le script affiche FALSE car les types sont différents (integer et string).

De même, si vous utilisez les opérateurs arithmétiques +, -, *, /, , et % entre une chaîne et un nombre, vous obtenez un nombre si la chaîne commence par des chiffres. Le code suivant affiche, par exemple, le nombre 531. Il ne s'agit pas de la chaîne "531" mais d'un entier, ce qui est vérifiable en utilisant la fonction gettype() :

```
$nb=59;
$ch="9scripts";
echo $nb*$ch;//Affiche 531 soit 59 x 9
echo gettype($nb*$ch);//Affiche integer
```

Moins habituel, vous pouvez comparer des chaînes alphabétiques entre elles ou avec des nombres au moyen des opérateurs *a priori* réservés à des nombres. Il s'agit des opérateurs <, >, <= et >=. Si les opérandes sont des chaînes, la comparaison est effectuée en fonction de l'ordre ASCII des caractères des chaînes. Par exemple, le code suivant :

```
$ch1="Blanc";
$ch2="Bleu";
$ch3="blanc";
if($ch1>$ch2) echo "TRUE <br />";
else echo "FALSE <br />"; //Affiche FALSE
if($ch1<$ch3) echo "TRUE <br />";
else echo "FALSE <br />"; //Affiche TRUE
```

affiche d'abord FALSE pour la comparaison ($ch1>$ch2) car les deux premiers caractères sont identiques et que "a<e" est vrai dans l'ordre ASCII. Il affiche ensuite TRUE pour la comparaison ($ch1<$ch3) car les minuscules ont des codes inférieurs aux majuscules.

Pour comparer des chaînes et obtenir leur ordre alphabétique, au sens ASCII du terme, vous disposez aussi des fonctions PHP suivantes :

```
int strcmp (string $ch1, string $ch2)
int strcasecmp (string $ch1, string $ch2)
```

Leur fonctionnement est identique, mais la première fonction est sensible à la casse alors que la seconde ne l'est pas. Elles retournent toutes deux un nombre négatif (généralement -1) si $ch1 est inférieure à $ch2, un nombre positif (généralement 1) dans le cas contraire et 0 en cas d'égalité.

Les fonctions strncmp() et strncasecmp() réalisent respectivement les mêmes actions que strcmp() et strcasecmp() mais en limitant la comparaison aux *N* premiers caractères. Leurs syntaxes sont les suivantes :

```
int strncmp(string $ch1, string $ch2, int N)
int strncasecmp ( string $ch1, string $ch2, int N)
```

Le code suivant assure la même comparaison que les opérateurs vus précédemment :

```
$ch1="Blanc";
$ch2="Bleu";
$ch3="blanc";
echo strcmp ($ch1,$ch2);//Affiche -1
echo strcasecmp ($ch1,$ch3);//Affiche 0
echo strncasecmp ( $ch1, $ch2,2);//Affiche 0
```

La méthode de comparaison de ces fonctions étant fondée sur les codes des caractères, elle donne des résultats qui peuvent paraître étranges. Par exemple, le code suivant :

```
$ch4="page2";
$ch5="page12";
echo strcmp ( $ch4,$ch5);//Affiche 1
```

affiche la valeur 1. "page2" est donc considéré supérieur à "page12". Si vous souhaitez réaliser un tri, cela n'est pas concevable.

Pour pallier cet inconvénient, vous disposez des fonctions suivantes, qui effectuent une comparaison dans l'ordre « naturel », dans lequel "page2" est avant "page12" :

```
int strnatcmp (string $ch1, string $ch2)
int strnatcasecmp (string $ch1, string $ch2)
```

La première fonction est sensible à la casse mais pas la seconde.

Le code suivant :

```
$ch4="page2";
$ch5="page12";
echo strnatcmp($ch4,$ch5);//Affiche -1
```

affiche une valeur négative, et vous avez donc bien "page2" inférieur à "page12".

Dans des recherches de mots, il est possible d'obtenir le nombre de caractères communs à deux chaînes en utilisant la fonction suivante :

```
int similar_text ( string $ch1, string $ch2 [, $pourcent])
```

qui retourne ce nombre. Si le troisième paramètre est utilisé, le pourcentage de similarité est retourné dans la variable $pourcent (le nom de la variable est ici arbitraire). Notez que la comparaison est sensible à la casse.

Par exemple, le code suivant :

```
$ch4="MySQL";
$ch5="PgSQL";
echo similar_text($ch4,$ch5,$pourc), " caractères communs";
echo "Similarité : ",$pourc,"%";
```

affiche le résultat suivant :

```
3 caractères communs
Similarité : 60%
```

Transformation de chaînes en tableaux

Vous avez la possibilité d'extraire chacun des « mots » d'une chaîne et d'obtenir un tableau dont les éléments contiennent chacun de ces mots. Vous devez pour cela utiliser la fonction suivante :

```
array explode ( string sep, string $ch [, int N])
```

La fonction retourne un tableau des mots de $ch, le critère de séparation étant donné par la chaîne sep (souvent une espace). Si le dernier paramètre est fourni, le tableau ne contient que *N* éléments au maximum, le dernier élément contenant toute la fin de la chaîne initiale.

La fonction implode() est la réciproque de explode(). Elle retourne une chaîne composée des éléments d'un tableau séparés par un caractère donné. Sa syntaxe est la suivante :

```
string implode ( string sep, array $tab)
```

L'exemple 4-8 illustre ces deux fonctions avec différents séparateurs.

☞ **Exemple 4-8. Passages réciproques de chaînes en tableaux**

```php
<?php
//Passage chaîne -> tableau
$ch1="L'avenir est à PHP5 et MySQL";
$tab1=explode(" ",$ch1);
echo $ch1,"<br />";
print_r($tab1);
echo "<hr />";
```

```
$ch2="C:\wampserver\www\php5\chaines\string2.php";
$tab2=explode("\\",$ch2);
echo $ch2,"<br />";
print_r($tab2);
echo "<hr />";
//Passage tableau -> chaîne
$tab3[0]="Bonjour";
$tab3[1]="monsieur";
$tab3[2]="Rasmus";
$tab3[3]="Merci!";
$ch3=implode(" ",$tab3);
echo $ch3,"<br />";
?>
```

L'exemple retourne les résultats suivants :

```
L'avenir est à PHP5 et MySQL
Array ( [0] => L'avenir [1] => est [2] => à [3] => PHP5 [4] => et [5] => MySQL )

C:\wampserver\www\php5\chaines\string2.php
Array ( [0] => C: [1] => wampserver [2] => www [3] => php5 [4] => chaines [5] =>
string2.php )

Bonjour monsieur Rasmus Merci!
```

Les expressions régulières

Une expression régulière, ou *regular expression,* ou encore expression rationnelle, permet de définir un modèle général, appelé motif de l'expression régulière, au moyen de caractères particuliers, représentatifs d'un ensemble de chaînes de caractères très variées.

Si vous définissez, par exemple, comme caractéristique d'un modèle de mot que la première et la troisième lettre d'un mot doivent être un "p", quantité de mots d'un dictionnaire français répondent à ce critère, tels papa, pipe, pipeau, pipelette, etc. Ces motifs permettent de rechercher dans un texte s'il existe des occurrences d'un mot ou de retrouver tous les mots qui répondent à tel critère particulier, comme vous venez de le voir.

Ils peuvent aussi permettre de vérifier si une saisie faite par un visiteur du site est conforme au format couramment attendu, comme celui d'une adresse e-mail, et, dans le cas contraire, d'afficher un message d'erreur. Sans ce type de vérification, tout contact serait impossible entre un client qui se serait identifié avec une adresse contenant une erreur de format et un site commercial qui enregistre les adresses e-mail pour envoyer une confirmation de commande, par exemple.

Vous allez voir successivement comment écrire des motifs représentatifs puis les différentes fonctions offertes par PHP pour opérer des vérifications sur des chaînes de caractères. Dans la pratique, ces chaînes proviennent le plus souvent de saisies effectuées dans un formulaire.

Définition d'un motif élémentaire

L'écriture des motifs d'expressions régulières est la partie la plus rébarbative du travail de codage. Un grand soin est requis dans leurs écritures car cela conditionne la qualité du résultat. Les motifs sont toujours contenus dans des chaînes de caractères, et donc entre guillemets, et doivent être encadrés par un caractère / (slash) au début et à la fin de la chaîne.

Recherche de un ou plusieurs caractères

Pour rechercher la présence d'un caractère particulier, il suffit de l'inclure entre des guillemets simples ou doubles. Pour rechercher le caractère @, vous écrivez le modèle :

```
$modele="/@/";
```

Pour vérifier si une chaîne contient un au moins des caractères d'une liste, vous énumérez tous ces caractères entre crochets.

Pour rechercher un ou plusieurs des caractères xyz, vous avez donc le motif suivant :

```
$modele="/[xyz]/";
```

> **Caractère et caractères**
>
> La présence d'un seul des caractères de la liste dans la chaîne sur laquelle s'effectue la recherche fournit un résultat positif. La présence d'autres caractères quelconques est donc possible. En d'autres termes, la présence d'au moins un des caractères définis dans le motif ne signifie pas qu'il n'y en a pas d'autres non contenus dans le motif.

Avec la même syntaxe, vous pouvez définir comme motif un intervalle de lettres ou de chiffres.

Par exemple, si vous écrivez :

```
$modele = "/[a-z]/";
```

vous recherchez un mot d'au moins un caractère contenant n'importe quelles lettres minuscules.

De même, le motif suivant :

```
$modele = "/[A-Z]/";
```

recherche n'importe quel groupe de majuscules.

Le suivant :

```
$modele = "/[0-9]/";
```

recherche la présence d'au moins un chiffre entre 0 et 9.

> **Échappement des caractères spéciaux**
>
> Pour rechercher dans une chaîne les caractères qui ont une signification particulière, vous devez les échapper en les faisant précéder d'un antislash (\). Cela s'applique aux caractères ., $, ^, ?, \, [,], (,), + et *.

Il existe des classes de caractères prédéfinies, qui évitent d'avoir à créer vous-même les ensembles de caractères recherchés. Ces classes sont récapitulées au tableau 4.2.

Tableau 4-2 – Les classes de caractères prédéfinies

Classe	Définition de la recherche
`[[:alnum:]]`	Tous les caractères alphanumériques. Équivalent de l'ensemble `[a-zA-Z0-9]`
`[[:alpha:]]`	Tous les caractères alphabétiques. Équivalent de l'ensemble `[a-zA-Z]`
`[[:blank:]]`	Tous les caractères blancs (espaces, tabulations, etc.)
`[[:ctrl:] ]`	Tous les caractères de contrôle
`[[:digit:]]`	Tous les chiffres. Équivalent de l'ensemble `[0-9]`
`[[:print:]]`	Tous les caractères imprimables, non compris les caractères de contrôle
`[[:punct:]]`	Tous les caractères de ponctuation
`[[:space:]]`	Tous les caractères d'espace (espace, tabulation, saut de ligne)
`[[:upper:]]`	Tous les caractères en majuscules
`[[:xdigit:]]`	Tous les caractères en hexadécimal

Les classes du tableau sont utilisables comme les autres motifs en les écrivant dans une chaîne de caractères délimitée par des guillemets.

Vous écrivez, par exemple, le modèle suivant :

```
$modele="/[[:alpha:]]/";
```

pour rechercher des caractères alphabétiques en minuscule ou en majuscule.

Le modèle suivant :

```
$modele="/[[:digit:]]/";
```

vous permet de rechercher la présence de chiffres.

Recherche d'une chaîne précise

Pour rechercher la présence d'un mot précis dans une chaîne, créez le motif en écrivant le mot entre guillemets. La recherche est validée si le mot se trouve exactement dans la chaîne analysée et en respectant la casse.

Le motif suivant :

```
$modele = "/Paris/";
```

vérifie si le mot Paris est présent dans la chaîne analysée. La chaîne Visite à Paris est donc conforme au modèle mais pas la chaîne Visite à paris.

Pour détecter la présence d'au moins une chaîne parmi deux, vous devez utiliser l'opérateur logique OU, symbolisé par le caractère pipe (|) placé entre les mots à rechercher.

Le motif suivant :

```
$modele="/\.com|\.net/";
```

recherche des chaînes .com ou .net. L'adresse www.php.net est donc validée mais pas www.w3c.org.

Restriction de caractères

Pour interdire la présence d'un groupe de caractères, faites-le précéder par le caractère ^. Pour exclure une plage entière de caractères, incluez le caractère ^ devant les caractères entre crochets qui définissent l'ensemble des caractères ou la plage de caractères.

Prenez garde à cette définition car la présence d'un seul caractère différent de ceux qui sont exclus rend la vérification valide, même si ce caractère est précédé ou suivi de caractères interdits.

Par exemple, le motif suivant :

```
$modele="/[^abc]/";
```

exclut les caractères abc. La chaîne caba ne répond donc pas à cette définition alors que la chaîne cabas est conforme au modèle par le seul ajout du caractère s.

De même, le motif suivant :

```
$modele="/[^A-Z]/";
```

exclut les chaînes composées uniquement de lettres majuscules. Par exemple, la chaîne PHP est exclue mais pas PHP 5.

Le motif :

```
$modele="/[^0-9]/";
```

exclut les chaînes composées uniquement de chiffres. Par exemple, la chaîne 2005, qui ne comporte que des chiffres, est exclue mais pas la chaîne 02-03-2005, qui comporte un autre caractère.

Ce même caractère ^ peut avoir une autre signification s'il est placé devant un caractère ou une classe de caractères mais pas entre crochets. Dans ce cas, la chaîne sur laquelle est effectuée la recherche doit commencer par les caractères qui suivent.

Par exemple, le motif suivant :

```
$modele= "/^bon/";
```

permet de rechercher si une chaîne commence par les lettres bon, comme bonjour Max ou bonne blague.

Pour imposer qu'une chaîne se termine pas un ou plusieurs caractères déterminés, faites suivre ces derniers du caractère $.

Pour imposer, par exemple, qu'une adresse e-mail se termine par .com, écrivez le motif suivant :

```
$modele= "/\.com$/";
```

Création de modèles généraux

L'utilisation de caractères spéciaux permet de créer des modèles, dans lesquels vous pouvez préciser si un caractère doit être présent zéro, une ou plusieurs fois de suite.

Le caractère point (.) permet de rechercher n'importe quel caractère. L'exemple suivant :

```
$modele= "/mat./"
```

crée le modèle permettant de rechercher tous les mots contenant le mot mat suivi d'au moins un caractère. Vous obtenez aussi bien mate, math que matériel mais pas la chaîne échec et mat, car mat n'est suivi d'aucun caractère.

Le caractère ? indique que le caractère qui précède doit être présent zéro ou une fois. Le caractère recherché peut être présent plusieurs fois sans pour autant invalider la recherche.

L'exemple suivant :

```
$modele= "/math?/"
```

crée le modèle permettant de chercher la présence des lettres mat suivies ou non de la lettre h dans une chaîne quelconque. Vous pouvez obtenir math, mathématiques, matrice, mais aussi mathh, car il peut exister d'autres caractères identiques après le motif défini.

Le caractère + indique que le caractère qui précède doit être présent au moins une fois dans la chaîne analysée.

L'exemple suivant :

```
$modele= "/nat+/"
```

recherche si une chaîne contient les lettres na suivies de une ou de plusieurs lettres t. Vous obtenez, par exemple, nat, nathalie, natte, naturel, mais pas naval.

Le caractère * indique que le caractère qui précède doit être présent zéro ou plusieurs fois dans la chaîne sur laquelle s'effectue la recherche.

Le motif suivant :

```
$modele= "/pour*/" ;
```

recherche les lettres pou suivies de la lettre r présente un nombre quelconque de fois puis, éventuellement, d'une suite de caractères quelconque. Vous pouvez obtenir les mots pou, poulette, pourri, etc.

En associant les caractères . et *, vous pouvez rechercher une suite quelconque de caractères, le point spécifiant n'importe quel caractère et l'étoile zéro à *N* occurrences d'un même caractère.

Le motif suivant :

```
$modele= "/mat.*/" ;
```

recherche tous les mots d'un nombre de caractères quelconque contenant les lettres mat. Vous trouvez, par exemple, mat, math, matériel ou matter.

L'usage des parenthèses associées aux caractères précédents effectue des regroupements permettant des recherches plus précises.

Le motif suivant :

```
$modele= "/(ma)+/" ;
```

recherche la présence du groupe de caractères ma au moins une fois.

Recherche d'un nombre donné de caractères

L'usage des accolades permet de préciser le nombre de fois que vous souhaitez voir apparaître un caractère ou un groupe de caractères, selon les définitions suivantes :

- {n} cherche exactement *n* fois le caractère ou le groupe qui précède.
- {n,} cherche au minimum *n* fois le caractère ou le groupe qui précède.
- {n,m} cherche entre *n* et *m* fois le caractère ou le groupe qui précède.

Par exemple, le motif suivant :

```
$modele= "/cor{2}/" ;
```

recherche des mots contenant les caractères corr.

Ici encore, le modèle recherché peut être suivi d'autres caractères, y compris celui sur lequel s'appliquent les accolades. Les chaînes correcteur, corrigé mais aussi corrr sont donc valides. En revanche, corsage ne l'est pas.

Le motif suivant :

```
$modele= "/cor{1,}/" ;
```

recherche dans une chaîne la présence des lettres co, suivies d'un nombre quelconque de caractères r. Les chaînes cor, corr, corrr, etc., sont donc valides.

Les fonctions de recherche PHP

Comme expliqué précédemment, plusieurs extensions PHP permettent d'utiliser des expressions régulières et donc plusieurs séries de fonctions utilisables dans ce but.

Nous nous penchons ici sur les fonctions standards de PHP.

La fonction élémentaire de recherche de PHP est la suivante :

```
bool preg_match (string $modele, string $ch [, array $tab])
```

Elle permet de contrôler la présence d'une sous-chaîne répondant au motif d'expression régulière $modele dans $ch. Le troisième paramètre est un tableau indicé qui contient la chaîne $ch dans l'élément d'indice 0 ainsi que les sous-chaînes répondant au modèle dans les éléments suivants. Elles retournent TRUE si le motif est trouvé et FALSE dans le cas contraire. Cette fonction est sensible à la casse.

L'exemple 4-9 constitue votre première application pratique. La définition du motif (repère ❶) exige la présence de quatre chiffres (code ([[:digit:]]{4})), suivis d'un nombre quelconque de caractères (code (.*)). L'utilisation de la fonction preg_match() permet de valider ce motif (repère ❷). Si la chaîne $ch contient le motif, un message est affiché (repère ❸). L'utilisation du tableau $tab permet ensuite de récupérer et d'afficher la date (repère ❹) et l'événement (repère ❺). Dans le cas contraire un message indique la non-conformité du motif recherché (repère ❻).

☞ **Exemple 4-9. Recherche dans une chaîne**

```php
<?php
$ch="1789 Prise de la Bastille";
$modele= "/([[:digit:]]{4}) (.*)/"; ←❶
if(preg_match($modele,$ch,$tab))←❷
{
    echo "La chaîne \"$ch\" est conforme au modèle \"$modele\" <br />"; ←❸
    echo "Date : ",$tab[1],"<br />";←❹
    echo "Événement : ",$tab[2],"<br />";←❺
}
else echo "La chaîne \"$ch\" n'est pas conforme au modèle \"$modele\" ";←❻
?>
```

L'exemple affiche le résultat suivant :

```
La chaîne "1789 Prise de la Bastille" est conforme au modèle "/([[:digit:]]{4})(.*)/"
Date: 1789
Événement: Prise de la Bastille
```

La fonction suivante permet de réaliser des opérations de remplacement d'une sous-chaîne conforme à un motif défini par une autre chaîne. Elle retourne une chaîne modifiée, mais la chaîne initiale $ch reste intacte. Elle est sensible à la casse :

```
string preg_replace ( string $modele, string $remp, string $ch)
```

L'exemple 4-10 utilise ces fonctions. La première remplace un chiffre défini par le motif [[:digit:]] par le chiffre 5 (repère ❶). Toutes les occurrences de ce chiffre sont remplacées. La deuxième remplace un mot par un autre (repère ❷) ou le caractère de saut de ligne \n par l'élément HTML
 (repère ❸). La suivante effectue deux remplacements successifs dans la même chaîne (repères ❹ et ❺). La dernière montre que la chaîne de remplacement peut être définie par une fonction à condition qu'elle retourne une valeur de type string. Ici, n'importe quel groupe de quatre chiffres défini par le motif [0-9]{4} (typiquement une année) est remplacé par la chaîne de l'année actuelle retournée par la fonction date("Y") (repère ❻).

☞ **Exemple 4-10. Remplacement de sous-chaînes**

```php
<?php
//
$ch = "La 4e \n version est PHP 4:\n Viva PHP 4";
$ch2=preg_replace ("/[[:digit:]]/", "5", $ch); ←❶
echo $ch2,"<br />";
echo preg_replace (" /est/", "fut", $ch),"<br />" ; ←❷
```

```
echo preg_replace ("/\n/", "<br />", $ch2),"<br />"; ←❸
echo $ch,"<br />";
//**********************
$ch = "Quatre mariages et un enterrement ";
$ch2=preg_replace ("/mariage/", "divorce", $ch); ←❹
$ch2=preg_replace ("/enterrement/", "mariage", $ch2); ←❺
echo $ch2,"<br />";
//**********************
$ch = "Nous sommes en 2009 ";
echo preg_replace ("/[0-9]{4}/", date("Y"), $ch); ←❻
?>
```

L'exemple affiche le résultat suivant :

```
La 5e version est PHP 5: Viva PHP5
La 4e version fut PHP 4: Viva PHP4
La 5e
version est PHP 5:
Viva PHP5
La 4e version est PHP 4: Viva PHP4
Quatre divorces et un mariage
Nous sommes en 2012
```

Définition d'un motif complexe

Vous allez maintenant aborder la manière de créer des modèles complexes afin de réaliser des recherches ou des validations d'expressions complexes, comme des montants financiers ou des adresses e-mail.

Elle consiste à combiner les différentes possibilités que vous avez découvertes à la section précédente.

Validation d'un nom

En prenant pour hypothèse qu'un nom de famille est composé uniquement de lettres, à l'exclusion des chiffres, vous créez le modèle suivant :

```
$modele="/([[:alpha:]]+) ([^0-9])/";
```

Il ne recherche que les noms composés par des lettres. Les chiffres et les autres caractères sont exclus.

L'exemple 4-11 affiche un message si le nom ne correspond pas à ces critères.

☞ Exemple 4-11. Validation d'un nom complet

```
<?php
$modele="/([[:alpha:]]+) ([^0-9])/";
$nom="Benoit Saez";
```

```
if(!preg_match($modele,$nom))
{echo "Le nom \"$nom\" n'est pas conforme. Veuillez le ressaisir !";}
else echo $nom, " : Bonne saisie";
?>
```

Les noms Benoit Saez ou même Benoit XVI sont acceptés, mais pas Benoit 16. Ce script peut être utilisé pour vérifier les saisies effectuées dans un formulaire avant l'enregistrement des données.

Valider une adresse e-mail

Vous cherchez maintenant à valider une adresse e-mail saisie par un utilisateur.

Les adresses valides sont de la forme :

```
nom@domaine.uk
prenom.nom@domaine.com
prenom-nom@domaine.info
```

Les extensions des domaines sont limitées à quatre caractères.

Le modèle suivant est beaucoup plus complexe que les précédents :

```
$modele="(^[a-z])([a-z0-9])+(\.|-)?([a-z0-9]+)@([a-z0-9]+)\.([a-z] {2,4}$)";
```

Il oblige l'adresse à commencer par des lettres (partie (^[a-z])), suivies de un ou plusieurs caractères alphanumériques (partie ([a-z0-9])+) puis d'un point ou d'un tiret optionnels (partie (\.|-)?). Le groupe de caractères suivant peut être alphanumérique (partie ([a-z0-9]+)). La présence du caractère @ est obligatoire. Il doit être suivi d'au moins deux caractères alphanumériques représentant le nom de domaine (partie ([a-z0-9]{2,})). La présence d'un point puis d'une extension alphabétique de deux à quatre lettres doit terminer l'adresse (partie \.([a-z]{2,4}$)) pour être valide.

Le script de l'exemple 4-12 utilise ce motif pour créer une fonction de validation (repère ❶). Le paramètre unique $ch représente l'adresse à vérifier. L'adresse est d'abord convertie en minuscules (repère ❷), puis la fonction preg_match() vérifie la conformité de l'adresse au motif (repère ❸). Selon le cas, la fonction affiche le message adéquat et retourne TRUE ou FALSE.

☞ **Exemple 4-12. Validation d'une adresse e-mail**

```
<?php
// Création de la fonction de validation
function validmail($ch)   ←❶
{
  $modele="/(^[a-z])([a-z0-9])+(\.|-)?([a-z0-9]+)@([a-z0-9]{2,})\.([a-z]{2,4}$)/";
  $ch=strtolower($ch);   ←❷
  if (preg_match($modele, $ch))   ←❸
  {
    echo "$ch est valide <br />";
    return TRUE;
  }
```

```
    else
    {
      echo "$ch est invalide <br />";
      return FALSE;
    }
}
// Utilisation de la fonction de validation
$mail="Jean5.dupont@laposte2.uk";
$mail2="5pierre.dupapi@plusloin.info";
$mail3="engels-jean@funphp.com";
validmail($mail);
validmail($mail2);
validmail($mail3);
?>
```

Le résultat affiché est le suivant :

```
jean5.dupont@laposte2.uk est valide
5pierre.dupapi@plusloin.info est invalide
engels-jean@funphp.com est valide
```

Mémo des fonctions

```
string addslashes(string str)
```

Ajoute des antislashs dans une chaîne.

```
string chunk_split(string $ch , int N , string $fin)
```

Scinde une chaîne en introduisant la chaîne $fin tous les N caractères.

```
string crypt(string $ch [, string $sel])
```

Crypte la chaîne $ch à l'aide de $sel.

```
void echo string $ch1 ,..., string $chN
```

Affiche une ou plusieurs chaînes de caractères.

```
array explode(string $sep , string $ch [, int N])
```

Transforme une chaîne en tableau indicé d'au maximum N éléments en utilisant le caractère $sep comme critère de coupure.

```
string html_entity_decode(string $ch , int CTE[,string charset]])
```

Convertit toutes les entités HTML en caractères normaux.

```
string htmlentities(string string , int quote_style , string charset)
```

Convertit tous les caractères en entités HTML.

```
string htmlspecialchars(string string , int quote_style , string charset)
```

Convertit les caractères spéciaux en entités HTML.

```
string implode(string $sep , array $tab)
```

Réunit tous les éléments d'un tableau dans une chaîne en les séparant par le caractère $sep.

```
string ltrim(string $ch [, string $liste])
```

Supprime tous les caractères d'espace en début de chaîne ou seulement ceux qui sont listés dans $liste.

```
string nl2br(string $ch)
```

Remplace les sauts de ligne \n par l'élément HTML <br />.

```
int ord(string $ch)
```

Retourne le code ASCII du caractère $ch.

```
int print(string $ch)
```

Affiche une chaîne de caractères.

```
void printf(string "format" , string $ch1,...$chN)
```

Affiche des chaînes de caractères formatées à l'aide de caractères spéciaux.

```
string quotemeta(string $ch)
```

Échappe les caractères ., \, +, *, ?, [,], (,), $ et ^.

```
string rtrim(string $ch [, string $liste])
```

Supprime tous les caractères d'espace en fin de chaîne ou seulement ceux qui sont listés dans $liste.

```
int similar_text(string $ch1 , string $ch2 [, $pourcent])
```

Calcule la similarité de deux chaînes en nombre de caractères ou en pourcentage retourné dans la variable $pourcent.

```
string sprintf(string "format" , string $ch1, string $ch2,... $chN)
```

Retourne une chaîne formatée contenant les variables $ch1 à $chN.

```
divers sscanf(string $ch , string "format" [, string $ch1,...,$chN])
```

Décompose une chaîne selon un format donné et retourne ses éléments dans un tableau ou dans les variables $ch1 à $chN.

```
mixed str_ireplace(mixed search , mixed replace , mixed subject , int &count)
```

Version insensible à la casse de str_replace().

```
string str_pad(string input , int pad_length , string pad_string , int pad_type)
```

Complète une chaîne jusqu'à une taille donnée.

```
string str_repeat(string input , int multiplier)
```

Répète une chaîne.

```
mixed str_replace(string $ch1,string $ch2,string $ch [,string $var])
```

Remplace toutes les occurrences de $ch1 par $ch2 dans une chaîne $ch. Le nombre de remplacement est contenu dans $var.

```
string str_shuffle(string $ch)
```

Mélange aléatoirement les caractères d'une chaîne de $ch.

```
array str_split(string $ch [, int N])
```

Convertit une chaîne de caractères en tableau dont chaque élément a N caractères (1 par défaut).

```
mixed str_word_count(string $ch)
```

Retourne le nombre de mots présents dans une chaîne.

```
int strcasecmp(string $ch1 , string $ch2)
```

Compare les chaînes $ch1 et $ch2 (sensible à la casse).

```
string strip_tags(string $ch [, string $liste])
```

Supprime les balises HTML et PHP d'une chaîne, sauf celles qui sont contenues dans la chaîne $liste.

```
int stripos(string haystack , string needle , int offset)
```

Version insensible à la casse de strpos().

```
string stripslashes(string $ch)
```

Supprime les antislashs d'une chaîne et retourne la chaîne nettoyée.

```
string stristr(string $ch , string $ch2)
```

Version insensible à la casse de strstr().

```
int strlen(string $ch)
```

Retourne la taille d'une chaîne.

```
int strnatcasecmp(string $ch, string $ch2)
```

Comparaison de chaînes avec l'algorithme d'ordre naturel mais insensible à la casse.

```
int strnatcmp(string str1 , string str2)
```

Comparaison de chaînes avec l'algorithme d'ordre naturel.

```
int strncasecmp(string $ch, string $ch2, int N)
```

Compare en binaire des chaînes de caractères.

```
int strncmp(string $ch, string $ch2, int N)
```

Compare en binaire les *n* premiers caractères.

```
array strpbrk(string $ch, string $ch2)
```

Recherche une chaîne de caractères dans un ensemble de caractères.

```
int strpos(string $ch, string $ch, int offset)
```

Trouve la position d'un caractère dans une chaîne.

```
string strrchr(string $ch, char needle)
```

Trouve la dernière occurrence d'un caractère dans une chaîne.

```
string strrev(string $ch)
```

Inverse une chaîne.

```
int strripos(string $ch, string $ch, int offset)
```

Trouve la position de la dernière occurrence d'une chaîne dans une autre de façon insensible à la casse.

```
int strrpos(string $ch, string $ch, int offset)
```

Trouve la position de la dernière occurrence d'un caractère dans une chaîne.

```
int strspn(string $ch, string $ch2, int start , int length)
```

Trouve le premier segment d'une chaîne.

```
string strstr(string $ch, string $ch2)
```

Recherche la première occurrence dans une chaîne $ch2 dans $ch et retourne tous les caractères de $ch2 compris à la fin de la chaîne $ch.

```
string strtolower(string $ch)
```

Retourne $ch en minuscules.

```
string strtoupper(string $ch)
```

Retourne $ch en majuscules.

```
string strtr(string $ch, string $liste1 , string liste2)
```

Remplace les caractères de $liste1 par ceux de $liste2 dans une chaîne $ch.

```
int substr_count(string $ch, string $ch)
```

Retourne le nombre d'occurrences de $ch2 dans la chaîne $ch.

```
string substr(string $ch, int ind , int N)
```

Retourne la chaîne contenant N caractères de $ch extraits à partir de l'indice ind. Si le paramètre N est omis, retourne la sous-chaîne comprise entre l'indice ind et la fin de $ch.

```
string trim(string $ch [, string liste])
```

Supprime tous les caractères d'espace en début et en fin de chaîne ou seulement ceux qui sont listés dans $liste.

```
string ucfirst(string $ch)
```

Retourne $ch avec le premier caractère en majuscule.

```
string ucwords(string $ch)
```

Retourne $ch avec le premier caractère de chaque mot en majuscule.

```
void vprintf(string "format" , array $tab)
```

Affiche une chaîne formatée composée des éléments du tableau $tab.

```
string vsprintf(string format , array $tab)
```

Retourne une chaîne formatée composée des éléments du tableau $tab.

```
string wordwrap(string $ch [, int N [, string car [, boolean coupe]]])
```

Réalise la césure de $ch tous les N caractères. car contient la chaîne à insérer dans $ch tous les N caractères. Le paramètre booléen coupe, s'il vaut TRUE, permet d'effectuer une césure des mots dont la longueur dépasse N caractères.

Exercices

Exercice 1

Transformez une chaîne écrite dans des casses différentes afin que chaque mot ait une initiale en majuscule.

Exercice 2

En utilisant la fonction strlen(), écrivez une boucle qui affiche chaque lettre de la chaîne PHP 5 sur une ligne différente.

Exercice 3

Formatez l'affichage d'une suite de chaînes contenant des noms et prénoms en respectant les critères suivants : un prénom et un nom par ligne affichés sur 20 caractères ; toutes les initiales des mots doivent se superposer verticalement.

Exercice 4

Utilisez les fonctions adéquates afin que la chaîne `<form action="script.php">` soit affichée telle quelle et non comme du code HTML.

Exercice 5

À partir de deux chaînes quelconques contenues dans des variables, effectuez une comparaison entre elles pour pouvoir les afficher en ordre alphabétique naturel.

Exercice 6

Effectuez une censure sur des textes en n'affichant pas ceux qui contiennent le mot `zut`.

Exercice 7

Créez une fonction de validation d'une adresse HTTP ou FTP en vous inspirant de l'exemple 4-13.

Exercice 8

Créez une expression régulière pour valider un âge inférieur à 100 ans.

Exercice 9

Dans la chaîne `PHP 5 \n est meilleur \n que ASP \n et JSP \n réunis`, remplacez les caractères `\n` par `<br />` en utilisant deux méthodes différentes (une fonction ou une expression régulière).

5

Les tableaux

Comme expliqué au chapitre 3, consacré aux types de données accessibles dans PHP, les tableaux représentés par le type array sont d'une utilisation courante dans les scripts. La possibilité de stocker un grand nombre de valeurs sous un seul nom de variable offre des avantages appréciables, notamment une grande souplesse dans la manipulation des données. Les nombreuses fonctions natives de PHP applicables aux tableaux permettent les opérations les plus diverses dans la gestion des tableaux.

Dans ce chapitre, vous verrez :

- les différentes façons de créer des tableaux ;
- les méthodes de lecture des éléments de tableau ;
- les fonctions de manipulation des tableaux.

Créer des tableaux

La fonction array()

La fonction array() permet de créer de manière rapide des tableaux indicés ou associatifs. C'est elle qui sera le plus souvent utilisée pour la création de tableaux. Depuis la version 5.4, elle peut être remplacée par une syntaxe courte en écrivant simplement [] à la place de la fonction array().

Les tableaux indicés

La façon la plus élémentaire de créer un tableau indicé consiste à définir individuellement une valeur pour chacun de ses éléments, et ce de la manière suivante :

```
$tab[n] = valeur;
```

où n est un indice entier quelconque, et valeur un scalaire ou une variable de type `integer`, `double`, `boolean`, `string` ou `array`.

Cette manière de procéder se révèle rapidement rébarbative dès qu'il s'agit de définir un nombre plus important d'éléments. Pour créer un tableau composé de plusieurs éléments en une seule opération, vous disposez heureusement de la fonction `array()`, dont la syntaxe est la suivante :

```
$tab = array(valeur0,valeur1,…,valeurN);
```

Ou encore avec la syntaxe courte :

```
$tab=[valeur0,valeur1,…,valeurN];
```

La variable `$tab` est ici un tableau indicé dont les valeurs d'indice varient de 0 à N. Ce tableau a donc N + 1 éléments, accessibles par la notation habituelle `$tab[0]`, `$tab[1]`, …, `$tab[N]`, dont les valeurs respectives peuvent avoir l'un quelconque des types précités.

Premier indice

Avec ce mode de création de tableau, le premier indice a, une fois encore, toujours la valeur 0. Il ne faut pas oublier d'en tenir compte lors des opérations de lecture des éléments.

Les tableaux associatifs

La même fonction `array()` permet aussi de créer rapidement un tableau associatif en définissant pour chacun de ses éléments une clé et une valeur.

La syntaxe avec la fonction `array()` est la suivante :

```
$tabasso = array("cléA"=>valeurA, "cléB"=>valeurB,… "cléZ"=>valeurZ)
```

La syntaxe courte est :

```
$tabasso = ["cléA"=>'valeurA', "cléB"=>'valeurB',"cléZ"=>'valeurZ'];
```

Comme vous l'avez vu au chapitre 2, chaque clé est une chaîne de caractères délimitée par des guillemets.

Pour lire valeurA, vous écrivez :

```
$tabasso["cléA"]
```

de la même façon que lorsque chaque élément est créé individuellement.

Dans un tableau associatif, la notion d'ordre des éléments perd la valeur qu'elle peut avoir dans un tableau indicé. Les clés ne sont pas numérotées, par exemple. Vous pourriez énumérer clés et valeurs dans un ordre différent sans que cela gène la lecture individuelle de chaque élément.

Vous auriez donc pu créer le même tableau en écrivant :

```
$tabasso = array("cléZ"=>valeurZ, "cléY"=>valeurY,… "cléA"=>valeurA)
```

qui correspond à l'ordre inverse. Vous pouvez en fait effectuer la création dans un ordre quelconque, sans changer quoi que ce soit à l'accès aux valeurs à l'aide de leur clé. Cela confirme la souplesse d'utilisation des tableaux associatifs en comparaison des tableaux indicés. Cette souplesse se révèle particulièrement utile dans les opérations de suppression d'éléments ou de tri sur des tableaux, lesquelles peuvent faire perdre les associations entre indices et valeurs.

Les tableaux multidimensionnels

Contrairement aux langages dans lesquels vous déclarez les variables et leur type, comme ASP.Net utilisé avec C#, PHP ne comporte pas de méthode explicite de création de tableaux multidimensionnels. C'est tout l'avantage de ce langage que d'autoriser qu'un élément de tableau puisse être un tableau lui-même. La création de tableau comportant un nombre quelconque de dimension en est d'autant facilitée.

Un tableau multidimensionnel est similaire à une matrice, au sens mathématique du terme. La structure d'un tableau à deux dimensions peut se représenter sous la forme d'un tableau à double entrée, comme l'exprime le listing de l'exemple 5-1, dont le résultat est illustré à la figure 5-1.

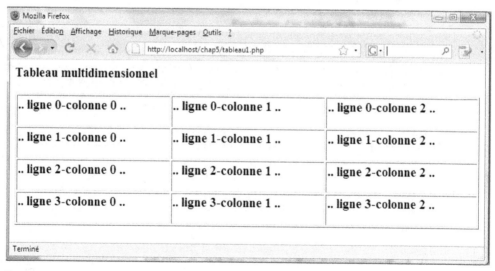

Figure 5-1

Visualisation d'un tableau multidimensionnel

Les valeurs des éléments ont été choisies de manière à montrer clairement par la suite comment accéder à une valeur particulière. Le premier chiffre est celui de la ligne, et le second celui de la colonne. Chaque ligne est à la fois un élément du tableau principal, qui contient quatre éléments, et est elle-même un tableau à trois éléments.

Vous obtenez au total douze valeurs dans le tableau, mais il n'a que quatre éléments.

De même que pour repérer un élément dans un espace à n dimensions il faut utiliser N coordonnées, pour lire une valeur dans un tableau à n dimensions, il faut utiliser N indices, ou clés, différents.

Par exemple, pour récupérer dans la variable $a la deuxième valeur (indice 1) de la troisième ligne (indice 2) du tableau précédent $tabmulti, écrivez :

```
$a = $tabmulti[2][1]
```

Dans cet exemple, chaque élément du tableau est un tableau ayant autant d'éléments que les autres, ce qui réalise une matrice rectangulaire 4×3. Il est évidemment possible de créer des tableaux multidimensionnels non symétriques, dans lesquels le premier élément pourrait être, par exemple, une valeur entière ou une chaîne de caractères, le deuxième élément un tableau à dix éléments, le troisième un tableau avec un nombre d'éléments différents puis tout autre combinaison possible. Quoique parfaitement réalisable, ce type de tableau, qui est irrégulier, risque de se révéler difficile à lire avec une boucle, comme vous le verrez dans les exemples présentés dans la suite du chapitre.

> **Pour en savoir plus**
> Les boucles sont abordées en détail au chapitre 3.

Le listing 5-1 utilise deux boucles de lecture pour afficher le contenu du tableau. Vous pouvez très bien envisager de créer de la même façon des tableaux à trois, quatre dimensions et bien plus encore, mais la visualisation en devient vite difficile.

Pour créer le tableau de la figure 5-1, utilisez la fonction array() de la façon suivante :

```
$tabmulti=array(
array("ligne 0-colonne 0","ligne 0-colonne 1","ligne 0-colonne 2"),
array("ligne 1-colonne 0","ligne 1-colonne 1","ligne 1-colonne 2"),
array("ligne 2-colonne 0","ligne 2-colonne 1","ligne 2-colonne 2"),
array("ligne 3-colonne 0","ligne 3-colonne 1","ligne 3-colonne 2")
);
```

Ou encore avec la syntaxe courte :

```
$tabmulti=[ ["ligne 0-colonne 0","ligne 0-colonne 1","ligne 0-colonne 2"],["ligne 1-colonne 0",
"ligne 1-colonne 1","ligne 1-colonne 2"],["ligne 2-colonne 0","ligne 2-colonne 1","ligne 2-colonne 2"],
["ligne 3-colonne 0","ligne 3-colonne 1","ligne 3-colonne 2"]];
```

Afin de visualiser la structure complète du tableau $tabmulti, vous pouvez, dans les phases de test des scripts, utiliser la fonction print_r($tabmulti), qui affiche la structure suivante :

```
Array (
[0] => Array ( [0] => ligne 0-colonne 0 [1] => ligne 0-colonne 1 [2] => ligne 0-colonne 2 )

[1] => Array ( [0] => ligne 1-colonne 0 [1] => ligne 1-colonne 1 [2] => ligne 1-colonne 2 )
```

```
[2] => Array ( [0] => ligne 2-colonne 0 [1] => ligne 2-colonne 1 [2] => ligne 2-colonne 2 )

[3] => Array ( [0] => ligne 3-colonne 0 [1] => ligne 3-colonne 1 [2] => ligne 3-colonne 2 )
)
```

Vous retrouvez bien les différents éléments du tableau et leur contenu.

La fonction `var_dump($tabmulti)` permet d'afficher un ensemble d'informations encore plus complètes sur le tableau. Elle donne le nombre d'éléments et la description de chacun d'eux, ainsi que le type et le contenu de chaque valeur. Vous obtenez ainsi pour le même tableau :

```
array(4) { [0]=> array(3) { [0]=> string(17) "ligne 0-colonne 0" [1]=> string(17)
"ligne 0-colonne 1" [2]=> string(17) "ligne 0-colonne 2" }
[1]=> array(3) { [0]=> string(17) "ligne 1-colonne 0" [1]=> string(17) "ligne 1-colonne 1"
[2]=> string(17) "ligne 1-colonne 2" }
[2]=> array(3) { [0]=> string(17) "ligne 2-colonne 0" [1]=> string(17) "ligne 2-colonne 1"
[2]=> string(17) "ligne 2-colonne 2" }
[3]=> array(3) { [0]=> string(17) "ligne 3-colonne 0" [1]=> string(17) "ligne 3-colonne 1"
[2]=> string(17) "ligne 3-colonne 2" } }
```

Dans cette description, `array(4)` signifie que la variable `$tabmulti` est un tableau à quatre éléments. Vient ensuite la description de tous les éléments sur le même principe. Les expressions du type :

```
[0]=> array(3)
```

signifient que le premier élément du tableau est lui-même un tableau à trois éléments. Les accolades qui suivent donnent le type et la valeur de chacun des éléments de ce dernier tableau. Dans la suite de la description, nous trouvons :

```
[0]=> string(17) "ligne 0-colonne 0"
```

qui indique que l'élément d'indice 0 est une chaîne de dix-sept caractères, dont la valeur est `"ligne 0-colonne 0"`.

L'utilisation de ces fonctions sert au programmeur à des fins de débogage des scripts. Il serait maladroit de les employer pour créer un affichage à destination de l'utilisateur final, qui les trouverait pour le moins obscures et peu « parlantes ».

☞ **Exemple 5-1. Création d'un tableau multidimensionnel**

```php
<?php
$tabmulti=[ ["ligne 0-colonne 0","ligne 0-colonne 1","ligne 0-colonne 2"],
➥["ligne 1-colonne 0","ligne 1-colonne 1","ligne 1-colonne 2"],["ligne 2-colonne 0",
➥"ligne 2-colonne 1","ligne 2-colonne 2"],["ligne 3-colonne 0","ligne 3-colonne 1",
➥"ligne 3-colonne 2"]];
echo "<h3>Tableau multidimensionnel</h3><table border='1' width=\"100%\"> <tboby>";
for ($i=0;$i<count($tabmulti);$i++)
{
   for($j=0;$j<count($tabmulti[$i]);$j++)
```

```
    {
    echo "<td><h3> .. ",$tabmulti[$i][$j]," .. </h3></td>";
    }
    echo "</tr>";
}
echo " </tbody> </table> ";
?>
```

Le résultat obtenu est celui de la figure 5-1.

Créer des suites

Pour créer des tableaux dont les éléments sont des suites de nombres et éventuellement de lettres, comme vous le verrez à l'exemple 5-2, vous pourriez envisager d'utiliser une boucle for. PHP propose toutefois une fonction range(), qui permet de réaliser cette opération en une seule ligne de code. Sa syntaxe est la suivante :

```
array range(int mini,int maxi)
```

Cette fonction retourne un tableau indicé contenant tous les entiers compris entre les valeurs mini et maxi.

Pour créer des suites de lettres, le moyen le plus classique serait d'écrire une boucle utilisant la fonction chr(n), qui retourne le caractère dont le code ASCII est n. Pour créer un tableau contenant la suite de lettres de "A" à "Z", vous utiliseriez donc les valeurs de n comprises entre 65 et 90, ou 97 et 122 pour la suite de "a" à "z". Au lieu de cela, PHP vous permet d'utiliser la fonction range(), dont la syntaxe est alors la suivante :

```
$tabalpha = range("A","Z")
```

Cette possibilité n'est pas mentionnée dans la documentation officielle, d'où l'utilité de l'expérimentation personnelle.

Script de tableau

Dans les résultats affichés par le script, pour les tableaux créés à l'aide de la fonction range(), le premier indice est 0 alors qu'avec une boucle for il serait possible de choisir l'indice 1.

☞ **Exemple 5-2. La création de suites**

```
<?php
// Suite de nombres de 1 à 10
$tabnombre= range(1,10);
print_r($tabnombre);
echo "<hr>";
// Suite de lettres de a à z avec une boucle
for($i=97;$i<=122;$i++)
{
$tabalpha[$i-96]=chr($i);
}
print_r($tabalpha);
```

```
echo "<hr>";
// Suite de lettres de A à M avec range()
$tabalpha2  = range("A","M");
print_r($tabalpha2);
?>
```

Le script de l'exemple 5-2 affiche les résultats suivants :

```
Array ( [0] => 1 [1] => 2 [2] => 3 [3] => 4 [4] => 5 [5] => 6 [6] => 7 [7] => 8 [8]
=> 9 [9] => 10 )

Array ( [1] => a [2] => b [3] => c [4] => d [5] => e [6] => f [7] => g [8] => h [9] =>
i [10] => j [11] => k [12] => l [13] => m [14] => n [15] => o [16] => p [17] => q [18]
=> r [19] => s [20] => t [21] => u [22] => v [23] => w [24] => x [25] => y [26] => z )

Array ( [0] => A [1] => B [2] => C [3] => D [4] => E [5] => F [6] => G [7] => H [8] =>
I [9] => J [10] => K [11] => L [12] => M )
```

Créer un tableau à partir d'une chaîne

Une dernière façon utile de créer des tableaux consiste à décomposer une chaîne de caractères en un ensemble de sous-chaînes, dont chacune devient un élément de tableau.

Le critère de coupure de la chaîne est un caractère quelconque à choisir par le programmeur. Cela peut être une espace, pour décomposer une phrase en mots au sens courant du terme, ou le caractère "@", pour séparer le nom d'utilisateur de celui de son serveur de courrier dans une adresse e-mail.

Cette opération peut être effectuée très simplement au moyen de la fonction explode(), dont la syntaxe est la suivante :

```
array explode(string "coupe",string $chaine,[int nbmax])
```

Cette fonction retourne un tableau composé des sous-chaînes de $chaine créées avec le critère de coupure contenu dans la chaîne "coupe", l'entier nbmax facultatif donnant le nombre maximal de sous-chaîne désiré.

Le code suivant :

```
<?php
$chaine="La cigale et la fourmi";
$tabmot = explode(" ",$chaine);
print_r($tabmot);
?>
```

affiche la structure du tableau $tabmot :

```
Array ( [0] => La [1] => cigale [2] => et [3] => la [4] => fourmi )
```

En passant comme premier paramètre le caractère "@", vous pouvez décomposer une adresse e-mail avec le code suivant :

```php
<?php
$adresse="machin@wanadoo.fr" ;
$tabsite=explode("@",$adresse);
echo "L'utilisateur est : {$tabsite[0]} et son serveur mail est {$tabsite[1]} ";
?>
```

qui affiche :

```
L'utilisateur est : machin et son serveur mail est wanadoo.fr
```

Compter le nombre de valeurs d'un tableau

Vous venez de voir la distinction entre le nombre d'éléments d'un tableau et le nombre de valeurs qu'il contient. Vous allez maintenant découvrir comment déterminer le nombre exact de valeurs d'un tableau.

Vous avez déjà employé la fonction count() pour déterminer le nombre d'éléments d'un tableau. Quand un tableau n'a qu'une seule dimension, la valeur obtenue correspond au nombre de valeurs contenues dans le tableau. Si le tableau est multidimensionnel, en revanche, la valeur retournée par count() n'est pas égale au nombre de valeurs.

L'exemple 5-3 fournit une méthode permettant de déterminer le nombre de valeurs d'un tableau à l'aide d'une boucle. Cette dernière examine le type de chacun des six éléments du tableau $tabdiv, qui contient des chaînes de caractères, des tableaux et des entiers.

Si l'un des éléments est un tableau, vous réutilisez la fonction count() pour trouver le nombre de valeurs qu'il contient et incrémentez le compteur $nb_val d'autant, sauf pour les entiers et les chaînes, pour lesquels vous l'incrémentez d'une unité seulement. Vous obtenez de la sorte le nombre total de valeurs.

Si le tableau avait trois dimensions au lieu de deux, il vous faudrait ajouter une boucle for supplémentaire pour arriver au même résultat.

Le listing de l'exemple 5-3 fournit le résultat suivant :

```
Le tableau $tabdiv contient 6 éléments
Le tableau $tabdiv contient 11 valeurs
```

☞ **Exemple 5-3. Comptage du nombre de valeurs**

```php
<?php
// Comptage du nombre d'éléments
$tabdiv=array("Bonjour","Web",array("1-0","1-1","1-2"),1970,2013,array("3-0",
➥ "3-1","3-2","3-3"));
echo "Le tableau \$tabdiv contient ",count($tabdiv)," éléments <br />";
//ou encore: echo "Le tableau \$tabdiv contient ",sizeof($tabdiv)," éléments <br />";
// Comptage du nombre de valeurs
```

```
$nb_val=0;
for ($i=0;$i<count($tabdiv);$i++)
{
  if(gettype($tabdiv[$i])=="array")
  {
    $nb_val+=count($tabdiv[$i]);
  }
  else
  {
    $nb_val++;
  }
}
echo "Le tableau \$tabdiv contient ",$nb_val," valeurs <br />";
?>
```

La fonction *sizeof()*

La fonction sizeof() est un alias de la fonction count(). Vous pouvez l'employer à la place dans tous les exemples précédents.

Dans le même ordre d'idée, vous pouvez être amené à vouloir compter non pas le nombre total de valeurs d'un tableau mais le nombre de valeurs différentes qu'il contient.

La fonction array_count_values(), dont la syntaxe est la suivante :

```
$result = array_count_values($tab)
```

retourne le tableau associatif $result, ayant pour clés les valeurs du tableau $tab et pour valeur associée à chaque clé le nombre de fois que chacune apparaît dans le tableau $tab.

Cette fonction peut vous permettre de réaliser une analyse statistique des données contenues dans un tableau. Cela se révèle pratique lorsque les données sont nombreuses, comme après une requête de sélection dans une base de données.

Le listing 5-4 offre une illustration de l'emploi de cette fonction. La fonction count() affiche le nombre d'éléments du tableau $tab. La fonction array_count_values() affiche le nombre de valeurs différentes que contient le tableau. Enfin, la fonction $result donne des informations statistiques sur le nombre d'occurrences de chaque valeur.

☞ **Exemple 5-4. Comptage du nombre de valeurs**

```
<?php
$tab= array("Web","Internet","PHP","JavaScript","PHP","ASP","PHP","ASP");
$result=array_count_values($tab);
echo "Le tableau \$tab contient ",count($tab)," éléments  <br>";
echo "Le tableau \$tab contient ",count($result)," valeurs différentes <br>";
print_r($result);
?>
```

Le listing de l'exemple 5-4 fournit le résultat suivant :

```
Le tableau $tab contient 8 éléments
Le tableau $tab contient 5 valeurs différentes
Array ( [Web] => 1 [Internet] => 1 [PHP] => 3 [Javascript] => 1 [ASP] => 2 )
```

> **La fonction *array_count_values()***
>
> La fonction `array_count_values()` ne s'applique que si les éléments sont de type `integer`, `double` ou `string` mais pas de type `array`. Elle n'est pas adaptée pour compter le nombre de valeurs d'un tableau multidimensionnel.

En comparaison des fonctions `print_r()` et `var_dump()`, que vous avez utilisées pour afficher l'ensemble des éléments d'un tableau, les boucles de lecture des éléments de tableau, de leur indice et de leur clé offrent un meilleur affichage, sous forme de tableau HTML, par exemple.

Ce sont ces méthodes que vous mettrez en pratique dans les sections suivantes et dans la suite de l'ouvrage pour lire les données d'un tableau et les restituer dans des pages HTML.

Lire les éléments des tableaux

Comme vous venez de le voir, il est souvent utile d'afficher l'ensemble des informations contenues dans un tableau, que ce soit la valeur des éléments qu'il contient ou les couples indice-valeur et clé-valeur des tableaux respectivement indicés ou associatifs.

Cette section présente un large éventail des possibilités de lecture des tableaux. Ces dernières répondent à tous les besoins, y compris la lecture intégrale des tableaux multidimensionnels.

Lire avec une boucle for

La boucle `for` a besoin d'un paramètre d'arrêt. Vous allez employer pour cela la fonction `count()`, qui retourne le nombre total d'éléments de la boucle. L'utilisation de la variable `$i` comme compteur de la boucle permet de parcourir l'ensemble des valeurs du tableau unidimensionnel.

Le listing de l'exemple 5-5 donne un exemple de lecture d'un tableau indicé.

☞ **Exemple 5-5. Lecture d'un tableau indicé à l'aide de la boucle *for***

```php
<?php
$montab=array("Paris","London","Brüssel");
for ($i=0;$i<count($montab);$i++)
{ echo "L'élément $i est $montab[$i]<br />";}
?>
```

Le listing fournit le résultat suivant :

```
L'élément 0 est Paris
L'élément 1 est London
L'élément 2 est Brüssel
```

La boucle for peut permettre la lecture de tableaux multidimensionnels, à condition d'écrire autant de niveaux de boucles qu'il y a de dimensions dans le tableau.

Le listing de l'exemple 5-6 donne un exemple de lecture de ce type de tableau à l'aide de deux boucles imbriquées. La première parcourt les éléments du tableau $clients à l'aide d'un compteur $i. Comme chacun de ces éléments est un tableau, la seconde boucle de compteur $j lit l'ensemble des éléments contenus dans ces tableaux.

L'affichage s'effectue sous la forme d'un tableau HTML avec en-tête et pied à l'aide des éléments HTML <thead> et <tfoot>. Ces derniers sont très utiles pour améliorer la présentation des tableaux, notamment des longs tableaux.

☞ **Exemple 5-6. Lecture d'un tableau multidimensionnel indicé à l'aide de la boucle *for***

```php
<!DOCTYPE html>
<html lang="fr">
 <head>
  <meta http-equiv="Content-Type" content="text/html;charset=UTF-8" />
  <title>Lecture d'un tableau indicé avec une boucle for</title>
 </head>
 <body>
  <div>
<?php
// Création du tableau
$clients = array(array ("Leparc", "Paris", "35"), array("Duroc", "Vincennes", "22"),
 array("Denoël","Saint Cloud","47"));
/* Alternative à la création du même tableau
$tab1=    array("Leparc","Paris","35") ;
$tab2=    array("Duroc","Vincennes","22");
$tab3=    array("Denoël","Saint Cloud","47");
$clients=array($tab1,$tab2,$tab3);    */
echo "<table border=\"1\" width=\"100%\" >";
// En-tête du tableau
echo "<thead><tr> <th> Client </th><th> Nom </th><th> Ville </th><th> Age </th>
➡</tr></thead>";
// Pied de tableau
echo "<tfoot> <tr><th> Client </th><th> Nom </th><th> Ville </th><th> Age </th>
➡</tr></tfoot><tbody>";
// Lecture des indices et des valeurs
for ($i=0;$i<count($clients);$i++)
{
  echo "<tr><td align=\"center\"><b>$i </b></td>";
  for($j=0;$j<count($clients[$i]);$j++)
```

```
    {
      echo "<td><b>",$clients[$i][$j]," </b></td>";
    }
    echo "</tr>";
  }
  ?>
        </tbody>
      </table>
    </div>
   </body>
  </html>
```

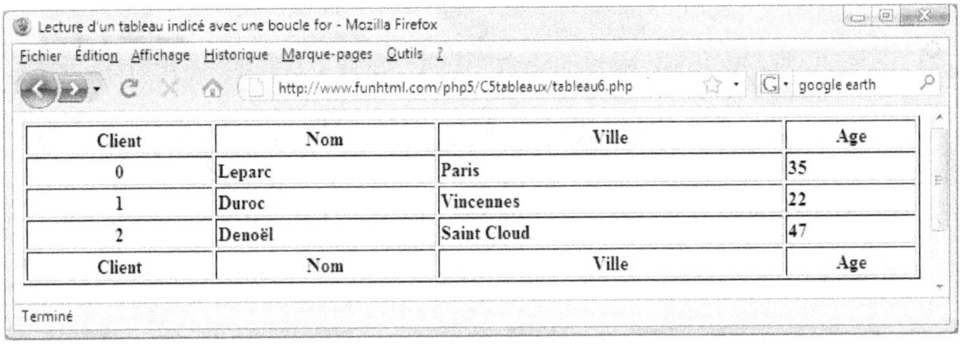

Client	Nom	Ville	Age
0	Leparc	Paris	35
1	Duroc	Vincennes	22
2	Denoël	Saint Cloud	47
Client	Nom	Ville	Age

Figure 5-2

Lecture d'un tableau à deux dimensions et affichage sous forme de tableau HTML

Lire avec une boucle while

La boucle `for` nécessite par définition de connaître le nombre d'itérations à effectuer tel que fourni par la fonction `count()`. Ce n'est pas le cas avec la boucle `while`, qui se révèle de ce fait plus efficace dans le cas d'un tableau retourné après une requête sur une base de données, le nombre de réponses étant bien évidemment inconnu.

Pour un tableau à une seule dimension, l'expression booléenne contenue dans l'instruction `while` est `isset($tab[$i])`. Cette expression prend la valeur `TRUE` tant que l'élément désigné par `$tab[$i]` existe. Sinon, elle prend la valeur `FALSE`, ce qui est le cas en fin de tableau.

La variable `$i` étant incrémentée dans la boucle, `isset($tab[$i])` prend la valeur `FALSE` quand `$i` dépasse le nombre d'éléments du tableau `$tab`, ce qui provoque l'arrêt de la boucle.

Par précaution, vous pouvez initialiser la variable `$i` à `0` avant de démarrer la boucle de lecture au cas où elle aurait été utilisée auparavant dans le script et conserverait une valeur. L'exemple 5-7 illustre la lecture d'un tableau indicé à une dimension qui fournit le même affichage que le listing de l'exemple 5-5.

☞ **Exemple 5-7. Lecture d'un tableau indicé à l'aide de la boucle *while***

```php
<?php
$montab=array("Paris","London","Brüssel");
$i=0;
while(isset($montab[$i]) )
{
  echo "L'élément $i est $montab[$i]<br />";
  $i++;
}
?>
```

Si le tableau est multidimensionnel, vous opérez de même au moyen de deux boucles while imbriquées. L'expression booléenne de la seconde boucle est isset($tab[$i] [$j]). Elle est évaluée de la même façon que précédemment.

Le compteur $j du nombre d'éléments est également initialisé à 0 avant le début de la boucle – c'est ici indispensable pour pouvoir lire les lignes suivantes – et est incrémenté après chaque affichage d'un élément.

☞ **Exemple 5-8. Lecture d'un tableau indicé multidimensionnel à l'aide de la boucle *while***

```php
<!DOCTYPE html>
<html lang="fr">
 <head>
  <meta http-equiv="Content-Type" content="text/html;charset=UTF-8" />
  <title>Lecture d'un tableau indicé avec une boucle while</title>
 </head>
 <body>
  <div>
<?php
// Création du tableau
$clients = array(array ("Leparc", "Paris", "35"), array("Duroc", "Vincennes", "22"),
➡array("Denoël","Saint Cloud","47"));
/* Ajout d'un élément */
$clients[7] = array("Duval","Marseille","76");
// Création du tableau HTML
echo "<table border=\"1\" width=\"100%\" ><thead><tr> <th> Client </th><th> Nom
➡</th><th> Ville </th><th> Age </th></tr></thead><tfoot> <tr><th> Client </th>
➡<th> Nom </th><th> Ville </th><th> Age </th></tr></tfoot><tbody>";
// Lecture des éléments
$i=0;
while(isset($clients[$i]))
{
  echo "<tr><td align=\"center\"><b>$i </b></td>";
  $j=0;
  while(isset($clients[$i][$j]))
  {
    echo "<td><b>",$clients[$i][$j]," </b></td>";
    $j++;
  }
  echo "</tr>";
  $i++;
```

```
    }
    ?>
      </tbody> </table>
    </div>
   </body>
  </html>
```

Le résultat de l'exemple 5-8 est identique à celui de la figure 5-2 réalisé avec une boucle `for`.

Indice non consécutif

Si, après avoir défini le tableau `$clients`, vous lui ajoutez un élément au moyen de l'instruction :

`$clients[7] = array("Duval","Marseille","76");`

créant ainsi un indice non consécutif aux trois premiers, cet élément n'est pas lu dans la boucle. Cette méthode n'est donc pas adaptée à ce cas particulier.

Lire à l'aide de la fonction each()

Pour pallier l'inconvénient signalé à la remarque précédente, il est possible d'utiliser une autre méthode de lecture. Cette dernière fait appel à la fois à une boucle `while` et à la fonction `each()`, qui reçoit comme paramètre une variable de type `array`. Cette dernière a la particularité de retourner un tableau à quatre éléments qui contient les informations sur l'élément courant du tableau passé en paramètre puis de pointer sur l'élément suivant.

La syntaxe de la fonction `each()` est la suivante :

```
$element = each($tab)
```

`$tab` est le tableau à lire et `$element` le tableau de résultats contenant les informations sur l'élément courant de `$tab`, sous la forme :

- `$element[0]`, qui contient l'indice de l'élément courant.

- `$element[1]`, qui contient la valeur de l'élément courant.

- `$element["key"]`, qui contient la clé de l'élément courant.

- `$element["value"]`, qui contient la valeur de l'élément courant.

Les couples `$element[0]`-`$element[1]` sont généralement utilisés pour récupérer les couples indice-valeur des tableaux indicés, et les couples `$element["key"]`-`$element ["value"]` pour récupérer les couples clé-valeur des tableaux associatifs. Cet usage n'a toutefois d'autre justification que la force de l'habitude.

Par exemple, les deux lignes de code suivantes :

```
echo "L'élément d'indice $element[0] a la valeur $element[1]<br />";
echo "L'élément de clé {$element['key']} a la valeur {$element['value']}<br />";
```

affichent exactement le même résultat.

L'expression `$element=each($tab)` étant évaluée à `TRUE` tant que le tableau contient des éléments, placez-la dans une boucle `while` de façon à pouvoir lire l'ensemble des éléments. Arrivé à la fin du tableau, cette expression prend la valeur `FALSE`, ce qui arrête la boucle.

Pour vous assurer que le pointeur interne du tableau est positionné au début du tableau, vous pouvez appeler la fonction reset(), dont c'est le rôle, en utilisant comme paramètre le tableau à lire avant de commencer la lecture. L'avantage principal de cette méthode de lecture est de donner accès aussi bien à des tableaux indicés qu'à des tableaux associatifs.

Comme vous pouvez le constater au listing 5-9, l'ajout d'un élément après la création du tableau, en particulier avec un indice non consécutif aux précédents, ne perturbe pas la lecture de l'intégralité du tableau, à la différence de l'exemple 5-8.

> **La notation {$element['key']}**
>
> Dans le listing 5.9, la notation {$element['key']} permet que l'élément soit évalué à l'intérieur de la chaîne de caractères. Le fait d'écrire à la place $element['key'] provoque une erreur.

☞ **Exemple 5-9. Lecture à l'aide de la fonction *each()***

```php
<?php
//******Lecture d'un tableau indicé******
$montab=array("Paris","London","Brüssel");//indices 0,1,2
//Ajout d'un élément au tableau
$montab[9]="Berlin";
//Lecture des éléments
reset($montab);
while($element=each($montab))
{
echo "L'élément d'indice $element[0] a la valeur $element[1]<br />";
//$i++;
}
echo "<hr>";
//******Lecture d'un tableau associatif******
$montab=array("France"=>"Paris","Great Britain"=>"London","België"=>"Brüssel");
//Ajout d'un élément au tableau
$montab["Deutschland"]="Berlin";
//Lecture des éléments
reset($montab);
while($element=each($montab))
{
echo "L'élément de clé {$element['key']} a la valeur {$element['value']}<br />";
//$i++;
}
?>
```

Le listing 5-9 affiche le résultat suivant :

```
L'élément d'indice 0 a la valeur Paris
L'élément d'indice 1 a la valeur London
L'élément d'indice 2 a la valeur Brüssel
L'élément d'indice 9 a la valeur Berlin
```

```
L'élément de clé France a la valeur Paris
L'élément de clé Great Britain a la valeur London
L'élément de clé Belgïe a la valeur Brüssel
L'élément de clé Deutschland a la valeur Berlin
```

La fonction each() offre une lecture encore plus perfectionnée du fait qu'elle s'applique à des tableaux multidimensionnels indicés ou même associatifs d'une manière plus simple que les méthodes précédentes.

Il suffit pour cela d'utiliser deux boucles while imbriquées. La première récupère les indices de chacun des éléments du tableau. Comme chaque élément est lui-même un tableau, la seconde récupère les clés et valeurs contenues dans chacun d'eux.

Le listing 5-10 donne un exemple de lecture de tableaux multidimensionnels, l'un indicé et l'autre associatif. Malgré l'ajout d'un élément après la création du tableau, la lecture est intégrale.

☞ **Exemple 5-10. Lecture de tableaux multidimensionnels à l'aide de la fonction** *each()*

```php
<!DOCTYPE html>
<html lang="fr">
 <head>
  <meta http-equiv="Content-Type" content="text/html;charset=UTF-8" />
  <title>Lecture d'un tableau indicé avec une boucle while</title>
 </head>
 <body>
 <div>

<?php
//*******************************
//Tableau indicé multidimensionnel
//*******************************
// Création du tableau
$clients = array(
array ("Leparc", "Paris", "35"),
array("Duroc", "Vincennes", "22"),
array("Denoël","Saint Cloud","47"));
// Ajout d'un élément
$clients[7] = array("Duval","Marseille","76");
echo "<table border=\"1\"><tbody>";
while($element=each($clients))
{
  echo "<tr><td> élément <b> $element[0] </b></td>";
  while($val=each($element[1]))
  {
    echo "<td><b>",$val[1]," </b></td>";
  }
  echo "</tr>";
}
echo " </tbody> </table> <hr />";
```

```
//**********************************
//Tableau associatif multidimensionnel
//**********************************
// Création du tableau
$clients = array(
array("client1"=>"Leparc","ville1"=>"Paris","age1"=>"35"),
array("client2"=>"Duroc","ville2"=>"Vincennes","age2"=>"22"),
array("client3"=>"Denoël","ville3"=>"Saint Cloud","age3"=>"47"));
// Ajout d'un élément
$clients[7] = array("client7"=>"Duval","ville7"=>"Marseille","age7"=>"76");
echo " <table border=\"1\"><tbody> ";
// Lecture des éléments
while($element=each($clients))
{
  echo "<tr><td> élément <b> $element[0] </b></td>";
  while($val=each($element[1]))
  {
    echo "<td> clé :<b>",$val[0],"</b></td><td><b>",$val[1]," </b></td>";
  }
  echo "</tr>";
}
echo " </tbody> </table>";
?>
</div>
</body>
</html>
```

La figure 5-3 illustre le résultat de ce listing sous la forme d'un tableau HTML affichant à la fois les indices, ou les clés selon le cas, et toutes les valeurs contenues dans les tableaux $clients.

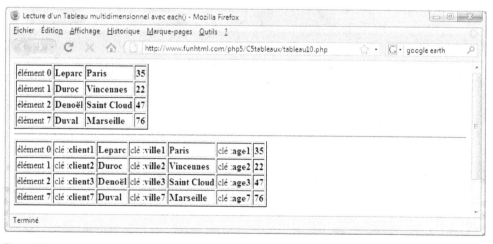

Figure 5-3

Lecture de tableaux multidimensionnels à l'aide de la fonction each

Lire avec each() et list()

La fonction list() permet d'affecter à *N* variables la valeur des *N* premiers éléments d'un tableau indicé. Sa syntaxe est la suivante :

```
list($x,$y,$z,…) = $tab
```

La variable $x prend la valeur du premier élément du tableau $tab (d'indice 0 ou de première clé). $y prend la valeur du deuxième élément, et ainsi de suite.

Le code suivant :

```
$tab=array("Paris","London","Brüssel");
list($x,$y) = $tab;
echo "Les deux premiers éléments sont : $x et $y <br />";
```

affiche uniquement les valeurs "Paris" et "London", sans les indices, qui ne sont pas récupérés.

La fonction list() ne déplace pas le pointeur interne du tableau sur les éléments suivants. Si vous appelez de nouveau list($x,$y), vous obtenez les mêmes valeurs.

L'intérêt de cette fonction dans la lecture des tableaux peut donc paraître limité. Si vous l'associez cependant à la fonction each(), son rôle appréciable devient plus évident. En effet, each() déplace le pointeur interne sur les éléments suivants, tandis que list() permet de lire les deux premiers éléments du tableau retourné par la fonction each(), éléments qui contiennent respectivement l'indice et la valeur du tableau à lire.

Si vous écrivez le code :

```
list($x,$y) = each($tab)
```

la variable $x contient l'indice ou la clé, et $y la valeur associée.

L'ensemble list() et each() placé comme expression booléenne dans une boucle while vous permet donc de lire l'intégralité du tableau en récupérant les indices, ou les clés selon les cas.

Le listing 5-11 donne un exemple d'utilisation de la fonction list() ainsi que de lecture de tableaux indicés et associatifs.

Plusieurs virgules

Si vous écrivez :

```
list($x,,$y,,$z) = $tab
```

en plaçant plusieurs virgules de suite, $x contient bien le premier élément de $tab, mais $y contient le troisième et $z le cinquième. Cette particularité peut se révéler utile, par exemple, pour ne récupérer que les éléments d'indice pair ou impair.

Attention

La fonction list() ne s'applique pas aux tableaux associatifs, desquels elle ne récupère ni clés ni valeurs.

☞ **Exemple 5-11. Lecture avec *list()* et *each()***

```php
<?php
//list() avec un tableau indicé
$tab=array("Paris","London","Brüssel");
list($x,$y) = $tab;
echo "Les deux premiers éléments sont : $x et $y <hr />";
// list() avec un tableau associatif (ne fonctionne pas)
$tab=array("France"=>"Paris","Great Britain"=>"London","België"=>"Brüssel");
list($x,$y) = $tab;
echo "Les deux premiers éléments sont : $x et $y <hr />";
//**************************
//Lecture de tableau indicé
//**************************
$tab=array("Paris","London","Brüssel");
while(list($indice,$valeur) = each($tab) )
{
echo "L'élément d'indice <b>$indice</b> a la valeur <b>$valeur</b><br>";
}
echo"<hr />";
//*****************************
//Lecture de tableau associatif
//*****************************
$tab=array("France"=>"Paris","Great Britain"=>"London",
➦"België"=>"Brüssel");
while(list($cle,$valeur) = each($tab) )
{
echo "L'élément de clé <b>$cle</b> a la valeur <b>$valeur</b><br />";
}
?>
```

La lecture des tableaux affiche les résultats suivants :

```
Les deux premiers éléments sont : Paris et London
Notice: Undefined offset: 1 in c:\eyrolles\php5\tableaux\tableau11.php on line 8

Notice: Undefined offset: 0 in c:\eyrolles\php5\tableaux\tableau11.php on line 8
Les deux premiers éléments sont : et
L'élément d'indice 0 a la valeur Paris
L'élément d'indice 1 a la valeur London
L'élément d'indice 2 a la valeur Brüssel

L'élément de clé France a la valeur Paris
L'élément de clé Great Britain a la valeur London
L'élément de clé België a la valeur Brüssel
```

Remarquez l'avis d'erreur si vous utilisez la fonction list() seule pour un tableau associatif.

L'instruction foreach

Plus pratique encore que les méthodes précédentes, l'instruction foreach() n'est utilisable qu'à partir des versions 4 de PHP. Elle se révèle particulièrement efficace pour les tableaux associatifs mais fonctionne également pour les tableaux indicés.

Contrairement à la boucle for, l'instruction foreach() ne nécessite pas de connaître par avance le nombre d'éléments du tableau à lire. Sa syntaxe varie en fonction du type de tableau.

Pour les tableaux indicés, vous écrivez le code suivant :

```
foreach($tab as $valeur)
{
//bloc de code utilisant les valeurs de la variable $valeur;
}
```

Indispensable, le mot-clé as permet de récupérer successivement toutes les valeurs des éléments du tableau $tab dans la variable $valeur, mais sans les indices correspondants.

Pour les tableaux associatifs, vous disposez d'une syntaxe plus perfectionnée.

Le code suivant :

```
foreach($tab as $cle=>$valeur)
{
//bloc de code utilisant les valeurs des variables $cle et $valeur;
}
```

permet de récupérer dans la variable $cle les valeurs et les clés successives des éléments. De plus, si le tableau est indicé numériquement, la variable $cle contient cet indice.

Si vous disposez d'un serveur équipé des versions 4 et suivantes de PHP, ces méthodes de lecture sont particulièrement recommandées du fait de leur simplicité d'écriture et de leur rapidité d'exécution.

Vous allez maintenant envisager un ensemble d'exemples d'utilisation de l'instruction foreach appliquée à la lecture de tableaux de formes diverses.

Lecture de tableaux indicés ou associatifs

Le listing 5-12 effectue une lecture de tableaux indicés et associatifs à l'aide de l'instruction foreach avec et sans récupération des indices ou clés des éléments. Le résultat est similaire à celui obtenu avec les fonctions list() et each() de la section précédente, mais le code est plus élégant.

☞ **Exemple 5-12. Lecture de tableaux à l'aide de l'instruction *foreach***

```
<?php
//*********************************************************
//Lecture de tableau indicé sans récupération des indices
//*********************************************************
$tab=array("Paris","London","Brüssel");
echo "<H3>Lecture des valeurs des éléments </H3>";
```

```
foreach($tab as $ville)
{
echo "<b>$ville</b> <br>";
}
echo"<hr>";
//**********************************************************
//Lecture de tableau indicé avec récupération des indices
//**********************************************************
echo "<h3>lecture des indices et des valeurs des éléments </h3>";
foreach($tab as $indice=>$ville)
{
echo "L'élément d'indice <b>$indice</b> a la valeur <b>$ville</b><br>";
}
echo"<hr>";
//**********************************************************
//Lecture de tableau associatif avec récupération des clés
//**********************************************************
$tab2=array("France"=>"Paris","Great Britain"=>"London","België"=>"Brüssel");
echo "<h3>lecture des clés et des valeurs des éléments</h3>";
foreach($tab2 as $cle=>$ville)
{
echo "L'élément de clé <b>$cle</b> a la valeur <b>$ville</b> <br>";
}
echo"<hr>";
?>
```

Lecture d'un tableau multidimensionnel

L'exemple 5-13 illustre la lecture du tableau multidimensionnel et associatif `$clients` répertoriant un ensemble de clients dont chaque élément de premier niveau est lui-même un tableau associatif contenant les caractéristiques de chaque client.

Ce tableau multidimensionnel contient deux boucles `foreach` imbriquées. La première récupère la clé de chacun des éléments du tableau `$clients` dans la variable `$cle` et son contenu de type `array` dans la variable `$tab`. La seconde boucle lit chaque tableau `$tab` en récupérant chaque clé contenue dans la variable `$key` et la valeur de chaque élément dans la variable `$valeur`. L'affichage se fait dans un tableau HTML.

La figure 5-4 donne un aperçu du résultat affiché par ce script.

☞ Exemple 5-13. Lecture de tableaux multidimensionnels avec *foreach()*

```
<!DOCTYPE html>
<html lang="fr">
 <head>
  <meta http-equiv="Content-Type" content="text/html;charset=UTF-8" />
  <title>Lecture d'un tableau multidimensionnel avec foreach()</title>
 </head>
 <body>
  <div>
<?php
// Création du tableau
```

```php
$clients = array(
"client 1"=>array("nom 1"=>"Leparc","ville 1"=>"Paris","age 1"=>"35"),
"client 2"=>array("nom 2"=>"Duroc","ville 2"=>"Vincennes","age 2"=>"22"),
"client 3"=>array("nom 3"=>"Denoël","ville 3"=>"St Cloud","age 3"=>"47"));
// Ajout d'un élément
$clients["client 7"] = array("nom 7"=>"Duval","ville 7"=>"Marseille","age 7"=>"76");
echo "<table border=\"1\" width=\"100%\" ><thead><tr> <th> Client </th><th> Nom </th>
<th> Ville </th><th> Age </th></tr></thead><tbody>";
foreach($clients as $cle=>$tab)
{
  echo "<tr><td align=\"center\"><b> $cle </b></td>";
  foreach($tab as $key=>$valeur)
  {
    echo "<td>  $key : <b> $valeur </b></td>";
  }
  echo "</tr>";
}
?>
    </tbody>
   </table>
  </div>
 </body>
</html>
```

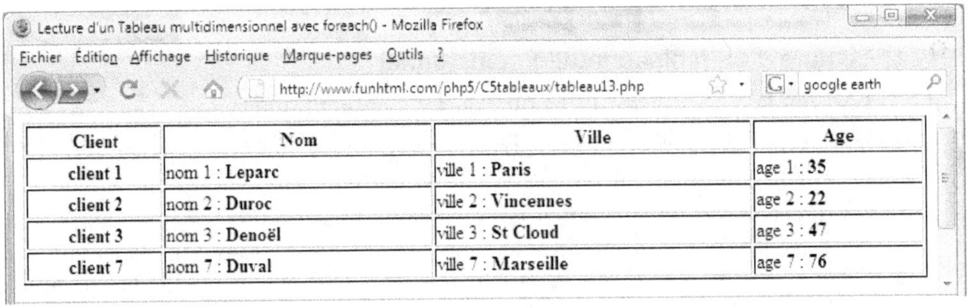

Figure 5-4

Lecture d'un tableau multidimensionnel associatif avec foreach()

Manipuler des tableaux

PHP dispose d'un grand nombre de fonctions permettant d'effectuer toutes sortes de manipulations de tableaux existants. Citons notamment l'extraction, l'ajout ou la suppression d'une partie des éléments, la fusion ou l'intersection de plusieurs tableaux, diverses opérations de tri des éléments ou des clés ou encore l'application d'une fonction à l'ensemble des éléments.

Extraire une partie d'un tableau

À partir d'un tableau donné, il est possible de créer un nouveau tableau comme sous-ensemble du tableau initial et ne contenant qu'un nombre déterminé de ses éléments. Cette opération est réalisée à l'aide de la fonction array_slice(), qui permet d'effectuer divers types d'extractions.

La syntaxe de la fonction array_slice() est la suivante :

```
$sous_tab = array_slice(array $tab,int ind, int nb)
```

Cette fonction ne modifie pas le tableau initial mais retourne le sous-tableau dans la variable $sous_tab. Sa manipulation pouvant se révéler relativement complexe en fonction des valeurs des paramètres ind et nb, nous envisageons ci-après tous les cas possibles :

- Si ind et nb sont positifs, le tableau $sous_tab contient nb éléments du tableau initial extrait en commençant à l'indice ind.

  Par exemple, array_slice($tab,2,3) retourne un tableau comprenant trois éléments extraits à partir de l'indice 2. Il contient donc les éléments d'indice 2, 3 et 4 du tableau $tab.

- Si le paramètre ind est négatif et que nb est positif, le compte des éléments se fait en partant de la fin du tableau $tab, le dernier se trouvant affecté virtuellement de l'indice -1, l'avant-dernier de l'indice -2, et ainsi de suite. Le paramètre nb désigne encore le nombre d'élément à extraire.

  Par exemple, array_slice($tab,-5,4) retourne quatre éléments de $tab extraits en commençant au cinquième à partir de la fin.

- Si ind est positif et nb négatif, le tableau $sous_tab contient les éléments de $tab extraits en commençant à l'indice ind et en s'arrêtant à celui qui a l'indice négatif virtuel nb (toujours en commençant par la fin).

  Par exemple, array_slice($tab,2,-4) retourne tous les éléments à partir de l'indice 2 jusqu'à la fin, sauf les quatre derniers.

- Si ind et nb sont négatifs, le tableau $sous_tab contient les éléments de $tab extraits en commençant à l'indice négatif ind et en s'arrêtant à celui d'indice négatif nb.

  Par exemple, array_slice($tab,-5,-2) retourne trois éléments compris entre les indices virtuels -5 compris et -2 non compris.

La mise en pratique de l'exemple 5-14 donne deux types d'utilisation de la fonction array_slice(). Le premier n'utilise que des paramètres positifs et s'applique à un tableau multidimensionnel dont les éléments sont des tableaux indicés ou associatifs. Le second envisage toutes les possibilités de valeurs pour les paramètres ind et nb en les appliquant à un tableau simple.

☞ Exemple 5-14. Utilisation de la fonction *array_slice()*

```
<?php
echo"Exemple 1<br />";
```

```
$tab= array("UN"=>range(1,5),"DEUX"=>range("a","c"),range("A","E"),range(11,15));
echo "Structure du tableau initial :<br />";
print_r($tab);
echo "<hr />";
$soustab = array_slice($tab,1,2);
echo"array_slice(\$tab,1,2) donne : ";
print_r($soustab);
echo "<hr />";
echo"Exemple 2<br>";
$heros= array("Spock","Batman","Dark Vador","Hal","Frodo","Sky Walker","Amidala",
➡ "Alien");
echo "Structure du tableau initial :<br>";
print_r($heros);
echo "<hr />";
//Extrait des 5 premiers
echo "array_slice(\$heros,0,5)";
$prem=array_slice($heros,0,5);
print_r($prem);
echo "<hr />";
//Extrait des 5 derniers (le dernier est considéré comme ayant l'indice -1 et non
➡ pas 0)
$der=array_slice($heros,-5,5);
echo"array_slice(\$heros,-5,5)    ";
print_r($der);
echo "<hr />";
//Extrait de 3 noms en commençant à la position -5
$der=array_slice($heros,-5,3);
echo"array_slice(\$heros,-5,3)    ";
print_r($der);
echo "<hr />";
//Extrait des éléments de l'indice 1 jusqu'à la fin hormis les deux derniers
$der=array_slice($heros,1,-2);
echo"array_slice(\$heros,1,-2)    ";
print_r($der);
echo "<hr />";
//Extrait des éléments de l'indice -5 jusqu'à la fin hormis les deux derniers
$der=array_slice($heros,-5,-2);
echo"array_slice(\$heros,-5,-2)    ";
print_r($der);
echo "<hr />";
?>
```

Le listing de l'exemple 5-14 affiche le résultat suivant :

```
Exemple 1
Structure du tableau initial :
Array ( [UN] => Array ( [0] => 1 [1] => 2 [2] => 3 [3] => 4 [4] => 5 ) [DEUX] =>
Array ( [0] => a [1] => b [2] => c ) [0] => Array ( [0] => A [1] => B [2] => C [3] =>
D [4] => E ) [1] => Array ( [0] => 11 [1] => 12 [2] => 13 [3] => 14 [4] => 15 ) )
```

```
array_slice($tab,1,2) donne : Array ( [DEUX] => Array ( [0] => a [1] => b [2] => c )
[0] => Array ( [0] => A [1] => B [2] => C [3] => D [4] => E ) )
```

Exemple 2
Structure du tableau initial :
```
Array ( [0] => Spock [1] => Batman [2] => Dark Vador [3] => Hal [4] => Frodo [5] =>
Sky Walker [6] => Amidala [7] => Alien )
```

```
array_slice($heros,0,5)Array ( [0] => Spock [1] => Batman [2] => Dark Vador [3] =>
Hal [4] => Frodo )
```

```
array_slice($heros,-5,5) Array ( [0] => Hal [1] => Frodo [2] => Sky Walker [3] =>
Amidala [4] => Alien )
```

```
array_slice($heros,-5,3) Array ( [0] => Hal [1] => Frodo [2] => Sky Walker )
```

```
array_slice($heros,1,-2) Array ( [0] => Batman [1] => Dark Vador [2] => Hal [3] =>
Frodo [4] => Sky Walker )
```

```
array_slice($heros,-5,-2) Array ( [0] => Hal [1] => Frodo [2] => Sky Walker )
```

Ajouter et enlever des éléments

Une fois un tableau créé à l'aide de la fonction array() et certaines valeurs affectées à ses éléments, vous pouvez effectuer diverses manipulations d'ajout ou de retrait d'éléments selon les besoins.

La fonction :

```
int array_push($tab, valeur1, valeur2,…, valeurN)
```

ajoute en une seule opération les N éléments passés en paramètres à la fin du tableau désigné par la variable $tab. Vous pouvez évidemment remplacer les valeurs passées en paramètres par des variables.

Les nouveaux indices ainsi créés ont pour valeur celle du plus grand indice existant (donc égal à count($tab)-1) incrémenté de 1 jusqu'à N. La fonction retourne également le nouveau nombre d'éléments du tableau modifié.

Pour ajouter des éléments au début d'un tableau, vous pouvez utiliser la fonction suivante :

```
int array_unshift($tab, valeur1, valeur2,…, valeurN)
```

Cette fonction ajoute également au tableau $tab les N éléments passés en paramètres mais cette fois au début du tableau. Les indices existants sont tous décalés de la valeur N, et la fonction retourne le nouveau nombre d'éléments du tableau.

Réciproquement, vous pouvez supprimer des éléments d'un tableau à l'aide de la fonction suivante :

```
array_pop($tab)
```

qui supprime le dernier élément du tableau $tab et retourne cet élément s'il existe ou la valeur NULL dans le cas contraire, par exemple si le tableau est vide ou si le paramètre $tab n'est pas de type array. Avec les fonctions array_push() et array_pop(), le tableau se comporte comme une pile dotée respectivement de fonctions d'empilement et de dépilement.

Dans ce cas, un avertissement du type :

```
Warning: array_pop(): The argument should be an array in c:\eyrolles\php5\tableaux\
tableau15.php on line 18
```

est affiché, ce qui n'est pas du meilleur effet sur les utilisateurs. Dans le doute, il est préférable d'utiliser la fonction gettype() pour s'assurer que le paramètre $tab est bien de type array.

Pour supprimer le premier élément d'un tableau, utilisez la fonction suivante :

```
array_shift($tab)
```

qui retourne la valeur de l'élément supprimé.

Enfin, il est possible de supprimer un élément d'indice ou de clé quelconque du tableau $tab à l'aide de la fonction unset() en précisant explicitement le nom de l'élément et son indice ou sa clé.

Par exemple :

```
unset($tab[4])
```

supprime l'élément d'indice 4 du tableau $tab et

```
unset($tab["quatre"])
```

l'élément dont la clé est "quatre".

Cette fonction n'a pas d'effet sur les autres indices du tableau, qui conservent tous la valeur qu'ils avaient avant la suppression.

L'exemple 5-15 illustre toutes ces fonctions de modification des tableaux et affiche la structure du tableau après chacune d'elles.

☞ **Exemple 5-15. Ajout et suppression d'éléments**

```php
<?php
$tab= array(800,1492, 1515, 1789);
print_r($tab);
echo "<hr />";
// Ajout au début du tableau
$poitiers=732;
$nb=array_unshift($tab,500,$poitiers);
echo "Le tableau \$tab a maintenant $nb éléments <br>";
print_r($tab);
echo "<hr />";
// Ajout à la fin du tableau
```

```
$armi=1918;
$newnb=array_push($tab,1870,1914,$armi);
echo "Le tableau \$tab a maintenant $newnb éléments <br>";
print_r($tab);
echo "<hr />";
// Suppression du dernier élément
$suppr= array_pop($tab);
echo "Le tableau \$tab a perdu l'élément $suppr <br>";
print_r($tab);
echo "<hr />";
// Suppression du premier élément
$suppr= array_shift($tab);
echo "Le tableau \$tab a perdu l'élément $suppr <br>";
print_r($tab);
echo "<hr />";
// Suppression de l'élément d'indice 4
unset($tab[4]);
echo "L'élément d'indice 4 a été supprimé <br>";
print_r($tab);
?>
```

Le résultat du listing de l'exemple 5-15 permet de suivre l'évolution du tableau initial au fur et à mesure des modifications opérées :

```
Array ( [0] => 800 [1] => 1492 [2] => 1515 [3] => 1789 )
Le tableau $tab a maintenant 6 éléments
Array ( [0] => 500 [1] => 732 [2] => 800 [3] => 1492 [4] => 1515 [5] => 1789 )
Le tableau $tab a maintenant 9 éléments
Array ( [0] => 500 [1] => 732 [2] => 800 [3] => 1492 [4] => 1515 [5] => 1789 [6] =>
1870 [7] => 1914 [8] => 1918 )
Le tableau $tab a perdu l'élément 1918
Array ( [0] => 500 [1] => 732 [2] => 800 [3] => 1492 [4] => 1515 [5] => 1789 [6] =>
1870 [7] => 1914 )
Le tableau $tab a perdu l'élément 500
Array ( [0] => 732 [1] => 800 [2] => 1492 [3] => 1515 [4] => 1789 [5] => 1870 [6] =>
1914 )
L'élément d'indice 4 a été supprimé
Array ( [0] => 732 [1] => 800 [2] => 1492 [3] => 1515 [5] => 1870 [6] => 1914 )
```

Suite à une recherche dans une base de données à l'aide de critères multiples, un tableau peut être amené à contenir plusieurs fois les mêmes valeurs pour certains critères. Avant de traiter les données du tableau, il peut être préférable en ce cas d'éliminer les éléments faisant double emploi.

La fonction array_unique($tab) retourne un nouveau tableau ne contenant que la dernière occurrence de chaque valeur présente plusieurs fois dans le tableau $tab. Les indices ou les clés associés à chaque élément sont conservés, et le tableau retourné comporte des « trous » dans la suite des indices si ces derniers sont numériques.

Par exemple, le code suivant :

```php
<?php
$tab = array("Jacques","Paul","Pierre","Alban","Paul","Jack","Paul");
$tab2 = array_unique($tab);
print_r($tab2);
?>
```

supprime les éléments d'indices 1 et 4 qui ont la valeur `"Paul"` pour ne conserver que l'élément d'indice 6. Vous obtenez l'affichage suivant de la structure du tableau résultant `$tab2` :

```
Array ( [0] => Jacques [2] => Pierre [3] => Alban [5] => Jack [6] => Paul )
```

Opérations sur plusieurs tableaux

Il est possible d'effectuer différents types d'opérations faisant intervenir plusieurs tableaux, qu'il s'agisse de les fusionner ou d'effectuer des opérations ensemblistes, comme leur intersection ou leur différence.

Fusionner des tableaux

Si des données figurent dans plusieurs tableaux différents, vous pouvez être amené à vouloir effectuer des opérations sur ces différents tableaux afin d'obtenir un tableau unique contenant soit la réunion des éléments de chacun en un seul, soit les éléments communs aux deux, soit encore les éléments présents dans l'un et pas dans l'autre.

Vous pouvez, par exemple, réunir deux ou plusieurs tableaux en un seul à l'aide de la fonction `array_merge()`, dont la syntaxe est la suivante :

```php
$tab = array_merge($tab1,$tab2,…,$tabN)
```

Cette fonction retourne dans `$tab` l'ensemble des éléments présents dans les tableaux `$tab1`, `$tab2`, ..., `$tabN`. Les tableaux passés en paramètres sont tous sauvegardés tels qu'ils étaient avant l'appel de la fonction.

La fusion des tableaux est réalisée dans les conditions suivantes :

- Si les tableaux à fusionner sont indicés, les éléments du tableau passé en premier paramètre sont conservés, ceux des autres paramètres ayant les indices suivants. Les éléments présents dans plusieurs des paramètres sont présents en double dans le tableau final. Vous pouvez utiliser la fonction `array_unique()` pour les éliminer.

- Si les tableaux à fusionner sont associatifs, les clés et les associations clé-valeur sont préservées. Par contre, si plusieurs des paramètres ont des clés communes, seule l'association clé-valeur du dernier paramètre est conservée, et celle du tableau précédent est perdue.

Pour ne pas perdre les informations correspondant à une même clé, il est possible d'utiliser la fonction `array_merge_recursive()`. Cette dernière n'efface pas la première valeur associée à une clé double mais associe à chaque clé présente plusieurs fois un tableau indicé contenant toutes les valeurs ayant la même clé.

Le listing de l'exemple 5-16 donne deux exemples de fusion de tableaux, le premier pour les tableaux indicés et le second pour les tableaux associatifs. Remarquez la disparition de la valeur "75" associée à la clé "Paris" du tableau $tabass1, remplacée par la valeur "Capitale" présente dans le tableau $tabass2 après la fusion effectuée avec array_merge(). La fonction array_merge_recursive() préserve les deux valeurs, comme le montre le résultat du script.

☞ **Exemple 5-16. Fusion de tableaux à l'aide de *array_merge()***

```php
<?php
// Fusion de tableaux indicés
echo "Tableaux indicés <br>";
$tab1= array("Paris","Lyon","Marseille");
$tab2 = array("Nantes","Orléans","Tours","Paris");
$tab = array_merge($tab1,$tab2);
echo "array_merge donne: ";
print_r($tab);
echo "<hr />";
// Fusion de tableaux associatifs
echo "Tableaux associatifs <br>";
$tabass1= array("Paris" => "75","Lyon" => "69","Marseille" => "13");
$tabass2 = array("Nantes" => "44","Orléans" => "45","Tours" => "37","Paris"
➡"Capitale");
echo "array_merge donne: ";
$tabass = array_merge($tabass1,$tabass2);
print_r($tabass);
echo "<hr />";
// Fusion
echo "array_merge_recursive donne : ";
$tabass3 = array_merge_recursive($tabass1,$tabass2);
print_r($tabass3);
?>
```

Le script affiche le résultat suivant, qui montre la structure des tableaux résultant de la fusion :

```
Tableaux indicés
array_merge donne: Array ( [0] => Paris [1] => Lyon [2] => Marseille [3] => Nantes [4]
=> Orléans [5] => Tours [6] => Paris )

Tableaux associatifs
array_merge donne: Array ( [Paris] => Capitale [Lyon] => 69 [Marseille] => 13 [Nantes]
=> 44 [Orléans] => 45 [Tours] => 37 )

array_merge_recursive donne : Array ( [Paris] => Array ( [0] => 75 [1] => Capitale)
[Lyon] => 69 [Marseille] => 13 [Nantes] => 44 [Orléans] => 45 [Tours] => 37 )
```

Vous pouvez également créer un tableau associatif à partir de deux autres tableaux. Le premier contient les clés du tableau à créer et le second les valeurs qui sont associées aux clés. Cette opération est réalisable grâce à la fonction `array_combine()` introduite dans PHP 5. Sa syntaxe est la suivante :

```
array array_combine(array $tabcle, array $tabval)
```

Le code suivant :

```
$tabcle = array('F','D','B');
$tabval = array('France','Allemagne','Belgique');
$tabasso = array_combine($tabcle, $tabval);
print_r($tabasso);
```

affiche le résultat :

```
Array ( [F] => France [D] => Allemagne [B] => Belgique )
```

Intersection et différence de deux tableaux

Quelques souvenirs de manipulation des ensembles devraient vous permettre de mieux saisir l'utilité des fonctions permettant d'obtenir soit l'intersection de deux tableaux considérés comme des ensembles de valeurs, soit leur différence.

L'intersection de deux ensembles est constituée par les éléments qui appartiennent à la fois aux deux ensembles. La différence de deux ensembles désigne les éléments qui appartiennent au premier et pas au second. En d'autres termes, sont enlevés du premier tableau les éléments qui appartiennent aussi au second.

PHP offre deux fonctions pour réaliser ces opérations sur des tableaux, `array_intersect()` et `array_diff()`.

Pour l'intersection de deux tableaux, la syntaxe de `array_intersect()` est la suivante :

```
array array_intersect($tab1,$tab2)
```

Cette fonction retourne un tableau contenant tous les éléments communs aux tableaux `$tab1` et `$tab2`. Les indices associés aux valeurs du tableau retourné comme résultat correspondent à ceux du tableau passé en premier paramètre. L'inversion de ces deux paramètres ne fournit pas les mêmes indices (voir le résultat du listing de l'exemple 5-17 ci-après).

Pour la différence de deux tableaux, la syntaxe de la fonction `array_diff()` est la suivante :

```
array_diff($tab1,$tab2)
```

Elle retourne un tableau contenant les éléments présents dans le premier paramètre mais pas dans le second. Comme pour la soustraction de nombres, il est logique que l'inversion des paramètres ne fournisse pas le même résultat. Les indices associés aux valeurs dans les tableaux d'origine sont conservés.

Si vous appliquez ces deux fonctions à des tableaux associatifs, les clés sont conservées dans les mêmes conditions. De plus, si nos exemples ne montrent que l'intersection de deux tableaux, il est parfaitement licite de passer à ces fonctions un nombre quelconque de paramètres, du moment qu'il s'agit bien de variables de type array.

☞ **Exemple 5-17. Intersection et différence de deux tableaux**

```php
<?php
$tab1=array("Blanc","Jaune","Rouge","Vert","Bleu","Noir");
$tab2=array("Bleu","Rouge","Violet","Noir","Jaune","Orange");
echo"Le tableau 1 contient les éléments:<br />";
print_r($tab1);
echo "<hr />";
echo"Le tableau 2 contient les éléments:<br />";
print_r($tab2);
echo "<hr />";
echo "Intersection de \$tab1 et \$tab2 : ";
$tab3=array_intersect($tab1,$tab2);
print_r($tab3);
echo"<br />";
echo "Intersection de \$tab2 et \$tab1 : ";
$tab4= array_intersect($tab2,$tab1);
print_r($tab4);
echo"<hr />";
$tab5= array_diff($tab1,$tab2);
echo "Différence de \$tab1 et \$tab2 : ";
print_r($tab5);
echo"<br />";
$tab6= array_diff($tab2,$tab1);
echo "Différence de \$tab2 et \$tab1 : ";
print_r($tab6);
echo"<br />";
?>
```

Le script affiche les résultats suivants, qui montrent bien l'importance de l'ordre des paramètres.

```
Le tableau 1 contient les éléments:
Array ( [0] => Blanc [1] => Jaune [2] => Rouge [3] => Vert [4] => Bleu [5] => Noir )
Le tableau 2 contient les éléments:
Array ( [0] => Bleu [1] => Rouge [2] => Violet [3] => Noir [4] => Jaune [5] => Orange )
```

```
Intersection de $tab1 et $tab2 : Array ( [1] => Jaune [2] => Rouge [4] => Bleu [5] =>
Noir )
Intersection de $tab2 et $tab1 : Array ( [0] => Bleu [1] => Rouge [3] => Noir [4] =>
Jaune )
Différence de $tab1 et $tab2 : Array ( [0] => Blanc [3] => Vert )
Différence de $tab2 et $tab1 : Array ( [2] => Violet [5] => Orange )
```

Trier les éléments d'un tableau

Quand une fonction retourne un tableau de valeurs, comme le font, par exemple, les fonctions de recherche sur une base de données MySQL, les valeurs des éléments apparaissent dans un ordre qui n'est pas nécessairement celui souhaité pour l'affichage des informations.

Pour améliorer la présentation des données, il est souvent utile d'effectuer un tri des valeurs contenues dans le tableau avant de les utiliser pour créer un affichage dans une page web. PHP fournit nombre de fonctions natives permettant de réaliser les opérations de tri les plus diverses. Ces opérations peuvent concerner les valeurs comme les clés des éléments de tableau, aussi bien en ordre alphabétique ASCII, direct ou inversé, que selon l'ordre dit « naturel » ou encore d'après des critères personnalisés définis par le programmeur lui-même.

La quasi-totalité de ces fonctions agit directement sur le tableau qui leur est passé en paramètre en modifiant l'ordre de ses éléments ou de ses clés. Le tableau initial n'est pas récupérable. C'est pour cette raison que les exemples qui suivent créent dès le début du script une copie du tableau initial qui est réutilisée pour chaque fonction.

Certaines fonctions sont plus appropriées à des tableaux indicés et d'autres à des tableaux associatifs. La présentation de ces fonctions est donc divisée en plusieurs sections.

Trier des tableaux indicés

Les fonctions natives offertes par PHP permettent les opérations de tri des éléments des tableaux selon les critères les plus variés.

Trier selon l'ordre ASCII

L'ordre ASCII n'a rien d'évident pour qui est habitué à l'ordre lexicographique, qui est celui du dictionnaire. Dans un tri ASCII, "rouge" se trouve après "Vert" car la lettre "r" se trouve après la lettre "V".

Les fonctions de tri dans l'ordre ASCII proposées par PHP sont les suivantes :

- `array sort($tab)`. Trie les valeurs du tableau $tab en ordre croissant des codes ASCII des caractères qui les composent (donc en tenant compte de la casse des caractères). Les correspondances entre les indices et les valeurs des éléments sont perdues après le tri.

- `array rsort($tab)`. Trie les valeurs du tableau $tab en ordre décroissant des codes ASCII des caractères qui les composent. Les correspondances entre les indices et les valeurs des éléments sont perdues après le tri.

- `array array_reverse($tab)`. Inverse l'ordre des valeurs des éléments de $tab. Les indices sont évidemment perdus.

L'exemple 5-18 illustre l'emploi de ces fonctions et affiche le tableau initial puis le tableau une fois trié.

☞ **Exemple 5-18. Tri selon l'ordre ASCII**

```php
<?php
//*******************
//TABLEAU INDICÉ
//*******************
//Définition du tableau
$tabind=array("Blanc2","Jaune","rouge","Vert","Bleu","Noir","Blanc10");
$copie= $tabind;
echo "<b>Tableau indicé d'origine</b><br />";
print_r($tabind);
//Fonction sort()
echo "<hr />Tri en ordre ASCII sans sauvegarde des indices<br />";
$tabind=$copie;
sort($tabind);
print_r($tabind);
//Fonction rsort()
echo "<hr /> Tri en ordre ASCII inverse sans sauvegarde des indices<br />";
$tabind=$copie;
rsort($tabind);
print_r($tabind);
//Fonction array_reverse()
echo "<hr />Inversion de l'ordre des éléments<br />";
$tabind=$copie;
$tabrev=array_reverse($tabind);
print_r($tabrev);
?>
```

Le script donne les résultats suivants :

```
Tableau indicé d'origine
Array ( [0] => Blanc2 [1] => Jaune [2] => rouge [3] => Vert [4] => Bleu [5] => Noir [6]
=> Blanc10 )

Tri en ordre ASCII sans sauvegarde des indices
Array ( [0] => Blanc10 [1] => Blanc2 [2] => Bleu [3] => Jaune [4] => Noir [5] => Vert
[6] => rouge )

Tri en ordre ASCII inverse sans sauvegarde des indices
Array ( [0] => rouge [1] => Vert [2] => Noir [3] => Jaune [4] => Bleu [5] => Blanc2 [6]
=> Blanc10 )
Inversion de l'ordre des éléments
Array ( [0] => Blanc10 [1] => Noir [2] => Bleu [3] => Vert [4] => rouge [5] => Jaune
[6] => Blanc2 )
```

Trier selon l'ordre naturel

L'ordre dit naturel est plus proche de ce que chacun connaît dans la vie courante. Par exemple, pour un tri en ordre croissant, la chaîne "Blanc10" se trouve après "Blanc2" et "1ZZ" avant "2AA", les chiffres étant considérés comme précédant les lettres.

Il existe deux variantes de fonctions de tri selon l'ordre naturel, suivant qu'il est tenu compte ou non de la casse des caractères :

- `array natsort($tab)`. Trie les valeurs du tableau `$tab` selon l'ordre naturel croissant des caractères qui les composent. Le tri étant effectué en tenant compte de la casse, les majuscules sont placées avant les minuscules, par exemple `"Vert"` avant `"rouge"`. Les correspondances entre les indices ou les clés et les valeurs des éléments sont sauvegardées après le tri, ce qui rend la fonction également applicable aux tableaux associatifs.

- `array natcasesort($tab)`. Trie les valeurs du tableau `$tab` selon l'ordre naturel croissant, sans tenir compte de la casse, ce qui correspond davantage à l'ordre courant du dictionnaire, dans lequel `"rouge"` se trouve avant `"Vert"`. Les correspondances entre les indices ou les clés et les valeurs des éléments sont sauvegardées après le tri.

---

for ou foreach ?

Du fait que les fonctions `array natsort()` et `array natcasesort()` conservent les correspondances entre les indices ou les clés et les valeurs, il est déconseillé d'utiliser une boucle `for` pour lire l'ensemble des données, au risque de perdre l'ordre créé par le tri. Une boucle `foreach` est indispensable, même pour des tableaux indicés.

☞ **Exemple 5-19. Tri selon l'ordre naturel**

```php
<?php
//*******************
//TABLEAU INDICÉ
//*******************
// Définition du tableau
$tabind=["Blanc2","Jaune","rouge","Vert","Bleu","Noir","Blanc10","1ZZ","2AA"];
$copie= $tabind;
echo "<b>Tableau indicé d'origine</b><br />";
print_r($tabind);
//*******************************
echo "<hr />Tri en ordre naturel avec sauvegarde des indices<br />";
$tabind=$copie;
natsort($tabind);
print_r($tabind);
//*******************************
echo "<hr />Tri en ordre naturel insensible à la casse avec sauvegarde des indices<br />";
$tabind=$copie;
natcasesort($tabind);
print_r($tabind);
foreach ($tabind as $cle=>$val)
{
echo "<br />$cle => $val ";
}
?>
```

Les résultats des tris sont les suivants :

```
Tableau indicé d'origine
Array ( [0] => Blanc2 [1] => Jaune [2] => rouge [3] => Vert [4] => Bleu [5] => Noir [6]
=> Blanc10 [7] => 1ZZ [8] => 2AA )

Tri en ordre naturel avec sauvegarde des indices
Array ( [7] => 1ZZ [8] => 2AA [0] => Blanc2 [6] => Blanc10 [4] => Bleu [1] => Jaune [5]
=> Noir [3] => Vert [2] => rouge )

Tri en ordre naturel insensible à la casse avec sauvegarde des indices
Array ( [7] => 1ZZ [8] => 2AA [0] => Blanc2 [6] => Blanc10 [4] => Bleu [1] => Jaune [5]
=> Noir [2] => rouge [3] => Vert )
```

Trier selon un critère personnel

Si les fonctions de tri précédentes ne nous conviennent pas, vous pouvez définir vous-même un critère de tri. Il vous suffit pour cela de créer une fonction de comparaison. Cette dernière effectue un test contenant un opérateur impliquant une relation d'ordre sur les valeurs des éléments.

Pour en savoir plus

Pour savoir comment définir une fonction personnalisée, reportez-vous au chapitre 7.

La fonction doit retourner une valeur entière positive, négative ou nulle selon le résultat du test. Vous choisirez généralement les valeurs 1, -1 et 0, mais vous pourriez tout aussi bien choisir *N, -N* et 0). Le tri s'effectue dans les conditions suivantes :

- Si le test est évalué à TRUE et que la fonction retourne un nombre négatif, les éléments sont triés dans l'ordre défini par le critère du test.

- Si le test est évalué à TRUE et que la fonction retourne un nombre positif, les éléments sont triés dans l'ordre inverse de celui défini par le critère du test.

- Si le test est évalué à TRUE et que la fonction retourne 0, les éléments sont de même rang dans l'ordre du test.

Dans l'exemple 5-20, la fonction de test long(), dont le code figure ci-dessous, compare la longueur des chaînes de caractères à l'aide de la fonction strlen(). Si la chaîne contenue dans $mot1 est plus longue que celle contenue dans $mot2, la fonction retourne -1, et $mot1 est placé avant $mot2.

```
function long($mot1,$mot2)
{
  if(strlen($mot1)==strlen($mot2)) return 0;
  elseif(strlen($mot1)>strlen($mot2)) return -1;
  else return 1;
}
```

La fonction de tri utilisable pour les tableaux indicés est la suivante :

```
void usort($tab,"nom_fonction")
```

Elle trie les valeurs des éléments de $tab selon le critère défini dans la fonction dont le nom est passé en second paramètre. Les associations entre les indices ou les clés du tableau et les valeurs ne sont pas sauvegardées. La fonction ne retourne aucune valeur et agit sur le tableau initial, lequel est donc perdu.

Le listing de l'exemple 5-20 définit une fonction de tri selon la longueur des chaînes, utilise la fonction usort() et affiche le tableau trié.

☞ Exemple 5-20. Tri personnalisé

```php
<?php
//*******************************
//TRI SUR UN CRITÈRE PERSONNALISÉ
//*******************************
// Définition de la fonction de tri
function long($mot1,$mot2)
{
  if(strlen($mot1)==strlen($mot2))  return 0;
  elseif(strlen($mot1)>strlen($mot2)) return -1;
  else return 1;
}
// Tableau à trier
$tab=["Blanc","Jaune","rouge","Vert","Orange","Noir","Emeraude"];
// Utilisation de la fonction de tri
echo "Tri selon la longueur des chaînes de caractères<br>";
echo "Tableau initial<br />";
print_r($tab);
usort($tab,"long");
echo "<br />Tableau trié selon la longueur décroissante des mots<br />";
print_r($tab);
?>
```

Nous obtenons le résultat suivant :

```
Tri selon la longueur des chaînes de caractères

Tableau initial
Array ( [0] => Blanc [1] => Jaune [2] => rouge [3] => Vert [4] => Orange [5] =>
Noir [6] => Emeraude )

Tableau trié selon la longueur décroissante des mots
Array ( [0] => Emeraude [1] => Orange [2] => Blanc [3] => rouge [4] => Jaune [5] =>
Vert [6] => Noir )
```

Mélanger les valeurs de façon aléatoire

Certaines applications gèrent des nombres aléatoires, pour des tirages au sort, par exemple. D'autres affichent des informations dans un ordre différent pour chaque visiteur. Dans tous ces cas, vous pouvez utiliser un tableau contenant les informations à afficher et mélanger ces éléments de manière aléatoire au moyen de la fonction shuffle(), dont la syntaxe est la suivante :

```
void shuffle(array $tab)
```

Cette fonction modifie le tableau $tab, dont les valeurs des éléments sont mélangées de façon aléatoire. Là encore, le tableau initial est perdu.

Il est recommandé d'initialiser le générateur de nombres aléatoires de PHP en appelant la fonction srand() avec un paramètre entier avant son utilisation. Les associations des indices et des valeurs ne sont pas sauvegardées.

☞ **Exemple 5-21. Mélange aléatoire des éléments**

```php
<?php
//Création du tableau de nombres
$tab = range(1,10);
echo "<h4> Tableau initial</h4>";
print_r($tab);
echo "<h4> Mélange en ordre aléatoire</h4>";
//Initialisation du générateur de nombres aléatoires
srand(time());
//Mélange des éléments puis affichage du tableau
shuffle($tab);
print_r($tab);
?>
```

Le listing affiche le résultat suivant :

```
Tableau initial
Array ( [0] => 1 [1] => 2 [2] => 3 [3] => 4 [4] => 5 [5] => 6 [6] => 7 [7] => 8 [8] =>
9 [9] => 10 )
Mélange en ordre aléatoire
Array ( [0] => 4 [1] => 7 [2] => 5 [3] => 6 [4] => 8 [5] => 10 [6] => 1 [7] => 3 [8] =>
9 [9] => 2 )
```

Le mélange étant aléatoire, vous avez évidemment peu de chance de retrouver le même si vous testez le script, le paramètre passé à srand() étant l'instant présent en secondes fourni par la fonction time().

Trier des tableaux associatifs

Les fonctions que vous venez d'étudier pourraient s'appliquer également aux tableaux associatifs, mais elles ont l'inconvénient de ne pas conserver les associations entre les clés et les valeurs, ce qui, pour ce genre de tableau, est rédhibitoire. Vous pourrez donc trier soit les clés soit les valeurs.

Trier des valeurs

Les fonctions suivantes sont spécialement dédiées aux tableaux associatifs car elles préservent toutes les associations entre les clés et les valeurs :

- `void asort(array $tab)`. Trie les valeurs du tableau $tab selon l'ordre croissant des codes ASCII des caractères qui les composent en préservant les associations clé-valeur.

- `void arsort(array $tab)`. Trie les valeurs du tableau $tab selon l'ordre décroissant des codes ASCII des caractères qui les composent en préservant les associations clé-valeur.

- `void uasort(array $tab,string "nom_fonction")`. Joue le même rôle que la fonction `usort()`, déjà présentée pour les tableaux indicés, en effectuant un tri selon le critère défini dans la fonction de comparaison. Elle conserve en outre les clés associées aux valeurs.

Les fonctions `natsort()` et `natcasesort()`, qui permettent de trier les éléments selon l'ordre naturel respectivement en tenant compte ou pas de la casse, sont également utilisables dans les tableaux associatifs car elles préservent les associations entre les clés et les valeurs.

☞ **Exemple 5-22. Tri de tableaux associatifs**

```php
<?php
//TABLEAUX ASSOCIATIFS
$tabass= array("white2"=>"Blanc2","yellow"=>"Jaune","red"=>"rouge","green"=>"Vert",
➡ " blue"=>"Bleu","black"=>"Noir","white10"=>"Blanc10");
$copieass=$tabass;
echo "<h4>Tableau associatif d'origine</h4>";
print_r($tabass);
echo "<h4>Tri en ordre alpha des valeurs avec sauvegarde des clés</h4>";
$tabass=$copieass;
asort($tabass);
print_r($tabass);
echo "<h4>Tri en ordre alpha inverse avec sauvegarde des clés</h4>";
$tabass=$copieass;
arsort($tabass);
print_r($tabass);
echo "<h4>Tri en ordre naturel avec sauvegarde des clés</h4>";
$tabass=$copieass;
natsort($tabass);
print_r($tabass);
echo "<h4>Tri en ordre naturel insensible à la casse avec sauvegarde des clés</h4>";
$tabass=$copieass;
natcasesort($tabass);
print_r($tabass);
?>
```

Le listing affiche le résultat suivant :

```
Tableau associatif d'origine
Array ( [white2] => Blanc2 [yellow] => Jaune [red] => rouge [green] => Vert [ blue] =>
Bleu [black] => Noir [white10] => Blanc10 )
Tri en ordre ASCII des valeurs
Array ( [white10] => Blanc10 [white2] => Blanc2 [ blue] => Bleu [yellow] => Jaune
[black] => Noir [green] => Vert [red] => rouge )
Tri en ordre ASCII inverse
Array ( [red] => rouge [green] => Vert [black] => Noir [yellow] => Jaune [ blue] =>
Bleu [white2] => Blanc2 [white10] => Blanc10 )
Tri en ordre naturel avec sauvegarde des clés
Array ( [white2] => Blanc2 [white10] => Blanc10 [ blue] => Bleu [yellow] => Jaune
[black] => Noir [green] => Vert [red] => rouge )
Tri en ordre naturel insensible à la casse avec sauvegarde des clés
Array ( [white2] => Blanc2 [white10] => Blanc10 [ blue] => Bleu [yellow] => Jaune
[black] => Noir [red] => rouge [green] => Vert )
```

Trier les clés

La caractéristique des tableaux associatifs est d'utiliser une clé à la place d'un indice numérique. Il peut dès lors être utile d'opérer des tris non plus sur les valeurs mais sur les clés des éléments pour afficher les résultats de différentes façons.

La fonction suivante :

```
boolean ksort(array $tab)
```

trie les clés de $tab selon l'ordre croissant des codes ASCII des caractères. Les associations clé-valeur sont conservées. Cette fonction retourne une valeur booléenne indiquant si l'opération de tri a réussi ou non.

La fonction suivante permet de trier les clés selon l'ordre décroissant des codes ASCII des caractères :

```
boolean krsort(array $tab)
```

Elle conserve également les associations clé-valeur et retourne une valeur booléenne indiquant si l'opération de tri a réussi ou non.

Comme pour les tableaux indicés, la fonction suivante :

```
void uksort(array $tab ,string "nom_fonction")
```

permet de trier les clés des éléments de $tab selon le critère personnalisé défini dans la fonction passée en second paramètre. La fonction de tri doit retourner -1 ou 1 selon que le critère est vérifié ou non ou 0 en cas d'égalité dans les mêmes conditions que la fonction usort() présentée précédemment.

L'exemple 5-23 utilise ces fonctions.

☞ **Exemple 5-23. Tri des clés**

```php
<?php
//*******************
//TABLEAU ASSOCIATIF
$tabass= array("white2"=>"Blanc2","yellow"=>"Jaune","red"=>"rouge""green"=>"Vert",
 "blue"=>"Bleu","black"=>"Noir","white10"=>"Blanc10");
$copieass=$tabass;
echo "<h4>Tableau associatif d'origine</h4>";
print_r($tabass);
echo "<h4>Tri en ordre ASCII des clés</h4>";
$tabass=$copieass;
ksort($tabass);
print_r($tabass);
echo "<h4>Tri en ordre ASCII inverse des clés</h4>";
$tabass=$copieass;
krsort($tabass);
print_r($tabass);
//*******************************
//TRI SUR UN CRITÈRE PERSONNALISÉ
//*******************************
function long($mot1,$mot2)
{
  if(strlen($mot1)>strlen($mot2))  return -1;
  elseif(strlen($mot1)<strlen($mot2)) return 1;
  else return 0;
}
echo "<h4>Tri selon la longueur des clés </h4>";
uksort($tabass,"long");
print_r($tabass);
?>
```

Le listing fournit les résultats ci-dessous, dans lesquels le tri des clés se fait selon l'ordre ASCII et non pas naturel. C'est pour cette raison qu'il est préférable que les clés aient toutes la même casse lors de la création du tableau.

Il est possible de transformer la casse des clés avant le tri en appliquant au tableau la fonction array_change_key_case(), dont la syntaxe est la suivante :

```
array array_change_key_case (array $tab, int CTE)
```

Cette fonction transforme toutes les clés du tableau $tab en minuscules si la constante CTE vaut CASE_LOWER (valeur par défaut) ou en majuscules si elle vaut CASE_UPPER.

```
Tableau associatif d'origine
Array ( [white2] => Blanc2 [yellow] => Jaune [red] => rouge [green] => Vert [ blue] =>
Bleu [black] => Noir [white10] => Blanc10 )
Tri en ordre alpha des clés
Array ( [ blue] => Bleu [black] => Noir [green] => Vert [red] => rouge [white10] =>
Blanc10 [white2] => Blanc2 [yellow] => Jaune )
Tri en ordre alpha inverse des clés
```

```
Array ( [yellow] => Jaune [white2] => Blanc2 [white10] => Blanc10 [red] => rouge
[green] => Vert [black] => Noir [ blue] => Bleu )
Tri selon la longueur des clés
Array ( [white10] => Blanc10 [white2] => Blanc2 [yellow] => Jaune [black] => Noir
[green] => Vert [ blue] => Bleu [red] => rouge )
```

Opérer une sélection des éléments

Lorsqu'un tableau contient un nombre important d'informations, vous pouvez réaliser une sélection de ses éléments à l'aide de la fonction array_filter() et ne retenir que ceux qui répondent à une condition particulière définie par le programmeur.

La syntaxe de la fonction array_filter() est la suivante :

```
array array_filter(array $tab,string "nom_fonction")
```

Elle retourne un nouveau tableau ne contenant que les éléments de $tab qui répondent à la condition définie dans la fonction dont le nom est passé en second paramètre. Le tableau initial est conservé.

L'exemple 5-24 utilise la fonction array_filter() pour sélectionner parmi les éléments d'un tableau contenant des noms de villes celles dont l'initiale est "P" ou "p".

La fonction de sélection doit avoir comme paramètre une variable qui représente la valeur d'un élément courant du tableau sur lequel s'effectue la sélection et retourner cette variable si elle répond à la condition énoncée.

☞ **Exemple 5-24. Sélection dans un tableau**

```php
<?php
//Définition du tableau
$villes=array("Paris","Perpignan","Marseille","Pau","Nantes","Lille");
//Fonction de sélection
function init($ville)
{
  if($ville[0]=="P" || $ville[0]=="p" )
  {
  return $ville;
  }
}
//Utilisation de array_filter()
$select=array_filter($villes,"init");
print_r($select);
?>
```

Ce script retourne le tableau $select, dont la structure est la suivante :

```
Array ( [0] => Paris [1] => Perpignan [3] => Pau )
```

Appliquer une fonction à un tableau

Si vous souhaitez appliquer une même opération ou fonction à l'ensemble des valeurs des éléments d'un tableau, vous pouvez envisager d'effectuer une boucle `for` ou `while` et d'appliquer la fonction à chacun des éléments lus. Outre l'allongement du code qui en résulterait, cette méthode présenterait l'inconvénient de multiplier les appels à la fonction de calcul et entraînerait une perte de temps.

Une façon plus élégante et plus rapide de parvenir au même résultat consiste à utiliser la fonction `array_walk()`, qui peut avoir deux syntaxes différentes selon le nombre de paramètres qui lui sont passés.

Avec deux paramètres la syntaxe de la fonction `array_walk()` est la suivante :

```
int array_walk($tab,"nom_fonction")
```

La fonction dont vous précisez le nom est appliquée à toutes les valeurs des éléments du tableau `$tab`, que ce dernier soit indicé ou associatif. La fonction appliquée aux valeurs doit être une fonction personnalisée et non une fonction native de PHP. Elle doit de surcroît avoir au moins deux paramètres, le premier faisant référence à la valeur de l'élément de tableau à traiter et le second à l'indice ou la clé de cet élément.

Vous pouvez évidemment détourner l'interdiction d'utilisation d'une fonction native en appelant celle-ci dans la fonction personnalisée. Le listing de l'exemple 5-25 utilise cette syntaxe pour afficher sous forme de tableau HTML le tableau de valeurs de la fonction $\cos(\pi/x)$ appliquée à toutes les valeurs du tableau `$tabx`, lequel contient les valeurs entières de 1 à 10.

La figure 5-5 donne le résultat de cet exemple.

Avec trois paramètres, la syntaxe de la fonction `array_walk()` est la suivante :

```
array array_walk(array $tab,string "nom_fonction",divers param)
```

Elle permet d'utiliser la valeur du troisième paramètre `param` comme troisième paramètre de la fonction `"nom_fonction"`. Vous pouvez de la sorte personnaliser l'affichage, comme dans le deuxième exemple du listing de l'exemple 5-25, qui utilise ce paramètre pour créer la couleur de fond des cellules de la colonne affichant le prix TTC.

☞ **Exemple 5-25. Application d'une fonction aux éléments d'un tableau**

```php
<?php
//*******************************
//array_walk() avec deux paramètres
//*******************************
$tabx= range(1,10);
function tabval($val,$ind)
{
echo "<tr><td><b>", $ind+1,"</b></td><td>".cos(M_PI/$val)."</td></tr>";
}
```

```php
echo"<table border=\"3\"><tr>
<td> <h2>tableau de valeurs</h2>
<table border=\"1\" >
<thead><th> x </th><th> cos(pi/x)</th></thead>";
array_walk($tabx,"tabval");
echo"</table></td> ";
//*********************************
//array_walk() avec trois paramètres
//*********************************
$prix=array("22"=>"5.50","32.50"=>"19.60","80.00"=>"19.60");
//fonction de calcul ht et ttc
function taxe($taux,$prix,$col)
{
echo "<tr><td > $prix </td><td > $taux </td><td>". $prix*($taux/100) .
"</td><td style=\"background-color:$col \">".$prix*(1+$taux/100)."</td></ tr>";
}
echo"<td><h2>facture détaillée</h2>
<table border=\"1\" >
<thead><th> h.t</th><th> taux</th><th> t.v.a.</th><th> t.t.c..</th></ thead>";
array_walk($prix,"taxe","red");
echo"</td></tr></table></table>";
?>
```

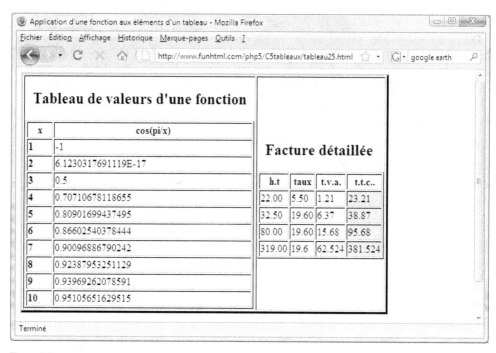

Figure 5-5

Application de fonctions à des tableaux de données

PHP propose un autre type de fonction, la fonction `array_reduce()`, non pas pour appliquer une fonction à chacun des éléments d'un tableau, comme précédemment, mais pour retourner un seul résultat à partir de l'ensemble des valeurs contenues dans le tableau. Cela peut permettre, par exemple, de calculer la somme ou le produit de l'ensemble des valeurs du tableau.

La syntaxe de la fonction `array_reduce()` est la suivante :

```
divers array_reduce(array $tab,string "nom_fonction"[,divers param])
```

Comme le ferait une boucle `for`, elle applique de façon itérative la fonction dont le nom est passé en paramètre à l'ensemble des valeurs du tableau `$tab`. Le troisième paramètre facultatif est considéré comme étant la première valeur du tableau. C'est la valeur retournée par défaut si `$tab` est vide.

Le code de l'exemple 5-26 illustre l'utilisation de cette fonction pour calculer d'abord le produit d'un nombre de valeurs entières en l'appliquant au calcul de la factorielle d'un entier N.

Rappel

La factorielle de N est notée $N!$. Elle est égale à $1 \times 2 \times 3 \times ... N$. Voir à ce sujet la section « Les fonctions récursives » au chapitre 7.

Le deuxième exemple permet ensuite d'opérer la concaténation répétée de toutes les chaînes de caractères contenues dans les éléments d'un tableau. Il utilise comme troisième paramètre la chaîne de caractères `"Salut à"`, qui constituera les premiers mots de tous les résultats retournés, quel que soit le tableau.

☞ **Exemple 5-26. La fonction *array_reduce()***

```php
<?php
//Définition de la fonction produit
function multi($a,$b)
{
if($a==0) $a=1;
return $a*$b;
}
//array_reduce avec deux paramètres
$n=10;
$tabn= range(1,$n);
$prod=array_reduce($tabn, "multi");
echo "<hr />Produit des éléments = factorielle $n = $n! = ",$prod;
//Définition de la fonction de concaténation
function concat($a,$b)
{
$a.=$b;
return $a;
}
// array_reduce avec trois paramètres
```

```
$tabch= array("messieurs "," Hulot", " et "," Tati");
$chaine=array_reduce($tabch,"concat","Salut à ");
echo "<hr>Concaténation des éléments : ",$chaine;
?>
```

Le script de l'exemple 5-26 affiche les résultats suivants :

```
Produit des éléments = factorielle 10 = 10! = 3628800
Concaténation des éléments : Salut à messieurs Hulot et Tati
```

L'objet *ArrayObject*

Création d'un objet tableau

À l'instar de ASP.Net, PHP 5 introduit un objet prédéfini ArrayObject représentant un tableau. Il permet de créer des tableaux qui ne sont pas du type array mais object. Ces objets possèdent des méthodes qui permettent d'effectuer diverses opérations. Si vous n'êtes pas familiarisé avec les notions d'objet et de méthode reportez-vous au préalable au chapitre 9.

Pour créer un objet tableau, utilisez le mot-clé new selon la syntaxe suivante :

```
$objtab=new ArrayObject() ;
```

qui appelle le constructeur de l'objet. Le tableau créé est alors vide. Pour lui affecter des éléments au moment de sa création, vous pouvez passer au constructeur un paramètre qui est un tableau PHP classique de type array selon le modèle suivant :

```
$tab = array("Linux","Apache");
$objtab = new arrayObject($tab);
```

Le tableau passé en paramètre au constructeur peut également être un tableau associatif, selon le modèle suivant (repères ❶ et ❷ de l'exemple 5-27) :

```
$tab = array('a'=>"Linux",'b'=>"Apache"); ←❶
$objtab = new arrayObject($tab); ←❷
```

Il est également possible d'ajouter des éléments selon la syntaxe :

```
$objtab['clé']=valeur
```

Sachant que si on omet la clé, la valeur dans le tableau sera indicée avec un indice supérieur d'une unité au plus grand déjà existant (repère ❸, s'il n'y en a aucun, la première valeur sera insérée avec l'indice 0).

La valeur donnée au nouvel élément peut aussi être un tableau de type array, ce qui crée un tableau multidimensionnel.

Enfin, la méthode append() permet d'ajouter des éléments au tableau un par un (repères ❹ et ❺). Sa syntaxe est la suivante :

```
$objtab->append("MySQL");
```

L'élément ajouté a l'indice immédiatement supérieur au dernier existant dans le tableau. Ici, l'élément de valeur "MySQL" aura l'indice 1.

Là aussi, le paramètre de la méthode peut aussi être un tableau selon le modèle :

```
$objtab->append(array('HTML 5', 'CSS 3'));
```

qui crée également un tableau multidimensionnel.

La boucle foreach étant applicable aux objets, elle permet de lire l'ensemble des clés (ou des indices) et les valeurs associées contenues dans le tableau (repère ❽).

Les tableaux ainsi créés étant des objets, il est également possible de lire la valeur des éléments en tant que valeurs d'une propriété de l'objet dont le nom est la clé ou l'indice numérique de l'élément de tableau. Au préalable, il faut créer cette possibilité à l'aide de la méthode setFlags() selon la syntaxe suivante :

```
$objtab->setFlags(ArrayObject::ARRAY_AS_PROPS);
```

dans laquelle 'ARRAY_AS_PROPS' est une constante prédéfinie. Pour annuler cette opération, il faut utiliser la même méthode avec pour paramètre la constante 'ArrayObject::STD_PROP_LIST'.

En créant ces propriétés, il est ensuite facile d'accéder aux propriétés en lecture et en écriture selon le modèle de l'exercice 5-27 (repères ❻ et ❼) :

```
echo $objtab->prop1;    ←❻
$objtab->prop2=valeur;   ←❼
```

Notez que même si la clé 'prop2' n'existe pas encore dans le tableau, le code (repère ❼) crée la propriété et lui affecte une valeur.

L'équivalent de la fonction count() applicable au type array est la méthode count(), qui permet de lire le nombre d'éléments de l'objet tableau (repère ❾).

Il est encore possible de récupérer les clés et les valeurs contenues dans l'objet dans un tableau associatif habituel de type array en appliquant la méthode getArrayCopy() à l'objet (repère ❿). L'affichage de ce tableau avec la fonction print_r() confirme que la variable obtenue est du type array et non plus object. Vous pourriez alors appliquer à cette variable une des fonctions applicables aux tableaux étudiées dans les sections précédentes.

Dans le même ordre d'idée, il est possible de remplacer les éléments d'un objet tableau par ceux d'un autre tableau de type array grâce à la méthode exchangeArray() selon la syntaxe :

```
$tab1=$objtab->exchangeArray($tab2);
```

Dans ce cas, l'objet possède désormais les éléments du tableau $tab2 et ses anciens éléments sont récupérés dans la variable $tab1.

Vous pouvez vérifier l'existence d'un élément d'indice ou de clé donné en utilisant la méthode offsetExists(), qui retourne TRUE si l'élément existe et FALSE sinon (repère ⓫) en écrivant par exemple :

```
if($objtab->offsetExists('a')){echo $objtab['a'];}
```

Pour lire un élément du tableau, connaissant son indice ou sa clé, vous pouvez utiliser la méthode `offsetGet()`, dont la syntaxe est la suivante :

```
echo $objtab->offsetGet(cle);
```

Le paramètre est un nombre ou une chaîne de caractères selon les cas (repère ⑫).

Pour ajouter un élément en précisant sa clé numérique ou alphabétique, vous devez appeler la méthode `offsetSet()`, dont la syntaxe est la suivante :

```
$objtab->offsetSet(cle,valeur);
```

Le paramètre `cle` est également un nombre ou une chaîne de caractères selon les cas (repères ⑬ et ⑭). L'affichage du tableau (repère ⑮) permet de contrôler l'insertion des éléments. Ici aussi, le paramètre `"valeur"` peut être un tableau créant encore une fois un tableau multidimensionnel.

Vous pouvez enfin supprimer un élément au moyen de la méthode `offsetUnset()` en lui donnant comme paramètre l'indice ou la clé de l'élément à supprimer (repère ⑯). Là aussi, vous affichez le tableau pour vérifier la suppression de l'élément (repère ⑰).

☞ **Exemple 5-27. Création et manipulation d'un objet *ArrayObject***

```php
<?php
$tab = array('a'=>"Linux",'b'=>"Apache"); ←❶
// Création de l'objet ArrayObject
$objtab =new ArrayObject($tab); ←❷
$objtab['c']="WAMP";
$objtab[]="PHP 5"; ←❸
$objtab->append("MySQL"); ←❹
$objtab->append("SQLite"); ←❺
// Création des propriétés
$objtab->setFlags(ArrayObject::ARRAY_AS_PROPS);
echo $objtab->a,"<br />"; ←❻
echo "<hr />";
$objtab->c="WampServer"; ←❼
echo $objtab->c,"<br />";
$objtab->d="HTML 5";
echo $objtab->d;
echo "<hr />";
// Lecture des éléments
foreach($objtab as $cle=>$val) ←❽
{
   echo "$cle : $val<br />";
}
echo "<hr />";
// Affichage du nombre d'éléments
echo "Nombre d'éléments = ",$objtab->count(),"<br />"; ←❾
// Copie dans un tableau array
$tab2=$objtab->getArrayCopy(); ←❿
```

```
print_r($tab2);
echo "<hr />";
// Vérification de l'existence d'un élément d'indice ou de clé donné
$val='a';
if($objtab->offsetExists($val)){echo $objtab['a'],"<br />";} ←⓫
// Lecture
echo "L'élément de clé '$val' a la valeur :",$objtab->offsetGet($val),"<br />";←⓬
echo "<hr />";
// Ajout d'un élément d'indice ou de clé donné
$objtab->offsetSet(3,'SimpleXML');←⓭
$objtab->offsetSet('c','ArrayObject'); ←⓮
print_r($objtab); ←⓯
echo "<hr />";
// Suppression d'un élément d'indice ou d'une clé donné
$objtab->offsetUnset(3);←⓰
print_r($objtab);←⓱
?>
```

Cet exemple affiche les résultats suivants, qui illustrent les diverses possibilités offertes par les méthodes de l'objet ArrayObject.

```
Linux
WampServer
HTML 5
a : Linux
b : Apache
c : WampServer
0 : PHP 5
1 : MySQL
2 : SQLite
d : HTML 5
Nombre d'éléments = 7
Array ( [a] => Linux [b] => Apache [c] => WampServer [0] => PHP 5 [1] => MySQL [2]
=> SQLite [d] => HTML 5 )
Linux
L'élément de clé 'a' a la valeur :Linux
ArrayObject Object ( [storage:ArrayObject:private] => Array ( [a] => Linux [b] =>
Apache [c] => ArrayObject [0] => PHP 5 [1] => MySQL [2] => SQLite [d] => HTML 5 [3]
=> SimpleXML ) )
ArrayObject Object ( [storage:ArrayObject:private] => Array ( [a] => Linux [b]
=> Apache [c] => ArrayObject [0] => PHP 5 [1] => MySQL [2] => SQLite [d] => HTML 5 ) )
```

Actuellement, il n'existe pas autant de méthodes pour l'objet ArrayObject que de fonctions applicables au type array. Cependant, le nombre de méthodes va augmenter à l'avenir et atteindra celui des fonctions spécifiques du type array.

Les méthodes de tri des éléments

Comme le type `array`, l'objet `ArrayObject` dispose depuis la version PHP 5.4 de nouvelles méthodes de tri des éléments selon leur valeur, celle des clés ou selon un critère personnalisé appliqué aux valeurs ou aux clés.

Tris alphabétiques des valeurs

Plusieurs méthodes permettent un tri des valeurs des éléments mais elles ne conservent pas le tableau initial car elles ne retournent aucune variable. Il faut donc effectuer une sauvegarde du tableau de départ pour conserver son ordre.

La méthode `asort()` effectue un tri selon l'ordre ASCII : les majuscules sont placées avant les minuscules et pour les chiffres, le 11 est avant le 2, par exemple. Dans l'exemple 5-28, nous écrivons :

```
$objtab->asort();←❶
```

Dans ce cas, « 11 » est avant « 2 » et les majuscules sont avant les minuscules.

La méthode `natesort()` effectue un tri en ordre « naturel » des valeurs comme pour le type `array` mais en tenant compte de la casse, les majuscules étant alors avant les minuscules. Par exemple :

```
objtab->natsort();←❷
```

Dans ce cas, « 2 » est avant « 11 » et les majuscules avant les minuscules.

Pour rendre le tri naturel insensible à la casse, il faut appeler la méthode `natecasesort()` pour l'objet :

```
$objtab->natecasesort();←❸
```

Dans ce cas, « 2 » est avant « 11 » et il n'y a plus de distinction entre majuscules et minuscules.

L'exemple 5-28 utilise ces trois méthodes et affiche les résultats suivants :

```
TRI ASCII des VALEURS
s : 11 apache
c : 2 WAMP
x : MySQL
11 : PHP 5
2 : linux
e : SQLite
TRI NATUREL des VALEURS
c : 2 WAMP
s : 11 apache
x : MySQL
11 : PHP 5
2 : linux
e : SQLite
TRI NATUREL SANS CASSE des VALEURS
```

```
c : 2 WAMP
s : 11 apache
2 : linux
x : MySQL
11 : PHP5
e : sQLite
```

☞ **Exemple 5-28. Tris alphabétiques des valeurs**

```php
<?php
$tab = array('2'=>"linux",'s'=>"11 apache",'c'=>"2 WAMP",'11'=>"PHP5",'x'=>"MySQL",'e'=>"sQLite");
// Création de l'objet ArrayObject
$objtab =new ArrayObject($tab);
echo "TRI ASCII des VALEURS <br />";
$objtab->asort(); ←❶
foreach($objtab as $cle=>$val)
{
  echo "$cle : $val<br />";
}
echo "<hr />";
//**********
echo "TRI NATUREL des VALEURS <br />";
$objtab->natsort();←❷
foreach($objtab as $cle=>$val)
{
  echo "$cle : $val<br />";
}
echo "<hr />";
//**********
echo "TRI NATUREL SANS CASSE des VALEURS <br />";
$objtab->natcasesort();←❸
foreach($objtab as $cle=>$val)
{
  echo "$cle : $val<br />";
}
echo "<hr />";
?>
```

Tri des clés

Nous pouvons effectuer un tri sur la valeur des clés des éléments à l'aide de la méthode ksort() selon le modèle suivant :

```php
$objtab->ksort()
```

illustré dans l'exemple suivant :

☞ **Exemple 5-29. Tri des clés**

```php
<?php
$tab = array('2'=>"linux",'S'=>"11 apache",'c'=>"2 WAMP",'11'=>"PHP5",'x'=>"MySQL",'e'=>"sQLite");
// Création de l'objet ArrayObject
$objtab =new ArrayObject($tab);
```

```
echo "TRI  des CLES <br />";
$objtab->ksort(); // 1
foreach($objtab as $cle=>$val)
{
   echo "$cle : $val<br />";
}
echo "<hr />";
?>
```

Il affiche le résultat suivant dans lequel on peut remarquer que les majuscules sont avant les minuscules mais que « 11 » est après « 2 ».

```
TRI des CLES
S : 11 apache
c : 2 WAMP
e : sQLite
x : MySQL
2 : linux
11 : PHP5
```

Tris personnalisés

Comme nous l'avons vu dans l'exemple 5-20 pour le type array, il est maintenant possible d'effectuer un tri selon un critère personnalisé contenu dans une fonction et que nous pouvons appliquer sur les valeurs ou sur les clés d'un objet tableau. Pour trier les valeurs, nous utilisons la méthode uasort(), et pour les clés, la méthode uksort() :

```
$objtab->uasort('nom_fonction');
$objtab->uksort('nom_fonction');
```

Dans l'exemple 5-30, nous appliquons ces deux méthodes à un objet tableau après avoir défini une fonction "long" déjà utilisée dans l'exemple 5-20, qui teste la longueur des chaînes. Pour plus de détails sur la manière de coder ce genre de fonction, reportez-vous à l'exemple 5-20.

☞ **Exemple 5-30. Tris personnalisés**

```php
<?php
//*******************************
//TRI SUR UN CRITÈRE PERSONNALISÉ
//*******************************
// Définition de la fonction de tri
function long($mot1,$mot2)
{
   if(strlen($mot1)==strlen($mot2)) return 0;
   elseif(strlen($mot1)>strlen($mot2)) return -1;
   else return 1;
}
// Tableau à trier
$tab = array('abc'=>"Blanc",'cdef'=>"Outremer",'c'=>"Rouge",'abcdef'=>"Vert",'x'
➡=>"Orange",'ef'=>"Noir");
```

```
// Création de l'objet ArrayObject
$objtab =new ArrayObject($tab);
// Utilisation de la fonction de tri
echo "Tableau initial<br />";
print_r($objtab);
$objtab->uasort('long');
echo "<br />Tri selon la longueur des valeurs<br />";
print_r($objtab);
echo "<br />Tri selon la longueur des clés<br />";
$objtab->uksort('long');
print_r($objtab);
?>
```

L'exemple 5-30 affiche les résultats suivants :

```
Tableau initial
ArrayObject Object ( [storage:ArrayObject:private] => Array ( [abc] => Blanc [cdef]
=> Outremer [c] => Rouge [abcdef] => Vert [x] => Orange [ef] => Noir ) )
Tri selon la longueur des valeurs
ArrayObject Object ( [storage:ArrayObject:private] => Array ( [cdef] => Outremer [x]
=> Orange [c] => Rouge [abc] => Blanc [ef] => Noir [abcdef] => Vert ) )
Tri selon la longueur des clés
ArrayObject Object ( [storage:ArrayObject:private] => Array ( [abcdef] => Vert [cdef]
=> Outremer [abc] => Blanc [ef] => Noir [c] => Rouge [x] => Orange ) )
```

Mémo des fonctions

Les tableaux, qu'ils soient indicés, associatifs ou multidimensionnels, fournissent un type de donnée riche de possibilités pour le stockage d'informations. Pour bien utiliser ces tableaux, vous devez en avoir une bonne connaissance car vous les retrouverez dans tous les types de scripts.

PHP fournit un grand nombre de fonctions natives permettant les opérations les plus diverses, allant de la création aux manipulations les plus variées. Là encore, la connaissance de ces possibilités est gage d'efficacité dans l'écriture de scripts.

`array_change_key_case(array $tab, int cte)`

Modifie la casse des clés du tableau $tab. La constante CTE vaut CASE_UPPER pour les majuscules ou CASE_LOWER pour les minuscules.

`array_chunk(array $tab, int NB [, boolean CLE])`

Scinde le tableau $tab en un tableau multidimensionnel dont chaque élément est un tableau indicé contenant NB éléments de $tab. Le paramètre CLE indique s'il faut conserver les indices initiaux (TRUE pour oui).

`array array_combine(array $tabclé, array $tabval)`

Crée un tableau associatif dont les clés sont les éléments de $tabclé et les valeurs ceux des $tabval.

`array_count_values(array $tab)`

Compte le nombre d'occurrences de chaque valeur des éléments de $tab et retourne un tableau dont les clés sont les valeurs du tableau $tab et les valeurs le nombre d'occurrences.

```
array array_diff (array $tab1, array $tab2 [, array $tabN])
```

Retourne un tableau qui est la différence ensembliste des tableaux $tab1 et $tab2. Il contient les éléments de $tab1 moins ceux qui sont communs aux deux tableaux. Vous pouvez généraliser avec *N* tableaux.

```
array array_fill(integer depart, int N, divers valeur)
```

Retourne un tableau dont tous les éléments d'indices compris entre depart et depart+N ont la valeur contenue dans le paramètre valeur.

```
array array_filter(array $tab,string nom_fonction)
```

Supprime tous les éléments de $tab pour lesquels la fonction de tri passée en deuxième paramètre retourne FALSE.

```
array array_flip(array $tab)
```

Retourne un tableau associatif qui a pour clés les valeurs des éléments de $tab et pour valeurs les clés de $tab.

```
array array_intersect_assoc (array $tab1, array $tab2 [, array $tabN])
```

Retourne un tableau associatif contenant les éléments ayant même clé et même valeur pour les tableaux $tab1, $tab2, ..., $tabN.

```
array array_intersect (array $tab1, array $tab2 [, array $tabN])
```

Retourne un tableau contenant les éléments ayant la même valeur dans les tableaux $tab1, $tab2, ..., $tabN.

```
bool array_key_exists (divers cle, array $tab)
```

Retourne TRUE si la clé (ou l'indice) de valeur cle existe dans $tab.

```
array array_keys (array $tab [, divers val])
```

Retourne un tableau contenant uniquement les clés de $tab. Si le paramètre val est précisé, le tableau retourné contient la position des clés ayant la valeur val.

```
array array_map (string nom_fonction, array $tab1 [, array $tab2,..., $tabN])
```

Applique la fonction indiquée à tous les éléments des tableaux $tab1, $tab2, ..., $tabN.

```
array array_merge (array $tab1, array $tab2 [, array $tabN])
```

Retourne un tableau rassemblant tous les éléments des tableaux $tab1, ..., $tabN. Si les clés sont identiques, c'est celle du dernier tableau qui l'emporte.

```
bool array_multisort (array $tab1 [, cte1,cte2 [,... [, array $tabN,cte1,cte2]]])
```

Trie plusieurs tableaux $tab1, ..., $tabN selon les critères précisés pour chacun d'eux par les constantes cte1 et cte2. Ces constantes ont pour valeurs :
cte1 SORT_ASC : tri en ordre croissant (par défaut) ou SORT_DESC : tri en ordre décroissant.
cte2 SORT_REGULAR : comparaison alphabétique ou SORT_NUMERIC : comparaison numérique ou SORT_STRING : comparaison des chaînes.

```
array array_pad (array $tab, int N, divers val)
```

Retourne un tableau contenant les éléments de $tab auxquels sont ajoutés plusieurs fois la valeur val pour obtenir *N* éléments au total. Si *N* > 0 les éléments sont ajoutés au début sinon à la fin.

```
divers array_pop (array $tab)
```

Supprime le dernier élément de $tab et retourne sa valeur.

```
int array_push (array $tab, divers $var1[, divers $varN])
```

Ajoute les valeurs $var1, ..., $varN à la fin du tableau $tab et retourne la taille du nouveau tableau.

`divers array_rand (array $tab [, int N])`

Choisit *N* éléments au hasard dans `$tab` et retourne un tableau contenant les clés des éléments choisis. Si *N* vaut 1 la fonction retourne une chaîne contenant sa clé.

`divers array_reduce (array $tab, string nom_fonction [, int N])`

Applique la fonction précisée à l'ensemble des éléments de `$tab` et retourne une valeur unique calculée à partir de ces valeurs (par exemple, la somme de tous les éléments). Si le paramètre *N* est passé, il est inclus dans les calculs comme valeur initiale.

`array array_reverse (array $tab [, bool cle])`

Inverse l'ordre des éléments du tableau. Préserve les clés si le paramètre `cle` vaut `TRUE`.

`mixed array_shift (array $tab)`

Supprime le premier élément du tableau et retourne cet élément.

`array array_slice (array $tab, int N [, int L])`

Retourne un tableau contenant *L* éléments extraits de `$tab` et dont le premier a l'indice *N*.

`array array_splice (array $tab, int N [, int L [, array $tab2]])`

Supprime *L* éléments de `$tab` à partir de l'indice *N* et les remplace éventuellement par ceux du tableau `$tab2`.

`mixed array_sum (array $tab)`

Retourne la somme des éléments du tableau.

`array array_unique (array $tab)`

Élimine les doublons et retourne un nouveau tableau.

`int array_unshift (array $tab, divers $var1 [, divers $varN])`

Ajoute les valeurs contenues dans les variables `$var1`, ..., `$varN` à la fin du tableau et retourne le nombre d'éléments ajoutés.

`array array_values (array $tab)`

Retourne un tableau ne contenant que les valeurs du tableau associatif `$tab`. Crée des indices numériques de 0 à *N*.

`bool array_walk (array $tab, string nom_fonction)`

Applique la fonction indiquée à tous les éléments de `$tab`. Si la fonction a plusieurs paramètres, les éléments sont passés comme premier paramètre. Retourne `TRUE` si l'opération est réussie et `FALSE` sinon.

`bool arsort (array $tab )`

Trie le tableau associatif `$tab` en ordre décroissant des valeurs et en préservant les clés. Retourne `TRUE` si l'opération est réussie et `FALSE` sinon.

`bool asort (array $tab [, int sort_flags])`

Tri le tableau associatif `$tab` en ordre croissant des valeurs et en préservant les clés. Retourne `TRUE` si l'opération est réussie et `FALSE` sinon.

`array compact (divers $var1 [,divers $varN])`

Crée un tableau dont les éléments sont les valeurs des variables `$var1`, ..., `$varN`. Ces variables peuvent être des tableaux.

`int count (array $tab [, int COUNT_RECURSIVE])`

Retourne le nombre d'éléments de `$tab`. Pour obtenir le nombre d'éléments d'un tableau multidimensionnel, il faut utiliser le deuxième paramètre.

`mixed current (array $tab)`

Retourne la valeur de l'élément pointé par le pointeur du tableau.

`array each (array $tab)`

Retourne la clé (ou l'indice) et la valeur de l'élément en cours dans un tableau à quatre éléments. Les éléments d'indice 0 et key contiennent la clé de l'élément de $tab. Les éléments 1 et value contiennent la valeur associée.

`divers end (array array)`

Place le pointeur de tableau sur le dernier élément et retourne sa valeur.

`int extract (array $tab [, int N [, string prefixe]])`

Crée des variables dont les noms sont les clés de $tab et les valeurs celles de ses éléments.

`bool in_array (divers val, array $tab [, bool type])`

Retourne TRUE si la valeur val est présente dans le tableau $tab. Si le paramètre type vaut TRUE les types de la valeur recherchée et de l'élément doivent être identiques.

`divers key (array $tab)`

Retourne la clé de l'élément actuellement pointé dans $tab.

`bool krsort (array $tab)`

Trie $tab selon les clés en ordre décroissant. Les associations clé/valeur sont préservées.

`bool ksort (array $tab)`

Trie $tab selon les clés en ordre croissant. Les associations clé/valeur sont préservées.

`void list ($var1,...,$varN)`

Permet d'affecter une liste de variables avec les éléments du tableau $tab.

`void natcasesort (array $tab)`

Trie le tableau en ordre naturel sans tenir compte de la casse.

`divers next (array $tab)`

Retourne l'élément suivant de $tab ou FALSE en fin de tableau.

`mixed prev (array $tab)`

Retourne l'élément précédent de $tab ou FALSE en fin de tableau.

`array range (int min, int max [, int pas])`

Crée un tableau contenant une suite d'entiers incrémentée de une unité par défaut, en commençant à la valeur min et en finissant à max. Le paramètre éventuel ne modifie pas cet incrément.

`mixed reset (array $tab)`

Replace le pointeur de tableau sur le premier élément et retourne cette valeur.

`bool rsort (array $tab [, int sort_flags])`

Trie les éléments de $tab en ordre décroissant.

`void shuffle (array $tab)`

Mélange tous les éléments du tableau au hasard.

```
bool sort (array $tab [, int sort_flags])
```

Trie les éléments de $tab en ordre croissant.

```
bool uasort (array $tab, string nom_fonction)
```

Trie les éléments du tableau associatif $tab en fonction d'un critère de comparaison défini par la fonction personnalisée nom_fonction. Les clés sont préservées.

```
bool uksort (array $tab, string nom_fonction)
```

Trie les clés de $tab en fonction d'un critère de comparaison défini par la fonction personnalisée nom_fonction.

```
bool usort (array $tab, string nom_fonction)
```

Trie les éléments de $tab en fonction d'un critère de comparaison défini par la fonction personnalisée nom_fonction. Les clés sont préservées.

Tableau 5-1 – Les méthodes de l'objet *ArrayObject*

```
void append('valeur')
```

Ajoute un élément indicé de valeur donnée (qui peut être un tableau)

```
void asort()
```

Trie les éléments du tableau en ordre ASCII

```
int count()
```

Retourne le nombre d'éléments du tableau

```
array exchangeArray($tab)
```

Remplace les éléments du tableau par ceux de $tab

```
array getArrayCopy($tab)
```

Retourne un tableau de type array qui est une copie de $tab

```
int getFlags()
```

Lit la propriété de comportement définie par setFlags()

```
void ksort()
```

Trie les clés du tableau

```
void natcasesort()
```

Effectue un tri naturel des éléments, sans prise en compte de la casse

```
void natsort()
```

Effectue un tri naturel des éléments

```
bool offsetExists($cle)
```

Retourne TRUE s'il existe un élément de clé précisé dans $clé

```
divers offsetGet($cle)
```

Retourne la valeur de l'élément dont la clé est donnée

```
void offsetSet($cle,$valeur)
```

Crée un élément dont la clé et la valeur sont données

```
void offsetUnset($cle)
```

Détruit l'élément dont la clé est passée en paramètre

```
void setFlags(STD_PROPS_LIST | ARRAY_AS_PROPS)
```

Définit le comportement de l'objet en termes de propriété; avec la constante ARRAY_AS_PROPS les éléments du tableau deviennent des propriétés de l'objet

```
void uasort('nom_fonction')
```

Trie les valeurs selon un critère personnalisé défini par une fonction

```
void uksort('nom_fonction')
```

Trie les clés selon un critère personnalisé défini par une fonction

Exercices

Exercice 1

Écrivez un tableau multidimensionnel associatif dont les clés sont des noms de personne et les valeurs des tableaux indicés contenant le prénom, la ville de résidence et l'âge de la personne.

Exercice 2

Écrivez un tableau multidimensionnel associatif dont les clés sont des noms de personne et les valeurs des tableaux associatifs dont les clés sont le prénom, la ville de résidence et l'âge de la personne avec une série de valeurs associées.

Exercice 3

Utilisez une boucle foreach pour lire les tableaux des exercices 1 et 2.

Exercice 4

Utilisez une boucle while pour lire les tableaux des exercices 1 et 2.

Exercice 5

Créez un tableau contenant une liste d'adresses de sites recommandés, puis créez un lien aléatoire vers le premier site de la liste après avoir trié le tableau en ordre aléatoire.

Exercice 6

Créez un tableau d'entiers variant de 1 à 63 puis, à partir de celui-ci, un autre tableau de nombres variant de 0 à 6.3. Créez ensuite un tableau associatif dont les clés X varient de 0 à 6.3 et dont les valeurs sont sin(X). Affichez le tableau de valeurs dans un tableau HTML.

Exercice 7

Créez un tableau contenant une liste d'adresses e-mail. Extrayez le nom de serveur de ces données, puis réalisez des statistiques sur les occurrences de chaque fournisseur d'accès.

6

Les formulaires

Les formulaires introduits dans le HTML depuis ses plus anciennes versions sont l'élément essentiel qui permet l'interactivité entre un site et ses visiteurs. Ils constituent pour cette raison la base de la création de sites dynamiques. L'envoi d'informations du poste client vers le serveur *via* le protocole HTTP concerne aussi bien l'envoi des données personnelles d'un internaute qui souhaite passer une commande que le déclenchement d'une requête dans une base de données ou la création de page dynamique en réponse à cette demande.

Tout échange entre visiteur et serveur passe par un formulaire, dans lequel l'utilisateur peut saisir textes ou mots de passe, opérer des choix grâce à des boutons radio, des cases à cocher ou des listes de sélection, voire envoyer ses propres fichiers depuis le poste client. Il est donc important d'en maîtriser la création à la fois avec HTML 5, pour obtenir des formulaires présentables, et avec PHP, pour gérer les informations fournies par le formulaire au script côté serveur.

Création d'un formulaire HTML

Avant toute chose, il faut créer la structure HTML d'un formulaire.

Pour être conforme au HTML 5, le document contenant le formulaire doit avoir la structure minimale suivante :

```
<!DOCTYPE html>
<html lang="fr">
<head>
<meta http-equiv="Content-Type" content="text/html;charset=UTF-8" />
  <title>Titre de la page</title>
 </head>
```

```
<body>
<form method="post" action="nomdefichier.php"> ←—❶
 <fieldset>←—❷
   <legend>Titre du formulaire</legend>
   <!-- Corps du formulaire contenant les différentes composants-->
 </fieldset>
</form>
</body>
</html>
```

L'élément `<form>` possède certains attributs obligatoires. D'autres sont utilisés dans des circonstances particulières en fonction des besoins.

L'attribut `action="nom_de_fichier.php"` (repère ❶) est obligatoire. Il désigne le fichier qui va traiter, sur le serveur, les informations saisies dans le formulaire. Il est recommandé que ce fichier soit présent dans le même répertoire que celui contenant le formulaire, mais ce n'est pas obligatoire. Si le fichier se trouve dans un autre dossier, voire sur un autre serveur, il faut utiliser une adresse absolue, en écrivant, par exemple :

```
action= "http://www.funhtml.com/dossier/nom_de_fichier.php"
```

Dans le cadre de ce livre, il s'agira toujours d'un fichier PHP. Il existe d'autres solutions sur des serveurs non-PHP, comme ASP.Net, qui est un concurrent de PHP.

Pour que le fichier qui traite les données soit à coup sûr celui qui contient le formulaire, vous pouvez utiliser la variable `$_SERVER["PHP_SELF"]`, qui contient le nom du fichier en cours d'exécution comme valeur de l'attribut `action`. Pour les versions antérieures à PHP 4.1, il fallait utiliser la variable `$PHP_SELF`. En cas de maintenance du code entraînant le changement du nom du fichier, il n'est pas nécessaire de modifier la valeur de l'attribut `action`.

Vous pouvez avoir, par exemple, le code suivant :

```
<form method="post" action="<?= $_SERVER["PHP_SELF"] ?>">
```

L'attribut `action="nom_de_fichier.php"` peut aussi avoir la valeur `"mailto:"`, qui provoque l'envoi des données vers une adresse e-mail, qu'il faut préciser à la suite du mot `mailto` en écrivant, par exemple :

```
action="mailto:nom@funhtml.com"
```

Cette méthode ne peut servir qu'à envoyer des informations vers un e-mail mais pas vers une base de données. Comme elle ne permet pas de les traiter facilement, elle ne nous est pas très utile en PHP.

`method="post|get"` détermine la méthode d'envoi des données vers le serveur. La méthode `get`, qui est la méthode par défaut, présente l'inconvénient d'ajouter les données du formulaire à l'adresse URI du fichier qui les traite, ce qui les rend visibles par le visiteur. Cet inconvénient peut être exploité pour passer des données à un script dès son appel. De plus, il existe une limite à la longueur des URI et donc à la quantité de données à transmettre. Ces problèmes ne se retrouvent pas avec la valeur `post`, que vous utiliserez dans la plupart des cas.

`name="chaine_de_caractères"` attribue un nom au formulaire. Cet attribut est surtout utilisé pour accéder aux éléments du formulaire *via* un script JavaScript.

`enctype="type_d'encodage"` détermine le type d'encodage des données transmises au serveur. Sa valeur par défaut, `"application/x-www-form-urlencoded"`, est utilisable dans la plupart des cas, à l'exception du transfert de fichiers du poste client vers le serveur, pour lequel elle doit être `"multipart/form-data"`. Si l'attribut `action` a la valeur `"mailto:"`, l'attribut `enctype` a pour valeur `"text/plain"` ou `"text/html"`, selon que le contenu est envoyé à une adresse e-mail au format texte ou HTML.

L'élément `<fieldset>` (repère ❷) permet, à l'intérieur d'un même formulaire, de créer des blocs visuels contenus entre les balises `<fieldset>` et `</fieldset>` et donc de structurer le formulaire en fonction des champs qu'il contient, ce qui améliore la présentation. L'élément `<legend>` contient le titre de chacun de ces blocs. À l'intérieur de chaque bloc se trouvent les éléments HTML qui créent les champs visibles ou invisibles du formulaire.

Les sections qui suivent rappellent les différents composants HTML d'un formulaire et leurs rôles respectifs.

L'élément <input />

La balise unique `<input />` permet de créer les composants classiques des formulaires que vous connaissez déjà et dont les aspects et les rôles sont très différents. Depuis HTML 5, elle permet également de créer de nouveaux composants, plus ergonomiques pour les visiteurs. La différenciation de ces composants s'effectue simplement en définissant la valeur de leurs attributs, et notamment de l'attribut `type`.

L'attribut `name` est obligatoire, car c'est lui qui permet d'identifier les champs côté serveur et ainsi de récupérer leur contenu. Les sections qui suivent détaillent les éléments de type `"text"`, `"password"`, `"email"`, `"tel"`, `"date"`, `"number"`, `"checkbox"`, `"radio"`, `"submit"`, `"reset"`, `"file"` et `"hidden"`.

L'élément *<input type="text" />*

Cet élément crée un champ de saisie de texte d'une seule ligne. En plus de l'attribut `name`, vous pouvez apporter des précisions supplémentaires à l'aide des attributs suivants :

- `size="nombre"`. Détermine la largeur de la zone en nombre de caractères.

- `maxlength="nombre"`. Détermine le nombre maximal de caractères que l'utilisateur est autorisé à saisir.

- `value="texte"`. Définit un texte par défaut tant que l'utilisateur ne l'a pas modifié. C'est cette valeur qui est transmise au serveur si l'internaute ne saisit aucun texte, comme dans l'exemple ci-dessous :

```
<input type ="text" name="ville" size="30" maxlength="40" value="Votre ville"/>
```

L'aspect visuel de ce composant est illustré à la figure 6-1 (repère ❶), page 172.

L'attribut *value*

Pour des raisons d'ergonomie, il est préférable que le texte par défaut défini à l'aide de l'attribut `value` s'efface tout seul au moment où l'utilisateur clique dessus car cela lui évite de devoir l'effacer.

Il suffit pour cela d'utiliser une instruction JavaScript très simple :

Pour réagir à l'événement clic :

```
<input type ="text" name="ville" size="30" maxlength="40" value="Votre ville"
onclick="this.value='' "/>
```

Pour que le texte s'efface dès que la zone de texte reçoit le focus (le curseur passe dans la zone) :

```
<input type ="text" name="ville" size="30" maxlength="40" value="Votre ville"
onfocus="this.value='' "/>
```

L'élément *<input type="email" />*

Crée un champ de saisie d'adresse e-mail identique à un champ de texte, mais si l'on définit son attribut `pattern`, qui contient un motif d'expression régulière, le navigateur vérifie la validité de la saisie et avertit l'utilisateur en cas d'erreur.

Les attributs `size` et `maxlength` y jouent le même rôle que précédemment.

En voici un exemple :

```
<input type ="email" name="mail" size="50" pattern="(^[a-z0-9]+)@([a-z0-9])
+(\.)([a-z]{2,4})"/>
```

Ici, les adresses e-mail doivent être de la forme habituelle (`machin34@truc24.com`) avec des suffixes de domaine de deux à quatre lettres (`{2,4}`) que vous pouvez modifier selon les besoins. L'aspect visuel de ce composant est semblable à une zone de texte (figure 6-1 repère ❷).

L'élément *<input type="tel" />*

Crée un champ de saisie de numéro de téléphone qui a aussi l'aspect d'une zone de saisie de texte. On peut également lui ajouter l'attribut `pattern` contenant une expression régulière. Par exemple, nous pouvons écrire :

```
<input type ="tel" name="tel" pattern="^0[0-9]{9}" />
```

L'expression régulière utilisée implique que la saisie doit comporter 10 chiffres dont le premier est un zéro, sinon l'erreur est signalée par les navigateurs qui gèrent ce composant. L'aspect visuel de ce composant est aussi semblable à une zone de texte (figure 6-1 repère ❸).

L'élément *<input type="password" />*

Crée un champ de saisie de mot de passe semblable à un champ texte mais dans lequel les caractères saisis sont invisibles et remplacés par des astérisques (figure 6-1, repère ❹).

Les attributs `size` et `maxlength` y jouent le même rôle que précédemment.

En voici un exemple :

```
<input type ="password" name="code" size="10" maxlength="6"/>
```

L'élément <input type="number" />

Crée un champ de saisie de nombre pour lequel on peut définir les attributs `min` et `max` afin de créer un intervalle de valeurs autorisées, ainsi que l'attribut `required` pour rendre une saisie obligatoire. Par exemple, nous pouvons écrire :

```
<input type="number" name="num" min="1" max="10" step="2" />
```

Ici, le nombre saisi doit varier de 1 à 11 par pas de deux unités. L'aspect visuel de ce composant est aussi semblable à une zone de texte (figure 6-1 repère ❺).

L'élément *<input type="date" />*

Crée un champ de saisie de date au format `AAA-MM-JJ`. Certains navigateurs comme Opera affichent un calendrier qui permet d'éviter les erreurs de saisie. En ajoutant les attributs `min` et `max`, on peut définir des dates minimale et maximale. Par exemple, nous pouvons écrire :

```
<input type ="date" name="ladate" min="2013-03-01" max="2013-12-31" />
```

Ici, la date saisie doit obligatoirement être comprise entre le 1er mars et le 31 décembre 2013.

Notez qu'il existe des variantes de ce composant qui permettent de saisir l'heure, le mois, la semaine ou encore la date et l'heure simultanément, en remplaçant la valeur de l'attribut `type` par `time`, `month`, `week` et `datetime` respectivement. Certains navigateurs créent une interface qui facilite la saisie en affichant un calendrier complet (figure 6-1 repère ❻).

L'élément *<input type="radio" />*

Crée un bouton radio. Employé seul, un bouton radio peut servir à valider des choix. Employé en groupe, il implique, à la différence de cases à cocher, qu'un seul choix est autorisé. Dans ce cas, tous les boutons radio du groupe doivent avoir une même valeur pour l'attribut `"name"`. Le fait d'en activer un désactive celui qui l'était auparavant.

L'attribut `checked="checked"` définit le bouton coché par défaut. L'attribut `value` joue le même rôle que pour les cases à cocher et est également indispensable.

Voici un exemple d'utilisation de l'élément `"radio"` :

```
<label>Débutant</label><input type ="radio" name="capa" value="débutant" />
<label>Initié</label><input type ="radio" name="capa" value="initié" />
```

L'aspect visuel de ce composant est illustré à la figure 6-1 (repère ❼).

L'élément *<input type="checkbox" />*

Crée une case à cocher utilisée pour effectuer un ou plusieurs choix parmi ceux qui sont préétablis par le programmeur. L'attribut value contient le texte qui sera transmis au serveur si l'utilisateur coche la case. Il est obligatoire.

Dans les groupes de cases à cocher, il est possible de cocher plusieurs cases simultanément, ce qui n'est pas le cas des cases d'option (boutons radio). Dans ce cas, il faut que le nom de tous les composants soit le même et qu'il soit suivi de crochets ouvrants et fermants de façon à récupérer les valeurs dans un tableau, comme vous le verrez en détail par la suite.

En voici un exemple :

```
<input type ="checkbox" name="lang[]" value="français" />
<input type ="checkbox" name="lang[]" value="anglais" />
```

L'aspect visuel de ce composant est illustré à la figure 6-1 (repère **❾**).

L'élément *<input type="submit" />*

Crée un bouton sur lequel l'utilisateur doit cliquer pour déclencher l'envoi des données de tout le formulaire vers le serveur.

Il est indispensable d'avoir au moins un bouton d'envoi par formulaire, mais il est possible d'en utiliser plusieurs. Le clic sur l'un de ces boutons est alors analysé par le script désigné par l'attribut action de l'élément <form>. Cela permet d'effectuer des tâches spécialisées en fonction de la valeur associée à chaque bouton grâce à son attribut value. C'est le contenu de l'attribut value qui constitue le texte visible du bouton dans le formulaire.

Vous pourrez voir des exemples d'utilisation de plusieurs boutons d'envoi à la fin de ce chapitre ainsi qu'au chapitre 13. L'attribut name n'est *a priori* pas utile, en particulier s'il n'y a qu'un seul bouton d'envoi.

Voici un exemple simple d'utilisation de l'élément "submit" :

```
<input type ="submit" value="Envoyer" />
```

L'aspect visuel de ce composant est illustré à la figure 6-1 (repère **❸**).

L'élément *<input type="reset" />*

Crée un bouton de réinitialisation du formulaire et non d'effacement systématique, comme on le croit souvent. Si les éléments du formulaire ont des attributs value qui définissent des valeurs par défaut, ce sont ces valeurs qui apparaissent au démarrage de la page et qui sont réaffichées si l'utilisateur clique sur le bouton reset.

Le contenu de l'attribut value du bouton d'effacement constitue le texte visible du bouton dans le formulaire.

En voici un exemple :

```
<input type ="reset" value="Effacer" />
```

L'aspect visuel de ce composant est illustré à la figure 6-1 (repère **⑫**).

L'élément *<input type="file" />*

Permet le transfert de fichiers du poste client vers le serveur. Cet élément crée un champ de saisie de même aspect qu'un champ de texte et un bouton de sélection de fichier permettant à l'utilisateur de choisir le fichier à transférer.

L'attribut `name` est obligatoire. Vous pouvez utiliser en plus les attributs `size` limitant la taille de la zone de saisie, et plus particulièrement l'attribut `accept`, qui définit le ou les types de fichier acceptés en transfert. Par sécurité, l'utilisation de cet attribut est recommandée car il permet de limiter le transfert à certains types de fichiers bien précis et de refuser les autres.

Dans l'exemple ci-dessous, le serveur n'accepte que le transfert de fichiers ayant les extensions `.gif` ou `.jpeg` et refuse tout autre type :

```
<input type="file" name="monfichier" accept="image/gif,image/jpeg" size="30"/>
```

L'aspect visuel de ce composant est illustré à la figure 6-1 (repère **⑪**).

L'élément *<input type="hidden" />*

Crée un champ caché n'ayant, comme son nom l'indique, aucun rendu visuel dans le formulaire mais permettant de transmettre des informations invisibles pour l'utilisateur.

Les informations sont contenues dans l'attribut `value`. L'attribut `name` est obligatoire.

En voici un exemple :

```
<input type="hidden" name="MAX_FILE_SIZE" value="20000"/>
```

L'élément *<textarea>*

À l'instar de l'élément `<input />` avec l'attribut `type=text`, l'élément `<textarea>` crée un champ de saisie de texte mais, contrairement au précédent, en permettant la saisie sur plusieurs lignes.

Cet élément comporte une balise de fermeture `</textarea>` et un contenu de texte par défaut affiché dans la zone de texte. Les attributs `cols` et `rows`, qui donnent respectivement le nombre de colonnes et de lignes de la zone de texte, doivent être définis.

L'exemple suivant :

```
<textarea name="commentaire" cols="45" rows="8" >
Tapez vos commentaires ici
</textarea>
```

crée une zone de saisie de texte de 45 colonnes et 8 lignes au maximum.

L'aspect visuel de ce composant est illustré à la figure 6-1 (repère **⑩**).

L'élément <select>

Crée une liste de sélection d'options parmi lesquelles l'utilisateur fait un choix, chaque option devant être définie par un élément `<option>` séparé.

L'élément `<select>` a la structure suivante :

```
<select name="maliste">
 <option value="valeur 1"> Texte choix 1</option>
 <option value="valeur 2"> Texte choix 2</option>
 <option value="valeur 3"> Texte choix 3</option>
</select>
```

Il comporte les attributs suivants :

- `name="nom_select"`. Obligatoire. Donne le nom de la liste.
- `size="Nombre"`. Détermine le nombre de choix visibles simultanément. Par défaut, sa valeur est 1.
- `multiple="multiple"`. Autorise la sélection de plusieurs options simultanément.

L'élément `<option>` comporte les attributs suivants :

- `value="chaine"`. Obligatoire. Définit la valeur transmise au serveur si l'option est sélectionnée.
- `selected="selected"`. Définit l'option qui est sélectionnée par défaut dans la liste si l'utilisateur ne fait pas de choix.

L'aspect visuel de ce composant est illustré à la figure 6-1 (repère ❽).

Exemple de code <form>

L'exemple 6-1 fournit le code d'un formulaire contenant tous les éléments possibles répartis en trois groupes :

- saisie des données personnelles du visiteur dans une zone de texte pour le nom (repère ❶), puis des composants email et tel (repère ❷ et ❸), champ de saisie de mot de passe (repère ❹), de département par un nombre (repère ❺), date de naissance avec le composant date (repère ❻), boutons radio (repère ❼) et de sélection (repère ❽) à quatre options ;
- cases à cocher (repère ❾) et zone de texte multiligne (repère ❿) ;
- envoi d'un fichier du client vers le serveur (repère ⓫), champ caché contenant la taille maximale des fichiers transférables et boutons de réinitialisation (repère ⓬) et d'envoi (repère ⓭).

☞ **Exemple 6-1. Formulaire type**

```
<!DOCTYPE html>
<html lang="fr">
 <head>
```

```
  <meta http-equiv="Content-Type" content="text/html; charset=UTF-8" />
  <title>Formulaire traité par PHP</title>
  <style type="text/css">
  fieldset {border: double medium red}
  </style>
 </head>
 <body>
  <form action="cible.php" method="post" enctype="application/x-www-form-urlencoded">
<!-- Premier groupe de composants-->
   <fieldset>
   <legend><b>Vos coordonnées</b></legend>
   <label>Nom : </label><input type="text" name="nom" size="40" maxlength="256" />
   <br />←❶
   <label>E-mail : </label><input type="email" name="mail" pattern="(^[a-z0-9]+)
   @([a-z0-9])+(\.)([a-z]{2,4})" /><br />←❷
   <label>Téléphone : </label><input type="tel" name="tel"  pattern="^0[0-9]{9}" />
   <br />←❸
   <label>Code : </label><input type="password" name="code" size="40" maxlength="6" />
   <br />←❹
   <label>Département : </label><input type="number" name="num" min="1" max="101" />
   <br />←❺
   <label>Né(e) le : </label><input type="date" name="date" min="1960_01_01"
   max="1994-01-01" /> <br />←❻

   <input type="radio" name="sexe" value="homme" /> Homme<br />←❼
   <input type="radio" name="sexe" value="femme" /> Femme<br />
   <select name="pays" size="1">←❽
   <option value="France"> France</option>
   <option value="Belgique"> Belgique</option>
   <option value="Suisse"> Suisse</option>
   <option value="Canada"> Canada</option>
   </select>
   <br />
   </fieldset>
<!-- Deuxième groupe de composants-->
   <fieldset>
   <legend><b>Vos goûts</b></legend>
   <input type="checkbox" name="pomme" value="pomme" /> Pommes<br />←❾
   <input type="checkbox" name="poire" value="poire" /> Poires<br />
   <input type="checkbox" name="scoubidou" value="scoubidou" /> Scoubidous<br />
   <textarea name="gouts" cols="50" rows="5" onclick="this.value=''">←❿
    Décrivez vos goûts en détail
   </textarea>
   <br /><br />
   </fieldset>
<!-- Troisième groupe de composants-->
   <fieldset>
   <legend><b>Envoyez-nous votre photo</b></legend>
   <input type="file" name="fichier" accept="image/jpeg" />←⓫
   <input type="hidden" name="MAX_FILE_SIZE" value="10000" />
   <br /><br />
   <input type="reset" value="Effacer" />←⓬
```

```
         <input type="submit" value="Envoyer" />←⑬
      <br /><br />
    </fieldset>
  </form>
 </body>
</html>
```

La figure 6-1 fournit une image du formulaire que vous venez de créer avec les repères correspondant au code HTML.

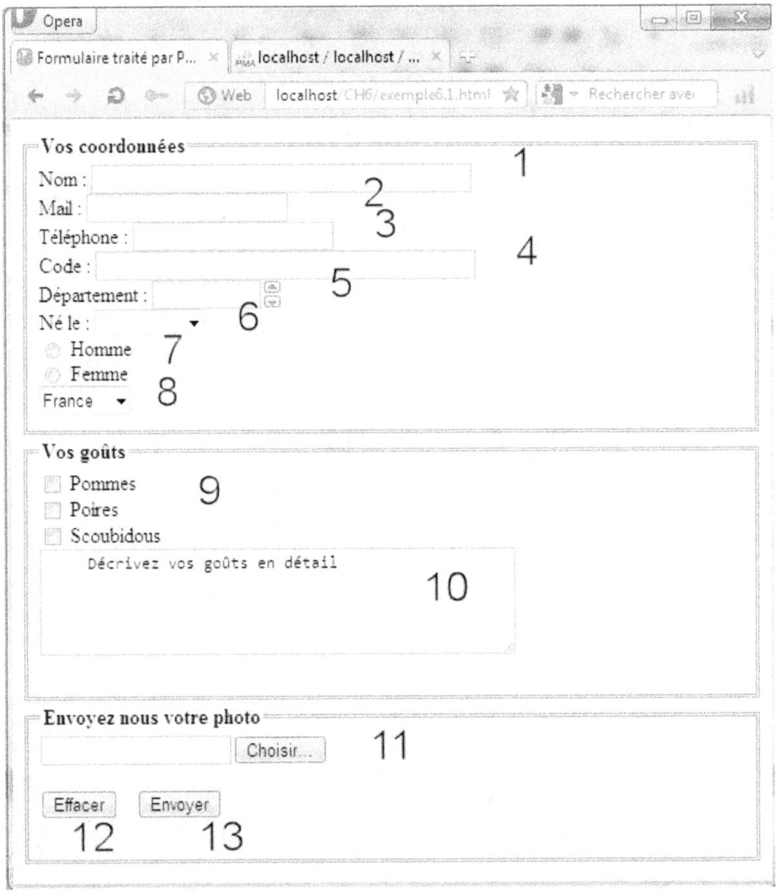

Figure 6-1

Formulaire type complet

Récupération des données du formulaire

Maintenant que vous savez créer de beaux formulaires, vous allez voir comment récupérer les données entrées par l'utilisateur dans les différents champs du formulaire.

Fichier HTML ou PHP ?

Le fichier peut être enregistré sans problème avec l'extension `.html` ou `.htm`, car il ne contient aucun code PHP. C'est le fichier `cible.php`, donné comme valeur de l'attribut `action` de l'élément `<form>`, qui traite les données du formulaire coté serveur. Il n'est pas gênant (mais pas vraiment utile) de l'enregistrer avec l'extension `.php`, même s'il ne contient aucun code PHP.

Tout d'abord, que se passe-t-il lorsque l'utilisateur clique sur le bouton d'envoi ? Une requête HTTP est envoyée au serveur à destination du script désigné par l'attribut `action` de l'élément `<form>`. La requête contient toutes les associations entre les noms des champs et leur valeur. Ces associations se trouvent dans l'en-tête HTTP si la méthode `POST` est utilisée et dans l'URL s'il s'agit de la méthode `GET`.

Valeurs uniques

Les valeurs uniques proviennent des champs de formulaire dans lesquels l'utilisateur ne peut entrer qu'une valeur, un texte par exemple, ou ne peut faire qu'un seul choix (bouton radio, liste de sélection à choix unique).

Depuis PHP 4.1, ces valeurs sont contenues sur le serveur dans des tableaux associatifs dits superglobaux appelés `$_POST` et `$_GET`, selon la méthode choisie. Les clés de ces tableaux sont les noms associés aux champs par l'attribut `name`.

Voyons tout de suite ce mécanisme à l'œuvre avec un formulaire élémentaire ne contenant qu'un seul champ de saisie de texte. Dans la suite de l'ouvrage, nous privilégions l'emploi de la méthode `post` pour l'envoi des formulaires. Dans ce chapitre, en revanche, nous envisageons la méthode `get` à titre informatif.

Cas de la méthode *POST*

Dans le code de l'exemple 6-2, l'élément `<form>` est écrit de la façon suivante (repère ❶) :

```
action= "<?= $_SERVER["PHP_SELF"] ?>
```

Cela désigne le script lui-même comme cible pour le traitement des données.

Le code PHP proprement dit est le suivant (repère ❷) :

```php
<?php
if(isset($_POST["nom"]) && isset($_POST["niveau"]))
{
echo "<h2> Bonjour ". stripslashes($_POST["nom"]). " vous êtes ".$_POST["niveau"].
➥ " en PHP</h2>";
}
?>
```

Il contrôle d'abord l'existence des variables $_POST["nom"] et $_POST["niveau"], qui représentent respectivement le texte saisi et la valeur associée à la case cochée de façon à n'afficher le message qu'après l'envoi des données (repère ❸). Sans ces précautions, le message s'afficherait même en l'absence de saisie de données par le visiteur. Ces variables n'existent que si l'utilisateur a complété les champs et a cliqué sur le bouton d'envoi. Lorsqu'elles existent, elles sont utilisées pour créer un affichage de bienvenue, comme illustré à la figure 6-2.

La fonction `stripslashes()` est utilisée pour supprimer les caractères d'échappement ajoutés automatiquement devant les caractères spéciaux éventuellement utilisés dans les données saisies avant de les afficher dans la page.

☞ **Exemple 6-2. Récupération des valeurs dans un formulaire élémentaire**

```
<!DOCTYPE html>
<html lang="fr">
<head>
<meta http-equiv="Content-Type" content="text/html; charset=UTF-8" />
<title>Formulaire traité par PHP</title>
</head>
<body>
<form action= "<?= $_SERVER["PHP_SELF"] ?>" method="post"
➥enctype="application/x-www-form-urlencoded"> ←❶
 <fieldset>
  <legend><b>Infos</b></legend>
<div>
 Nom : <input type="text" name="nom" size="40" />
<br />
Débutant : <input type="radio" name="niveau" value="débutant" />
Initié :   <input type="radio" name="niveau" value="initié" /><br />
<input type="reset" value="Effacer" />
<input type="submit" value="Envoyer" />
</div>
</fieldset>
</form>
<?php ←❷
if(isset($_POST["nom"]) && isset($_POST["niveau"])) ←❸
{
  echo "<h2> Bonjour ". stripslashes($_POST["nom"]). " vous êtes ".
  ➥$_POST["niveau"]." en PHP</h2>";
}
?>
</body>
</html>
```

Après avoir saisi « Jan Geelsen » dans le champ texte et coché la case « débutant », vous obtenez l'affichage illustré à la figure 6-2. Remarquez que les saisies ne sont plus visibles car la page a été entièrement réaffichée dans le navigateur ; pour conserver les données saisies dans le formulaire, consultez la section « Maintien de l'état du formulaire » plus loin dans ce chapitre.

Figure 6-2

Formulaire élémentaire et résultat

Cas de la méthode *GET*

Avec la méthode GET, vous récupérez les données du formulaire dans les variables $_GET ["nom"] et $_GET["niveau"], comme ci-dessous :

```php
<?php
if(isset($_GET["nom"]) && isset($_GET["niveau"]))
{
  echo "<h2> Bonjour ". stripslashes ($_GET["nom"]). " vous êtes ".$_GET["niveau"].
  " en PHP</h2>";
}
?>
```

Contrairement à ce qui se passe avec la méthode POST, vous constatez que lors du clic sur le bouton d'envoi l'adresse de la page cible désignée par l'attribut action est suivie par le caractère ? puis par le nom de chaque champ et la valeur qui y est associée.

Par exemple, si le nom de l'utilisateur est « Jean-René d'Orléans » et que la case « débutant » est cochée, la plupart des navigateurs (mais pas tous) affichent l'adresse complète suivante :

```
http://localhost/CH6/exemple6.2b.php?nom=Jean+Ren%C3%A9+d%27Orl%C3%A9ans&niveau
=d%C3%A9butant
```

Les caractères accentués (é) et l'apostrophe sont codés en hexadécimal, par %C3%A9 et %27 respectivement. Les espaces sont remplacées par le signe +, et chaque paire nom=valeur est séparée par le signe &.

Dans les versions antérieures à PHP 4.1, les données étaient récupérables dans les variables $HTTP_POST_VARS ou $HTTP_GET_VARS ou encore directement dans des variables globales portant le nom des champs du formulaire (la valeur de leur attribut name), soit ici $nom et $niveau. Ces méthodes sont à considérer comme obsolètes.

Pour simplifier la manipulation des valeurs issues du formulaire, vous pouvez récupérer chaque valeur dans des variables scalaires dès le début du script de traitement, comme ci-dessous :

```
$sonnom= $_POST["nom"];
$sonniveau=$_POST["niveau"];
```

puis les réutiliser sous cette forme par la suite.

Maintien de l'état du formulaire

Lorsque le script contenant le formulaire est chargé du traitement des données, l'ensemble de la page est réaffiché après traitement, de même que l'ensemble du formulaire. Le formulaire se retrouve alors dans son état initial, et toutes les saisies effectuées sont effacées (voir figure 6-2).

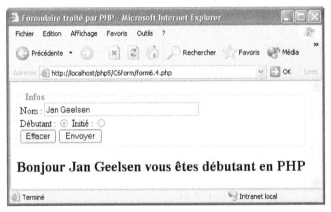

Figure 6-3
Maintien de l'état du formulaire

En cas d'erreur de saisie sur un seul champ, l'utilisateur est obligé de recommencer l'ensemble de la saisie. S'il s'agit d'un long questionnaire, il y a de quoi s'impatienter. Pour éviter cela, il est utile de maintenir l'état du formulaire après traitement en réaffichant l'ensemble des saisies. Vous allez effectuer cette opération à partir du code de l'exemple 6-2 :

• Pour la zone de saisie de texte dont l'attribut name a la valeur "nom", il suffit de définir l'attribut value avec la variable $_POST["nom"], non sans avoir au préalable contrôlé l'existence de cette variable. Lors du premier affichage de la page, la zone est donc vide ou contient le dernier nom saisi (repère ❶). Le code PHP est donc :

```
<?php if(isset($_POST["nom"])) echo $_POST["nom"]?>
```

• Pour les boutons radio dont l'attribut name a la valeur "niveau" et qui permettent le choix entre les valeurs "Débutant" et "Initié", il faut définir l'attribut checked du bouton choisi à la valeur `"checked"` en fonction de la valeur de la variable `$_POST` `["niveau"]` (repère ❷). Pour le premier bouton, le code PHP devient :

```php
<?php if(isset($_POST["niveau"]) && $_POST["niveau"]=="débutant")
⇒echo "checked=\"checked\"" ?>
```

Après une saisie identique à celle de la figure 6-2, vous obtenez un écran identique à celui de la figure 6-3, dans lequel toutes les données saisies sont encore visibles après le traitement du formulaire.

☞ **Exemple 6-3. Maintien de l'état du formulaire**

```php
<!DOCTYPE html>
<html lang="fr">
<head>
<meta http-equiv="Content-Type" content="text/html; charset=UTF-8" />
<title>Formulaire traité par PHP</title>
</head>
<body>
<form action= "<?= $_SERVER["PHP_SELF"] ?>" method="post" enctype
⇒="application/x-www-form-urlencoded">
<fieldset>
<legend><b>Infos</b></legend>
Nom : <input type="text" name="nom" size="40" value="<?php if(isset($_POST["nom"]))
⇒echo $_POST["nom"]?>"/> ←❶
<br />
Débutant : <input type="radio" name="niveau" value="débutant"
<?php if(isset($_POST["niveau"]) && $_POST["niveau"]=="débutant") echo "checked
⇒=\"checked\"" ?> /> ←❷
Initié : <input type="radio" name="niveau" value="initié"
<?php if(isset($_POST["niveau"]) && $_POST["niveau"]=="initié") echo "checked
⇒=\"checked\"" ?>/><br />
<input type="reset" value="Effacer" />
<input type="submit" value="Envoyer" />
</fieldset>
</form>
<?php
if(isset($_POST["nom"]) && isset($_POST["niveau"]))
{
  echo "<h2> Bonjour ". stripslashes($_POST["nom"]). " vous êtes ".$_POST["niveau"].
  ⇒" en PHP</h2>";
}
?>
</body>
</html>
```

Exemple pratique

L'exemple 6-4 offre une illustration pratique d'utilisation de formulaire. Il s'agit d'un site d'annonces immobilières proposant un plan de financement aux visiteurs.

L'application est constituée de deux fichiers, `exemple6.4.html` et `exemple6.4.php`.

Le fichier `exemple6.4.html` affiche le formulaire de saisie des données nécessaires au calcul du prêt (voir figure 6-4). Il ne contient aucun code PHP et peut donc être enregistré avec l'extension `.html`. L'attribut `action` de l'élément `<form>` (repère ❶) désigne le fichier `exemple6.4.php`, qui est chargé du traitement des données et de l'affichage des résultats.

Figure 6-4

Page principale de saisie des données

Le fichier `exemple6.4.php` vérifie d'abord l'existence des variables `$_POST["capital"]`, `$_POST["taux"]` et `$_POST["duree"]`, toutes nécessaires au calcul du prêt. La variable `$_POST["assur"]` est nécessaire dans tous les cas. Elle a la valeur 1 puisque le bouton radio « OUI » est coché par défaut. `$capital` correspond au capital emprunté (repère ❷). `$taux` désigne le taux mensuel sous forme décimale. Si l'utilisateur saisit 6 pour le taux annuel, la variable `$taux` vaut 6/100/12, soit 0,005, ou 0,5 % par mois (repère ❸). `$duree` est la durée en mois (repère ❹). `$assur` renvoie au montant de l'assurance mensuelle, soit 0,035 % du capital emprunté. Cette variable prend la valeur 0 si `$_POST["assur"]` vaut 0 (repère ❺).

Vient ensuite le calcul de la mensualité selon la formule financière suivante (repère ❻) :

```
$mens=($capital*$taux)/(1-pow((1+$taux),-$duree))
```

Le script affiche la mensualité hors assurance (repère ❼) ainsi que le tableau d'amortissement contenant, entre autres, le capital restant dû et les intérêts de chaque période (repère ❽). La figure 6-5 donne un exemple de résultat.

Si le formulaire est incomplet, l'instruction `header()` affiche à nouveau la page de saisie `exemple6.4.html`, obligeant l'utilisateur à effectuer une saisie complète (repère ❾).

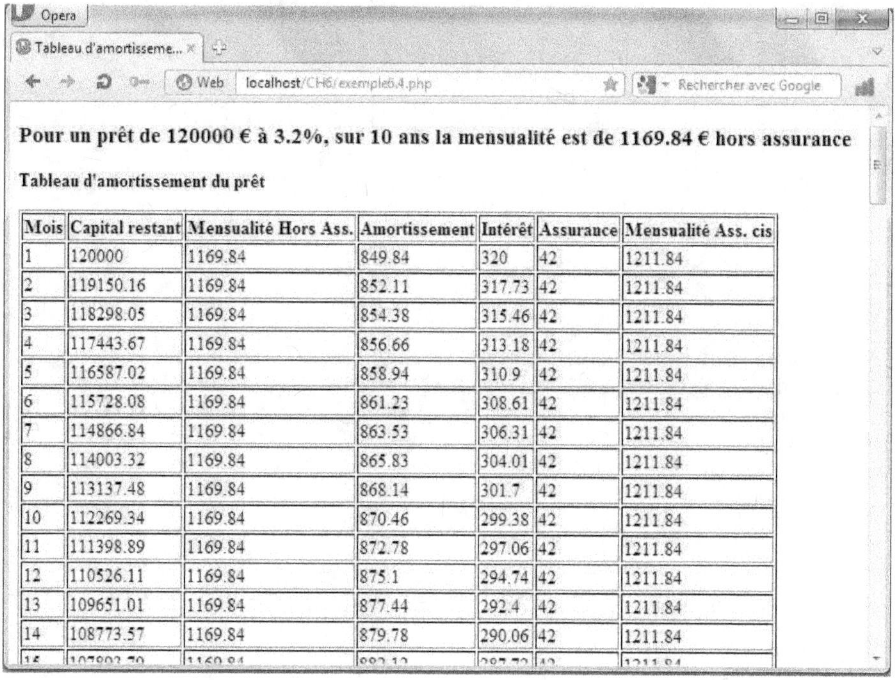

Pour un prêt de 120000 € à 3.2%, sur 10 ans la mensualité est de 1169.84 € hors assurance

Tableau d'amortissement du prêt

Mois	Capital restant	Mensualité Hors Ass.	Amortissement	Intérêt	Assurance	Mensualité Ass. cis
1	120000	1169.84	849.84	320	42	1211.84
2	119150.16	1169.84	852.11	317.73	42	1211.84
3	118298.05	1169.84	854.38	315.46	42	1211.84
4	117443.67	1169.84	856.66	313.18	42	1211.84
5	116587.02	1169.84	858.94	310.9	42	1211.84
6	115728.08	1169.84	861.23	308.61	42	1211.84
7	114866.84	1169.84	863.53	306.31	42	1211.84
8	114003.32	1169.84	865.83	304.01	42	1211.84
9	113137.48	1169.84	868.14	301.7	42	1211.84
10	112269.34	1169.84	870.46	299.38	42	1211.84
11	111398.89	1169.84	872.78	297.06	42	1211.84
12	110526.11	1169.84	875.1	294.74	42	1211.84
13	109651.01	1169.84	877.44	292.4	42	1211.84
14	108773.57	1169.84	879.78	290.06	42	1211.84
[illegible]	[illegible]	[illegible]	[illegible]	[illegible]	[illegible]	[illegible]

Figure 6-5

Page d'affichage des résultats

Exemple 6-4. Calcul de prêt bancaire

Page de saisie des données (fichier `exemple6.4.html`) :

```
<!DOCTYPE html>
<html lang="fr">
<head>
<meta http-equiv="Content-Type" content="text/html; charset=UTF-8" />
<title>Calcul de prêts</title>
</head>
<body>
<h3>Prêts</h3>
<form method="post" action="exemple6.4.php">←❶
<fieldset>
<legend>Les caractéristiques de votre prêt</legend>
<table>
<tr>
<td>Montant</td>
<td><input type="number" name="capital" step="1000"/></td>
</tr>
<tr>
<td>Taux</td>
```

```
<td><input type="number" name="taux" step="0.1"/></td>
</tr>
<tr>
<td>Durée en années</td>
<td><input type="number" name="duree" step="1"/></td>
</tr>
<tr>
<td>Assurance</td>
<td>OUI : <input type="radio" name="assur" checked="checked" value="1" /> 
NON<input type="radio" name="assur" value="0" /></td>
</tr>
<tr>
<td><input type="reset" name="" value="Effacer"/></td>
<td><input type="submit" name="" value="Calculer"/></td>
</tr>
</table>
</fieldset>
</form>
</body>
</html>
```

Page de traitement des données et d'affichage des résultats (fichier `exemple6.4.php`) :

```
<!DOCTYPE html>
<html lang="fr">
 <head>
  <meta http-equiv="Content-Type" content="text/html; charset=UTF-8" />
  <title>Tableau d'amortissement</title>
 </head>
 <body>
  <div>

<?php
if(isset($_POST["capital"])&&$_POST["taux"]&&$_POST["duree"])
{
  $capital=$_POST["capital"]; ←②
  $taux=$_POST["taux"]/100/12; ←③
  $duree=$_POST["duree"]*12; ←④
  $assur=$_POST["assur"]*$capital*0.00035; ←⑤
  $mens=($capital*$taux)/(1-pow((1+$taux),-$duree)); ←⑥
  echo "<h3>Pour un prêt de $capital &euro; à ", $_POST["taux"] ,"%, sur ",$_POST["duree"],
  " ans, la mensualité est de ",round($mens,2)," &euro; hors assurance</h3>"; ←⑦
  echo "<h4>Tableau d'amortissement du prêt</h4>";
  echo "<table border=\"1\"> <tr><th>Mois </th><th>Capital restant</ th><th> Mensualité
  Hors Ass.</th><th>Amortissement </ th><th>Intérêt</th><th> Assurance</th><th>Mensualité
  Ass. cis </ th>"; ←⑧
// Boucle d'affichage des lignes du tableau
  for($i=1;$i<=$duree;$i++)
  {
    $int=$capital*$taux;
    $amort=$mens-$int;
```

```
      echo "<tr>";
      echo "<td>$i</td>";
      echo "<td>",round($capital,2),"</td>";
      echo "<td>",round($mens,2),"</td>";
      echo "<td>",round($amort,2),"</td>";
      echo "<td>",round($int,2),"</td>";
      echo "<td>$assur</td>";
      echo "<td>",round($mens+$assur,2),"</td>";
      echo "</tr>";
      $capital=$capital-$amort;
   }
   echo "</table>";
}
else
{
   header("Location:exemple6.4.php"); ←❾
}
?>
   </div>
  </body>
</html>
```

Les valeurs multiples

Certains champs de formulaire peuvent permettre aux visiteurs de saisir plusieurs valeurs sous un même nom de composant.

Cela peut concerner un groupe de cases à cocher ayant le même attribut name, par exemple, dont il est possible de cocher une ou plusieurs cases simultanément. Ce peut également être le cas d'une liste de sélection ayant toujours un nom unique mais dans laquelle l'attribut multiple="multiple" est défini. Il est enfin possible de donner le même nom à des éléments de saisie de texte différents, mais cela présente moins d'intérêt.

Dans tous les cas, ce n'est pas une valeur scalaire mais un tableau qui est récupéré côté serveur. Il faut pour cela faire suivre le nom du composant de crochets, comme pour créer une variable de type array.

Dans l'exemple suivant :

```
Bleu:<input type="checkbox" name="choix[]" value="bleu" />
Blanc:<input type="checkbox" name="choix[]" value="blanc" />
```

l'utilisateur peut cocher les deux cases simultanément. Le programmeur récupère ces valeurs dans les variables suivantes :

```
$_POST["choix"][0] qui contient la valeur "bleu"
$_POST["choix"][1] qui contient la valeur "blanc"
```

La variable $_POST est un tableau multidimensionnel, en l'occurrence à deux dimensions.

L'exemple 6-5 illustre la méthode de récupération des valeurs multiples. Le formulaire créé par le fichier exemple6.5.html contient trois zones de saisie de texte portant le même nom, une liste de sélection avec l'attribut multiple et quatre cases à cocher ayant le même nom. Dans les listes de sélection, l'utilisateur doit maintenir la touche Ctrl enfoncée pour faire plusieurs choix. Il peut être utile de lui rappeler cette fonctionnalité.

L'objet du formulaire est de faire saisir une fiche de renseignements par l'utilisateur puis d'afficher l'ensemble de ces informations. Le script cible du formulaire contenu dans le fichier exemple6.5.php récupère les données et réalise une fiche récapitulative des renseignements personnels si les variables du tableau $_POST existent (repère ❶) ou, dans le cas contraire, une boîte d'alerte, à l'aide de la fonction JavaScript alert() (repère ❷), et une redirection vers la page de saisie, *via* la fonction JavaScript window.history.back() (repère ❸).

La figure 6-6 illustre le formulaire de saisie et la figure 6-7 un exemple de fiche de résultat.

☞ **Exemple 6-5. Récupération des valeurs multiples**

Le fichier exemple6.5.html :

```html
<!DOCTYPE html>
<html lang="fr">
<head>
<meta http-equiv="Content-Type" content="text/html; charset=UTF-8" />
<title>Listes à choix multiples</title>
</head>
<body>
<form method="post"  action="exemple6.5.php" >
<fieldset>
<legend>Recherche d'emploi : complétez la fiche</legend>
<div>
<span>
Nom<input type="text" name="ident[]" />
Prénom<input type="text" name="ident[]" />
Âge<input type="number" step="1" name="ident[]" />
<br /><br />
Langues pratiquées<br />
<select name="lang[]" multiple="multiple">
<option value="français"> français</option>
<option value="anglais"> anglais</option>
<option value="allemand"> allemand</option>
<option value="espagnol"> espagnol</option>
</select><br /><br />
Compétences informatiques<br />
HTML 5<input type="checkbox" name="competent[]" value="HTML 5" />
CSS 3<input type="checkbox" name="competent[]" value="CSS 3" />
PHP<input type="checkbox" name="competent[]" value="PHP" />
MySQL<input type="checkbox" name="competent[]" value="MySQL" />
</span><br /><br />
<input type="reset" value="EFFACER"/>
<input type="submit" value="ENVOI"/>
</div>
```

```
</fieldset>
</form>
</body>
</html>
```

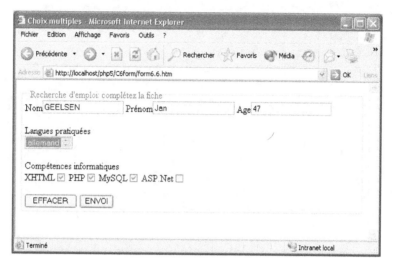

Figure 6-6

Formulaire de saisie

Le fichier `exemple6.5.php` :

```
<!DOCTYPE html>
<html lang="fr">
<head>
<meta http-equiv="Content-Type" content="text/html; charset=UTF-8" />
<title>Compétences informatiques</title>
</head>
<body>

<?php
if(isset($_POST["ident"]) && isset($_POST["lang"]) && isset($_POST["competent"])) ←❶
{

echo "<table border=\"1\"><tr><th> Récapitulatif de votre fiche d'informations personnelles
➥</th></tr><tr><td>";
$nom=$_POST["ident"][0];
$prenom=$_POST["ident"][1];
$age=$_POST["ident"][2];
$lang = $_POST["lang"];
$competent=$_POST["competent"];
echo"Vous êtes :<b> $prenom ", stripslashes($nom) ,"</b><br />Vous avez <b>$age ans </b> ";
echo "<br />Vous parlez :";
echo "<ul>";
```

```
foreach($lang as $valeur)
{
echo " <li> $valeur </li>";
}
echo "</ul>";
echo "Vous avez des compétences informatiques en :";
echo "<ul>";
foreach($competent as $valeur)
{
   echo "<li> $valeur </li> ";
}
echo "</ul> </td></tr>";
}
else
{
echo"<script type=\"text/javascript\">";
echo "alert('Saisissez votre nom et cochez au moins une compétence !');";←❷
echo "window.history.back();";←❸
echo "</script>";
}
?>
</body>
</html>
```

Figure 6-7
Page de résultat

Transfert de fichiers vers le serveur

L'inclusion d'un élément HTML `<input type="file" />` dans un formulaire crée une situation particulière. Il ne s'agit plus de transmettre une ou plusieurs valeurs scalaires au serveur mais l'intégralité d'un fichier, lequel peut avoir une taille importante et un type quelconque. Ce fichier doit évidemment être présent sur l'ordinateur du visiteur.

Par rapport au transfert de données, le transfert de fichiers présente un problème de sécurité pour votre site puisque des fichiers vont être écrits et éventuellement exécutés sur le serveur.

Supposez qu'un utilisateur mal intentionné transfère un fichier nommé `index.php` ou `index.html` sur le serveur. Ce fichier est exécuté automatiquement à l'appel de l'URL de votre nom de domaine. Pour éviter tout problème, il est prudent de prévoir une vérification de l'extension du fichier préalablement à la définition des extensions autorisées lors de la création du formulaire.

Pour cette définition, vous utilisez l'attribut `accept` de l'élément `<input />`. Cet attribut peut prendre un grand nombre de valeurs, correspondant aux types MIME des fichiers acceptés, par exemple `"image/gif"`, comme dans l'exemple 6-6, ou `"text/html"`. Un fichier d'un type différent est rejeté, ce qui confère une protection contre les utilisateurs mal intentionnés.

Contrairement aux exemples précédents, l'élément `<form>` doit avoir l'attribut `method` à la valeur `post` et l'attribut `enctype` à la valeur `multipart/form-data`.

Précaution supplémentaire, vous pouvez envisager de limiter la taille des fichiers à télécharger en ajoutant au formulaire un champ caché nommé `MAX_FILE_SIZE`, dont l'attribut `value` contienne la taille maximale admise en octet. Cette valeur est récupérée dans la variable `$_POST["MAX_FILE_SIZE"]` (repère ❷) lorsque le champ caché est défini par le code suivant (repère ❶) :

```
<input type="hidden" name="MAX_FILE_SIZE" value="100000" />
```

L'utilisation de ce champ n'est pas obligatoire puisque le fichier `php.ini` du serveur contient la directive `"upload_max_filesize"`, dont la valeur est un entier indiquant la taille maximale en octet admise par défaut par le serveur. En local avec Wampserver, cette valeur est de 2 Mo. L'hébergeur peut toutefois définir une valeur très différente, qu'il vous appartient de vérifier à l'aide de la fonction `phpinfo()`.

L'ajout d'un bouton d'envoi à votre formulaire est bien sûr toujours indispensable.

Lors de l'affichage de la page, l'utilisateur se retrouve face à ce qui ressemble à une zone de saisie de texte accompagnée d'un bouton dont l'intitulé est « Parcourir... ». Il peut saisir manuellement l'emplacement exact du fichier à transférer ou le choisir sur son disque en cliquant sur le bouton, comme il le ferait pour ouvrir un fichier à partir d'un traitement de texte, par exemple. Il n'est donc pas nécessaire de lui expliquer la procédure en détail.

Une fois le fichier sélectionné, un clic sur le bouton `submit` provoque l'envoi du fichier au serveur et son traitement par un script, que vous devez encore écrire. À ce moment, le fichier est bien transféré sur le serveur, mais il se trouve dans un répertoire tampon défini par la directive "upload_tmp_dir" du fichier php.ini. Si vous n'en faites rien, il est perdu lors de la déconnexion du client. De plus, il est enregistré sous un nom différent de celui qu'il avait sur le poste client, et vous ne savez pas encore sous quel nom, puisque celui-ci est créé arbitrairement par le serveur.

De même que pour le transfert de données simples, vous allez utiliser les tableaux super-globaux $_POST ou $_GET. Vous disposez également depuis la version PHP 4.1 du tableau associatif multidimensionnel $_FILES, qui contient les informations nécessaires au traitement du fichier transféré.

Si, comme dans le code de l'exemple 6-6, le nom de l'élément <input type="file".. /> est name="fich", vous pouvez lire les valeurs suivantes :

- $_FILES["fich"]["name"] : contient le nom qu'avait le fichier sur le poste client.
- $_FILES["fich"]["type"] : contient le type MIME initial du fichier et permet un contrôle et une censure éventuelle du fichier transféré.
- $_FILES["fich"]["size"] : donne la taille réelle en octet du fichier transféré.
- $_FILES["fich"]["tmp_name"] : donne le nom temporaire que le serveur attribue automatiquement au fichier en l'enregistrant dans le répertoire tampon.
- $_FILES["fich"]["error"] : donne le code d'erreur éventuel associé au fichier téléchargé et permet d'afficher un message d'erreur en clair en créant un tableau indicé de 0 à 4 contenant les messages appropriés. Ces codes sont définis par les constantes entières suivantes depuis PHP 4.3 :
  - UPLOAD_ERR_OK : de valeur 0, indique que le transfert est bien réalisé.
  - UPLOAD_ERR_INI_SIZE : de valeur 1, indique que la taille du fichier est supérieure à celle définie dans la php.ini.
  - UPLOAD_ERR_FORM_SIZE : de valeur 2, indique que la taille est supérieure à celle définie dans le champ caché MAX_FILE_SIZE.
  - UPLOAD_ERR_PARTIAL : de valeur 3, indique que le fichier n'a été que partiellement téléchargé.
  - UPLOAD_ERR_NO_FILE : de valeur 4, indique qu'aucun fichier n'a été téléchargé.

En dernier lieu, vous devez procéder à l'enregistrement et au renommage éventuel du fichier sur le serveur. Vous disposez pour cela de la fonction move_uploaded_file(), dont la syntaxe est la suivante :

```
boolean move_uploaded_file( string "fichtmp", string "fichfinal")
```

"fichtmp" est le chemin d'accès du fichier temporaire et "fichfinal" le nom sous lequel sera enregistré définitivement le fichier. La fonction retourne TRUE si l'opération est bien réalisée et FALSE dans le cas contraire.

Dans l'exemple 6-6, le code suivant (repère ❸) :

```
move_uploaded_file($_FILES["fich"]["tmp_name"],"imagephp.gif");
```

enregistre le fichier transféré désigné par $_FILES["fich"]["tmp_name"] dans le répertoire du fichier exemple6.6.php du serveur sous le nom "imagephp.gif". Le fichier est alors pleinement utilisable dans une page du site, comme si vous l'aviez transféré vous-même à l'aide d'un logiciel FTP.

Si le transfert est bien réalisé, vous affichez un message de bonne fin (repère ❹). En cas de problème de transmission ou de renommage du fichier, le script affiche le code de l'erreur générée à l'aide de la variable $_FILES["fich"]["error"] (repère ❺).

☞ Exemple 6-6. Transfert de fichiers

```html
<!DOCTYPE html>
<html lang="fr">
<head>
<meta http-equiv="Content-Type" content="text/html; charset=UTF-8" />
<title>Transfert de fichiers</title>
</head>
<body>
<form action="exemple6.6.php" method="post" enctype="multipart/form-data" >
<fieldset>
<input type="hidden" name="MAX_FILE_SIZE" value="100000" />  ←❶
<legend><b>Transfert de fichiers</b></legend>
<table>
<tbody>
<tr>
<th>Fichier</th>
<td><input type="file" name="fich" accept="image/gif" size="50"/></td>
</tr>
<tr>
<th>Clic !</th>
<td> <input type="submit" value="Envoi" /></td>
</tr>
</tbody>
</table>
</fieldset>
</form>
<!-- Code PHP -->
<?php
if(isset($_FILES['fich']))
{
  echo "Taille maximale autorisée :",$_POST["MAX_FILE_SIZE"]," octets<hr / >";  ←❷
  echo "<b>Clés et valeurs du tableau \$_FILES </b><br />";
foreach($_FILES["fich"] as $cle => $valeur)
{
  echo "clé : $cle valeur : $valeur <br />";
}
// Enregistrement et renommage du fichier
$result=move_uploaded_file($_FILES["fich"]["tmp_name"],"imagephp.gif");  ←❸
if($result==TRUE)
  {echo "<hr /><big>Le transfert est effectué !</big>";}  ←❹
```

```
else
  {echo "<hr /> Erreur de transfert n°",$_FILES["fich"]["error"];} ←⑤
}
?>
</body>
</html>
```

La figure 6-8 illustre l'aspect de la page d'envoi des fichiers et la figure 6-9 celui de la page de confirmation affichant le résultat de l'opération de transfert et les clés et valeurs du tableau $_FILES.

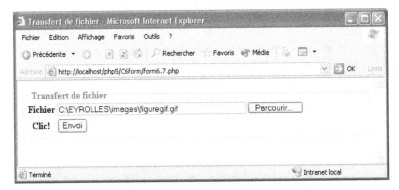

Figure 6-8

Formulaire d'envoi de fichier

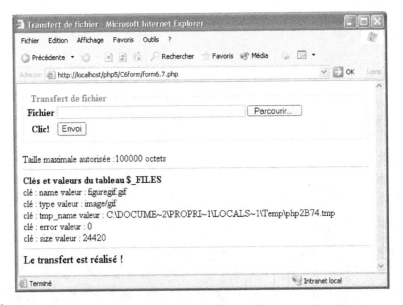

Figure 6-9

Page de confirmation du transfert

Transfert de plusieurs fichiers

Il est possible de proposer à l'utilisateur de transférer plusieurs fichiers simultanément pour lui éviter de recommencer plusieurs fois la même opération à partir de l'exemple précédent. Vous devez en ce cas faire en sorte que les éléments `<input type="file"…/>` soient tous écrits de la manière suivante :

```
<input type="file" name="fich[]"accept="image/gif" size="50"/>
```

avec le même nom suivi de crochets (repères ❶ et ❷ de l'exemple 6-7) ; l'attribut `accept` peut prendre des valeurs différentes pour chaque élément `<input />`.

La page de transfert correspondante est illustrée à la figure 6-10.

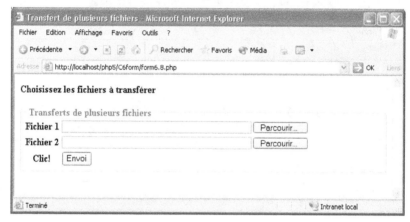

Figure 6-10

Formulaire de transfert de plusieurs fichiers

Vous récupérez les informations sur les fichiers transférés dans la tableau `$_FILES`, devenu multidimensionnel à trois dimensions.

Par exemple, la variable suivante :

```
$_FILES["fich"]["name"][0]
```

permet de connaître le nom du premier fichier transféré.

Vous pouvez lire les caractéristiques de chacun des fichiers transférés à l'aide des boucles `foreach` imbriquées (repères ❸ et ❹). Ce code n'a toutefois d'intérêt que pour le programmeur lors des tests et est à supprimer dans un site réel.

Vous procédez enfin au renommage et à la sauvegarde des fichiers transférés (repères ❺ et ❻) puis au contrôle du bon déroulement de l'ensemble des opérations (repère ❼).

☞ **Exemple 6-7. Transfert simultané de plusieurs fichiers**

```
<!DOCTYPE html>
<html lang="fr">
<head>
<meta http-equiv="Content-Type" content="text/html; charset=UTF-8" />
<title>Transfert de plusieurs fichiers</title>
</head>
<body>

<!-- Code HTML du formulaire -->
<form action="<?= $_SERVER['PHP_SELF'] ?>" method="post" enctype="multipart/form-data" >
<fieldset>
<input type="hidden" name="MAX_FILE_SIZE" value="100000" />
<legend><b>Transferts de plusieurs fichiers</b></legend>
<table>
<tbody>
<tr>
<th>Fichier 1</th>
<td> <input type="file" name="fich[]" accept="image/gif" size="50"/></td>←❶
</tr>
<tr>
<th>Fichier 2</th>
<td> <input type="file" name="fich[]" accept="image/gif" size="50"/>←❷
</td>
</tr>
<tr>
<th>Clic !</th>
<td> <input type="submit" value="Envoi" /></td>
</tr>
</tbody>
</table>
</fieldset>
</form>
<!-- Code PHP -->
<?php
if(!empty($_FILES))
{
  echo "Taille maximale autorisée :",$_POST["MAX_FILE_SIZE"]," octets<hr / >";
  foreach($_FILES["fich"] as $cle => $valeur)←❸
  {
    echo "Clé : $cle <br />";
    foreach($valeur as $key=>$val)←❹
    {
      echo " Fichier : $key valeur : $val <br />";
    }
  }
  // Déplacement et renommage des fichiers
  $result1=move_uploaded_file($_FILES["fich"]["tmp_name"][0],"image1.gif");←❺
  $result2=move_uploaded_file($_FILES["fich"]["tmp_name"][1],"image2.gif");←❻
  if($result1==true && $result2==true)←❼
```

```
   {echo "<br /> Transferts effectués !<br />";}
   else
   {echo "<br /> Transferts non effectués <br />";}
}
else  echo "<h4>Choisissez les fichiers à transférer </h4>";
?>
</body>
</html>
```

Les informations écrites par les boucles `foreach` ont l'aspect suivant en cas de réussite des transferts :

```
Taille maximale autorisée : 100 000 octets
Clé : name
 Fichier : 0 valeur : VOEUX2013-v3.gif
 Fichier : 1 valeur : figuregif.gif
Clé : type
 Fichier : 0 valeur : image/gif
 Fichier : 1 valeur : image/gif
Clé : tmp_name
 Fichier : 0 valeur : C:\wamp\tmp\php8FB1.tmp
 Fichier : 1 valeur : C:\wamp\tmp\php8FC2.tmp
Clé : error
 Fichier : 0 valeur : 0
 Fichier : 1 valeur : 0
Clé : size
 Fichier : 0 valeur : 45902
 Fichier : 1 valeur : 40657


 Transferts effectués !
```

Gérer les boutons d'envoi multiples

L'utilisation de plusieurs boutons `submit` dans un même formulaire permet de déclencher des actions différentes en fonction du bouton activé par l'utilisateur. Il est nécessaire pour cela que les boutons aient le même nom et que la sélection de l'action se fasse en fonction de la valeur associée à chaque bouton *via* l'attribut `value`.

L'exemple 6-8 crée une calculatrice en ligne proposant les opérations d'addition, de soustraction, de division et de puissance. Il est évidemment possible d'ajouter autant d'opérations que nécessaire. À chaque opération est associé un bouton `submit` (repères ❶, ❷, ❸ et ❹).

Deux zones de saisie de nombre (élément `<input/>` de type `number`) permettent d'entrer les deux opérandes X et Y. Dans cet exemple, vous utilisez le maintien de l'état du formulaire de façon que ces derniers restent visibles lors de l'affichage du résultat (repères ❺ et ❻).

Le code PHP commence comme d'habitude par vérifier l'existence des variables contenues dans le tableau $_POST en fonction de la valeur contenue dans la variable $_POST
["calcul"] de l'attribut value des boutons submit. Selon l'opération désirée, une instruction switch effectue le calcul approprié, dont le résultat est contenu dans la variable
$resultat. Cette valeur est affichée dans le champ de text nommé result (repère **7**).

☞ **Exemple 6-8. Une calculatrice en ligne**

```
<!DOCTYPE html>
<html lang="fr">
 <head>
  <meta http-equiv="Content-Type" content="text/html; charset=UTF-8" />
  <title>Calculatrice en ligne</title>
 </head>
 <body>
<!-- Code PHP -->
<?php
if(isset($_POST["calcul"])&&isset($_POST["nb1"])&&isset($_POST["nb2"]))
{
  switch($_POST["calcul"])
  {
  case "Addition x+y":
  $resultat= $_POST["nb1"]+$_POST["nb2"];
  break;
  case "Soustraction x-y":
  $resultat= $_POST["nb1"]-$_POST["nb2"];
  break;
  case "Division x/y":
  $resultat= $_POST["nb1"]/$_POST["nb2"];
  break;
  case "Puissance x^y":
  $resultat= pow($_POST["nb1"],$_POST["nb2"]);
  break;
}
}
else
{
  echo "<h3>Entrez deux nombres : </h3>";
}
?>
  <!-- Code HTML du formulaire -->
  <form action="<?=$_SERVER['PHP_SELF']?>" method="post" >
   <fieldset>
    <legend><b>Calculatrice en ligne</b></legend>
    <table>
     <tbody>
      <tr>
       <th>Nombre X</th>
       <td> <input type="number" step="0.1" name="nb1" size="30" value="
       ➥<?php if(isset($_POST["nb1"])) echo $_POST['nb1'];else echo'' ?>" />←**5**
       </td>
```

```
        </tr>
        <tr>
         <th>Nombre Y</th>
         <td> <input type="number" step="0.1" name="nb2" size="30" value="
         ➡<?php if(isset($_POST["nb2"])) echo $_POST['nb2'];else echo'' ?>"/>←❻
         </td>
        </tr>
        <tr>
         <th>Résultat </th>
         <td> <input type="number" step="0.5" name="result" size="30" value="
         ➡<?php if(isset($resultat)) echo $resultat;else echo''?>"/>←❼
         </td>
        </tr>
        <tr>
         <th>Choisissez !</th>
         <td>
          <input type="submit" name="calcul" value="Addition x+y" />←❶
          <input type="submit" name="calcul" value="Soustraction x-y" />←❷
          <input type="submit" name="calcul" value="Division x/y" />←❸
          <input type="submit" name="calcul" value="Puissance x^y" />←❹
         </td>
        </tr>
       </tbody>
      </table>
     </fieldset>
   </form>
  </body>
</html>
```

La figure 6-11 illustre une page de résultat pour la fonction Puissance.

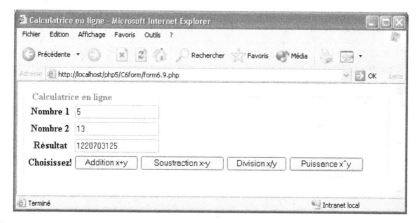

Figure 6-11

Une calculatrice en ligne

Exercices

Exercice 1

Créez un formulaire comprenant un groupe de champs ayant pour titre "Adresse client". Le groupe doit permettre la saisie du nom, du prénom, de l'adresse, de la ville et du code postal. Les données sont ensuite traitées par un fichier PHP séparé récupérant les données et les affichant dans un tableau HTML.

Exercice 2

Améliorez le script précédent en vérifiant l'existence des données et en affichant une boîte d'alerte JavaScript si l'une des données est manquante.

Exercice 3

Le fichier suivant peut-il être enregistré avec l'extension .php ou .html ? Où se fait le traitement des données ?

```
<!DOCTYPE html>
<html lang="fr">
<head>
<meta http-equiv="Content-Type" content="text/html; charset=UTF-8" />
➡<title>Insertion des données</title>
</head>
<body>
<form method="post" action="ajout.php" >
// Suite du formulaire
</form>
</body>
</html>
```

Exercice 4

Comment faire en sorte que les données soient traitées par le même fichier que celui qui contient le formulaire ? Proposez deux solutions.

Exercice 5

Créez un formulaire de saisie d'adresse e-mail contenant un champ caché destiné à récupérer le type du navigateur de l'utilisateur. Le code PHP affiche l'adresse et le nom du navigateur dans la même page après vérification de l'existence des données.

Exercice 6

Créez un formulaire demandant la saisie d'un prix HT et d'un taux de TVA. Le script affiche le montant de la TVA et le prix TTC dans deux zones de texte créées dynamiquement. Le formulaire maintient les données saisies.

Exercice 7

Créez un formulaire n'effectuant que le transfert de fichiers ZIP et d'une taille limitée à 1 Mo. Le script affiche le nom du fichier du poste client ainsi que la taille du fichier transféré et la confirmation de réception.

Exercice 8

Dans la perspective de création d'un site d'agence immobilière, créez un formulaire comprenant trois boutons `submit` nommés Vendre, Acheter et Louer. En fonction du choix effectué par le visiteur, redirigez-le vers une page spécialisée dont le contenu réponde au critère choisi.

7

Les fonctions

Une fonction est un bloc de code qui n'est pas exécuté de manière linéaire dans un script. Ce code ne le sera que lors de l'appel explicite de la fonction. Écrit une seule fois, ce code peut être exécuté aussi souvent que nécessaire. Cela allège d'autant l'ensemble du code.

Les fonctions natives de PHP

PHP propose en standard une multitude de fonctions natives écrites en langage C, ainsi que quantité de modules d'extension qu'il est possible d'associer à la distribution standard. Les modules sont tous décrits dans la documentation officielle, et il est recommandé d'utiliser les fonctions qu'ils contiennent plutôt que de les réinventer vous-même.

Avant d'utiliser un module, il convient de vérifier qu'il est bien installé sur le serveur de votre hébergeur. On recense aujourd'hui une bonne centaine d'extensions. Or je ne connais personnellement aucun hébergeur qui en ait installé ne serait-ce que la moitié, loin s'en faut. Pour vérifier la disponibilité d'un module, vous disposez de la fonction get_loaded_extensions(), qui retourne un tableau contenant les noms de tous les modules d'extension installés sur le serveur.

En écrivant le script suivant, vous obtenez la liste des modules classée par ordre alphabétique puis affichée à l'aide d'une boucle foreach :

```php
<?php
$tabext = get_loaded_extensions();
natcasesort($tabext);
foreach($tabext as $cle=>$valeur)
  {
    echo "  $valeur ";
  }
?>
```

Avec le serveur local WampServer 2.2, vous obtenez la liste suivante :

apache2handler	bcmath	calendar	com_dotnet	core
ctype	date	dom	ereg	filter
ftp	gd	hash	iconv	json
libxml	mbstring	mcrypt	mhash	mysql
mysqli	mysqlnd	odbc	pcre	PDO
pdo_mysql	pdo_sqlite	phar	Reflection	session
SimpleXML	SPL	standard	tokenizer	wddx
xdebug	xml	xmlreader	xmlwriter	zip
zlib				

et sur le serveur PHP 5 de l'hébergeur OVH :

bcmath	bz2	calendar	cgi	ctype
curl	date	dba	dbase	dom
exif	filter	ftp	gd	gettext
gmp	hash	iconv	imap	json
libxml	mbstring	mcrypt	memcache	mhash
ming	mysql	mysqli	openssl	pcre
pdf	PDO	pdo_mysql	pdo_pgsql	pdo_sqlite
pgsql	posix	pspell	Reflection	session
SimpleXML	soap	sockets	SPL	SQLite
standard	sysvmsg	sysvsem	sysvshm	tokenizer
wddx	xml	xmlreader	xmlrpc	xmlwriter
xsl	zip	zlib		

Soit pas moins de 58 extensions !

Vous constatez qu'il existe peu d'extensions communes entre le serveur local installé avec WampServer 2.2 et un serveur distant susceptible d'héberger votre site.

Pour chaque module, il est possible de lister l'ensemble des fonctions disponibles. Cela n'est toutefois guère utile, car même si une fonction fait partie d'un module, votre hébergeur peut très bien l'avoir désactivée, notamment pour des raisons de sécurité ou d'abus d'occupation du serveur. La fonction mail() d'envoi de courrier, par exemple, est souvent désactivée chez les hébergeurs, en particulier les gratuits.

Pour obtenir la liste des fonctions d'un module, vous disposez de la fonction suivante :

```
array get_extensions_funcs("nom_module")
```

Cette fonction retourne un tableau indicé, dont les valeurs sont les noms des fonctions de chaque module.

Par curiosité, exécutez le petit script de l'exemple 7-1 sur votre serveur distant pour vérifier la liste, classée par ordre alphabétique, des modules et des fonctions que vous pouvez utiliser. Quoi de plus frustrant, en effet, que d'écrire de superbes scripts alors que les fonctions correspondantes sont disponibles sur le serveur local mais pas sur le serveur distant.

☞ **Exemple 7-1. Liste des modules et des fonctions affichées sur le serveur distant**

```php
<?php
//Tableau contenant le nom des extensions
$tabext = get_loaded_extensions();
natcasesort($tabext);//tri par ordre alphabétique
//Lecture des extensions
foreach($tabext as $cle=>$valeur)
{
  echo "<h3>Extension  $valeur </h3> ";
  //Tableau  contenant le nom des fonctions
  $fonct = get_extension_funcs($valeur);
  //Tri alphabétique des noms de fonction
  sort($fonct);
  //Lecture et affichage du nom des fonctions des extensions
  for($i=0;$i<count($fonct);$i++)
  {
    echo $fonct[$i],"    \n";
    echo "<hr />";
  }
}
?>
```

La figure 7-1 illustre la liste impressionnante de fonctions que vous obtenez. Par simple copier-coller, vous obtenez à bon marché un mémo des fonctions utilisables sur votre serveur.

Pour vérifier la disponibilité d'une fonction native de PHP ou d'une fonction personnalisée, vous pouvez tester sa présence à l'aide de la fonction function_exists("nom_fonction"), qui renvoie la valeur TRUE si la fonction passée en paramètre existe et FALSE dans le cas contraire.

Pour vérifier, par exemple, que la fonction mysql_pconnect() est utilisable, vous pouvez écrire :

```php
if (function_exists('mysql_pconnect'))
{
    echo "La fonction est utilisable.<br />";
}
```

Créer ses propres fonctions

Malgré les quelques deux mille fonctions contenues dans l'ensemble des modules existants à ce jour, il arrive, faute de fonction disponible, de devoir effectuer plusieurs fois le même traitement dans un script. Heureusement, il est possible de créer des fonctions personnalisées, qui permettent tout à la fois de gagner du temps de saisie et d'alléger votre script en ne répétant pas plusieurs fois un même code.

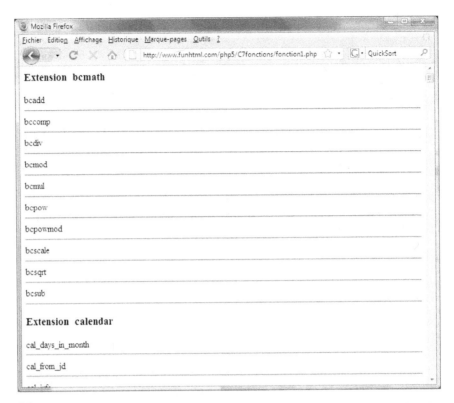

Figure 7-1
Liste des fonctions disponibles sur le serveur de l'hébergeur OVH

Au fur et à mesure de l'écriture de vos scripts, vous pouvez de la sorte réutiliser du code déjà écrit dans un script précédent. Il vous faut pour cela identifier, dès la conception du ou des sites que vous souhaitez réaliser, les tâches susceptibles de se retrouver dans d'autres situations et qui ne sont pas prises en compte par une fonction existante de PHP.

Ces fonctions personnalisées doivent être écrites dans un ou des scripts séparés, qu'il vous suffit ensuite d'inclure dans de nouveaux scripts au moyen d'une instruction include() ou require().

Définir une fonction

En règle générale, une fonction peut être définie n'importe où dans un script, y compris après avoir été utilisée. Il existe cependant des exceptions, rares, comme nous le verrons dans la section « Cas particuliers » en fin de chapitre.

La procédure de déclaration d'une fonction doit suivre les règles de syntaxe suivantes :

• Commencez par définir l'en-tête de la fonction à l'aide du mot-clé function suivi du nom de la fonction et de parenthèses. Les noms de fonctions suivent les règles énoncées pour les variables : caractères alphabétiques et signe « _ » pour le premier caractère puis caractères alphanumériques pour la suite. Il est déconseillé de commencer un nom de fonction par deux caractères de soulignement, car cette convention est réservée pour définir des fonctions natives de PHP 5. La redéfinition de fonction étant interdite dans PHP, contrairement à ce qui se fait dans d'autres langages, il est interdit de créer une fonction dont le nom soit identique à une fonction existante dans un des modules installés. En contrevenant à cette règle, vous vous exposez à une erreur fatale et au méchant message suivant, qui met fin au script :

```
"Fatal error: Cannot redeclare date() in c:\eyrolles\php5\fonctions\fonction2.php
➡on line 3"
```

Dans cet exemple, vous souhaitez définir une fonction nommée date() au lieu de ladate(), comme à l'exemple 7-2, alors qu'il existe déjà une fonction portant ce nom dans le module standard.

- Les parenthèses qui suivent le nom de la fonction peuvent contenir différents noms de variables comme paramètres de la fonction. Les noms des paramètres n'ont aucune importance en soi, et vous pouvez même leur donner des noms qui existent déjà dans le script, quoique ce ne soit pas conseillé. L'utilisation des paramètres n'est pas obligatoire.

- Ouvrez un bloc de code limité par des accolades contenant l'ensemble du code de définition de la fonction. Cette partie, qui constitue le corps de la fonction, peut contenir toutes les instructions de PHP ainsi que n'importe quelle fonction native.

- Si la fonction doit retourner une valeur, ce qui n'est pas obligatoire, il faut faire précéder la variable ou l'expression qui contient cette valeur du mot-clé return.

Vous obtenez la structure générale suivante :

```
function mafonction($x,$y,...)
{
    //code de définition de la fonction
    return $var;
}
```

Pour appeler la fonction, vous écrivez :

```
mafonction($a,$b,...)
```

ou encore :

```
mafonction(4,5,...)
```

Les paramètres peuvent être ici indifféremment des scalaires ou des variables. Il importe dans les deux cas de donner à la fonction autant de paramètres que dans sa déclaration, sauf si vous avez défini des paramètres par défaut (voir plus loin).

La position de la déclaration d'une fonction dans le script n'a pas d'importance depuis PHP 4. Vous pouvez ainsi appeler une fonction au début du script alors qu'elle n'est définie qu'en fin de script. Il est toutefois préférable de définir les fonctions en début de script, comme dans PHP 3, car cela améliore la présentation et la lisibilité du code.

Pour les fonctions définies dans des scripts séparés, il est préférable de les inclure dès le début du script qui les utilise, et ce au moyen de l'instruction include() ou require().

Les fonctions qui ne retournent pas de valeur

Dans l'exemple 7-2, vous créez deux fonctions qui ne retournent pas de valeur. La première, ladate(), crée un affichage de la date et de l'heure sans aucun paramètre, et la seconde ladate2(), y ajoute un message qui est passé en paramètre unique.

Ces deux fonctions créent un affichage dans une cellule de tableau HTML munie d'un style particulier, qui peut être le même dans toutes les pages du même site.

Pour en savoir plus

Pour plus de détails sur la syntaxe de la fonction date() utilisée dans le script, reportez-vous au chapitre 8.

Lors des appels de ces fonctions, les trois premiers appels fonctionnent sans problème. En revanche, l'appel de la fonction ladate2() sans paramètre, alors même que sa définition en comporte un, provoque un avertissement, ou "warning", mais sans mettre fin pour autant au script, à la différence d'une erreur fatale. Pour éviter ce genre de problème, vous pouvez faire précéder, lors de son appel, le nom de la fonction par le caractère @, qui empêche l'apparition du message d'alerte.

La figure 7-2 illustre le résultat de ces différents appels.

☞ **Exemple 7-2. Fonctions ne retournant pas de valeur**

```
<!DOCTYPE html>
<html lang="fr">
<head>
<meta http-equiv="Content-Type" content="text/html;charset=UTF-8" />
<title>Fonctions ne retournant pas de valeur</title>
</head>

<body>
<div>

<?php
// Fonction sans argument
function ladate()
{
  echo "<table ><tr><td style=\"background-color:blue;color:yellow;
  ➥border-width:10px; border-style:groove;border-color:#FFCC66;
  ➥font-style:fantasy;font-size:30px\"> ";
  echo date("\l\\e d/m/Y \i\l \\e\s\\t  H:i:s");
  echo "</td></tr></table><hr />";
}
// Fonction avec un argument
function ladate2($a)
{
```

```
echo "<table><tr><td style=\"background-color:blue;color:yellow;
➡border-width:10px; border-style:groove;border-color:#FFCC66; font-style:fantasy;
➡font-size:30px\">";
echo "$a ",date("\l\\e d/m/Y \i\l \\e\s\\t  H:i:s");
echo "</td></tr></table><hr />";
}
// Appels des fonctions
echo ladate();
echo ladate2("Bonjour");
echo ladate2("Salut");
echo ladate2(); // Provoque un avertissement (Warning)
echo @ladate2(); // Empêche l'apparition du message d'avertissement
?>
</div>
</body>
</html>
```

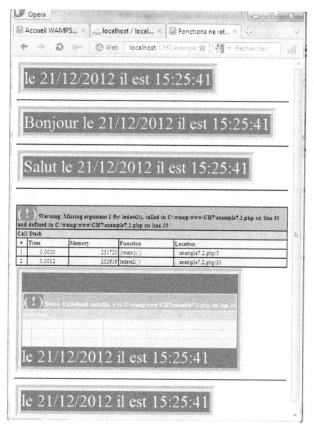

Figure 7-2

Fonctions d'affichage de la date

Vous avez vu en détail au chapitre 5 la manière de lire l'intégralité d'un tableau. Si vous utilisez souvent ce tableau, vous avez tout intérêt à créer une fonction de lecture du tableau et d'affichage de leurs éléments sous la forme d'un tableau HTML à deux colonnes par exemple.

Cet exemple peut être réutilisé ou adapté pour afficher les résultats de l'interrogation d'une base de données, lorsque les résultats sont récupérés sous forme de tableau, ce qui est souvent le cas. C'est l'objet de l'exemple 7-3, qui lit un tableau unidimensionnel.

Les paramètres de la fonction sont, dans l'ordre, le nom du tableau, la largeur de la bordure des cellules HTML et les libellés des colonnes. Le corps de la fonction est essentiellement composé d'une boucle chargée de lire les clés et les valeurs des éléments du tableau et ne présente pas de difficultés. Comme la première, cette fonction ne retourne pas de valeur mais crée un affichage HTML.

La figure 7-3 donne un exemple du résultat obtenu pour des tableaux de données.

☞ **Exemple 7.3. Fonction de lecture de tableaux**

```php
<!DOCTYPE html>
<html lang="fr">
<head>
<meta http-equiv="Content-Type" content="text/html;charset=UTF-8" />
<title>Fonction de lecture de tableaux</title>
</head>
<body>
<div>

<?php
// Définition de la fonction
function tabuni($tab,$bord,$lib1,$lib2)
{
   echo "<table border=\"$bord\" width=\"100%\"><tbody><tr><th>$lib1</th> <th>$lib2 </th></tr>";
   foreach($tab as $cle=>$valeur)
   {
     echo "<tr><td>$cle</td> <td>$valeur </td></tr>";
   }
   echo "</tbody> </table><br />";
}
// Définition des tableaux
$tab1 = array("France"=>"Paris","Allemagne"=>"Berlin","Espagne"=>"Madrid");
$tab2 = array("Poisson"=>"Requin","Cétacé"=>"Dauphin","Oiseau"=>"Aigle");
// Appels de la fonction
tabuni($tab1,1,"Pays","Capitale");
tabuni($tab2,6,"Genre","Espèce");
?>
</div>
</body>
</html>
```

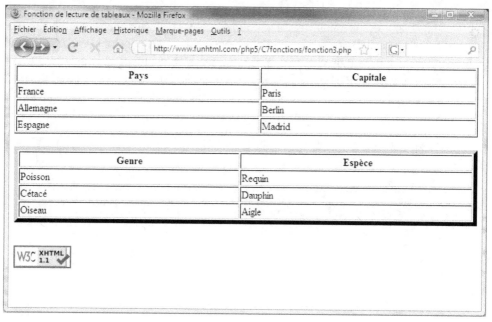

Figure 7-3

Affichages réalisés par la fonction tabuni()

Les fonctions qui retournent une valeur

Au sens mathématique du terme, une fonction se doit de retourner une valeur calculée à partir des paramètres qui lui sont passés. Vous allez illustrer cette possibilité en créant une fonction qui calcule et retourne la mensualité à payer pour un prêt en fonction du capital emprunté, du taux d'intérêt et de la durée du prêt.

Ce type de fonction financière se retrouve couramment, dans Excel par exemple. En revanche, elle n'existe pas nativement dans PHP ni dans aucun module additionnel. Sa définition nécessite quelques commentaires pour en comprendre l'écriture.

La formule de calcul d'une mensualité *M* est la suivante :

$$M = (C \times T)/[1 - (1 + T)^{-n}]$$

C est le capital emprunté, désigné par le paramètre $capital.

T est le taux mensuel sous forme de nombre décimal — tel que ne nous l'indique jamais notre banquier, qui préfère nous donner un taux annuel. Ce paramètre annuel est passé à la fonction et désigné par la variable $tauxann. *n* est la durée en nombre de mois. Le paramètre correspondant fourni à la fonction est exprimé en années au moyen du paramètre $dureeann puis est converti en mois. Le quatrième paramètre de la fonction, $assur, permet de calculer le montant de l'assurance. Il vaut 1 si le client désire s'assurer et 0 dans le cas contraire.

La fonction commence par adapter les données bancaires usuelles à la formule du calcul financier. Le taux annuel, par exemple, est converti en taux mensuel décimal. Par exemple, 5 % l'an devient 5/100/12, soit 0.00416666. La fonction calcule ensuite la mensualité au moyen de la formule ci-dessus puis retourne cette valeur arrondie au centime près à l'aide de la fonction round().

Le script de l'exemple 7-4 s'achève par l'utilisation de cette fonction avec des paramètres scalaires puis avec des variables.

☞ **Exemple 7-4. Fonction de calcul de prêt**

```php
<!DOCTYPE html>
<html lang="fr">
<head>
<meta http-equiv="Content-Type" content="text/html; charset=UTF-8" />
<title>CALCUL DE PRÊTS</title>
</head>
<body>
<?php
function mensualite($capital, $tauxann, $dureeann,$assur)
{
  // Calcul du taux mensuel décimal
  $tauxmensuel=$tauxann/100/12;
  // Calcul de la durée en mois
  $duree=$dureeann*12;
  // Calcul de l'assurance soit 0,035 % du capital par mois
  $ass=$assur*$capital*0.00035;//vaut 0 si $assur vaut 0
  // Calcul de la mensualité
  $mens=($capital*$tauxmensuel)/(1-pow((1+$tauxmensuel),-$duree)) + $ass;
  return round($mens,2);
}
$mens = mensualite(10000,5,3,1);
echo "<h3>Pour un prêt de 10 000 € à 5 % l'an sur 3 ans, la mensualité est de ",$mens
➥," € assurance comprise</h3>";
//*******************************************
$cap=80000;$taux=3.5;$duree=10;
$mens = mensualite($cap,$taux,$duree,0);
echo "<h3>Pour un prêt de $cap € à $taux % l'an sur $duree ans, la mensualité est de
➥",$mens ," € sans assurance </h3>";
?>
</body>
</html>
```

Le script retourne le résultat suivant :

```
Pour un prêt de 100 000 € à 5 % l'an sur 3 ans, la mensualité est de 3 032.09 €
assurance comprise
Pour un prêt de 800 000 € à 3.5 % l'an sur 10 ans, la mensualité est de 7 910.87 €
sans assurance
```

Au chapitre 6, vous avez déjà réalisé un formulaire de saisie de données pour un calcul de prêt. La fonction que vous venez de créer peut être incorporée à ce script pour rendre l'ensemble plus élégant.

Retourner plusieurs valeurs

PHP n'offre pas la possibilité de retourner explicitement plusieurs variables à l'aide d'une syntaxe du type :

```
return $a,$b,$c,...
```

Pour pallier cet inconvénient, il suffit de retourner une variable de type `array` contenant autant de valeurs que désiré. Vous pourriez aussi envisager de retourner un objet doté de plusieurs propriétés, mais il serait quelque peu fastidieux de créer une classe et des objets spécialement pour la circonstance si la création d'objets ne faisait pas partie de la conception générale du script.

L'exemple 7-5 illustre le retour de plusieurs valeurs par le biais de la création d'une fonction appliquée à un nombre complexe qui retourne à la fois le module et l'argument du nombre.

Rappel

Un nombre complexe s'écrit $a + ib$, avec $i^2 = -1$. Son module est égal à la racine carrée de $(a^2 + b^2)$. Son argument est l'angle (Ox,OM) en radian si le point M a pour coordonnées *(a,b)*.

La fonction `modarg()` reçoit comme paramètres les nombres *a* et *b* passés dans les variables `$reel` et `$imag` et retourne un tableau associatif dont les clés sont les chaînes `"module"` et `"argument"` avec les valeurs associées correspondantes.

☞ **Exemple 7-5. Fonction de calcul sur des nombres complexes**

```
<!DOCTYPE html>
<html lang="fr">
<head>
<meta http-equiv="Content-Type" content="text/html;charset=UTF-8" />
<title>Nombres complexes</title>
</head>
<body>
<div>
<?php
function modarg($reel,$imag)
{
  // $mod= hypot($reel,$imag);
  // ou encore si vous n'avez pas la fonction hypot()du module standard
  $mod =sqrt($reel*$reel + $imag*$imag);
  $arg = atan2($imag,$reel);
  return array("module"=>$mod,"argument"=>$arg);
}
// Appels de la fonction
```

```
$a= 5;
$b= 8;
$complex= modarg($a,$b);
echo "<b>Nombre complexe $a + $b i:</b><br /> module = ", $complex["module"] ,
➡"<br />argument = ",$complex["argument"]," radians<br />";
?>
</div>
</body>
</html>
```

Le script retourne le résultat suivant :

```
Nombre complexe 5 + 8 i:
module = 9.4339811320566
argument = 1.0121970114513 radians
```

Grâce à l'artifice consistant à retourner un tableau de valeurs, vous pouvez créer des fonctions qui retournent autant de valeurs que désiré. Vous utiliserez cette dernière méthode systématiquement pour retourner plusieurs valeurs.

Les paramètres par défaut

Il n'est pas rare dans l'écriture de code HTML de ne pas définir certaines valeurs d'attributs d'un élément donné car vous savez qu'il prendra automatiquement une valeur par défaut.

Par exemple, le formulaire écrit de la façon suivante :

```
<form action="machin.php">
```

est l'équivalent de celui-ci :

```
<form action="machin.php" method="get" enctype="application/x-www-form-url-encoded">
```

Les attributs method et enctype ayant les valeurs par défaut ci-dessus il n'est pas nécessaire de les préciser si ces valeurs vous conviennent.

Lorsque vous créez une fonction personnalisée, vous pouvez procéder de même et donner des valeurs par défaut aux paramètres de la fonction. Il suffit pour cela d'affecter une valeur au paramètre dans la définition de la fonction (repère ❶ de l'exemple 7-6).

Si vous ne donnez pas de valeur à ces paramètres lors de l'appel de la fonction, ils auront automatiquement la valeur définie dans la déclaration de la fonction (repère ❷).

L'exemple 7-6 illustre la définition d'une fonction élémentaire qui retourne un prix hors taxes en utilisant comme paramètres le prix TTC et le taux de TVA.

En réalisant les appels :

```
echo ht(154,19.6)
```

ou :

```
echo ht(154)
```

vous obtenez le même résultat, à savoir 123.82, le paramètre $tax désignant le taux de TVA valant 19.6 par défaut.

En revanche, l'appel suivant :

```
echo ht(154, 5.5)
```

retourne la valeur 145.53 car le paramètre $tax est défini explicitement à la valeur 5.5.

☞ **Exemple 7-6. Fonction avec une valeur par défaut**

```
<!DOCTYPE html>
<html lang="fr">
<head>
<meta http-equiv="Content-Type" content="text/html;charset=UTF-8" />
<title>Fonction avec une valeur de paramètre par défaut</title>
</head>
<body>
<div>

<?php
function ht($prix,$tax=19.6)←❶
{
  return "Prix Hors Taxes :". round($prix*(1-$tax/100),2);
}
$prix=154;
echo "Prix TTC= $prix &euro; ",ht($prix)," &euro;<br />";←❷
echo "Prix TTC= $prix &euro; ",ht($prix,19.6)," &euro;<br />";
echo "Prix TTC= $prix &euro; ",ht($prix,5.5)," &euro;<br />";
?>
</div>
</body>
</html>
```

Attention

Dans la définition d'une fonction, tous les paramètres qui ont une valeur par défaut doivent figurer en dernier dans la liste des variables.

La fonction ht() de l'exemple 7-6 peut être appelée en omettant le deuxième paramètre avec ht(154). En revanche, si vous la définissez par le biais de :

```
function ht($tax=19.6,$prix) {....}
```

et que vous tentiez de l'appeler à l'aide du code ht(,154) ou ht(154), elle ne fonctionne pas, le premier code provoquant une erreur fatale et un arrêt du script et le second un avertissement indiquant qu'il manque un argument.

Les fonctions avec un nombre de paramètres variable

Dans les définitions précédentes de fonctions, vous aviez l'obligation de définir claire-ment le nombre de paramètres utilisés par la fonction. Cela pose un problème si le nombre de paramètres n'est pas connu à l'avance. Il existe heureusement plusieurs méthodes, adaptées à différentes circonstances, pour créer des fonctions acceptant un nombre variable de paramètres.

Les paramètres de type array

En passant un tableau comme paramètre à une fonction, cette dernière n'a en apparence qu'un seul paramètre. Ce sont en fait les éléments du tableau qui sont utilisés et traités par la fonction, chacun devenant comme un paramètre particulier. C'est donc dans le corps de la fonction que vous pourrez déterminer le nombre d'éléments du tableau et utiliser cet ensemble de valeurs, qui seront lues à l'aide d'une boucle.

La fonction créée à l'exemple 7-7 réalise le produit de N nombres qui lui sont passés en tant qu'éléments du tableau $tab, affiche le nombre de paramètres et retourne leur produit. Elle peut, par exemple, servir au calcul de la factorielle d'un entier sans pour autant être récursive, pour peu que le tableau contienne une suite de nombres créée au moyen de la fonction range().

☞ **Exemple 7-7. Produit des éléments d'un tableau**

```
<!DOCTYPE html>
<html lang="fr">
<head>
<meta http-equiv="Content-Type" content="text/html;charset=UTF-8" />
<title>Nombre de paramètres variable</title>
</head>
<body>
<div>
<?php
function prod($tab)
{
  $n=count($tab);
  echo "Il y a $n paramètres :";
  $prod = 1;
  foreach($tab as $val)
  {
    echo "$val, "    ;
    $prod *=$val;
  }
  echo " le produit vaut ";
  return $prod;
}
$tab1= range(1,10);
echo "Produit des nombres de 1 à 10 : ", prod($tab1),"<br />";
$tab2 = array(7,12,15,3,21);
```

```
    echo "Produit des éléments : ", prod($tab2),"<br />";
    ?>
    </div>
    </body>
    </html>
```

Le script retourne le résultat suivant :

```
Produit des nombres de 1 à 10 : Il y a 10 paramètres : 1, 2, 3, 4, 5, 6, 7, 8, 9, 10,
le produit vaut 3628800
Produit des éléments : Il y a 5 paramètres : 7, 12, 15, 3, 21, le produit vaut 79380
```

Les fonctions particulières de PHP

Vous pouvez obtenir des informations sur les paramètres d'une fonction à l'aide de fonctions spécialisées de PHP.

La fonction suivante :

```
integer func_num_args()
```

s'utilise sans argument et seulement dans le corps même d'une fonction. Elle retourne le nombre d'arguments passés à cette fonction.

Pour accéder à chacun des paramètres, vous utilisez ensuite la fonction :

```
divers func_get_arg(integer $N)
```

qui retourne la valeur du paramètre passé à la position $N. Comme dans les tableaux, le premier paramètre a l'indice 0. Vous pouvez donc lire chacun des paramètres à l'aide d'une boucle.

La fonction suivante :

```
array func_get_args()
```

s'utilise sans paramètre et retourne un tableau indicé contenant tous les paramètres passés à la fonction personnalisée.

Pour illustrer l'utilisation de ces deux fonctions, vous allez réécrire la fonction prod()de l'exemple 7-7 pour détecter le nombre et la valeur des paramètres sous deux formes différentes et en faire le produit.

La fonction prod1() détermine le nombre de paramètres à l'aide de func_num_args() puis les lit un par un à l'aide d'une boucle for. La fonction prod2() récupère le tableau contenant l'ensemble des paramètres à l'aide de func_get_args() puis les récupère à l'aide d'une boucle foreach.

> **Remarque**
>
> La définition des fonctions prod1() et prod2() ne contient plus l'énumération des paramètres mais ce n'est pas obligatoire. Vous pouvez très bien préciser un nombre minimal de paramètres et en passer davantage — mais jamais moins — lors de l'appel

☞ **Exemple 7-8. Produit d'un nombre indéterminé de nombres**

```
<!DOCTYPE html>
<html lang="fr">
</head>
<meta http-equiv="Content-Type" content="text/html;charset=UTF-8" />
<title>Produit d'un nombre indéterminé d'arguments</title>
</head>
<body>
<div>
<?php
// Utilisation de func_num_arg() et func_get_arg()
function prod1()
{
  $prod = 1;
  // Détermine le nombre d'arguments
  $n=func_num_args();
  for($i=0;$i<$n;$i++)
  {
    echo func_get_arg($i);
    ($i==$n-1)?print(" = "):print(" * ");
    $prod *=func_get_arg($i);
  }
  return $prod;
}
// Appels de la fonction prod1()
echo "Produit des nombres :", prod1(5,6,7,8,11,15),"<br />";
$a=55;$b=22;$c=5;$d=9;
echo "Produit de ",prod1($a,$b,$c,$d),"<hr />";
//***********************************
//Utilisation de func_get_args() seule
//***********************************
function prod2()
{
  $prod = 1;
  // Récupération des paramètres dans un tableau
  $tabparam = func_get_args();
   foreach($tabparam as $cle=>$val)
  {
    // Présentation
    echo $val;
    ($cle==count($tabparam)-1)?print(" = "):print(" * ");
    // Calcul du produit
    $prod *=$val;
  }
  return $prod;
}
 echo "Produit des nombres :", prod2(5,6,7,8,11,15),"<br />";
```

```
$a=55;$b=22;$c=5;$d=9;
echo "Produit de ",prod2($a,$b,$c,$d),"<hr />";
?>
</div>
</body>
</html>
```

Vous obtenez deux fois l'affichage suivant pour les deux fonctions :

```
Produit des nombres : 5 * 6 * 7 * 8 * 11 * 15 = 277200
Produit de 55 * 22 * 5 * 9 = 54450
```

Portée des variables

Toutes les variables ont une portée déterminée selon le contexte.

Variables locales et globales

Toutes les variables utilisées dans la déclaration d'une fonction sont, sauf indication contraire, locales au bloc de définition de la fonction. Cela permet d'utiliser n'importe quel nom de variable dans le corps de la fonction et comme valeur de retour, même si ce nom est déjà utilisé dans le reste du script (il vaut toutefois mieux éviter ces répétitions de noms de variables). Toutes les variables qui sont définies en dehors d'une fonction ou d'une classe sont globales et accessibles partout dans le script qui les a créées.

En conséquence, toute modification du paramètre d'une fonction opérée dans le corps de celle-ci n'a aucun effet sur une variable externe à la fonction et portant le même nom.

Dans l'exemple 7-9, la fonction waytu() utilise le paramètre $interne, qui est local à la fonction, et les deux variables globales $interne et $externe, initialisées en dehors de la fonction. Quelle que soit la variable utilisée lors des appels de la fonction, les deux variables globales $externe et $interne ne sont pas modifiées, comme le montrent les résultats affichés.

Le corps de la fonction comprend également la variable locale $externe — une exception à la règle énoncée précédemment. L'affectation d'une valeur à cette variable ne se répercute pas en dehors du corps de la fonction, la variable globale $externe (repère ❶) gardant sa valeur initiale.

☞ **Exemple 7-9. Variables locales et globales**

```
<!DOCTYPE html>
<html lang="fr">
<head>
<meta http-equiv="Content-Type" content="text/html;charset=UTF-8" />
<title>Variables locales et variables globales</title>
```

```
</head>
<body>
<div>
<?php
$externe="dehors";←❶
$interne ="dedans";
function waytu($interne)
{
  $interne = "Si tu me cherches, je suis ".$interne ." <br />";
  $externe = "n'importe quoi !";
  return $interne;
}
echo  waytu($interne); // Affiche "Si tu me cherches, je suis dedans"
echo  $interne," <br />"; // Affiche "dedans"
echo  waytu($externe); // Affiche "Si tu me cherches, je suis dehors"
echo  $externe," <br />"; // Affiche "dehors"
?>
</div>
</body>
</html>
```

Le script affiche donc :

```
Si tu me cherches, je suis dedans
dedans
Si tu me cherches, je suis dehors
dehors
```

Si vous souhaitez utiliser la valeur d'une variable globale dans le corps d'une fonction, il vous faut déclarer cette variable dans le corps de la fonction en la faisant précéder du mot-clé global pour les versions de PHP antérieures à la 4.1 et, de manière plus élégante depuis, en utilisant le tableau associatif superglobal $GLOBALS. Les clés de ce dernier sont les noms des variables globales du script sans le signe "$".

Pour utiliser la valeur de la variable globale $mavar, vous écrivez par exemple :

```
$GLOBALS["mavar"]
```

L'exemple 7-10 illustre l'emploi de variables globales dans une fonction pour rédiger un message. La fonction message() utilise le paramètre $machin, qui contient le nom d'une ville, et les valeurs des variables globales $truc et $intro déclarées de deux manières différentes.

☞ **Exemple 7-10. Utilisation de variables globales dans une fonction**

```
<!DOCTYPE html>
<html lang="fr">
<head>
<meta http-equiv="Content-Type" content="text/html;charset=UTF-8" />
<title>Fonctions utilisant des variables globales</title>
</head>
```

```
<body>
<div>
<?php
function message($machin)
{
   global $truc;
   $machin = $GLOBALS['intro']." je suis $truc $machin <br />";
   $truc = "zzzzzzzzzzzzzzzzzzzzzz !";
   return $machin;
}
$intro= "Ne me cherches pas,";
$truc = " parti ";
echo message(" à Londres");
$intro= "Si tu me cherches,";
$truc=" revenu ";
echo message(" de Nantes");
echo $truc;
?>
</div>
</body>
</html>
```

Le script retourne le résultat suivant :

```
Ne me cherches pas, je suis partie à Londres
Si tu me cherches, je suis revenue de Nantes
zzzzzzzzzzzzzzzzzzzzzz!
```

Chaque modification de la valeur des variables $truc et $intro est sensible dans la fonction message(). En particulier, la modification de la variable globale $truc dans le corps de la fonction est répercutée dans le reste du script, ce qui peut créer un danger si vous n'y prenez garde.

Par précaution, il est recommandé de n'utiliser les variables globales dans une fonction que comme source de donnée et de ne pas modifier leur valeur. Si, comme il convient, vous prenez la bonne habitude de constituer des bibliothèques de fonctions externes, le code de celles-ci n'est plus visible directement. L'utilisation de variables globales risque d'opérer des modifications sans qu'elles soient visibles. La recherche d'erreurs peut alors devenir difficile.

Les variables statiques

Lors de l'appel d'une fonction, les variables locales utilisées dans le corps de la fonction ne conservent pas la valeur qui leur est affectée par la fonction. La variable redevient en quelque sorte vierge après chaque appel.

Pour conserver la valeur précédemment affectée entre deux appels d'une même fonction, il faut déclarer la variable comme statique en la faisant précéder du mot-clé static, et ce avant de l'utiliser dans le corps de la fonction. Le deuxième appel de la fonction peut réutiliser la valeur qu'avait la variable après le premier appel de la fonction, et ainsi de suite à chaque nouvel appel.

L'utilisation typique des variables statiques concerne les fonctions qui effectuent des opérations de cumul. Une variable déclarée comme static ne conserve toutefois une valeur que pendant la durée du script. Lors d'une nouvelle exécution de la page, elle reprend sa valeur initiale. Il ne faut donc pas compter sur cette méthode pour transmettre des valeurs d'une page à une autre, même si ces dernières appellent la même fonction contenant des variables statiques.

Dans l'exemple suivant :

```
function acquis($capital,$taux)
{
   static $acquis;
//corps de la fonction
   }
```

la variable $acquis n'a pas de valeur initiale et doit être affectée dans la suite du code. Par contre, vous pouvez lui donner une valeur initiale lors de sa déclaration en écrivant :

```
function acquis($capital,$taux)
{
   static $acquis=1;
//corps de la fonction
   }
```

L'exemple 7-11 crée une fonction acquis() qui affiche successivement les valeurs acquises d'un placement réalisé à un taux fixe. L'utilisateur choisit le capital et le taux dans deux champs texte d'un formulaire de saisie, nommés capital et taux.

Vous utilisez dans le corps de la fonction deux variables statiques, $acquis et $an, qui représentent le coefficient multiplicateur du prêt et la durée du placement. Entre chaque appel de la fonction, ces variables conservent leur valeur pour permettre d'afficher la valeur acquise année après année à l'aide d'une boucle.

La fonction retourne la valeur acquise totale à chaque appel et crée une boîte d'alerte en JavaScript contenant la même valeur du capital acquis.

La partie HTML du fichier consiste uniquement en la création du formulaire de saisie des informations nécessaires au calcul du placement.

☞ **Exemple 7-11. Utilisation d'une variable statique**

```
<!DOCTYPE html>
<html lang="fr">
<head>
<meta http-equiv="Content-Type" content="text/html;charset=UTF-8" />
<title>Variables statiques</title>
</head>
<body>
<form method="post" action="exemple7.11.php" >
```

```
<fieldset>
<legend>Placements</legend>
<p>Indiquez votre CAPITAL :
<input type="number" name="capital" step="1000"/></p>
<p>Indiquez votre TAUX en % :
<input type="number" name="taux" step="0.1"/></p>
<input type="submit" name="calcul" value="CALCULER"/><br />
</fieldset>
</form>
</body>
</html>

<?php
// Définition de la fonction
function acquis($capital,$taux)
{
  static $acquis=1;
  static $an=1;
  $coeff = 1+$taux/100;
  $acquis *= $coeff;
  echo "<script type=\"text/javascript\" > alert('En $an ans vous aurez "
  ➡. round($capital*$acquis,2) ." euros') </script>";
  $an++;
  return round($capital*$acquis,2);
}

// Utilisation de la fonction
if(isset($_POST["taux"])&& isset($_POST["capital"])&& is_numeric($_POST["capital"])
➡&& is_numeric($_POST["taux"]))
{
  for($i=1;$i<5;$i++)
  {
    echo "Au bout de $i ans vous aurez ". acquis($_POST["capital"],$_POST["taux"])
    ➡. " euros <br />";
  }
}
?>
```

La figure 7-4 donne un aperçu du formulaire de saisie ainsi que de l'affichage des résultats dans la page.

Passer des arguments par référence

Dans les définitions des fonctions que vous venez de créer, les arguments sont passés par valeur. C'est donc une copie de ces variables qui est utilisée par la fonction. En aucun cas les modifications de la valeur des paramètres ne sont visibles à l'extérieur de la fonction.

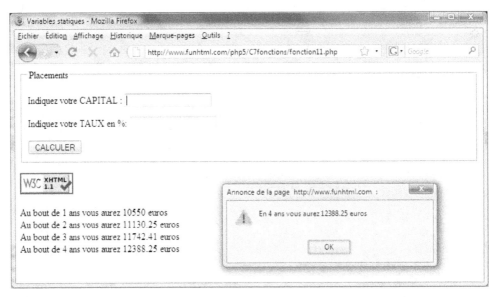

Figure 7-4

Utilisation des variables statiques dans un formulaire de saisie

Comme vous l'avez vu au chapitre 2 pour l'affectation des variables par référence, il est possible de passer à une fonction un argument par référence. Dans ce cas, les modifications effectuées dans le corps de la fonction sont répercutées à l'extérieur.

Vous avez le choix entre deux possibilités, passer des arguments par référence de façon systématique (voir l'exemple 7-12) et passer des arguments par référence occasionnellement (voir l'exemple 7-13).

Si vous voulez que le passage des arguments par référence soit fait systématiquement, il vous faut faire précéder les paramètres que vous désirez passer par référence du signe & dans la définition de la fonction elle-même.

Vous utilisez pour cela la syntaxe suivante :

```
function nom_fonction(&$param1,&$param2,....)
{
//corps de la fonction
}
```

Il n'y a pas obligation de passer tous les paramètres par référence dans la même fonction, et vous pouvez n'en passer qu'une partie. Dans l'exemple 7-12, la fonction prod() reçoit comme paramètre un tableau passé par référence et un coefficient passé par valeur. La fonction vérifie d'abord que chaque élément du tableau est numérique. Si tel est le cas, il est multiplié par le coefficient passé en second paramètre.

La fonction retourne ensuite un tableau contenant ces nouvelles valeurs, ou, si un seul des éléments n'est pas numérique, retourne FALSE.

L'ensemble des résultats du script montre que le tableau passé en paramètre a été modifié et qu'il est le même que celui retourné par la fonction (la variable $result). En pratique, il serait inutile de retourner une valeur dans le corps de la fonction. Remarquez bien en revanche que toutes les valeurs initiales sont perdues.

☞ **Exemple 7-12. Passage d'arguments par référence**

```php
<!DOCTYPE html>
<html lang="fr">
<head>
<meta http-equiv="Content-Type" content="text/html;charset=UTF-8" />
<title>Passage par référence</title>
</head>
<body>
<div>

<?php
// Définition de la fonction
function prod(&$tab,$coeff)
{
  foreach($tab as $cle=>$val)
  {
    if(is_numeric($val))
    {$tab[$cle]*=$coeff;}
    else
    {
      echo "Erreur : Le tableau est non numérique <br />";
      return FALSE;
    }
  }
  return $tab;
}
echo "Tableau numérique <br />";
$tabnum = range(1,7);
echo "Tableau avant l'appel <br />",print_r( $tabnum),"<br />";
// Passage du tableau à la fonction
$result= prod($tabnum,3.5);
echo "Tableau résultat <br />",print_r( $result),"<br />";
echo "Tableau initial après l'appel <br />",print_r( $tabnum),"<br />";
echo "Tableau alphabétique <br />";
$tabalpha= range("A","F");
$resultal=prod($tabalpha,3); // Retourne FALSE
echo "Tableau après l'appel <br />",print_r( $tabalpha),"<br />";
?>
</div>
</body>
</html>
```

Le script retourne le résultat suivant :

```
Tableau numérique
Tableau avant l'appel
Array ( [0] => 1 [1] => 2 [2] => 3 [3] => 4 [4] => 5 [5] => 6 [6] => 7 ) 1
Tableau résultat
Array ( [0] => 3.5 [1] => 7 [2] => 10.5 [3] => 14 [4] => 17.5 [5] => 21 [6] => 24.5 ) 1
Tableau initial après l'appel
Array ( [0] => 3.5 [1] => 7 [2] => 10.5 [3] => 14 [4] => 17.5 [5] => 21 [6] => 24.5 ) 1
Tableau alphabétique
Erreur : Le tableau est non numérique
Tableau après l'appel
Array ( [0] => A [1] => B [2] => C [3] => D [4] => E [5] => F ) 1
```

Cas particuliers

Dans cette section, nous allons examiner divers cas particuliers qui peuvent se révéler utiles. À savoir les fonctions dynamiques, les fonctions conditionnelles, les fonctions définies à l'intérieur d'une autre fonction et les fonctions récursives.

Les fonctions dynamiques

Les fonctions que vous avez écrites jusqu'à présent ont un nom fixe et bien défini dans les scripts. La lecture du script permet de connaître immédiatement la fonction appelée. PHP offre la possibilité de travailler avec des noms de fonctions dynamiques, qui peuvent être variables et donc dépendants de l'utilisateur du site ou de l'interrogation d'une base de données.

Pour réaliser cette opération, il faut que le nom de la fonction — sans les parenthèses ni les paramètres — soit contenu dans une variable de type chaîne de caractères. Pour utiliser la fonction il n'y a plus ensuite qu'à faire suivre cette variable de parenthèses et de ses paramètres éventuels.

Le code suivant :

```php
$ch ="phpinfo";
$ch();
```

équivaut au code :

```php
phpinfo()
```

qui appelle directement la fonction phpinfo().

De même, le code suivant :

```php
$ch = "date";
echo $ch(" D d/M/Y H:i:s ");
```

permet d'appeler la fonction date() avec comme paramètre la chaîne "D d/M/Y H:i:s".

Il est envisageable de créer un tableau de chaînes contenant des noms de fonctions et d'appeler celles-ci en écrivant le nom de l'élément du tableau suivi de parenthèses et de paramètres s'il en existe.

Le code suivant :

```php
<?php
$tabfonc= array("phpinfo","date");
$tabfonc[0]();
echo $tabfonc[1]("D d m Y H:i:s");
?>
```

serait ainsi l'équivalent des précédents.

Pour illustrer les possibilités des fonctions dynamiques, l'exemple 7-13 crée un formulaire de saisie permettant à l'utilisateur d'entrer un nom de fonction native de PHP et la valeur d'un paramètre. L'envoi du formulaire provoque l'affichage de la valeur désirée.

Le formulaire contient deux zones de saisie de texte. La première, nommée `"fonction"`, permet la saisie du nom de la fonction, et la seconde, nommée `"param"`, de la valeur du paramètre.

Le code contenu dans l'attribut `value` des éléments `<input />` (repères ❶) permet de conserver l'état du formulaire avant son envoi et donc de réafficher les données saisies par l'utilisateur.

Le code PHP de gestion du formulaire vérifie d'abord l'existence d'une saisie de nom de fonction et d'un paramètre (repère ❷) puis, s'ils existent, vérifie que la fonction choisie existe en PHP (ou dans le script lui-même repère ❸) puis, selon les cas, affiche la valeur désirée (repère ❹) ou un message d'erreur (repère ❺).

☞ **Exemple 7-13. Fonctions dynamiques**

```html
<!DOCTYPE html>
<html lang="fr">
<head>
<meta http-equiv="Content-Type" content="text/html;charset=UTF-8" />
<title>Fonctions dynamiques</title>
</head>
<body>
<form method="post" action="exemple7.13.php" >
<fieldset>
<legend>Choisissez votre fonction et son paramètre</legend>
<input type="text" name="fonction" value="<?= isset($_POST["fonction"]) ?
➥$_POST["fonction"] : "" ?>"/>←❶
<input type="text" name="param" value="<?= isset($_POST["param"]) ?
➥$_POST["param"] : "" ?>"/>←❶
<input type="submit"  value="Calculer"/>
</fieldset>
</form>
<!-- Code PHP : gestion du formulaire-->
<?php
```

```
if((isset($_POST["fonction"])&& $_POST["fonction"]!="") && $_POST["param"]!="")←❷
{
  $fonction = $_POST["fonction"];
  $param = $_POST["param"];
  if(function_exists($fonction))←❸
  {
    echo "Résultat : $fonction($param) = ",$fonction($param);←❹
  }
  else echo "ERREUR DE FONCTION!";←❺
}
?>
</body>
</html>
```

La figure 7-5 montre le résultat obtenu en choisissant la fonction log.

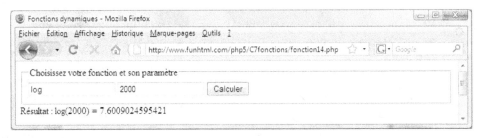

Figure 7-5

Utilisation de fonctions dynamiques

Les fonctions conditionnelles

Une fonction est dite conditionnelle si elle est définie à l'intérieur d'un bloc if. Sa création se réalise alors de la même façon que pour une fonction ordinaire, mais elle n'est utilisable que si l'instruction if qui la contient a été exécutée et, bien sûr, si l'expression conditionnelle contenue dans if a la valeur booléenne TRUE. Ces conditions étant remplies, la fonction peut être appelée normalement dans tout le code qui suit la condition if.

L'exemple 7-14 illustre cette possibilité. L'appel de la fonction ordinaire test() (repère ❶) montre que l'on peut l'appeler alors même qu'elle n'est définie qu'en fin de script (repère ❼), ce que nous avons déjà vu. Par contre, l'appel de la fonction salut() en début de script (repère ❷) provoquerait une erreur fatale (message: Fatal error: Call to undefined function salut()) et donc l'arrêt immédiat du script. Cette fonction est en effet conditionnelle et n'est accessible que lorsque le script atteint la ligne du if (repère ❹) qui vérifie si l'heure obtenue par la fonction date() (repère ❸ : voir le chapitre 8 pour plus de détails sur son fonctionnement) est inférieure à 18. Dans ce cas la fonction salut() est définie (repère ❺). Notre exemple pourrait s'arrêter là mais, dans le but d'éviter l'erreur fatale signalée ci-dessus, nous utilisons un bloc else (repère ❻) qui crée une autre version de la fonction salut() quand la condition if n'est pas vérifiée. L'appel de cette fonction est alors possible en fin de script (repère ❽)

☞ **Exemple 7-14. Fonctions conditionnelles**

```php
<?php
test();←❶
//salut(); // Cet appel provoquerait une erreur fatale←❷
$heure=date("H");←❸
// Définition d'une fonction conditionnelle
if($heure<18)←❹
{
  function salut()←❺
  {
    echo "Bonjour : Fonction accessible seulement avant 18h00 <br />";
  }
}
else←❻
{
  function salut()
  {
    echo "Bonsoir : Fonction accessible seulement après 18h00 <br />";
  }

}
// Définition d'une fonction ordinaire
function test()←❼
{
  echo "Fonction accessible partout <br />";
  return TRUE;
}
salut();←❽
?>
```

Testé après 18h00, le script affichera :

```
Fonction accessible partout
Bonsoir : Fonction accessible seulement après 18h00
```

Fonction définie dans une autre fonction

Dans le cas d'une fonction définie à l'intérieur d'une autre fonction, le code de création de la fonction n'est plus dans un bloc if mais dans le bloc qui constitue le corps d'une autre fonction. La fonction incluse n'est alors utilisable que si celle qui la contient a été appelée une fois, sinon PHP lève une erreur fatale. L'inconvénient de cette méthode est que la fonction « conteneur » ne doit être appelée qu'une seule et unique fois, sinon nous obtenons à nouveau une erreur fatale pour cause de redéfinition de la fonction incluse ce qui, avouons-le, rend cette fonctionnalité un peu dangereuse. L'exemple 7-15 illustre cette possibilité de création de fonction. Le script contient la définition de la fonction parent() (repère ❷) qui contient elle-même la définition de la fonction enfant() (repère ❸). L'appel de cette dernière en début de script provoquerait une erreur fatale (repère ❶) mais, lorsque que la fonction `parent()` a été appelée une fois (repère ❹), la fonction `enfant()` peut être appelée autant de fois que l'on veut (repères ❺ et ❻).

☞ **Exemple 7-15. Fonction incluse dans une autre**

```php
<?php
//enfant();//ERREUR FATALE ←❶
function parent() ←❷
{
   echo "Bonjour les enfants ! <br />";
   function enfant() ←❸
   {
   echo "Bonsoir papa !<br />";
   }
}
parent(); ←❹
enfant(); ←❺
enfant(); ←❻
?>
```

Le script affiche les résultats suivants :

```
Bonjour les enfants !
Bonsoir papa !
Bonsoir papa !
```

Les fonctions récursives

Une fonction est dite récursive si, à l'intérieur de son corps, elle s'appelle elle-même avec une valeur de paramètre différent (sinon elle boucle). Chaque appel constitue un niveau de récursivité. L'exemple le plus classique est celui de la fonction qui retourne la factorielle d'un nombre entier *n* (notée *n!* que nous avons déjà calculée d'une manière différente à l'exemple 7-7). Pour calculer *n!*, une fonction récursive calcule n × (n – 1)!, ce qui implique un nouvel appel de la fonction factorielle et ainsi de suite jusqu'à calculer 1! (par définition 0! = 1), puis on remonte jusqu'à *n!*.

Ce qui donne, par exemple, le code suivant :

```php
<?php
function facto($n)
{
   if ($n==1) return 1;
   else {return $n*facto($n-1);}
}
echo "factorielle = ",facto(150);
?>
```

Un grand autre classique de la récursivité est la programmation du jeu dit des tours de Hanoï. Imaginé par le mathématicien français Édouard Lucas, il consiste à déplacer des disques de diamètres croissants d'un piquet de « départ » à une piquet d'« arrivée » en passant par un piquet « intermédiaire » et ceci en un minimum de coups, sachant qu'on ne peut déplacer qu'un disque à la fois et que celui-ci ne peut être placé que sur un disque plus grand que lui ou sur un piquet vide. Au départ les disques sont empilés sur un des piquets en ordre décroissant. La figure 7-6 présente une configuration de départ avec six disques.

Figure 7-6

Les tours de Hanoï

Pour programmer le jeu, les piquets seront numérotés de 1 à 3 de gauche à droite, et on remarquera que le piquet intermédiaire a le numéro 6 – « départ » – « arrivée ». Quand le nombre de disques est faible (au minimum 3) il est assez aisé de gagner mais, lorsqu'il augmente, ceci demande un peu de réflexion car il faut parvenir au résultat en un minimum de coups. Pour une quantité N de disques, ce nombre de coups minimum est toujours égal à $2^N - 1$. Comme pour la factorielle, l'idée générale pour effectuer une action pour N disques est de la réaliser d'abord pour N – 1 disques, puis pour N – 2 et ainsi de suite jusqu'à un seul disque ce qui constitue une action élémentaire facile. On remonte alors pas à pas jusqu'à N. Pour déplacer, par exemple, trois disques du piquet 1 vers le piquet 2 on effectue les opérations suivantes :

```
Déplacez un disque du piquet 1 vers le piquet 2
Déplacez un disque du piquet 1 vers le piquet 3
Déplacez un disque du piquet 2 vers le piquet 3
Déplacez un disque du piquet 1 vers le piquet 2
Déplacez un disque du piquet 3 vers le piquet 1
Déplacez un disque du piquet 3 vers le piquet 2
Déplacez un disque du piquet 1 vers le piquet 2
```

L'exemple 7-16 donne le code de résolution du jeu. S'il reste un disque à déplacer nous avons l'action élémentaire du départ vers l'arrivée (repère ❶) sinon il faut déplacer N – 1 disques du départ vers l'intermédiaire (repère ❷) puis N-1 disques de l'intermédiaire vers l'arrivée (repère ❸).

Exemple 7-16. Les tours de Hanoï

```php
<?php
function hanoi($nb,$dep,$arr)
{
  if ($nb==1) echo "Déplacez un disque du piquet $dep vers le piquet
  ➡$arr <br />"; ←❶
```

```
  else
  {
    $inter=6-$dep-$arr;
    hanoi($nb-1,$dep,$inter); ←❷
    echo "Déplacez un disque du piquet $dep vers le piquet $arr <br />";
    hanoi($nb-1,$inter,$arr); ←❸
  }
}
hanoi(4,1,2);
?>
```

L'affichage des opérations réalisées pour déplacer quatre disques du piquet 1 vers le piquet 2 est le suivant :

```
 1 Déplacez un disque du piquet 1 vers le piquet 3
 2 Déplacez un disque du piquet 1 vers le piquet 2
 3 Déplacez un disque du piquet 3 vers le piquet 2
 4 Déplacez un disque du piquet 1 vers le piquet 3
 5 Déplacez un disque du piquet 2 vers le piquet 1
 6 Déplacez un disque du piquet 2 vers le piquet 3
 7 Déplacez un disque du piquet 1 vers le piquet 3
 8 Déplacez un disque du piquet 1 vers le piquet 2
 9 Déplacez un disque du piquet 3 vers le piquet 2
10 Déplacez un disque du piquet 3 vers le piquet 1
11 Déplacez un disque du piquet 2 vers le piquet 1
12 Déplacez un disque du piquet 3 vers le piquet 2
13 Déplacez un disque du piquet 1 vers le piquet 3
14 Déplacez un disque du piquet 1 vers le piquet 2
15 Déplacez un disque du piquet 3 vers le piquet 2
```

Il comporte bien 15 déplacements (soit $2^4 - 1$) et on peut remarquer que les lignes paires du déplacement hanoi(4,1,2) correspondent au déplacement hanoi(3,1,2).

Exercices

Exercice 1

Créez une fonction PHP qui affiche une boîte d'alerte à partir de la fonction JavaScript dont la syntaxe est alert("chaine_de caractères"). Cette fonction peut être appelée avec comme paramètre le texte du message à afficher. Elle est particulièrement utile pour afficher des messages d'erreur de manière élégante, sans que ces derniers restent écrits dans la page.

Exercice 2

Écrivez une fonction de lecture de tableaux multidimensionnels en vous inspirant de l'exemple 7-3. L'affichage se fait sous forme de tableau HTML dont les titres sont les clés des tableaux.

Exercice 3

Écrivez une fonction qui retourne la somme de la série de terme général $u_n = x^{2n+1}/n!$. Les paramètres de la fonction sont n pour le nombre d'itérations et d pour le nombre de décimales affichées pour le résultat. Il est possible de réutiliser la fonction prod() présentée dans ce chapitre pour calculer la factorielle $n!$.

Exercice 4

Écrivez une fonction dont le paramètre passé par référence est un tableau de chaînes de caractères et qui transforme chacun des éléments du tableau de manière que le premier caractère soit en majuscule et les autres en minuscules, quelle que soit la casse initiale des éléments, même si elle est mixte.

Exercice 5

À partir de la fonction sinus de PHP, écrivez une fonction qui donne le sinus d'un angle donné en radian, en degré ou en grade. Les paramètres sont la mesure de l'angle, et l'unité est symbolisée par une lettre. Le deuxième paramètre doit avoir une valeur par défaut correspondant aux radians.

Exercice 6

Créez une fonction de création de formulaires comprenant une zone de texte, une case d'option *(radio button)*, un bouton submit et un bouton reset. Choisissez comme paramètres les attributs des différents éléments HTML en cause. Chaque appel de la fonction doit incorporer le code HTML du formulaire à la page.

Exercice 7

Décomposez la fonction précédente en plusieurs fonctions, de façon à constituer un module complet de création de formulaire. Au total, il doit y avoir une fonction pour l'entête du formulaire, une pour le champ texte, une pour la case d'option, une pour les boutons submit et reset et une pour la fermeture du formulaire. Incorporez ces fonctions dans un script, et utilisez-les pour créer un formulaire contenant un nombre quelconque de champ de saisie de texte et de cases d'option.

Exercice 8

Programmez les coefficients du binôme (ou triangle de Pascal). Pour mémoire, il s'agit de la suite suivante :

1

1 2 1

1 3 3 1

1 4 6 4 1

etc.

La première colonne et la diagonale valent toujours 1 et chaque autre élément est égal à la somme de celui qui est au-dessus et de celui qui se trouve sur la diagonale gauche (par exemple 3=2+1 ou bien 6=3+3).

8

Dates et calendriers

Les fonctions de date de PHP permettent d'afficher le jour, la date et l'heure sur les pages web, qu'elles soient statiques ou créées dynamiquement.

La gestion du temps se révèle non moins utile pour déterminer la durée de validité des cookies, stocker dans une base de données des informations de date de commande ou calculer un délai.

Les dates

La révolution du système décimal, il y a deux siècles, n'a pas atteint la gestion du temps. Vieux des premiers âges babyloniens, le système sexagésimal, consistant à diviser le jour en vingt-quatre heures de soixante minutes de soixante secondes, continue donc d'empoisonner nos calculs de durée.

Les informaticiens ne pouvaient se contenter d'un système dans lequel l'ajout d'une seconde peut amener à changer d'heure, de jour, d'année et même de siècle ou de millénaire. Pour pallier les difficultés de ce système, les informaticiens ont défini une date d'origine arbitraire, correspondant au 1er janvier 1970 00 h 00 m 00 s. À partir de cette date, le temps est compté en secondes. Ce nombre de secondes est nommé timestamp, ou instant Unix.

> **Timestamp négatif**
>
> L'inconvénient de ce système est de fournir des timestamps négatifs pour les dates antérieures à l'origine. De plus, sous Windows, aucune des fonctions de date de PHP n'accepte comme paramètres les instants Unix négatifs, alors que les serveurs sous Linux les autorisent.

La fonction time(), que vous utiliserez souvent par la suite, retourne le timestamp de l'instant présent. Cette valeur n'est pas affichée au visiteur du site. Elle sert seulement d'intermédiaire sous-jacent pour calculer des durées et déterminer des dates futures ou passées. Le timestamp est alors passé à d'autres fonctions, qui réalisent l'affichage en clair de la date désirée. Un timestamp permet par ailleurs de stocker plus facilement une date à un seul nombre et constitue le moyen le plus sûr pour conserver une date dans une base de données.

L'exemple 8-1 montre la manière d'utiliser cette fonction pour afficher le timestamp en cours directement avec la fonction time() (repère ❶) ainsi que celui de dates futures (repère ❷) et passées (repère ❸). Il suffit pour cela d'ajouter ou d'enlever le nombre de secondes désiré. Pour calculer le nombre d'heures ou de jours correspondant au timestamp de l'instant en cours, il suffit de diviser la valeur donnée par la fonction time() par 3 600 pour le nombre d'heures (repère ❹) et par 3 600 puis 24 pour le nombre de jours (repère ❺).

Décalage horaire

Le timestamp retourné par la fonction time() est bien sûr celui qui est calculé côté serveur. Il n'est pas forcément identique à celui du poste client. Il faut donc tenir compte du décalage horaire éventuel.

☞ **Exemple 8-1. La fonction *time()***

```php
<?php
echo "À cet instant précis le timestamp est : ", time(),"<br />";  ←❶
echo "Dans 23 jours le timestamp sera : ", time()+23*24*3600,
➡ "<br />"; ←❷
echo "Il y a 12 jours le timestamp était : ", time()-12*24*3600,"<br />";  ←❸
echo"Nombre d'heures depuis le 1/1/1970 = ",round(time()/ 3600),"<br />";  ←❹
echo"Nombre de jours depuis le 1/1/1970 = ",round(time()/3600/ 24),"<br />";  ←❺
?>
```

Le résultat obtenu à l'instant du test est le suivant :

```
À cet instant précis le timestamp est : 1355753711
Dans 23 jours le timestamp sera : 1357740911
Il y a 12 jours le timestamp était : 1354716911
Nombre d'heures depuis le 1/1/1970 = 376598
Nombre de jours depuis le 1/1/1970 = 15692
```

Les fonctions abordées dans les sections qui suivent vous permettront de trouver à quelle date précise ce test a été effectué.

La fonction microtime() fournit également le nombre de secondes et de microsecondes de l'instant en cours, mais en retournant non pas un nombre décimal mais une chaîne de caractères commençant par le nombre de microsecondes suivi du nombre de secondes. Cela est dû au manque de précision des nombres décimaux de type double, qui ne permettent pas d'afficher suffisamment de chiffres significatifs. Il faut donc extraire les renseignements utiles de la chaîne à l'aide de la fonction substr(), qui découpe la chaîne en deux sous-chaînes.

Si le nombre de microsecondes ne présente aucun intérêt pour l'utilisateur, il se révèle en revanche très utile pour calculer des temps d'exécution. Le script de l'exemple 8-2 extrait les renseignements fournis par la fonction microtime()(repères ❶ et ❷). Il calcule ensuite la durée d'exécution du script après l'ajout d'une boucle (repère ❸), destinée à augmenter le temps d'exécution. Cette durée étant inférieure à la seconde, le calcul ne se fait que sur le nombre de microsecondes. Pour les durées plus longues, il faudrait calculer le nombre de secondes et de microsecondes.

Si le nombre final est inférieur au nombre initial, la durée calculée est négative et donc fausse. Il est toutefois possible d'obtenir un résultat juste dans tous les cas en utilisant l'opérateur conditionnel ?, comme dans le code suivant :

```php
$duree=($duree>0) ? ($duree):(1000000+$duree);
```

☞ **Exemple 8-2. Calcul de durée en microseconde**

```php
<?php
//La fonction microtime()
$temps = microtime();
echo "Chaîne microtime = ", $temps,"<br />";
//Lecture du nombre de microsecondes
$microsec= (integer)substr($temps,2,6); ←❶
//Lecture du nombre de secondes
$sec = substr($temps,11,10); ←❷
echo "À la microseconde près le timestamp est : $sec.$microsec secondes<br />";
echo "Le nombre de microsecondes est : $microsec µs<br />";
echo "Le nombre de secondes est : $sec secondes<br />";
$x=0;
//Boucle pour perdre du temps
for($i=0;$i<200000;$i++) ←❸
{$x+=$i;}
//Temps final
$tempsfin=microtime();
$microsecfin = substr($tempsfin,2,6);
$duree=$microsecfin-$microsec;
$duree=($duree>0) ? ($duree):(1000000+$duree);
echo "Temps d'exécution du script=", $duree," microsecondes";
?>
```

L'exemple retourne le résultat suivant :

```
Chaîne microtime = 0.84041800 1355753787
À la microseconde près le timestamp est : 1355753787.840418 secondes
Le nombre de microsecondes est : 840418 µs
Le nombre de secondes est : 1355753787 secondes
Temps d'exécution du script=90996 microsecondes
```

Ralentir un script

Ce n'est généralement pas le but d'un programmeur, mais il peut être utile de retarder l'exécution d'un script. Il suffit d'appeler la fonction `sleep(integer N)`, qui crée un délai de *N* secondes. Pour créer un délai en microseconde, il faut utiliser la fonction `usleep(integer N)` en indiquant le nombre de microsecondes *N*.

Définir une date

La fonction `time()` ne donne que le timestamp de l'instant en cours et se montre inadaptée pour créer des dates déterminées antérieures ou postérieures. Pour cela, il faut avoir recours à la fonction `mktime()`, dont la syntaxe est la suivante :

```
int mktime(int heure, int minute, int seconde, int mois, int jour, int année,
int été)
```

La fonction retourne le timestamp correspondant à la date définie par les valeurs entières passées en paramètres. La signification de ces valeurs est évidente, à l'exception de la dernière, qui doit valoir 1 pour l'heure d'hiver, 0 pour l'heure d'été et − 1, valeur par défaut, si vous ne savez pas. Comme expliqué précédemment, il est impossible de définir des dates antérieures au 1er janvier 1970 sur un serveur sous Windows.

Pour gérer des dates GMT, vous disposez de la fonction `gmmktime()`, dont la syntaxe est la suivante :

```
int gmmktime(int heure, int minute, int seconde, int mois, int jour, int année,
int été)
```

Cette fonction retourne le timestamp correspondant à la date GMT. Elle peut servir à corriger la date et l'heure fournies par un serveur hébergé, par exemple, aux États-Unis. Les valeurs passées en paramètres sont identiques à celles de la fonction `mktime()`.

L'exemple 8-3 définit une date passée à l'aide de la fonction `mktime()` (repère ❶) et calcule la durée écoulée jusqu'à l'instant présent (repère ❷). Ces opérations sont répétées pour une date future (repères ❸ et ❹). La fonction `gmmktime()` mesure ensuite le décalage horaire du serveur par rapport à l'heure GMT (repères ❺ et ❻).

☞ **Exemple 8-3. Définition de dates et calcul de durées**

```
<!DOCTYPE html>
<html lang="fr">
 <head>
  <meta http-equiv="Content-Type" content="text/html;charset=UTF-8" />
<title>Dates et durées</title>
</head>
<body>
<div>
<?php
// La fonction mktime()
$timepasse= mktime(12,5,30,5,30,1969);←❶
```

```
$timeaujour = time();
$duree = $timeaujour-$timepasse;←❷
echo "Entre le 30/05/1969 à 12h05m30s et maintenant, il s'est écoulé ",$duree," secondes <br />";
echo "Soit ",round($duree/3600), " heures <br />";
echo "Ou encore ",round($duree/3600/24)," jours <br />";
$timefutur = mktime(12,5,30,12,25,2012);
$noel = $timefutur-$timeaujour;←❸
echo "Plus que ",$noel, "secondes entre maintenant et Noël, soit ",round($noel/3600/24),
➥" jours, Patience ! <br />";←❹
// La fonction gmmktime()
$timepassegmt = gmmktime(12,5,30,5,30,1969);←❺
echo "Timestamp serveur pour le 30/5/1969= ",$timepasse,"<br />";
echo "Timestamp GMT pour le 30/5/1969= ",$timepassegmt,"<br />";
echo "Décalage horaire = ",$timepasse-$timepassegmt," secondes<br />";←❻
?>
</div>
</body>
</html>
```

L'exemple retourne le résultat suivant sur un serveur Linux :

```
Entre le 30/05/1969 à 12h05m30s et maintenant, il s'est écoulé 1374373066 secondes
Soit 381770 heures
Ou encore 15907 jours
Plus que 682934 secondes entre maintenant et Noël, soit 8 jours, Patience !
Timestamp serveur pour le 30/5/1969= -18618870
Timestamp GMT pour le 30/5/1969= -18615270
Décalage horaire = -3600 secondes
```

Sur un serveur Windows, le même script affiche l'erreur suivante, qui confirme que les timestamps négatifs n'y sont pas admis :

```
Warning: mktime(): Windows does not support negative values for this function in c:\
eyrolles\php5\c8dates\date8.3.php on line 11
```

Vérifier une date

Dans un formulaire complété par un visiteur, il n'est pas rare que celui-ci indique une date, ne serait-ce que sa date de naissance. Même si une expression régulière peut vous permettre de vérifier si la saisie répond à un format imposé, par exemple JJ/MM/AAAA, elle ne peut vérifier si la date indiquée existe ou si le nombre des jours et celui des mois sont inversés.

Il peut être opportun dans de tels cas d'utiliser la fonction checkdate(), dont la syntaxe est la suivante :

```
boolean checkdate(int mois, int jour, int année)
```

La fonction checkdate() retourne une valeur booléenne TRUE si la date existe et FALSE dans le cas contraire.

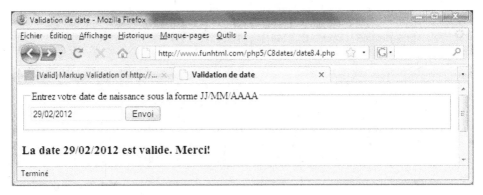

Figure 8-1

Le formulaire de vérification des dates

Dans l'exemple 8-4, la chaîne de caractères contenue dans la variable $_POST["date"] après l'envoi du formulaire est décomposée grâce à la fonction explode(). Chaque élément de la date (jour, mois, année) est récupéré dans un élément de tableau (repère ❶). Les éléments $tabdate[1], $tabdate[0] et $tabdate[2] contiennent respectivement le jour, le mois et l'année saisies par l'utilisateur. Ces données sont ensuite passées comme arguments à la fonction checkdate() dans l'ordre « mois, jour, année » pour respecter la syntaxe de la fonction (repère ❷). Un message s'affiche selon que la date est valide ou non (repères ❸ et ❹).

☞ **Exemple 8-4. Formulaire de vérification de date**

```
<!DOCTYPE html>
<html lang="fr">
 <head>
  <meta http-equiv="Content-Type" content="text/html;charset=UTF-8" />>
<title>Validation de date</title>
</head>
<body>
<form method="post" action="<?= $_SERVER["PHP_SELF"] ?>" >
<fieldset>
<legend>Entrez votre date de naissance sous la forme JJ/MM/AAAA</legend>
<input type="text" name="date" />
<input type="submit" value="Envoi"/>
</fieldset>
</form>
<?php
// checkdate
if(isset($_POST["date"]))
{
  $date=$_POST["date"];
  $tabdate=explode("/",$date);←❶
```

```
    if(!checkdate($tabdate[1],$tabdate[0],$tabdate[2]) )←❷
    {echo "<hr /> La date $date n'est pas valide. Recommencez ! <hr />";}←❸
    else {echo "<h3> La date $date est valide. Merci !</h3>";}←❹
}

?>
</body>
</html>
```

Afficher une date en clair

La fonction date() permet d'afficher une date selon des paramètres plus lisibles qu'un timestamp Unix. Sa syntaxe est la suivante :

```
string date(string format_de_date,[int timestamp])
```

Elle retourne une chaîne contenant des informations de date dont la mise en forme est définie par des caractères spéciaux (voir leur signification au tableau 8-1). La date retournée correspond à celle du timestamp passé en deuxième paramètre ou, si ce dernier est omis, à celle de l'instant en cours.

Pour afficher un des caractères spéciaux du tableau 8-1 indépendamment de sa fonction de formatage, il faut le faire précéder d'un antislash. Par exemple, \h affiche le caractère « h » et non le nombre d'heure. Pour afficher les caractères « n » et « t », il faut écrire \\n et \\t car \n et \t sont employés pour le saut de ligne et la tabulation.

Tableau 8-1 – Caractères de définition du format d'affichage

Caractère de définition	Définition et résultat affiché
y	L'année en deux chiffres (05 pour 2005)
Y	L'année en quatre chiffres (2005)
L	Affiche 1 si l'année est bissextile et 0 sinon.
m	Le mois en deux chiffres de 01 à 12
n	Le mois en un ou deux chiffres de 1 à 12
M	Le mois en trois lettres (en anglais)
F	Le mois en toutes lettres (en anglais)
t	Le nombre de jours du mois de 28 à 31
d	Le jour du mois en deux chiffres de 01 à 31
j	Le jour du mois en un chiffre de 1 à 31
D	Le jour de la semaine en trois lettres (en anglais)
l (petit L)	Le jour de la semaine en toutes lettres (en anglais)
w	Le jour de la semaine codé de 0 pour dimanche à 6 pour samedi
S	Affiche le suffixe anglais « th » ou « nd » après les chiffres du jour.
z	Le jour de l'année de 0 à 366

Tableau 8-1 – Caractères de définition du format d'affichage *(suite)*

g	Les heures de 1 à 12 (avec AM et PM)
h	Les heures de 01 à 12 (avec AM et PM)
G	Les heures de 0 à 23
H	Les heures sur deux chiffres de 00 à 23
a	Ajoute « am » pour le matin ou « pm » pour l'après-midi.
A	Ajoute « AM » pour le matin ou « PM » pour l'après-midi.
i	Les minutes en deux chiffres de 00 à 59
s	Les secondes en deux chiffres de 00 à 59
U	Affiche le timestamp Unix.
Z	Donne le décalage horaire par rapport au temps GMT ou UTC en seconde, de – 43 200 à 43 200.
T	Affiche la ville significative du fuseau horaire, par exemple « Paris, Madrid ».
I	Affiche 0 pendant l'heure d'hiver et 1 pendant l'heure d'été.
r	Affiche la date complète au format RFC 822, par exemple: « Sun, 13 Apr 2003 22:34:46 +0200 ».
B	Heure Internet Swatch : invention de la société Swatch selon laquelle 24 heures sont divisées en 1 000 éléments nommés « beats ». Par exemple, midi vaut 500 beats.

Par exemple, pour obtenir l'affichage :

```
Aujourd'hui Monday, 17 December 2012 il est 23:36:27
```

vous écrivez :

```
echo "Aujourd'hui ",date("l, d F Y \i\l \e\s\\t H:i:s ");
```

La fonction date() tient compte de l'heure d'été.

L'exemple ci-dessous utilise la fonction date() pour des timestamps futurs (repère ❶) et passés (repère ❷) :

```
echo "Dans 40 jours, nous serons le ",date("l, d F Y H:i:s", time()+40*3600*24);←❶
echo "Il y 24 jours, nous étions le ",date("l, d F Y H:i:s",time()-24*3600*24),"<br />";←❷
```

L'exemple retourne le résultat suivant :

```
Dans 40 jours, nous serons le Saturday, 26 January 2013 23:36:27
Il y 24 jours, nous étions le Friday, 23 November 2012 23:36:27
```

La fonction date() permet de récupérer des informations numériques individuelles en n'utilisant qu'un seul caractère dans la chaîne de formatage.

Par exemple :

```
$numjour = date("w");
```

récupère le numéro du jour de la semaine, de 0 pour dimanche à 6 pour samedi ;

```
$nummois=date("n");
```

récupère le numéro du mois de 1 à 12 ;

```
$bissext=date("L");
```

récupère la valeur 1 si l'année est bissextile et 0 dans le cas contraire.

L'exemple ci-dessous :

```
$bissext=(bool) date("L");
if($bissext) {echo "L'année ",date("Y")," est bissextile";}
else {echo "L'année ",date("Y")," n'est pas bissextile";}
```

retourne le résultat suivant :

```
L'année 2012 est bissextile
```

La fonction getdate()

Contrairement à la fonction date(), getdate() ne retourne pas une chaîne de caractères mais un tableau contenant toutes les informations de date.

Sa syntaxe est la suivante :

```
array getdate([int timestamp])
```

Si le paramètre timestamp est omis, la fonction getdate() retourne les informations sur la date en cours.

Le tableau retourné est un tableau associatif, dont les clés sont fournies au tableau 8-2.

Tableau 8-2 – Clés du tableau retourné par la fonction *getdate()*

Clé	Description
wday	Le jour de la semaine sous forme d'entier de 0 (dimanche) à 6 (samedi)
weekday	Le jour de la semaine sous forme de chaîne (en anglais)
mday	Le jour du mois sous forme d'entier de 0 à 31
mon	Le mois sous forme d'entier de 1 à 12
month	Le mois sous forme de chaîne (en anglais)
year	L'année en entier sur 4 chiffres
hours	L'heure de 0 à 23
minutes	Les minutes de 0 à 59
seconds	Les secondes de 0 à 59
yday	Le jour de l'année de 1 à 366
0	Le timestamp correspondant à la date

La récupération des informations se fait en deux temps, l'appel de la fonction getdate()
puis la lecture des éléments du tableau retourné.

L'exemple ci-dessous :

```
$jour = getdate();
echo "Aujourd'hui {$jour["weekday"]} {$jour["mday"]} {$jour["month"]}
➥{$jour["year"]}";
```

affiche le résultat suivant :

```
Aujourd'hui Monday 17 December 2012
```

Afficher la date en français

Comme vous venez de le voir, les fonctions getdate() et date() affichent les noms des
jours et des mois en anglais. Une première manière d'obtenir un affichage en français
consiste à utiliser ces fonctions d'une manière détournée.

Vous créez pour cela deux tableaux indicés, $semaine et $mois, destinés à contenir respectivement les noms des jours et des mois en français. Pour un site multilingue, vous
pouvez créer autant de tableaux que de langues désirées. Il vous suffit ensuite de récupérer les données numériques du jour de la semaine, avec date("j") ou $tab["wday"] si
$tab=getdate(), puis du numéro de mois, avec date("n") ou $tab["mon"], qui vous serviront d'indice pour lire le jour et le mois à partir des tableaux $semaine et $mois.

Pour obtenir l'affichage suivant :

```
Aujourd'hui Lundi 17 Décembre
```

au lieu de « Monday 17 December », vous écrivez :

```
$jour = getdate();
echo "Aujourd'hui ", $semaine[$jour['wday']], $jour["mday"],
➥$mois[$jour['mon']] ,"<br>";
```

ou :

```
echo "Aujourd'hui ",$semaine[date('w')], date("d"), $mois[date('n')];
echo $semaine[date('w')],$mois[date('n')];
```

L'exemple 8-5 donne l'ensemble du code nécessaire pour afficher une date en français
avec les fonctions getdate() (repère ❶) et date()(repère ❷).

☞ **Exemple 8-5. Affichage d'une date en français avec date() et getdate()**

```
<?php
// Date en français
$jour = getdate();
echo "Anglais : Aujourd'hui {$jour["weekday"]} {$jour["mday"]} {$jour["month"]}
➥{$jour["year"]} <br />";
$semaine = array(" dimanche "," lundi "," mardi "," mercredi "," jeudi ",
➥" vendredi "," samedi ");
```

```
$mois =array(1=>" janvier "," février "," mars "," avril "," mai "," juin ",
➡ " juillet "," août "," septembre "," octobre "," novembre "," décembre ");
// Avec getdate()
echo "Français : Avec getdate() : Aujourd'hui ", $semaine[$jour['wday']]
➡ ,$jour['mday'], $mois[$jour['mon']], $jour['year'],"<br />"; ←❶
// Avec date()
echo "Français : Avec date() : Aujourd'hui ", $semaine[date('w')] ," ",date('j'),"
➡ ", $mois[date('n')], date('Y'),"<br />"; ←❷
?>
```

L'exemple retourne le résultat suivant :

```
Anglais : Aujourd'hui Monday 17 December 2012
Français : Avec getdate() : Aujourd'hui lundi 17 décembre 2012
Français : Avec date() : Aujourd'hui lundi 17 décembre 2012
```

L'affichage de la date en français se retrouvant fréquemment sur toutes les pages d'un même site, il est dommage de réécrire le même code dans chaque page. Dans un but de modularisation du code, il est préférable de créer une fonction personnalisée.

C'est l'objet de l'exemple 8-6, qui crée une fonction datefr() pour afficher le jour et le mois en français et un paramètre $njour pour afficher la date située un nombre de jours donné après la date en cours. Ce paramètre ayant par défaut la valeur 0, l'appel de datefr() sans paramètre affiche la date du jour.

☞ **Exemple 8-6. Création d'une fonction de date en français**

```php
<?php
//***************************************************
//Définition d'une fonction d'affichage en français
//***************************************************
function datefr($njour=0)
{
  $timestamp=time() + $njour*24*3600;
  $semaine = array(" dimanche "," lundi "," mardi "," mercredi "," jeudi ",
  ➡ " vendredi "," samedi ");
  $mois =array(1=>" janvier "," février "," mars "," avril "," mai "," juin ",
  ➡ " juillet "," août "," septembre "," octobre "," novembre "," décembre ");
  $chdate= $semaine[date('w',$timestamp)] ." ".date('j',$timestamp)." ".
  ➡ $mois[date('n',$timestamp)];
  return $chdate;
}
?>
```

Vous pouvez utiliser cette fonction dans n'importe quel script en l'incluant avec include().

Par exemple, le code suivant :

```php
<?php
include("exemple8.6.php");
echo "Aujourd'hui :",datefr(),"<br />";
echo "Dans 45 jours : ",datefr(45),"<br />";
?>
```

affiche, comme le script 8-5, le résultat suivant :

```
Aujourd'hui : lundi 17 décembre
Dans 45 jours : jeudi 31 janvier
```

Proche de la fonction date() par son fonctionnement, la fonction strftime() permet d'afficher, en anglais, les informations de date composées à l'aide des caractères spéciaux du tableau 8-3. Sa syntaxe est la suivante :

```
string strftime(string format_de_date, int timestamp)
```

Tableau 8-3 – Caractères de formatage de la fonction *strftime()*

Caractère	Description
%a	Jour de la semaine abrégé
%A	Jour de la semaine en entier
%b	Mois abrégé
%B	Mois en entier
%c	Affiche la date et l'heure au format local (exemple 24/12/2013 15:32:52 si la langue est le français).
%C	Numéro du siècle
%d	Jour du mois numérique de 01 à 31
%D	Équivalent de l'ensemble "%m%d%y"
%e	Jour du mois de 1 à 31 précédé d'une espace
%h	Équivalent de %b
%H	Nombre d'heures de 00 à 23
%I	Nombre d'heures de 00 à 12 (voir %p pour afficher am ou pm)
%j	Numéro du jour de l'année de 1 à 366
%m	Numéro du mois de 1 à 12
%M	Nombre de minutes de 0 à 59
%n	Saut de ligne
%p	Affiche « am » ou « pm » selon l'heure
%S	Nombre de secondes
%t	Équivalent de la tabulation /t
%T	Équivalent de l'ensemble "%H:%M:%S"
%u	Le jour de la semaine de 1 pour lundi à 7 pour dimanche (attention cette notation est différente de celle des fonctions date et getdate).
%U	Numéro de la semaine (la première semaine commençant avec le premier dimanche de l'année, les jours qui précèdent ne comptent pas).
%V	Numéro de la semaine ISO de 01 à 53. La première semaine est celle qui a plus de 4 jours ; le lundi est le premier jour de la semaine.

Tableau 8-3 – Caractères de formatage de la fonction *strftime()* (suite)

%w	Le jour de la semaine de 0 pour dimanche à 6 pour samedi
%W	Numéro de la semaine (la première semaine commençant avec le premier lundi de l'année, les jours qui précèdent ne comptent pas).
%x	Affiche la date au format local défini par setlocale(). Exemple JJ/ MM/AAAA.
%X	Affiche l'heure au format local défini par setlocale(). Exemple HH:MM:SS.
%y	L'année sur deux chiffres de 00 à 99
%Y	L'année sur quatre chiffres
%Z	Les villes correspondant au fuseau horaire
%%	Affiche le caractère « % » seul.

La fonction gmstrftime() fournit les mêmes résultats en heure GMT. Pour afficher l'équivalant de ces dates en français (ou dans une autre langue), il suffit d'utiliser auparavant la fonction setlocale() selon la syntaxe suivante :

```
string setlocale(int constante, string lang)
```

La constante prend les valeurs LC_ALL ou LC_TIME dans le contexte temporel et pour paramètre lang le code de la langue désirée, par exemple "fr" pour le français.

Pour adapter automatiquement l'affichage de la date à la langue du navigateur, qui n'est pas forcément celle du pays, vous pouvez récupérer ce paramètre de langue à l'aide de la variable $_SERVER["HTTP_ACCEPT_LANGUAGE"].

L'exemple 8-7 utilise cette propriété pour afficher la date en français puis en italien après avoir configuré le navigateur dans cette langue. L'utilisation conjointe des fonctions strftime() et setlocale() est très pratique, mais il vous appartient de vérifier qu'elles marchent sur votre serveur distant, en particulier la fonction setlocale(), car ce n'est pas toujours le cas.

La langue est d'abord définie avec le paramètre "fr" (repère ❶). Le script affiche ensuite en français la date complète en heure locale (repère ❷) puis en GMT (repère ❸). La variable $lang récupère la valeur prioritaire du navigateur (repère ❹), puis l'affichage se fait en italien (repère ❺).

☞ **Exemple 8-7. Affichage de la date avec *setlocale()* et *strftime()***

```php
<?php
//*****************************
//Avec setlocale() et strftime()
//*****************************
echo "fonction strftime() et setlocale() <br />";
setlocale (LC_ALL, "fr"); ←❶
echo "Français : Aujourd'hui",strftime(" %A %d %B %Y %H h %M m %S s %Z",time()),
➡ "<br />"; ←❷
```

```
echo "Français GMT : Aujourd'hui",gmstrftime(" %A %d %B %Y %H h %M m %S s %Z",
time()),"<br />"; ←❸
$lang = $_SERVER["HTTP_ACCEPT_LANGUAGE"]; ←❹
echo "Langue utilisée par le navigateur = ",$lang,"<br />";
setlocale (LC_ALL, $lang);
echo "Italiano : ",strftime(" %A %d %B %Y %H h %M m %S s",time()),"<br />"; ←❺
?>
```

Le script retourne le résultat suivant :

```
Fonctions strftime() et setlocale()
Français : Aujourd'hui vendredi 14 décembre 2012 23 h 53 m 46 s Paris, Madrid (heure d'été)
Français GMT : Aujourd'hui vendredi 14 décembre 2012 21 h 53 m 46 s Paris, Madrid
Langue utilisée par le navigateur = it,fr;q=0.5
Italiano : venerdì 14 dicembre 2012 23 h 53 m 46 s
```

Les fonctions de calendrier

L'extension nommée calendar installée par défaut dans PHP propose quelques autres fonctions, plus anecdotiques que les précédentes, comme la fonction easter_date(), qui retourne le timestamp du jour de Pâques de l'année passée en paramètre et dont la syntaxe est la suivante :

```
int easter_date(int année)
```

Cette fonction permet de fabriquer un calendrier complet pour une année donnée, les autres fêtes religieuses des mois suivants étant calculées par rapport à la date de Pâques, ou encore de prévoir vos week-ends des années futures.

En écrivant, par exemple :

```
echo "Pâques 2014 sera le : ",date( "d F Y", easter_date(2014));
```

vous obtenez l'affichage suivant :

```
Pâques 2014 sera le : 19 April 2014
```

Le calendrier actuel, dit grégorien, a été instauré en 1582 en Europe continentale et en 1753 au Royaume-Uni et dans le Commonwealth. Auparavant, c'était le calendrier Julien, instauré par Jules César, qui gouvernait le temps. L'usage de ces calendriers permet de gérer des dates antérieures à l'epoch Unix (origine des timestamps au 1er janvier 1970).

Pour contourner le problème de non-prise en charge d'une date antérieure à 1970 sous Windows, par exemple, vous pouvez utiliser des fonctions qui font appel au calendrier Julien. La fonction gregoriantojd(), dont la syntaxe est la suivante :

```
int gregoriantojd ( int mois, int jour, int année)
```

retourne le nombre de jours du calendrier Julien. Utilisée comme paramètre pour d'autres fonctions, elle se révèle fort utile.

L'exemple suivant :

```
divers jddayofweek ( int jour_julien, int mode)
```

retourne le jour de la semaine sous la forme d'un entier de 0 (dimanche) à 6 (samedi) si le paramètre mode vaut 0 et sous la forme d'une chaîne de caractères en anglais s'il vaut 1. Cette fonction vous permet, comme à l'exemple 8-8, de connaître la date de naissance d'une personne née avant le 1er janvier 1970 ou le jour d'un évènement historique dont vous saisissez le jour du mois, le mois et l'année dans un formulaire (repères ❶, ❷ et ❸). Dans cet exemple, vous utilisez en outre un tableau pour traduire les jours de la semaine en français (repère ❹).

☞ **Exemple 8-8. Recherche d'un jour de semaine antérieur à 1970**

```
<!DOCTYPE HTML PUBLIC "-//W3C//DTD HTML 4.01//EN"
"http://www.w3.org/TR/html4/strict.dtd">
<html>
<head>
<meta http-equiv="Content-Type" content="text/html; charset=iso-8859-1">
<title>Quel jour c'était ?</title>
</head>
<body>
<h1> Quel jour c'était ? </h1>
<form method="post" action="<?= $_SERVER["PHP_SELF"] ?>" >
<fieldset>
<legend>Quel jour c'était ? </legend>
Jour   <input type="text" name="jour" /><br> ←❶
Mois  <input type="text" name="mois" /><br> ←❷
Année<input type="text" name="an" /><br> ←❸
<input type="submit" name="envoi" value="Calculer"/><br>
</fieldset>
</form>
<?php
//Utiliser un formulaire de saisie de date et donner le jour de la semaine
if(isset($_POST["envoi"]))
{
//Récupération des valeurs
$jour= $_POST["jour"];
$mois= $_POST["mois"];
$an= $_POST["an"];
//Transformation Grégorien/Julien
$jd = gregoriantojd($mois,$jour,$an);
//Traduction en français
$semaine = array("Sunday"=>" dimanche ","Monday"=>" lundi ","Tuesday"=>" mardi ",
➡ "Wednesday"=>" mercredi ","Thursday"=>" jeudi ","Friday"=>" vendredi ",
➡ "Saturday"=>" samedi "); ←❹
```

```
//Affichage du résultat
echo "<h2>Le $jour/$mois/$an était un ",$semaine[jddayofweek($jd,1)],"</h2>";
}
?>
</body>
</html>
```

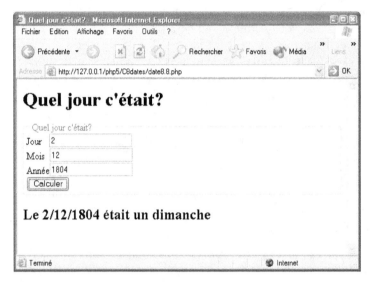

Figure 8-2

Calcul d'un jour de semaine antérieur à 1970

D'autres fonctions anecdotiques fournissent les mois des calendriers julien, juif ou révolutionnaire, qui permettent de comprendre, par exemple, pourquoi la révolution russe, dite d'octobre 1917 dans le calendrier Julien en vigueur alors en Russie, a eu lieu en novembre dans le calendrier grégorien en vigueur en France, ou de savoir quel jour a eu lieu le coup d'État de Bonaparte le 18 Brumaire an VIII (9 novembre 1799) ou la chute de Robespierre le 9 Thermidor an II (27 juillet 1794).

Mémo des fonctions

`bool checkdate (int mois, int jour, int annee)`

Vérifie la validité de la date définie à l'aide des paramètres mois, jour, annee.

`string date(string format, int timestamp)`

Retourne en clair la date composée des informations indiquées dans la chaîne de formatage (voir le tableau 8-1).

`array getdate(int timestamp)`

Retourne un tableau associatif contenant toute information de date correspondant au timestamp (voir le tableau 8-2).

```
array gettimeofday()
```

Retourne un tableau associatif dont les clés sont `sec`, `usec`, `minuteswest` et `dsttime` correspondant respectivement au nombre de secondes et de microsecondes et au décalage horaire par rapport à l'heure GMT. L'élément de clé `dsttime` vaut 1 pour l'heure d'hiver et 0 en été. Les valeurs sont celles du serveur.

```
string gmdate(string format, int timestamp)
```

Identique à la fonction `date()` mais avec des données GMT

```
int gmmktime(int heure,int minute,int seconde, int mois, int jour, int annee, int hiver)
```

Retourne le timestamp GMT correspondant à l'instant défini par les paramètres. L'entier `hiver` vaut 1 pour l'heure d'hiver et 0 sinon.

```
string Gmstrftime(string format, int timesatmp)
```

Identique à `strftime()` mais en heure GMT

```
string microtime()
```

Retourne une chaîne composée du nombre de microsecondes suivi d'une espace puis du nombre de secondes de l'instant présent.

```
int mktime(int heure,int minute,int seconde, int mois, int jour, int annee, int hiver)
```

Retourne le timestamp (en heure locale du serveur) correspondant à l'instant défini par les paramètres. L'entier `hiver` vaut 1 pour l'heure d'hiver et 0 sinon.

```
string Strftime(string format, int timestamp)
```

Retourne un tableau associatif contenant toutes les informations de date correspondant au timestamp (voir le tableau 8-3).

```
int time()
```

Retourne le timestamp de l'instant en cours sur le serveur.

Exercices

Exercice 1

Après avoir consulté le résultat affiché par l'exemple 8-1, déterminez la date et l'heure de l'exécution de ce script.

Exercice 2

Calculez votre âge à l'instant en cours à la seconde près.

Exercice 3

Vérifiez si la date du 29 février 1962 a existé.

Exercice 4

Quel jour de la semaine était le 3 mars 1993 ? Affichez le résultat en français.

Exercice 5

Affichez toutes les années bissextiles comprises entre 2005 et 2052.

Exercice 6

Déterminez quel jour de la semaine seront tous les premier Mai des années comprises entre 2013 et 2020. Si le jour est un samedi ou un dimanche, affichez le message « Désolé !». Si le jour est un vendredi ou un lundi, affichez « Week-end prolongé !».

Exercice 7

L'Ascension est le quarantième jour après Pâques (Pâques compris dans les 40 jours). Calculez les dates de l'Ascension pour les années 2013 à 2020.

9

La programmation objet

Avant la version 5, PHP était loin d'être un langage de programmation orientée objet (POO), en comparaison de Java ou de C++, dont, il est vrai, la destination n'est pas la même. Dans ASP.Net, destiné typiquement au Web, toute action de programmation entraîne la création et la manipulation d'objets préexistants. Du fait de cette lacune de PHP 4, les projets de grande envergure le délaissaient au profit d'ASP.Net ou de JSP.

Les concepteurs de PHP 5 ont dû effectuer une refonte totale du modèle objet très sommaire de PHP 4 pour le rendre plus proche de celui de Java. Sans devenir un langage de POO à part entière, PHP 5 fournit néanmoins désormais les outils nécessaires à ceux qui souhaitent choisir cette orientation. La manipulation d'objets n'est pas une obligation dans la plupart des cas mais pourrait devenir une nécessité pour de gros projets.

D'ores et déjà, l'extension SimpleXML, qui permet de gérer les documents XML (voir le chapitre 19) ne fournit qu'une approche objet et aucune fonction, contrairement aux autres extensions. De son côté, la base SQLite, qui était encore accessible *via* une méthode procédurale, ne l'est plus aujourd'hui qu'au moyen d'une extension orientée objet, dont l'utilisation est recommandée ou de PDO *(PHP Data Object)*. MySQL est également engagé dans cette voie. C'est donc une tendance lourde de PHP 5. Même si on peut en discuter, il paraît évident qu'elle ne fera que s'accentuer.

Ce chapitre aborde non pas l'utilisation d'objets prédéfinis mais l'ensemble des outils qui permettent au programmeur de créer ses propres objets.

De même que vous écrivez une fonction pour effectuer une tâche répétitive, vous avez un intérêt à créer des objets pour gérer des projets complexes. Un objet correspond à la modélisation d'une entité réelle ou abstraite, par exemple, un client, l'article qu'il commande ou la commande elle même. La POO permet de modulariser le code des scripts en décomposant les données à traiter en différentes entités, chacune étant représentée par un type d'objet. Elle offre de surcroît la possibilité de réutiliser des classes déjà créées grâce au mécanisme de l'héritage, qui permet de créer de nouvelles classes à partir des classes existantes en leur ajoutant de nouvelles fonctionnalités.

Il ne s'agit pas ici, en un seul chapitre, d'aborder tous les aspects de la POO. Si vous voulez approfondir vos connaissances sur le sujet, vous pourrez vous reporter utilement au livre de Bertrand Meyer, *Conception et programmation orientées objet*, aux éditions Eyrolles, qui constitue la bible sur le sujet.

Terminologie des objets

Si vous avez déjà pratiqué d'autres langages de programmation réellement orientés objet, les notions de classe et d'objet vous sont familières. Vous pouvez donc passer directement à la section suivante, qui vous permettra de voir la manière d'implémenter les classes et les objets dans PHP.

La terminologie propre aux classes et aux objets est très variable selon les sources. Pour cette raison, il apparaît utile de préciser le vocabulaire qui sera employé dans ce chapitre.

Un objet informatique est la représentation d'un objet réel au sens large. Il peut aussi bien s'agir d'un produit commercial, d'une personne ou d'un bon de commande. Le travail d'analyse du programmeur consiste dans un premier temps à dégager les différents types d'objets qui interviennent dans son application et leurs interactions. Il lui faut ensuite décrire les caractéristiques communes à chaque type d'objet.

Chaque client d'un site de commerce en ligne, par exemple, a un nom, un prénom, une carte bancaire, une adresse, etc., mais chaque personne est différente. Quand vous modélisez un objet, ses caractéristiques sont nommées champs, attributs, membres ou propriétés, selon les auteurs. De même, un objet modélisé peut réaliser des actions. Une personne vue sous l'angle client peut effectuer les actions « commander », « déménager » ou « payer ». Ces actions, représentées par des fonctions, sont généralement nommées méthodes ou fonctions propres. Elles permettent d'agir sur les propriétés de l'objet. Vous utiliserez ici, une fois n'est pas coutume, le vocabulaire rencontré dans tous les outils de programmation Microsoft, qui consiste à définir un objet par ses propriétés et méthodes. Ce vocabulaire est également employé dans JavaScript.

Une fois les différents types d'objets d'une application dégagés, leur représentation informatique abstraite est décrite dans une classe, aux moyens de variables, qui représentent les propriétés des objets, et de fonctions, qui représentent les méthodes. Ces variables et fonctions sont propres à la classe et ne devraient généralement être accessibles qu'aux objets. C'est ce que l'on nomme l'encapsulation des données. Par abus de langage, vous rencontrerez les termes « propriétés » et « méthodes » pour une classe, alors qu'elle contiendra des variables et des fonctions. La classe est donc le niveau d'abstraction le plus élevé pour la représentation d'une famille d'objets. En langage courant, on pourrait dire que la classe est le moule général, relativement flexible, permettant la fabrication d'autant d'objets que désiré, objets du même type, mais pas nécessairement identiques.

> **Le concept de classe**
>
> Pour les amateurs de mathématiques, le concept de classe utilisé ici se rapporte à celui de classe d'équivalence pour une relation donnée.

Un *objet* est un représentant de la classe à partir de laquelle il est créé. On dit qu'il est une *instance* de cette classe. L'objet créé a des propriétés correspondant aux variables de la classe et des méthodes qui correspondent aux fonctions de la classe. Il se distingue des autres objets grâce aux valeurs de ses propriétés. Si la classe représente un client humain, elle peut avoir quelque six milliards d'instances, toutes différentes.

Le mode opératoire d'utilisation des classes et des objets dans PHP 5 doit respecter les étapes suivantes :

1. Créez une classe de base pour l'objet. Elle doit avoir autant de variables que vous désirez de propriétés pour l'objet. Elle contient les fonctions qui permettent d'agir sur les propriétés.

2. Créez autant d'objets que nécessaire à partir du modèle défini par la classe.

3. Définissez une valeur particulière pour une ou plusieurs des propriétés de chaque objet que vous venez de créer. Vous verrez que cette définition peut aussi se faire lors de la création de l'objet à l'aide d'un constructeur.

4. Utilisez les objets et manipulez-les, généralement à l'aide des méthodes définies dans la classe.

Classe et instance

Les opérations de base pour l'utilisation des objets sont la création d'une classe et la définition de ses propriétés et des méthodes qui vont permettre aux objets créés à partir de la classe d'agir sur leurs propriétés ou de communiquer avec leur environnement. Vient ensuite la création des objets proprement dits en tant qu'instances de la classe de base.

Création d'une classe

Pour créer une classe avec PHP 5, procédez de la façon suivante :

1. Déclarez la classe à l'aide du mot-clé `class` suivi du nom que vous souhaitez lui attribuer.

2. Ouvrez un bloc de code à l'aide d'une accolade ouvrante contenant l'intégralité de la définition de la classe.

3. Déclarez les variables propres de la classe comme des variables ordinaires, avec les mêmes règles de nommage et le caractère $ obligatoire. Chaque variable doit être précédée d'un modificateur d'accès précisant les possibilités d'accès à sa valeur. Nous reviendrons sur les choix possibles. Dans un premier temps, faites précéder chaque variable du mot-clé `public`. Les variables peuvent être initialisées avec des

valeurs de n'importe quel type reconnu par PHP. En particulier, une variable peut être utilisée comme un tableau créé à l'aide de la fonction `array()`. L'utilisation d'autres fonctions PHP ou d'expressions variables est en revanche interdite pour affecter une valeur à une variable. Le nombre de variables déclarées dans une classe n'est pas limité.

Le mot-clé *var*

Dans PHP 4, les variables de classe devaient être précédées du mot-clé `var`. Il est toujours possible de l'employer, mais c'est déconseillé dans PHP 5. Dans PHP 4, l'absence du mot-clé `var` provoque immédiatement une erreur fatale et l'arrêt du script.

---

4. Déclarez les fonctions propres de la classe en suivant la même procédure que pour les fonctions personnalisées à l'aide du mot-clé `function`, précédé, comme les variables, d'un spécificateur d'accès (par défaut le mot-clé `public`). Le nom des fonctions propres ne doit pas être le même que celui de la classe qui les contient, faute de quoi la fonction concernée aura un rôle particulier, comme vous le verrez ultérieurement dans ce chapitre. Il ne doit pas non plus commencer par deux caractères de soulignement (_), cette notation étant réservée à certaines fonctions particulières de PHP 5.

5. Terminez le bloc de code de la classe par une accolade fermante.

Attention

Le bloc de code de la classe ne doit rien comporter d'autre que ce qui est indiqué ci-dessus. En particulier, il ne doit contenir aucune fonction ou instruction PHP située en dehors des fonctions propres de la classe ou de la déclaration des variables.

L'ensemble de ces étapes est résumé dans la syntaxe générale de création d'une classe de l'exemple 9-1.

PHP 5 permet de définir des constantes propres à la classe à l'aide du mot-clé `const` suivi du nom de la constante puis de sa valeur. Ces constantes peuvent avoir le même nom que d'autres qui auraient été définies en dehors d'une classe avec la fonction `define()`. En contrepartie, elles ne sont pas accessibles à l'extérieur de la classe avec leur seul nom (voir plus loin la notation ::).

☞ **Exemple 9-1. Création d'une classe type**

```php
<?php
class ma_classe
{
  //Définition d'une constante
  const lang="PHP 5"; ←❶
  //Définition des variables de la classe
  public $prop1; ←❷
  public $prop2 ="valeur"; ←❸
  public $prop3 = array("valeur0","valeur1"); ←❹
  //Initialisation interdite avec une fonction PHP
```

```php
//public $prop4= date("  d : m : Y"); Provoque une erreur fatale
//************************************
//Définition d'une fonction de la classe
public function ma_fonction($param1,$paramN) ←❺
{
  //Corps de la fonction
}
}
//fin de la classe
?>
```

Dans ce code, la variable `$prop1` est déclarée mais pas initialisée (repère ❶), la variable `$prop2` est déclarée et initialisée avec une valeur de type `string` (repère ❷), et la variable `$prop3` est un tableau initialisé en utilisant la fonction `array()` (repère ❸).

La classe contient de plus une fonction nommée `ma_fonction()` déclarée `public`, qui a la structure habituelle d'une fonction personnalisée et dont le corps peut utiliser des appels de fonctions natives de PHP.

L'exécution de ce code ne provoque aucun résultat visible, comme il se doit.

L'exemple 9-2 présente la création d'une classe représentative d'une action boursière contenant des informations générales sur chaque action. La classe étant un modèle général, elle peut s'appliquer à toutes les actions cotées, quelle que soit la Bourse concernée. Vous l'enrichirez par la suite avec d'autres propriétés et d'autres méthodes que celles de la classe d'origine. La classe nommée `action` contient une constante nommée `PARIS` définissant l'adresse de la Bourse de Paris (repère ❶), deux variables non initialisées, `$nom` (repère ❷), qui contiendront l'intitulé de l'action boursière, et `$cours` (repère ❸), qui en contiendra le prix, ainsi qu'une variable `$bourse` initialisée à la valeur `"Bourse de Paris"`, qui représentera la place boursière par défaut (repère ❹).

Chaque variable peut donc avoir une valeur par défaut définie dans la classe de base, mais la valeur de chacune des propriétés reste entièrement modifiable pour chaque objet créé à partir de la classe, comme vous le verrez par la suite.

La classe `action` contient également une fonction propre définie par `info()`, qui, selon l'heure d'exécution du script et le jour de la semaine, indique si les bourses de Paris et de New York sont ouvertes ou non (repère ❺). Cette fonction n'utilise pour l'instant aucune des variables de la classe.

☞ Exemple 9-2. Création d'une classe *action*

```php
<?php
class action
{
  //Constante
  const PARIS="Palais Brognard"; ←❶
  //variables propres de la classe
  public $nom; ←❷
  public $cours; ←❸
  public  $bourse="bourse de Paris "; ←❹
```

```
//fonction propre de la classe
public function info() ←❺
{
  echo "Informations en date du ",date("d/m/Y H:i:s"),"<br>";
  $now=getdate();
  $heure= $now["hours"];
  $jour= $now["wday"];
  echo "<h3>Horaires des cotations</h3>";
  if(($heure>=9 && $heure <=17)&& ($jour!=0 && $jour!=6))
  {  echo "La Bourse de Paris est ouverte <br>";   }
  else
  {  echo "La Bourse de Paris est fermée <br>";   }
  if(($heure>=16 && $heure <=23)&& ($jour!=0 && $jour!=6) )
  {  echo "La Bourse de New York est ouverte <hr>";   }
  else
  {  echo "La Bourse de New York est fermée <hr>";   }
}
}
?>
```

Le rôle de la POO étant de créer des bibliothèques de classes réutilisables par n'importe quel script, enregistrez le code de la classe action dans un fichier séparé. Pour l'utiliser, créez un fichier séparé (l'exemple 9-3) destiné à utiliser cette classe en incorporant son code à l'aide de la fonction require(). Cette pratique est fortement recommandée.

☞ **Exemple 9-3. Tentative d'utilisation de la classe *action***

```
<?php
require("objet2.php"); ←❶
echo "Constante PARIS =",PARIS,"<br />"; ←❷
echo "Nom = ",$nom,"<br />"; ←❸
echo "Cours= ",$cours,"<br />"; ←❹
echo "Bourse= ",$bourse,"<br />"; ←❺
//info(); //L'appel de info()Provoque une erreur si vous décommentez la ligne ←❻
action::info();//fonctionne ←❼
echo "Constante PARIS =",action::PARIS,"<br />"; ←❽
?>
```

Le résultat obtenu est le suivant :

```
Constante PARIS = PARIS
Nom =
Cours=
Bourse=
Informations en date du 12/02/2013 18:20:22
Horaires des cotations
La Bourse de Paris est fermée
La Bourse de New York est ouverte
Constante PARIS =Palais Brognard
```

Le code définissant la classe incorporée à l'exemple 9-3 (repère ❶) est bien une entité à part entière dans celui du script. En effet, vous constatez en exécutant le script que les variables et les fonctions créées dans le corps de la classe ne sont pas accessibles dans le reste du code du script, même si elles se situent après la définition de la classe. La tentative d'affichage de la constante (repère ❷) et des variables de la classe (repère ❸, ❹ et ❺) ne produit aucun affichage. Cela n'a rien d'exceptionnel pour les variables $nom et $cours, puisqu'elles sont vides, mais est plus significatif pour la variable $bourse, car vous lui avez attribué une valeur lors de sa déclaration.

Pire encore, si vous tentez d'utiliser la fonction info() de la classe action comme une fonction ordinaire (repère ❻), vous obtenez pour toute réponse le triste message suivant :

```
"Fatal error: Call to undefined function info() in c:\wamp5\www\php5\C9objets\
objet3.php on line 7 "
```

Cela vous indique que PHP ne reconnaît pas la fonction appelée et qu'il la considère comme non déclarée. Pour pouvoir l'utiliser en dehors de la création d'un objet instance de la classe action, il vous faut faire appel à la syntaxe particulière suivante :

```
nom_classe::nom_fonction();
```

en précisant éventuellement ses paramètres, s'ils existent. Cela vous permet d'utiliser les fonctions propres d'une classe en dehors de tout contexte objet si elles sont déclarées public. Dans l'exemple 9-3, en écrivant en fin de script (repère ❼) le code suivant :

```
action::info();
```

vous obtenez bien les informations que fournit l'exécution de la fonction info(), sans avoir créé le moindre objet.

De même, vous pouvez accéder à la constante définie dans la classe en utilisant la même syntaxe en dehors de la classe (repère ❽) :

```
echo "Constante PARIS =",action::PARIS,"<br />";
```

qui affichera bien « Palais Brognard ».

Dans la pratique professionnelle, vous avez toujours intérêt à séparer en deux fichiers distincts le code de création des classes et celui qui les utilise. Cela vous permet de réutiliser la même classe dans plusieurs scripts sans avoir à recopier le code de chacun d'eux.

Créer un objet

Vous venez de voir comment créer une classe, mais votre script ne dispose d'aucune fonctionnalité ni variable supplémentaire, ce qui a toutes les chances de produire un résultat décevant. En reprenant l'analogie avec un moule, il vous faut maintenant utiliser le moule constitué par la classe pour créer des objets.

Chaque objet créé à partir de votre classe est appelé une instance de la classe. À chaque instance correspond un objet différent. Un objet particulier est identifié par un nom de variable tel que vous avez désormais l'habitude d'en écrire et est créé à l'aide du mot-clé new selon le modèle suivant :

```
$var_objet = new nom_classe()
```

Prenez soin que le code de définition de la classe soit dans le même script ou soit inclus au début du script à l'aide des fonctions require() ou include().

À partir de maintenant, le script possède une variable $var_objet qui a les propriétés et les méthodes définies dans la classe de base.

Vous pouvez le vérifier en écrivant :

```
echo gettype($var_objet)
```

La valeur retournée par cette fonction est bien object, vous confirmant s'il en était besoin que la variable est d'un type nouveau par rapport à celles couramment utilisées jusqu'ici.

Le nom de la classe n'a pas besoin d'être défini par une expression explicite, comme vous venez de le faire, mais peut être contenu dans une variable chaîne de caractères.

La syntaxe suivante :

```
$maclasse ="nom_classe";
$var_objet = new $maclasse();
```

crée une instance de la même classe que le code précédent ce qui offre la possibilité de créer des objets dynamiquement, en fonction des saisies d'un visiteur du site par exemple.

Pour créer des objets représentant des actions boursières conformes au modèle de votre classe action, vous écrivez donc :

```
$action1 = new action();
$action2 = new action();
```

Il est possible de vérifier si un objet particulier est une instance d'une classe donnée en utilisant l'opérateur instanceof pour créer une expression conditionnelle, selon la syntaxe suivante :

```
if($objet instanceof nom_classe) echo "OK";
```

Il vous faut maintenant personnaliser vos objets afin que chacun d'eux corresponde à une action boursière particulière. Vous agissez pour cela sur les propriétés d'un objet que vous venez de créer afin de le distinguer d'un autre objet issu de la même classe.

Pour accéder, aussi bien en lecture qu'en écriture, aux propriétés d'un objet, PHP offre la syntaxe particulière suivante, propre aux variables objets. Pour utiliser la propriété déclarée dans la classe par $prop, appliquez la notation -> (caractère moins suivi du signe supérieur à) sous la forme :

```
$nom_objet->prop;
```

ou encore :

```
$nom_objet->prop[n];
```

si la propriété prop de l'objet est un tableau.

Pour appeler une méthode de l'objet, appliquez la même notation :

```
$nom_objet->nom_fonction();
```

> **Risque d'erreur**
>
> Ici, la variable est l'objet, et il n'y a jamais de signe $ devant le nom de la propriété. Par contre, les parenthèses et les paramètres éventuels de la méthode sont indispensables.

Vous pouvez afficher sa valeur ou lui en affecter une autre. Par exemple, pour afficher la valeur de la propriété bourse d'un objet de type action, vous écrivez :

```
echo $action1->bourse;
```

qui affiche la valeur par défaut « Bourse de Paris » définie dans la classe.

Pour lui affecter une nouvelle valeur, vous avez le code :

```
$action1->bourse = "New York";
```

Pour appeler la seule méthode de l'objet :

```
$action1->info()
```

> **Modifications et classe de base**
>
> La variable $bourse de la classe action a toujours la valeur Bourse de Paris. N'importe quelle nouvelle instance de la classe crée un objet qui aura encore cette valeur par défaut pour la propriété bourse. En règle générale, les modifications opérées sur un objet n'ont aucun effet sur la classe de base de l'objet.

L'exemple 9-4 donne une illustration de la création d'objets à partir de la classe action puis de la définition des propriétés et enfin de l'utilisation de ces propriétés pour un affichage d'informations.

☞ **Exemple 9-4. Création et utilisation d'objets**

```php
<?php
require("exemple9.2.php"); ←❶
// Création d'une action
$action1= new action(); ←❷
// Affectation de deux propriétés
$action1->nom = "Mortendi"; ←❸
$action1->cours = 1.15; ←❹
// Utilisation des propriétés
echo "<b>L'action $action1->nom cotée à la $action1->bourse vaut $action1->cours
➡ &euro;</b><hr>"; ←❺
// Appel d'une méthode
$action1->info(); ←❻
echo "La structure de l'objet \$action1 est : <br>";
var_dump($action1); ←❼
echo "<h4>Descriptif de l'action</h4>";
```

```
foreach($action1 as $prop=>$valeur) ←❽
{
  echo "$prop = $valeur <br />";
}
if($action1 instanceof action) echo "<hr />L'objet \$action1 est du type
↦action"; ←❾
?>
```

Le code de la classe `action` est incorporé à l'aide de la fonction `require()` (repère ❶). Vous créez ensuite une variable `$action1` (repère ❷) représentant un objet de type `action` et définissez des valeurs pour les propriétés `nom` et `cours` (repères ❸ et ❹). Ces propriétés sont lues et utilisées pour créer un affichage (repère ❺). L'appel de la méthode de l'objet permet d'obtenir des informations sur l'ouverture des bourses (repère ❻). La fonction `var_dump()` permet d'afficher, à l'usage du programmeur uniquement, le nom, le type et la valeur de chaque propriété (repère ❼).

Plus élégamment, vous pouvez lire l'ensemble des propriétés de l'objet `$action1` à l'aide d'une boucle `foreach` (repère ❽). L'utilisation de l'opérateur `instanceof` vous permet de vérifier que l'objet est bien une instance de la classe `action` (repère ❾).

La figure 9-1 donne le résultat du script.

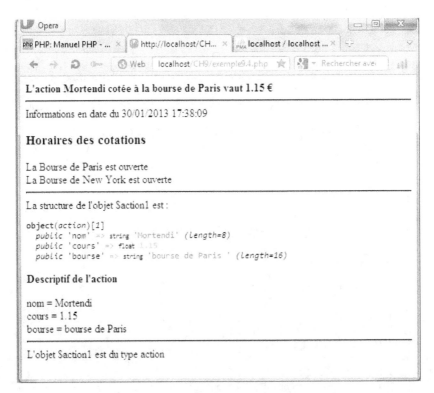

Figure 9-1

Affichage des propriétés d'un objet

Accès aux variables de la classe

Comme vous venez de le voir, les variables propres de la classe ne sont pas accessibles directement à l'extérieur du code qui définit la classe. Il est donc possible d'utiliser dans le script des variables qui ont les mêmes noms sans risquer de modifier les valeurs de celles de la classe. De même, l'accès habituel aux méthodes est impossible directement de l'extérieur de la classe. Cette particularité est nommée *encapsulation* et permet en quelque sorte de protéger la « cuisine » interne que vous avez conçue pour créer une classe.

De la même façon, si vous essayez d'utiliser dans une méthode une variable déclarée de la classe, vous n'obtenez aucun résultat.

> **Variables globales et superglobales**
>
> Il est possible d'utiliser dans une fonction propre une variable globale du script à l'aide du mot-clé `global` (voir l'exemple 9-5). Les variables superglobales de type `array`, par exemple `$_POST`, sont directement accessibles dans le corps d'une méthode.

Pour accéder à une constante de classe dans le corps d'une fonction, utilisez la syntaxe particulière suivante :

```
self::maconstante
```

ou encore :

```
nomclasse::maconstante
```

Pour accéder à cette constante à l'extérieur de la classe vous pouvez également utiliser cette dernière notation et, depuis PHP 5.3, la syntaxe suivante :

```
$classe="nomclasse";
echo $classe::maconstante;
```

Pour qu'une méthode accède aux variables déclarées dans la classe, elle doit y faire appel à l'aide de la syntaxe suivante :

```
$this->mavar
```

dans laquelle la pseudo-variable `$this` fait référence à l'objet en cours, ce qui permet d'utiliser la variable `$mavar` dans la méthode. La méthode `info()` de votre classe `action` peut maintenant être enrichie et avoir comme fonctionnalité supplémentaire d'afficher toutes les caractéristiques d'un objet `action`.

Vous pouvez, par exemple, remplacer la ligne de code :

```
echo "<b>L'action $action1->nom cotée à la bourse de $action1->bourse
➥vaut $action1->cours _</b><hr>";
```

de l'exemple 9-4 par le code suivant, qui fera partie du corps de la fonction info() :

```
if(isset($this->nom) && isset($this->cours))
{
  echo "<b>L'action $this->nom cotée à la bourse de {$this->bourse[0]}
  ➥ vaut $this->cours &euro;</b><br />";//9
}
```

La vérification de l'existence des variables permet de bloquer l'affichage dans le cas où aucun objet n'a été créé, sans pour autant empêcher l'appel de la fonction info(). La gestion de cet affichage est transférée à une méthode d'objet et ne figure plus dans le script qui crée l'objet.

Cet accès aux variables de la classe est aussi valable si l'une de ces variables est un tableau. Pour accéder à la valeur d'un des éléments du tableau, vous écrirez, par exemple :

```
$this->montab[1]
```

si la variable $montab a été déclarée dans la classe avec, par exemple, la fonction array() selon le modèle :

```
public $montab = array("valeur1","valeur2");
```

L'exemple 9-5 permet de modifier la classe action qui définit deux constantes (repères ❶ et ❷) utilisées ensuite par la méthode info() (repères ❼ et ❽). Vous y retrouvez les mêmes variables $nom, $cours et $bourse, qui est un tableau (repère ❸).

La méthode info() utilise la variable globale $client (repère ❹), qui sera définie dans le script créant un objet de type action (voir exemple 9-6), ainsi que le tableau superglobal $_SERVER pour lire le nom du serveur (repère ❺).

La lecture des éléments du tableau $bourse permet l'affichage des horaires d'ouverture des bourses (repère ❻). En cas de création d'un objet et donc de définition des valeurs de ses propriétés nom et cours, la fonction vous permet d'afficher les informations sur l'action créée (repère ❾).

☞ **Exemple 9-5. Utilisation des variables propres par une méthode**

```
<?php
class action
{
  // Définition d'une constante
  const PARIS="Palais Brognard"; ←❶
  const NEWYORK="Wall Street"; ←❷
  // Variables propres de la classe
  public $nom ;
  public $cours;
  public $bourse=array("Paris ","9h00","18h00"); ←❸
  // Fonctions propres de la classe
function info()
{
global $client; ←❹
```

```
// Utilisation de variables globales et d'un tableau superglobal
echo "<h2> Bonjour $client, vous êtes sur le serveur:
➥",$_SERVER["HTTP_HOST"],"</h2>"; ←❺
echo "<h3>Informations en date du ",date("d/m/Y H:i:s"),"</h3>";
echo "<h3>Bourse de {$this->bourse[0]} Cotations de {$this->bourse[1]}
➥à {$this->bourse[2]} </h3>"; ←❻
// Informations sur les horaires d'ouverture
$now=getdate();
$heure= $now["hours"];
$jour= $now["wday"];
echo "<hr />";
echo "<h3>Heures des cotations</h3>";
if(($heure>=9 && $heure <=17)&& ($jour!=0 && $jour!=6))
{ echo "La Bourse de Paris ( ", self:: PARIS," ) est ouverte <br>"; }←❼
else
{ echo "La Bourse de Paris ( ", self:: PARIS," ) est fermée <br>"; }
if(($heure>=16 && $heure <=23)&& ($jour!=0 && $jour!=6) )
{ echo "La Bourse de New York ( ", self:: NEWYORK," ) est ouverte <hr>"; }←❽
else
{echo "La Bourse de New York ( ", self:: NEWYORK," ) est fermée <hr>"; }
// Affichage du cours
if(isset($this->nom) && isset($this->cours))
{
  echo "<b>L'action $this->nom cotée à la bourse de  {$this->bourse[0]}
  ➥vaut $this->cours &euro;</b><br />"; ←❾
}
  }
?>
```

L'exemple 9-6 utilise cette classe pour créer des objets après l'inclusion du fichier
exemple9.5.php (repère ❶). La variable $client est initialisée et sera utilisée par la
méthode info() (repère ❷). Après la création d'un objet action (repère ❸) puis la définition de ses propriétés (repères ❹ et ❺), l'appel de la méthode info() de l'objet
(repère ❻) affiche l'ensemble des informations sur l'action créée et l'ouverture de la
Bourse. La figure 9-2 illustre le résultat obtenu.

☞ **Exemple 9-6. Création d'un objet *action***

```
<?php
require('exemple9.5.php'); ←❶
$client="Geelsen"; ←❷
$mortendi = new action(); ←❸
$mortendi->nom ="Mortendi"; ←❹
$mortendi->cours="1.76"; ←❺
$mortendi->info(); ←❻
?>
```

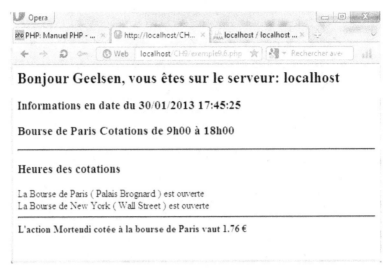

Figure 9-2

Création et utilisation d'un objet

Les modificateurs d'accessibilité

Vous avez défini jusqu'à présent des propriétés et des méthodes qui étaient accessibles librement à l'aide du mot-clé `public`. PHP 5 introduit des niveaux d'accessibilité différents pour vous permettre de limiter l'accès aux propriétés et aux méthodes et par là même de réduire le risque de modification des propriétés.

Accessibilité des propriétés

Il existe trois options d'accessibilité, qui s'utilisent en préfixant le nom de la variable de la classe. Ces options sont les suivantes :

- `public`. Permet l'accès universel à la propriété, aussi bien dans la classe que dans tout le script, y compris pour les classes dérivées, comme vous l'avez vu jusqu'à présent.

- `protected`. La propriété n'est accessible que dans la classe qui l'a créée et dans ses classes dérivées (voir la section « Héritage » de ce chapitre).

- `private`. C'est l'option la plus stricte : l'accès à la propriété n'est possible que dans la classe et nulle part ailleurs.

Le code ci-dessous teste les différents niveaux d'accessibilité aux propriétés. La classe `acces` contient trois propriétés, munies respectivement des modificateurs `public` (repère ❶), `protected` (repère ❷) et `private` (repère ❸). La méthode `lireprop()` contenue dans la classe a accès à toutes ces propriétés, et ce quel que soit le modificateur utilisé (repère ❹). La création d'un objet (repère ❺) et l'appel de cette méthode affichent l'ensemble des propriétés (repère ❻). L'appel de la propriété publique à partir de cet objet est possible et permet d'afficher sa valeur (repère ❼). Par contre, l'appel des propriétés protégées et privées (repères ❽ et ❾) provoquerait une erreur fatale.

```php
<?php
class acces
{
  // Variables propres de la classe
  public $varpub ="Propriété publique"; ←❶
  protected $varpro="Propriété protégée"; ←❷
  private $varpriv="Propriété privée"; ←❸
  function lireprop() ←❹
  {
    echo "Lecture publique : $this->varpub","<br />";
    echo "Lecture protégée : $this->varpro","<br />";
      echo "Lecture privée: $this->varpriv","<hr />";
  }
}
$objet=new acces(); ←❺
$objet->lireprop(); ←❻
echo $objet->varpub; ←❼
// echo $objet->varpriv; Erreur fatale si décommenté ←❽
// echo $objet->varpro; Erreur fatale si décommenté ←❾
?>
```

Le résultat obtenu permet de visualiser les possibilités d'accès aux propriétés :

```
Lecture publique : Propriété publique
Lecture protégée : Propriété protégée
Lecture privée : Propriété privée

Propriété publique
```

Accessibilité des méthodes

PHP 5 permet désormais de définir des niveaux d'accessibilité pour les méthodes des objets.

Vous retrouvez les mêmes modificateurs que pour les propriétés :

- `public`. La méthode est utilisable par tous les objets et instances de la classe et de ses classes dérivées.

- `protected`. La méthode est utilisable dans sa classe et dans ses classes dérivées, mais par aucun objet.

- `private`. La méthode n'est utilisable que dans la classe qui la contient, donc ni dans les classes dérivées, ni par aucun objet.

Tout appel d'une méthode en dehors de son champ de visibilité provoque une erreur fatale.

L'exemple 9-7 illustre l'emploi de ces modificateurs dans une classe. Celle-ci contient un propriété déclarée `private` (repère ❶) et trois méthodes déclarées, respectivement private (repère ❷), protected (repère ❸) et public (repère ❹). Cette dernière appelle les deux autres méthodes (repères ❺ et ❻). La création d'un objet (repère ❼) et l'appel des différentes méthodes montrent que seule la méthode publique est utilisable par un objet (repère ❽). Le fait de décommenter les deux dernières lignes du script (repères ❾ et ❿) pour utiliser les méthodes protégées et privées provoquerait une erreur fatale. Vous verrez à la section consacrée à l'héritage des exemples d'utilisation de méthodes protégées dans une sous-classe.

☞ **Exemple 9-7. Accessibilité des méthodes**

```php
<?php
class accesmeth
{
  //Variables propres de la classe
  private $code="Mon code privé"; ←❶
  //Méthodes
  //Méthode privée
  private function lirepriv() ←❷
  {
    echo "Lire privée ",$this->code,"<br />";
  }
  //Méthode protégée
  protected function lirepro() ←❸
  {
    echo "Lire protégée ",$this->code,"<br />";
  }
  //Méthode publique
  public function lirepub() ←❹
  {
    echo "Lire publique : ",$this->code,"<br />";
    $this->lirepro(); ←❺
    $this->lirepriv(); ←❻
  }
}
//************************************
//Appels des méthodes
$objet=new accesmeth(); ←❼
$objet->lirepub(); ←❽
//$objet->lirepro();//Erreur fatale ←❾
//$objet->lirepriv();//Erreur fatale ←❿
?>
```

Le résultat obtenu en décommentant l'avant-dernière ligne est le suivant :

```
Lire publique : Mon code privé
Lire protégée Mon code privé
Lire privée Mon code privé

Fatal error: Call to protected method accesmeth::lirepro() from context '' in C:\wamp\
www\CH9\exemple9.7.php on line 29
```

Propriétés et méthodes statiques

PHP 5 introduit la notion de propriété et de méthode statique, qui permet d'accéder à ces éléments sans qu'il soit besoin de créer une instance de la classe. Pour déclarer une propriété ou une méthode statique, vous devez faire suivre le mot-clé définissant l'accessibilité du mot-clé `static`.

Comme les méthodes statiques sont utilisables sans la création d'objet, vous ne devez pas utiliser la pseudo-variable `$this` pour faire référence à une propriété de la classe dans le corps de la méthode. Vous devez utiliser à la place une des syntaxes suivantes :

```
self::$propriété
```

si la méthode est celle de la même classe, ou encore :

```
nomclasse::$propriété
```

si la méthode est celle d'une autre classe.

Notez qu'il faut conserver le signe `$` pour désigner la propriété, contrairement à ce que vous faisiez précédemment.

De même, pour appeler une méthode statique de la classe à partir d'une autre méthode, vous utilisez les mêmes syntaxes, avec les mêmes conditions que ci-dessus :

```
self::$méthode()
nomclasse::$méthode()
```

Si vous créez un objet instance de la classe, la propriété déclarée `static` n'est pas accessible à l'objet en écrivant le code `$objet->propriété`. Par contre, les méthodes statiques sont accessibles par l'objet avec la syntaxe habituelle `$objet->méthode()`.

Si vous modifiez la valeur d'une propriété déclarée statique à partir d'un objet, cette modification n'est pas prise en compte par les méthodes qui utilisent cette propriété. Il y a donc un danger de confusion difficile à localiser puisque aucune erreur n'est signalée.

L'exemple 9-8 présente ces différentes caractéristiques et leur emploi. Vous y créez une classe nommée `info` contenant une propriété statique `$bourse` initialisée (repère ❶). Une méthode statique n'utilisant aucune propriété retourne simplement l'heure en cours (repère ❷). Vous créez ensuite une méthode, également statique, qui utilise la propriété `$bourse` et la méthode précédente au moyen des notations `self::` et `info::` (repère ❸).

Pour lire la propriété `$bourse` à l'extérieur de la classe, écrivez le code suivant :

```
info::$bourse (repère ❹).
```

L'appel des méthodes hors de tout contexte objet se fait de la même façon (repères ❺ et ❻).

Pour montrer le danger de l'utilisation d'une propriété statique dans un contexte objet, un objet de type `info` (repère ❼) est créé, puis une nouvelle valeur est affectée à sa propriété `bourse` (repère ❽). L'affichage de cette propriété montre que cette affectation est bien réalisée (repère ❾) mais des avertissements apparaissent cependant (voir le cadre de résultat ci-après). En revanche, l'appel de la méthode de l'objet qui utilise cette propriété permet de constater que la propriété a toujours la valeur qui a été définie dans la classe (repères ❿). Le mot static prend alors tout son sens.

Pour pallier cet inconvénient, il faudrait ajouter à la classe une méthode spéciale qui modifierait la propriété bourse de la manière suivante :

```php
public  function setbourse($val)
{
  info::$bourse=$val;
}
```

☞ **Exemple 9-8. Propriété et méthode statiques**

```php
<?php
class info
{
  //Propriété statique
  public static $bourse="Bourse de Paris"; ←❶
  //Méthodes statiques
  public  static function getheure() ←❷
  {
    $heure=date("h : m : s");
    return $heure;
  }
  public static function afficheinfo()
  {
    $texte=info::$bourse.", il est ".self::getheure(); ←❸
      return $texte;
  }
}
echo info::$bourse,"<br />"; ←❹
echo info::getheure(),"<br />"; ←❺
echo info::afficheinfo(),"<hr />"; ←❻
//Création d'un objet info
$objet=new info(); ←❼
$objet->bourse="New York"; ←❽
echo "\$objet->bourse : ",$objet->bourse,"<hr />"; ←❾
echo "\$objet->getheure() : ",$objet->getheure(),"<br />"; ←❿
echo "\$objet->afficheinfo() : ",$objet->afficheinfo(),"<br />"; ←❿
?>
```

Le résultat obtenu est le suivant :

```
Bourse de Paris
21 : 20 : 01
Bourse de Paris, il est 21 : 20 : 01

( ! ) Strict standards: Accessing static property info::$bourse as non static in
C:\wamp\www\CH9\exemple9.8.php on line 23
Call Stack
```

```
#Time          Memory        Function        Location
10.0009        254128        {main}( )       ..\exemple9.8.php:0


 $objet->bourse :
 ( 1 ) Strict standards: Accessing static property info::$bourse as non static in C:\
 wamp\www\CH9\exemple9.8.php on line 24
 Call Stack
 #Time          Memory        Function        Location
 10.0009        254128        {main}( )       ..\exemple9.8.php:0

 New York
 $objet->getheure() : 21 : 20 : 01
 $objet->afficheinfo() : Bourse de Paris, il est 21 : 20 : 01
```

Constructeur et destructeur d'objet

Dans ce qui précède, vous avez créé des objets en instanciant la classe action puis avez défini les propriétés des objets ainsi créés. Cette méthode est un peu lourde, car elle implique de définir les propriétés une par une. Il existe une façon plus élégante et plus rapide de créer des objets et de définir leurs propriétés en une seule opération. Elle consiste à créer un constructeur d'objet, qui n'est rien d'autre qu'une fonction spéciale de la classe, dont les paramètres sont les valeurs que vous voulez attribuer aux propriétés de l'objet.

PHP 5 permet désormais de créer des constructeurs unifiés avec la méthode __construct(), dont la syntaxe est la suivante :

```
void __construct(divers $argument1,…,argumentN)
```

Cette méthode, dite « méthode magique » comme toutes celles qui commencent par deux caractères de soulignement (_), porte le même nom, quelle que soit la classe, ce qui permet des mises à jour sans avoir à modifier le nom du constructeur. Elle ne retourne aucune valeur et est utilisée généralement pour initialiser les propriétés de l'objet et éventuellement pour afficher un message de bonne fin.

Elle est appelée automatiquement lors de la création d'un objet à l'aide du mot-clé new suivi du nom de la classe et des paramètres du constructeur, en utilisant la syntaxe suivante :

```
$mon_objet = new nom_classe(param1,param2,…)
```

Vous avez créé un objet nommé $mon_objet et initialisé chacune de ses propriétés avec les valeurs des paramètres passés à la fonction.

Constructeur et PHP 4

Dans PHP 4, le constructeur était une fonction qui portait simplement le même nom que la classe.

De même, vous avez la possibilité avec PHP 5 d'utiliser des destructeurs unifiés à l'aide de la fonction __destruct(), dont la syntaxe est la suivante :

```
void __destruct()
```

Elle s'utilise sans paramètre car elle n'est généralement pas appelée directement et ne retourne aucune valeur. Elle est appelée automatiquement soit après la destruction explicite de l'objet avec la fonction `unset()`, soit après la fin du script et la disparition de toutes les références à l'objet. Le corps de cette méthode contient typiquement des instructions qui permettent de gérer proprement la destruction d'un objet, comme la fermeture explicite d'un fichier (voir le chapitre 11) ou d'une connexion à une base de données (voir le chapitre 15).

Destructeur et PHP 4

Dans PHP 4, la notion même de destructeur n'existait pas. Il fallait coder spécialement les conséquences de la destruction d'un objet.

Lors de la création de sous-classes (voir la section « Héritage »), les constructeurs et destructeurs de la classe parente ne sont pas appelés implicitement, même si la classe enfant n'a pas son propre constructeur. Pour appeler explicitement le constructeur ou le destructeur de la classe parente dans la classe enfant, vous devez utiliser la syntaxe suivante :

```
parent::__construct()
parent::__destruct()
```

L'exemple 9-9 crée une nouvelle classe `action` munie de trois propriétés et d'un constructeur, qui reçoit trois paramètres, le dernier ayant une valeur par défaut (repère ❶). Vous pouvez donc créer un objet en ne précisant que les deux premiers. Le constructeur initialise les trois propriétés de l'objet (repères ❷, ❸ et ❹). Le destructeur affiche un message utilisant la propriété `propnom` et annonce la destruction de l'objet (repère ❺).

Vous créez ensuite trois objets `action` en utilisant la valeur par défaut du dernier paramètre (repère ❻) ou en passant explicitement une valeur (repères ❼ et ❽). Vous créez également une référence à l'un de ces objets (repère ❾). L'appel de la fonction `var_dump()` affiche la structure de l'objet `$alcotel` (repère ❿). La destruction explicite de cet objet entraîne l'appel du destructeur et l'affichage d'un message (repère ⓫). Par contre, la destruction explicite de l'objet `$bim` (repère ⓬) ne provoque pas l'appel du destructeur car il existe encore une référence à cet objet. En consultant l'affichage réalisé par le script, vous constatez qu'après le message de fin de script (repère ⓭), le destructeur est appelé pour les objets `$bim` et `$bouch`.

☞ **Exemple 9-9. La classe *action* munie d'un constructeur et d'un destructeur**

```php
<?php
class action
{
  private $propnom;
  private $propcours;
  protected $propbourse;
  function __construct($nom,$cours,$bourse="Paris")  ←❶
  {
```

```
        $this->propnom=$nom; ←❷
        $this->propcours=$cours; ←❸
        $this->propbourse=$bourse; ←❹
    }
    function __destruct()
    {
        echo "L'action $this->propnom n'existe plus!<br />"; ←❺
    }
}
//Création d'objets
$alcotel = new action("Alcotel",10.21); ←❻
$bouch = new action("Bouch",9.11,"New York"); ←❼
$bim = new action("BIM",34.50,"New York"); ←❽
$ref=&$bim; ←❾
var_dump($alcotel); ←❿
echo "<hr />";
unset($alcotel); ← ⓫
unset($bim); ← ⓬
echo "<hr /><h4> FIN du script </h4><hr />"; ←⓭
?>
```

Le script affiche le résultat suivant :

```
object(action)[1]
  private 'propnom' => string 'Alcotel' (length=7)
  private 'propcours' => float 10.21
  protected 'propbourse' => string 'Paris' (length=5)
L'action Alcotel n'existe plus !
 FIN du script
L'action BIM n'existe plus !

L'action Bouch n'existe plus !
```

Déréférencement

Vous avez vu que l'appel d'une méthode d'objet se faisait selon la syntaxe suivante :

```
$varobj->methode() ;
```

Dans le cas où la méthode appliquée à un objet retourne elle-même un objet et que celui-ci possède ses propres méthodes, il est possible avec PHP 5 de pratiquer le *déréférence-ment.* Cela permet d'enchaîner les appels de méthodes les uns à la suite des autres.

Vous pouvez écrire le code suivant :

```
$varobj->methode1()->methode2();
```

à condition que methode2() soit une méthode de l'objet obtenu par l'appel de methode1().

Dans l'exemple 9-10 vous créez une classe nommée varchar représentant une chaîne de caractères (repère ❶). Cette classe possède trois méthodes. Le constructeur définit la propriété `chaine` avec la valeur du paramètre qui lui est passé (repère ❷). La méthode `add()` réalise la concaténation de deux chaînes (repère ❸) et retourne l'objet en cours (de type `varchar`), dont la propriété `chaine` est modifiée (repère ❹). La méthode `getch()` retourne la valeur de la propriété `chaine`, ce qui permet son affichage (repère ❺). Après la création d'un objet `$texte` de type `varchar` et l'initialisation de sa propriété `chaine` (repère ❻), l'appel de la méthode `getch()` retourne cette propriété, qui est de type `string` (repère ❼). Il est alors impossible d'appliquer une autre méthode à cette valeur. Par contre, si vous appelez d'abord la méthode `add()`, il devient possible d'enchaîner avec la méthode `getch()` pour allonger la chaîne puis l'afficher car `add()` retourne un objet `varchar` (repère ❽). Dans les mêmes conditions, vous pouvez envisager d'enchaîner les méthodes les unes aux autres et, par exemple, appliquer plusieurs fois la méthode `add()` puis la méthode `getch()` pour réaliser un affichage (repère ❾).

☞ **Exemple 9-10. Déréférencement de méthodes**

```php
<?php
class varchar  ←❶
{
  private $chaine;
  function __construct($a)  ←❷
  {
    $this->chaine= (string)$a;
  }
  function add($addch)
  {
    $this->chaine.=$addch;  ←❸
    return $this;  ←❹
  }
  function getch()
  {
    return  $this->chaine;  ←❺
  }
}
// Création d'objet
$texte=new varchar("Apache ");  ←❻
echo $texte->getch(),"<hr />";  ←❼
echo $texte->add( " PHP 5 ")->getch(),"<hr />";  ←❽
echo $texte->add(" MySQL ")->add(" SQLite ")->getch(),"<hr />";  ←❾
?>
```

L'exécution du script 9-11 affiche le résultat suivant :

```
Apache

Apache PHP 5

Apache PHP 5 MySQL SQLite
```

> **Déréférencement et PHP 4**
>
> Dans PHP 4, le déréférencement n'était pas possible. Il fallait utiliser une variable intermédiaire pour contenir le résultat de l'appel de la première méthode puis lui appliquer la deuxième méthode.

Typage des paramètres

Vous savez que PHP est un langage peu typé et qu'il n'est pas possible de fixer le type d'un paramètre dans une fonction personnalisée. Cependant PHP 5 introduit une nuance en permettant désormais d'imposer un type au paramètre d'une méthode, mais uniquement pour les paramètres qui sont de type `object` ou `array` et pas encore pour les types de base de PHP, comme les types `string` ou `integer`. Pour imposer le type d'un paramètre, vous devez faire précéder le nom de la variable par le nom de la classe dont le paramètre doit être une instance.

Vous écrivez, par exemple :

```
function (action $var)
{
//Corps de la fonction
}
```

Dans ce cas, le paramètre `$var` doit être un objet instancié à partir de la classe `action` et d'aucune autre. Si le type de la variable n'est pas conforme, une erreur fatale est générée.

Héritage

Vous avez considéré une classe comme un moule réutilisable à l'infini pour créer des objets. Que se passe-t-il si le moule ne convient plus, par exemple, parce que vous voulez créer des objets plus perfectionnés ? Faut-il le casser et en reconstruire entièrement un autre ? Vous pouvez aussi vouloir faire évoluer une classe en lui ajoutant de nouvelles fonctionnalités, que ce soit des propriétés ou des méthodes, sans pour autant devoir modifier le code de la classe d'origine. À l'instar des langages objet plus perfectionnés, PHP 5 donne la possibilité de dériver de nouvelles classes à partir d'une classe donnée, dont elles seront des améliorations.

Enrichir un objet

La définition d'une classe contient toutes les déclarations des propriétés d'un objet instancié. Une fois l'objet créé, vous pourriez vous attendre que le nombre de propriétés soit fixé définitivement. Or il n'en est rien. Vous pouvez ajouter des propriétés à un objet en cours de script sans avoir à modifier la classe. Il vous suffit pour cela d'utiliser la notation d'affectation d'une propriété sous la forme suivante :

```
$objet->propriété = "valeur"
```

L'exemple 9-11 reprend l'essentiel de la définition de la classe `action` de l'exemple 9-10 en définissant trois propriétés `public` et un constructeur (repère **❶**).

Une fois créé, l'objet `$bim` possède trois propriétés, que vous pouvez lire ou modifier (repère **❷**). La fonction `var_dump()` permet de visualiser ces propriétés (repère **❸**).

L'affectation d'une nouvelle propriété (repère **❹**) est réalisée avec la syntaxe `$bim->date="2001"`, comme s'il existait une propriété `date`. Un nouvel appel de `var_dump()` montre la nouvelle structure de l'objet `$bim`, qui contient bien maintenant quatre propriétés (repère **❺**). Cette propriété est accessible en lecture et en écriture en tout point du script, car elle est considérée comme ayant le niveau d'accès `public` (repère **❻**).

☞ **Exemple 9-11. Ajout dynamique d'une propriété**

```php
<?php
class action ←❶
{
    public $propnom;
    public $propcours;
    public $propbourse;
    function __construct($nom,$cours,$bourse)
    {
        $this->propnom=$nom;
        $this->propcours=$cours;
        $this->propbourse=$bourse;
    }
}
$bim = new action("BIM",9.45,"New York"); ←❷
var_dump($bim); ←❸
$bim->date="2013"; ←❹
echo "<hr />";
var_dump($bim); ←❺
echo "<hr />";
echo "Propriété date : ",$bim->date; ←❻
?>
```

L'affichage réalisé par ce script est le suivant :

```
object(action)[1]
  public 'propnom' => string 'BIM' (length=3)
  public 'propcours' => float 9.45
  public 'propbourse' => string 'New York' (length=8)
object(action)[1]
  public 'propnom' => string 'BIM' (length=3)
  public 'propcours' => float 9.45
  public 'propbourse' => string 'New York' (length=8)
  public 'date' => string '2013' (length=4)
Propriété date : 2013
```

Il montre bien que l'objet possède une propriété supplémentaire par rapport à celles définies dans la classe dont il est une instance, mais la classe reste telle qu'elle a été définie, bien sûr.

Création d'une classe dérivée

Le mécanisme de l'héritage est fondamental en POO. Il vous permet, en fonction des besoins, de faire évoluer une classe sans la modifier en créant une classe dérivée — on dit aussi une classe enfant, ou une sous-classe — à partir d'une classe de base, ou classe parente. La classe dérivée hérite des caractéristiques (propriétés et méthodes) de la classe parente, et vous lui ajoutez des fonctionnalités supplémentaires. Vous pouvez ainsi créer toute une hiérarchie de classes en spécialisant chaque classe selon vos besoins. Contrairement à d'autres langages, PHP 5 n'autorise que l'héritage simple, une classe ne pouvant hériter que d'une seule classe parente.

Pour créer une classe enfant, faites suivre le nom de la nouvelle classe du mot-clé extends puis du nom de la classe parente, selon la forme suivante :

```
class classenfant extends classparent
{
//Propriétés et méthodes nouvelles
}
```

Dans le corps de la classe enfant, il est possible de redéfinir les propriétés et les méthodes de la classe parente, sauf si elles sont déclarées private ou final (voir plus loin). Il est encore possible d'accéder aux propriétés et aux méthodes redéfinies de la classe parente en les faisant précéder du mot-clé parent::. Si elles ne sont pas redéfinies, la classe enfant possède les mêmes propriétés et les mêmes méthodes que la classe parente.

Cas particulier des constructeurs et destructeurs

Même si la classe parente possède un constructeur et un destructeur unifié créés avec les méthodes __construct() et __destruct(), la classe enfant ne possède pas ces méthodes par défaut. Il faut recréer un constructeur et un destructeur propres à la classe enfant. Pour utiliser ceux de la classe parente, il faut les appeler explicitement avec la syntaxe parent::__construct() ou parent:: __ destruct().

L'exemple 9-12 illustre le mécanisme de l'héritage en créant une classe valeur représentant une valeur mobilière plus large qu'une action (repère ❶). À elle seule, cette classe pourrait permettre la création d'objets. Elle contient en effet deux propriétés (repères ❷ et ❸) et deux méthodes, un constructeur et une méthode d'affichage (repères ❹ et ❺). À partir de cette classe de base, vous créez une classe dérivée action (repère ❻), qui possède une propriété supplémentaire (repère ❼). Elle redéfinit un constructeur en utilisant le constructeur parent (repère ❽) et enrichit la fonction d'affichage (repère ❾). Une deuxième classe dérivée de la classe valeur représente un titre d'emprunt (repère ❿). Elle hérite également des propriétés de la classe parente et y ajoute deux propriétés (repères ⓫ et ⓬). Elle crée également un constructeur adapté recevant quatre paramètres (repère ⓭). Celui-ci utilise également le constructeur parent (repère ⓮). Enfin, elle redéfinit la fonction d'affichage pour l'adapter à la nature de l'emprunt (repère ⓯). La création des objets $action1, $action2 et $emprunt montre que chacun d'eux a un constructeur et une méthode info() (repères ⓰, ⓱ et ⓲).

☞ **Exemple 9-12. Création de classes enfants**

```php
<?php
//Classe valeur
class valeur ←❶
{
protected $nom;←❷
  protected $prix; ←❸
  function __construct($nom,$prix) ←❹
  {
    $this->nom=$nom;
    $this->prix=$prix;
  }
  protected function getinfo() ←❺
  {
    $info="<h4>Le prix de $this->nom est de $this->prix </h4>";
    return $info;
  }
}
//Classe action
class action extends valeur ←❻
{
  public $bourse; ←❼
  function __construct($nom,$prix,$bourse="Paris")
  {
    parent::__construct($nom,$prix); ←❽
    $this->bourse=$bourse;
  }
  public function getinfo() ←❾
  {
    $info="<h3>Action $this->nom cotée à la bourse de $this->bourse </h3>";
    $info.=parent::getinfo();
    return $info;
  }
}
//Classe emprunt
class emprunt extends valeur←❿
{
  private $taux; ←⓫
  private $fin; ←⓬
  function __construct($nom,$prix,$taux,$fin); ←⓭
  {
    parent::__construct($nom,$prix); ←⓮
    $this->taux=$taux;
```

```
    $this->fin=mktime(24,0,0,12,31,$fin);


  }
  public function getinfo()  ←⓯
  {
    $reste=round( ($this->fin - time() ) /86400);
    $info="<h3>Emprunt $this->nom au taux  de $this->taux % </h3>";
    $info.=parent::getinfo();
    $info.="<h4>Echéance : dans $reste jours</h4>";
    return $info;
  }
}
//Création d'objets
$action1 = new action("Alcotel",9.76);  ←⓰
echo  $action1->getinfo();
$action2 = new action("BMI",23.75,"New York");  ←⓱
echo $action2->getinfo() ;
$emprunt = new emprunt("EdF",1000,5.5,2014);  ←⓲
echo $emprunt->getinfo();
?>
```

L'affichage obtenu est présenté à la figure 9-3.

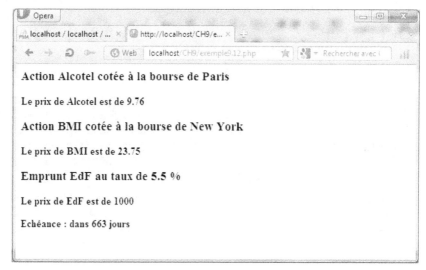

Figure 9-3

Création de classes enfants

Les traits

L'héritage multiple consiste dans le fait qu'une classe peut hériter de plusieurs classes à la fois. C'est le cas pour les langages orientés objet qui sont compilés, mais pas de PHP qui ne supporte que l'héritage simple tel que nous venons de le voir. Pour compenser ce handicap, la version 5.4 a incorporé un mécanisme nommé « traits ».

Création et utilisation d'un trait

La structure d'un trait est similaire à celle d'une classe. Il peut contenir aussi bien des propriétés que des méthodes, mais il n'est pas possible d'en créer une instance comme c'est le cas pour une classe. En revanche, ces propriétés et méthodes sont utilisables par n'importe quelle classe par la simple déclaration du nom du trait désiré. Notez qu'une classe peut tout à fait hériter d'une classe parent et utiliser un trait. La structure générale d'un trait et son utilisation par une classe à l'aide du mot-clé `use` doit suivre la syntaxe suivante :

```php
?php
// Création du trait
trait nom_trait
{
 public $mapropriete;
 function mamethode()
 {
  echo "ma méthode";
 }

}
// Utilisation par une classe
class ma_classe
{
 use nom_trait;
}
?>
```

Avec ce code, toutes les instances de `ma_classe` peuvent utiliser la propriété et la méthode créées dans le trait. Il en va de même pour toutes les classes qui utiliseront ce trait. Ceci représente donc un avantage non négligeable lorsque l'on veut modulariser du code. Pour cela, il est également possible d'utiliser plusieurs traits dans la même classe en les énumérant selon cette syntaxe très simple :

```php
<?php
trait Un {}

trait Deux{}

class A
{
 use Un,Deux;
}
```

L'exemple 9-13 correspond à une utilisation simple qui permet de mettre en évidence l'intérêt des traits. Nous y créons trois traits nommés :

- "marcher" qui contient une propriété "pattes" et une méthode marche() (repères ❶, ❷ et ❸) ;

- "voler" qui contient une propriété "ailes" et une méthode vole() (repères ❹, ❺ et ❻) ;

- "nager" qui contient une méthode nage() (repères ❼ et ❽).

Trois classes vont ensuite utiliser ces traits selon les besoins. La classe cheval incorpore les traits "marcher" et "nager" (repère ❾). La classe oiseau utilise les traits "marcher" et "voler" (repère ❿), et la classe "pegase" utilise les traits "marcher", "nager" et "voler" (repère ⓫). Pour vérifier l'usage des propriétés et des méthodes des traits, nous créons trois objets, instances des classes cheval, oiseau et pegase. Nous créons également l'objet $aigle de la classe oiseau pour lequel nous définissons les propriétés pattes et ailes (repères ⓬, ⓭ et ⓮), puis nous appelons ses méthodes marche et vole (repères ⓯ et ⓰). Nous créons aussi l'objet $dada de la classe cheval pour lequel nous définissons la propriété pattes (repères ⓱ et ⓲), puis nous appelons ses méthodes marche et nage (repères ⓳ et ⓴). Enfin, nous créons l'objet chevalaile dont nous définissons les propriétés ailes et pattes (repères ㉑, ㉒ et ㉓), puis nous appelons ses trois méthodes marche(), vole() et nage() (repères ㉔, ㉕ et ㉖). L'utilisation des traits permet ici un allègement dans le code des classes.

☞ **Exemple 9-13. Création et utilisation de traits**

```php
<?php
// ***********
trait marcher ←❶
{
 public $pattes; ←❷
 function marche() ←❸
 {
  echo "Je marche sur ". $this->pattes." pattes<br />";
 }
}
// ***********
trait voler ←❹
{
 public $ailes; ←❺
 function vole() ←❻
 {
  echo "Je vole avec ". $this->ailes." ailes <br />";
 }
}
// **********
trait nager ←❼
{
  function nage() ←❽
  {
    echo "Moi je sais nager<br />";
  }
}
// **********
class cheval
{
```

```
 use marcher,nager; ←9
}
//
class oiseau
{
 use marcher,voler;←10
}
// ***********
class pegase
{
 use marcher,nager,voler; ←11
}
// Un aigle
$aigle=new oiseau(); ←12
$aigle->pattes=2; ←13
$aigle->ailes=2; ←14
echo "<h3>L'aigle: </h3>";
$aigle->marche(); ←15
$aigle->vole(); ←16
// Un cheval
$dada=new cheval(); ←17
$dada->pattes=4; ←18
echo "<h3>Le cheval : </h3>";
$dada->marche(); ←19
$dada->nage(); ←20
// Pégase, le cheval ailé (mythologie)
$chevalaile=new pegase(); ←21
$chevalaile->ailes=2; ←22
$chevalaile->pattes=4; ←23
echo "<h3>Pégase : </h3>";
$chevalaile->marche(); ←24
$chevalaile->vole(); ←25
$chevalaile->nage(); ←26
?>
```

Le résultat affiché est le suivant :

```
L'aigle:
Je marche sur 2 pattes
Je vole avec 2 ailes
Le cheval :
Je marche sur 4 pattes
Moi je sais nager
Pégase :
Je marche sur 4 pattes
Je vole avec 2 ailes
Moi je sais nager
```

Problèmes de précédence

Quand une classe dérive d'une classe parent et utilise un trait, il est possible que ce dernier, la classe parent et/ou la classe dérivée aient une méthode de même nom ce qui provoque un problème de précédence. Quelle sera la méthode exécutée ? En règle générale, nous pouvons définir le modèle suivant qui permet de savoir quelle méthode sera utilisée :

```
Classe --> écrase --> Trait --> écrase --> Parent
```

Dans l'exemple 9-14, une classe parent (repère ❶), un trait (repère ❷) et une classe dérivée (repère ❹) définissent chacun une méthode nommée salut(). Si nous créons un objet $boy, instance de la classe enfant qui inclut le trait (repère ❸), et que nous appelons cette méthode (repères ❻ et ❼), c'est la méthode de la classe dérivée qui s'applique et nous constatons également qu'il est possible d'utiliser explicitement la méthode du parent dans la classe dérivée, en la préfixant avec le mot-clé parent (repère ❺). La méthode du trait est donc ignorée malgré son utilisation. En revanche, si nous supprimons le code de la méthode dans la classe enfant, c'est la méthode du trait qui s'applique. Notons au passage que l'appel de la méthode du parent peut aussi être réalisé dans le trait avec le même préfixe.

☞ **Exemple 9-14. Précédence des méthodes**

```php
<?php
// Classe parent
class leparent
{
 public function salut() ←❶
 {
 echo "Bonjour à vous!<br />";
 }
}
// Trait
trait djeuns
{
 public function salut()←❷
 {
  echo "Bjr";
 }
}
// Classe dérivée
class enfant extends leparent
{
 use djeuns; ←❸
 public function salut() ←❹
 {
  echo "Salut toi!<br />" ;
  parent::salut(); ←❺
 }
}
```

```
// Objet de la classe dérivée
$boy= new enfant(); ←❻
$boy->salut(); ←❼
?>
```

Le résultat affiché est donc le suivant :

```
Salut toi! // Méthode de la classe dérivée
Bonjour à vous! // Appel de la méthode du parent dans la classe dérivée
```

Conflits de nom de méthode

Les traits étant indépendants les uns des autres, ils peuvent contenir des méthodes homonymes. Dans ce cas, il convient de régler les conflits entre les méthodes afin d'éviter les erreurs. Nous pouvons procéder ici de deux manières :

• soit en utilisant l'opérateur insteadof qui permet de choisir la méthode qui sera utilisée selon la syntaxe suivante pour privilégier celle du trait1. Par exemple :

```
nom_trait1::nom_commun insteadof nom_trait2;
```

• soit en créant un alias pour une méthode dont le nom a déjà été choisi avec l'opérateur as selon la syntaxe suivante :

```
nom_trait1::nom_commun as nom_alias;
```

Dans ce cas, la méthode du trait1, dont le nom est commun, sera appelée par son nom d'alias et celle de l'autre trait par son nom normal.

L'exemple 9-15 montre toutes ces possibilités. Nous y créons deux traits nommés UN et DEUX qui contiennent chacun la définition de deux méthodes nommées small() et big() (repères ❶, ❷, ❸ et ❹), ce qui provoque un conflit de nom. Une classe texte (repère ❺) incorpore les deux traits (repère ❻). L'utilisation du mot-clé insteadof permet de choisir la méthode small du trait DEUX (repère ❼) et la méthode big du trait UN (repère ❽). Pour utiliser les méthodes éliminées, nous créons un alias gros pour la méthode big du trait DEUX (repère ❾) et un alias petit pour la méthode small du trait UN (repère ❿). La création d'un objet de la classe texte (repère ⓫) permet de vérifier que nous pouvons bien appeler les quatre méthodes des traits (repères ⓬ à ⓯).

☞ **Exemple 9-15. Résolution des conflits de nom**

```
<?php
trait UN
{
 public function small($text) ←❶
 {
  echo "<small>trait UN : $text</small>";
 }
 public function big($text) ←❷
 {
  echo "<h4>trait UN : $text</h4>";
```

```php
    }
  }

trait DEUX
{
  public function small($text)   ←❸
  {
    echo "<i>trait DEUX : $text </i>";
  }
  public function big($text)   ←❹
  {
    echo "<h2>trait DEUX : $text </h2>";
  }
}

class texte   ←❺
{
  use UN, DEUX   ←❻
  {
    DEUX::small insteadof UN;   ←❼
    UN::big insteadof DEUX;   ←❽
    DEUX::big as gros;   ←❾
    UN::small as petit;   ←❿
  }
}
// Test
$a=new texte();   ←⓫
$a->small("Méthode small");   ←⓬
$a->big("Méthode big");   ←⓭
$a->gros("Méthode gros");   ←⓮
$a->petit("Méthode petit")   ←⓯
?>
```

Le résultat affiché est le suivant :

```
trait DEUX : Méthode small
trait UN : Méthode big
trait DEUX : Méthode gros
trait UN : Méthode petit
```

Trait contenant d'autres traits

À l'instar des classes, un trait peut inclure un ou plusieurs autres traits. Il rend alors accessibles toutes les propriétés et méthodes des traits qu'il inclut. En reprenant les traits de l'exemple 9-13, nous pouvons par exemple créer un trait nommé amphibie à partir des traits marcher et nager, puis une classe grenouille avec ce nouveau trait :

```php
<?php
// ***********
trait marcher
```

```
{
 public $pattes;
 function marche()
 {
  echo "Je marche sur ". $this->pattes." pattes<br />";
 }
}
// **********
trait nager
{
function nage()
{
echo "Moi je sais nager<br />";
}
}
trait amphibie
{use marcher, nager;}
// **********
class grenouille
{use amphibie;}
```

Notre petite bête pourrait alors nager et marcher sans problème !

Late Static Binding

Le mécanisme du *Late Static Binding* (que l'on peut traduire par liaison statique tardive) a été introduit dans la version PHP 5.3 et permet de résoudre les problèmes qui survenaient quand une méthode statique était redéfinie dans une classe dérivée et qu'une autre méthode statique héritée de la classe parent y faisait appel. En effet, dans ce cas, c'est la méthode statique de la classe parent qui était utilisée, l'appel se faisant jusqu'à présent avec la syntaxe :

```
self::methode()
```

Pour pallier cet inconvénient, la version PHP 5.3 introduit un nouvel usage du mot-clé static. En utilisant la syntaxe :

```
static::methode()
```

c'est bien la méthode redéfinie de la classe enfant qui est appelée.

Le code suivant illustre cette nouveauté:

```
<?php
class pere ←❶
{
   static public function info($nom) ←❷
   {
      static::affiche($nom); ←❸
   }
   static public function affiche($nom) ←❹
   {
```

```
      echo "<h3>Je suis le père $nom </h3>";
    }

  }

  //*********************
  class fils extends pere
  {
    static public function affiche($nom) ←❺
    {
      echo "<h3>Je suis le fils $nom </h3>";
    }

  }

  fils::info('Matthieu'); ←❻
  ?>
```

La classe pere (repère ❶) définit deux méthodes statiques info() et affiche() (repères ❷ et ❹), la méthode info() appelant la méthode affiche() (repère ❸). La classe fils, dérivée de la précédente, redéfinit la méthode statique affiche() (repère ❺) et hérite de la méthode info(). L'appel de la méthode statique info() de la classe fils (repère ❻) affiche bien, comme nous le désirons :

```
Je suis le fils Matthieu
```

et non pas, comme c'était le cas avant la version 5.3 :

```
Je suis le père Matthieu
```

si l'on utilisait self::affiche($nom) au lieu de static::affiche($nom).

Les classes abstraites

PHP 5 fournit un degré supplémentaire d'abstraction des classes en permettant la création de classes et de méthodes abstraites. Une classe abstraite ne permet pas l'instanciation d'objets mais sert uniquement de classe de base pour la création de classes dérivées. Elle définit en quelque sorte un cadre minimal auquel doivent se conformer les classes dérivées.

Une classe abstraite peut contenir des méthodes déclarées public ou protected, qu'elles soient elles-mêmes abstraites ou non. Une méthode abstraite ne doit contenir que sa signature, sans aucune implémentation. Chaque classe dérivée est chargée de créer sa propre implémentation de la méthode. Une classe contenant au moins une méthode abstraite doit obligatoirement être déclarée abstraite, sinon elle permettrait de créer des objets qui auraient une méthode non fonctionnelle.

Pour créer une classe abstraite, faites précéder le mot-clé `class` du mot-clé `abstract`, comme ceci :

```
abstract class nomclasse
{
//Définition de la classe
}
```

Pour créer une méthode abstraite, faites également précéder le modificateur d'accès du mot-clé `abstract`, selon le modèle suivant :

```
abstract public function nomfonction() ;
```

Dans la classe qui dérive d'une classe abstraite, vous devez définir les modificateurs d'accessibilité des méthodes avec une visibilité égale ou plus large que celle de la méthode abstraite. Une classe abstraite définie, par exemple, `protected`, est implémentée dans les classes dérivées comme `protected` ou `public`.

L'exemple 9-16 reprend la création des classes enfants `action` et `emprunt` de l'exemple 9-12. Il permet de réaliser la même opération mais à partir d'une classe abstraite nommée `valeur` (repère ❶). À la différence de l'exemple précédent, il n'est pas possible de créer des objets à partir de la classe `valeur`. Vous ne pouvez le faire qu'à partir de ses classes dérivées. Cette classe `valeur` contient deux propriétés et deux méthodes abstraites (repères ❷ et ❸). Chacune des classes dérivées (repères ❹ et ❼) doit donc créer sa propre implémentation complète de ces méthodes (repères ❺, ❻, ❽ et ❾). Il n'est plus question ici d'utiliser une méthode parente, comme dans l'exemple 9-12. Le code s'en trouve alourdi, ce qui doit faire réfléchir avant d'utiliser des classes abstraites.

☞ **Exemple 9-16. Dérivation de classe abstraite**

```php
<?php
// Classe abstraite valeur
abstract class valeur ←❶
{
  protected $nom;
  protected $prix;
  abstract  protected function __construct($a,$b,$c,$d); ←❷
  abstract protected function getinfo(); ←❸
}
// Classe action
class action extends valeur ←❹
{
  private $bourse;
  function __construct($nom,$prix,$bourse="Paris",$fin="0") ←❺
  {
    $this->nom=$nom;
    $this->prix=$prix;
    $this->bourse=$bourse;
  }
  public function getinfo() ←❻
  {
```

```
      $info="Action $this->nom cotée à la bourse de $this->bourse <br />";
      $info.="Le prix de $this->nom est de $this->prix";
      return $info;
    }
}
// Classe emprunt
class emprunt extends valeur ←❼
{
  private $taux;
  private $fin;
  function __construct($nom,$prix,$taux,$fin) ←❽
  {
    $this->nom=$nom;
    $this->prix=$prix;
    $this->taux=$taux;
    $this->fin=mktime(24,0,0,12,31,$fin);
  }
  public function getinfo() ←❾
  {
    $reste=round(($this->fin-time())/86400);
    $info="Emprunt $this->nom au taux de  de $this->taux % <br />";
    $info.="Le prix de $this->nom est de $this->prix <br />";
    $info.="Échéance : dans $reste jours";
    return $info;
  }
}
// Création d'objets
$action1 = new action("Alcotel",9.76);
echo "<h4>", $action1->getinfo()," </h4>";
$action2 = new action("BMI",23.75,"New York");
echo "<h4>", $action2->getinfo() ,"</h4>";
$emprunt = new emprunt("EdF",1000,5.5,2014);
echo "<h4>", $emprunt->getinfo(),"</h4>";
?>
```

Le résultat obtenu est identique à celui de l'exemple 9-12, présenté à la figure 9-3.

Les interfaces

La conception orientée objet s'accompagne d'une décomposition de l'application en modules élémentaires. L'introduction des interfaces dans PHP 5 permet cette décomposition en briques de base qu'une classe utilise comme modèle.

La notion d'interface est encore plus restrictive que celle de classe abstraite. Une interface ne doit contenir aucune déclaration de propriétés. C'est la classe qui l'implémente qui doit se charger de ces déclarations. Une interface ne contient aucune implémentation de méthode, à la différence d'une classe abstraite, qui peut contenir des méthodes entièrement définies. Les méthodes qu'elle contient ne peuvent être déclarées qu'avec le modificateur public ou aucun modificateur, ce qui est équivalent. L'interface ne fait que définir une structure à laquelle la classe qui l'implémente doit se conformer. PHP 5 n'admet pas l'héritage multiple, mais une classe peut implémenter plusieurs interfaces.

La structure d'une interface doit respecter la forme suivante :

```
interface nom_interface
{
    public function fonction1($var) ;
    public function fonction2($var) ;
}
```

Pour implémenter une interface dans une classe, il faut faire suivre le nom de la classe du mot-clé implements à la place de extends puis des noms des interfaces séparés par des virgules.

Vous avez donc la structure suivante :

```
class nom_classe implements interface1,interface2
{
//Implémentation des méthodes des interfaces
}
```

Les interfaces définissant un cadre à respecter strictement, la classe qui les implémente doit obligatoirement définir toutes les méthodes des toutes les interfaces.

L'exemple 9-17 crée une interface nommée abscisse (repère ❶) qui déclare une méthode setx(), dont le rôle est d'initialiser une abscisse (repère ❷). Il crée également une interface nommée ordonnee (repère ❸) déclarant une méthode sety(), dont le rôle est similaire pour l'ordonnée d'un point (repère ❹).

Ces interfaces sont implémentées par deux classes différentes. La classe pointaxe représente un point sur un axe, n'ayant donc qu'une seule coordonnée. Elle implémente l'interface abscisse (repère ❺) et définit la méthode setx() (repère ❻). La classe pointplan représente un point du plan, avec deux coordonnées. Elle implémente donc les deux interfaces abscisse et ordonnee (repère ❼) et définit les méthodes setx() (repère ❽) et sety() (repère ❾), comme l'imposent les interfaces.

L'implémentation des interfaces dans une classe impose certes la définition de leurs méthodes mais n'empêche pas d'enrichir la classe avec d'autres méthodes. La classe pointplan possède une méthode supplémentaire module(), qui retourne la distance du point M(x,y) à l'origine du repère (repère ❿). Elle pourrait, par exemple, s'enrichir d'une méthode retournant l'angle (Ox,OM) et permettre ainsi la gestion des nombres complexes.

☞ **Exemple 9-17. Création d'interface et implémentation**

```
<?php
interface abscisse ←❶
{
  public function setx($x); ←❷
}
//
```

```php
interface ordonnee ←❸
{
    public function sety($y); ←❹
}
//Classe
class pointaxe implements abscisse ←❺
{
  public $x;
  public function setx($x) ←❻
  {
    $this->x=$x;
  }
}
//
class pointplan implements abscisse,ordonnee ←❼
{
  public $x;
  public $y;
  public function setx($x) ←❽
  {
    $this->x=$x;
  }
  public function sety($y) ←❾
  {
    $this->y=$y;
  }
  public function module() ←❿
  {
    return sqrt($this->x*$this->x+$this->y*$this->y);
  }
}
//Création d'objets
$point1 = new pointaxe();
$point1->setx(21);
var_dump($point1);
echo "<hr />";
//
$point2 = new pointplan();
$point2->setx(7);
$point2->sety(-5);
var_dump($point2);
echo "<hr />";
echo "Coordonnées du point M ( $point2->x , $point2->y ) <br />";
echo "Distance OM = ", $point2->module();
?>
```

Le résultat affiché est le suivant :

```
object(pointaxe)[1]
  public 'x' => int 21
object(pointplan)[2]
  public 'x' => int 7
```

```
    public 'y' => int -5
Coordonnées du point M ( 7 , -5 )
Distance OM = 8.6023252670426
```

Méthode et classe finales

La création de sous-classes et la redéfinition des méthodes sont les éléments essentiels de la POO. Il peut cependant être nécessaire d'empêcher toute modification d'une méthode ou d'une classe, en particulier dans un projet où l'on travaille en équipe.

Pour interdire la redéfinition d'une méthode d'une classe parente dans ses classes dérivées, faits précéder le mot-clé function du mot-clé final.

Si vous définissez la classe suivante :

```php
class triangle
{
  private $x ;
  private $y ;
  private $z ;
  function __construct($x,$y,$z)
  {
    $this->x=$x ;
    $this->y=$y ;
    $this->z=$z ;
  }
  final function trianglerect()
  {
    if(($this->x*$this->x + $this->y*$this->y) ==($this->z*$this->z))
    ➥return "Le triangle est rectangle";
    else echo "Triangle non rectangle";
  }
}
```

dans laquelle la fonction trianglerect() est déclarée final, il devient impossible de créer une classe dérivée qui contienne une méthode portant le même nom.

Le code suivant :

```php
class triangleiso extends triangle
{
  function trianglerect()
  {
  //Instructions
  }
}
```

provoque l'apparition d'une erreur fatale et du message :

```
Fatal error: Cannot override final method triangle::trianglerect()
```

De même, pour interdire l'héritage d'une classe parente dans une classe enfant, faites précéder le mot-clé class du mot-clé final.

Si vous définissez la classe suivante :

```
final class triangle
{
   //Instructions
}
```

et si vous tentez de la dériver en créant la classe enfant suivante :

```
class triangleiso extends triangle
{
    //Instructions
}
```

vous créez également une erreur fatale accompagnée du message :

Fatal error: Class triangleiso may not inherit from final class (triangle)

Clonage d'objet

La notion de clonage d'objet est une des nouveautés introduites dans PHP 5. Elle permet d'effectuer une copie exacte d'un objet mais en lui affectant une zone de mémoire différente de celle de l'objet original. Contrairement à la création d'une simple copie à l'aide de l'opérateur = ou d'une référence sur un objet avec l'opérateur &, les modifications opérées sur l'objet cloné ne sont pas répercutées sur l'original.

Pour cloner un objet, utilisez le mot-clé clone selon la syntaxe suivante :

```
$objetclone = clone $objet ;
```

L'objet cloné a exactement les mêmes propriétés et les mêmes méthodes que l'original. Après le clonage, les modifications opérées sur la variable $objet n'ont aucun effet sur le clone, et réciproquement.

Si, lors du clonage, vous voulez modifier des propriétés du clone par la même occasion, vous utilisez la méthode prédéfinie __clone() propre à tous les objets PHP 5. Elle peut contenir toutes sortes d'instructions agissant sur les propriétés du clone. Sa présence dans la classe est facultative. Si elle existe, elle est appelée automatiquement lors de la création d'un clone avec le mot-clé clone. Comme le constructeur, elle ne peut être appelée directement.

L'exemple 9-18 fait apparaître les différences entre une simple copie, une référence et un clonage. Vous y définissez une classe action simplifiée (repère ❶) ayant une seule propriété et un constructeur (repère ❷), un destructeur, qui affiche un message après la destruction de l'objet (repère ❸), et une méthode __clone() chargée de modifier la propriété nom (repère ❹). Vous l'utilisez ici uniquement pour distinguer le clone de l'original.

Pour vérifier les différences de comportement des copies et des clones, vous créez un objet $alcotel (repère ❺), son clone dans la variable $clone (repère ❻) et une copie et une référence de $alcotel, respectivement dans $bim (repère ❼) et $ref (repère ❽). La modification de la propriété nom de l'objet $bim (repère ❾) est répercutée dans les objets $alcotel et $ref, comme le prouve l'affichage de leur propriété nom (repères ❿ et ⓫).

L'affichage simple des variables $alcotel, $bim et $ref fournit le même résultat (Object id #1), qui montre que ces trois objets font bien référence au même espace mémoire (repère ⓬). En revanche, le même affichage pour l'objet $clone fournit un résultat différent : Object id #2 (repère ⓭).

La destruction du clone (repère ⓮) entraîne immédiatement l'appel du destructeur, alors que la destruction successive des autres objets (repères ⓯, ⓰ et ⓱) montre que le destructeur n'est appelé qu'après la destruction de la dernière référence à l'objet $alcotel.

☞ Exemple 9-18. Copie et clonage

```php
<?php
class action ←❶

{
  public $nom;
  function __construct($nom) ←❷
  {
    $this->nom=$nom; // 2
  }
  function __destruct() ←❸
  {
    echo "L'action $this->nom n'existe plus!<br />"; // 5
  }
  function __clone() ←❹
  {
    $this->nom="Clone de ".$this->nom;
  }
}
// Création d'objets
$alcotel = new action("Alcotel",99); ←❺
$clone= clone $alcotel; ←❻
$bim=$alcotel; ←❼
$ref=&$bim; ←❽
// Modification d'une propriété
$bim->nom="BIM"; ←❾
echo $ref->nom ,"<hr />"; ←❿
echo $alcotel->nom ,"<hr />"; ←⓫
// Affichage des caractéristiques des objets
echo "alcotel =",print_r($alcotel),"<br />"; ←⓬
echo "bim =",print_r($bim),"<br />";
```

```
echo "ref =",print_r($ref),"<br />";
echo "clone =",print_r($clone),"<br />"; ←⓭
// Suppression des objets
unset($clone); ←⓮
unset($alcotel); ←⓯
unset($bim); ←⓰
unset($ref); ←⓱
?>
```

Le résultat affiché par ce script est le suivant :

```
BIM
BIM
alcotel =action Object ( [nom] => BIM ) 1
bim =action Object ( [nom] => BIM ) 1
ref =action Object ( [nom] => BIM ) 1
clone =action Object ( [nom] => Clone de Alcotel ) 1
L'action Clone de Alcotel n'existe plus !
L'action BIM n'existe plus !
```

Le clonage d'objet peut donc être utile pour préserver l'état d'un objet hors de toute modification intempestive.

Les namespaces

Comme nous l'avons déjà préconisé à propos des fonctions, quand un projet pend de l'importance, et encore davantage quand il est réalisé en équipe, il y a tout intérêt à modulariser le code, chaque développeur travaillant sur un module donné. Introduits dans PHP 5.3 les *namespaces* (espaces de noms), qui sont les équivalents, par exemple, des packages en Java, facilitent cette modularisation. Ils nous permettent d'éviter également les conflits de noms de classe, propriétés, méthodes et fonctions. En effet, un de ces éléments peut avoir le même nom qu'un autre sans créer de conflit au moment de son appel, du moment que ces deux éléments sont définis dans des namespaces différents.

Création et utilisation

En pratique les namespaces sont des fichiers PHP ne définissant chacun qu'un seul espace de noms et qui peuvent contenir des définitions de classes, de constantes ou de fonctions. La première ligne du fichier doit contenir le mot-clé namespace suivi du nom choisi et se terminer par le traditionnel caractère ; comme n'importe qu'elle instruction. Tout ce qui suit cette ligne appartient au namespace nommé et à lui seul. Une mise en œuvre simple de namespace est présentée dans l'exemple 9-19.

☞ **Exemple 9-19. Exemple de namespace**

```php
<?php
namespace MonEspace\Test; ←❶

const MYNAME = "Espace\MonEspace\Test"; ←❷

function get() ←❸
{
  echo "Je suis la fonction get() de l'espace ". __NAMESPACE__ ."<hr />";
}

class Personne ←❹
{
  public $nom="JRE"; ←❺
  public function __construct($val) ←❻
  {
    $this->nom=$val;
  }
  public function get() ←❼
  {
    return $this->nom;
  }
}
?>
```

Nous y créons un espace de noms nommé MonEspace\Test composé d'un nom principal, MonEspace, et d'un nom secondaire, Test (repère ❶). Vous pouvez donc ensuite créer un autre espace de noms, dans un autre fichier .php (car il est impossible actuellement d'utiliser deux fois le mot-clé namespace dans le même fichier, ce qui est compréhensible dans une optique de modularisation organisée) en le nommant par exemple MonEspace\Base pour créer des fonctions ou des classes de gestion des bases de données. Ce type de notation peut donc vous permettre de créer un nombre important de modules ayant chacun une application particulière. Cet espace contient successivement la définition d'une constante, de la même manière que dans une classe avec le mot-clé const (repère ❷), puis la déclaration d'une fonction (repère ❸) et enfin celle d'une classe (repère ❹) contenant une propriété (repère ❺), un constructeur (repère ❻) et une méthode (repère ❼).

Tel quel notre espace de noms, à l'image d'une classe, ne sert à rien. Écrire, par exemple, dans un script, après avoir inclus le fichier du namespace, la ligne suivante :

```php
echo MYNAME;
```

pour lire la constante, ou encore appeler la fonction get() produit des erreurs.

L'exemple 9-20 illustre l'utilisation du namespace de l'exemple 9-19. Vous commencez donc par inclure le fichier exemple9.19.php (repère ❶) puis vous pouvez ensuite utiliser la constante MYNAME qui y a été définie en la préfixant avec le nom du namespace MonEspace\Test\MYNAME (repère ❷). De même vous pouvez appeler la fonction get() en la préfixant également (repère ❸). Il est possible de limiter le préfixe à la dernière partie du nom du namespace (ici Test) à condition d'utiliser auparavant le mot-clé use suivi du nom complet de l'espace de noms (repère ❹). La constante et la fonction get() sont alors accessibles avec les formes courtes Test\MYNAME (repère ❺) et Test\get() (repère ❻). Pour créer un objet Personne, vous avez le choix entre la forme longue MonEspace\Test\Personne() du constructeur (repère ❼) ou la forme courte Personne() (repère ❾) habituelle, à condition d'utiliser avant le mot-clé use suivi du nom complet du namespace et du nom de la classe (repère ❽). Si l'espace de noms contient plusieurs classes, vous pouvez procéder de la même façon pour chacune d'elles. Il est alors beaucoup plus pratique de créer des objets avec une syntaxe simplifiée. Les méthodes de ces objets sont appelées comme d'habitude à partir des variables objets (repère ❿).

☞ **Exemple 9-20. Utilisation d'un namespace**

```php
<?php
require 'exemple9.19.php'; ←❶
// Constante
echo"Une constante : ", MonEspace\Test\MYNAME ,"<hr />"; ←❷
echo "Appel de la fonction get() de l'espace  MonEspace::Test : ";
echo MonEspace\Test\get(); ←❸

use MonEspace\Test; ←❹
echo"Une constante : ", Test\MYNAME,"<hr />"; ←❺
echo "Appel de la fonction get() de l'espace  MonEspace\Test : ";
echo Test\get(); ←❻

// Objet 1
$moi = new MonEspace\Test\Personne("Moi"); ←❼
//Objet 2
use MonEspace\Test\Personne; ←❽
$toi = new Personne("Elle"); ←❾
// ******** Méthode et fonction du namespace
echo "Appel de la méthode get() des objets Personne : <br />";
echo $toi->get(), " et ",$moi->get(); ←❿
?>
```

Le résultat affiché est le suivant :

```
Une constante : Espace\MonEspace\Test
Appel de la fonction get() de l'espace MonEspace::Test : Je suis la fonction get() de
l'espace MonEspace\Test
Une constante : Espace\MonEspace\Test
Appel de la fonction get() de l'espace MonEspace\Test : Je suis la fonction get() de
l'espace MonEspace\Test
Appel de la méthode get() des objets Personne :
Elle et Moi
```

Nous allons maintenant envisager la création et l'utilisation de différents espaces de noms pour modulariser le gestion dans le cadre de nos exemples boursiers. Le premier namespace créé dans l'exemple 9-21 permet la gestion des actions ; il contient la définition d'une classe `Valeur` qui possède deux propriétés (repères ❶ et ❷), un constructeur (repère ❸) et deux méthodes (repères ❹ et ❺).

☞ **Exemple 9-21. Le namespace des actions**

```php
<?php
namespace Bourse\Action;
class Valeur
{
  public $nom;      ←❶

  public $cours;    ←❷

  public function __construct($nom,$valeur)  ←❸
  {
    $this->nom=$nom;
    $this->cours=$valeur;
  }

  public function info()  ←❹
  {
    echo date('d / m / Y : ');
    echo "L'action $this->nom vaut $this->cours &euro;<br />";
  }
  public function changeCours($val)  ←❺
  {
    $this->cours=$val;
  }

}

?>
```

Le second, créé dans l'exemple 9-22, permet la gestion des obligations (emprunts) ; il contient les définitions d'une fonction `date()` de même nom qu'une fonction native de PHP (repère ❶), d'une classe `Valeur` qui possède trois propriétés (repères ❷, ❸ et ❹), un constructeur (repère ❺) et deux méthodes (repères ❻ et ❽). Les propriétés et méthodes ont volontairement les mêmes noms, ce qui pourrait se produire si les deux namespaces étaient créés par des développeurs différents dans le cadre d'un travail en équipe. Nous allons voir que l'avantage des namespaces est de pouvoir en employer plusieurs sans qu'il y ait de conflits de noms.

Namespace global

Si un namespace contient une fonction de même nom qu'une autre du script en cours ou qu'une fonction native PHP, cette dernière doit être appelée dans la définition du namespace en précisant qu'elle fait partie du namespace global en la faisant précéder par la notation antislash (\). Dans l'exemple 9-22, le namespace contient une fonction `date()` qui lui est propre. Pour utiliser la fonction native PHP `date()`, nous devons écrire `\date()` afin de préciser qu'il s'agit de celle du namespace global (repère ❼ de l'exemple 9-22).

☞ **Exemple 9-22. Le namespace des obligations**

```php
<?php
namespace Bourse\Obligation;
function date()    ←❶
{
echo " Fonction date";
}
class Valeur
{
  public $nom;   ←❷
  public $cours;   ←❸
  public $taux;   ←❹

  public function __construct($nom,$valeur,$taux)   ←❺
  {
    $this->nom=$nom;
    $this->cours=$valeur;
    $this->taux=$taux;
  }

  public function info()   ←❻
  {
    echo \date('d / m / Y : ');   ←❼
    echo "L'obligation $this->nom à $this->taux % vaut $this->cours &euro;<br />";
  }
  public function changeCours($val)   ←❽
  {
    $this->cours=$val;
  }
}
?>
```

L'exemple 9-23 utilise les classes de ces deux namespaces Bourse\Action et Bourse\Obligation. Après l'inclusion des deux fichiers exemple9.21.php et exemple9.22.php qui les définissent (repères ❶ et ❷), nous déclarons l'utilisation de l'espace Bourse\Action avec le mot-clé use (repère ❸). Ceci permet la création d'un objet représentant une action avec le mot-clé new (repère ❹) en précisant le nom du namespace nécessaire pour distinguer l'objet créé, car il existe une autre classe valeur dans le second namespace inclus. Il n'y a ensuite aucun problème à utiliser les méthodes info() et changeCours() de l'objet (repères ❺, ❻ et ❼) qui, au vu des résultats affichés, sont bien celles de la classe Valeur du namespace Action. Avec la même syntaxe, nous utilisons le namespace Bourse\Obligation (repère ❽) et nous créons un objet Valeur représentant cette fois ci une obligation (repère ❾), puis nous appelons ses méthodes (repères ❿, ⓫ et ⓬).

☞ **Exemple 9-23. Utilisation de plusieurs namespaces**

```php
<?php
equire 'exemple9.21.php';   ←❶
require 'exemple9.22.php';   ←❷
```

```
// Objet Action
use Bourse\Action; ←❸
$action = new Action\Valeur("Dexia",4.56); ←❹
$action->info(); ←❺
$action->changeCours(4.72); ←❻
$action->info(); ←❼
// Objet Obligation
use Bourse\Obligation;  ←❽
$oblig = new Obligation\Valeur("EdF",55,3.8); ←❾
$oblig->info(); ←❿
$oblig->changeCours(56); ←⓫
$oblig->info(); ←⓬
?>
```

Les résultats affichés sont les suivants :

```
15 / 03 / 2013 : L'action Dexia vaut 4.56 €
15 / 03 / 2013 : L'action Dexia vaut 4.72 €
15 / 03 / 2013 : L'obligation EdF à 3.8 % vaut 55 €
15 / 03 / 2013 : L'obligation EdF à 3.8 % vaut 56 €
```

Ils confirment que l'appel des méthodes de même nom sont bien appliquées au type d'objet adéquat.

Utilisation des alias

En combinaison avec l'utilisation du mot-clé use, il est possible de créer des alias des noms des namespaces avant de créer les objets représentant une action ou une obligation. Nous obtenons de cette façon une variante de l'exemple 9-23 dans l'exemple suivant :

☞ **Exemple 9-24. Utilisation d'alias**

```
<?php
require 'exemple9.21.php';
require 'exemple9.22.php';
// Objet Action
use Bourse\Action\Valeur as aValeur; ←❶
$action = new aValeur("Dexia",4.56); ←❷
$action->info();
$action->changeCours(4.72);
$action->info();
// Objet Obligation
use Bourse\Obligation\Valeur as oValeur; ←❸
$oblig = new oValeur("EdF",55,3.8); ←❹
$oblig->info();
$oblig->changeCours(56);
$oblig->info();
?>
```

La classe Valeur du namespace Bourse\Action y est aliasée avec le nom aValeur (repère ❶) et celle du namespace Bourse\Obligation avec le nom oValeur (repère ❸). C'est alors en utilisant ces alias de nom de classe que nous pouvons créer les objets désirés (repères ❷ et ❹) et nous obtenons le même résultat qu'à l'exemple 9-23.

Méthodes magiques

Toutes les méthodes dont les noms commencent par deux caractères de soulignement __ sont des méthodes dites « magiques », dont la création est réservée à PHP et qui ont des rôles particuliers. Nous en avons déjà rencontré deux : __construct() et __destruct(), respectivement constructeur et destructeur, appelées automatiquement lors de la création ou la destruction d'un objet. PHP en comporte d'autres qui sont appelées automatiquement dans des circonstances données, à savoir :

- __set() est exécutée quand le script tente de modifier une propriété déclarée private ou protected.

- __get() est exécutée lorsque le script tente de lire une propriété déclarée private ou protected.

- __isset() est exécutée quand le script tente de vérifier, avec les fonctions isset() ou empty(), si une propriété déclarée private ou protected existe ou est vide.

- __unset() est exécutée quand le script tente de supprimer une propriété déclarée private ou protected avec la fonction unset().

L'exemple 9-25 fournit des applications de ces méthodes. La classe maclasse possède une propriété code déclarée private, donc normalement inaccessible à partir d'un objet (repère ❶). Le constructeur permet d'affecter une valeur à cette propriété (repère ❷). Les méthodes magiques __set(), __get(), __isset() et __unset() (repères ❸ à ❻) créent chacune une action qui est déclenchée respectivement quand le script affecte une valeur à la propriété code, tente de la lire, vérifie son existence ou veut la supprimer. Sans la définition de ces méthodes, toutes ces actions déclencheraient une erreur. Pour le vérifier nous créons un objet de type maclasse (repère ❼), puis nous écrivons le code qui va déclencher chacune des méthodes magiques (repères ❽ à ⓮). Notez que les méthodes définies ici autorisent ces opérations, mais que leur code pourrait afficher des messages interdisant toute modification de la propriété code qui est privée.

☞ **Exemple 9-25. Mise en œuvre des méthodes magiques**

```php
<?php
class maclasse
{
    private $code ; ←❶
    public function __construct($val) ←❷
    {
        $this->code = $val;
    }
```

```
        public function __set($prop, $val) ←❸
        {
            echo "Affectation de la valeur $val à la propriété $prop <br /> ";
            $this->$prop = $val;
        }
        public function __get($prop) ←❹
        {
            return $this->$prop;
        }
        public function __isset($prop) ←❺
        {
            if(isset($this->$prop)) echo "La propriété $prop est définie<br />";
        else echo "La propriété $prop n'est pas définie <br />";
        }
        public function __unset($prop) ←❻
        {
            echo "Effacement de la prop $prop <br />";
            unset($this->$prop);
        }
}
//Création d'un objet
$obj = new maclasse('AZERTY'); ←❼
echo isset($obj->code); ←❽
echo "code = ", $obj->code," <br />"; ←❾
$obj->code="QWERTY"; ←❿
echo "code = ", $obj->code," <br />"; ←⓫
echo isset($obj->code); ←⓬
unset($obj->code); ←⓭
echo "code = ", $obj->code," <br />"; ←⓮
?>
```

Le script affiche les résultats suivants :

```
La propriété code est définie
code = AZERTY
Affectation de la valeur QWERTY à la propriété code
code = QWERTY
La propriété code est définie
Effacement de la prop code
code = (émission d'un avertissement car cette propriété n'existe plus !)
```

Mémo des fonctions

```
boolean class_exists (string $nomclasse)
```

Détermine si la classe passée en paramètre existe ou non.

```
string get_class(object $varobjet)
```

Retourne le nom de la classe dont l'objet est une instance.

```
array get_class_methods(string nom_classe)
array get_class_methods(object $varobjet)
```

Retournent un tableau contenant tous les noms des méthodes de la classe ou de l'objet.

```
array get_class_vars(string nom_classe)
```

Retourne un tableau associatif dont les clés sont celles des propriétés de la classe et contenant toutes valeurs par défaut de ces propriétés.

```
array get_declared_classes()
```

Retourne un tableau de tous les noms des classes du script et des classes prédéfinies par PHP.

```
array get_declared_interfaces()
```

Retourne un tableau de tous les noms des interfaces du script.

```
array get_object_vars (object $varobjet)
```

Retourne un tableau de toutes les propriétés de l'objet.

```
string get_parent_class(string nom_classe)
string get_parent_class(object $varobjet)
```

Retourne le nom de la classe parente d'une classe ou d'un objet.

```
bool method_exists (object $object, string $nommethode )
```

Détermine si la méthode précisée en paramètre existe ou non.

```
bool is_subclass_of (divers $object, string $nomclasse )
```

Détermine si l'objet précisé a la classe $nomclasse comme parent.

Exercices

Exercice 1

Écrivez une classe représentant une ville. Elle doit avoir les propriétés nom et département et une méthode affichant « la ville X est dans le département Y ». Créez des objets ville, affectez leurs propriétés, et utilisez la méthode d'affichage.

Exercice 2

Modifiez la classe précédente en la dotant d'un constructeur. Réalisez les mêmes opérations de création d'objets et d'affichage.

Exercice 3

Créez une classe représentant une personne. Elle doit avoir les propriétés nom, prénom et adresse, ainsi qu'un constructeur et un destructeur. Une méthode getPersonne() doit retourner les coordonnées complètes de la personne. Une méthode setAdresse() doit permettre de modifier l'adresse de la personne. Créez des objets personne, et utilisez l'ensemble des méthodes.

Exercice 4

Créez une classe nommée form représentant un formulaire HTML. Le constructeur doit créer le code d'en-tête du formulaire en utilisant les éléments <form> et <fieldset>. Une méthode setText() doit permettre d'ajouter une zone de texte. Une méthode setSubmit() doit permettre d'ajouter un bouton d'envoi. Les paramètres de ces méthodes doivent correspondre aux attributs des éléments HTML correspondants. La méthode getForm() doit retourner tout le code HTML de création du formulaire. Créez des objets form, et ajoutez-y deux zones de texte et un bouton d'envoi. Testez l'affichage obtenu.

Exercice 5

Créez une sous-classe nommée form2 en dérivant la classe form de l'exercice 4. Cette nouvelle classe doit permettre de créer des formulaires ayant en plus des boutons radio et des cases à cocher. Elle doit donc avoir les méthodes supplémentaires qui correspondent à ces créations. Créez des objets, et testez le résultat.

Exercice 6

Créez un objet à partir de la classe form2 de l'exercice 5, puis créez-en un clone. Modifiez certaines caractéristiques de cet objet, et affichez les deux formulaires obtenus.

Exercice 7

Créez une classe abstraite représentant une personne. Elle déclare les propriétés nom et prénom et un constructeur. Créez une classe client dérivée de la classe personne en y ajoutant la propriété adresse et une méthode setCoord() qui affiche les coordonnées complètes de la personne. Créez une classe électeur dérivée de la même classe abstraite, et ajoutez-y deux propriétés bureau_de_vote et vote, ainsi qu'une méthode avoter(), qui enregistre si une personne a voté dans la propriété vote.

Exercice 8

Créez deux namespaces, nommés Firme\Client et Firme\Commercial, possédant chacun des classes Personne. Chacune d'elles doit avoir des propriétés pour enregistrer les coordonnées de la personne et son code, un constructeur et des méthodes set() et get() pour pouvoir modifier et afficher les propriétés. Créez ensuite des objets représentant deux clients et un commercial.

Exercice 9

Intégrez les méthodes magiques connues à au moins une des classes de l'exercice 8 après avoir déclaré la propriété code comme protected.

Les images dynamiques

PHP permet non seulement de créer des pages contenant du texte affiché dynamiquement mais également des images dynamiques en fonction des besoins. Vous allez voir comment créer des images dynamiques aux formats GIF, JPEG, PNG et même WBMP à destination des terminaux mobiles.

PHP est livré avec l'extension GD (*Graphic Device*). La version actuelle, livrée avec PHP 5, vous permet de créer des images aux formats GIF, JPEG, PNG et WBMP.

Pour vérifier si l'extension est installée sur votre serveur, utilisez la fonction phpinfo(), et reportez-vous à la rubrique GD, qui contient le numéro de version et différentes caractéristiques, en particulier la possibilité d'utiliser des polices TrueType pour écrire du texte dans une image. Vous pouvez également utiliser la fonction gd_info(), qui retourne un tableau contenant les caractéristiques de l'extension.

Principes généraux

Sur le serveur local installé par WampServer, l'extension GD est installée par défaut.

Sur un serveur sur lequel elle ne serait pas disponible, vous devez décommenter la ligne suivante en supprimant le point-virgule placé au début de la ligne :

```
extension=php_gd2.dll
```

Cette ligne se trouve dans le fichier php.ini, situé dans le dossier C:\wamp\bin\apache\ apache2.2.8\bin dans lequel a été effectuée l'installation. L'affichage réalisé par le script contenant la fonction phpinfo() vous confirme que la bibliothèque GD est désormais utilisable.

Les scripts de création d'image doivent suivre les étapes suivantes :

1. Envoi d'un en-tête précisant le type d'image qui sera envoyé du serveur vers le navigateur. Vous retrouvez ici la fonction `header()` sous la forme suivante pour une image de type PNG :

```
header("Content-type:image/png");
```

Selon le format choisi, vous pouvez remplacer le type MIME de l'image par `image/jpeg`, `image/gif` ou `image/vnd.wap.wbmp`.

2. Création du cadre de l'image dans lequel vont être tracés les éléments de l'image en appelant la fonction `imagecreate()`, qui définit les dimensions de l'image en pixels et réserve l'espace mémoire nécessaire sur le serveur.

3. Création des couleurs qui vont être utilisées pour effectuer les tracés en utilisant les codes décimaux des couleurs RGB (Red, Green, Blue) à l'aide de la fonction `imagecolorallocate()`.

4. Tracé de formes géométriques dans le cadre. Les formes disponibles sont variées.

5. Écriture du texte dans l'image à l'aide des polices incorporées ou de polices TrueType ou FreeType.

6. Envoi de l'image créée vers le navigateur ou dans un fichier image enregistré sur le serveur et utilisable dans n'importe quelle page ou image au moyen de l'élément HTML `<img>`. Les fonctions `imagegif()`, `imagejpg()` ou `imagepng()` peuvent être utilisées pour cela selon le format défini à l'étape 1. Ces fonctions permettent également d'enregistrer les images créées sur le serveur.

7. Libération facultative de l'espace mémoire occupé par l'image sur le serveur à l'aide de la fonction `imagedestroy()`.

Pour une image PNG, un script type de création d'image dynamique a la structure illustrée à l'exemple 10-1.

☞ **Exemple 10-1. Script de création d'image**

```php
<?php
header ("Content-type: image/png");
//Création du cadre 800x400 pixels
$idimg=imagecreate(800,400);
//Création des couleurs
$fond=imagecolorallocate($idimg,255,255,51);
$noir=imagecolorallocate($idimg,0,0,0);
//*******************
//TRACÉS DES FORMES
//*******************
//Enregistrement de l'image dans un fichier
imagepng($idimg,"monimage.png");
//Envoi de l'image au navigateur
imagepng($idimg);
```

```
//Libération de l'espace mémoire
imagedestroy($idimg);
?>
```

Si la page qui affiche l'image contient d'autres éléments HTML – comme c'est le cas la plupart du temps –, vous devez séparer la création de l'image de son utilisation. Vous avez donc deux fichiers, un fichier PHP contenant le code de création de l'image, à l'exemple du script de l'exemple 10-1, et un fichier HTML ou PHP contenant le code HTML d'utilisation de l'image, à l'exemple du fichier ci-dessous. Le nom du fichier PHP sera donné comme valeur à l'attribut `src` de l'élément `<img />`.

```html
<!DOCTYPE html>
<html lang="fr">
 <head>
  <meta http-equiv="Content-Type" content="text/html; charset=UTF-8" />
  <title>Images dynamiques</title>
 </head>
 <body>
  <div>
   <h2>Une image dynamique </h2>
   <img src="monimage.php" alt="Mon image" />
  </div>
 </body>
</html>
```

Toutes les images créées par la suite peuvent être affichées en utilisant ce modèle HTML et en modifiant simplement la valeur de l'attribut `src`.

Création du cadre de l'image

Vous utilisez ici la fonction suivante :

```
resource imagecreate (int larg, int haut)
```

qui reçoit comme paramètres la largeur et la hauteur de l'image en pixels et retourne un identifiant de type `resource`. Ce dernier sera utilisé par toutes les fonctions intervenant dans la création de l'image, soit pour définir les couleurs, soit pour y effectuer des tracés, soit pour l'afficher ou l'enregistrer à la fin de la création.

Par exemple, vous écrivez :

```
$idimg= imagecreate(600,200);
```

pour créer une image de 600 pixels de large sur 200 pixels de haut. L'image est dès lors identifiée par la variable `$idimg`.

Ce type d'image, dite image à palette, ne contient qu'un nombre limité de couleurs, ce qui convient généralement aux types d'images réalisées à l'aide de la bibliothèque GD.

Pour créer des images en TrueColor en millions de couleurs, vous pouvez utiliser la fonction suivante :

```
resource imagecreatetruecolor ( int larg, int haut)
```

La fonction `imageistruecolor()` permet de vérifier si une image est de ce type TrueColor. Elle retourne TRUE si c'est le cas et FALSE dans le cas contraire. Sa syntaxe est la suivante :

```
bool imageistruecolor ( resource $idimg)
```

Il est envisageable d'utiliser des images existantes pour y effectuer des ajouts, que ce soit des légendes ou des tracés géométriques. Il est, par exemple, possible de créer un cadre à partir de ces images en utilisant l'une des fonctions suivantes, selon leur format :

```
resource imagecreatefromgif ( string nom_image)
resource imagecreatefromjpeg ( string nom_image)
resource imagecreatefrompng ( string nom_image)
resource imagecreatefromwbmp ( string nom_image)
```

Chacune de ces fonctions admet comme paramètre un nom de fichier ou l'URL complète du fichier image entre guillemets. Elles retournent un identifiant de type resource.

Pour utiliser ces images existantes, il peut être utile d'en connaître certaines caractéristiques, comme les dimensions, afin, par exemple, d'écrire un texte centré dans l'image. Pour obtenir ces informations, vous pouvez faire appel à la fonction suivante :

```
array getimagesize ( string nom_image)
```

qui retourne un tableau à sept éléments.

Les éléments de ce tableau sont les suivants :

• L'élément d'indice 0 contient la largeur de l'image en pixels.

• L'élément d'indice 1 contient la hauteur de l'image.

• L'élément d'indice 2 contient un entier qui donne le type de l'image : 1 = GIF, 2 = JPG, 3 = PNG, 5 = PSD, 6 = BMP, 7 = TIFF (ordre des octets Intel), 8 = TIFF (ordre des octets Motorola), 9 = JPC, 10 = JP2, 11 = JPX, 12 = JB2, 13 = SWC et 14 = IFF.

• L'élément d'indice 3 contient une chaîne utilisable dans l'élément HTML <img/> pour définir ses attributs, sous la forme width="165" height="110".

• L'élément de clé bits indique le nombre de bits utilisé pour chaque couleur pour les images JPEG.

• L'élément de clé channels vaut 3 pour les images RGB et 4 pour les images CMYK.

• L'élément de clé mime contient une chaîne utilisable pour créer l'en-tête correct avec la fonction header().

En écrivant, par exemple, le code suivant :

```
print_r( getimagesize("mon_image.jpg"));
```

vous obtenez le résultat suivant :

```
Array
(
    [0] => 165
    [1] => 110
    [2] => 2
    [3] => width="165" height="110"
    [bits] => 8
    [channels] => 3
    [mime] => image/jpeg
)
```

Création des couleurs

La fonction suivante définit les couleurs qui seront utilisées pour le fond de l'image et les tracés successifs :

```
int imagecolorallocate ( resource $idimg, int R, int G, int B)
```

Elle crée une couleur pour l'image identifiée par $idimg. Les paramètres R, G et B sont les valeurs entières en base 10 (donc de 0 à 255) et non en hexadécimal (de la forme FF), comme en HTML.

Chaque valeur correspond à l'intensité des couleurs (Red, Green, Blue) qui composent la teinte désirée. La fonction retourne également un identifiant entier, qui est récupéré dans une variable et qui servira à identifier la couleur dans les fonctions de tracé.

Par exemple, vous écrivez :

```
$orange=imagecolorallocate($idimg,255,128,0) ;
```

pour créer la couleur orange qui sera identifiée par la variable $orange.

> **Couleur de fond**
>
> La première couleur créée devient automatiquement la couleur de fond de l'image. Il faut donc veiller à l'ordre de création des couleurs.

Pour avoir un fond transparent, vous définissez la couleur de fond comme étant transparente à l'aide de la fonction :

```
int imagecolortransparent ( resource $idimg, int $couleur)
```

qui permet d'obtenir une image de forme quelconque, le cadre rectangulaire n'étant plus visible. La couleur de transparence n'est bien sûr plus utilisable pour aucun tracé, sauf pour créer des effets particuliers.

Il est possible de définir n'importe quelle couleur comme transparente. Le code suivant définit le vert comme transparent :

```
$vert=imagecolorallocate($idimg,0,128,0) ;
imagecolortransparent($idimg,$vert) ;
```

Tous les pixels verts laissent ainsi voir la couleur de fond.

Tracé de formes géométriques

Tous les tracés de formes géométriques se font en précisant des coordonnées relativement au cadre qui a été défini par la fonction imagecreate(). L'origine des coordonnées est le sommet supérieur gauche du cadre, le sens positif des ordonnées étant vers le bas.

Tracé de points

Vous pouvez tracer un point de la taille d'un pixel en précisant ses coordonnées dans le cadre à l'aide de la fonction suivante :

```
int imagesetpixel ( resource $idimg, int x, int y, int $couleur)
```

L'exemple 10-2 utilise cette fonction pour réaliser le tracé d'une fonction classique. La structure du script est conforme au modèle proposé précédemment et n'a pas besoin d'être détaillée. Après la création d'une couleur de fond et d'une couleur de tracé (repères ❶ et ❷), une boucle trace des points dont l'ordonnée $y est calculée à l'aide de la fonction sinus. La mise à l'échelle des coordonnées et le décalage d'origine sont réalisés dans le calcul de $y (repère ❸). Le double appel à la fonction imagesetpixel() permet d'avoir un trait plus épais (repères ❹ et ❺). L'image est d'abord enregistrée dans le fichier sinus.png (repère ❻) puis envoyée au navigateur (repère ❼), et la mémoire est libérée (repère ❽).

☞ Exemple 10-2. Tracé d'une sinusoïde point par point.

```
<?php
header ("Content-type: image/png");
$idimg=imagecreate(800,400);
$fond=imagecolorallocate($idimg,255,255,51); ←❶
$noir=imagecolorallocate($idimg,0,0,0); ←❷
for($x=0;$x<800;$x++)
{
  $y=-200*sin($x/100)+200; ←❸
  imagesetpixel($idimg,$x,$y,$noir); ←❹
    imagesetpixel($idimg,$x,$y+1,$noir); ←❺
}
imagepng($idimg,"sinus.png"); ←❻
imagepng($idimg); ←❼
imagedestroy($idimg); ←❽
?>
```

La figure 10-1 illustre le résultat obtenu en appelant le fichier PHP dans un document HTML contenant la ligne de code suivante :

```
<img src="exemple10.2.php" border="1" alt="La fonction Sinus" />
```

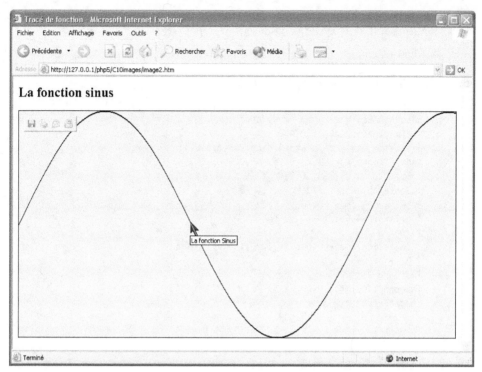

Figure 10-1
Tracé de la fonction sinus point par point

Tracé de droites

Le tracé de segment de droite se réalise à l'aide de la fonction imageline(), dont la syntaxe est la suivante :

```
int imageline (resource $idimg, int x1, int y1, int x2, int y2, int $couleur)
```

Les couples (x1,y1) et (x2,y2) sont respectivement les coordonnées de l'origine et de l'extrémité du segment.

Par défaut, l'épaisseur des lignes est de un pixel, mais vous pouvez modifier cette valeur en utilisant la fonction suivante :

```
bool imagesetthickness (resource $idimg, int N)
```

dans laquelle N définit la largeur de trait en pixel. Elle retourne TRUE si le paramétrage est bien réalisé, FALSE sinon.

L'exemple 10-3 définit une largeur de trait de deux pixels (repère ❶) puis réalise, dans un cadre de 800 sur 400 pixels, une série de lignes dont l'origine est commune – le point de coordonnées (400,399) – et dont l'extrémité est une variable de coordonnées ($x,0).

La variable $x est incrémentée de 10 unités dans la boucle for (repère ❷). Le tracé des lignes est effectué avec la couleur noire (repère ❸).

Vous obtenez une sorte d'éventail, comme l'illustre la figure 10-2.

☞ **Exemple 10-3. Tracé de lignes**

```php
<?php
header ("Content-type: image/png");
$idimg=imagecreate(800,400);
$fond=imagecolorallocate($idimg,255,255,51);
$noir=imagecolorallocate($idimg,0,0,0);
//Définition de l'épaisseur de trait de 2 pixels
imagesetthickness($idimg,2) ; ←❶
//Tracé des droites
for($x=0;$x<800;$x+=10) ←❷
{
   imageline($idimg,400,399,$x,0,$noir); ←❸
}
imagepng($idimg,"rayons.png");
imagepng($idimg);
imagedestroy($idimg);
?>
```

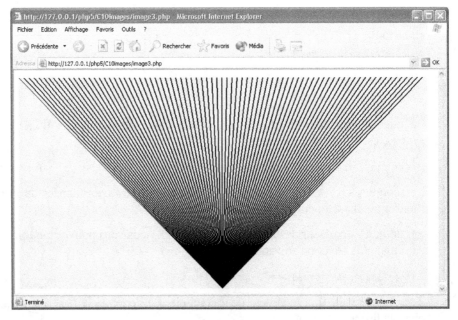

Figure 10-2
Tracé de lignes droites

Tracé de rectangles et de carrés

Pour tracer des rectangles et des carrés, vous disposez de la fonction suivante :

```
int imagerectangle (resource $idimg, int x1, int y1, int x2, int y2,int $couleur)
```

qui trace un rectangle ayant pour sommet supérieur gauche le point (x1,y1) et pour sommet inférieur droit le point (x2,y2). Le tracé est réalisé avec la couleur précisée par le paramètre $couleur.

Pour tracer des rectangles pleins avec une couleur donnée, vous disposez de la fonction suivante, à la syntaxe identique :

```
int imagefilledrectangle (resource $idimg, int x1, int y1, int x2, int y2,
➡ int $couleur)
```

L'exemple 10-4 effectue le tracé de rectangles imbriqués à l'aide d'une boucle `for` (repère ❶) puis d'un rectangle plein de couleur rouge au centre (repère ❷). Comme les précédents, il enregistre l'image sur le serveur (repère ❸) puis l'envoie au navigateur (repère ❹).

☞ **Exemple 10-4. Tracé de rectangles**

```php
<?php
header ("Content-type: image/png");
$idimg=imagecreate(800,400);
$fond=imagecolorallocate($idimg,255,255,51);
$rouge=imagecolorallocate($idimg,255,0,0);
//Définition de l'épaisseur de trait de 3 pixels
imagesetthickness($idimg,3);
//Tracé des rectangles
for($i=3;$i<100;$i+=20)
{
   imagerectangle($idimg,$i,$i,800-$i,400-$i,$rouge); ←❶
}
//Tracé d'un rectangle plein
imagefilledrectangle($idimg,100,100,700,300,$rouge); ←❷
imagepng($idimg,"rectangles.png"); ←❸
imagepng($idimg); ←❹
imagedestroy($idimg);
?>
```

La figure 10-3 permet d'apprécier le résultat affiché.

Tracé de polygones

La fonction suivante permet de tracer des polygones avec un nombre quelconque de côtés :

```
int imagepolygon (resource $idimg, array $tab, int N, int $couleur)
```

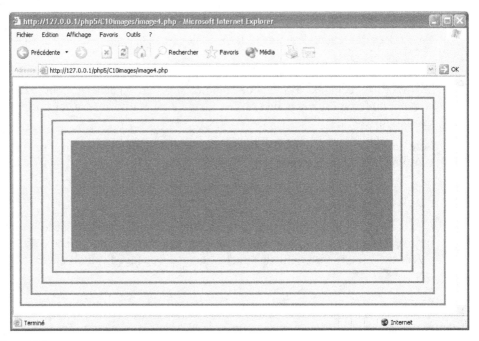

Figure 10-3
Tracé de rectangles

Contrairement au tracé des rectangles, vous n'énumérez pas les coordonnées des sommets. Celles-ci sont passées sous la forme d'un tableau $tab, dont les éléments sont une suite d'abscisses et d'ordonnées. Assurez-vous qu'il y ait un nombre pair de coordonnées. Le paramètre N indique le nombre de sommets, ce qui permet de refermer la figure sans donner à nouveau les coordonnées du premier point.

La variante suivante, dont la syntaxe est identique, permet de tracer des polygones pleins :

```
int imagefilledpolygon (resource $idimg, array $tab, int N, int $couleur)
```

L'exemple 10-5 définit un tableau de huit éléments représentant les coordonnées de quatre sommets (repère ❶) puis trace le quadrilatère correspondant (repère ❷). Les coordonnées peuvent être passées en définissant le tableau directement comme second paramètre de la fonction (repère ❸), ici pour tracer un triangle.

☞ **Exemple 10-5. Tracé de polygones**

```php
<?php
header ("Content-type: image/png");
$idimg=imagecreate(800,400);
$fond=imagecolorallocate($idimg,255,255,51);
$noir=imagecolorallocate($idimg,0,0,0);
$blanc=imagecolorallocate($idimg,255,255,255);
```

```
//Définition de l'épaisseur de trait de 3 pixels
imagesetthickness($idimg,3);
//Coordonnées du quadrilatère
$tab=array (100,50,500,100,750,300,50,350); ←❶
//Tracé du quadrilatère
imagepolygon($idimg,$tab,4,$noir); ←❷
//Tracé du triangle plein
imagefilledpolygon($idimg,array(150,80,500,150,250,310),3,$blanc); ←❸
imagepng($idimg,"polygon.png");
imagepng($idimg);
imagedestroy($idimg);
?>
```

Le résultat affiché est illustré à la figure 10-4.

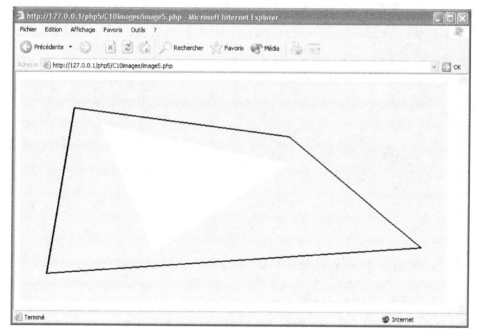

Figure 10-4
Tracé de polygones

Tracé d'arcs, de cercles et d'ellipses

Pour tracer des arcs de cercle ou des ellipses, vous disposez de la fonction `imagearc()`, dont la syntaxe est la suivante :

```
int imagearc (resource $idimg, int Xc, int Yc, int Larg, int Haut, int Ang1,
➥int Ang2, int $couleur)
```

Les paramètres Xc et Yc sont les coordonnées du centre. Larg et Haut représentent la largeur et la hauteur (égaux pour un cercle). Ang1 et Ang2 sont des angles en degrés, qui permettent d'indiquer la portion de cercle ou d'ellipse qui sera représentée. L'origine des angles est la position horaire 3 heures, et le sens positif est horaire.

Pour créer des secteurs circulaires ou elliptiques pleins, vous utilisez la fonction imagefilledarc(), dont la syntaxe est quasiment identique :

```
bool imagefilledarc ( resource $idimg, int Xc, int Yc, int Larg, int Haut,
➡int Ang1, int Ang2, int $couleur, int style)
```

Le paramètre supplémentaire style est une constante entière, qui peut prendre les valeurs suivantes :

- IMG_ARC_PIE : le secteur est plein, et les rayons sont tracés. Vous obtenez un camembert.

- IMG_ARC_NOFILL : seul le contour est tracé sans les rayons. Dans ce cas, vous utilisez de préférence imagearc().

- IMG_ARC_CHORD : les rayons et la corde qui relie les extrémités de l'arc sont tracés, et le complément du secteur tracé est rempli. Vous obtenez un triangle isocèle dont vous connaissez l'angle au sommet.

Pour tracer des cercles ou des ellipses complets, il est plus simple d'utiliser la fonction suivante :

```
bool imagefilledarc (resource $idimg, int Xc, int Yc, int Larg, int Haut, int Ang1,
➡int Ang2, int $couleur, int style)
```

dont la syntaxe est similaire à imagearc().

Pour effectuer le même tracé plein, vous disposez aussi de la variante suivante :

```
bool imagefilledellipse (resource $idimg, int Xc, int Yc, int Larg, int Haut,
➡$couleur)
```

L'exemple 10-6 utilise ces fonctions pour tracer successivement deux cercles concentriques (repère ❶), un secteur elliptique plein (repère ❷), une ellipse (repère ❸) et une ellipse pleine (repère ❹).

☞ **Exemple 10-6. Tracé d'arcs et d'ellipses**

```
<?php
header ("Content-type: image/png");
$idimg=imagecreate(800,400);
$fond=imagecolorallocate($idimg,255,255,51);
$noir=imagecolorallocate($idimg,0,0,0);
$rouge=imagecolorallocate($idimg,255,0,0);
//Tracé d'arcs
imagearc($idimg,200,100,180,180,180,360,$noir); ←❶
imagearc($idimg,200,100,140,140,180,360,$noir);
imagefilledarc($idimg,500,200,480,300,0,290,$rouge,IMG_ARC_PIE); ←❷
```

```
//Tracé d'ellipses
imageellipse ($idimg,200,150,100,50,$noir); ←❸
imagefilledellipse ($idimg,120,300,200,80,$rouge); ←❹
imagepng($idimg,"cercle.png");
imagepng($idimg);
imagedestroy($idimg);
?>
```

La figure 10-5 illustre les résultats obtenus.

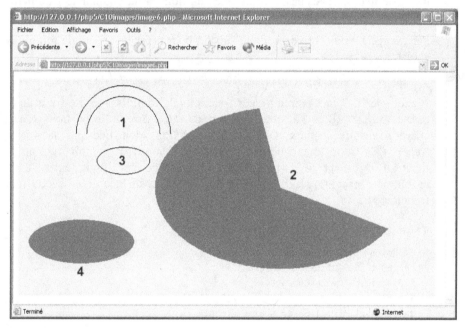

Figure 10-5

Tracé de cercles et d'ellipses

Remplissage de surfaces

Vous avez vu comment créer des surfaces pleines quand il s'agit de rectangles, de polygones ou de cercles. Quand il s'agit de remplir des formes quelconques limitées par un contour fermé avec une couleur précise, utilisez la fonction suivante :

```
int imagefill (resource $idimg, int x, int y, int $couleur)
```

Les coordonnées (x,y) passées en paramètre sont celles d'un point quelconque de l'intérieur de la surface à remplir.

Vous avez également la possibilité de remplir une surface à l'aide d'un motif constitué d'une image existante, qui se répète autant de fois que nécessaire. Cette fonction est très utile pour réaliser une image de fond dans un document HTML.

Commencez par charger l'image du motif, et récupérez son identifiant dans une variable, comme ci-dessous :

```
$idmotif=imagecreatefromgif("php5_logo.gif");
```

Utilisez ensuite la fonction suivante :

```
int imagesettile ( resource $idimg, resource $idmotif)
```

qui définit l'image identifiée par $idmotif comme motif de remplissage. La valeur retournée par cette fonction est du même type qu'un identifiant de couleur. Pour utiliser ce motif de remplissage, passez à la place du nom de la couleur le paramètre IMG_COLOR_TILED, qui est une constante.

Par exemple, vous écrivez le code suivant pour créer un rectangle rempli avec le motif choisi :

```
imagefilledrectangle($idimg,100,300,200,390,IMG_COLOR_TILED);
```

L'exemple 10-7 met en œuvre ces fonctions de remplissage. Le tracé de deux arcs de cercle (repères ❶ et ❷) crée une surface qui est remplie en noir (repère ❸). Vous chargez ensuite l'image GIF du logo PHP 5 identifiée par la variable $idlogo (repère ❹). Cette image permet de définir le motif de remplissage au moyen de la fonction imagesettile() (repère ❺). Le passage de l'argument IMG_COLOR_TILED à la fonction imagefilledarc() permet de remplir la surface créée avec l'image du logo (repère ❻).

☞ **Exemple 10-7. Remplissage de surfaces**

```
<?php
header ("Content-type: image/png");
$idimg=imagecreate(800,400);
$fond=imagecolorallocate($idimg,255,255,51);
$noir=imagecolorallocate($idimg,0,0,0);
//Tracé d'arcs
imagearc($idimg,50,200,180,180,270,90,$noir); ←❶
imagearc($idimg,150,200,180,180,90,270,$noir); ←❷
//Remplissage en noir de la zone
imagefill($idimg,100,200,$noir); ←❸
//Tracé de camembert rempli avec une image
$idlogo=imagecreatefromgif("php5_logo.gif"); ←❹
$motif=imagesettile($idimg,$idlogo); ←❺
imagefilledarc($idimg,500,200,480,300,30,290,IMG_COLOR_TILED,IMG_ARC_PIE); ←❻
imagepng($idimg,"remplissage.png");
imagepng($idimg);
imagedestroy($idimg);
?>
```

La figure 10-6 illustre le résultat de ce script.

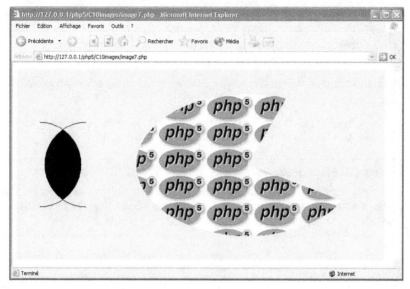

Figure 10-6

Remplissage de surfaces

Écriture de texte

Les tracés géométriques que vous venez de voir peuvent être utilement complétés par des légendes. L'extension GD offre la possibilité d'utiliser des polices ordinaires incorporées, ainsi que des polices TrueType. Ces dernières nécessitent la présence des fichiers correspondants, avec l'extension .ttf, sur le serveur.

La fonction imagestring() permet d'utiliser les polices de PHP. Sa syntaxe est la suivante :

```
int imagestring (resource $idimg, int taille, int x, int y, string $ch,
int $couleur)
```

La fonction affiche dans l'image le texte de la chaîne $ch à la position (x,y) et avec la couleur précisée. Le paramètre taille définit le corps de la police utilisée, de 1 à 5.

Pour afficher du texte verticalement de bas en haut, utilisez la fonction :

```
int imagestringup (resource $idimg, int taille, int x, int y, string $ch,
int $couleur)
```

dont la syntaxe est identique.

L'éventail de polices disponibles dans l'extension GD est très limité. Pour afficher des caractères dans des tailles ou des polices plus variées, il est préférable d'utiliser des polices TrueType à l'aide de la fonction suivante :

```
array imagettftext (resource $idimg, int taille, int angle, int x, int y,
int $couleur, string nom_police, string $ch)
```

Cette fonction vous permet de choisir la taille (comme dans un traitement de texte) et l'angle d'inclinaison du texte par rapport à l'horizontale, exprimé en degrés. Le nom du fichier de la police doit être passé en paramètre dans une chaîne en y incluant son extension .ttf.

Pour utiliser des polices FreeType 2, choisissez la fonction suivante, dont la syntaxe est identique :

```
array imagefttext( resource $idimg, int taille, int angle, int x, int y,
➡ int $couleur, string nom_police, string $ch)
```

Transferts côté serveur

La configuration PHP du serveur doit évidemment accepter de traiter les polices TrueType. Pour le vérifier, il vous suffit d'afficher les informations fournies par la fonction phpinfo() dans la rubrique GD. Il vous faut de plus obligatoirement transférer le fichier .ttf sur le serveur.

L'exemple 10-8 réalise l'affichage de texte dans une image en utilisant tout d'abord les cinq tailles de police PHP (repères ❶ à ❺) puis en traçant un texte verticalement (repère ❻) et enfin au moyen de polices TrueType horizontales (repères ❼ et ❽) ou inclinées (repère ❾). La figure 10-7 illustre le résultat obtenu. La pauvreté des polices PHP est évidente en comparaison des polices TrueType.

☞ **Exemple 10-8. Création de texte dans une image**

```php
<?php
header ("Content-type: image/png");
$idimg=imagecreate(800,400);
$fond=imagecolorallocate($idimg,255,255,51);
$noir=imagecolorallocate($idimg,0,0,0);
$orange=imagecolorallocate($idimg,255,128,0);
imagefilledrectangle($idimg,50,100,220,390,$orange);
//Texte avec les polices PHP
imagestring($idimg,5,55,100,"RECTANGLE ORANGE",$noir); ←❶
imagestring($idimg,4,55,120,"RECTANGLE ORANGE",$noir); ←❷
imagestring($idimg,3,55,140,"RECTANGLE ORANGE",$noir); ←❸
imagestring($idimg,2,55,160,"RECTANGLE ORANGE",$noir); ←❹
imagestring($idimg,1,55,180,"RECTANGLE ORANGE",$noir); ←❺
imagestringup($idimg,5,195,300,"RECTANGLE ORANGE",$noir); ←❻
//Texte avec des polices TrueType
imagettftext ($idimg, 30,0,300,100,$noir, "Elephnti.ttf", " PHP 5  et
➡ MySQL" ); ←❼
imagettftext ($idimg,35,0,300,240,$noir, "Elephnt.ttf", "    EYROLLES" ); ←❽
imagettftext ($idimg, 30,10,300,200,$noir, "Elephnti.ttf",
➡ "            Engels" ); ←❾
imagepng($idimg);
imagedestroy($idimg);
?>
```

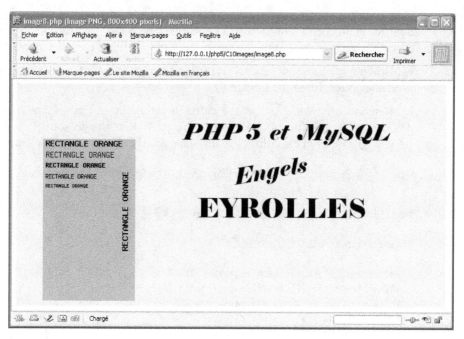

Figure 10-7
Écriture de texte dans une image

Utilisation pratique

L'exemple 10-9 illustre une fonction complète de création d'image à l'aide de la bibliothèque GD. La fonction crée dynamiquement un histogramme à partir de données externes. Celles-ci peuvent provenir d'une base de données ou d'un fichier XML par exemple.

La fonction possède les caractéristiques suivantes, qui la rendent utilisable dans de multiples cas :

- Les dimensions de l'image sont paramétrables par le biais des variables ($x,$y) (repère ❶). La taille de l'image est créée en fonction de ces valeurs (repère ❷).

Les données pour la hauteur des rectangles de l'histogramme sont en nombre variable. Elles sont passées à la fonction sous forme de tableau ($donn, repère ❶ troisième paramètre).

- Chaque rectangle de l'histogramme comporte une légende particulière. L'ensemble de ces légendes est passé sous forme de tableau ($texte, repère ❶ quatrième paramètre).

- L'ensemble de l'histogramme occupe la largeur de l'image moins 20 pixels et 80 % de la hauteur totale pour obtenir des marges (repère ❺). Une boucle permet de connaître la valeur maximale à représenter (repère ❹). En fonction du nombre d'éléments du tableau $donn, vous calculez le nombre de colonnes (repère ❸) et la largeur de chacune d'elles (repère ❻).

- Une boucle `for` effectue le calcul des coordonnées des rectangles en fonction des données et du coefficient de mise à l'échelle (repère ❼). Une seconde boucle trace les rectangles en noir, les remplit en jaune et écrit le libellé de chaque colonne (repère ❽).

- L'histogramme a un titre général (`$titre`, repère ❶ cinquième paramètre), qui est écrit avec une police TrueType (repère ❾).

- La fonction n'envoie pas l'image créée directement au navigateur, à la différence des exemples précédents, mais enregistre un fichier image sous le nom `histo.png` (repère ❿). Celui-ci est utilisable dans une page HTML contenant l'élément `<img />`.

☞ Exemple 10-9. Fonction de création d'un histogramme dynamique

```php
<?php
function histo($x,$y,$donn,$texte,$titre) ←❶
{
  $image=imagecreate($x,$y); ←❷
  //la première couleur déclarée est la couleur de fond
  $ocre=imagecolorallocate($image,195,155,125);
  $blanc=imagecolorallocate($image,255,255,255);
  $bleu =imagecolorallocate($image,50,0,255);
  $noir =imagecolorallocate($image,0,0,0);
  $jaune=imagecolorallocate($image,255,255,00);
  $nbcol=count($donn); ←❸
  $maxi=0;
  //Recherche de la valeur maxi
  for($i=0;$i<$nbcol;$i++)
  {
      $maxi = max($maxi,$donn[$i]); ←❹
  }
  //coefficient d'échelle
  $coeff = ($y*0.8)/ $maxi; ←❺
  $X0 = 10;
  $Y0 = $y-50;
  $larg = ($x-20)/$nbcol; ←❻
  //coordonnées des sommets des rectangles
  for($i=0;$i<$nbcol;$i++) ←❼
  {
      $tabX[$i] = $X0 + $larg*$i;
      $tabY[$i] = $Y0 - $coeff*$donn[$i];
  }
  //tracé des rectangles
  for($i=0;$i<$nbcol;$i++) ←❽
  {
    //tracés des rectangles en noir
    imagerectangle($image,$tabX[$i],$tabY[$i],$tabX[$i]+$larg,$Y0,$noir);
    //remplissage des rectangles en jaune
    imagefill($image,$tabX[$i]+5,$Y0-5,$jaune);
```

```
        // Écriture des données au-dessus des rectangles
        imagettftext($image,15,0,$tabX[$i]+20,$tabY[$i]-5,$noir,"vivaldii.ttf",
        ➡$donn[$i]);
        //Écriture des jours en bas des rectangles
        imagettftext($image,15,0,$tabX[$i]+20,$y-55,$bleu,"elephnti.ttf",
        ➡$texte[$i]);
    }
    //Écriture du titre de l'histogramme en bas
    imagettftext($image,20,0,200,$y-23, $blanc, "elephnti.ttf",$titre); ←❾
    //enregistre l'image
    imagepng($image,"histo.png"); ←❿
    //Libère la mémoire
    imagedestroy($image);
}
?>
```

L'exemple 10-10 utilise cette fonction pour créer une page HTML incluant un script PHP qui incorpore le code `exemple10.9.php` de la fonction `histo()` (repère ❶) puis définit le tableau de données et les légendes contenues dans les variables `$donn`, `$texte` et `$titre` (repères ❷, ❸ et ❹). L'appel de la fonction `histo()` avec ces paramètres crée l'image `histo.png` (repère ❺). Celle-ci est appelée dans l'attribut `src` de l'élément `<img>` du document HTML (repère ❻).

☞ **Exemple 10-10. Utilisation de la fonction**

```
<!DOCTYPE html>
<html lang="fr">
 <head>
  <meta http-equiv="Content-Type" content="text/html;charset=UTF-8" />
  <title>Histogramme dynamique</title>
 </head>
 <body>
 <div>
  <h2>Résultats des ventes de la semaine</h2>
  <?php
  // Utilisation de la fonction
  include("exemple10.9.php"); ←❶
  $donn= array(850,2500,4050,2730,2075,2590,1450); ←❷
  $texte = array("Lun","Mar","Mer","Jeu","Ven","Sam","Dim"); ←❸
  $titre = "Ventes hebdomadaires PHP 5"; ←❹
  histo(700,450,$donn,$texte,$titre); ←❺
  ?>
  <img src="histo.png" alt="Ventes" /> ←❻
 </div>
 </body>
</html>
```

La figure 10-8 illustre l'histogramme créé par la fonction histo() avec les données de l'exemple 10-10.

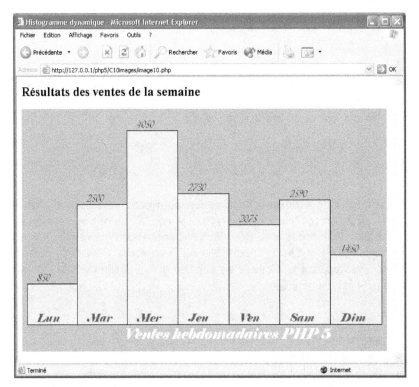

Figure 10-8

Histogramme des ventes

L'extension Ming et les animations Flash

Dans le domaine du graphisme, PHP dispose, en plus du module GD, d'un module Ming installé d'office dans WampServer et sur les serveurs d'hébergeurs comme OVH. Ce module permet la création dynamique d'animations au format Flash (avec l'extension .swf). Il est utilisable aussi bien sous Windows que sous Linux et permet, à l'instar du logiciel Flash d'Adobe, de gérer des formes, des boutons, des images mais aussi des textes et de répondre aux actions des utilisateurs dans les animations réalisées. Il permet également de gérer la diffusion de vidéos et de fichiers sons au format MP3.

Mémo des fonctions

```
array gd_info (void )
```
Retourne les informations concernant la version GD du serveur.

```
array getimagesize ( string nom_image)
```
Retourne des informations sur l'image.

```
int imagearc (resource $idimg, int Xc, int Yc, int Larg, int Haut, int Ang1, int Ang2, int
$couleur)
```
Crée un arc de cercle ou une ellipse de centre (Xc,Yc).

```
int imagecolorallocate ( resource $idimg, int R, int G, int B)
```
Crée une couleur RGB et retourne un identifiant.

```
int imagecolorat ( resource $idimg, int X, int Y)
```
Retourne l'identifiant de la couleur du pixel situé en (X,Y). Pour une image TrueColor, retourne le code de couleur RGB.

```
int imagecolordeallocate ( resource $idimg, int $couleur)
```
Supprime la couleur dont l'identifiant est $couleur.

```
bool imagecolorset ( resource $idimg, int $couleur, int R, int G, int B)
```
Modifie la couleur dont l'identifiant est donné et retourne TRUE.

```
array imagecolorsforindex ( resource $idimg, int $couleur)
```
Retourne les valeurs RGB de la couleur précisée dans un tableau.

```
int imagecolorstotal ( resource $idimg)
```
Retourne le nombre de couleurs de l'image.

```
int imagecolortransparent ( resource $idimg, int $couleur)
```
Définit la couleur de transparence.

```
int imagecopy (resource $idimg2, resource $idimg1, int x2, int y2, int x1, int y1, int larg1,
int haut1)
```
Copie la partie de l'image 1 commençant au point (x1,y1), de largeur larg1 et de hauteur haut1, dans l'image 2 au point (x2,y2).

```
int imagecopy (resource $idimg2, resource $idimg1, int x2, int y2, int x1, int y1, int larg1,
int haut1,int transp)
```
Identique à la précédente mais en fusionnant les deux images en fonction de la transparence affectée à l'image 2 (de 0 à 100).

```
resource imagecreate (int larg, int haut)
```
Crée une nouvelle image vide de dimensions larg × haut pixels.

```
resource imagecreatefromgif (string nom_image)
```
Ouvre une image GIF. Le paramètre peut être une URL.

```
resource imagecreatefromjpeg (string nom_image)
```
Ouvre une image JPEG. Le paramètre peut être une URL.

```
resource imagecreatefrompng (string nom_image)
```
Ouvre une image PNG. Le paramètre peut être une URL.

```
resource imagecreatefromwbmp (string nom_image)
```
Ouvre une image WBMP. Le paramètre peut être une URL.

```
resource imagecreatetruecolor(int larg, int haut)
```
Crée une nouvelle image TrueColor vide de dimensions larg × haut pixels.

```
int imagedestroy (resource $idimg)
```
Libère la mémoire occupée par l'image identifiée par $idimg.

```
int imageellipse (resource $idimg, int Xc, int Yc, int Larg, int Haut,int $couleur)
```
Crée une ellipse ou un cercle de centre (Xc,Yc).

```
int imagefill ( resource $idimg, int X, int Y, int $couleur)
```
Remplit la zone contenant le point (X,Y) avec la couleur donnée.

```
bool imagefilledarc ( resource $idimg, int Xc, int Yc, int Larg, int Haut, int Ang1, int Ang2,
int $couleur, int style)
```
Trace un secteur circulaire de centre (Xc,Yc) rempli avec la couleur donnée.

```
bool imagefilledellipse (resource $idimg, int Xc, int Yc, int Larg, int Haut,$couleur)
```
Trace une ellipse de centre (Xc,Yc) remplie avec la couleur donnée.

```
int imagefilledpolygon (resource $idimg, array $tab, int N, int $couleur)
```
Trace un polygone à *N* côtés dont les coordonnées des sommets sont listés dans le tableau $tab et le remplit avec la couleur donnée.

```
int imagefilledrectangle (resource $idimg, int x1, int y1, int x2, int y2, int $couleur)
```
Trace un rectangle rempli avec la couleur donnée.

```
int imagefontheight ( int $idfont)
```
Retourne la hauteur de la fonte en pixels.

```
int imagefontwidth ( int $idfont)
```
Retourne la largeur de la fonte en pixels.

```
array imagefttext (resource $idimg, int taille, int angle, int x, int y, int $couleur, string
nom_police, string $ch)
```
Affiche un texte en utilisant une police FreeType 2.

```
int imagegd2 (resource $idimg [, string nom_fichier])
```
Envoie l'image GD2 vers le navigateur ou dans un fichier sur le serveur.

```
int imagegif ( resource $idimg [, string nom_fichier])
```
Envoie l'image GIF vers le navigateur ou dans un fichier sur le serveur.

```
int imageinterlace (resource $idimg [, int N])
```
Définit l'entrelacement de l'image si *N* vaut 1. Retourne l'état d'entrelacement.

```
bool imageistruecolor (resource $idimg)
```

Retourne TRUE si l'image est en TrueColor.

```
int imagejpeg ( resource $idimg [, string nom_fichier [, int N]])
```

Envoie l'image JPEG vers le navigateur ou dans un fichier sur le serveur. N est le facteur de qualité de 0 à 100 (75 par défaut).

```
int imageline ( resource $idimg, int X1, int Y1, int X2, int Y2, int $couleur)
```

Trace un segment entre les points (X1,Y1) et (X2,Y2) avec la couleur donnée.

```
int imagepng ( resource $idimg [, string nom_fichier])
```

Envoie l'image PNG vers le navigateur ou dans un fichier sur le serveur.

```
int imagepolygon (resource $idimg, array $tab, int N, int $couleur)
```

Trace un polygone à *N* côtés dont les coordonnées des sommets sont listés dans le tableau $tab.

```
int imagefilledrectangle (resource $idimg, int X1, int Y1, int X2, int Y2, int $couleur)
```

Trace un rectangle.

```
int imagesetpixel (resource $idimg, int X, int Y, int $couleur)
```

Trace un pixel au point (X,Y) de la couleur donnée.

```
bool imagesetthickness (resource $idimg, int N)
```

Définit la largeur de trait des tracés des figures géométriques.

```
int imagesettile (resource $idimg1, resource $idimg2)
```

Définit l'image $idimg2 comme motif de remplissage de $idimg1. Les fonctions de remplissage doivent utiliser la constante IMG_COLOR_TILED comme couleur.

```
int imagestring (resource $idimg, int font, int x, int y, string s, int $couleur)
```

Écrit la chaîne $ch avec la taille font dans l'image $idimg à la position (x,y).

```
int imagestringup (resource $idimg, int font, int x, int y, string s, int $couleur)
```

Identique à imagestring() mais avec le texte écrit verticalement.

```
int imagesx (resource $idimg)
```

Retourne la largeur de l'image en pixels.

```
int imagesy (resource $idimg)
```

Retourne la hauteur de l'image en pixels.

```
array imagettftext (resource $idimg, int taille, int angle, int x, int y, int $couleur, string nom_police, string $ch)
```

Affiche un texte en utilisant une police TrueType.

```
int imagetypes (void )
```

Retourne les types d'image supportés par la bibliothèque GD. Les valeurs sont 1 pour GIF, 2 pour JPG, 4 pour PNG et 8 pour WBMP. Les valeurs se cumulent (exemple 5 pour GIF et PNG).

```
int imagewbmp (resource $idimg [, string nom_fichier, int $couleur]])
```

Envoie l'image WBMP vers le navigateur ou dans un fichier sur le serveur. Le dernier paramètre donne la couleur de fond.

Exercices

Exercice 1

Créez une image de 500 × 300 pixels avec une couleur de fond rouge. Écrivez un texte de bienvenue en blanc avec une police PHP.

Exercice 2

Créez une image de 400 × 200 pixels avec un fond transparent. Dessinez une suite de rectangles emboîtés de couleurs différentes.

Exercice 3

Créez une image de 800 × 600 pixels avec une couleur de fond verte. Tracez un trapèze isocèle rempli de jaune, et écrivez le mot « trapèze » au centre.

Exercice 4

Créez une image de 601 × 601 pixels avec un fond transparent. Déterminez le centre O de l'image, et tracez des cercles concentriques centrés en O avec des rayons variant de 30 pixels jusqu'au bord de l'image. Attribuez à chaque cercle une couleur différente.

Exercice 5

Créez une image à partir d'un fichier JPEG existant sur votre poste. Écrivez une légende de votre choix, d'abord en noir puis dans une autre couleur, en la décalant de 1 pixel en X et en Y afin de créer un effet d'ombre.

Exercice 6

Créez une image de 1 024 × 768 pixels. Tracez la fonction $f(x)=x^2$, avec x compris entre − 50 et + 50, et tracez les axes. Le tracé doit occuper la plus grande surface possible de l'image.

11

Les fichiers

Vous avez vu au chapitre 6 que les formulaires étaient l'outil privilégié pour recueillir les informations en provenance des visiteurs du site et que ces informations étaient récupérées dans des variables créées côté serveur. Le problème avec ces données est qu'elles sont volatiles. Sitôt le script terminé, elles sont perdues. Quand elles présentent un intérêt qui va au-delà de la simple connexion en cours, il faut envisager les moyens de les réutiliser plus tard.

La solution la plus simple à ce problème consiste à enregistrer les données sur le serveur dans un fichier, généralement de type texte. Ce type de stockage est principalement utilisé pour des quantités de données de taille modeste et quand il n'est pas nécessaire d'effectuer par la suite des recherches complexes parmi elles. Dans le cas contraire, il faut avoir recours à une base de données spécialisée, comme MySQL ou SQLite, qui permet d'effectuer des recherches « pointues ».

L'utilisation des bases de données étant relativement complexe et lourde pour les débutants, il ne faut pas négliger le stockage de données dans des fichiers pour les cas simples. Vous vous intéresserez surtout dans ce chapitre aux fichiers au format texte brut, à l'extension .txt. Les méthodes présentées s'appliquent néanmoins aux autres types de fichiers. Le chapitre 19 est consacré à la façon de lire les fichiers XML, pour lesquels PHP fournit désormais une extension spécialisée, et aux échanges réciproques de données qu'il est possible de réaliser entre une base de données comme MySQL et un fichier au format XML.

Le présent chapitre détaille les techniques suivantes :

* ouverture d'un fichier existant ou création d'un nouveau fichier puis sa fermeture ;
* écriture dans le fichier ;
* formatage des données ;

- lecture des données ;
- recueil d'informations sur les fichiers ;
- modification des fichiers.

Création, ouverture et fermeture d'un fichier

Il peut être utile dans certaines circonstances de créer un fichier vide de tout contenu mais ayant une existence physique sur le serveur. Si vous envisagez d'écrire des données correspondant à plusieurs connexions différentes dans un même fichier, par exemple, il vous faut commencer par créer un fichier vide, non sans contrôler qu'il n'existe pas encore. Vous y ajoutez ensuite les données en provenance de l'utilisateur.

Pour faire cela, vous pouvez détourner la fonction touch() de sa vocation initiale, qui est de définir la date de la dernière modification d'un fichier. Si le fichier n'existe pas, cette fonction le crée et lui affecte la date passée en deuxième argument sous la forme d'un timestamp Unix comme date de dernière modification.

La syntaxe générale de la fonction touch() est la suivante :

```
boolean touch(string "nom_fichier"[,integer timestamp])
```

Le nom du fichier vient en premier paramètre, et le timestamp de la date de création en second.

En écrivant, par exemple :

```
if(!file_exists("monfich.txt"))
{
touch("monfich.txt",time());
}
```

vous créez le fichier monfich.txt s'il n'existe pas encore, avec pour date de dernière modification l'instant en cours donné par la fonction time(). Le fichier est vide mais est disponible en écriture, comme vous le verrez à la section suivante.

La fonction file_exists() utilisée dans cet exemple retourne TRUE si le fichier existe déjà et FALSE dans le cas contraire.

Ouverture du fichier

Avant de réaliser des opérations de lecture ou d'écriture sur un fichier, vous devez l'ouvrir explicitement. Vous disposez pour cela de la fonction fopen(), qui nécessite plusieurs paramètres. Le choix de ces paramètres conditionne le mode d'accès au fichier et ce que vous allez pouvoir en faire, à savoir le lire uniquement, y écrire uniquement ou le lire et y écrire dans le même script.

La syntaxe de la fonction fopen() est la suivante :

```
resource fopen(string $nom, string mode, [boolean path])
```

La section suivante examine le rôle de ces différents paramètres.

Paramètres de la fonction *fopen()*

Le premier paramètre de la fonction `fopen()` est une chaîne de caractères indiquant le nom du fichier que vous souhaitez utiliser. Ce nom peut être sous une forme réduite (le nom du fichier seul) ou développée (le nom du fichier et son chemin d'accès complet).

L'adresse du fichier peut être un chemin relatif du type :

    "../../repertoire/monfichier.txt"

ou une URL absolue de la forme :

    "http://www.monsite.net/repertoire/monfichier.txt"

ou :

    "ftp://ftp.monsite.com/monfichier.txt".

Si vous n'indiquez que le nom du fichier, ce dernier doit se trouver dans le même répertoire que le script qui l'ouvre.

Le deuxième paramètre détermine le mode d'accès au fichier. Ce mode est codé dans une chaîne et peut prendre les valeurs suivantes :

- `"r"` : le fichier est ouvert en lecture seule, et la lecture commence au début du fichier.

- `"r+"` : le fichier est ouvert en lecture et en écriture, et ces opérations commencent au début du fichier

- `"w"` : le fichier est ouvert en écriture seule, et l'écriture commence au début du fichier.

- `"w+"` : le fichier est ouvert en lecture et en écriture, et ces opérations commencent au début du fichier

---

Effacement systématique

Pour les modes `"w"` et `"w+"`, si le fichier n'existe pas il est créé automatiquement. S'il existe, son contenu antérieur est effacé. Il faut donc prendre des précautions avant d'utiliser ce mode d'accès.

- `"a"` : le fichier est ouvert en écriture seule, et les données sont écrites en fin de fichier, à la suite de celles qui existent déjà ou au début s'il est vide. Si le fichier n'existe pas, il est créé.

- `"a+"` : le fichier est ouvert en lecture et en écriture, et les données sont écrites en fin de fichier, à la suite de celles qui existent déjà. La lecture s'effectue à partir du début du fichier. Si le fichier n'existe pas, il est créé.

Le troisième paramètre est un booléen. S'il vaut TRUE (ou 1), la recherche du fichier est étendue à tous les sous-répertoires du chemin indiqué dans le premier paramètre. S'il vaut FALSE, la recherche est limitée à l'emplacement indiqué.

Identifiant de fichier

Depuis PHP 4, la fonction `fopen()` retourne un identifiant de fichier de type `resource` (il était de type `integer` dans PHP 3), qui doit être utilisé comme premier paramètre de la plupart des fonctions de manipulation des fichiers. Vous devez donc impérativement récupérer cette valeur dans une variable pour pouvoir l'utiliser dans les autres opérations d'accès au même fichier. Nous noterons systématiquement cette variable `$id_file`.

En affichant la valeur de cet identifiant, vous constatez qu'il est de la forme `Resource id#n`, dans laquelle `n` est un entier incrémenté de 1 à chaque ouverture de fichier par le même script (la première valeur est toujours 1). Cet affichage n'a pour but que de satisfaire une curiosité car il ne sera jamais effectué dans un script. En cas d'échec de l'ouverture du fichier, la fonction retourne la valeur `FALSE`, ce qui peut permettre l'affichage d'un message d'erreur.

Pour ouvrir en écriture seule un fichier existant dans le même dossier que le script en cours et récupérer son identifiant, vous écrivez, par exemple :

```
$id_file = fopen("monfichier.txt","a");
if(!$id_file) echo "Erreur d'accès au fichier";
```

Rien n'empêche d'ouvrir plusieurs fichiers simultanément et de manipuler ainsi plusieurs identifiants. Vous pouvez ensuite fermer un fichier sans fermer les autres.

Fichier temporaire

Vous pouvez aussi créer un fichier temporaire sur le serveur à l'aide de la fonction :

```
resource tmpfile()
```

qui retourne également un identifiant de fichier.

Ce fichier est utilisé pour stocker des informations qui ne seront conservées que pendant la durée de la session ouverte par un client ou jusqu'à ce que le fichier soit explicitement fermé au moyen de la fonction `fclose()`.

Fermeture du fichier

Après avoir ouvert un fichier pour y effectuer des opérations de lecture ou d'écriture, il vous faut impérativement le fermer pour éviter tous les problèmes qui pourraient résulter d'une tentative d'ouverture du même fichier de la part d'un autre script ou du même script ouvert par une autre connexion.

L'opération de fermeture est réalisée à l'aide de la fonction suivante :

```
boolean fclose($id_file)
```

Cette fonction prend comme unique paramètre l'identifiant de fichier `$id_file` retourné par la fonction `fopen()`. Elle retourne la valeur booléenne `TRUE` si l'opération de fermeture s'est bien effectuée, et `FALSE` dans le cas contraire. Vous pouvez donc réaliser un test systématique pour vérifier le bon déroulement de l'opération de fermeture.

Verrouillage des fichiers

Quand un script utilise une base de données telle que MySQL pour y stocker des informations, l'ampleur du trafic sur le site n'a pas une importance primordiale. Plusieurs utilisateurs peuvent accéder en même temps à la même table et y effectuer des opérations de lecture ou d'écriture. MySQL se charge de gérer les priorités des opérations entre les différentes connexions, évitant ainsi toute confusion. Il n'en va pas de même avec les fichiers, dont la structure est moins évoluée qu'une base de données.

Si plusieurs utilisateurs accèdent au même fichier à partir du même script ou de deux scripts différents et y effectuent simultanément des opérations de lecture ou d'écriture, le fichier risque de devenir inutilisable pour chacun d'eux.

Afin d'éviter la corruption des fichiers qui pourrait en résulter, il est essentiel, avant d'écrire ou de lire un fichier, que les scripts qui y accèdent définissent une priorité d'accès au premier script effectuant une opération sur le fichier. Cela empêche les autres d'y accéder et d'y faire des modifications tant que le fichier n'est pas fermé.

Vous disposez pour cela de la fonction flock(), qui donne la possibilité de verrouiller le fichier en en bloquant partiellement ou complètement l'accès pour d'autres utilisateurs pendant qu'un script y accède, jusqu'à ce qu'il soit fermé et donc libéré pour d'autres accès concurrents.

La syntaxe de la fonction flock() est la suivante :

```
boolean flock(resource $id_file,int N)
```

Le premier paramètre est encore l'indispensable identificateur de fichier retourné par la fonction fopen(). Le second est une constante entière nommée qui définit le mode de verrouillage du fichier :

- flock($id_file,LOCK_SH) bloque l'écriture dans le fichier mais laisse le libre accès en lecture à tous les utilisateurs. La constante LOCK_SH a la valeur 1.

- flock($id_file,LOCK_EX) bloque l'écriture et la lecture du fichier par un autre script. Le script en cours a donc l'exclusivité. Une tentative d'accès simultané retourne la valeur FALSE. La constante LOCK_EX a la valeur 2.

- flock($id_file,LOCK_UN) libère le verrou installé précédemment. Vous ne devez surtout pas oublier d'effectuer cette action après les opérations réalisées sur le fichier, faute de quoi le blocage subsiste. La constante LOCK_UN a la valeur 3.

Vous pouvez employer les noms des constantes ou les valeurs entières 1, 2 ou 3. Si plusieurs scripts différents permettent d'accéder à un même fichier, ils doivent tous définir des verrous sur ce fichier. Il faut donc utiliser systématiquement cette fonction dans tous les scripts.

Si le verrouillage des fichiers présente l'avantage de la sécurité, il a aussi l'inconvénient d'interdire les accès simultanés et de ralentir l'accès aux fichiers pour le stockage. L'utilisation des fichiers est donc limitée aux sites qui ont un trafic limité ou aux opérations de maintenance ou de sauvegarde.

Compte tenu des fonctions que vous venez de voir, le schéma général d'utilisation d'un fichier conduit à écrire systématiquement le code suivant :

```
$id_file = fopen("monfichier.txt","mode");
flock($id_file,LOCK_SH ou LOCK_EX);
//ou encore
//flock($id_file,1 ou 2);
//opérations de lecture et/ou d'écriture
flock($id_file(LOCK_UN);
//ou encore
//flock($id_file,3);
fclose($id_file)
```

Vous devrez aussi ajouter par la suite les fonctions de lecture et d'écriture des fichiers.

Écriture dans un fichier

Une fois qu'un fichier est ouvert avec fopen(), vous pouvez procéder aux opérations d'écriture ou de lecture de son contenu.

Pour écrire dans un fichier avec l'un des modes définis dans la fonction fopen(), vous avez le choix entre plusieurs méthodes et donc entre plusieurs fonctions spécialisées de PHP. Le choix de ces fonctions s'effectue en fonction du type d'information à écrire.

Conserver une information

Les fonctions fwrite() et fputs(), alias l'une de l'autre, ont la syntaxe suivante :

```
integer fwrite(resource $id_file,string "chaine" [,int N])
integer fputs(resource $id_file, string "chaine" [,int N])
```

Elles écrivent toutes deux le texte contenu dans "chaine" dans le fichier identifié par la variable $id_file. Lorsque le paramètre N est précisé, comme ici, seuls les N premiers caractères de la chaîne sont écrits dans le fichier.

Votre premier exemple d'utilisation des fichiers est un compteur de visites très simple enregistrant le nombre cumulé de visites dans un fichier nommé compteur.txt. À chaque connexion, le script vérifie si ce fichier existe déjà (repère ❶).

S'il existe, le script l'ouvre en lecture (repère ❷) et le verrouille en écriture (repère ❸). Il lit ensuite dans la variable $nb la dernière valeur enregistrée à l'aide de la fonction fread() (repère ❹, que nous définirons plus avant dans les sections suivantes) l'incrémente d'une unité (repère ❺) et ferme le fichier (repère ❻). Vous ouvrez ensuite le fichier en écriture avec le mode "w", ce qui efface l'ancienne valeur (repère ❼), et y écrivez la nouvelle valeur de $n (repère ❽). Vous libérez ensuite le verrou et fermez le fichier (repères ❾ et ❿).

Si le fichier n'existe pas, il est créé et ouvert en écriture (repère ⓫). Vous y enregistrez la valeur 1 ou davantage, si vous voulez faire croire que le site est très prisé. Ici $nb est défini d'emblée à 10 000 visiteurs (repère ⓬). Vous réalisez ensuite les mêmes opérations d'écriture (repère ⓭) et de fermeture du fichier (repère ⓮). La dernière instruction, echo, affiche la valeur en cours du compteur dans un tableau (repère ⓯).

☞ **Exemple 11.1. Compteur de visites à l'aide d'un fichier**

```php
<!DOCTYPE html>
<html lang="fr">
 <head>
  <meta http-equiv="Content-Type" content="text/html;charset=UTF-8" />
<title>Compteur de visites</title
</head>
<body>
<?php
if(file_exists("compteur.txt")) ←❶
{
   if($id_file=fopen("compteur.txt","r")) ←❷
   {
   flock($id_file,1); ←❸
   $nb=fread($id_file,10); ←❹
   $nb++; ←❺
   fclose($id_file); ←❻
   $id_file=fopen("compteur.txt","w"); ←❼
   flock($id_file,1);
   fwrite($id_file,$nb); ←❽
   flock($id_file,3); ←❾
   fclose($id_file); ←❿
   }
   else {echo "fichier introuvable"; }
}
else
{
   $nb=10000; ←⓫
   $id_file=fopen("compteur.txt","w"); ←⓬
   fwrite($id_file,$nb);←⓭
   fclose($id_file); ←⓮
}
echo "<table border=\"1\" style=\"font-size:2em;\"> <tr> <td style=\"background-
color:blue;color:white;\">Voici déja </td>
<td style=\"font-size:1.2em;background-color:white;\"> $nb </td>
<td style=\"background-color:red;\"> visites sur le site </td>  </tr> </table> ";←⓯
?>
</body>
</html>
```

La figure 11-1 présente le résultat de cet exemple, avec une petite exagération sur le nombre de visiteurs initial.

Figure 11-1
Un compteur de visites

Formatage des données

Vous allez maintenant saisir le nom et le prénom des visiteurs et ajouter dans le fichier la date de la saisie grâce à la fonction time() (voir le chapitre 8).

Pour que les données issues du formulaire soient traitées par le fichier lui-même, vous devez indiquer le nom du fichier dans l'attribut action de l'élément <form> ou, mieux encore, utiliser la variable $PHP_SELF (voir le chapitre 6).

Pour faciliter la lecture et la récupération des données écrites dans le fichier, faites suivre chaque donnée d'un retour à la ligne créé par la chaîne "\n", que vous concaténez avec chaque donnée.

Votre script précédent ne faisait que créer un fichier devant contenir une unique valeur, différente pour chaque connexion mais toujours unique. La lecture ne posait donc pas de problème. Si vous voulez enregistrer le nom et le prénom d'un visiteur ayant rempli un formulaire ainsi que la date de la connexion à l'aide de la fonction time(), il vous faut un moyen de séparer les données sous forme de paquets. Ces paquets occuperont chacun une ligne du fichier, ce qui facilitera la lecture d'un paquet à la fois. Chaque ligne du fichier texte sera un enregistrement correspondant à un seul visiteur.

Vous pouvez formater les données en les séparant théoriquement par n'importe quel caractère. En pratique, il y a lieu de choisir un caractère qui ne risque pas de faire partie d'une donnée entrée par l'utilisateur, par exemple un point-virgule que l'on ne devrait pas rencontrer dans un nom ou un prénom. Par sécurité, vous pourriez envisager d'effectuer un validation des données avant de les enregistrer à l'aide d'une expression régulière (voir le chapitre 4) pour éliminer celles qui ne sont pas conformes à un modèle strictement alphabétique. À la fin de chaque enregistrement, vous ajoutez le caractère de retour à la ligne "\n", qui permet de n'avoir qu'un seul groupe de données par ligne du fichier.

Ce formatage permet de surcroît une lecture plus facile du fichier en permettant la lecture de données de longueur inégale.

La fonction d'écriture suivante :

```php
fwrite($id_file,$nom.";". $prenom . ";" . $date . "\n" )
```

écrit les chaînes de caractères contenues dans les variables $nom, $prenom et $date asso-ciées à un visiteur en les séparant par la chaîne ";" et en terminant chaque enregistrement par un saut de ligne "\n". La structure du fichier texte correspondant est conforme à celle illustrée à la figure 11-2. Vous verrez tout l'intérêt de ce formatage des données en utili-sant la fonction de lecture particulière fgetcsv().

L'exemple 11-2 ci-après utilise cette technique pour enregistrer le nom et le prénom d'un visiteur après soumission d'un formulaire de saisie. La date du jour fournie par la fonc-tion time(), qui retourne le timestamp correspondant à l'instant de l'enregistrement, est enregistrée en même temps que la valeur des variables précédentes.

Le script PHP de traitement des données étant incorporé au même fichier que le code HTML, l'attribut action de l'élément <form> est désigné par la variable $_SERVER ["PHP_ SELF"].

L'instruction du repère ❶ :

```
if(isset($_POST['nom']) && isset($_POST['prenom']))
```

vérifie la présence des variables contenant le nom et le prénom. Si le visiteur ne complète pas toutes les zones de texte, un message lui rappelle les instructions (repère ❷).

L'instruction du repère ❸ :

```
if($id_file=fopen("noms.txt","a"))
```

vérifie ensuite si l'ouverture du fichier a réussi. Dans le cas contraire, un message d'erreur s'affiche.

Le bloc de code suivant :

```
flock($id_file,2);
fwrite($id_file,$prenom.";".$nom.";".$date."\n");
flock($id_file,3);
fclose($id_file);
```

réalise successivement le verrouillage, l'écriture des données formatées, le déver-rouillage puis la fermeture du fichier (repères ❹, ❺, ❻ et ❼), comme dans l'exemple précédent (exemple 11-1).

La figure 11-2 montre la structure du fichier texte noms.txt créé par le script telle que vous pouvez la visualiser dans le Bloc-notes de Windows.

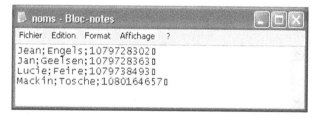

Figure 11-2

Structure du fichier texte formaté visualisée dans le Bloc-notes de Windows

☞ Exemple 11-2. Saisie et enregistrement à partir d'un formulaire

```
<!DOCTYPE html>
<html lang="fr">
 <head>
  <meta http-equiv="Content-Type" content="text/html;charset=UTF-8" />
<title>Les fichiers PHP</title>
</head>
<body style="background-color: #ffcc00;">
<form action="<?= $_SERVER['PHP_SELF'] ?>" method="post" >
<fieldset>
<legend><b>Enregistrez vos informations personnelles</b></legend>
<p><b>Votre nom      </b>
<input type="text" name="nom" > <br />
<b>Votre prénom</b>
<input type="text" name="prenom"> <br />
<input type="submit" value="Enregistrer">
<input type="reset" value="Effacer"></p>
</fieldset>
</form>
<?php
if(isset($_POST['nom']) && isset($_POST['prenom'])) ←❶
{
  $nom=$_POST['nom'];
  $prenom=$_POST['prenom'];
  echo "<h2>Merci $prenom $nom de votre visite</h2> ";
  $date=time();
  if($id_file=fopen("noms.txt","a")) ←❸
   {
     flock($id_file,2); ←❹
     fwrite($id_file,$prenom.";".$nom.";".$date."\n"); ←❺
     flock($id_file,3); ←❻
     fclose($id_file); ←❼
   }
  else {echo "Fichier inaccessible";}
}
else {echo "<h2>Complétez le formulaire puis cliquez sur 'Envoi' ! </h2> ";} ←❷
?>
</body>
</html>
```

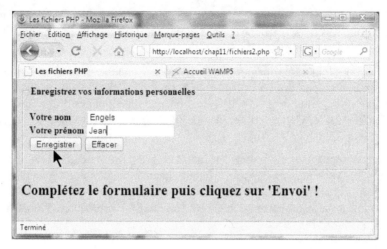

Figure 11-3
Page de saisie d'informations

Lecture de fichiers

Avant de lire le contenu d'un fichier, il faut généralement l'ouvrir. Comme vous l'avez vu, cela s'effectue à l'aide de la fonction `fopen()`. Pour effectuer la lecture elle-même, vous avez le choix entre plusieurs méthodes, chacune étant réalisable grâce à une fonction PHP spécialisée. Ces fonctions sont `fgets()`, `fread()`, `fseek()`, `fgetcvs()`, `readfile()`, `file()` et `passthru()`.

Les sections suivantes examinent les particularités respectives et le domaine d'application de chacune d'elles. Il vous appartient de choisir celle qui convient le mieux à vos besoins.

Lire une ligne à la fois

La fonction `fgets()` a pour syntaxe :

```
string fgets(resource $id_file,integer nombre_octets)
```

Cette fonction lit le fichier depuis son début et retourne une chaîne de caractères d'une longueur maximale égale au paramètre `nombre_octets`. La lecture s'arrête quand ce nombre d'octets lu est atteint ou avant qu'il soit atteint, si le caractère "\n" est rencontré dans le fichier.

Le code de l'exemple 11-3 effectue, à l'aide de la fonction `fgets()`, la lecture du fichier `noms.txt` créé à l'exemple 11-2 et récupère les données de deux manières différentes.

La première partie ouvre le fichier en lecture seule (repère ❶) puis lit une ligne du fichier à la fois (repère ❷), affiche chaque ligne dans une cellule de tableau HTML (repère ❸) et ferme le fichier (repère ❹).

La seconde lecture, qui permet de récupérer chaque donnée individuellement, effectue les mêmes opérations et profite du formatage des données réalisé lors de l'écriture à l'aide du séparateur ";" afin d'isoler chacune des données d'une ligne à l'aide de la fonction explode(). Cette dernière scinde la chaîne et crée le tableau $tab contenant chacun des mots de la chaîne (repère ❺).

Vous obtenez le prénom dans l'élément $tab[0], le nom dans $tab[1] et le timestamp dans $tab[2]. Vous pouvez dès lors afficher chacune des données dans une cellule particulière de tableau HTML et exploiter la valeur du timestamp pour afficher la date de connexion en clair à l'aide de la fonction date() (repère ❻). Vous obtenez un affichage tel que celui de la figure 11-4.

☞ **Exemple 11-3. Lecture de fichier avec la fonction _fgets()_**

```
<!DOCTYPE html>
<html lang="fr">
 <head>
  <meta http-equiv="Content-Type" content="text/html;charset=UTF-8" />
<title>Lecture de fichiers avec fgets()</title>
</head>
<body>
<?php
$file="noms.txt";
// Première lecture
$id_file=fopen($file,"r");  ←❶
$i=1;
echo "<h3>Lecture du fichier \"$file\" ligne par ligne<br /> Affichage brut de chaque
➥ligne</h3> ";
echo "<table border=\"1\"> \n <tbody> \n";
while($ligne=fgets($id_file,100) )  ←❷
{
echo "<tr><td>Ligne numéro $i </td> <td><b>$ligne </b></td> </tr>";  ←❸
$i++;
}
fclose($id_file);  ←❹
echo "</tbody></table> ";
// Deuxième lecture
$id_file=fopen($file,"r");
$i=1;
echo "<h3>Lecture du fichier \"$file\" ligne par ligne<br />Récupération de chaque
➥donnée</h3> ";
echo "<table border=\"1\"> <tbody>";
echo "<tr><th>Numéro </th> <th>prenom</th> <th>nom</th> <th>date</th> </tr>";
while($ligne=fgets($id_file,100) )
{
$tab=explode (";",$ligne);  ←❺
```

```
$time=intval($tab[2]);
$jour= date("j/n/Y H:i:s",$time););); ←6
echo "<tr><td>$i</td> <th>$tab[0]</th> <th>$tab[1]</th> <th>$jour</th> </tr>";
$i++;
}
fclose($id_file);
echo "</tbody></table> ";
?>
</body>
</html>
```

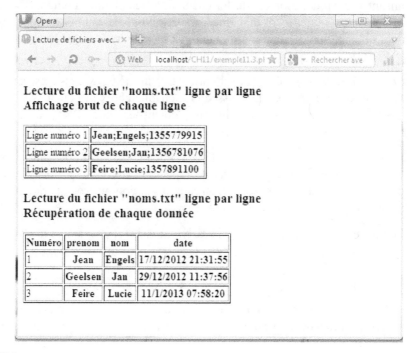

Figure 11-4

Lecture des lignes brutes et des données

Lire un nombre de caractères donné

La fonction `fread()` a pour syntaxe :

```
string fread(resource $id_file,integer nb_octets)
```

Cette fonction lit également le fichier depuis son début et retourne à chaque appel une chaîne de caractères contenant exactement le nombre de caractères précisé dans le second paramètre, sauf si la fin du fichier est atteinte ou si le caractère "\n" est rencontré. Son utilisation est donc adaptée à des fichiers dans lesquels vous avez préalablement enregistré des données de longueur fixe par paquets égaux.

Pour illustrer l'usage de cette fonction, vous allez créer un script permettant d'implanter sur un site un système de vote enregistrant les choix des visiteurs effectués grâce à un formulaire de saisie. Chaque proposition de vote pour un footballeur est faite à l'aide d'un bouton radio, et tous les boutons ont la même valeur pour l'attribut name. Cela oblige le visiteur à faire un choix unique, chaque clic sur un bouton désactivant le choix précédent. Le script de traitement des votes ne reçoit de la sorte qu'une seule variable, quel que soit le vote.

La valeur associée à chaque choix est contenue dans l'attribut value de chaque bouton radio, et c'est elle que le script récupère pour la stocker dans le fichier. La lecture se faisant par paquet d'octets de longueur fixe, les chaînes contenues dans les attributs value doivent toutes avoir la même longueur. Vous raccourcissez donc les noms stockés pour obtenir cinq caractères, comme pour les valeurs "anelka" et "gourcuff" (repères ❶ et ❷).

Comme il n'est pas nécessaire d'enregistrer un texte expressif associé à chaque vote, vous auriez pu tout aussi bien associer à chaque choix des chaînes arbitraires du genre "aaa", "bbb", "ccc" ou encore plus simplement les chiffres "1", "2" et "3", ce que vous ferez dans le script suivant.

Chaque vote est enregistré sur une ligne du fichier texte car vous ajoutez le caractère "\n" après chaque enregistrement. Lors de la lecture, il vous faut donc lire les données par groupe de 6 caractères et non par groupe de 5, comme vous auriez pu le penser après avoir enregistré des mots de 5 caractères.

Le formulaire de saisie comporte deux boutons de type submit, le premier pour voter et le second pour afficher les résultats en cours de l'ensemble des votes.

Le script commence par tester sur quel bouton d'envoi l'utilisateur a cliqué (repère ❸) puis, selon le cas, enregistre le vote dans le fichier texte "votes.txt" et affiche un message de remerciement (repère ❹). Cette partie, destinée à l'enregistrement des données, n'apportant rien de nouveau par rapport aux exemples précédents, nous ne détaillons pas son fonctionnement.

La partie Affichage des résultats lit tout le fichier puis affiche les résultats en nombre de voix et en pourcentage selon l'ordre croissant. Elle commence par initialiser le tableau $result des résultats des votes en mettant à 0 tous les scores (repère ❺). Si le bouton Afficher est cliqué (repère ❻), vous contrôlez l'ouverture du fichier votes.txt (repère ❼). Une boucle while lit ensuite les blocs de 6 caractères (repère ❽) et incrémente chaque fois le score d'un des joueurs à l'aide d'une instruction switch (repère ❾).

Pour afficher des pourcentages, vous calculez le nombre total de votants (repère ❿). Après avoir créé une copie du tableau $result dans la variable $tri, vous la triez en ordre croissant en utilisant la fonction de tri arsort() (repère ⓫).

Une boucle foreach permet alors l'affichage de l'ensemble des résultats (repère ⓬).

☞ **Exemple 11-4. Script de vote en ligne**

```html
<!DOCTYPE html>
<html lang="fr">
<head>
<meta http-equiv="Content-Type" content="text/html;charset=UTF-8" />
<title>Sondage en ligne : VOTEZ FOOT !</title>
</head>
<body style="background-color: #ffcc00;">
<form action="<?php echo $_SERVER['PHP_SELF'] ?>" method="post" >
<fieldset>
<legend><b>Votez pour votre joueur préféré! </b></legend>
<p>
<?php
$joueurs=array("anelk"=>"Anelka","gourc"=>"Gourcuff","riber"=>"Ribéry");
?>
Anelka<input type="radio" name="vote" value="anelk" /> <br /> ←❶
Gourcuff<input type="radio" name="vote" value="gourc" /> <br /> ←❷
Ribéry<input type="radio" name="vote" value="riber" /> <br />
<input type="submit" value="Voter" />
<input type="submit" value="Afficher les résultats" name="affiche" />
</p>
</fieldset>
</form>
<!-- Enregistrement -->
<?php
if(isset($_POST["vote"])) ←❸
{
  $vote=$_POST["vote"];
  echo "<h2>Merci de votre vote pour ".$joueurs[$vote] ."</h2> "; ←❹
  if(file_exists("votes.txt") )
  {
    if($id_file=fopen("votes.txt","a"))
    {
      flock($id_file,2);
      fwrite($id_file,$vote."\n");
      flock($id_file,3);
      fclose($id_file);
    }
    else
    {echo "Fichier inaccessible";
    }
  }
  else
  {
    $id_file=fopen("votes.txt","w");
    fwrite($id_file,$vote."\n");
    fclose($id_file);
  }
}
else
```

```php
{echo "<h2>Complétez le formulaire puis cliquez sur 'Voter' !</h2> ";}
// Affichage des résultats
// Initialisation du tableau des résultats
$result=array("Anelka"=>0,"Gourcuff"=>0,"Ribéry"=>0); ←❺
// Affichage des résultats
if(isset($_POST["affiche"])) ←❻
{
  if($id_file=fopen("votes.txt","r")) ←❼
  {
    while($ligne=fread($id_file,6) ) ←❽
    {
      switch($ligne) ←❾
      {
      case "anelk\n":
      $result["Anelka"]++;
      break;
      case "gourc\n":
      $result["Gourcuff"]++;
      break;
      case "riber\n":
      $result["Ribéry"]++;
      break;
      default:
      break;
      }
    }
  fclose($id_file);
  }
  $total= ($result["Anelka"] + $result["Gourcuff"]+   $result["Ribéry"])/100;←❿
  $tri=$result;
  arsort($tri); ←⓫
  echo "<div style=\"border-style:double\" >";
  echo "<h3>Les résultats du vote</h3>";
  $i=0;
  foreach($tri as $nom=>$score) ←⓬
  {
  $i++;
  echo "<h4>$i<sup>e</sup> : ", $nom," a $score voix soit ", number_format($score/
  ➥$total,2),"%</h4>";
  }
  echo "</div>";
}
?>
</body>
</html>
```

Le résultat de ce script illustré à la figure 11-5 présente le formulaire de saisie avec le résultat des votes.

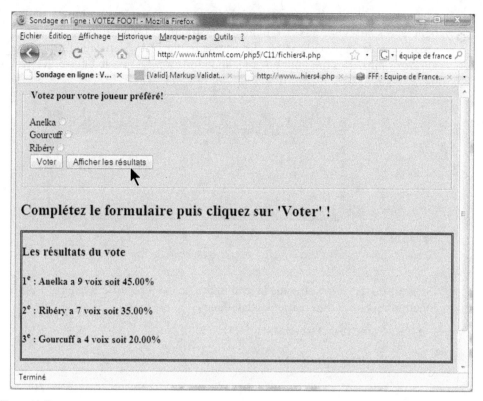

Figure 11-5
Page de vote en ligne et résultats

Lire un caractère à la fois

PHP propose une fonction pour lire un caractère à la fois dans le fichier texte. Cette possibilité n'a d'intérêt que si vous pouvez stocker les informations dans le fichier sous une forme codée avec des chiffres de 0 à 9 ou encore avec des lettres de A à Z. Cela permet d'étendre les possibilités à 26, voire le double si vous utilisez aussi les minuscules de a à z.

La fonction PHP à utiliser est :

```
string fgetc(resource $id_file)
```

Elle utilise comme unique paramètre l'identifiant de fichier retourné par la fonction fopen(). Vous allez l'appliquer à votre script de vote précédent en modifiant le code du fichier HTML pour attribuer comme valeur associée à chaque bouton radio un chiffre de 1 à 3.

Remplacez pour cela les trois lignes de création des boutons par le code suivant :

```
Anelka<input type="radio" name="vote" value="1" /> <br />
Gourcuff<input type="radio" name="vote" value="2" /> <br />
Ribéry<input type="radio" name="vote" value="3" />
```

Chaque vote est enregistré dans le fichier votes2.txt par un nombre de 1 à 3 sans saut de ligne après chacun d'eux. Ce fichier a la structure d'une suite de nombres entiers non séparés par des espaces, comme l'illustre la figure 11-6. Si une telle structure est évidemment très difficile à lire pour un humain, la fonction fgetc() le fait très facilement à votre place.

Figure 11-6

Fichier de données votes2.txt visualisé dans le Bloc-notes de Windows

La partie du script qui effectue la lecture des données ne diffère que par l'utilisation de la fonction fgetc(). Cette partie devient donc :

```
if($id_file=fopen("votes2.txt","r"))
  {
    while($ligne=fgetc($id_file) )
    {
      switch($ligne)
      {
      case "1":
      $result["Anelka "]++;
      break;
      case "2":
      $result["Gourcuff "]++;
      break;
      case "3":
      $result["Ribéry "]++;
      break;
      default:
      break;
      }
    }
  }
```

Cette technique vous permet de stocker davantage d'informations codées sous un volume réduit.

Lecture d'une partie d'un fichier

Chaque fichier possède un pointeur de lecture et d'écriture que vous pouvez positionner en un point précis du fichier.

Lors des opérations de lecture réalisées jusqu'à présent, le contenu du fichier est extrait à partir de son début car, par défaut, le pointeur est positionné au début du fichier si le paramètre mode de la fonction `fopen()` vaut "r", "r+", "w" ou "w+", et en fin de fichier s'il vaut "a" ou "a+".

Vous avez également la possibilité de faire débuter la lecture en n'importe quel point du fichier en appelant la fonction :

```
integer fseek(resource $id_file,integer nombre_d'octets)
```

Cette fonction utilise comme les autres l'identificateur de fichier `$id_file` et comme second paramètre la position donnée par un entier représentant le nombre d'octet par rapport au début, à partir de laquelle doit commencer la lecture. Elle ne renvoie pas une valeur du fichier et ne fait que positionner un pointeur en un point particulier. Elle doit bien sûr précéder l'appel de la fonction de lecture proprement dite.

La fonction `integer fseek()` retourne la valeur booléenne TRUE si l'opération est réussie et la valeur -1 dans le cas contraire. Cela permet d'effectuer une vérification dans le script.

Pour illustrer ce type de lecture, vous allez reprendre l'exemple précédent et éliminer les dix premiers votes en faisant débuter la lecture au onzième caractère du fichier, car chaque vote n'occupe plus qu'un seul caractère. Il est possible à tout moment de remettre le pointeur au début du fichier à l'aide de la fonction :

```
boolean rewind(resource $id_file)
```

qui retourne FALSE en cas d'échec.

Quand la lecture est en cours, la fonction suivante retourne la position du pointeur en nombre d'octets par rapport au début du fichier, qui permet de savoir quel est l'enregistrement lu :

```
integer ftell($id_file)
```

Cette fonction retourne FALSE en cas d'erreur.

En complément, la fonction :

```
integer filesize(string "nom_fichier")
```

retourne le taille totale du fichier, ce qui vous permet de lire uniquement, par exemple, les vingt derniers votes enregistrés.

Pour cela, il vous suffit d'insérer les lignes suivantes :

```
$taille= filesize("votes2.txt");
fseek($id_file,$taille-20);
```

avant le début de la boucle `while`, qui effectue la lecture des données du fichier.

Vous récupérez dans la variable `$taille` le nombre total d'octets du fichier puis positionnez le pointeur 20 octets avant la fin du fichier. Cela n'est possible que parce que chaque vote est enregistré sur un seul caractère. Vous avez donc toujours intérêt à coder les enregistrements sur un seul caractère quand vous proposez un éventail de choix limité aux visiteurs.

Lecture de données formatées

Quand le fichier à lire contient des données sous forme de chaînes de caractères de longueur irrégulière, correspondant à des entrées diverses de la part des utilisateurs, les méthodes précédentes se révèlent difficiles à mettre en œuvre pour récupérer les données.

Vous avez déjà réalisé l'écriture de données formatées en les séparant à l'aide d'un caractère particulier, en l'occurrence un point-virgule, dans le fichier noms.txt de l'exemple 11-2. Vous allez maintenant les lire d'une manière plus élégante grâce à la fonction :

```
array fgetcsv(resource $id_file, integer  nombre_octets, string "séparateur")
```

Cette fonction lit dans le fichier identifié par $id_file au maximum le nombre de caractères précisé à l'aide du deuxième paramètre. À la différence des autres fonctions de lecture, elle retourne directement un tableau de chaînes de caractères et non une seule chaîne à chaque appel, comme si vous appliquiez la fonction explode() à une chaîne comprenant un séparateur.

Le premier élément de ce tableau est la chaîne comprise entre le début du fichier et l'apparition du caractère de séparation ou de la chaîne indiquée par le troisième paramètre. En règle générale, vous vous limiterez pour cette chaîne à un seul caractère, tel qu'il est utilisé dans l'écriture du fichier noms.txt. Il est théoriquement envisageable de séparer chaque donnée par la chaîne "stop", par exemple, ou n'importe quelle autre chaîne ne risquant pas de correspondre à une entrée réelle d'un visiteur. En pratique, tous les tests effectués avec un séparateur de plusieurs caractères provoquent des problèmes lors de la lecture. Vous vous limiterez donc à un seul caractère, en l'occurrence les deux-points ":".

Les éléments suivants du tableau de résultats sont les chaînes comprises entre deux occurrences du séparateur. La lecture de chaque ligne s'arrête, comme avec les autres fonctions, lors de l'apparition d'un saut de ligne "\n" dans le fichier.

L'utilisation de la fonction fgetcsv() fournit la meilleure gestion des données. Vous la mettrez en pratique dans le script suivant, qui crée un livre d'or dans lequel chaque visiteur peut enregistrer son nom, ou son pseudonyme le plus souvent, son adresse e-mail, la date du moment précis de l'enregistrement fournie par la fonction time() (repère ❶) et le texte de son commentaire.

Les valeurs transmises par le formulaire sont contenues dans les variables $_POST ['nom'], $_POST['mail'] et $_POST['comment']. Le script commence par vérifier que chacun des champs est complété puis enregistre ces données et la date en cours en les séparant par le caractère ":" et en finissant chaque ligne par le caractère "\n" (repère ❷). Comme dans les scripts précédents, une vérification est faite lors du premier enregistrement pour créer le fichier livre.txt quand il n'existe pas (repère ❸).

La lecture est réalisée si l'utilisateur clique sur le bouton Afficher les avis, ce qui est détecté par le contrôle de l'existence de la variable $_POST['affiche'] (repère ❹).

Après ouverture du fichier (repère ❺), une boucle while lit un maximum de 200 caractères par ligne à l'aide de l'instruction suivante (repère ❻) :

```
while($tab=fgetcsv($id_file,200,":"))
```

et enregistre les données dans le tableau $tab. L'affichage se fait sous forme de tableau HTML, comme l'illustre la figure 11-7. Dans ce tableau, chaque adresse e-mail est contenue dans un lien mailto:, ce qui permet à un visiteur de répondre à un autre (repère **7**).

☞ Exemple 11-5. Livre d'or utilisant des données formatées

```
<!DOCTYPE html>
<html lang="fr">
<head>
<meta http-equiv="Content-Type" content="text/html;charset=UTF-8" />
<title>Le livre est d'or</title>
</head>
<body style="background-color: #ffcc00;">
<form action="<?php echo $_SERVER['PHP_SELF'] ?>" method="post" >
<fieldset>
<legend><b>Donnez votre avis sur PHP 5 ! </b></legend>
<label>Nom :  </label><input type="text" name="nom" /> <br />
<label>E-mail :  </label><input type="text" name="mail" /> <br />
<label>Vos commentaires sur le site</label><br />
<textarea name="comment" rows="4" cols="50">Ici </textarea> <br />
<input type="submit" value="Envoyer" name="envoi" />
<input type="submit" value="Afficher les avis" name="affiche" />
</fieldset>
</form>
<?php
$date= time(); ←❶
// ENREGISTREMENT
if(isset($_POST['envoi']))
{
  if(isset($_POST['nom']) && isset($_POST['mail']) && isset($_POST['comment']))
  {
    echo "<h2>",$_POST['nom']," merci de votre avis </h2> ";
    if(file_exists("livre.txt") )
    {
      if($id_file=fopen("livre.txt","a"))
      {
      flock($id_file,2);
        fwrite($id_file,$_POST['nom'].":".$_POST['mail'].":".$date.":"
        ➡ .$_POST['comment']."\n"); ←❷
      flock($id_file,3);
      fclose($id_file);
      }
      else
      { echo "fichier inaccessible";
      }
    }
    else
    {
    $id_file=fopen("livre.txt","w"); ←❸
    fwrite($id_file,$_POST['nom'].":".$_POST['mail'].":".$date.":"
    ➡ .$_POST['comment']."\n");
```

```
        fclose($id_file);
      }
    }
}
// LECTURE DES DONNÉES
if(isset($_POST['affiche']))  ←❹
{
  if($id_file=fopen("livre.txt","r"))  ←❺
  {
    echo "<table border=\"2\"> <tbody>";
    $i=0;
    while($tab=fgetcsv($id_file,200,":") )  ←❻
    {
    $i++;
    echo "<tr> <td>n° $i : de: $tab[0] </td> <td> <a href=\"mailto: $tab[1]\" >
    ➥$tab[1] </a></td> <td>le: ",date("d/m/y", $tab[2])," </td></tr>";  ←❼
    echo "<tr > <td colspan=\" 3 \">", stripslashes($tab[3]) ,"</td> </tr> ";
    }
    fclose($id_file);
  }
  echo "</tbody></table> ";
}
else{ echo "<h2>Donnez votre avis puis cliquez sur 'envoyer' ! </h2> ";}
?>
</body>
</html>
```

Lecture de la totalité d'un fichier

Dans les cas où les fichiers contiennent des données utilisables dans une page web à titre de contenu de grande longueur (articles, documentations, etc.), il est envisageable de créer des pages dynamiques, dont seule une partie du texte est adaptée à une circonstance particulière. Vous avez alors besoin de lire la totalité d'un fichier sans avoir à analyser son contenu, comme vous l'avez fait pour le script de votes, et à l'envoyer directement au navigateur, comme le ferait une instruction echo.

La fonction à utiliser est :

```
integer readfile(string "nom_fichier", [boolean path])
```

Cette fonction prend comme premier paramètre le nom du fichier. Le second paramètre est facultatif. S'il vaut TRUE, il indique que la recherche du fichier doit se faire dans le dossier courant et dans le dossier de niveau supérieur s'il n'est pas trouvé dans le premier ; s'il vaut FALSE, la recherche est limitée au dossier qui contient le script.

La fonction retourne un entier indiquant le nombre total d'octets affichés. Contrairement à la plupart des fonctions de lecture, readfile() ne nécessite pas l'appel des fonctions fopen() et fclose() d'ouverture et de fermeture. Cette fonction est illustrée à l'exemple 11-6.

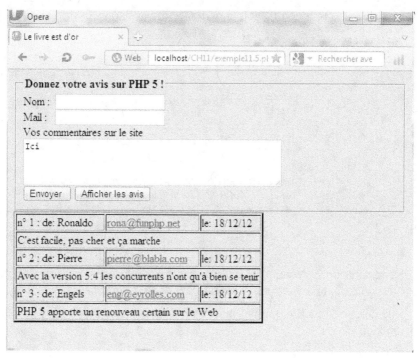

Figure 11-7

Page du livre d'or avec l'affichage des avis

Vous disposez d'une autre fonction, au comportement assez proche de readfile() puisqu'elle ne nécessite pas l'ouverture explicite du fichier. Il s'agit de la fonction file(), qui retourne la totalité du contenu du fichier dans un tableau indicé dont chaque élément est constitué d'une seule ligne du fichier. Sa syntaxe est la suivante :

```
array file(string "nom_fichier")
```

Il suffit d'utiliser une boucle for ou foreach pour afficher chacune des lignes du tableau. Vous retrouvez donc des similitudes d'emploi entre cette fonction et la fonction fgetcsv() utilisée à l'exemple 11-5, à la différence près que chaque élément du tableau est ici une ligne entière du fichier. Comme vous y aviez enregistré chaque donnée fournie par les visiteurs en utilisant comme séparateur le caractère ":", dans le fichier livre.txt vous pouvez récupérer individuellement chaque donnée en « éclatant » la chaîne lue pour chaque ligne à l'aide de la fonction explode() (voir le chapitre 5). Cette fonction crée un tableau à quatre éléments à partir de ces chaînes qui comportent quatre mots (le nom, l'adresse e-mail, la date et le commentaire), séparés par des caractères ":".

Pour ne pas utiliser une trop grande quantité de mémoire, vous ne créez pas autant de variables qu'il y a de données totale mais réutilisez la même après chaque affichage.

En utilisant la fonction file(), la partie lecture des données de l'exemple 11-5 devient :

```php
if(isset($_POST["affiche"]))
{
  echo "<table border=\"2\"> <tbody>";
  $i=0;
  //$tab contient toutes les lignes du fichier
  $tab=file("livre.txt");
  //lecture de $tab
  for($i=0;$i<count($tab);$i++)
  {
    $ligne= explode (":",$tab[$i]);
    echo "<tr> <td>de: $ligne[0] </td> <td> <a href=\"mailto:$ligne[1]\" >
    ➡$ligne[1] </a></td> <td>le: ",date("d/m/y",$ligne[2]),", </td></tr>";
    echo "<tr > <td colspan=\" 3 \">", stripslashes($ligne[3]) ,"</td> </tr> ";
  }
  echo "</tbody></table> ";
}
```

Le résultat de la lecture est exactement celui que vous avez obtenu avec la fonction fgetcsv(), comme vous pouvez le constater à la figure 11-7.

Une dernière fonction permet la lecture d'un fichier dans son intégralité. Il s'agit de la fonction :

```php
fpassthru($id_file)
```

qui, contrairement aux deux précédentes, nécessite l'emploi de fopen() pour ouvrir le fichier mais pas de fclose() pour le fermer. La fonction ferme automatiquement le fichier, ce qui implique que l'identifiant de fichier obtenu avec fopen() est ensuite inutilisable.

Cette fonction n'est pas adaptée à toutes les situations. Comme fread(), elle envoie la totalité du contenu du fichier directement vers le navigateur. L'exemple 11-6 donne une illustration de ces fonctions pour afficher l'intégralité d'articles documentaires sur des sujets divers. À chaque sujet correspond un bouton submit, qui provoque l'affichage de tout article correspondant sous trois formes différentes.

L'exemple 11-6 propose la lecture d'articles sur des sujets intéressant la conception web. Il est constitué d'un formulaire, dans lequel quatre boutons de type submit permettent le choix de l'article affiché. Tous ces boutons ont le même nom, de façon qu'une seule valeur soit transmise au script procédant à l'affichage (repères ❶, ❷, ❸ et ❹). Le script récupère le choix dans la variable $sujet (repère ❺), puis l'article demandé est affiché successivement à l'aide des fonctions readfile() (repère ❻), fpassthru() (repère ❼) et file() (repère ❽).

Les fonctions *fread()* et *fpassthru()*

À la figure 11-8, les fonctions fread() et fpassthru() affichent le contenu du fichier texte directement sur la sortie standard, sans tenir compte des retours à la ligne ni des espaces présents dans le fichier texte. Cela crée une présentation brute du texte alors que la fonction file() qui récupère le texte ligne par ligne respecte tous les sauts de ligne tels qu'ils figurent dans le fichier d'origine, ce qui est beaucoup plus présentable.

☞ **Exemple 11-6. Utilisation des fonctions *readfile(), fpassthru()* et *file()* pour l'affichage d'articles**

```
<!DOCTYPE html>
<html lang="fr">
<head>
<meta http-equiv="Content-Type" content="text/html;charset=UTF-8" />
<title>Choix d'articles</title>
</head>
<body style="background-color: #ffcc00;">
<form action="<?php echo $_SERVER['PHP_SELF'] ?>" method="post" >
<fieldset>
<legend><b>Choisissez votre sujet ! </b></legend>
<input type="submit" name="sujet" value="html" />      ←❶
<input type="submit" name="sujet" value="javascript" /> ←❷
<input type="submit" name="sujet" value="php" />        ←❸
<input type="submit" name="sujet" value="asp" />        ←❹
</fieldset>
</form>


<?php
// AFFICHAGE
if(isset($_POST['sujet']))
{
  $sujet=$_POST['sujet'];   ←❺
  echo "<h2>Voici l'article sur ",strtoupper($sujet) ,"</h2> ";
  //**********************************************************
  //Lecture du fichier avec readfile()
  //**********************************************************
  echo "<div style=\" background-color:#FFCCFF ; border-width:3px;
  ➥border-style:groove; \" >";
  echo " <h4>LECTURE avec readfile()</h4>";
  readfile($sujet.".txt",TRUE);   ←❻
  echo "</div>";
  //**********************************************************
  //Lecture du fichier avec fpassthru()
  //**********************************************************
  echo "<div style=\" background-color:#FFAACC ; border-width:3px;
  ➥border-style:groove; \" >";
  echo " <h4>LECTURE avec fpassthru()</h4>";
  $id_file=fopen($sujet.".txt","r");
  fpassthru($id_file);   ←❼
  echo "</div>";
  //**********************************************************
  //Lecture du fichier avec file()
  //**********************************************************
  echo "<div style=\" background-color:#00AAFF ; border-width:3px;
  ➥border-style:groove; \" >";
```

```
echo " <h4>LECTURE avec file()</h4>";
$tab =  file($sujet.".txt",1); ←8
for($i=0;$i< count($tab); $i++)
{
  echo $tab[$i],"<br>";
}
echo "</div>";
}
?>
</body>
</html>
```

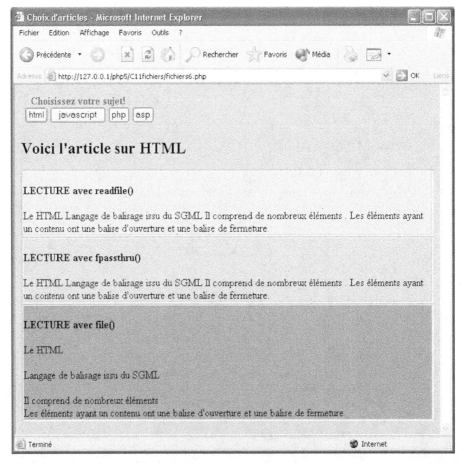

Figure 11-8

Lecture d'articles entiers à l'aide des fonctions fread(), fpassthru() *et* file().

Modifications de fichiers

Il est possible d'intervenir sur les fichiers présents sur le serveur en effectuant des copies, en les renommant ou en les supprimant.

Copier un fichier

Il est possible d'effectuer une sauvegarde régulière de l'état d'un fichier à un moment donné en créant une copie sous un autre nom ou avec une extension différente afin de récupérer l'ensemble des données en cas de problème ayant atteint l'intégrité du fichier.

Cette opération se réalise à l'aide de la fonction copy(), dont la syntaxe est la suivante :

```
boolean copy(string "nom_fichier",string "nom_copie")
```

Cette fonction retourne la valeur booléenne TRUE si la copie est réalisée et FALSE en cas de problème d'écriture.

Dans le code suivant, vous réalisez une copie du fichier votes.txt sous le nom votes.txt.bak (mais vous pourriez aussi bien le faire sous un nom quelconque) si le script est exécuté chaque jour à neuf heures du matin :

```php
<?php
$date= getdate();
if($date["hours"]==9 && $date["minutes"]==0)
{
  $result= (copy("votes.txt","votes.bak"))? "Copie réalisée": "Erreur de copie" ;
  echo $result;
}
?>
```

Cette partie de code pourrait être ajoutée au script de vote pour effectuer la sauvegarde journalière ou constituer un script indépendant.

Si le site a un trafic important, vous pouvez remplacer la condition de l'instruction if par l'expression :

```php
if($date["hours"]==9 && $date["minutes"]==0 && $date["seconds"]==0)
```

De la sorte, la sauvegarde n'a pas lieu à chaque connexion pendant tout la minute concernée mais seulement pendant une seconde. Évidemment, si le site reçoit en moyenne plus d'une connexion par seconde (soit 86 400 par jour !), il faut faire appel à la fonction microtime() pour ne réaliser qu'une seule sauvegarde à une microseconde précise.

Renommer un fichier

Dans le même ordre d'idée que la fonction copy(), la fonction rename() permet de changer le nom d'un fichier existant. Comme avec l'opération Renommer de l'Explorateur Windows, le fichier originel n'existe plus sous son nom initial, à la différence de la fonction précédente. Si ce nom est utilisé dans le code d'un script, il faut bien réfléchir avant d'y avoir recours, car il faut en modifier toutes les occurrences.

Lors de l'appel de rename(), le fichier concerné doit exister dans le répertoire du script et ne doit pas être ouvert à ce moment précis, ce qui n'est jamais garanti s'il est utilisé dans le code d'un script susceptible d'être utilisé en ligne. Le nouveau nom du fichier ne doit pas correspondre à un fichier existant dans le répertoire, faute de quoi cela provoque une erreur et l'arrêt du script.

Il est recommandé de réserver l'usage de cette fonction aux cas de téléchargement de fichier du client vers le serveur, non sans s'assurer qu'aucun fichier du même nom n'existe sur le serveur dans le même répertoire.

La syntaxe de la fonction rename() est la suivante :

```
boolean rename(string "nom_actuel",string "nom_futur")
```

Elle retourne TRUE si l'opération est effectuée et FALSE dans le cas contraire.

Effacer un fichier

Pour supprimer définitivement un fichier présent dans le même répertoire que le script qui effectue l'opération, il faut appeler la fonction unlink(), avec comme unique paramètre le nom du fichier à supprimer contenu dans une chaîne de caractères. La fonction retourne TRUE ou FALSE selon que la suppression est effectuée ou non.

Avant de réaliser cette suppression, vous devez vous assurer que le fichier existe à l'aide de la fonction file_exists() (voir la section suivante), faute de quoi une erreur d'exécution est produite.

Le code suivant :

```
if(file_exists("votes.bak"))
{$result= (unlink("votes.bak"))? "Suppression réalisée" :  "Échec de
la suppression";}
else
{echo "Le fichier n'existe pas dans ce répertoire! <br>";}
```

supprime le fichier votes.bak après avoir vérifié qu'il existe et affiche un message de confirmation si l'opération est réussie.

Informations sur les fichiers

Vous pouvez également obtenir des informations utiles sur les fichiers présents sur le serveur, comme la vérification de leur présence, leur taille, leur type, leur date de création ou de modification.

Existence d'un fichier

Pour éviter certaines erreurs qui arrêtent irrémédiablement les scripts, il est souvent indispensable de vérifier qu'un fichier existe réellement avant d'effectuer des opérations d'ajout, de lecture ou de suppression.

La fonction suivante :

```
boolean file_exists(string "nom_fichier")
```

retourne une valeur booléenne TRUE ou FALSE selon que le fichier existe ou non dans le dossier du script qui l'appelle.

Vous avez déjà utilisé cette fonction sans la connaître en conjonction avec la fonction touch() pour créer un fichier, s'il n'existait pas encore. Vous aviez alors le code suivant :

```
if( !file_exists("monfich.txt")){
touch("monfich.txt",time());  }
```

qui créait le fichier monfich.txt uniquement après avoir vérifié qu'il n'existait pas déjà.

Taille des fichiers

Vous pouvez vérifier la taille d'un fichier au moyen de la fonction suivante :

```
integer filesize(resource $id_file)
```

qui retourne un entier représentant le nombre d'octets du fichier et 0 en cas d'erreur. Vous obtenez également la valeur 0 si le fichier est vide, par exemple s'il vient d'être créé à l'aide de la fonction touch().

Associée à la fonction fseek(), que vous avez déjà utilisée, la fonction integer filesize() permet de lire une partie seulement du fichier, qui sera exprimée en pourcentage ou fraction de sa taille totale.

Pour éliminer 90 p. 100 des données du début du fichier, quelle que soit sa taille, et en lire les 10 p. 100 restants, vous auriez, par exemple :

```
fseek($id_file, floor(0.9 *filesize ($id_file)))
```

Le résultat de l'opération 0.9*filesize($id_file) risquant d'être un décimal, vous utilisez la fonction floor() pour vous assurer que le paramètre est entier.

Informations diverses

Avant d'effectuer des opérations sur un fichier, il est possible de vérifier s'il s'agit bien d'un fichier et non d'un répertoire, par exemple, ou encore de savoir quel type d'opération vous pouvez réaliser sur ce fichier.

Pour vérifier qu'il s'agit d'un fichier, vous avez à votre disposition la fonction suivante :

```
boolean is_file(string nom_fichier)
```

qui retourne la valeur booléenne TRUE pour le fichier ouvert identifié par $id_file et FALSE s'il ne s'agit pas d'un fichier.

Vous pouvez également vérifier si le fichier identifié est disponible en lecture ou en écriture à l'aide des fonctions suivantes :

```
boolean is_readable(string nom_fichier )
```

qui retourne TRUE si le fichier est lisible et FALSE dans le cas contraire, et :

```
boolean is_writable(string nom_fichier )
```

qui retourne TRUE si le fichier est disponible en écriture et FALSE dans le cas contraire.

Vous pouvez aussi vérifier si le fichier provient d'un téléchargement avec la méthode POST à l'aide de la fonction suivante :

```
boolean is_uploaded_file(string nom_fichier)
```

qui retourne TRUE si c'est le cas et FALSE dans le cas contraire. Cette fonction est utilisée après le transfert de fichier du poste client vers le serveur.

Pour savoir si vous avez affaire à un fichier ou à un répertoire, il vous faut recourir à la fonction filetype(), dont la syntaxe est la suivante :

```
string filetype(string "nom_fichier")
```

Cette fonction retourne la chaîne "file" si le paramètre est un fichier et "dir" si c'est un répertoire.

Informations de date

Pour savoir si un script a accédé à un fichier ou s'il a été modifié depuis une date donnée, il existe plusieurs fonctions donnant les informations de date. Comme ces fonctions ne donnent pas une date en clair mais retournent un timestamp Unix illisible pour le commun des mortels, il faut faire appel aux fonctions de date (voir le chapitre 8) pour afficher un résultat en clair.

C'est ce que réalise l'exemple ci-dessous en utilisant la fonction date().

Les fonctions à votre disposition sont les suivantes :

- integer fileatime(string "nom_fichier"), qui retourne le timestamp de la date du dernier accès au fichier dont le nom est donné dans la chaîne de caractères passée en paramètre.

- integer filemtime(string "nom_fichier"), qui retourne le timestamp de la dernière modification du fichier dont le nom est donné dans la chaîne de caractères passée en paramètre.

- integer filectime(string "nom_fichier"), qui retourne le timestamp de la dernière modification des permissions du fichier dont le nom est donné dans la chaîne de caractères passée en paramètre.

Dans l'exemple 11-7, cette date est différente de celle de la dernière modification.

☞ **Exemple 11-7. Informations de date sur les fichiers**

```php
<?php
$file="votes.txt";
$date1= fileatime($file);
```

```
echo "Le dernier accès au fichier $file date de :
➥",date("d/m/Y H:i:s",$date1),"<br>";
$date2= filemtime($file);
echo "La dernière modification du fichier $file date de :
➥",date("d/m/Y H:i:s",$date2),"<br>";
$date3= filectime($file);
echo "La dernière modification des permissions du fichier $file est :
➥",date("d/m/Y H:i:s",$date3),"<br>";
?>
```

Le résultat du script est le suivant :

```
Le dernier accès au fichier votes.txt date de : 30/01/2013 21:33:45
La dernière modification du fichier votes.txt date de : 30/12/2012 12:35:16
La dernière modification des permissions du fichier votes.txt est : 27/10/2012 20:09:04
```

Chemin d'accès à un fichier

Vous pouvez récupérer le chemin d'accès complet à un fichier en connaissant simplement son nom. Cela permet d'y avoir accès en lecture, par exemple, sans être sûr qu'il se trouve dans le même dossier que le script qui l'utilise.

Pour cela, vous utilisez la fonction suivante, accessible uniquement depuis PHP 4 :

```
string realpath(string "nom_fichier")
```

qui retourne le chemin complet dans une chaîne de caractères.

Par exemple :

```
echo realpath("fichiers7.php");
```

affiche le résultat suivant :

```
c:\program files\wampserver\www\php5\c11fichiers\fichiers7.php
```

À l'inverse, vous pouvez extraire uniquement le nom d'un fichier en indiquant le chemin d'accès comme paramètre de la fonction :

```
string basename(string "chemin_d'accès")
```

Le chemin d'accès précisé peut être partiel, comme dans le code suivant :

```
echo basename("./php5/listing11.7.php")
```

ou une adresse URL complète, comme ci-dessous :

```
basename("http://www.monsite.org/php5/listing11.7.php")
```

Les deux possibilités retournent la chaîne : "listing11.7.php".

Mémo des fonctions

```
boolean copy(string nom_init, string nom_fin)
```
Crée une copie du fichier nom_init sous le nom nom_fin et retourne TRUE si l'opération est réussie.

```
boolean fclose(resource $id_file)
```
Ferme le fichier identifié par $id_file.

```
boolean foef(resource $id_file)
```
Retourne TRUE si le pointeur atteint la fin du fichier.

```
string fgetc(resource $id_file)
```
Retourne un seul caractère du fichier identifié par $id_file et pointe sur le caractère suivant.

```
array fgetcsv(resource $id_file, int nb, string delim)
```
Retourne tous les éléments de la ligne en cours du fichier identifié par $id_file avec un nombre maximal de caractères. Les éléments du fichier sont séparés par le caractère précisé par delim (la virgule par défaut), chacun étant un élément du tableau retourné.

```
string fgets(resource $id_file, int nb)
```
Retourne toute la ligne en cours du fichier identifié par $id_file avec un nombre maximal de nb caractères.

```
string fgetss(resource $id_file, int long)
```
Effectue la même opération que la fonction fgets() en éliminant de la chaîne retournée les balises HTML qui s'y trouvent.

```
boolean file_exists(string nom_fichier)
```
Retourne TRUE si le fichier existe et FALSE dans le cas contraire.

```
array file(string nom_fichier, int chemin)
```
Retourne toutes les lignes du fichier dans les éléments d'un tableau.

```
int fileatime(string nom_fichier)
```
Retourne la date du dernier accès au fichier.

```
int filectime(string nom_fichier)
```
Retourne la date de la dernière modification des permissions du fichier.

```
int filemtime(string nom_fichier)
```
Retourne la date de la dernière modification du fichier.

```
int filesize(string nom_fichier)
```
Retourne la taille du fichier en octets.

```
string filetype (string nom_fichier)
```
Retourne "file" s'il s'agit d'un fichier et "dir" si c'est un répertoire.

```
boolean flock(resource $id_file, int mode)
```
Verrouille/déverrouille le fichier identifié par $id_file en fonction de la valeur de la constante mode. Le fichier doit avoir été ouvert. Les valeur de mode sont les suivantes :
LOCK_SH (ou 1) pour verrouiller en lecture seule par tous ;
LOCK_EX (ou 2) pour verrouiller en lecture et en écriture pour les autres utilisateurs ;
LOCK_UN (ou 3) pour déverrouiller le fichier.

```
resource fopen(string nom_fichier, string mode, int chemin)
```

Ouvre le fichier dont vous précisez le nom et le mode d'accès choisi parmi les valeurs suivantes :
`"r"` : accès en lecture seule, pointeur au début du fichier.
`"r+"` : accès en lecture et écriture, pointeur au début du fichier.
`"w"` : accès en écriture seule, pointeur au début du fichier. Efface le contenu du fichier et le crée s'il n'existe pas.
`"w+"` : accès en lecture et écriture, pointeur au début du fichier. Efface le contenu du fichier et le crée s'il n'existe pas.
`"a"` : accès en lecture seule, pointeur en fin de fichier. Crée le fichier s'il n'existe pas.
`"a+"` : accès en lecture et écriture, pointeur en fin de fichier. Crée le fichier s'il n'existe pas.
La fonction retourne un identifiant de fichier qui est utilisé comme paramètre par un grand nombre de fonctions de lecture/écriture.
Le paramètre `chemin` permet d'élargir la recherche du fichier aux sous-dossiers s'il vaut 1.

```
int fpassthru(resource $id_file)
```

Lit le contenu du fichier situé après le pointeur et envoie le contenu vers la sortie standard.

```
string fread(resource $id_file, int nb)
```

Lit un nombre nb de caractères dans le fichier identifié par $id_file.

```
int fseek(resource $id_file, int nb)
```

Déplace le pointeur de fichier à la position nb.

```
int ftell(resource $id_file)
```

Retourne la position en cours du pointeur de fichier.

```
int fwrite(resource $id_file, string texte, int nb)
```

Écrit le nombre maximal nb de caractères de la chaîne texte dans le fichier identifié.

```
boolean is_file(string nom_fichier)
```

Retourne TRUE si le fichier existe et FALSE dans le cas contraire.

```
boolean is_readable(string nom_fichier)
```

Retourne TRUE si le fichier est accessible en lecture et FALSE dans le cas contraire.

```
boolean is_uploaded_file(string nom_fichier)
```

Retourne TRUE si le fichier provient d'un téléchargement par la méthode POST et FALSE dans le cas contraire.

```
boolean is_writable(string nom_fichier)
```

Retourne TRUE si le fichier est accessible en écriture et FALSE dans le cas contraire.

```
int readfile(string nom_fichier, boolean chemin)
```

Lit la totalité du fichier et l'envoie vers la sortie standard.

```
string realpath(string nom_fichier)
```

Retourne le chemin d'accès complet du fichier.

```
boolean rename(string nom_ancien, string nom_nouveau)
```

Renomme le fichier nom_ancien en nom_nouveau et retourne TRUE si l'opération s'est bien exécutée.

```
boolean rewind(resource $id_file)
```

Replace le pointeur de fichier au début.

```
resource tmpfile()
```

Crée un fichier temporaire qui sera effacé en fin de connexion.

```
boolean touch(string nom_fichier, int nouv_date [,int ex_date])
```

Modifie la date de dernière modification du fichier et retourne TRUE si l'opération est réussie. Crée le fichier s'il n'existe pas encore.

```
boolean unlink(string nom_fichier)
```

Efface le fichier dont le nom est donné.

Exercices

Exercice 1

Créez un fichier pour enregistrer la date de chaque connexion à votre site. Procédez ensuite à la lecture des données, puis calculez des statistiques sur ces dates.

Exercice 2

Créez un fichier texte pour enregistrer le code du navigateur client sous forme d'enregistrements de longueur fixe (du type "E8" pour Internet Explorer 8) suivis d'un séparateur fixe. Il est possible d'utiliser la variable $_SERVER['HTTP_USER_AGENT'] pour identifier le navigateur client. Après lecture du fichier, réalisez des statistiques sur ces données.

Exercice 3

En vous inspirant de l'exemple 11-5, créez un livre d'or qui n'affiche que les cinq derniers avis donnés par les visiteurs du site.

Exercice 4

Créez une loterie en ligne en enregistrant le numéro gagnant dans un fichier texte. Le visiteur saisit sa proposition dans un formulaire, et la réponse est affichée après comparaison avec la solution.

Exercice 5

Créez un questionnaire en ligne dont les questions et les réponses sont contenues dans deux fichiers séparés. Au démarrage, lisez le fichier des questions et affichez-les dans un formulaire, chacune étant suivie d'une zone de saisie de texte pour la réponse ou de boutons radio pour des réponses par oui ou par non. Après envoi du formulaire complet, vérifiez chacune des réponses, et affichez le score.

12

Cookies, sessions et e-mails

Ce chapitre aborde les différentes méthodes qui permettent de conserver des informations pour améliorer le service rendu par un site. Il peut s'agir de conserver des choix fait par un visiteur entre deux visites pour adapter le contenu de la page d'accueil aux besoins de ce dernier. C'est ce que permettent les cookies. Il est en outre possible de conserver des informations saisies dans une page et de les rendre accessibles à toutes les autres pages d'un même site. Le mécanisme de session autorise ce type d'action, qui est à la base de la gestion de panier utilisée sur tous les sites de commerce en ligne.

Toujours dans le but d'améliorer le service rendu aux visiteurs ou aux clients d'un site, la fin du chapitre traite de l'envoi d'e-mails à partir du serveur du site vers le poste client ou tout autre destinataire, comme le font, par exemple, les sites de vente en ligne pour envoyer des confirmations de commande.

Les cookies

Les cookies sont de petits fichiers qui peuvent être écrits par un script PHP ou par d'autres langages, tel JavaScript, sur l'ordinateur du visiteur. À l'exception du piratage, c'est le seul cas où un site peut intervenir sur le disque dur d'un utilisateur.

Lors de sa création par Netscape, cette possibilité a effrayé plus d'un internaute, bien qu'elle ne présentait pas de danger réel. Chaque utilisateur garde de surcroît la possibilité de désactiver l'écriture des cookies en paramétrant son navigateur, mais certains services en ligne ne fonctionnent que si les cookies sont activés sur le poste client. Il peut aussi les effacer à sa guise puisqu'ils se trouvent sur son ordinateur.

Par défaut, Internet Explorer ou Firefox écrivent les cookies sans autorisation de l'utilisateur, tandis que Netscape (plus guère utilisé il est vrai) demandait l'accord du visiteur pour chaque cookie à écrire. Vous n'avez donc jamais la certitude de pouvoir écrire vos cookies pour chaque visiteur.

Les cookies font l'objet de limites d'emploi. Un site donné ne peut écrire que 20 cookies sur un même poste client. Chacun d'eux ne doit pas dépasser 4 Ko, ce qui empêche le stockage d'information de taille importante. Sauf spécification contraire, un cookie n'est accessible que par le site qui l'a écrit. L'utilisation des cookies est donc généralement limitée au stockage d'information de petite taille, comme le nom, le code d'accès, l'adresse ou les préférences de l'utilisateur. L'usage courant est de stocker les coordonnées qu'un visiteur a saisies dans un formulaire et de les lire lors d'une prochaine connexion pour remplir automatiquement le même formulaire, permettant ainsi aux visiteurs de gagner du temps. Les cookies sont aussi employés par le mécanisme de session, que nous allons aborder par la suite. Il va de soi que, de par leur mode de stockage, les cookies ne sont pas récupérables si l'utilisateur se reconnecte à partir d'un poste différent, contrairement à ce qu'il est possible de faire si les informations sont inscrites dans une base de données.

Écriture des cookies

Pour écrire un cookie, comme pour envoyer des en-têtes au moyen de la fonction header(), il est impératif qu'aucun contenu HTML n'ait été envoyé au poste client avant l'écriture du cookie. Autrement dit, aucune instruction PHP d'affichage, ne serait-ce que pour afficher un seul caractère, ne doit figurer dans le script avant la fonction qui va créer le cookie.

Pour écrire un cookie, vous utilisez la fonction setcookie(), dont la syntaxe est la suivante :

```
boolean setcookie(string nom_cookie,[string valeur, integer datefin,
➥string chemin, string domaine, integer securite] )
```

Les paramètres de la fonction setcookie() sont les suivants :

- nom_cookie est une chaîne définissant le nom du cookie. Ce nom obéissant aux mêmes règles de nommage que les variables, il faut éviter les caractères spéciaux. Ce nom sert à identifier le cookie pour les opérations de lecture de leur contenu.

- valeur contient la valeur associée au cookie. Il s'agit d'une chaîne de caractères, même pour un nombre. Il y a donc lieu d'effectuer au besoin un transtypage (voir le chapitre 2) pour effectuer des calculs avec cette valeur.

- datefin est un entier qui permet de stocker un timestamp UNIX exprimé en seconde (voir le chapitre 8) définissant la date à partir de laquelle le cookie n'est plus utilisable. Si ce paramètre est omis, le cookie n'est valable que pendant le temps de connexion du visiteur sur le site. Pour définir cette date, vous utilisez le plus souvent la fonction time(), qui donne le timestamp en cours, auquel vous ajoutez la durée désirée par un nombre de seconde. Pour une durée de validité de vingt-quatre heures, par exemple, vous écrivez time() +86400.

- `chemin` définit dans une chaîne le chemin d'accès aux dossiers qui contiennent les scripts autorisés à accéder au cookie. Les scripts contenus dans les sous-dossiers éventuels de ce dossier ont également accès au cookie. Si la valeur est /, le cookie est lisible sur l'ensemble du domaine `domaine`. Si la valeur est /repertoire/, le cookie est uniquement lisible dans le répertoire /repertoire/ ainsi que tous ses sous-répertoires (/repertoire/sousrep/ par exemple) du domaine `domaine`. La valeur par défaut est le répertoire qui contient le script ayant créé le cookie.

- `domaine` définit le nom entier du domaine à partir duquel vous pouvez accéder au cookie. Vous écrivez, par exemple, www.mondomaine.com, et non mondomaine.com seulement. Lorsque ce nom de domaine est le même que celui qui a créé le cookie, ce qui est le cas le plus fréquent, vous pouvez omettre ce paramètre.

- `securite` est une valeur de type `boolean` qui vaut `TRUE` (ou la valeur 1) si le cookie doit être transmis par une connexion sécurisée (avec une adresse du type https://www.mondomaine.com) et `FALSE` (ou la valeur 0) dans le cas contraire, qui est la valeur par défaut.

La fonction `setcookie()` renvoie une valeur booléenne `TRUE` qui permet de contrôler si l'écriture du cookie a eu lieu et `FALSE` en cas de problème (si le navigateur client refuse les cookies, par exemple).

L'exemple 12-1 écrit plusieurs cookies en utilisant les différents paramètres possibles.

Exemple 12-1. Écriture de cookies avec différents paramètres

```php
<?php
//cookie valable uniquement pour la session
setcookie("prenom","Jan"); ←❶
//cookie valable 24 heures
setcookie("nom","Geelsen",time()+86400); ←❷
//Ce cookie utilise tous les paramètres
setcookie("CB","5612 1234 5678 1234",time()+86400,"/client/paiement/",
➡ "www.funxhtml.com",TRUE); ←❸
?>
```

Le premier appel de `setcookie()` ne définit que le nom et la valeur du cookie. Ce dernier n'étant valable que pendant la durée de la session, cette valeur n'est récupérable que pour une autre page du même site et non pour une prochaine connexion (repère ❶). Le deuxième appel crée un cookie valable vingt-quatre heures, soit 86 400 secondes (repère ❷). Le troisième appel crée un cookie utilisant tous les paramètres possibles (repère ❸).

Pour effacer le contenu d'un cookie, il suffit d'utiliser la fonction `setcookie()` en n'utilisant que le paramètre `nom_cookie` sans lui affecter de valeur.

La fonction suivante :

```php
setcookie("nom")
```

efface la valeur précédente donnée au cookie nommé `"nom"`.

Pour faire disparaître un cookie, vous devez définir une date de validité antérieure à la date actuelle en conservant la valeur utilisée lors de sa définition.

Le code suivant :

```
setcookie("cb","5612 1234 5678 1234",time()-3600)
```

rend le cookie inaccessible mais seulement lors du rechargement de la page qui contient ce code.

Vous pouvez écrire plusieurs valeurs sous un même nom de cookie en utilisant la notation à crochets des tableaux.

Le code suivant :

```
setcookie("client[prenom]","Jan",time()+3600);
setcookie("client[nom]","Geelsen",time()+3600);
setcookie("client[ville]","Paris",time()+3600);
```

enregistre un cookie nommé "client" contenant trois valeurs utilisables pendant une heure.

Écriture des clés

Dans la définition des cookies, les clés des tableaux ne sont pas délimitées par des guillemets, contrairement à l'usage habituel dans les tableaux.

Vous pouvez écrire des cookies à l'aide de boucles à partir des éléments d'un tableau. L'exemple 12-2 suivant écrit le cookie "client2", valable deux heures, contenant trois valeurs en provenance du tableau $tabcook.

☞ **Exemple 12-2. Écriture de cookies à partir d'un tableau**

```php
<?php
$tabcook = array("prenom"=>"Paul", "nom"=>"Char","ville"=>"Marseille");
foreach($tabcook as $cle=>$valeur)
{
   setcookie("client2[$cle]",$valeur,time()+7200);
}
?>
```

Lecture des cookies

Les données stockées dans les cookies ne sont récupérables dans la page qui les a créés que lors d'un rechargement de cette page. Les autres pages du site ont un accès immédiat aux cookies dès leur chargement. Cela procure un moyen de passage d'information d'une page à l'autre, même s'il y en a de plus commodes.

Il existe deux manières de récupérer la ou les valeurs d'un cookie, dans une variable de même nom que celui attribué au cookie ou dans le tableau associatif superglobal $_COOKIE.

Dans le cas où la variable a le même nom que le cookie, cette variable peut être scalaire ou un tableau, selon le moyen utilisé pour créer le cookie. Cette possibilité n'est toutefois plus valable depuis la version 4.1 de PHP, à moins d'activer la directive `register_globals` du fichier `php.ini`, ce qui n'est plus le cas par défaut. En tout état de cause, cette méthode, considérée comme obsolète, est appelée à disparaître.

Avec le tableau associatif superglobal `$_COOKIE`, vous utilisez comme clé de l'élément recherché le nom du cookie. Ce tableau n'étant disponible que depuis la version 4.1 de PHP, il faut utiliser pour les versions antérieures le tableau `$HTTP_COOKIE_VARS`. La nouvelle méthode est désormais recommandée. C'est donc celle que vous utiliserez exclusivement dans la suite du chapitre.

Dans le cookie simple suivant :

```
setcookie("nom","Geelsen",time()+1000)
```

vous récupérez l'information dans la variable `$_COOKIE["nom"]`.

Pour le cookie sous forme de tableau suivant :

```php
<?php
setcookie("achat[premier]","livre",time()+3600);
setcookie("achat[deuxieme]","CD",time()+3600);
setcookie("achat[troisieme]","vidéo",time()+3600);
?>
```

vous lisez toutes les données dans le tableau `$_COOKIE["achat"]`. Il s'agit d'un tableau à deux dimensions, que vous pouvez parcourir à l'aide d'une boucle `foreach` :

```php
foreach($_COOKIE["achat"] as $cle=>$valeur)
{
   echo "Le cookie nommé: $cle contient la valeur : $valeur <br />";
}
```

Après avoir rechargé la page dans le navigateur, vous obtenez l'affichage suivant :

```
Le cookie nommé: premier contient la valeur : livre
Le cookie nommé: deuxieme contient la valeur : CD
Le cookie nommé: troisieme contient la valeur : vidéo
```

Vous pouvez aussi accéder individuellement à chaque valeur.

Pour récupérer la valeur `"livre"`, par exemple, vous écrivez :

```php
$_COOKIE["achat"]["premier"]
```

Exemple de page avec cookies

L'exemple 12-3 réalise un sondage en ligne, dans lequel un seul vote est autorisé. Pour contrôler que personne ne triche, vous écrivez deux cookies, le premier pour vérifier qu'un vote a eu lieu et le second pour enregistrer le vote. La durée de validité des cookies est celle du sondage, exprimée en secondes (un jour = 86 400 secondes).

Dans le code de l'exemple, la durée de vie des cookies est fixée à 60 secondes, ce qui n'est guère réaliste mais tout à fait intentionnel. Cela vous permet de tester que vous pouvez enregistrer un nouveau vote après ce délai. Dans la pratique, la durée devrait être celle choisie pour le sondage.

Lorsque l'utilisateur valide le formulaire, le script commence par contrôler l'existence d'un cookie indiquant s'il existe déjà un vote, ici le cookie "votant" (repère ❶), et la valeur de ce vote, ici le cookie "vote" (repère ❷). Si un vote est déjà enregistré, une boîte d'alerte JavaScript affiche un message indiquant qu'il est impossible de voter deux fois (repère ❸) et rappelle le vote précédent.

S'il a voté, une boîte d'alerte JavaScript affiche la valeur du premier vote. Dans le cas contraire, les deux cookies sont enregistrés, puis une boîte d'alerte de remerciement s'affiche (voir la figure 12-1). Dans la réalité, chaque vote doit évidement être enregistré sur le serveur, dans un fichier texte, par exemple, de façon à pouvoir afficher les résultats du vote (voir le chapitre 11 pour réaliser cet enregistrement), ou dans une base de données (voir les chapitres 14 à 18).

Le script est découpé en plusieurs morceaux, délimités par les balises habituelles <?php et ?>. Entre ces morceaux de scripts sont incorporés les éléments HTML destinés à afficher les boîtes d'alertes.

La suite du fichier est le code HTML créant l'interface visible du sondage, constituée de boutons radio portant tous le même nom, ce qui les rend exclusifs et n'autorise qu'un seul choix.

☞ **Exemple 12-3. Sondage avec vérification des votes**

```php
<?php
print_r($_COOKIE);
// Première partie du script PHP
if(isset($_POST["choix"]))
{
  if(isset($_COOKIE["votant"])  ←❶ && $_COOKIE["vote"])  ←❷
  {
    $vote = $_COOKIE["vote"];
?>
    <!-- Code JavaScript -->
    <script type="text/javascript" >
    alert('Vous avez déjà voté pour <?php echo $vote ?>!')  ←❸
    </script>
<!-- Deuxième partie du script PHP-->
<?php
  }
  else
  {
    $vote = $_COOKIE["vote"];
    setcookie("votant","true",time()+300);
    setcookie("vote","{$_POST['choix']}",time()+300);
    // Enregistrement du vote dans un fichier --> voir chapitre 11
    if(file_exists("sondage.txt") )
```

```php
    {
      if($id_file=fopen("sondage.txt","a"))
      {
        flock($id_file,2);
        fwrite($id_file,$_POST['choix']."\n");
        flock($id_file,3);
        fclose($id_file);
      }
      else
      { echo "Fichier inaccessible";}
    }
    else
    {
      $id_file=fopen("sondage.txt","w");
      fwrite($id_file,$_POST['choix']."\n");
      fclose($id_file);
    }
  // Fin de l'enregistrement
?>
  <!--Code JavaScript -->
  <script type="text/javascript" >
  alert('Merci de votre vote pour <?php echo $_POST["choix"] ?> ! ')
  </script>
<!--Troisième partie du script PHP-->
<?php
  }
}
?>
<!DOCTYPE html>
<html lang="fr">
 <head>
  <meta http-equiv="Content-Type" content="text/html;charset=UTF-8" />
  <title>Sondage</title>
 </head>
 <body>
  <h2>Bienvenue sur le site PHP 5</h2>
  <!-- "<?php echo $_SERVER['PHP_SELF'] ?>" -->
  <form method="post" action="<?php echo $_SERVER['PHP_SELF'] ?>">
   <fieldset>
    <legend>Votez pour votre technologie Internet pr&eacute;f&eacute;r&eacute;e</legend>
    <table><tbody>
    <tr>
      <td>Choix 1 : PHP/MySQL</td>
      <td>
        <input type="radio" name="choix" value="PHP et MySQL" />
      </td>
    </tr>
    <tr>
      <td>Choix 2 : ASP.Net</td>
      <td>
        <input type="radio" name="choix" value="ASP.Net" />
```

```
            </td>
          </tr>
          <tr>
           <td>Choix 3 : JSP </td>
           <td>
             <input type="radio" name="choix" value="JSP" />
           </td>
          </tr>
          <tr>
           <td><b>Votez ! </b></td>
           <td>
             <input type="submit" value="ENVOI" />
           </td>
          </tr>
        </tbody>
        </table>
       </fieldset>
      </form>


     </body>
    </html>
```

Figure 12-1
Page de sondage utilisant cookies et boîtes d'alerte JavaScript

Les sessions

Le protocole HTTP, que vous utilisez chaque fois que vous voulez visualisez une page Web, est un protocole de transmission dit sans état. En d'autres termes, quand vous entrez l'adresse d'un site dans votre navigateur, le protocole HTTP la transmet au serveur puis vous renvoie le fichier HTML correspondant avant de passer aussitôt à autre chose. Si, à partir de la page d'accueil, vous cliquez sur un lien vers une autre page du même site, rien ne lui permet de savoir que ces deux requêtes émanent du même poste client. Il est donc *a priori* impossible de conserver des informations provenant d'une page pour les utiliser dans une autre.

L'introduction du support des sessions dans la version 4 de PHP permet de conserver ces informations de façon simple et de les réutiliser dans toutes les pages d'un site pour un même visiteur. Aucun autre visiteur n'a accès à ces données.

Le mécanisme des sessions

L'utilisation du mécanisme des sessions obéit aux étapes générales suivantes :

1. Ouverture d'une session dans chaque page ayant accès aux données à l'aide de la fonction `session_start()` de syntaxe : `boolean session_start()`. Dans la plupart des cas, c'est-à-dire quand les sessions utilisent des cookies, cet appel est la première instruction du script.

2. Chaque utilisateur se voit attribuer un identifiant de session, qui est une suite de 26 caractères aléatoires. Lié à la session en cours, et donc différent lors d'une autre connexion, cet identifiant est transmis d'une page à une autre de deux manières différentes, soit en étant écrit dans un cookie sur le poste client, soit en étant ajouté à l'URL de la page cible d'un lien.

3. Définition des variables de session, c'est-à-dire des valeurs qui seront accessibles dans toutes les pages du site qui utilisent la fonction `session_start()`. Cela se réalise en utilisant le tableau superglobal `$_SESSION`, dont les clés sont les noms des variables. À la différence des cookies, les noms et valeurs des variables sont stockés sur le serveur et non sur le poste client. Les variables sont généralement stockées dans le dossier `/tmp` du serveur, mais il vous appartient de vérifier auprès de votre hébergeur le nom du dossier de stockage, certains d'entre eux vous obligeant à créer vous-même sur le serveur un dossier nommé, par exemple, `sessions`. En l'absence d'un tel dossier, les sessions ne fonctionnent pas. Les fichiers contenant les données ont pour nom l'identifiant de session, auquel est ajouté le préfixe `sess_`. Ils ont la même structure qu'un fichier texte.

4. Lecture des variables de session dans chaque page en fonction des besoins à l'aide du tableau superglobal `$_SESSION`.

5. Fermeture de la session après destruction éventuelle des variables de session.

Session avec cookie

La manière la plus simple de transmettre l'identifiant de session est d'utiliser un cookie. Il faut pour cela que la directive `session.use_cookies` du fichier `php.ini` ait la valeur `on` et plus fondamentalement que le poste client accepte les cookies. C'est pour cette raison que l'on voit couramment sur les sites de commerce en ligne un avertissement du type « pour accéder à ce service, vous devez accepter les cookies ». Vous verrez par la suite comment gérer les sessions en cas de refus absolu des cookies par le client.

Vous n'avez pas à coder vous-même dans le script l'écriture du cookie, PHP se chargeant de l'envoyer immédiatement quand vous appelez la fonction session_start() pour la première fois. Si ces conditions sont remplies, vous n'avez à vous préoccuper de rien, si ce n'est de faire commencer chaque page par l'appel de la fonction session_start().

La directive *session.auto_start*

Si la directive session.auto_start a la valeur on, vous n'avez même pas à utiliser la fonction session_start(), le serveur s'en chargeant pour toutes les pages du site. Cette directive est toutefois rarement activée.

Les variables de session sont définies par le biais du tableau $_SESSION de la manière suivante :

```
$_SESSION['mavar']= mavaleur;
```

ou encore :

```
$_SESSION['mavar']= $mavariable;
```

La valeur est ensuite lisible dans toutes les pages en écrivant simplement :

```
echo $_SESSION['mavar'];
```

L'utilisation des sessions se révèle donc beaucoup plus simple qu'il n'y paraît.

Le code de gestion élémentaire de session comprendrait, par exemple, les deux pages suivantes :

• La première page démarre une session (repère ❶) puis enregistre une variable de session (repère ❷) et crée un lien vers la deuxième page, nommée "deux.php" :

```
<?php
session_start(); ←❶
$nom="Jean";
$_SESSION['nom']=$nom; ←❷
echo "<a href=\"deux.php\">Vers la page DEUX </a>";
?>
```

• La deuxième page démarre également une session (repère ❸) puis a accès à la variable de session de la page précédente (repère ❹) :

```
<?php
session_start(); ←❸
echo "<br /> Bonjour ",$_SESSION['nom']; ←❹
?>
```

Pages à accès réservé par une authentification

Vous allez maintenant créer une application plus complète utilisant le mécanisme des sessions.

L'exemple 12-4 suivant est composé de trois fichiers correspondant à trois pages du site.

L'objectif est de limiter l'accès du site aux seuls utilisateurs enregistrés dotés d'un login et d'un mot de passe.

☞ **Exemple 12-4. Accès réservé et identification**

Cet exemple est constitué de trois fichiers : `exemple12.4.php`, `pagehtml.php` et `page-php.php`.

Sur la page d'accueil, le script crée un formulaire classique d'authentification, dans lequel le visiteur doit saisir son login et son mot de passe (voir la figure 12-2).

Le script commence par ouvrir une session (repère ❶) puis vérifie si le login et le code sont corrects (repère ❷). Il va de soi que sur un site réel le login et le code ne figureraient pas dans le script mais seraient lus dans une base de données.

Si l'accès est autorisé, la variable `$_SESSION['acces']` est définie avec la valeur `"oui"` et la variable `$_SESSION['nom']` récupère le login du visiteur (repères ❸ et ❹). Cette page contient deux liens vers les pages HTML et PHP et affiche le nombre de fois que chaque page a été vue pendant la session. Vous utilisez pour cela les variables `$_SESSION['html']` et `$_SESSION ['php']`, dont les valeurs sont définies dans les fichiers `pagehtml.php` et `pagephp.php`. Cela montre bien qu'une variable de session définie dans une page est visible dans les autres pages (repères ❺ et ❻).

Script de la page d'accueil `exemple12.4.php` :

```php
<?php
session_start(); ←❶
if(isset($_POST['login'])=="Machin" && $_POST['pass']=="4567") ←❷
{
   $_SESSION['acces']="oui"; ←❸
   $_SESSION['nom']=$_POST['login']; ←❹
}
?>
<html lang="fr">
<head>
<meta http-equiv="Content-Type" content="text/html;charset=UTF-8" />
<title>LES SESSIONS</title>
</head>
<body>
<div>

<form method="post" action="<?php echo $_SERVER['PHP_SELF'] ?>">
<fieldset>
<legend>Accès réservé aux personnes autorisées : Identifiez-vous !</legend>
<label>Login : </label><input type="text" name="login" />
<label>Pass :  </label><input type="password" name="pass" />
<input type="submit" name="envoi" value="Entrer"/>
</fieldset>
</form>
Visiter les pages du site <br />
<ul>
```

```
<li><a href="pagehtml.php">Page HTML </a><? if(isset($_SESSION['html'])) echo
" vue ". $_SESSION['html']. " fois"; ?>  </li> ←❺
<li><a href="pagephp.php">Page PHP 5</a><? if(isset($_SESSION['php'])) echo
" vue ". $_SESSION['php']. " fois"; ?>  </li> ←❻
</ul>
</div>
</body>
</html>
```

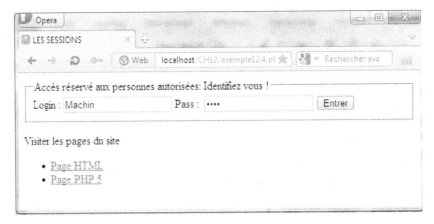

Figure 12-2

Page d'accueil

Les pages définies par les fichiers `pagephp.php` et `pagehtml.php` sont celles qui vont afficher le contenu informatif réservé. Elles ont une structure identique, et vous pourriez en créer une quantité sur le même modèle pour élargir le contenu du site. Chacune d'elles commence par démarrer une session (repères ❶). Elles sont protégées contre tout accès non autorisé, car si une personne essaye de les afficher directement dans un navigateur, elle est redirigée (repères ❷) vers la page d'accueil tant que la variable `$_SESSION['acces']` n'a pas la valeur `"oui"` (repères ❸).

Si l'accès est autorisé, le script affiche un message de bienvenue incorporant le nom du visiteur (repères ❹) puis incrémente un compteur de visite pour la page (repères ❺). Il affiche enfin à la suite des liens vers les autres pages le nombre de fois qu'elles ont été visitées (repères ❻ et ❼).

Script de la page `pagephp.php` :

```php
<?php
session_start(); ←❶
if($_SESSION['acces']!="oui") ←❷
{
header("Location:exemple12.4.php"); ←❸
}
else
```

```
  {
    echo "<h4>Bonjour ". $_SESSION['nom']."</h4>"; ←❹
    if(isset($_SESSION['php'])){$_SESSION['php']++;} ←❺


  }
  ?>
  <html lang="fr">
  <head>
  <meta http-equiv="Content-Type" content="text/html;charset=UTF-8" />
  <title>La page de PHP 5</title>
  </head>
  <body>
  <h4>Accès réservé aux personnes autorisées</h4>
  <p>Visiter les autres pages du site :
  <?php echo "Page PHP vue ". $_SESSION['php']. " fois"; ?> ←❻
  <ul>
  <li><a href="exemple12.4.php">Page d'accueil </a></li>
  <li><a href="pagehtml.php">Page HTML </a>
  <? if(isset($_SESSION['html']))echo " vue ". $_SESSION['html']. " fois"; ?> ←❼
  </li>
  </ul>
  </p>
  <h3>Contenu de la page PHP 5</h3>
  </body>
  </html>
```

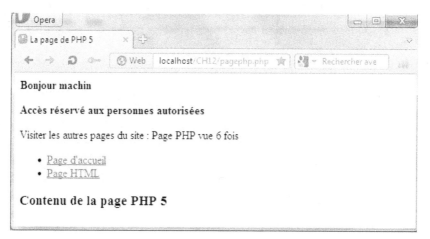

Figure 12-3
Page PHP

Script de la page `pagehtml.php` :

```
<?php
session_start(); ←❶
```

```
if($_SESSION['acces']!="oui") ←②
{
header("Location:exemple12.4.php"); ←③
}
else
{
  echo "<h4>Bonjour ". $_SESSION['nom']."</h4>"; ←④
  if(isset($_SESSION['html'])){$_SESSION['html']++;} ←⑤}
?>
<html lang="fr">
<head>
<meta http-equiv="Content-Type" content="text/html;charset=UTF-8" />
<title>La page du HTML.</title>
</head>
<body>
<h4>Accès réservé aux personnes autorisées</h4>
<p>Visiter les autres pages du site :
<?php echo "Page HTML vue ". $_SESSION['html']. " fois"; ?> ←⑥
<ul>
<li><a href="exemple12.4.php">Page d'accueil </a></li>
<li><a href="pagephp.php">Page PHP 5</a>
<? if(isset($_SESSION['php']))echo " vue ". $_SESSION['php']. " fois"; ?> ←⑦
</li>
</ul>
<h3>Contenu de la page HTML</h3>
</body>
</html>
```

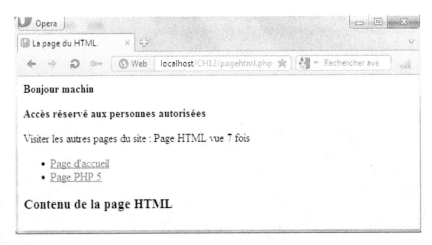

Figure 12-4
Page HTML

La gestion de panier

Une utilisation classique des cookies est la gestion de panier sur un site de commerce en ligne dans lequel les articles sont sélectionnés les uns après les autres et stockés dans un panier, ou Caddie.

L'exemple 12-5 demande de remplir un bon de commande en complétant un formulaire. Ce dernier ne permet la saisie que d'un article à la fois. La démarche serait la même si le client pouvait choisir des articles dans différentes pages et qu'il fallait conserver l'ensemble de ces choix jusqu'à la fin de sa commande.

Dans la première version de PHP 5, il était possible d'utiliser le tableau `$_SESSION` en tant que tableau multidimensionnel. Pour enregistrer plusieurs valeurs de noms dans la même session on pouvait écrire :

```
$_SESSION['nom'][]="Pierre";
```

Puis, à la suite d'une autre saisie :

```
$_SESSION['nom'][]="Paul";
```

Et ainsi de suite. C'est de cette manière que nous avions traité l'exemple 12-5 dans la première édition de l'ouvrage, mais cette possibilité ne fonctionne désormais plus.

Si la commande comportait plus d'un article, la saisie du premier article serait perdue lors de la saisie du deuxième. L'usage des sessions permet de conserver l'ensemble des articles saisis jusqu'à la fin de la commande.

Le formulaire de saisie comprend trois zones de saisie ainsi que trois boutons submit, chacun correspondant à une action particulière. Le bouton Ajouter ajoute un article à la commande, le bouton Vérifier affiche l'ensemble de la commande et le montant total et le bouton Enregistrer stocke la commande dans un fichier texte sur le serveur par commodité car, en réalité, il serait préférable de stocker les informations dans une base de données.

La partie PHP du script est divisée en trois parties, chacune gérant une des actions possibles :

- Si l'utilisateur clique sur le bouton Ajouter, le script récupère les informations dans les variables $code, $article et $prix (repères ❶, ❷ et ❸) puis définit les variables de session $_SESSION['code'], $_SESSION['article'] et $_SESSION['prix'] (repères ❹, ❺ et ❻). Pour sauvegarder les données de plusieurs saisies, nous les enregistrons dans la même variable en les concaténant et en les séparant par les caractères arbitrairement choisis « // », comme nous l'avons fait pour l'enregistrement de chaînes dans un fichier au chapitre 11. La variable $_SESSION['code'] contiendrait, par exemple, la chaîne suivante après la saisie de trois codes : "code1//code2//code3".

- Si l'utilisateur clique sur le bouton Vérifier, le script affiche l'ensemble des lignes de la commande plus une ligne indiquant le prix total dans un tableau HTML. Il nous faut d'abord récupérer toutes les valeurs enregistrées dans les chaînes précédentes. Ceci est fait en créant trois tableaux à l'aide de la fonction explode() appliquée successivement aux trois variables de session (repères ❼, ❽ et ❾). Une boucle for permet alors d'afficher toutes les données en parcourant les trois tableaux créés (repère ❿). Le prix total est calculé en accumulant les valeurs successives des variables `$tab_prix[$i]` (repère ⑪).

- Si l'utilisateur clique sur le bouton Enregistrer, le script enregistre dans un fichier texte toutes les données saisies en parcourant de la même façon les tableaux `$tab_code`, `$tab_article` et `$tab_prix` (repère ⑫).

Le script se termine en réinitialisant la variable `$_POST["envoi"]` de façon qu'elle ne conserve pas sa dernière valeur (repère ⑮).

La figure 12-5 illustre une page de saisie des articles et la figure 12-6 l'ensemble des données d'une commande.

☞ **Exemple 12-5. Commande en ligne**

```php
<?php
session_start();
$prixtotal=0;
if(isset($_POST["envoi"]))
{

// AJOUTER

if($_POST["envoi"]=="AJOUTER" && $_POST["code"]!="" && $_POST["article"]!=""
➥&& $_POST["prix"]!="")
{
  $code=$_POST["code"]; ←❶
  $article= $_POST["article"]; ←❷
  $prix= $_POST["prix"]; ←❸
  $_SESSION['code']= $_SESSION['code']."//".$code; ←❹
  $_SESSION['article']= $_SESSION['article']."//".$article; ←❺
  $_SESSION['prix']= $_SESSION['prix']."//".$prix; ←❻
}
// VÉRIFIER
if($_POST["envoi"]=="VERIFIER")
{
  echo "<table border=\"1\" >";
  echo "<tr><td colspan=\"3\"><b>Récapitulatif de votre commande</b></td>";
  echo "<tr><th> code </th><th> article 
  ➥</ th><th> prix </th>";
  $total=0;
  $tab_code=explode("//",$_SESSION['code']); ←❼
  $tab_article=explode("//",$_SESSION['article']); ←❽
  $tab_prix=explode("//",$_SESSION['prix']); ←❾
  for($i=1;$i<count($tab_code);$i++) ←❿
  {
    echo "<tr> <td>{$tab_code[$i]}</td> <td>{$tab_article[$i]}
    ➥</td><td>".sprintf("%01.2f", $tab_prix[$i])."</td>";
    $prixtotal+=$tab_prix[$i]; ←⓫
  }
  echo "<tr> <td colspan=2> PRIX TOTAL </td> <td>". sprintf("%01.2f", $prixtotal)."</td>";
  echo "</table>";
}
```

```php
// ENREGISTRER
if($_POST["envoi"]=="ENREGISTRER")
{
  $idfile=fopen("commande.txt",'w');
  //****************************************
  $tab_code=explode("//",$_SESSION['code']);
  $tab_article=explode("//",$_SESSION['article']);
  $tab_prix=explode("//",$_SESSION['prix']);

  for($i=0;$i<count($tab_code);$i++) ←⑫
  {
    fwrite($idfile, $tab_code[$i]." ; ".$tab_article[$i]." ; ".$tab_prix[$i]."; \n");
  }
  fclose($idfile);
}
// LOGOUT
if($_POST["envoi"]=="LOGOUT")
{
  session_unset(); ←⑬
  session_destroy(); ←⑭
  echo "<h3>La session est terminée</h3>";
}
$_POST["envoi"]=""; ←⑮
}

?>
<!DOCTYPE html>
<html lang="fr">
<head>
<meta http-equiv="Content-Type" content="text/html;charset=UTF-8" />
<title>Gestion de paniers</title>
</head>
<body>
<form action="<?php $_SERVER['PHP_SELF'] ?>" method="post" enctype
="application/x-www-form-urlencoded">
<fieldset>
<legend><b>Saisies d'articles</b></legend>
<table>
<tbody>
<tr>
<th>code : </th>
<td> <input type="text" name="code" /></td>
</tr>
<tr>
<th>article : </th>
<td><input type="text" name="article" /></td>
</tr>
<tr>
<th>prix :</th>
<td><input type="text" name="prix" /></td>
</tr>
```

```
<tr>
<td colspan="3">
<input type="submit" name="envoi" value="AJOUTER" />
<input type="submit" name="envoi" value="VÉRIFIER" />
<input type="submit" name="envoi" value="ENREGISTRER" />
<input type="submit" name="envoi" value="LOGOUT" />
</td>
</tr>
</tbody>
</table>
</fieldset>
</form>
</body>
</html>
```

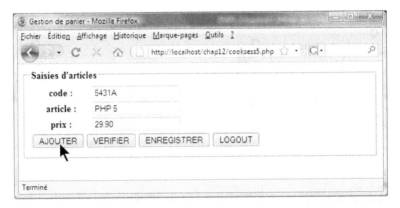

Figure 12-5

Page de saisie de commandes

Récapitulatif de votre commande		
code	article	prix
5431A	PHP 5	29.90
7299D	MySQL	19.50
2531H	XHTML et CSS	29.90
PRIX TOTAL		79.30

Figure 12-6

Affichage du contenu du panier

Pour un site réel en production, il est bon d'ajouter au formulaire un quatrième bouton, nommé Déconnexion, ou LOGOUT, permettant à l'internaute de terminer la session et de faire disparaître les données saisies, en particulier son code d'accès. Cette précaution n'est pas inutile, surtout si le poste client est utilisé successivement par plusieurs personnes et c'est ce que nous avons mis en place dans le code de l'exemple.

Pour détruire toutes les variables de la session, vous utilisez la fonction session_unset() (repère ⓭) sans paramètre et qui ne retourne aucune valeur. Pour terminer la session, vous disposez de la fonction session_destroy() (repère ⓮) également appelée sans paramètre, qui retourne une valeur booléenne TRUE si l'opération est réalisée et FALSE dans le cas contraire.

Pour créer le bouton submit, il vous resterait à ajouter le code HTML suivant :

```
<input type="submit" name="envoi" value="LOGOUT" />
```

puis, dans le script PHP, le code correspondant suivant :

```
if($_POST["envoi"]=="LOGOUT")
{
  session_unset();
  session_destroy();
  echo "<h3>La session est terminée</h3>";
}
```

Si l'utilisateur clique sur le bouton LOGOUT, personne ne peut plus afficher sa commande, lui y compris.

Les sessions sans cookie

Si vous désactivez les cookies dans votre navigateur — dans Firefox, par exemple, *via* Outils, Options, Cookies — et que vous tentiez de tester les exemples 12-4 et 12-5, vous constateriez qu'ils ne fonctionnent pas. PHP ne peut plus enregistrer l'identifiant de session dans un cookie sur le poste client. Il vous faut donc transmettre cet identifiant entre toutes les pages du site d'une autre façon.

Le nom de la session, par défaut PHPSESSID, et l'identifiant aléatoire de session sont maintenant contenus dans la constante nommée SID, sous la forme :

```
PHPSESSID= uscbk53ua1div44kbvp8v5cnq6
```

La transmission du nom et de la valeur de l'identifiant se fait en ajoutant à la fin de chaque adresse définie dans un lien le caractère ? suivi de la valeur de la constante SID.

Pour la page pageindex.php, par exemple, il vous faudrait réécrire la liste des liens de la manière suivante :

```
<p> Visiter les pages du site <br />
<ul>
<li><a href="pagehtml2.php?<?php echo SID?>">Page HTML </a><?php if(isset
➡($_SESSION['html'])) echo " vue ". $_SESSION['html']." fois"; ?> </li>
<li><a href="pagephp2.php?<?php echo SID?>">Page PHP 5</a><?php if(isset
➡($_SESSION['php'])) echo " vue ". $_SESSION['php']." fois"; ?> </li>
</ul>
```

et faire de même avec les autres pages du site pour chaque lien.

Le nom de la session est récupérable en appelant la fonction session_name() sans paramètre et l'identifiant de session en appelant la fonction session_id(), qui retourne une chaîne de caractères.

L'usage de la constante SID est de loin préférable pour transmettre l'identifiant vers d'autres pages.

L'envoi d'e-mails

Vous avez déjà vu au chapitre 6, consacré aux formulaires, la possibilité de communication par e-mail entre un internaute et un site Web pour transmettre les données d'un formulaire.

Vous allez découvrir ici la possibilité d'envoyer des e-mails du serveur vers le poste client. Pour peu que votre serveur vous l'autorise, cette fonctionnalité vous permet d'envoyer un e-mail contenant un identifiant et un code d'accès à une personne qui s'inscrit sur un forum de discussion ou un site en donnant son adresse e-mail. Ce contrôle évite, par exemple, les saisies fantaisistes ou, pire, les usurpations d'adresse e-mail.

Sur un site de commerce en ligne, cette fonction donne la possibilité d'envoyer automatiquement une confirmation de commande sitôt qu'elle est passée.

La fonction mail()

La première chose à faire est bien entendu de vous assurer auprès de votre hébergeur que vous disposez de la fonction mail(). De nombreux hébergeurs, en particulier les gratuits, désactivent la fonction d'envoi d'e-mails pour éviter le Spam et surtout pour ne pas surcharger leurs serveurs. Certains autres réécrivent la fonction mail() pour en limiter les possibilités, le nombre d'envois par exemple.

Cette vérification peut être réalisée en utilisant l'exemple 7-1 du chapitre 7 (fichier fonction1.php), qui affiche la liste des fonctions disponibles sur le serveur. Pour l'hébergement d'un site professionnel, la possibilité d'envoi d'e-mails peut être un critère de sélection déterminant.

La fonction de base d'envoi d'e-mails se nomme donc mail(). Sa syntaxe est la suivante :

```
boolean mail($dest, $objet, $texte, [$entete])
```

Ses paramètres sont les suivants :

- $dest est une chaîne contenant l'adresse e-mail du destinataire. Pour envoyer le même e-mail à plusieurs adresses, il faut séparer chacune d'elles par une virgule.

- $objet est une chaîne contenant le texte qui apparaît dans la colonne Objet du logiciel de courrier du destinataire.

- $texte est une chaîne donnant le contenu réel du message, qui peut être au format texte ou au format HTML.

- $entete est une chaîne contenant les en-têtes nécessaires à l'envoi d'e-mails, lorsque ces derniers ne sont pas au format texte. Chaque en-tête se termine par la séquence "\n" sur un serveur Linux et "\r\n" sous Windows.

La fonction mail() retourne la valeur booléenne TRUE si le message est expédié et FALSE dans le cas contraire. La vérification que vous pouvez opérer grâce à cette valeur de retour ne signifie pas que l'e-mail est bien reçu et ne présage en rien de problèmes tels qu'une erreur dans l'adresse ou une adresse inexistante. Dans ces derniers cas, vous recevez un message d'erreur à l'adresse de l'expéditeur (sauf spécification contraire) dans un délai qui peut aller de quelques minutes à plusieurs jours.

Envoi d'e-mails au format texte

Votre premier exemple n'utilise que les trois premiers paramètres de la fonction mail().

À partir d'un formulaire de commande de livres, dans lequel le client saisit sa commande sous la forme d'un nom d'article (repère ❶), d'une quantité (repère ❷), de son nom (repère ❸) et de son adresse postale (repère ❹) et enfin de son e-mail (repère ❺), le script lui envoie un e-mail de confirmation récapitulant la commande.

Le script contient la définition d'un tableau contenant le tarif de chaque livre (repère ❻). Il ne contient ici que trois titres. Dans la réalité, le tarif serait bien entendu contenu dans la base de données interrogée. Comme vous en avez l'habitude, le script vérifie ensuite l'existence des variables envoyées par le formulaire (repère ❼) puis recherche le prix de l'article commandé (repère ❽) et crée le contenu du message dans la variable $text en concaténant les différentes informations envoyées par le client (repère ❾).

L'e-mail de confirmation est alors envoyé (repère ❿), et une vérification est opérée pour savoir si l'opération s'est bien déroulée et afficher un avis au client.

La figure 12-7 illustre la page de commande de livres.

☞ **Exemple 12-6 Envoi d'un e-mail de confirmation**

```
<!DOCTYPE html>
<html lang="fr">
<head>
<meta http-equiv="Content-Type" content="text/html;charset=UTF-8" />
<style type="text/css">
td {background-color:yellow;color:blue;font-family: arial, helvetica, sans-serif;
➥font-size: 12pt;font-weight: bold;}
</style>
<title>Votre commande</title>
</head>
<body>
<div><h3>Articles </h3> "HTML 5 et CSS 3" : 29.90 €<br />"PHP 5" :
➥29.50 €<br />"MySQL" : 19.75 €<br /><br /></div>
<form action="<?= $_SERVER['PHP_SELF'] ?> " method="post"
enctype="application/x-www-form-urlencoded" >
<fieldset>
  <legend>Passez votre commande</legend>

<table border="0" >
  <tr>
```

```
      <td>Article</td>
      <td><input type="text" name="article" size="40" maxlength="256" /></td> ←❶
    </tr>
    <tr>
      <td>Quantité</td>
      <td><input type="text" name="quantite" size="40" /></td> ←❷
    </tr>
    <tr>
      <td>Nom</td>
      <td><input type="text" name="nom" size="40" maxlength="256" /></td> ←❸
    </tr>
    <tr>
      <td>Adresse</td>
      <td><input type="text" name="adresse" size="40" maxlength="256" /></td> ←❹
    </tr>
    <tr>
      <td>E-mail</td>
      <td><input type="text" name="mail" size="40" maxlength="256" /></td> ←❺
    </tr>
    <tr >

      <td colspan="2">  <input type="submit" name="envoi" value="
      ➥Commander " /></td>
    </tr>
  </table>
</fieldset>
</form>
<!-- SCRIPT PHP -->
<?php
//*****************************
// Création du tarif des livres
$tarif= array("HTML 5 et CSS 3"=>29.90,"PHP 5"=>29.50,"MySQL"=>19.75); ←❻
// Gestion de la commande
if(isset($_POST['article'])&& isset($_POST['quantite']) && isset($_POST['nom'])
➥&& isset($_POST['adresse']) && isset($_POST['mail']) ) ←❼
{
    $article=$_POST['article'];
    $prix= $tarif[$article]; ←❽
    $objet="Confirmation de commande";
  // Contenu de l'e-mail
    $text= "Nous avons bien re&ccedil;u votre commande de : \n";
    $text.="{$_POST['quantite']} livres ";
    $text.= $_POST['article'] . " au prix unitaire de : ". $prix ." euros \n";
    $text.= "Soit un prix total de : ". $prix * $_POST['quantite'] ." euros \n";
    $text.="Adresse de livraison : \n". $_POST['nom']. " \n";
    $text.=$_POST['adresse']. " \n";
    $text .=" Cordialement"; ←❾
  if(mail($_POST['mail'],$objet,$text)) ←❿
  {
```

```
        echo "<h1>Vous allez recevoir un e-mail de confirmation</ h1>";
    }
    else
    {
        echo "<h1>L'e-mail n'a pas été envoyé : recommencez ! </h1>";
    }
}
?>
</body>
</html>
```

Figure 12-7

Bon de commande de livres

La figure 12-8 illustre l'e-mail tel qu'il peut être visualisé par le client du site dans Outlook Express.

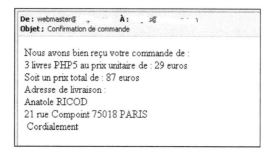

Figure 12-8

E-mail reçu par le client

En utilisant le quatrième paramètre de la fonction mail(), il est possible pour des applications particulières de mettre en copie simple d'autres destinataires (option Cc dans Outlook Express : les destinataires voient l'adresse de tous les autres) ou en copie cachée (option Cci : les destinataires ne voient pas l'adresse des autres). Ce paramètre permet d'ajouter des en-têtes dans l'e-mail et de définir leur valeur.

Le tableau 12-1 récapitule l'ensemble des en-têtes utilisables dans l'envoi des e-mails.

Tableau 12-1 – En-têtes utilisables au format texte ou HTML

En tête	Définition
From:	Adresse de l'expéditeur de l'e-mail si vous souhaitez qu'elle soit différente de celle qui est écrite dans le corps du message.
cc:	Adresse e-mail du destinataire en copie. S'il y en a plusieurs, elles doivent être séparées par des virgules.
bcc:	Adresse du destinataire en copie cachée
Reply-To:	Adresse à laquelle parviendra la réponse éventuelle du destinataire s'il rédige son e-mail en utilisant le bouton Répondre.
X-Mailer:	Nom du logiciel d'envoi du courrier
Date:	Date de l'e-mail au format JJ MM AAAA h:m:s +0N00, dans laquelle N est le décalage horaire.

En utilisant ces en-têtes dans le quatrième paramètre de la fonction mail(), le code définissant le contenu de l'e-mail de l'exemple précédent devient :

```php
$text.= "Nous avons bien reçu votre commande de : \n";
  $text.="{$_POST['quantite']} livres ";
  $text.= $_POST['article'] . " au prix unitaire de : ". $prix ." euros \n";
  $text.= "Soit un prix total de : ". $prix * $_POST['quantite'] ." euros \n";
  $text.="Adresse de livraison : \n". $_POST['nom']. " \n";
  $text.=$_POST['adresse']. " \n";
  $text .=" Cordialement";
  // Écriture des en-têtes
  $entete="From:ventes@machin.com";
  $entete="cc:compta@machin.com";
  $entete.="bcc:julia@machin.com";
  $entete.="Reply-To:reponse@machin.com";
  $entete.="X-Mailer:PHP".phpversion();
  $entete.="Date:".date("D, j M Y H:i:s +0100") ;
if(mail($_POST['mail'],$objet,$text,$entete))
  {echo "<h1>L'e-mail a été envoyé </ h1>";}
else
  { echo "<h1>L'e-mail n'a pas été envoyé </h1>";   }
```

Envoi d'e-mails au format HTML

L'envoi d'e-mails au format HTML permet de rendre l'aspect visuel du message beaucoup plus agréable car il se présente comme une page HTML, avec tout ce qu'elle peut comporter, comme des titres, des images ou des liens.

Cette méthode est évidemment recommandée pour l'envoi d'e-mails publicitaires ou d'information à une liste de personnes inscrites à une liste de distribution *(mailing list)*.

Pour réaliser ce type d'e-mail, vous utilisez encore le quatrième paramètre de la fonction `mail()` en ajoutant cette fois les en-têtes MIME détaillés au tableau 12-2. Chaque en-tête se termine par la séquence `"\n"`.

En-tête MIME

Les types MIME (*Multipurpose Internet Mail Extensions*) ont été créés pour permettre d'insérer des documents (images, sons, texte HTML, etc.) dans un courrier.

Pour incorporer des images dans un e-mail au format HTML, vous écrivez le code HTML de la même façon que pour une page Web classique mais en veillant que l'attribut `href` de l'élément `<img>` contienne l'adresse absolue des images employées. Si cette méthode présente l'inconvénient d'obliger le destinataire à être en ligne pour pouvoir visualiser les images, elle rend en contrepartie les messages moins lourds.

Tableau 12-2 – En-têtes MIME

En tête	Définition
`MIME-Version:`	Indique que le contenu de l'e-mail est conforme aux spécifications MIME ainsi que la version utilisée (actuellement 1.0 ou 1.1). Cet en-tête doit être écrit le premier : `MIME-Version: 1.0`
`Content-Type:`	Définit le type de contenu de l'e-mail à l'aide d'un type MIME ainsi que le jeu de caractères à utiliser : `Content-Type: text/html;charset=iso-8859-1`
`Content-Transfer-Encoding:`	Définit le mode de codage des documents, en particulier des images liées à l'e-mail. Il y a plusieurs valeurs possibles, mais il est préférable de choisir la valeur `8bit` : `Content-Transfer-Encoding: 8bit`

L'exemple 12-7 envoie un e-mail d'annonce d'un grand événement à une personne (repère ❶). Il serait bien entendu possible de l'améliorer en créant une boucle qui lirait un tableau contenant la liste de tous les destinataires inscrits sur le site qui délivre l'information.

Le texte de l'e-mail est composé uniquement de code HTML, contenant un gros titre, une image (repère ❷) et deux liens hypertextes (repères ❸ et ❹). Ce contenu pourrait être parfaitement affiché dans un navigateur quelconque en tant que page Web.

Les en-têtes utilisés définissent l'utilisation des spécifications MIME (repère ❺), le type de contenu de l'e-mail (repère ❻), le type d'encodage (repère ❼) et l'adresse d'origine (repère **❽**). Ce sont eux qui vont permettre l'affichage du contenu de la variable `$text` comme une page HTML par le logiciel de messagerie. La fonction `mail()` reçoit ensuite ces quatre paramètres, réalise l'envoi de l'e-mail et affiche un message de confirmation (repère **❾**).

☞ **Exemple 12-7. Envoi d'e-mails au format HTML**

```php
<?php
$dest = "abonne@machin.com"; ←❶
$objet = "Test e-mail en HTML";
// Contenu HTML de l'e-mail
$texte = "<html><head><title>Envoi d'e-mails HTML</title></head>
<body><h1>La bonne nouvelle du mois</h1>
<b>Sortie de PHP 5 version finale !</b>
<img src=\"http://static.php.net/www.php.net/images/php.gif\" alt=\"Logo PHP\" /←❷
<a href=\"http://www.php.net.\">Plus d'infos ici</A> ←❸
<p>Télécharger un installeur pour une utilisation en local<br />
<a href=\"http://www.phpathome.fr.tc\">Le site PHP@Home</A> ←❹
</body></html>";
// En-têtes indispensables pour un e-mail en HTML
$entete="MIME-Version: 1.0"; ←❺
$entete .= "Content-Type:text/html;charset=iso-8859-1\n"; ←❻
$entete .= "Content-Transfer-Encoding: 8bit\n"; ←❼
$entete .= "From: engels@funhtml.com \n"; ←❽
// Envoi de l'e-mail
if (mail($dest,$objet,$texte,$entete)) ←❾
{
  print "L'e-mail a été envoyé<br> <br />";
}
else
{
  print "L'e-mail n'a pas été envoyé<br />";
}
?>
```

Figure 12-9
E-mail en HTML reçu dans Outlook

Mémo des fonctions

```
boolean setcookie(string $nom,string $valeur,int $date,string chemin,string domaine,int securite)
```

Écrit le cookie nommé $nom dont le contenu est $valeur et la date d'expiration $date. Les paramètres suivants indiquent le chemin et le nom du domaine qui peut accéder au cookie et s'il doit être accessible par une connexion sécurisée (valeur 1).

```
boolean mail(string $dest, string $objet, string $text, string $entete)
```

Envoie l'e-mail dont le destinataire, l'objet et le texte sont précisés. Les en-têtes permettent d'envoyer des e-mails au format HTML.

```
boolean session_start()
```

Démarre une session.

```
boolean session_destroy()
```

Détruit la session en cours.

```
void session_unset()
```

Détruit toutes les variables de session.

```
string session_name([string $nom])
```

Sans paramètre, la fonction retourne le nom de la session. Avec un paramètre, elle définit un nouveau nom de session.

```
string session_id([string $id])
```

Sans paramètre, la fonction retourne l'identifiant de la session. Avec un paramètre, elle définit une nouvelle valeur pour l'identifiant.

```
string session_save_path([string $id])
```

Sans paramètre, la fonction retourne le chemin d'accès au dossier qui stocke les données de la session. Avec un paramètre, elle définit un nouveau dossier de stockage.

```
void session_write_close()
```

Écrit les variables de la session sur le serveur et ferme la session.

Exercices

Exercice 1

Créez un formulaire de saisie des deux codes couleur préférés du visiteur du site pour la couleur de fond et le texte de la page. Enregistrez-les dans deux cookies valables deux mois. À l'ouverture de la page d'accueil, récupérez ces valeurs, et créez un style utilisant ces données.

Exercice 2

Même exercice, mais en stockant les deux informations dans un même cookie.

Exercice 3

Après avoir créé un formulaire de saisie du nom et du mot de passe du visiteur ainsi que d'une durée de validité puis avoir autorisé l'accès au site, enregistrez un cookie contenant ces informations. Lors de la connexion suivante, le formulaire devra contenir ces informations dès l'affichage de la page.

Exercice 4

Enregistrez le nom de la page du site préférée du visiteur dans un cookie. Lors de sa connexion, il devra être redirigé automatiquement vers cette page.

Exercice 5

Envoyez un ensemble d'e-mails ayant tous le même objet et le même contenu à partir d'une liste d'adresses contenue dans un tableau.

Exercice 6

Même exercice, mais cette fois chaque objet et chaque contenu des e-mails doit être différent et extrait d'un tableau multidimensionnel.

Exercice 7

Reprenez l'exercice 1 en enregistrant les préférences du visiteur dans des variables de session pour afficher toutes les pages du site avec ses couleurs préférées.

Exercice 8

Transformez le script de l'exemple 12-5 (commande en ligne) en permettant les saisies à partir de pages différentes et en créant sur chacune un bouton provoquant l'affichage de l'ensemble du panier à chaque demande.

13

Rappels sur les SGBDR

Une base de données est un ensemble d'informations stockées sur un support et doté d'une certaine organisation. Votre carnet d'adresses en est un exemple élémentaire, l'annuaire du téléphone également, mais à une autre échelle.

L'accès rapide à l'information *via* des réseaux comme ceux des entreprises puis par Internet a nécessité la création de systèmes d'organisation des données permettant un accès rapide à l'information. Imaginez que vous deviez trouver toutes les personnes portant le même nom dans un département donné. La consultation de l'annuaire vous prendrait des heures. Face à de tels problèmes, l'informatisation du stockage des données est devenue une nécessité. C'est dans ce but qu'ont été créés les SGBDR (Système de gestion de base de données relationnelle).

L'objectif de ce chapitre n'est pas de vous fournir un cours complet sur les bases de données, loin de là. Il s'agit simplement de rappeler les notions essentielles qui vous permettront, à partir d'un besoin particulier de stockage d'information, de structurer les différentes données dans une base. Pour approfondir le sujet de la conception des bases de données et en particulier la méthode de conception UML (*Unified Modeling Language*, Langage de modélisation unifié en français), mieux adaptée à la conception orientée objet, vous pouvez vous reporter utilement à l'ouvrage de Christian Soutou, *De UML à SQL : Conception de bases de données*, paru aux éditions Eyrolles.

L'organisation des données doit permettre de répondre à des contraintes précises, notamment les suivantes :

• Les données doivent occuper le moins d'espace possible.

• Les redondances d'information doivent être évitées.

- Les mises à jour ou la suppression de données doivent laisser la base intègre et ne pas créer d'incohérences.

- La recherche d'informations doit être rapide et sûre.

Vous allez donc aborder successivement les phases suivantes :

1. Élaboration du modèle d'organisation des données à l'aide de la méthode entité/association. Cela entraîne la création d'un modèle conceptuel de données (MCD), qui est une représentation abstraite des données à stocker et des liens entre elles.

2. Passage du modèle ainsi créé au modèle relationnel, qui est actuellement le plus courant. Cela entraîne la création d'un modèle logique de données (MLD), qui est la représentation d'un modèle implantable dans un système particulier.

3. Implémentation dans un SGBDR (Système de gestion de base de données relationnelle) particulier, comme MySQL ou SQLite, qui font l'objet des chapitres suivants.

L'exemple qui servira de socle à tout ce chapitre est la modélisation de la base de données nécessaire à la gestion d'un site de commerce en ligne.

Le modèle entité/association

Le nom anglais du modèle entité/association (*Entity/Relationship*) est à l'origine de la confusion que l'on retrouve souvent dans la définition d'une base de données relationnelle (BDR). Certains auteurs définissent un BDR comme une base ayant des relations entre tables. Or une base est dite relationnelle si elle repose sur la notion de table, qui est la traduction du concept mathématique de relation entre ensembles. Une base de données peut en effet être qualifiée de relationnelle et ne comporter qu'une seule table.

Le modèle entité/association permet la modélisation abstraite d'une base de données. Il utilise un ensemble de conventions de représentation graphique pour modéliser les différents concepts contenus dans une information et les liens qui existent entre eux. Les schémas réalisés sont similaires à ceux de la méthode Merise et donc différents de la notation UML.

Les entités

On appelle entité une représentation d'un ensemble d'objets réels ou abstraits qui ont des caractéristiques communes. Une information du monde réel peut correspondre à plusieurs entités. Cette décomposition de l'information en plusieurs entités, dont chacune a une nature différente, constitue la première étape du travail de conception. Si vous voulez modéliser une commande faite par un client, il apparaît en première lecture au moins deux entités, une personne d'un côté et les articles qu'elle commande de l'autre. Vous avez bien fait apparaître deux entités de nature différente. Chaque personne réelle est une occurrence de l'entité générale personne.

On distingue deux sortes d'entités :

- Les entités fortes, qui ne dépendent pas de l'existence d'une autre entité. C'est le cas, par exemple, d'une entité représentant une personne ou un produit.

- Les entités faibles, dont l'existence dépend d'une autre entité. C'est le cas d'une entité représentant une commande qui dépend de l'entité personne (pas de commande s'il n'y a pas de client).

Les entités sont représentées graphiquement par des rectangles (voir figure 13-1).

personne	voiture	facture	livre

Figure 13-1

Représentation des entités

Les attributs

Chaque entité a des caractéristiques particulières, que l'on retrouve dans toutes ses occurrences. Un client a, par exemple, nécessairement un nom, un prénom, une adresse, etc. Ces caractéristiques sont nommées attributs de l'entité.

Chaque entité doit avoir au moins un attribut, qui permet de distinguer une occurrence d'une autre. Cet attribut particulier est la clé primaire de l'entité. Cette clé doit être unique dans l'entité. Pour une personne, il est évidemment possible de trouver deux personnes de même nom. Le nom est donc un mauvais candidat pour effectuer cette distinction.

Pour distinguer deux clients, on utilise habituellement un numéro de client pour chaque personne. La clé primaire peut être constituée de la réunion de plusieurs attributs, par exemple, le nom et l'adresse, si nous admettons qu'il n'est pas possible que deux personnes homonymes habitent au même endroit. L'utilisation d'une clé primaire abstraite, comme un identifiant numérique (par exemple le numéro INSEE propre à chaque personne), représente une solution plus sûre que le choix d'un autre attribut, et il est conseillé de l'utiliser systématiquement.

Un attribut peut être défini comme obligatoire ou facultatif dans l'entité. Il peut être élémentaire ou décomposable en plusieurs autres attributs. L'adresse complète d'une personne peut constituer un seul attribut ou être décomposée en rue, ville, département et code postal. Il n'y a pas d'obligation en ce domaine. Cela relève d'un choix du programmeur en fonction des besoins du client. S'il n'envisage pas de réaliser un jour des recherches de personnes par ville ou par département, il est inutile de décomposer l'attribut adresse.

Chaque attribut possède un domaine de valeurs possibles. Un nom est représenté par une chaîne de caractères de longueur variable et le code postal par un nombre de cinq chiffres. À chaque attribut correspond un type de donnée particulier. C'est à prendre en compte lors de l'implantation de la base de données sur un SGBDR particulier.

Une entité munie de ses attributs est représentée par un rectangle contenant le nom de l'entité suivi de celui de ses attributs. Dans la représentation graphique de l'entité, le nom de l'attribut qui constitue la clé primaire est placé en premier et souligné (voir figure 13-2).

Figure 13-2
Représentation graphique d'une entité

Les associations

Le concept d'association permet de représenter le lien existant entre deux ou plusieurs entités. Une association reliant deux entités est dite binaire. Celle qui en relie plusieurs est dite *n*-aire. Dans la décomposition de l'information en entités vous avez toujours intérêt à créer des associations binaires et à redécomposer celles qui seraient ternaires.

Une association est généralement nommée à l'aide d'un verbe d'action (à la forme active d'une entité vers l'autre et passive dans l'autre sens). Par exemple, la phrase « Un client commande un article » résume l'association commande entre l'entité client et vers l'entité article. Une association est représentée graphiquement par une ellipse contenant son nom. La figure 13-3 donne la représentation graphique de cette association. Une association peut, comme les entités, posséder des attributs. La clé de l'association est la concaténation des clés des entités qu'elle relie. Une association peut être réflexive, c'est-à-dire relier une entité à elle-même. Par exemple, l'association conjoint relie une personne avec une autre personne.

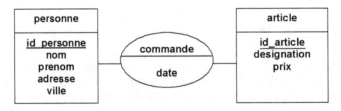

Figure 13-3
Représentation d'une association binaire

Les cardinalités

La cardinalité d'une association mesure le nombre d'occurrences d'une entité qu'il est possible d'associer à une occurrence de l'autre entité associée. Elles sont indiquées de chaque coté de l'association pour chaque entité.

On distingue des cardinalités minimales et maximales :

- La cardinalité minimale mesure le nombre minimal de participation d'une entité dans l'association. Pour être enregistrée dans la base, une personne doit passer au moins une commande. La cardinalité minimale du coté de l'entité personne est donc 1. Un produit peut n'être commandé par aucune personne. La cardinalité minimale du coté de l'entité article est donc 0. En résumé, on indique ces deux cardinalités par la notation 0.N.

- La cardinalité maximale mesure le nombre maximal de participations d'une entité dans l'association. Une personne peut passer un nombre quelconque de commandes. La cardinalité maximale du coté de l'entité personne est donc notée N. Un produit peut être commandé par *N* personnes différentes. La cardinalité maximale du côté de l'entité article est donc N. En résumé, on indique ces deux cardinalités par la notation N.N. En pratique, on la note N.M pour montrer que les cardinalités ne sont pas nécessairement égales.

Par combinaison des différentes possibilités, on obtient quatre cardinalités possibles pour chaque entité :

- 0.1 : zéro ou une seule au maximum ;

- 1.1 : une et une seule ;

- 0.N : zéro ou plusieurs ;

- 1.N : une ou plusieurs.

- La figure 13-4 représente l'association commande munie de ses cardinalités.

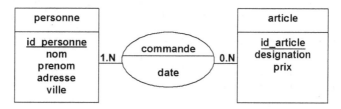

Figure 13-4
Association et cardinalités

Une association peut être définie au moyen des seules cardinalités maximales. L'association de la figure 13-4 peut être définie par la cardinalité N:M.

Après étude des cardinalités, on distingue plusieurs cas, qui vont constituer l'organisation des tables dans le modèle relationnel.

Détermination des cardinalités

Vous verrez dans les exemples qui suivent que la détermination des cardinalités peut dépendre des contraintes imposées au programmeur.

Exemple 1

Un ministère comprend plusieurs services. Chaque service est dirigé par une seule personne. Pour tenir compte des changements de directeur, l'association dirige doit avoir un attribut date qui contienne la date de nomination. La figure 13-5 donne une représentation de cette association.

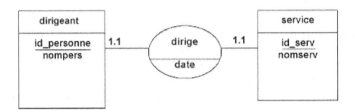

Figure 13-5
Association 1:1

Une et une seule personne dirige un service, ce qui correspond à une cardinalité 1.1 pour l'entité personne. Chaque service est dirigé par une et une seule personne, ce qui se traduit par une cardinalité 1.1 pour l'entité service.

Exemple 2

Reprenons le même ministère qu'à l'exemple 1 mais en représentant l'association entre tous les employés du ministère, quel que soit leur grade ou le service dans lequel ils travaillent. Une personne travaille dans un et un seul service. La cardinalité du côté de l'entité personne est donc 1.1. Un service emploie de une à plusieurs personnes. La cardinalité du côté de l'entité service est donc 1.N.

La figure 13-6 donne une représentation de cette association.

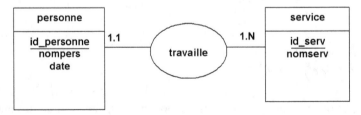

Figure 13-6
Association 1:N

Exemple 3

Pour suivre l'évolution des prix, on recense un nombre de produits vendus dans un ensemble de magasins. Chaque magasin peut vendre un ou plusieurs produits. La cardinalité du coté de l'entité magasin est donc 1.N. Chaque produit peut être vendu par un ou plusieurs magasins. La cardinalité du coté de l'entité `produit` est donc 1.N. Chaque magasin vend le produit à un prix donné. L'association doit donc posséder un attribut `prix`.

La figure 13-7 donne une représentation de cette association.

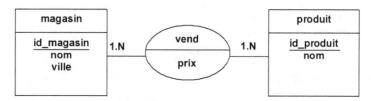

Figure 13-7
Association N.M

Conception du MCD

Pour établir le modèle conceptuel de données (MCD) correspondant à l'ensemble d'informations à stocker, il faut procéder de la façon suivante :

1. Décomposer l'information globale en entités indépendantes représentant des concepts différents.

2. Pour chaque entité, faire l'inventaire des attributs qui permettent de la décrire. Le degré de précision de cette description dépend des besoins du client et de l'utilisation qui sera faite de la base de données. Chaque attribut doit être utile. Il faut, par exemple, envisager quels seront les critères de recherche utilisés sur la base. Chaque attribut doit pouvoir être exprimé clairement par une chaîne de caractères, un nombre ou une date, par exemple.

3. Pour chaque entité, choisir l'attribut ou le groupe d'attributs qui peut constituer une clé primaire, en évitant les clés primaires composites dans la mesure du possible. L'utilisation d'une clé primaire numérique est souvent la meilleure solution.

4. Définir les associations qui relient les différentes entités. Il faut privilégier les associations binaires, quitte à créer des entités supplémentaires. La gestion et l'interrogation de la base s'en trouvent facilitées.

5. Déterminer les attributs de l'association en ne retenant que les attributs vraiment nécessaires caractérisant l'association. Si un attribut n'est pas nécessaire, mieux vaut le placer dans une entité.

6. Exprimer les cardinalités de l'association pour chaque entité qui y est reliée.

Normalisation du MCD

Le MCD élaboré à l'étape précédente doit être vérifié et normalisé au moyen de méthodes particulières.

Il faut introduire ici la notion de dépendance fonctionnelle (DF), proche de la notion mathématique de fonction. On dit que deux attributs A et B sont en dépendance fonctionnelle si, à une valeur de A, correspond, au plus, une valeur de B.

On a, par exemple, les dépendances fonctionnelles suivantes :

```
numéro_client → Nom_client
commune → code postal
```

alors que les réciproques ne sont pas vraies.

Les méthodes permettant de vérifier et de normaliser le MCD sont les suivantes :

- Chaque attribut est atomique, c'est-à-dire qu'il ne peut contenir qu'une seule valeur choisie dans un domaine particulier. Par exemple, un attribut ne peut contenir plusieurs noms de personnes différentes. C'est ce qu'on nomme la première forme normale (1 N.F)

- Tous les attributs d'une entité en 1 N.F doivent dépendre complètement de la clé de l'entité et non d'une partie seulement de la clé. C'est la deuxième forme normale (2 N.F). Une entité en 1 N.F qui a une clé primaire composée d'un seul attribut est nécessairement en 2 N.F.

- Tous les attributs d'une entité en 2 N.F dépendent uniquement de la clé et non d'un autre attribut nom-clé. Si ce n'est pas le cas, il faut décomposer l'entité en deux entités distinctes, la nouvelle entité contenant les attributs nom-clé qui sont en dépendance fonctionnelle. C'est la troisième forme normale (3 N.F).

- Les attributs d'une association doivent être en 2 N.F et donc dépendre de toute la clé de l'association (constituée par la concaténation des clés des entités reliées).

La base magasin en ligne

Votre objectif premier étant de modéliser la base de données d'un site de commerce en ligne, vous devez envisager les contraintes d'utilisation de la base qui vous permettront de créer son MCD :

1. Un client enregistré dans la base a passé au moins une commande, sinon il ne figure pas dans la base.

2. Une commande peut contenir un ou plusieurs articles. Chaque commande a une date.

3. Le modèle doit permettre de retrouver toutes les commandes d'un client et la composition de chaque commande.

En fonction de ces contraintes, vous constatez immédiatement que le MCD de la figure 13-4 ne convient pas. En effet, il ne prend pas en compte le fait qu'un client peut commander plusieurs articles (contrainte n° 2).

Vous devez créer une entité séparée pour représenter une commande et les associations répondant aux besoins suivants :

- Un client passe une ou plusieurs commandes. L'association passe relie les entités client et commande. Un client passe une ou plusieurs commandes, ce qui implique une cardinalité 1.N du coté de l'entité client. Une commande est passée par un seul client, ce qui implique une cardinalité 1.1 du côté de l'entité commande.

- Une commande contient un ou plusieurs articles. Vous créez donc une association contient, qui relie les entités commande et article. La cardinalité du côté de l'entité commande est 1.N. Un article pouvant se trouver dans aucune ou plusieurs commandes, la cardinalité du coté de l'entité article est 0.N.

Vous obtenez finalement le MCD représenté à la figure 13-8.

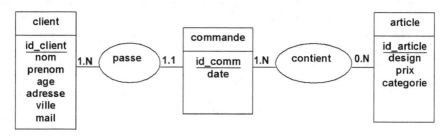

Figure 13-8

Le MCD de la base magasin

Passage au modèle relationnel

La phase précédente vous a permis de créer le MCD de la base. C'est la partie la plus importante de votre travail. Il vous faut maintenant créer le modèle logique de données (MLD), qui permettra l'implémentation physique de la base sur des SGBDR comme MySQL ou SQLite.

Le modèle relationnel

La théorie des SGBDR s'appuie sur les notions mathématiques de la théorie des ensembles et des relations entre ensembles. À chaque attribut correspond un ensemble de valeurs possibles (parfois très grand) nommé domaine.

Supposez, par exemple, que vous deviez étudier les notes attribuées à une classe de 26 élèves nommés par des lettres de A à Z et qu'il existe, pour simplifier, quatre catégories de notes de 1 à 4. À la rentrée scolaire, où tous les espoirs sont permis, il y a donc théoriquement $26 \times 4 = 104$ associations (couples) possibles entre l'ensemble des élèves et celui des notes correspondant au produit cartésien des deux ensembles, soit l'énumération {(A,1),(A,2),(A,3),...(B1,B2),...,(Z,1),(Z,2),(Z,3),(Z,4)}. À la fin de l'année, quand les moyennes annuelles sont faites, il n'y a plus que 26 couples réels représentant la réalité de la classe. Cette réalité est représentée par une relation entre l'ensemble des élèves et celui des notes. Dans le cas présent, à un élève ne correspond qu'une note, mais à une note correspondent plusieurs élèves.

Chaque relation est représentée par une table. Vous pouvez comparer aisément une table à une feuille de tableur que chacun doit connaître. Dans une table, on stocke les informations représentatives d'un type particulier d'objet, réel ou abstrait, comme une personne ou une commande. Tous les objets représentés dans une même table doivent représenter un même concept.

La représentation des notes de la classe serait donc une table à deux colonnes, chaque colonne étant un attribut de la table. La première contient le nom et la seconde la note de l'élève. Elle aurait au total vingt-six lignes.

La figure 13-9 donne une représentation d'une table représentant des articles. La première ligne d'en-tête donne le nom de la table, la deuxième contient la liste des attributs, et les suivantes contiennent les valeurs de plusieurs occurrences, chacune représentant un tuple (ou *n*-uplet).

article				← table
idarticle	designation	prix	categorie	← attributs
515	PC de bureau	958.35	Informatique	← tuple
535	Appareil photo	253.58	Photo	
647	Portable HB 25	1547.00	Informatique	

Figure 13-9
Représentation d'une table

Conception du MLD

Pour passer du MCD au MLD, il vous faut appliquer les règles suivantes :

1. Toute entité devient une table, avec pour corollaires que la table porte le nom de l'entité, que les attributs de l'entité deviennent les colonnes de la table et que la clé primaire de l'entité devient la clé de la table.
2. Pour une association binaire ayant des cardinalités maximales 1:1 (par exemple 1.1-1.1), une des tables reçoit comme attribut supplémentaire une copie de la clé primaire de l'autre table. Cet attribut devient une clé étrangère pour la table qui la reçoit. Les attributs éventuels de l'association sont reportés dans cette même table. Au MCD présenté à la figure 13-5 correspond le MLD de la figure 13-10 pour l'association `dirige`.

   Si vous voulez par exemple conserver l'historique des différents responsables d'un service, vous devez créer une nouvelle table représentant l'association. Elle contient les clés des deux entités reliées, et la concaténation des ces clés en constitue la clé primaire. Cette table contient également l'attribut de l'association.

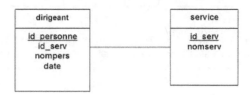

Figure 13-10

MLD d'une association 1:1

3. Pour une association binaire ayant des cardinalités maximales de type 1:N, par exemple, 1.1-1.N ou 0.1-0.N, la table représentant l'entité ayant la cardinalité 1.1 reçoit la clé de l'autre entité comme clé étrangère. Les attributs de l'association sont ajoutés à cette même table. Le MCD de la figure 13-6 devient le MLD présenté à la figure 13-11 pour les employés d'un service.

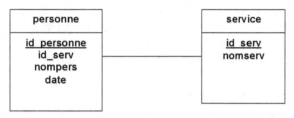

Figure 13-11

MLD d'une association 1:N

4. Pour une association binaire ayant des cardinalités maximales de type N:M, par exemple, 1.N-1.N ou 0.N-1.N, l'association est toujours traduite par une table. La clé primaire de cette table est la concaténation des clés primaires des entités reliées par cette association. Les attributs de l'association sont ajoutés à cette nouvelle table. Le MCD de la figure 13-7 correspond au MLD de la figure 13-12. Il s'agit d'un MCD primaire, car il suppose qu'une personne ne peut commander qu'un article par commande et une seule fois le même article, faute de quoi vous seriez en infraction avec les règles définies (à une même clé primaire correspondrait deux dates différentes).

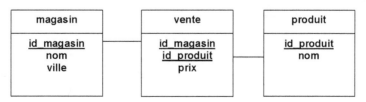

Figure 13-12

MLD d'une association N:M

> **Association réflexive**
>
> Si l'association est réflexive, elle devient une table dont la clé est la concaténation des clés des deux éléments associés. Ce serait le cas de l'association conjointe envisagée plus haut.

Le MLD de la base magasin en ligne

En appliquant les règles énoncées précédemment, le MLD de la base magasin du site de commerce en ligne est construit à partir du MCD représenté à la figure 13-8 de la manière suivante :

• Les entités client, commande et article deviennent des tables.

• L'association passe qui relie les entités client et commande ne devient pas une table. La clé primaire de la table commande reçoit la clé primaire de la table client comme clé étrangère.

• L'association contient, dont les cardinalités maximales sont de type N:M, devient une table nommée ligne, dont chaque occurrence représente une ligne d'une commande. La clé primaire de cette table est la concaténation des clés id_comm de la table commande et id_article de la table article. Elle reçoit les attributs quantite et prix_unit.

> **L'attribut prix_unit**
>
> L'attribut prix_unit n'existe que pour permettre de retrouver la réalité d'une commande ancienne, même après modification d'un tarif dans la table article.

La figure 13-13 présente le MLD obtenu.

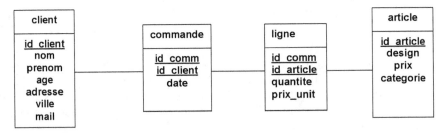

Figure 13-13
MLD de la base magasin en ligne

Modèle physique de données

Le modèle physique de données est l'implémentation matérielle du MLD créé sur un système (SGBDR) donné. Il est réalisé à l'aide du langage SQL (*Structured Query Language*) et des particularités de chaque système, tel que MySQL, SQLite ou Microsoft Access. L'apprentissage du langage SQL spécifiquement orienté vers MySQL fait l'objet du chapitre suivant.

Exercices

Exercice 1

Créez le MCD d'une base de données voiture qui enregistre les certificats d'immatriculation des véhicules en circulation (carte grise). Elle doit répondre aux contraintes suivantes :

- Un véhicule est d'un modèle donné identifié par un numéro de type.

- Un véhicule peut avoir un ou plusieurs propriétaires simultanément (copropriété).

- Les recherches effectuées sur la base doivent permettre de retrouver, par exemple, tous les véhicules d'une personne, la ou les personnes propriétaires d'un véhicule dont on connaît l'immatriculation et tous les propriétaires d'un modèle de voiture donné.

Exercice 2

Créez le MLD de la base voiture à partir du MCD de l'exercice 1. Vérifiez la conformité du modèle par rapport aux formes normales.

Exercice 3

Créez le MCD d'une base de données tournoi permettant d'enregistrer les participants à un tournoi de tennis et l'ensemble des matches joués en trois sets au maximum. La base doit enregistrer les participants d'un match donné, ainsi que le gagnant et le score de chaque set.

Exercice 4

Créez le MLD de la base tournoi, et vérifiez sa conformité.

Exercice 5

Créez le MCD d'une base permettant à un groupe de gérer les droits d'auteur des livres publiés par ses différentes maisons d'édition. Elle doit répondre aux contraintes suivantes :

- Un livre peut être écrit par un ou plusieurs auteurs. Un auteur peut écrire un ou plusieurs livres. Chaque auteur touche un pourcentage des droits totaux d'un livre en fonction de sa participation.

- Un livre est publié par un seul éditeur.

Exercice 6

Créez le MLD correspondant à la base de l'exercice 5, et vérifiez sa conformité.

14

Le langage SQL
et phpMyAdmin

Créé par IBM il y a plus de trente cinq ans en tant que langage de manipulation de données, le SQL (*Structured Query Language*) est aujourd'hui le standard de la plupart des SGBDR, notamment de MySQL et de SQLite, présentés en détail dans cet ouvrage. Ce langage a fait l'objet de normalisations successives de la part de l'ANSI (*American National Standards Institute*) pour aboutir en 1992 à SQL 2 puis en 1999 à SQL 3 et enfin à SQL 2003, ce qui montre une constante évolution afin de s'adapter aux besoins.

Malgré cet effort de standardisation, chaque SGBD adapte le langage SQL, en n'utilisant que certaines fonctionnalités et en en ajoutant d'autres, non standards. Si vous avez déjà une connaissance de SQL acquise pour un autre système que MySQL vous ne serez pas désorientés. Il vous faudra simplement effectuer quelques adaptations non fondamentales. Toutes les commandes utilisées dans ce chapitre sont celles de MySQL.

L'interface phpMyAdmin

Même si le couple PHP-MySQL est le plus répandu actuellement sur le Web, MySQL est accessible à d'autres langages, notamment Java. La totalité des hébergements PHP-MySQL offrent une interface nommée phpMyAdmin, à partir de laquelle il est possible, pour l'administrateur seulement, d'effectuer toutes les opérations de création de base et de tables, d'insertion ainsi que de sélection de données. L'interface phpMyAdmin installée sur vos serveurs local et distant est en réalité un formulaire écrit en PHP permettant d'agir sur la base.

L'interface phpMyAdmin vous permet d'envoyer au serveur des requêtes SQL de création et d'administration de base sans avoir à les écrire. L'interface affiche de surcroît le code SQL de la requête qui vient d'être exécutée.

Pour y accéder à partir d'un navigateur, il vous suffit de saisir les adresses suivantes :

en local :

```
http://localhost/phpmyadmin
```

ou :

```
http://127.0.0.1/phpmyadmin
```

pour des serveurs distants :

```
http://sql.votresite.com
```

ou

```
http://www.votresite.com/phpmyadmin
```

ou encore parfois :

```
http://www.votresite.com/phpMyAdmin
```

selon la sensibilité à la casse de votre serveur et la casse employée pour le répertoire correspondant.

Les options d'accès sont communiquées par l'hébergeur lors de la souscription d'un abonnement.

En local, vous obtenez la page d'accueil illustrée à la figure 14-1. La version actuelle de phpMyAdmin fournie sur le serveur local installé avec WampServer étant la 3.5, c'est avec cette version que vous allez travailler. Pour une version différente, certaines actions doivent être adaptées en saisissant les requêtes SQL correspondantes.

Certains hébergeurs, tel ovh.net, autorisent l'accès au répertoire contenant le code de phpMyAdmin. Il est de la sorte possible d'installer la dernière version en la téléchargeant à l'adresse *http://www.phpmyadmin.net*.

Les sections qui suivent expliquent comment créer une base de données à l'aide de phpMyAdmin et détaillent les tables qui la composent, ainsi que les commandes permettant d'y insérer des informations, de les modifier ou de les mettre à jour et d'effectuer les différentes formes de sélection de données destinées à la création de pages web dynamiques. Vous verrez, dans les chapitres suivants, comment interfacer PHP et MySQL au moyen des fonctions spécialisées ou d'objets et méthodes disponibles dans les différents modules spécialisés fournis par PHP.

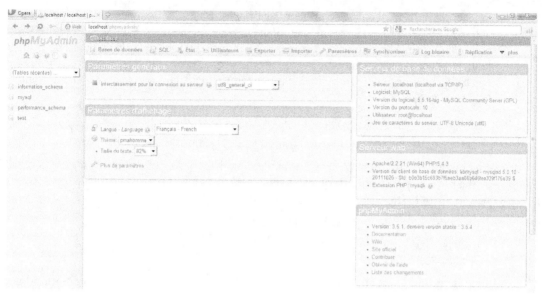

Figure 14-1
Page d'accueil de phpMyAdmin

Création d'une base de données

De nombreux hébergeurs, qu'ils soient gratuits ou payants, n'offrent la possibilité de créer qu'une seule base de données sur leur serveur. Vous verrez cependant qu'il est possible de créer en local plusieurs bases différentes.

Pour attribuer un nom à une base, il faut respecter les conventions suivantes, lesquelles s'appliquent également aux noms des tables, attributs (colonnes), index et alias utilisés :

- Les caractères autorisés sont les caractères alphanumériques et de soulignement (_) ainsi que le signe dollar ($).

> **Slash et antislash**
>
> Pour éviter de confondre ces noms avec les noms des variables PHP utilisées dans un même code, il est déconseillé d'utiliser les caractères slash (/), antislash (\) et le point.

- Le nombre de caractères est limité à 64, extensible à 255 pour les noms d'alias. Plus le nom est long, plus il y a de risque d'erreur en le recopiant.

- Un nom peut commencer par un chiffre mais ne doit pas contenir que des chiffres.

- La sensibilité à la casse dépend du système d'exploitation. Autant considérer que MySQL est sensible à la casse et surtout éviter de changer de casse dans une même requête, notamment pour les noms d'alias de table.

Pour créer la base, il suffit de cliquer sur l'onglet Bases de données, de saisir ensuite le nom de la base désirée (ici magasin) dans la zone de saisie (repère ❶ de la figure 14-2) et de cliquer sur le bouton Créer (repère ❷) en précisant les jeux de caractères à utiliser pour la connexion et les données. Une fois la base créée, un message de confirmation apparaît (repère ❸) et le nom de la base apparaîtra dans la colonne de gauche de l'interface (repère ❹).

Le code de la requête SQL correspondant à cette création est le suivant :

```
CREATE DATABASE magasin DEFAULT CHARACTER SET latin1 COLLATE latin1_bin;
```

En ajoutant l'option IF NOT EXISTS avant le nom de la base, cette dernière n'est créée que si elle n'existe pas déjà. Cela évite les messages d'erreur, surtout si la requête est envoyée par un script PHP.

Avec cette option, la requête précédente devient :

```
CREATE DATABASE IF NOT EXISTS magasin DEFAULT CHARACTER SET latin1
➥COLLATE latin1_bin;
```

Pour détruire la base, il suffit de la sélectionner puis de cliquer sur le bouton Supprimer (repère ❺). Le code SQL correspondant s'affiche :

```
DROP DATABASE magasin;
```

Comme précédemment, l'usage de l'option IF EXISTS avant le nom de la base empêche l'apparition d'une erreur si vous tentez de supprimer une base qui n'existe pas.

Avec cette option, la requête devient :

```
DROP DATABASE IF EXISTS magasin
```

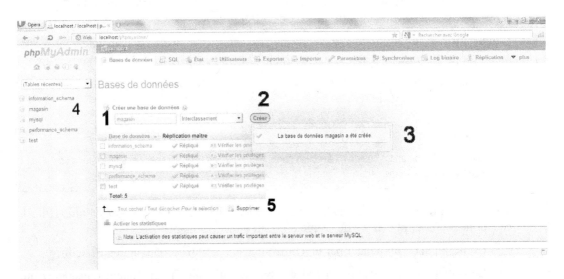

Figure 14-2
La page de confirmation de création de la base

Destruction

La destruction d'une base entraîne aussi celle de toutes les tables et de toutes les données qu'elle contient. Il convient donc d'être prudent avant d'utiliser cette requête.

Avant d'effectuer d'autres opérations, il vous faut sélectionner la base sur laquelle vous voulez travailler.

Création de tables

Une table est composée de colonnes, ou champs. Chacune de ces colonnes est dotée d'un type particulier, censé correspondre le mieux possible à l'information qu'elle contient. Avant de créer une table, il importe de connaître les différents types de données proposés par MySQL. Le choix judicieux de ce type réduit l'espace disque utilisé.

Cette section présente les différents types de données reconnus par MySQL ainsi que les commandes SQL utilisables pour créer les tables.

Les types de données MySQL

MySQL permet de stocker des informations selon de nombreux types de données. Cela donne la possibilité d'adapter le plus précisément possible le type de donnée à l'information qui est enregistrée dans une table. Le choix du type doit se faire de telle sorte que l'information occupe le moins d'octets possible.

Les types numériques

Les types numériques permettent de stocker toutes sortes de valeurs numériques entières ou décimales avec des intervalles de valeurs très étendus. Comme expliqué précédemment, il est important d'adapter le type choisi au format de l'information stockée afin de ne pas occuper plus d'espace serveur que nécessaire et, par voie de conséquence, de ne pas allonger inutilement les temps de réponse des recherches effectuées.

Le tableau 14-1 présente les différents types de données numériques.

Tableau 14-1 – Les types de données numériques

Type	Définition et caractéristiques
TINYINT	Un très petit entier prenant des valeurs de -128 (-2^7) à 127 (2^7-1). S'il est suivi de l'option UNSIGNED, les valeurs sont positives et varient de 0 à 255 (2^8-1). Chaque valeur occupe 1 octet.
SMALLINT	Un petit entier prenant des valeurs de -32768 (-2^{15}) à 32767 ($2^{15}-1$). S'il est suivi de l'option UNSIGNED, les valeurs sont positives et varient de 0 à 65535 ($2^{16}-1$). Chaque valeur occupe 2 octets.
MEDIUMINT	Entier moyen prenant des valeurs de -8388608 (-2^{23}) à 8388607 ($2^{23}-1$). S'il est suivi de l'option UNSIGNED, les valeurs sont positives et varient de 0 à 16777215 ($2^{24}-1$). Chaque valeur occupe 3 octets.

Tableau 14-1 – Les types de données numériques *(suite)*

Type	Définition et caractéristiques
INT ou INTEGER	Entier prenant des valeurs de -2147483648 (-2^{31}) à 2147483647 ($2^{31}-1$). S'il est suivi de l'option UNSIGNED, les valeurs sont positives et varient de 0 à 4294967295 soit $2^{32}-1$. Chaque valeur occupe 4 octets.
BIGINT	Grand entier prenant des valeurs de -9223372036854775808 (-2^{63}) à 9223372036854775807 ($2^{63}-1$). S'il est suivi de l'option UNSIGNED, les valeurs sont positives et varient de 0 à 18446744073709551615, soit $2^{64}-1$. Chaque valeur occupe 8 octets.
FLOAT	Nombre à virgule flottante en simple précision prenant des valeurs de $-3.402823466E+38$ à $-1.75494351E-38$ pour les nombres négatifs et de $1.75494351E-38$ à $3.402823466E+38$ pour les positifs. S'il est suivi de l'option UNSIGNED, les valeurs sont uniquement positives. Avec les options FLOAT (M,D), l'affichage s'effectue avec *M* chiffres dont *D* décimales. Chaque valeur occupe 4 octets.
DOUBLE	Nombre à virgule flottante en double précision prenant des valeurs de $-1.7976931348623157E+308$ à $-2.2250738585072014E-308$ pour les nombres négatifs et de $2.2250738585072014E-308$ à $1.7976931348623157E+308$ pour les positifs, auxquelles s'ajoute la valeur exacte de 0. S'il est suivi de l'option UNSIGNED, les valeurs sont uniquement positives. Avec les options DOUBLE (M,D) l'affichage se fait avec *M* chiffres dont *D* décimales. Chaque valeur occupe huit octets.
DECIMAL	Nombre à virgule flottante qui doit être signé. La valeur est stockée comme une chaîne de caractères dont chaque caractère est un chiffre. Les valeurs sont les mêmes que pour le type DOUBLE. S'il est suivi de l'option UNSIGNED, les valeurs sont uniquement positives. Avec les options DECIMAL (M), l'affichage s'effectue avec *M* chiffres (par défaut 10 chiffres), ce qui limite l'intervalle de valeurs. Avec les options DECIMAL (M,D), l'affichage s'effectue avec *M* chiffres dont *D* décimales. Chaque valeur occupe autant d'octets qu'il y a de caractères dans le nombre.

Les types chaînes de caractères

Ces types permettent de stocker des chaînes de caractères de longueurs très diverses, allant du simple caractère au discours fleuve d'un visiteur prolixe dans un livre d'or. À nouveau, il vous faut penser à adapter le type de donnée à ce que vous désirez stocker afin d'utiliser le moins d'octet possible.

Le tableau 14-2 présente les différents types de chaînes de caractères.

Tableau 14-2 – Les types de chaînes de caractères

Type	Définition et caractéristiques
CHAR(M)	Chaîne de caractères de longueur fixe de *M* caractères complétée par des espaces si la donnée stockée est plus petite. Les espaces sont supprimées lors de la lecture. La longueur indiquée varie de 0 à 255 caractères. L'option CHAR(M) BINARY rend la chaîne sensible à la casse lors des recherches. Une colonne de type CHAR(0) n'occupe qu'un octet et peut contenir les valeurs NULL et "" (chaîne vide), ce qui permet de simuler une valeur booléenne. La chaîne stockée occupe toujours *M* octets, même si elle ne contient qu'un seul caractère significatif.

Tableau 14-2 – Les types de chaînes de caractères *(suite)*

Type	Définition et caractéristiques
VARCHAR(M)	Chaîne de caractères de longueur variable comprise entre 1 et M caractères. La valeur de M varie de 1 à 255 caractères. L'option VARCHAR(M) BINARY rend la chaîne sensible à la casse lors des recherches. La chaîne stockée occupe $N + 1$ octets quand elle comprend N caractères.
TINYTEXT TINYBLOB	Texte d'une longueur comprise entre 1 et 255 caractères. Le type TINYBLOB est sensible à la casse. La chaîne stockée occupe $N + 1$ octets quand elle comprend N caractères.
TEXT BLOB	Texte d'une longueur comprise entre 1 et 65 535 caractères. Le type BLOB est sensible à la casse. La chaîne stockée occupe $N + 2$ octets quand elle comprend N caractères.
MEDIUMTEXT MEDIUMBLOB	Texte d'une longueur comprise entre 1 et 16 777 215 caractères. Le type MEDIUM-BLOB est sensible à la casse. La chaîne stockée occupe $N + 3$ octets quand elle comprend N caractères.
LONGTEXT LONGBLOB	Texte d'une longueur comprise entre 1 et 4 294 967 295 caractères. Le type LONGBLOB est sensible à la casse. La chaîne stockée occupe $N + 4$ octets quand elle comprend N caractères.
ENUM('chaine1', ..., 'chaineN')	Permet le choix d'une seule valeur parmi l'énumération des N chaînes de caractères définies dans le type. La valeur NULL est toujours admise, même si elle ne figure pas dans la liste. Le type peut définir jusqu'à 65 535 valeurs. À chaque chaîne correspond une valeur numérique de 1 à 65 535, correspondant à son ordre d'apparition dans la définition du type. La valeur 0 correspond à une chaîne vide. La définition de ENUM ('bleu', 'blanc', 'rouge') pour une colonne ne permet de stocker qu'une valeur parmi les trois couleurs de la liste ou la valeur NULL. Pour le HTML, ce type correspond à une liste de sélection <select> de N+1 <option> (les N valeurs proposées plus le choix NULL par défaut) à choix unique.
SET('chaine1', ..., 'chaineN')	Permet le choix de une ou plusieurs valeurs simultanément parmi l'ensemble des N chaînes de caractères définies dans le type. L'ensemble peut contenir jusqu'à 64 valeurs. À chaque choix correspond une valeur numérique entière égale à 2^{n-1} si n est la position de la chaîne dans l'ensemble (soit 1 pour la première, 2 pour la deuxième, 4 pour la troisième, etc.) ou encore une valeur binaire dans laquelle chaque bit est à 1 si la valeur est choisie (soit 0001 pour la première, 0010 pour la deuxième, 0100 pour la troisième, etc.). Si plusieurs valeurs sont choisies, la valeur numérique correspondante est la somme des valeurs de chacune (par exemple 5 pour la première et la troisième valeur). En HTML, ce type correspond à une liste de sélection <select> de N <option> à choix multiple (avec l'attribut multiple).

Les types de dates et d'heures

Les types de dates et d'heures permettent de stocker des dates dans des formats différents, allant de la simple année seule à l'ensemble date complète plus heure complète à la seconde près.

Pour stocker un timestamp Unix tel que détaillé au chapitre 8, il est préférable d'utiliser une colonne de type entier INT(10), qui facilite les opérations.

Le tableau 14-3 présente les différents types de données de dates et d'heures.

Tableau 14-3 – Les types de dates et d'heures

Type	Définition et caractéristiques
DATE	Une date au format AAAA-MM-JJ dans l'intervalle de 1000-01-01 à 9999-12-31. Chaque enregistrement occupe 3 octets.
DATETIME	Contient la date et l'heure au format AAAA-MM-JJ HH:MM:SS dans l'intervalle de 1000-01-01 00:00:00 à 9999-12-31 23:59:59. Chaque enregistrement occupe 8 octets.
TIMESTAMP[(M)]	Stocke une date complète sous la forme AAAAMMJJHHMMSS sans rapport direct avec un timestamp Unix tel que retourné par la fonction time() détaillée au chapitre 8.
	Il faut toutefois prendre des précautions pour effectuer des calculs avec ce type de valeur. En effet, le calcul 20030506232009 + 1030 n'ajoute pas 1 030 secondes mais 10 minutes et 30 secondes. De plus, l'addition peut conduire à des dates invalides par dépassement des valeurs admises (25 heures, par exemple). Le paramètre M facultatif détermine le nombre de caractères utilisé pour afficher la date. Ce doit être un nombre pair. Sa valeur par défaut est 14. En fonction de la valeur de M, vous obtenez les formats d'affichage suivants : TIMESTAMP(14) AAAAMMJJHHMMSS TIMESTAMP(12) AAMMJJHHMMSS TIMESTAMP(10) AAMMJJHHMM TIMESTAMP(8) AAAAMMJJ TIMESTAMP(6) AAMMJJ TIMESTAMP(4) AAMM TIMESTAMP(2) AA Chaque enregistrement occupe quatre octets.
TIME	Stocke l'heure au format HH:MM:SS ou HHH:MM:SS pour un intervalle de valeurs allant de -838:59:59 à 838:59:59 permettant d'effectuer des calculs de durée excédant 24 heures. Chaque enregistrement occupe 3 octets.
YEAR	Représente les années au format YYYY pour un intervalle allant de 1901 à 2155. Si l'année est fournie avec deux chiffres, les valeurs de 00 à 69 correspondent aux années 2000 à 2069 et les valeurs 70 à 99 aux années 1970 à 1999. Chaque enregistrement occupe 1 octet.

Les options des attributs

Chaque attribut d'une table peut être précisé à l'aide des options suivantes :

- NOT NULL pour que chaque enregistrement de l'attribut ait obligatoirement une valeur ou NULL pour autoriser l'absence de valeur (cette dernière option est interdite pour une clé primaire). Nous écrivons, par exemple :

```
nom_attr VARCHAR(10) NOT NULL
```

- DEFAULT 'valeur_défaut' permet de définir une valeur par défaut pour l'attribut si aucune valeur n'y est enregistrée. Cette option est impossible pour les types BLOB et

TEXT. Les valeurs par défaut doivent être des constantes, et il n'est pas possible d'utiliser de fonction pour les définir.

- AUTO_INCREMENT pour qu'un attribut numérique entier soit automatiquement incrémenté d'une unité à chaque insertion d'un enregistrement. Pour que cette contrainte soit valable, il faut que l'attribut soit indexé ou qu'il soit la clé primaire. Par exemple, le code suivant :

```
nom tinyint NOT NULL auto_increment, INDEX indnom (nom)
```

crée un attribut nom auto-incrémenté NOT NULL et indexé sous le nom indnom.

- PRIMARY KEY pour définir l'attribut comme clé primaire de la table. Il est recommandé de faire cette déclaration après la définition de tous les attributs. Par exemple, le code suivant :

```
nom tinyint(4) NOT NULL AUTO_INCREMENT, PRIMARY KEY (nom)
```

définit un attribut nom et une clé primaire sur un attribut.

Le code suivant :

```
PRIMARY KEY (nom,prenom)
```

crée une clé primaire composée des deux attributs, nom et prenom.

De même, pour définir le ou les index de la table, vous devez faire figurer les contraintes suivantes après les définitions d'attributs :

- UNIQUE(nom_attribut1,nom_attribut2,...) pour que chaque enregistrement ait une valeur unique dans la colonne des attributs précisés. Par exemple, le code suivant :

```
UNIQUE(nom,prenom)
```

empêche d'enregistrer deux personnes ayant le même nom et le même prénom. Par contre, deux noms identiques avec deux prénoms différents sont acceptés.

- INDEX[nom_index] (nom_attribut1,nom_attribut2,...) crée un index pour la table à partir des colonnes précisées. La création d'index sur des colonnes de la table facilite les recherches quand ces colonnes sont utilisées comme critère de recherche. Par exemple, le code suivant :

```
INDEX mon_index (nom,prenom)
```

crée un index nommé mon_index sur les colonnes nom et prenom.

Création des tables

Vous allez maintenant créer les tables destinées à contenir les données. Les sections qui suivent détaillent les quatre tables à créer pour la base magasin, les tables client, commande, article et ligne. La figure 14-3 rappelle le MLD de la base magasin qui va nous permettre de créer les différentes tables qui la composent.

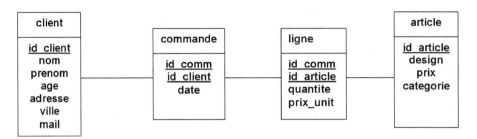

Figure 14-3
Le MLD de la base magasin

La table client

Le code suivant définit les colonnes de la table client.

```
client(id_client, nom, prenom, age, adresse, ville, mail)
```

La colonne id_client est de type MEDIUMINT, avec l'option UNSIGNED sélectionnée. Sa valeur est donc un entier positif, avec 16 777 215 clients possibles. Cet attribut étant la clé primaire de la table, choisissez dans phpMyAdmin les options PRIMARY KEY (colonne Index de la figure 14-5) et NOT NULL car le champ id_client doit avoir obligatoirement une valeur (ne pas cocher la case dans la colonne Null de la figure 14-5). Ce champ étant incrémenté automatiquement d'une unité à chaque nouvelle insertion de donnée, il a également l'option AUTO_INCREMENT choisie dans la colonne A.I. de la figure 14-5.

Les colonnes nom, prenom, adresse et ville sont des chaînes de caractères de longueur variable, donc de type VARCHAR, avec l'option NOT NULL sélectionnée.

La colonne age est un entier positif de petite taille, donc de type TINYINT UNSIGNED. L'intervalle des valeurs est de 0 à 255. L'option NULL permet à un client de ne pas saisir son âge.

La colonne mail est également de type VARCHAR, mais cette fois avec l'option NULL sélectionnée, car un client peut ne pas donner son adresse e-mail.

La table commande

La table commande a la structure suivante :

```
commande(id_comm, id_client, date)
```

La colonne id_comm est de type MEDIUMINT, avec les options UNSIGNED, NOT NULL et AUTO_INCREMENT sélectionnées, de façon que chaque commande ait un numéro différent.

La colonne id_client est une clé étrangère issue de la table client. Elle a les mêmes caractéristiques que id_comm. La clé primaire de la table est composée des champs id_comm et id_client.

La colonne date est de type DATE, avec l'option NOT NULL sélectionnée, de façon que les valeurs soient insérées automatiquement sans intervention du client et qu'il n'y ait pas à craindre un oubli.

La table article

La table `article` a la structure suivante :

```
article(id_article, designation, prix, catégorie)
```

La colonne `id_article` correspond au code de chaque article sur cinq caractères. Elle est donc de type `CHAR(5)`, avec les options `NOT NULL` et `PRIMARY KEY` sélectionnées.

La colonne `designation` est de type `VARCHAR(100)`, avec l'option `NOT NULL` sélectionnée.

La colonne `prix` est de type `DECIMAL(8,2)`. Elle est donc sur huit chiffres, dont deux décimales, avec l'option `NOT NULL` sélectionnée.

La colonne `categorie` est de type `ENUM`. Elle comporte une liste de cinq valeurs possibles (`'tous'`, `'vidéo'`, `'photo'`, `'informatique'`, `'divers'`) avec l'option `NOT NULL` sélectionnée et la valeur par défaut `'tous'`.

La table ligne

La table `ligne` a la structure suivante :

```
ligne(id_comm,id_article,quantite)
```

La colonne `id_comm` est une clé étrangère issue de la table `commande` et la colonne `id_article` une clé étrangère issue de la table `article`, ces colonnes doivent donc être déclarées avec les mêmes types de données que celles auxquelles elles se réfèrent dans les tables `commande` et `article`. La colonne `quantite` est un petit entier de type `TINYINT`, avec les options `UNSIGNED` et `NOT NULL` sélectionnées. L'intervalle de valeurs est de 1 à 255. La clé primaire de la table est composée des attributs `id_comm` et `id_article`.

Hiérarchie *base.table.colonne*

Il est possible que plusieurs bases aient des tables de même nom et que des tables différentes aient des colonnes de même nom. Pour accéder sans ambiguïté à une colonne précise il faut employer la syntaxe suivante : `nom_base.nom_table.nom_colonne`

En résumé

Pour créer une table, par exemple la table `client`, procédez de la façon suivante :

1. Sélectionnez la base dans la page d'accueil de phpMyAdmin.

2. Saisissez un nom pour la table et le nombre de champs qui la composent dans les zones de saisie illustrées aux repères ❶ et ❷ de la figure 14-4.

3. Cliquez sur le bouton Exécuter.

4. Dans la page qui s'affiche, saisissez les caractéristiques des colonnes, ou champs, de la table dans un formulaire comptant autant de lignes qu'il y a de champs définis (voir la figure 14-5).

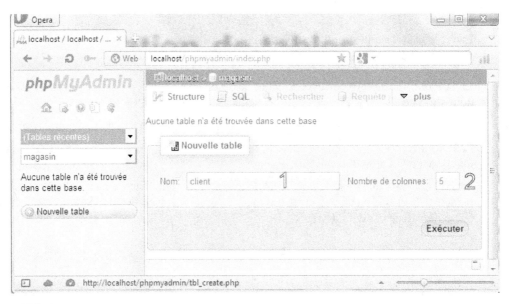

Figure 14-4

Création d'une table avec phpMyAdmin

Précision

Dans un premier temps, les champs `ville` et `age` ont été volontairement oubliés afin d'illustrer à la section suivante les possibilités de modification des tables offertes par phpMyAdmin.

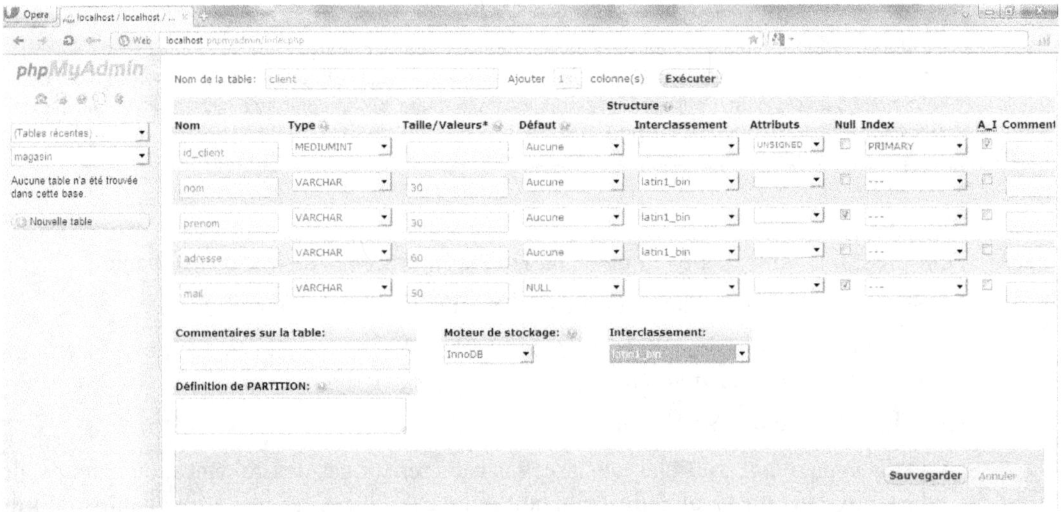

Figure 14-5

Création de la table client

Le code généré par phpMyAdmin est le suivant :

```
CREATE TABLE 'magasin'.'client' (
'id_client' MEDIUMINT UNSIGNED NOT NULL AUTO_INCREMENT ,
'nom' VARCHAR( 30 ) NOT NULL ,
'prenom' VARCHAR( 30 ) NOT NULL ,
'adresse' VARCHAR( 60 ) NOT NULL ,
'mail' VARCHAR( 50 ) NULL DEFAULT 'pas de mail',
PRIMARY KEY ('id_client')
) ENGINE = InnoDB
```

Ce code affiche un tableau contenant la structure résumée de la table, comme illustré à la figure 14-6.

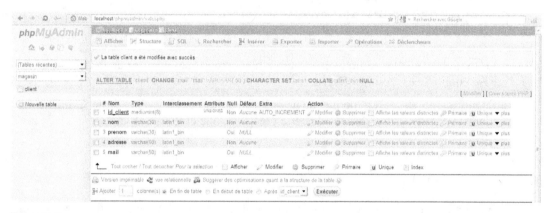

Figure 14-6

Structure de la table client

Vous pouvez créer de la même façon les autres tables de la base magasin en prenant soin de respecter les définitions données précédemment.

Pour chacune de ces tables, le code de création est le suivant :

- table commande :

```
CREATE TABLE IF NOT EXISTS 'commande' (
   'id_comm' mediumint(8) unsigned NOT NULL AUTO_INCREMENT,
   'id_client' mediumint(8) unsigned NOT NULL,
   'date' date NOT NULL,
   PRIMARY KEY ('id_comm','id_client')
) ENGINE=InnoDB DEFAULT CHARSET=latin1 COLLATE=latin1_bin AUTO_INCREMENT=1 ;
```

- table article :

```
CREATE TABLE IF NOT EXISTS 'commande' (
   'id_comm' mediumint(8) unsigned NOT NULL AUTO_INCREMENT,
   'id_client' mediumint(8) unsigned NOT NULL,
   'date' date NOT NULL,
   PRIMARY KEY ('id_comm','id_client')
) ENGINE=InnoDB DEFAULT CHARSET=latin1 COLLATE=latin1_bin AUTO_INCREMENT=1;
```

- table `ligne` :

```
CREATE TABLE IF NOT EXISTS 'ligne' (
   'id_comm' mediumint(8) unsigned NOT NULL AUTO_INCREMENT,
   'id_article' char(5) COLLATE latin1_bin NOT NULL,
   'quantite' tinyint(3) unsigned NOT NULL,
   'prix_unit' decimal(8,2) NOT NULL,
   PRIMARY KEY ('id_comm','id_article')
) ENGINE=InnoDB DEFAULT CHARSET=latin1 COLLATE=latin1_bin AUTO_INCREMENT=1 ;
```

La syntaxe simplifiée de la commande CREATE TABLE est la suivante :

```
CREATE [TEMPORARY] TABLE [IF NOT EXISTS] nom_table (
nom_colonne1 NOM_TYPE [options],
nom_colonne2 NOM_TYPE [options],
FOREIGN KEY (nom_colonne,...)
..........)
```

Le mot-clé TEMPORARY indique que la table n'est créée que le temps de la connexion à la base et qu'elle est ensuite effacée.

Le mot-clé IF NOT EXISTS permet de ne créer la table que si une autre table du même nom n'existe pas déjà. En l'absence de cette précision, une erreur se produit si une telle table existe déjà.

Modification des tables

Après sa création, une table n'est pas figée. Elle peut évoluer en fonction des besoins, soit pour ajouter ou ôter des attributs, soit pour modifier ou ajouter des contraintes, des index, par exemple, soit encore pour supprimer toute la table.

Ajout d'un champ

Comme expliqué précédemment, vous avez volontairement oublié deux champs de la table `client` pour illustrer les possibilités de modification offertes par phpMyAdmin. Vous allez maintenant ajouter ces champs, `ville` et `age`.

Pour ajouter un champ, il suffit, après avoir choisi la table désirée, de saisir le nombre de champs et leur position dans la table, comme l'illustre la figure 14-7 pour l'ajout du champ `ville` après l'adresse. L'ordre des champs n'a pas d'importance pour le stockage des données mais relève plutôt d'une convention personnelle de présentation.

Figure 14-7

Ajout du champ ville *à la table* client

Le code généré est le suivant :

```
ALTER TABLE client ADD ville VARCHAR( 40 ) NOT NULL AFTER adresse ;
```

Ajoutez de la même façon le champ `age` après le champ `prenom`.

Le code généré est le suivant :

```
ALTER TABLE 'client' ADD 'age' TINYINT UNSIGNED AFTER 'prenom' ;
```

Pour obtenir automatiquement la structure finale de la table après exécution de la modification ou à tout moment, il suffit de cliquer sur le bouton Structure (voir figure 14-8).

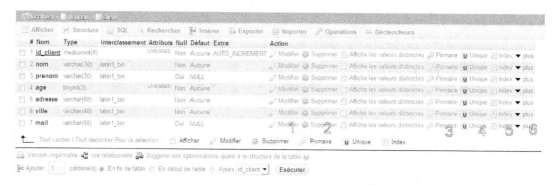

Figure 14-8

Structure finale de la table client

Vous pouvez vérifier qu'elle répond bien à la définition qui en a été donnée lors de sa conception.

Modification des propriétés d'une table

Le tableau représenté à la figure 14-8 contient six colonnes regroupées sous la catégorie `Action`. Ces colonnes permettent de réaliser les modifications suivantes sur les champs de la table :

• Repère ❶ : modification des caractéristiques du champ. Par exemple, le code pour renommer le champ `id_client` en `num_client` et pour qu'il soit de type `SMALLINT` en conservant les autres caractéristiques est le suivant :

```
ALTER TABLE 'client' CHANGE 'id_client' 'num_client' SMALLINT NOT
➥NULL AUTO_INCREMENT
```

• Repère ❷ : suppression du champ de la table. Par exemple, le code pour supprimer le champ `ville` est le suivant :

```
ALTER TABLE 'client' DROP 'ville'
```

• Repère ❸ : définition du champ comme clé primaire. Par exemple, le code permettant que le champ `nom` fasse aussi partie de la clé primaire est le suivant :

```
ALTER TABLE 'client' DROP PRIMARY KEY ,
ADD PRIMARY KEY ( id_client, 'nom' )
```

Remarquez que la clé primaire est effacée par la commande `DROP PRIMARY KEY` avant d'être recréée avec deux champs au moyen de la commande `ADD PRIMARY KEY(id_client,nom)`.

- Repère ❹ : création d'un index pour ce champ. Par exemple, le code pour créer un index sur le champ `adresse` est le suivant :

```
ALTER TABLE 'client' ADD INDEX ('adresse' )
```

Le code pour supprimer cet index est le suivant :

```
ALTER TABLE 'client' DROP INDEX 'adresse'
```

- Repère ❺ : définition du champ comme étant à valeur unique. Par exemple, le code pour attribuer l'option `UNIQUE` au champ `mail` est le suivant :

```
ALTER TABLE 'client' ADD UNIQUE ('mail')
```

Le code pour supprimer cette option est le suivant :

```
ALTER TABLE 'client' DROP INDEX 'mail'
```

- Repère ❻ : création d'un index sur le texte entier du champ (sauf s'il est numérique). Par exemple, le code pour créer un index sur le champ `adresse` est le suivant :

```
ALTER TABLE 'client' ADD FULLTEXT ('adresse' )
```

Le code pour supprimer l'index est le suivant :

```
ALTER TABLE 'client' DROP INDEX 'adresse'
```

Suppression ou renommage d'une table

Pour supprimer une table, il suffit de cliquer sur l'onglet Opérations, puis sur la zone Supprimer les données ou la table après avoir sélectionné la base, puis la table. Le code de suppression de la table est le suivant :

```
DROP TABLE 'client'
```

La commande SQL complète de suppression d'une ou de plusieurs tables simultanément est le suivant :

```
DROP TABLE [IF EXISTS] nom_table1 [, nom_table2,...]
```

L'option `IF EXISTS` évite de provoquer une erreur au cas où vous tentez d'effacer une table qui n'existe pas.

La commande suivante permet de renommer une ou plusieurs tables :

```
RENAME TABLE ex_nom_table1 TO new_nom_table1 [, ex_nom_table2 TO new_nom_table2]
```

Par exemple, le code pour renommer la table `client` en `clientbis` est le suivant :

```
RENAME TABLE client TO clientbis
```

Exportation d'une table

Une fonctionnalité très intéressante offerte par phpMyAdmin est la possibilité d'exporter dans un fichier tout le code SQL de création d'une table. Ce fichier, dont l'extension est .sql, permet par exemple, en phase de test, de créer rapidement sur un serveur distant les mêmes tables que celles créées sur le serveur local.

Il est en outre possible d'exporter les données insérées dans la table locale en même temps que la structure de la table et de les retrouver telles quelles dans la base de l'hébergeur.

Pour exporter une table et ses données, il suffit de cliquer sur le bouton Exporter après avoir choisi la base et la table concernées. Dans la page qui s'affiche (voir figure 14-9), conservez les options par défaut qui permettent d'exporter la structure et les données de la table dans un fichier texte .sql. Pour exporter uniquement la structure ou les données, ou une partie seulement de celles-ci, choisissez l'option Personnalisée qui permet d'effectuer de nombreux choix.

Le contenu du fichier article.sql obtenu est le suivant avec l'option Rapide :

```
-- phpMyAdmin SQL Dump
-- version 3.5.1
-- http://www.phpmyadmin.net
--
-- Client: localhost
-- Généré le: Jeu 27 Décembre 2012 à 11:36
-- Version du serveur: 5.5.16-log
-- Version de PHP: 5.4.3
SET SQL_MODE="NO_AUTO_VALUE_ON_ZERO";
SET time_zone = "+00:00";
/*!40101 SET @OLD_CHARACTER_SET_CLIENT=@@CHARACTER_SET_CLIENT */;
/*!40101 SET @OLD_CHARACTER_SET_RESULTS=@@CHARACTER_SET_RESULTS */;
/*!40101 SET @OLD_COLLATION_CONNECTION=@@COLLATION_CONNECTION */;
/*!40101 SET NAMES utf8 */;
--
-- Base de données: 'magasin'
--
--
-- --------------------------------------------------------
--
--Structure de la table 'article'
--
CREATE TABLE IF NOT EXISTS 'article' (
  'id_article' char(5) COLLATE latin1_bin NOT NULL,
  'designation' varchar(100) COLLATE latin1_bin NOT NULL,
  'prix' decimal(8,2) NOT NULL,
  'categorie' enum('tous','photo','video','informatique','divers') COLLATE
 ➥latin1_bin NOT NULL,
  PRIMARY KEY ('id_article')
) ENGINE=InnoDB DEFAULT CHARSET=latin1 COLLATE=latin1_bin;
--
```

```
--Contenu de la table 'article'
--
INSERT INTO 'article' ('id_article', 'designation', 'prix', 'categorie') VALUES
('CA300', 'Canon EOS 3000V zoom 28/80', '329.00', 'photo'),
('CAS07', 'Cassette DV60 par 5', '26.90', 'divers'),
('CP100', 'Caméscope Panasonic SV-AV 100', '1490.00', 'video'),
('CS330', 'Caméscope Sony DCR-PC330', '1629.00', 'video'),
('DEL30', 'Portable Dell X300', '1715.00', 'informatique'),
('DVD75', 'DVD vierge par 3', '17.50', 'divers'),
('HP497', 'PC Bureau HP497 écran TFT', '1500.00', 'informatique'),
('NIK55', 'Nikon F55+zoom 28/80', '269.00', 'photo'),
('NIK80', 'Nikon F80', '479.00', 'photo'),
('SAX15', 'Portable Samsung X15 XVM', '1999.00', 'informatique'),
('SOXMP', 'PC Portable Sony Z1-XMP', '2399.00', 'informatique');
```

Le fichier précédent contient la structure et les données pour remplir la table après sa création.

Figure 14-9

Page d'exportation des tables

Pour réutiliser ce fichier sur un serveur distant, il suffit de se connecter au site puis, dans le phpMyAdmin du serveur, de sélectionner la base et de cliquer sur l'onglet Importer (repère ❶ de la figure 14-10). Dans la page qui s'affiche, cliquez sur le bouton Parcourir (repère ❷) pour retrouver le fichier article.sql sur le disque du poste. Après un clic sur le bouton Exécuter en bas de page, le serveur exécute le code SQL contenu dans le fichier et crée la table correspondante sur le serveur distant. Vous pouvez aussi effectuer un copier-coller dans la fenêtre des requêtes de l'onglet SQL.

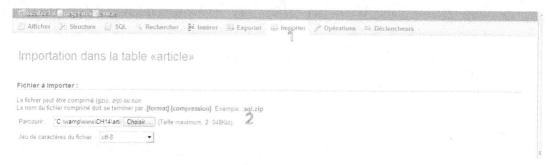

Figure 14-10

Utilisation d'un fichier .sql pour créer une table

Insertion de données

Une fois les tables créées, différents moyens permettent d'y enregistrer les données nécessaires au fonctionnement d'un site de commerce en ligne.

Il existe deux grandes catégories de données, les données statiques, qui ne dépendent que de l'administrateur du site, comme celles de la table article, qui constituent le contenu du magasin, et les données en provenance des internautes clients du site, qui rempliront les autres tables. Ces dernières informations sont obtenues à partir d'un formulaire de saisie alors que les données statiques peuvent être enregistrées aussi bien à partir d'un formulaire en ligne qu'à l'aide de phpMyAdmin.

Insertion ligne par ligne

Vous allez commencer par insérer les données dans la table article. Il suffit pour cela de cliquer sur la base magasin dans la page d'accueil de phpMyAdmin puis, dans l'ensemble des tables de la base qui s'affichent, de sélectionner la table voulue et de cliquer sur le bouton Insérer. Un formulaire de saisie s'affiche alors comme illustré à la figure 14-11.

Figure 14-11

Insertion de données ligne par ligne

En cliquant sur le bouton Exécuter, vous générez l'affichage du code SQL de la requête, par exemple le code suivant :

```
INSERT INTO 'article' ( 'id_article' , 'designation' , 'prix' , 'categorie' )
VALUES (
'CS110', 'Caméscope Sony 110', '1250.50', 'vidéo'
);
```

La syntaxe générale de la commande INSERT se décline sous trois formes.

Dans une première forme, le nom des colonnes est facultatif si les valeurs sont insérées dans le même ordre que celui de la table :

```
INSERT [DELAYED | LOW_PRIORITY] [IGNORE]
INTO table [col1,col2,...]
VALUES (val1,val2,…)
```

Le mot-clé DELAYED indique que les données ne seront insérées qu'après exécution des autres commandes SQL. Le mot-clé LOW_PRIORITY indique au serveur d'attendre qu'il n'y ait plus aucun client connecté pour insérer les données. Le mot-clé IGNORE permet de ne pas insérer de lignes qui existent déjà.

La deuxième forme n'est qu'une variante de la première, dans laquelle vous définissez explicitement la valeur de chaque colonne. Elle est de préférence employée pour n'insérer des valeurs que dans certaines colonnes :

```
INSERT [DELAYED | LOW_PRIORITY] [IGNORE]
INTO table
SET col1= val1,col2= val2,...
```

La dernière forme permet d'insérer des données à partir du résultat d'une sélection opérée dans une autre table. Vous pourriez, par exemple, créer une table ne contenant que le nom et l'adresse e-mail des clients et la remplir à l'aide de cette commande à partir de la table client :

```
INSERT [DELAYED | LOW_PRIORITY] [IGNORE]
INTO table [col1,col2,...]
SELECT expression
```

> **INSERT et REPLACE**
> Vous pouvez utiliser la commande REPLACE à la place de INSERT avec la même syntaxe. Elle sert à modifier les valeurs d'une ligne sans modifier son identifiant.

Mise à jour des données

Lors du cycle de vie d'une base de données, il peut être indispensable de mettre à jour certaines données sans avoir à supprimer une ligne complète puis réécrire les nouvelles informations.

La première solution est bien sûr d'utiliser phpMyAdmin, de sélectionner la base, d'afficher la table et de cliquer sur l'icône Modifier, ce qui entraîne l'affichage d'une page de saisie. Vous pouvez alors modifier une ou plusieurs valeurs de la ligne concernée.

Pour réaliser cette opération avec une requête SQL, vous disposez de la commande UPDATE, dont la syntaxe générale est la suivante :

```
UPDATE[LOW_PRIORITY] [IGNORE] nom_table
SET colonne1 = valeur1,colonne2=valeur2,…
[WHERE condition
[LIMIT N]
```

La condition qui suit la commande WHERE peut permettre d'opérer une mise à jour uniquement pour les lignes répondant à une condition particulière. La clause LIMIT permet de limiter la mise à jour aux N premières lignes.

Par exemple, pour modifier la date d'une commande dans la table commande de la base magasin, si l'identifiant de commande a la valeur 2 et l'identifiant de client vaut 9, vous écrivez la requête suivante :

```
UPDATE 'magasin'.'commande' SET 'date' = '2013-01-25' WHERE 'commande'.'id_comm'
➥=2 AND 'commande'.'id_client' =9;
```

Importation à partir d'un fichier texte

L'insertion ligne par ligne devient rapidement rébarbative lorsqu'il s'agit de saisir un grand nombre de données. Si ces données sont récupérables à partir d'un catalogue, il est possible de les inclure en une seule opération à condition qu'elles soient formatées selon les mêmes critères que ceux que vous avez utilisés pour les fichiers texte (voir le chapitre 11).

Chaque donnée doit être délimitée par un caractère particulier (par défaut des guillemets) et séparée des autres par un autre caractère (par défaut le point-virgule). Chaque groupe de données correspondant à une ligne de la table doit être délimité par un troisième caractère (par défaut la séquence \n).

Pour importer une liste de données dans la table, vous devriez, par exemple, créer le fichier article_texte.txt dont le contenu visualisé dans le Bloc-notes de Windows est illustré à la figure 14-12.

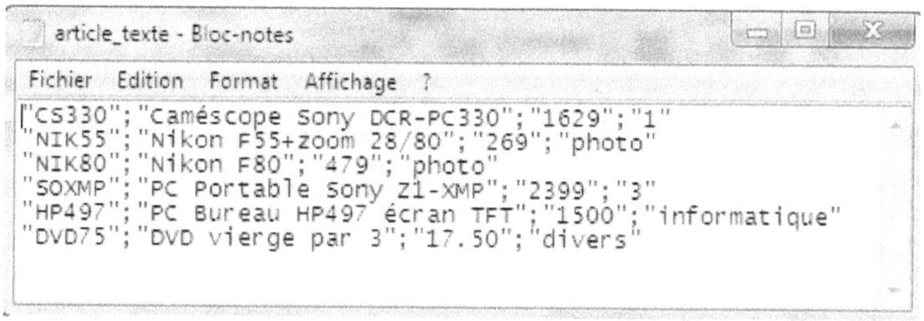

Figure 14-12

Le fichier texte visualisé dans le Bloc-notes

Pour réaliser ce type d'importation, vous devez sélectionner la base, puis la table et cliquer sur l'onglet Importer. Vous obtenez alors une page identique à celle de la figure 14-13.

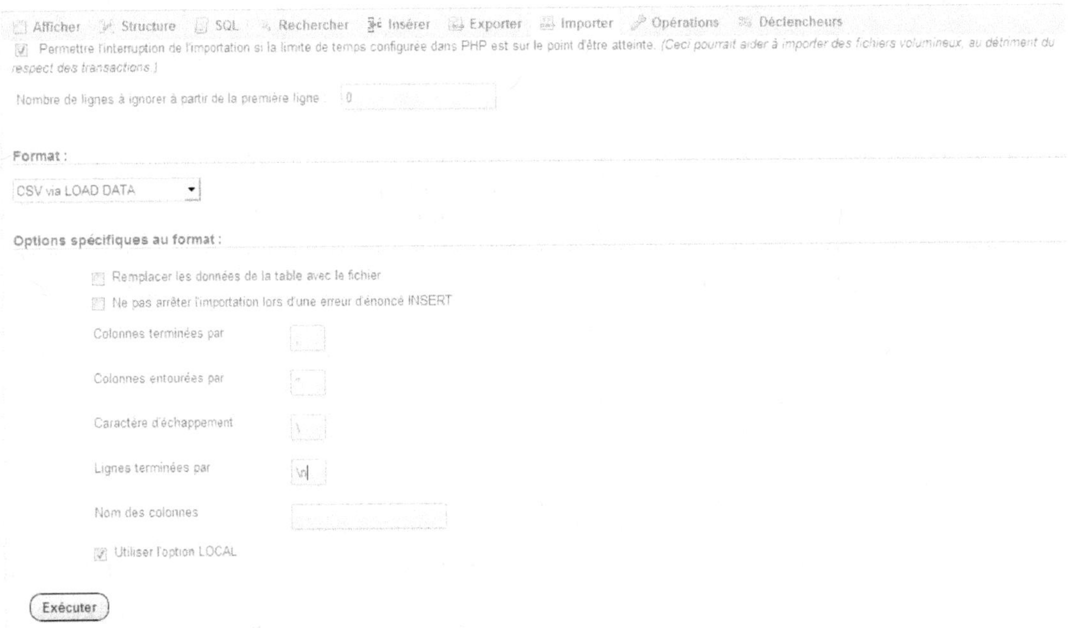

Figure 14-13

Formulaire d'insertion à partir d'un fichier texte

Si le fichier est situé sur le poste client, vous pouvez utiliser le bouton Choisir (comme précédemment) pour le localiser et choisir CSV via LOAD DATA dans la liste déroulante Format, puis spécifier le caractère de fin de ligne (ici "\n") dans la case Lignes terminées par.

Pour exécuter vous-même cette opération, vous écririez la requête SQL suivante :

```
LOAD DATA INFILE 'C:/article_texte.txt'
INTO TABLE `article`
FIELDS TERMINATED BY ';'
ENCLOSED BY '"'
ESCAPED BY '\\'
LINES TERMINATED BY '\n'
```

Vous avez la possibilité de définir vos propres valeurs pour les options suivantes.

- Colonnes terminées par, qui correspond à l'option SQL FIELDS TERMINATED BY.

- Colonnes entourées par, qui correspond à l'option SQL ENCLOSED BY.

- Caractère d'échappement, qui correspond à l'option SQL ESCAPED BY qui permet de choisir le caractère d'échappement pour les caractères spéciaux ayant déjà une signification par ailleurs.

- Lignes terminées par, qui correspond à l'option SQL LINES TERMINATED BY.

Il est généralement préférable de conserver les paramètres par défaut, excepté pour le caractère de fin de colonne.

En cliquant sur le bouton Afficher, vous pouvez vérifier que l'insertion des données s'est effectuée correctement et en conformité avec le fichier texte. Vous obtenez l'ensemble de la table, dans la limite de 30 lignes à la fois, comme illustré à la figure 14-14.

id_article	designation	prix	categorie
CA300	Canon EOS 3000V zoom 28/80	329.00	photo
CAS07	Cassette DV60 par 5	26.90	divers
CP100	Caméscope Panasonic SV-AV 100	1490.00	video
CS330	Caméscope Sony DCR-PC330	1629.00	
DEL30	Portable Dell X300	1715.00	informatique
DVD75	DVD vierge par 3	17.50	divers
HP497	PC Bureau HP497 écran TFT	1500.00	
NIK80	Nikon F80	479.00	
SAX15	Portable Samsung X15 XVM	1999.00	informatique
SOXMP	PC Portable Sony Z1-XMP	2399.00	informatique

Figure 14-14

La table articles après insertion de données

Si vous souhaitez insérer des données dans une table dont la clé primaire est un entier ayant l'option AUTO_INCREMENT sélectionnée, le fichier texte doit contenir à la place de cette clé la valeur NULL représentée par la chaîne "\N". Pour insérer une liste de clients dans la table client, par exemple, vous utiliseriez un fichier texte ayant la structure suivante :

```
"\N";"Marti";"Jean";"36";"5 av Einstein";"Orléans";mart@marti.com
"\N";"Rapp";"Paul";"44";"8 rue du Port";"Paris";rapp@libert.com
```

Insertion à partir d'un fichier Excel

La figure 14-15 représente une feuille de tableur Excel contenant un ensemble de données présentées selon l'ordre des colonnes de la table article. Pour les insérer dans la table, vous devez enregistrer la feuille au format CSV dans Excel, puis choisir le type de fichier CSV (séparateur : point-virgule). Vous obtenez un fichier avec l'extension .csv, dont la structure est similaire à celle d'un fichier texte, le séparateur choisi entre chaque champ étant ;.

La procédure d'insertion est la même que pour un fichier texte ordinaire.

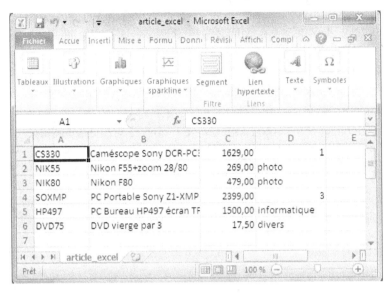

Figure 14-15
Feuille de calcul Excel à insérer

Les données de la base magasin

Avant de procéder à des opérations de sélection des données à l'aide de code SQL, il vous faut mieux comprendre les résultats affichés par les différentes requêtes sur la base magasin. Ces résultats sont récapitulés aux tableaux 14-4 pour la table client, 14-5 pour la table article, 14-6 pour la table commande et 14-7 pour la table ligne.

Tableau 14-4 – Données de la table *client*

id_client	nom	prenom	age	adresse	ville	mail
1	Marti	Jean	36	5 av. Einstein	Orléans	mart@marti.com
2	Rapp	Paul	44	32 av. Foch	Paris	rapp@libert.com
3	Devos	Marie	18	75 bd Hochimin	Lille	grav@waladoo.fr
4	Hochon	Paul	22	33 rue Tsétsé	Chartres	hoch@fiscali.fr
5	Grave	Nuyen	18	75 bd Hochimin	Lille	grav@waladoo.fr
6	Hachette	Jeanne	45	60 rue d'Amiens	Versailles	NULL
7	Marti	Pierre	25	4 av. Henri	Paris	martin7@fiscali.fr
8	Mac Neal	John	52	89 rue Diana	Lyon	mac@freez.fr
9	Basile	Did	37	26 rue Gallas	Nantes	bas@walabi.com
10	Darc	Jeanne	19	9 av. d'Orléans	Paris	NULL
11	Gaté	Bill	45	9 bd des Bugs	Lyon	bill@microhard.be

Tableau 14-5 – Données de la table *article*

id_article	designation	prix	categorie
CS330	Caméscope Sony DCR-PC330	1629.00	vidéo
NIK55	Nikon F55+zoom 28/80	269.00	photo
NIK80	Nikon F80	479.00	photo
SOXMP	PC portable Sony Z1-XMP	2399.00	informatique
HP497	PC bureau HP497 écran TFT	1500.00	informatique
DVD75	DVD vierge par 3	17.50	divers
CAS07	Cassette DV60 par 5	26.90	divers
DEL30	Portable Dell X300	1715.00	informatique
CP100	Caméscope Panasonic SV-AV100	1490.00	vidéo
SAX15	Portable Samsung X15 XVM	1999.00	informatique
CA300	Canon EOS 3000V zoom 28/80	329.00	photo

Tableau 14-6 – Données de la table *commande*

id_comm	id_client	date
1	5	2012-06-11
2	9	2012-06-25
3	1	2012-07-12
4	3	2012-07-14
5	9	2012-07-31
6	10	2012-08-08
7	2	2012-08-25
8	7	2012-09-04
9	11	2012-10-15
10	4	2012-11-23
11	8	2013-01-21
12	5	2013-02-01
13	9	2013-03-03

Tableau 14-7 – Données de la table *ligne*

id_comm	id_article	quantite	prixunit
1	CS330	1	1629.00
1	CAS07	3	26.90
2	HP497	2	1500.00
3	NIK80	5	479.00
4	SOXMP	3	2399.00
4	DVD75	2	17.50
5	CA300	1	329.00
6	CAS07	3	26.90
6	CP100	1	1490.00
7	SAX15	5	1999.00
8	SOXMP	1	2399.00
8	CP100	1	1490.00
9	NIK55	1	269.00
10	DEL30	2	1715.00
10	SAX15	1	1999.00
11	DVD75	10	17.50
12	CS330	3	1629.00
12	CAS07	4	26.90
13	SAX15	2	1999.00

Sélection des données

L'opération la plus importante pour créer une page dynamique en réponse à une demande formulée par un visiteur est la sélection des données qui vont composer cette page. Il est pour cela nécessaire de bien maîtriser les commandes SQL de sélection des données et de s'assurer que l'opération de sélection retenue fournit bien les résultats attendus et uniquement ceux-ci.

La sélection des données peut porter sur une table (sélection simple) ou sur deux ou plusieurs tables simultanément (il s'agit alors d'une jointure). Pour illustrer l'importance du choix des commandes SQL de sélection, vous n'utiliserez pas les possibilités d'automatisation du code SQL offertes par phpMyAdmin mais écrirez à la main chacune des requêtes à exécuter.

Commencez par choisir la base magasin, puis la table à interroger et cliquez sur l'onglet SQL. Vous obtenez la page illustrée à la figure 14-16. Vous saisirez vos requêtes dans la zone de saisie multiligne (repère ❶). La liste des attributs de la table apparaît dans une liste déroulante à droite (repère ❷) afin d'éviter les erreurs dans la saisie des attributs. Il faut ensuite lancer l'exécution de la requête (repère ❸).

Figure 14-16
La page de saisie des requêtes

Sélection dans une table

La commande SQL essentielle pour opérer des sélections de lignes dans une table est SELECT. Elle comporte de nombreuses options en fonction du résultat souhaité. Les sections qui suivent détaillent les plus importantes d'entre elles.

Sélection de toutes les lignes

Pour opérer une sélection de toutes les lignes et de toutes les colonnes d'une table, écrivez :

```
SELECT * FROM client
```

Le seul intérêt de cette requête est de visualiser l'ensemble des données. Elle a le même effet que le bouton Afficher de phpMyAdmin.

Pour restreindre l'affichage à certaines colonnes, vous pouvez les énumérer.

La commande suivante :

```
SELECT nom,prenom,ville FROM client
```

n'affiche que les trois colonnes indiquées avec leurs valeurs pour toutes les lignes de la table client.

Alias

Dans les requêtes de sélection, vous pouvez définir des alias pour les noms des bases, des tables ou des colonnes. Lors de l'affichage, les noms affichés sont ceux des alias et non ceux des colonnes de la table.

Ces exemples affichent toutes les lignes de la table, y compris si cette dernière contient des doublons. Pour ne pas afficher plusieurs fois les mêmes données, vous pouvez utiliser la clause DISTINCT.

L'exemple suivant :

```
SELECT DISTINCT ville FROM client
```

affiche la liste des villes sans doublon, comme ci-dessous :

Vous pouvez trier les champs affichés par ordre croissant ou décroissant en utilisant la clause ORDER BY du nom du champ et des options ASC (croissant) ou DESC.

La requête suivante :

```
SELECT DISTINCT ville FROM client ORDER BY ville ASC
```

affiche la liste ordonnée des villes, comme ci-dessous :

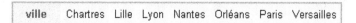

La requête suivante :

```
SELECT DISTINCT ville FROM client ORDER BY ville DESC
```

affiche la même liste en ordre inverse, comme ci-dessous :

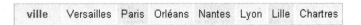

Restriction du nombre de lignes

La possibilité de restreindre le nombre de lignes illustre tout l'intérêt des opérations de sélection. Elle permet aux données auxquelles est appliquée la restriction de répondre à une ou plusieurs conditions particulières. Pour appliquer une restriction, il suffit d'ajouter la clause WHERE à la commande SELECT.

La syntaxe générale de la commande SELECT devient :

```
SELECT col1,col2,… FROM table WHERE condition
```

La condition peut porter sur n'importe quelle colonne. Elle doit être rédigée à l'aide d'opérateurs et de fonctions, à la manière des expressions conditionnelles des instructions if.

Par exemple, pour sélectionner les clients qui habitent Paris, vous écrivez :

```
SELECT nom,prenom,adresse,mail FROM client WHERE ville='Paris'
```

Vous obtenez la liste illustrée à la figure 14-17.

nom	prenom	adresse	mail
Rapp	Paul	32 Av Foch	rapp@libert.com
Marti	Pierre	4 Av Henri	martin7@tiscali.fr
Darc	Jeanne	9 Av d'Orléans	*NULL*

Figure 14-17
Sélection avec une clause WHERE

Les opérateurs de comparaison

Les opérateurs de comparaison sont applicables à tous les types de données. Ils donnent pour résultats les valeurs TRUE, FALSE ou NULL. Les opérandes sont convertis en nombre ou en chaîne selon le contexte.

Pour les chaînes, la comparaison est insensible à la casse et ignore les espaces, les tabulations (\t) et les sauts de ligne (\n).

Tableau 14-8 – Les opérateurs de comparaison

Opérateur	Description
=	Égalité des nombres ou des chaînes de caractères
<> ou !=	Différent de
<=	Inférieur ou égal à
<	Inférieur à
>=	Supérieur ou égal à
>	Supérieur à
IS NULL	Retourne TRUE si la valeur est NULL. Par exemple : SELECT nom,prenom FROM auteurs WHERE prenom IS NULL
IS NOT NULL	Retourne TRUE si la valeur n'est pas NULL. Par exemple : SELECT nom,prenom FROM auteurs WHERE prenom IS NOT NULL
express BETWEEN min AND max	Retourne TRUE si la valeur est comprise entre min et max (limites comprises). Par exemple, le code suivant sélectionne tous les noms dont l'initiale est comprise entre A et E : SELECT nom FROM client WHERE nom BETWEEN 'A' and 'E'
express NOT BETWEEN min AND max	Retourne TRUE si la valeur n'est pas comprise entre min et max (limites comprises). Par exemple, le code suivant sélectionne tous les noms dont l'initiale n'est pas comprise entre A et E : SELECT nom FROM client WHERE nom NOT BETWEEN 'A' and 'E'
express LIKE 'motif'	Retourne la valeur TRUE si l'expression est conforme au motif défini. Pour définir les motifs, vous utilisez deux caractères particuliers, ou jokers : le caractère de soulignement (_) pour remplacer un caractère quelconque et le caractère % pour remplacer un nombre variable de caractères. Si le motif est égal à 'chaine_', tous les mots commençant par 'chaine' suivi de n'importe quel caractère conviennent. Si le motif est égal à '%mar', tous les mots qui contiennent la chaîne 'mar' précédée de n'importe quel groupe de caractères conviennent. Si le motif est '%mar%', toutes les chaînes contenant simplement la chaîne 'mar' sont valables. Par exemple, le code suivant sélectionne tous les noms qui contiennent les lettres 'tin' : SELECT nom,prenom FROM client WHERE nom LIKE '%tin'
express NOT LIKE 'motif'	Négation de l'opérateur LIKE
express REGEXP 'motif'	Retourne TRUE si le motif de l'expression régulière est trouvé dans la valeur d'une colonne. Par exemple, le code suivant sélectionne tous les noms dont le prénom commence par la lettre J suivie d'une voyelle puis d'un nombre quelconque de caractères : SELECT nom FROM client WHERE prenom REGEXP 'J[aeiouy].*'
express NOT REGEXP 'motif'	Négation de l'opérateur REGEXP
express IN(val1,val2,...)	Retourne TRUE si la valeur est incluse dans l'ensemble des valeurs listées. Par exemple, le code suivant sélectionne tous les noms d'auteurs qui ont 21, 22 ou 23 ans : SELECT nom FROM auteurs WHERE age IN (21,22,23)

Tableau 14-8 – Les opérateurs de comparaison *(suite)*

`express NOT IN(val1,` `val2,...)`	Retourne `TRUE` si la valeur n'est pas incluse dans l'ensemble des valeurs listées. Par exemple, le code suivant sélectionne tous les noms d'auteurs qui n'ont ni 21, ni 22 ni 23 ans : `SELECT nom FROM auteurs WHERE age NOT IN (21,22,23)`
`ISNULL(express)`	Retourne `TRUE` si la valeur de l'expression est de type `NULL`. Par exemple, le code suivant sélectionne tous les noms d'auteurs dont l'attribut `prenom` est vide : `SELECT nom FROM auteurs WHERE ISNULL(prenom)`
`COALESCE(col1,col2,...)`	Retourne la première valeur non `NULL` de la liste passée en paramètre. Par exemple, le code suivant retourne tous les e-mails non `NULL` de la table `client`, les mails `NULL` étant remplacés par les noms : `SELECT COALESCE( mail, nom ) FROM  client`

Exemples de requêtes avec des opérateurs

- Pour sélectionner les clients dont l'âge est supérieur à 40 ans :

```
SELECT nom, prenom, age,adresse,ville
FROM  client  WHERE age >40
```

nom	prenom	age	adresse	ville
Rapp	Paul	44	32 Av Foch	Paris
Hachette	Jeanne	45	60 rue d'Amiens	Versailles
Mac Neal	John	52	89 rue Diana	Lyon
Gaté	Bill	45	9 Bd des Bugs	Lyon

- Pour sélectionner les clients qui n'ont pas d'adresse e-mail :

```
SELECT nom, prenom, age, adresse, ville
FROM  client  WHERE mail IS NULL
```

nom	prenom	age	adresse	ville
Hachette	Jeanne	45	60 rue d'Amiens	Versailles
Darc	Jeanne	19	9 Av d'Orléans	Paris

Pour sélectionner les clients dont les noms commencent par une lettre entre A et H, la lettre H n'étant pas prise en compte :

```
SELECT nom, prenom, age,ville
FROM  client  WHERE nom BETWEEN 'A' AND 'H'
```

nom	prenom	age	ville
Devos	Marie	18	Lille
Grave	Nuyen	18	Lille
Basile	Did	37	Nantes
Darc	Jeanne	19	Paris
Gaté	Bill	45	Lyon

Pour sélectionner les articles dont le prix est compris entre 1 000 et 2 000 euros :

```
SELECT id_article,designation,prix FROM article WHERE prix BETWEEN 1500 AND 2000
```

id_article	designation	prix
CS330	Caméscope Sony DCR-PC330	1629.00
HP497	PC Bureau HP497 écran TFT	1500.00
DEL30	Portable Dell X300	1715.00
SAX15	Portable Samsung X15 XVM	1999.00

Pour sélectionner les clients dont l'âge figure dans la liste (18, 19, 20) :

```
SELECT nom, prenom, age,ville FROM  client WHERE age IN ( 18, 19, 20  )
```

nom	prenom	age	ville
Devos	Marie	18	Lille
Grave	Nuyen	18	Lille
Darc	Jeanne	19	Paris

Pour sélectionner les clients qui habitent une avenue, et dont l'adresse contient donc la chaîne `"Av"` (sensible à la casse) :

```
SELECT nom, prenom, age, adresse, ville FROM  client  WHERE adresse LIKE '%Av%'
```

nom	prenom	age	adresse	ville
Marti	Jean	36	5 Av Einstein	Orléans
Rapp	Paul	44	32 Av Foch	Paris
Marti	Pierre	25	4 Av Henri	Paris
Darc	Jeanne	19	9 Av d'Orléans	Paris

Pour sélectionner les articles de la marque Sony, dont la désignation contient donc la chaîne Sony :

```
SELECT id_article,designation,prix FROM article WHERE designation LIKE '%Sony%'
```

id_article	designation	prix
CS330	Caméscope Sony DCR-PC330	1629.00
SOXMP	PC Portable Sony Z1-XMP	2399.00

Pour sélectionner les clients dont les noms commencent par Ma à l'aide d'une expression régulière :

```
SELECT nom, prenom, age, adresse, ville
FROM  client  WHERE nom REGEXP 'Ma.*'
```

nom	prenom	age	adresse	ville
Marti	Jean	36	5 Av Einstein	Orléans
Marti	Pierre	25	4 Av Henri	Paris
Mac Neal	John	52	89 rue Diana	Lyon

Les opérateurs logiques

Il est évidemment possible d'écrire des conditions complexes dans la clause WHERE en reliant plusieurs conditions par des opérateurs logiques. La liste et la description de ces opérateurs est donnée au tableau 14-9.

Une expression contenant un ou deux opérandes reliés par un opérateur logique est évaluée à TRUE (1), FALSE (0) ou NULL.

Tableau 14-9 – Les opérateurs logiques

Opérateur	Description
NOT express ou !express	Le NON logique renvoie FALSE si express vaut TRUE et réciproquement ou NULL si express vaut NULL. Par exemple, le code suivant retourne tous les noms différents de 'dupont' : SELECT nom FROM client WHERE NOT(nom='dupont')
express1 AND express2	Le ET logique renvoie TRUE si les deux opérandes sont différents de FALSE et de NULL et renvoie FALSE s'ils sont tous deux FALSE. Dans les autres cas, l'évaluation est NULL. Par exemple, le code suivant retourne tous les âges des clients nommés 'pierre dupont' : SELECT age FROM client WHERE nom='dupont' AND prenom='pierre'

Tableau 14-9 – Les opérateurs logiques

express1 OR express2	Le OU logique renvoie TRUE si au moins un des opérandes vaut TRUE, NULL si l'un des deux est NULL et FALSE dans les autres cas. Par exemple, le code suivant retourne tous les âges des clients dont le nom est 'dupont' ou le prénom 'pierre' : `SELECT age FROM client WHERE nom='dupont' OR prenom='pierre'`
express1 XOR express	Le OU exclusif logique renvoie NULL si l'un des opérandes vaut NULL, TRUE si un seul des deux vaut TRUE et FALSE sinon. Par exemple, le code suivant retourne les âges des clients dont le nom est 'dupont' et dont le prénom n'est pas 'pierre' ainsi que de ceux dont le prénom est 'pierre' et dont le nom est différent de 'dupont' : `SELECT age FROM client WHERE nom='dupont' XOR prenom='pierre'`

Exemples utilisant les opérateurs logiques

Pour sélectionner les clients qui ont moins de 30 ans et qui habitent Paris :

```
SELECT nom, prenom, age, adresse,ville
FROM client  WHERE age <30 AND ville = 'Paris'
```

nom	prenom	age	adresse	ville
Marti	Pierre	25	4 Av Henri	Paris
Darc	Jeanne	19	9 Av d'Orléans	Paris

Pour sélectionner les clients qui habitent Lyon ou dont le nom commence par la lettre H :

```
SELECT nom, prenom, age, adresse,ville FROM  client
WHERE ville='Lyon' OR nom LIKE 'H%'
```

nom	prenom	age	adresse	ville
Hochon	Paul	22	33 rue Tsétsé	Chartres
Hachette	Jeanne	45	60 rue d'Amiens	Versailles
Mac Neal	John	52	89 rue Diana	Lyon
Gaté	Bill	45	9 Bd des Bugs	Lyon

Pour sélectionner les clients qui n'habitent ni à Paris ni à Lyon :

```
SELECT nom, prenom, age, adresse,ville
FROM client
WHERE NOT(ville='Paris') AND NOT(ville='Lyon')
```

nom	prenom	age	adresse	ville
Marti	Jean	36	5 Av Einstein	Orléans
Devos	Marie	18	75 Bd Hochimin	Lille
Hochon	Paul	22	33 rue Tsétsé	Chartres
Grave	Nuyen	18	75 Bd Hochimin	Lille
Hachette	Jeanne	45	60 rue d'Amiens	Versailles
Basile	Did	37	26 rue Gallas	Nantes

Les opérateurs arithmétiques

MySQL reconnaît les quatre opérations fondamentales (+, -, *, /) plus l'opérateur modulo (%). Excepté pour la division, si les opérandes sont entiers, le résultat est de type BIGINT 64 bits. Si un seul des opérandes comporte l'option UNSIGNED, le résultat a aussi cette propriété UNSIGNED. En cas de dépassement de la capacité du type BIGINT, le résultat est 0. Le résultat de la division par zéro a la valeur NULL, et l'opération ne provoque pas d'erreur visible.

Les fonctions mathématiques

MySQL gère un grand nombre de fonctions mathématiques classiques, telles que celles que vous avez définies dans la partie spécifique de PHP (voir chapitre 2).

Le tableau 14-10 récapitule les fonctions mathématiques utilisables dans des requêtes.

Tableau 14-10 – Fonctions mathématiques

Fonctions	Description
-X	Opposé de X
ABS(X)	Valeur absolue de X
ACOS(X)	Angle en radian dont le cosinus est X.
ASIN(X)	Angle en radian dont le sinus est X.
ATAN(X)	Angle en radian dont la tangente est X.
ATAN2(X,Y)	Angle en radian dont la tangente est la valeur de X/Y.
CEILING(X)	Arrondi à l'entier supérieur à X
COS(X)	Cosinus de X en radian
COT(X)	Cotangente de X en radian
DEGREES(X)	Convertit X de radian en degré.
EXP(X)	Exponentielle de base e de X
FLOOR(X)	Arrondi à l'entier inférieur à X

Tableau 14-10 – Fonctions mathématiques *(suite)*

GREASTEST(X,Y,...)	Retourne la plus grande valeur de la liste. Utilisable avec des nombres et des lettres.
LEAST(X,Y,...)	Retourne la plus petite valeur de la liste. Utilisable avec des nombres et des lettres.
LOG(X)	Logarithme népérien de X
LOG10(X)	Logarithme de base 10 de X
MOD(X,N)	Modulo : reste de la division de X par N (équivalent de X%N)
PI()	Valeur de pi
POWX,Y) ou POWER(X,Y)	Nombre X à la puissance Y (X et Y peuvent être décimaux).
RADIANS(X)	Convertit X de degré en radian.
RAND() ou RAND(N)	Retourne un nombre aléatoire compris entre 0 et 1. Si le paramètre N est précisé, ce nombre est utilisé pour initialiser le générateur aléatoire. À chaque valeur de N correspond un nombre unique toujours identique.
ROUND(X)	Arrondit à l'entier le plus proche.
SIGN(X)	Retourne – 1, 0 ou 1 selon que X est négatif, nul ou positif.
SIN(X)	Sinus de X exprimé en radian
SQRT(X)	Racine carrée de X, qui doit être positive.
TAN(X)	Tangente de X exprimée en radian
TRUNCATE(X,N)	Arrondit X avec *N* décimales.

Les fonctions statistiques

Ces fonctions opèrent sur les données d'une même colonne. Elles retournent des résultats calculés sur l'ensemble des valeurs non NULL correspondant à cette colonne. Il est possible de combiner plusieurs fonctions statistiques à condition d'utiliser la clause GROUP BY, que nous détaillons à la section suivante.

Le tableau 14-11 récapitule les fonctions statistiques utilisables dans des requêtes MySQL.

Tableau 14-11 – Fonctions statistiques

Fonction	Description
AVG(colonne)	Retourne la moyenne des valeurs de la colonne précisée.
COUNT(colonne)	Retourne le nombre de lignes dont la valeur n'est pas NULL dans la colonne précisée. COUNT(*) retourne le nombre total de lignes, même si certaines ont la valeur NULL.
COUNT(DISTINCT colonne)	Retourne le nombre de lignes ayant une valeur non NULL et distincte (en éliminant les doublons).
MAX(colonne)	Retourne la valeur maximale de la colonne précisée.
MIN(colonne)	Retourne la valeur minimale de la colonne précisée.
SUM(colonne)	Retourne la somme des valeurs de la colonne précisée.

Exemples

Pour calculer l'âge moyen des clients :

```
SELECT AVG(age)FROM client
```

Vous obtenez la valeur 32.8182.

Pour calculer le nombre de clients ayant indiqué leur adresse e-mail (donc le nombre de lignes pour lesquelles la colonne mail n'est pas NULL) :

```
SELECT COUNT(mail)FROM client
```

Vous obtenez la valeur 9, alors qu'il y a 11 clients dans la table.

Pour calculer le nombre total de clients :

```
SELECT COUNT(nom)FROM client
```

Vous obtenez la valeur 11. Vous auriez pu appliquer la fonction COUNT() à n'importe quelle colonne ayant l'attribut NOT NULL et obtenir le même résultat.

Pour calculer le nombre de villes différentes de la table client :

```
SELECT COUNT(DISTINCT ville)FROM client
```

Vous obtenez la valeur 7.

Pour déterminer le prix maximal de la table article :

```
SELECT MAX(prix)FROM article
```

Vous obtenez la valeur 2399.00.

Pour déterminer l'âge du client le plus jeune :

```
SELECT MIN(age)FROM client
```

Vous obtenez la valeur 18.

Pour calculer le nombre total d'articles commandés :

```
SELECT SUM(quantite)FROM ligne
```

Vous obtenez la valeur 51.

Le regroupement

La clause GROUP BY utilisée dans une commande SELECT permet de regrouper des lignes ayant une caractéristique commune. Vous obtenez de la sorte des sous-ensembles de lignes de la table auxquels vous pouvez appliquer des opérations telles que les fonctions statistiques détaillées précédemment. Les calculs sont effectués sur ces sous-ensembles.

Vous pouvez, par exemple, regrouper les clients par ville en écrivant la clause 'GROUP BY ville'. Au lieu de calculer l'âge moyen de la totalité des clients, vous pouvez ainsi calculer l'âge moyen des clients par ville.

La requête suivante :

```
SELECT AVG( age ) AS 'age moyen', ville FROM client GROUP BY ville
```

affiche le résultat ci-dessous, dans lequel l'utilisation d'un alias pour la colonne AVG(age) donne une information plus lisible en remplaçant le nom de la colonne age par le texte age moyen.

age moyen	ville
22.0000	Chartres
18.0000	Lille
48.5000	Lyon
37.0000	Nantes
36.0000	Orléans
29.3333	Paris
45.0000	Versailles

Les exemples précédents d'utilisation de fonctions statistiques n'utilisaient pas la clause GROUP BY. Il n'était donc pas possible de sélectionner plusieurs colonnes dans une même requête. Avec cette clause, vous pouvez regrouper les lignes par ville et afficher dans un même tableau l'âge minimal, l'âge moyen et l'âge maximal des clients.

Par exemple, la requête suivante :

```
SELECT MIN(age) AS 'Age minimum',AVG(age) AS 'Age moyen', MAX(age) AS 'Age maximum', ville
FROM client
GROUP BY ville
```

retourne le tableau illustré à la figure 14-18.

Age minimum	Age moyen	Age maximum	ville
22	22.0000	22	Chartres
18	18.0000	18	Lille
45	48.5000	52	Lyon
37	37.0000	37	Nantes
36	36.0000	36	Orléans
19	29.3333	44	Paris
45	45.0000	45	Versailles

Figure 14-18

Calculs statistiques sur les âges

Exemple

Pour afficher le montant total et le nombre d'articles de chaque commande, vous allez utiliser la colonne id_comm comme critère de regroupement. En appliquant la fonction SUM(), vous pouvez calculer le prix de chaque ligne puis le total :

```
SELECT id_comm AS 'Numéro de commande',
SUM( prix_unit * quantite ) AS 'Prix Total', SUM(quantite) AS 'Nombre d\'articles'
FROM ligne
GROUP BY id_comm
```

La requête affiche le résultat illustré à la figure 14-19.

Numéro de commande	Prix Total	Nombre d'articles
1	1709.70	4
2	3000.00	2
3	2395.00	5
4	7232.00	5
5	329.00	1
6	1570.70	4
7	9995.00	5
8	3889.00	2
9	269.00	1
10	5429.00	3
11	175.00	10
12	4994.60	7
13	3998.00	2

Figure 14-19

Calcul du prix total par commande

Dans un regroupement, vous pouvez indiquer une condition de restriction des lignes, comme dans une requête de sélection habituelle. Vous utilisez pour cela la clause HAVING, qui est l'équivalent de la clause WHERE mais n'est utilisée qu'après une clause GROUP BY. Les conditions écrites dans HAVING peuvent utiliser les mêmes opérateurs et fonctions que celles écrites dans WHERE.

Par exemple, pour calculer l'âge moyen des clients qui habitent des villes dont l'initiale est L, vous ajoutez une condition de restriction HAVING à l'aide de l'opérateur LIKE après la clause GROUP BY.

La requête suivante :

```
SELECT AVG( age ),ville
```

```
FROM client
GROUP BY ville
HAVING ville LIKE 'L%'
```

affiche le résultat suivant :

AVG(age)	ville
18.0000	Lille
48.5000	Lyon

Les jointures

Faire une jointure consiste à effectuer une sélection de données sur plusieurs tables. Il faut pour cela que les tables concernées par la jointure aient au moins chacune une colonne contenant un même type d'information. C'est le cas des tables client et commande de la base magasin, qui ont en commun la colonne id_client. La commande SELECT peut donc s'appliquer, avec une condition WHERE, à cette colonne.

La syntaxe la plus courante d'une jointure est la suivante :

```
SELECT col1,col2,…
FROM table1,table2,…
WHERE condition_de_jointure
```

La condition de jointure est de la forme :

```
table1.colX = table2.colY
```

dans laquelle colX et colY contiennent des données représentant la même information, comme l'identifiant de client.

Jointure de deux tables

L'association entre un numéro de commande et le nom d'un client fait intervenir les tables client et commande. Pour retrouver toutes les commandes faites par un client, vous opérez une jointure entre ces tables en utilisant la colonne id_client commune aux deux tables.

La requête suivante :

```
SELECT commande.id_comm,nom,prenom,ville
FROM commande,client
WHERE client.id_client = commande.id_client ORDER BY nom
```

affiche le résultat illustré à la figure 14-20 (la clause ORDER BY trie les noms par ordre alphabétique).

La condition WHERE peut comporter d'autres composantes permettant d'opérer une sélection plus précise.

id_comm	nom	prenom	ville
2	Basile	Did	Nantes
5	Basile	Did	Nantes
13	Basile	Did	Nantes
6	Darc	Jeanne	Paris
4	Devos	Marie	Lille
9	Gaté	Bill	Lyon
12	Grave	Nuyen	Lille
1	Grave	Nuyen	Lille
10	Hochon	Paul	Chartres
11	Mac Neal	John	Lyon
3	Marti	Jean	Orléans
8	Marti	Pierre	Paris
7	Rapp	Paul	Paris

Figure 14-20

Jointure sur les tables client *et* commande

Par exemple, pour sélectionner les commandes du client dont l'identifiant est 5, vous ajoutez la condition suivante à la clause WHERE :

```
SELECT commande.id_comm, client.id_client, commande.date
FROM commande,client
WHERE client.id_client = commande.id_client AND client.id_client =5
```

Cette requête affiche le résultat ci-dessous :

id_comm	id_client	date
1	5	2012-06-11
12	5	2013-02-01

Il est possible d'utiliser la clause GROUP BY dans une jointure pour effectuer des calculs statistiques sur un groupe de données.

Dans l'exemple suivant, vous cherchez à établir la liste des articles les plus vendus sur le site et à afficher leur code, leur désignation, leur prix et le nombre total d'articles. Vous effectuez pour cela une jointure sur les tables article et ligne en utilisant comme critère de jointure leur colonne commune id_article. Vous appliquez ensuite à la colonne id_article la clause GROUP BY pour obtenir la somme des ventes de chaque article et la clause ORDER BY pour afficher les résultats en ordre décroissant :

```
SELECT article.id_article, designation, prix, SUM( quantite ) AS 'Total'
FROM article, ligne
WHERE article.id_article = ligne.id_article
GROUP BY id_article
ORDER BY Total DESC
```

La requête affiche le résultat illustré à la figure 14-21.

id_article	designation	prix	Total
DVD75	DVD vierge par 3	17.00	12
CAS07	Cassette DV60 par 5	26.90	10
SAX15	Portable Samsung X15 XVM	1999.00	8
NIK80	Nikon F80	479.00	5
CS330	Caméscope Sony DCR-PC330	1629.00	4
SOXMP	PC Portable Sony Z1-XMP	2399.00	4
HP497	PC Bureau HP497 écran TFT	1500.00	2
DEL30	Portable Dell X300	1715.00	2
CP100	Caméscope Panasonic SV-AV 100	1490.00	2
CA300	Canon EOS 3000V zoom 28/80	329.00	1
NIK55	Nikon F55+zoom 28/80	269.00	1

Figure 14-21

Jointure et groupement

Jointure de plus de deux tables

Les jointures peuvent porter sur plus de deux tables, à condition que les tables jointes contiennent un même type de donnée dans une de leurs colonnes.

L'exemple suivant est d'une forme plus complexe que les précédents car il opère successivement une jointure sur les tables commande et client ayant en commun la colonne id_client et une jointure sur les tables commande et ligne ayant en commun la colonne id_comm. Ces jointures permettent tout à la fois de sélectionner les numéros des commandes, les nom, prénom et ville du client associé à la commande et le montant total de la commande obtenu et de regrouper les résultats par numéro de commande à l'aide de la clause GROUP BY.

Le tri des données est effectué par le nom des clients de façon à voir d'un coup toutes les commandes d'un même client :

```
SELECT commande.id_comm, nom, prenom, ville, sum( quantite * prix_unit ) AS 'Prix total'
FROM commande, client , ligne
WHERE client.id_client = commande.id_client AND commande.id_comm = ligne.id_comm
GROUP  BY id_comm
ORDER BY nom
```

La requête affiche le résultat illustré à la figure 14-22.

id_comm	nom	prenom	ville	Prix total
5	Basile	Did	Nantes	329.00
13	Basile	Did	Nantes	3998.00
2	Basile	Did	Nantes	3000.00
6	Darc	Jeanne	Paris	1570.70
4	Devos	Marie	Lille	7232.00
9	Gaté	Bill	Lyon	269.00
12	Grave	Nuyen	Lille	4994.60
1	Grave	Nuyen	Lille	1709.70
10	Hochon	Paul	Chartres	5429.00
11	Mac Neal	John	Lyon	175.00
3	Marti	Jean	Orléans	2395.00
8	Marti	Pierre	Paris	3889.00
7	Rapp	Paul	Paris	9995.00

Figure 14-22
Jointure sur trois tables

Exercices

Exercice 1

Créez une base nommée voitures. Créez ensuite les tables de la base voitures selon le modèle logique défini dans les exercices du chapitre 13. Omettez volontairement certaines colonnes, et faites quelques erreurs de type de colonne. Une fois les tables créées, ajoutez les colonnes manquantes, et corrigez les erreurs. Vérifiez la structure de chaque table.

Exercice 2

Exportez les tables de la base voitures dans des fichiers SQL.

Exercice 3

Supprimez toutes les tables de la base voitures.

Exercice 4

Recréez les tables de la base voitures en utilisant les fichiers SQL précédents.

Exercice 5

Insérez des données dans la table proprietaire de la base voitures, puis vérifiez-en la bonne insertion.

Exercice 6

Créez un fichier texte contenant une liste de modèles de voitures avec autant de données par ligne que de colonnes dans la table modele de la base voitures. Insérez ces données dans la base.

Exercice 7

Créez un fichier Excel ou OpenOffice contenant une liste de modèles de voitures avec autant de données par ligne que de colonnes dans la table modele. Enregistrez-le au format CSV, et insérez les données dans la base.

Exercice 8

Insérez des données dans les autres tables de la base voitures. Effectuez des mises à jour en modifiant certaines valeurs.

Exercice 9

Dans la base magasin, sélectionnez les articles dont le prix est inférieur à 1 500 euros.

Exercice 10

Dans la base magasin, sélectionnez les articles dont le prix est compris entre 100 et 500 euros.

Exercice 11

Dans la base magasin, sélectionnez tous les articles de marque Nikon (dont la désignation contient ce mot).

Exercice 12

Dans la base magasin, sélectionnez tous les caméscopes, leur prix et leur référence.

Exercice 13

Dans la base magasin, sélectionnez tous les produits de la catégorie informatique, et affichez leur code, leur désignation et leur prix par ordre décroissant de prix.

Exercice 14

Dans la base magasin, sélectionnez tous les clients de moins de 40 ans, et ordonnez les résultats par ville en ordre alphabétique.

Exercice 15

Dans la base magasin, calculez le prix moyen de tous les articles.

Exercice 16

Dans la base magasin, calculez le nombre d'e-mails non NULL et distincts l'un de l'autre.

Exercice 17

Dans la base magasin, affichez les coordonnées des clients ayant la même adresse (même adresse et même ville).

Exercice 18

Dans la base magasin, sélectionnez tous les articles commandés par chaque client.

Exercice 19

Dans la base magasin, sélectionnez tous les clients dont le montant d'une commande dépasse 1 500 euros.

Exercice 20

Dans la base magasin, sélectionnez tous les clients dont le montant total de toutes les commandes dépasse 5 000 euros.

Exercice 21

Dans la base voitures, sélectionnez tous les véhicules d'une personne donnée.

Exercice 22

Dans la base voitures, sélectionnez toutes les personnes ayant le même modèle de voiture.

Exercice 23

Dans la base voitures, sélectionnez tous les véhicules ayant plusieurs copropriétaires.

15

Accès procédural à MySQL avec PHP

Ayant acquis au chapitre précédent une maîtrise des commandes SQL, vous pouvez aborder les fonctions PHP permettant d'accéder à une base MySQL à partir d'un script PHP, d'y insérer des données et d'utiliser ces données pour créer des pages dynamiques.

Pour que la base de données MySQL soit accessible à partir des pages d'un site, il faut pouvoir l'utiliser par l'intermédiaire d'un script. MySQL est utilisable par d'autres langages que PHP, Java par exemple. Le couple PHP-MySQL est cependant le plus répandu sur le Web.

L'accès à une base MySQL et son utilisation, qu'il s'agisse d'insérer, de modifier ou de lire des données, suit les étapes ci-dessous :

1. Connexion au serveur MySQL.
2. Envoi de diverses requêtes SQL au serveur (insertion, lecture, suppression ou mise à jour des données).
3. Récupération du résultat d'une requête.
4. Fermeture de la connexion au serveur.

Le présent chapitre montre comment effectuer ces étapes au moyen des nombreuses fonctions proposées par l'extension `mysql` dont vous pouvez vérifier la présence au moyen de la fonction `phpinfo()`. Bien que l'accès objet à MySQL soit désormais conseillé, il est encore possible pour ceux qui le désire ou qui n'ont pas l'habitude de manipuler des objets d'y accéder de manière procédurale avec l'extension `mysql` tant qu'elle est disponible sur le serveur utilisé.

Les chapitres suivants sont consacrés à l'accès à MySQL au moyen d'objets, méthode à privilégier désormais.

Connexion au serveur MySQL

Avant toute chose, le script doit permettre de se connecter au serveur MySQL. La fonction essentielle de ce script est `mysql_connect()`, dont la syntaxe est la suivante :

```
resource mysql_connect (string $host , string $user , string $pass [, bool $multi])
```

`$host` est une chaîne contenant le nom du serveur. Ce dernier est défini par l'hébergeur du site et est communiqué lors de la souscription de l'abonnement. Il s'agit le plus souvent de la chaîne `"localhost"`, comme ce sera le cas dans tous les exemples de ce chapitre, réalisés en local avec WampServer.

`$user` est le nom sous lequel l'utilisateur est autorisé à accéder au serveur. Il s'agit généralement du nom de domaine ou du login pour les hébergements gratuits. Dans WampServer, la valeur par défaut de ce paramètre est `"root"`. `$pass` est le mot de passe associé à l'utilisateur. Si plusieurs utilisateurs sont autorisés à accéder au serveur, chacun doit posséder un identifiant et un mot de passe personnel. Sur un serveur local, il s'agit par défaut d'une chaîne vide.

`$multi` est un booléen. S'il vaut `TRUE`, deux appels de `mysql_connect()` avec des paramètres identiques dans un même script créent deux connexions différentes.

Par mesure de sécurité, vous avez tout intérêt à placer les valeurs des paramètres de connexion dans un fichier séparé, en prenant soin d'y définir ces paramètres sous forme de constantes. Vous pouvez ensuite l'inclure dans les scripts de création de connexions utilisant les noms de ces constantes. Le fichier `myparam.inc.php` de l'exemple 15-1 réalise cette opération avec ici les paramètres du serveur local. Vous l'utiliserez systématiquement par la suite.

☛ **Exemple 15-1. Le fichier *myparam.inc.php***

```php
<?php
define("MYHOST","localhost");
define("MYUSER","root");
define("MYPASS","");
?>
```

La fonction `mysql_connect()` retourne une variable de type `resource`, qui est un identifiant de connexion. Il faut récupérer cette valeur dans une variable car elle est utilisée pour effectuer les opérations suivantes sur la base. L'identifiant est noté systématiquement `$idcomm` dans les exemples de ce chapitre. Si la connexion n'est pas établie, la fonction retourne `FALSE`. Vous devez donc tester la réussite de la connexion avant d'effectuer d'autres opérations.

La connexion au serveur peut également être établie à l'aide de la fonction `mysql_pconnect()`, qui requiert les mêmes paramètres que `mysql_connect()` mais établit une connexion persistante. Certains hébergeurs interdisant l'usage de cette fonction, vous ne l'utiliserez pas dans ces exemples.

La connexion établie prend fin automatiquement quand le script PHP est terminé. Il est cependant recommandé d'y mettre fin explicitement dès que possible de façon à libérer le serveur MySQL. Le script peut en effet réaliser toutes sortes d'opérations qui ne nécessitent pas de connexion. Cette précaution améliore la vitesse des connexions des autres utilisateurs.

Pour mettre fin à la connexion, vous appelez la fonction mysql_close(), dont la syntaxe est la suivante :

```
boolean mysql_close([$idcom])
```

Le paramètre $idcom est l'identifiant de connexion récupéré lors de la connexion. S'il est omis, c'est la dernière connexion utilisée qui est fermée. Une connexion persistante ne peut être fermée par la fonction mysql_close().

Si le serveur comporte plusieurs bases de données, le script précise la base désirée au moyen de la fonction mysql_select_db(), dont la syntaxe est la suivante :

```
boolean mysql_select_db($nom_base [,$idcom])
```

Cette fonction retourne TRUE si la base existe et FALSE dans le cas contraire. Après l'appel de cette fonction, toutes les requêtes SQL envoyées au serveur MySQL sont effectuées sur la base choisie, sans qu'il soit besoin de le préciser.

La commande USE

Vous pouvez utiliser à la place de la fonction PHP mysql_select_db() la commande SQL USE, selon la syntaxe USE nom_base, en passant la chaîne "USE nom_base" comme paramètre à la fonction mysql_query(), détaillée à la section suivante.

Si le script effectue de nombreuses opérations entre deux requêtes, il est bon de vérifier que la connexion est toujours active. Le serveur met fin à une connexion après un délai défini par défaut dans le fichier php.ini à trente secondes sur WampServer et variable selon l'hébergeur du site.

Vous disposez de la fonction mysql_ping() pour vérifier que la connexion est active. La syntaxe de cette fonction est la suivante :

```
boolean mysql_ping(resource $idcom)
```

La fonction retourne TRUE si la connexion est active et FALSE dans le cas contraire. Si la connexion est fermée, il y a automatiquement reconnexion au serveur avec les paramètres utilisés par la fonction mysql_connect().

La structure d'un script accédant au serveur MySQL est la suivante :

```php
<?php
// Inclusion des paramètres de connexion
include_once("myparam.inc.php");
// Connexion au serveur
$idcom=@mysql_connect(MYHOST,MYUSER,MYPASS);
// Choix de la base
$idbase=@mysql_select_db($base);
// Affichage d'un message en cas d'erreurs
```

```
if(!$idcom||!$idbase)
{
    echo "<script type=text/javascript>";
    echo "alert('Connexion impossible à la base $base')</script>";
}
//********************************
//Requêtes SQL sur la base choisie
//********************************
// Fermeture de la connexion
mysql_close($idcom);
?>
```

Lorsque les scripts du site doivent accéder fréquemment au serveur MySQL, vous avez intérêt à créer une fonction spécialisée, dont l'appel évite de réécrire ces parties de code. L'exemple 15-2 crée une telle fonction en utilisant deux paramètres, $base, qui est le nom de la base à laquelle vous souhaitez accéder, et $param, qui est le nom du fichier contenant les paramètres de connexion sans les extensions .inc.php. Elle peut être utilisée dans plusieurs sites différents car elle est indépendante aussi bien du nom du serveur que de celui de la base.

La fonction inclut d'abord les paramètres de connexion (repère ❶) puis appelle la fonction mysql_connect() en utilisant ces paramètres (repère ❷). Elle sélectionne ensuite la base (repère ❸) et gère les erreurs éventuelles de connexion ou d'accès à la base (repère ❹) en affichant une boîte d'alerte en JavaScript (repère ❺). La fonction retourne enfin l'identifiant de connexion $idcom (repère ❻). L'utilisation du caractère @ devant le nom des fonctions permet d'éviter l'affichage des éventuels messages d'erreur sur la page.

☞ **Exemple 15-2. Fonction de connexion au serveur**

```
<?php
function connex($base,$param)
{
  include_once($param.".inc.php"); ←❶
  $idcom=@mysql_connect(MYHOST,MYUSER,MYPASS); ←❷
  $idbase=@mysql_select_db($base); ←❸
  if(!$idcom | !$idbase) ←❹
  {
    echo "<script type=text/javascript>"; ←❺
    echo "alert('Connexion Impossible à la base  $base')</script>";
  }
  return $idcom; ←❻
}
?>
```

Chacun de vos scripts d'accès à une base de données doit donc contenir les lignes de code suivantes, qui permettent d'utiliser la fonction connex() après avoir inclus son code :

```
include("connex.inc.php");
$idcom=connex("nom_base","myparam");
```

Cela allège d'autant chacun des scripts.

Envoi de requêtes SQL au serveur

Toute opération à réaliser sur une base nécessite d'envoyer au serveur une requête SQL rédigée à l'aide des commandes détaillées au chapitre précédent.

Pour envoyer une requête, vous utilisez d'abord la fonction mysql_query(), dont la syntaxe est la suivante :

```
resource mysql_query(string $requete [,resource $idcom][,int mode])
```

La chaîne $requete contient le code de la requête SQL. Elle ne doit pas se terminer par un point-virgule. Les requêtes étant souvent longues, il est recommandé, à des fins de lisibilité du code, de les écrire dans une variable chaîne $requete passée ensuite à la fonction.

$idcom est l'identifiant de connexion. Il est facultatif si une seule connexion est ouverte. mode est une constante entière, qui prend les valeurs MYSQL_STORE_RESULT (valeur par défaut) si le résultat de la requête doit être mis en buffer (mémoire tampon sur le serveur) et MYSQL_USE_RESULT dans le cas contraire. Dans ce dernier cas, il faut lire le résultat avant d'envoyer une nouvelle requête au serveur, faute de quoi le résultat est perdu.

La fonction retourne un identifiant de résultat de type resource, noté systématiquement $result dans ces exemples. Si la requête contient des commandes SELECT, cet identifiant permet d'accéder aux données fournies par la requête en utilisant certaines fonctions PHP que vous découvrirez plus loin dans ce chapitre. Pour les autres requêtes (suppression, modification, mise à jour), la fonction retourne TRUE si la requête est bien exécutée. Si une requête quelconque n'est pas exécutée, la fonction mysql_query() retourne FALSE. Il est recommandé d'effectuer un test pour vérifier la bonne réalisation de chaque requête SQL dans un script.

Un script d'envoi de requête a la forme suivante :

```
<?php
include("connex.inc.php"); ←❶
$idcom=connex("magasin","myparam"); ←❷
$requete="SELECT * FROM article ORDER BY categorie"; ←❸
$result=@mysql_query($requete,$idcom); ←❹
if(!$result)
{
  echo "Lecture impossible"; ←❺
}
else
{
//Lecture des résultats éventuels de la requête ←❻
  }
  ?
```

Il effectue successivement l'inclusion du fichier connex.inc.php (repère ❶), la connexion au serveur grâce à la fonction connex() (repère ❷), l'écriture de la requête (repère ❸), l'envoi de la requête et la récupération du résultat (repère ❹) et enfin l'affichage d'un message d'erreur éventuel si la requête n'a pas abouti (repère ❺) et celui des résultats de la requête (repère ❻). Nous verrons, dans les sections suivantes, comment afficher les résultats d'une requête de sélection.

Lecture du résultat d'une requête

Pour les opérations d'insertion, de suppression ou de mise à jour de données dans une base, il est simplement utile de vérifier si la requête a bien été exécutée.

Par contre, lorsqu'il s'agit de lire le résultat d'une requête contenant la commande SELECT, il est indispensable de recueillir les données. PHP offre une grande variété de fonctions qui permettent de récupérer des données sous des formes diverses, la plus courante étant un tableau. Chacune de ces fonctions ne récupérant qu'une ligne du tableau à la fois, il faut recourir à une ou plusieurs boucles pour lire l'ensemble des données.

Lecture à l'aide d'un tableau

La fonction la plus perfectionnée pour lire les données dans un tableau est mysql_fetch_array(). Sa syntaxe est la suivante :

```
array mysql_fetch_array(resource $result [,int typetab])
```

Cette fonction retourne un tableau contenant autant d'éléments qu'il y a de colonnes précisées dans la requête SELECT. Le paramètre $result est celui qui a été retourné par la fonction mysql_query(), et le paramètre typetab une constante entière précisant si le tableau retourné doit être associatif (valeur MYSQL_ASSOC), indicé (valeur MYSQL_NUM) ou les deux à la fois (valeur MYSQL_BOTH, qui est la valeur par défaut). Si le tableau est associatif, les clés du tableau sont les noms des colonnes de la table interrogée ou des alias, si vous en avez définis dans la requête. Il n'est donc pas nécessaire de connaître l'ordre des colonnes dans la table.

Si le tableau est indicé, l'indice d'un élément est celui de la colonne dans la requête, la première colonne ayant l'indice 0. Pour récupérer la valeur d'une colonne précise, il est indispensable de connaître sa position dans la requête.

Chaque nouvel appel de la fonction mysql_fetch_array() retourne la ligne suivante du résultat identifié par $result, ou FALSE s'il n'y a plus de ligne à lire. Il faut effectuer une boucle pour lire chacune des lignes puis une autre boucle imbriquée dans la première pour lire chacune des valeurs des colonnes de la table.

Nombre de lignes et de colonnes d'un résultat

La fonction int mysql_num_fields(resource $idresult) permet de déterminer le nombre de colonnes du résultat et la fonction int mysql_num_rows(resource $idresult) le nombre de lignes.

L'exemple 15-3 met en pratique les techniques que vous venez d'aborder en effectuant la lecture de la table article de la base magasin créée au chapitre 14. Après l'appel de la fonction de connexion (repère ❶), l'écriture de la requête SQL (repère ❷) et son envoi au serveur, le résultat est identifié par la variable $result (repère ❸). Le script contrôle ensuite si le résultat est valide (repère ❹) et lit le nombre de colonnes et de lignes retourné par la requête (repère ❺ et ❻). La première boucle while de lecture du résultat retourne une ligne à la fois dans un tableau indicé (repère **❼**), puis une boucle foreach lit chacune des valeurs du tableau et réalise un affichage dans un tableau HTML (repère **❽**). La ressource $result est ensuite libérée (repère **❾**).

Libération de la mémoire

Une fois les données utilisées pour réaliser un affichage dans une page HTML, il est possible de libérer la mémoire occupée par la variable $result en appelant la fonction mysql_free_result ($result). Cette dernière retourne TRUE en cas de réussite et FALSE dans le cas contraire. Cette opération ne doit être faite que si vous n'avez plus besoin des données dans le script.

La figure 15-1 illustre la page réalisée par ce script.

☞ **Exemple 15-3. Lecture de la table *article***

```php
<!DOCTYPE html>
<html lang="fr">
<head>
<meta http-equiv="Content-Type" content="text/html;charset=UTF-8" />
<title>Lecture de la table article</title>
<style type="text/css" >
table {border-style:double;border-width: 3px;border-color: red;background-color: yellow;}
</style>
</head>
<body>
<?php
include("connex.inc.php");
$idcom=connex("magasin","myparam"); ←❶

$requete="SELECT * FROM article ORDER BY categorie"; ←❷
$result=mysql_query($requete,$idcom); ←❸
if(!$result) ←❹
{
    echo "Lecture impossible";
}
else
{
    $nbcol=mysql_num_fields($result); ←❺
    $nbart=mysql_num_rows($result); ←❻
    echo "<h3>Tous nos articles par catégorie</h3>";
    echo "<h4>Il y a $nbart articles en magasin</h4>";
    echo "<table border=\"1\"><tbody>";
    echo "<tr><th>Code article</th> <th>Description</th> <th>Prix</th>
➡<th>Catégorie</th></tr>";
    while($ligne=mysql_fetch_array($result,MYSQL_NUM)) ←❼
    {
    echo "<tr>";
    foreach($ligne as $valeur) ←❽
    {
        echo "<td> $valeur </td>";
```

```
    }
        echo "</tr>";
    }
    echo "</tbody></table>";
}
mysql_free_result($result); ←──❾
?>
</body>
</html>
```

Figure 15-1

Lecture de la table article

Les deux autres fonctions suivantes permettent de récupérer une ligne de résultat à la fois dans un tableau :

- `array mysql_fetch_assoc(resource $result)`, qui retourne un tableau uniquement associatif dont les clés sont les noms des colonnes de la table interrogée.

- `array mysql_fetch_row(resource $result)`, qui retourne un tableau uniquement indicé dont les indices sont les numéros des colonnes dans la table interrogée.

Ces fonctions peuvent s'utiliser en lieu et place de `mysql_fetch_array()` avec la même rapidité.

Lecture des noms de colonnes

Si vous choisissez de récupérer les lignes du résultat dans un tableau associatif, vous pouvez lire les noms des colonnes pour les afficher dans la page HTML. Si vous utilisez de plus des alias dans la requête SQL, vous pouvez donner aux noms des colonnes des titres plus significatifs que id_article sans avoir à les écrire explicitement dans le code de création du tableau HTML, à la différence de l'exemple précédent.

Il existe deux méthodes pour lire les noms des colonnes d'une table.

Première méthode

L'exemple 15-4 illustre une requête SQL sélectionnant tous les articles de marque Sony en définissant des alias pour les noms de colonnes (repère ❶). Après l'envoi de la requête par la fonction mysql_query() (repère ❷), un premier appel à la fonction mysql_fetch_array() lit la première ligne du résultat dans un tableau associatif (repère ❸). Une boucle foreach lit les clés du tableau obtenu et affiche les titres des colonnes du tableau (repère ❹).

À ce stade, la variable $ligne contient la première ligne de résultat, mais vous n'avez utilisé que les clés de ce tableau, qui sont les noms des colonnes. Si vous lisiez les valeurs des lignes avec une boucle while, comme à l'exemple précédent, un nouvel appel de la fonction mysql_fetch_array() lirait la deuxième ligne, ce qui écraserait les valeurs de la première ligne. L'emploi d'une boucle do..while résout ce problème, la fonction mysql_fetch_array() n'étant appelée qu'après l'affichage des valeurs de chaque ligne (repères ❺ et ❻).

☞ **Exemple 15-4. Récupération des noms de colonnes**

```
<!DOCTYPE html>
<html lang="fr">
<head>
<meta http-equiv="Content-Type" content="text/html;charset=UTF-8" />
<title>Lecture de la table article</title>
<style type="text/css" >
table {border-style:double;border-width: 3px;border-color: red;background-color: yellow;}
</style>
</head>
<body>
<?php
include("connex.inc.php");
$idcom=connex("magasin","myparam");
$requete="SELECT id_article AS 'Code article',designation AS 'Désignation',
➡prix AS 'Prix unitaire',categorie AS 'Catégorie' FROM article WHERE designation
➡LIKE '%Sony%' ORDER BY categorie"; ←❶
$result=@mysql_query($requete,$idcom); ←❷
if(!$result)
{
    echo "Lecture impossible";
```

```
    }
    else
    {
        $nbart=mysql_num_rows($result);
        $ligne=mysql_fetch_array($result,MYSQL_ASSOC); ←❸
        echo "<h3>Tous nos articles de la marque Sony</h3>";
        echo "<h4>Il y a $nbart articles en magasin</h4>";
        echo "<table border=\"1\"> <tr>";
        foreach($ligne as $nomcol=>$valcol) ←❹
        {
          echo "<th> $nomcol </th>";
        }
        echo "<tr>";
        //*************
        do ←❺
        {
          echo "<tr>";
          foreach($ligne as $valcol)
          {
            echo "<td> $valcol </td>";
          }
          echo "</tr>";
        }
        while($ligne=mysql_fetch_array($result,MYSQL_NUM)); ←❻
        echo "</table>";
    }
?>
</body>
</html>
```

La figure 15-2 illustre les résultats de la requête effectuée sur la table `article`.

Figure 15-2

Lecture des noms de colonnes

Deuxième méthode

Il existe une autre méthode pour lire le nom des colonnes du résultat d'une requête SELECT. La fonction mysql_field_name(), dont la syntaxe est la suivante :

```
string mysql_field_name(resource $result, int num_col)
```

retourne le nom de la colonne ou de l'alias dont le numéro est passé en second paramètre. L'ordre des colonnes est celui de la requête et donc pas nécessairement celui de la table.

L'exemple 15-5 illustre cette possibilité de lecture des noms des colonnes. La requête SQL sélectionne les caractéristiques des clients habitant à Paris (repère **❶**). Après l'envoi de celles-ci (repère **❷**), vous récupérez le nombre de colonnes (repère **❸**) et de lignes (repère **❹**) du résultat. Une boucle for permet l'affichage des en-têtes du tableau HTML (repère **❺**). La fonction mysql_field_name() permet de lire le nom des colonnes (repère **❻**).

Pour afficher les valeurs sélectionnées, vous créez une boucle for (repère **❼**), dans laquelle vous lisez une ligne du résultat en appelant la fonction mysql_fetch_row() (repère **❽**). Une autre boucle for imbriquée dans la précédente permet l'affichage de toutes les valeurs d'une ligne contenues dans le tableau $ligne (repère **❾**).

L'avantage de ces méthodes est d'automatiser l'écriture des en-têtes du tableau HTML, et ce quel que soit le nombre de colonnes sélectionnées. Si vous ajoutez le champ mail dans la requête, il n'y a qu'une ligne à modifier alors qu'avec la méthode de l'exemple 15-3, il faudrait modifier tout le code de création des en-têtes.

La figure 15-3 donne un aperçu du résultat obtenu en ajoutant simplement le champ mail à la requête.

☞ **Exemple 15-5. Lecture des noms de colonnes**

```
<!DOCTYPE html>
<html lang="fr">
<head>
<meta http-equiv="Content-Type" content="text/html;charset=UTF-8" />
<title>Lecture de la table client</title>
<style type="text/css" >
table {border-style:double;border-width: 3px;border-color: red;background-color: yellow;}
</style>
</head>
<body>
<?php
include("connex.inc.php");
$idcom=connex("magasin","myparam");
$requete="SELECT id_client AS 'Code client',nom,prenom,adresse,age
FROM client
WHERE ville ='Paris'
ORDER BY nom"; ←❶
$result=@mysql_query($requete,$idcom); ←❷
if(!$result)
{
```

```php
        echo "Lecture impossible";
    }
    else
    {
      $nbcol=mysql_num_fields($result);      ←❸
      $nbart=mysql_num_rows($result);        ←❹
      echo "<h3>Il y a $nbart clients habitant Paris</h3>";
      // Affichage des titres du tableau
      echo "<table border=\"1\"> <tr>";
      for($i=0;$i<$nbcol;$i++)               ←❺
      {
        echo "<th>", mysql_field_name($result,$i)," </th>";  ←❻
      }
      echo "</tr>";
      // Affichage des valeurs du tableau
      for($i=0;$i<$nbart;$i++)               ←❼
      {
        $ligne=mysql_fetch_row($result);     ←❽
        echo "<tr>";
        for($j=0;$j<$nbcol;$j++)             ←❾
        {
          echo "<td>",$ligne[$j],"</td>";
        }
        echo "</tr>";
      }
      echo "</table>";
      mysql_free_result($result);
    }
  ?>
  </body>
</html>
```

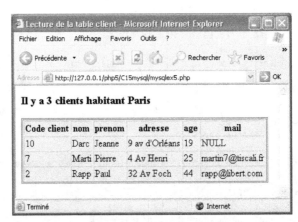

Figure 15-3

Affichage automatique des en-têtes de tableau HTML

> **Utilisation d'un objet**
>
> À l'exemple 15-5, l'appel de la fonction `mysql_field_name($result,$i)` pourrait être remplacé par `mysql_fetch_field($result,$i)->name`. Cette dernière fonction, ayant pour syntaxe `object mysql_fetch_field($result,$i)`, retourne un objet dont la propriété `name` contient le nom de la colonne dont la position est précisée par l'entier `$i`.

Récupération des valeurs dans un objet

Vous pouvez récupérer non seulement le nom de chaque colonne, comme en appelant la fonction `mysql_fetch_field()`, mais également la valeur de chaque colonne d'un résultat sous la forme d'une propriété d'objet grâce à la fonction `mysql_fetch_object()`.

La syntaxe de cette fonction est la suivante :

```
object mysql_fetch_object(resource $result)
```

L'objet retourné par cette fonction a autant de propriétés que la requête a sélectionné de colonnes, les noms des propriétés étant ceux des colonnes ou des alias éventuels. L'exemple 15-6 réalise le même affichage que l'exemple 15-5 en utilisant cette fonction. Les seules différences résident dans l'utilisation de la fonction `mysql_fetch_field()` (repère ❶) pour afficher les en-têtes du tableau HTML puis de `mysql_fetch_object()` pour lire chacune des lignes du résultat (repère ❷).

Un nouvel appel de `mysql_fetch_field()` permet d'enregistrer le nom de chacune des propriétés de l'objet dans la variable `$nomcol` (repère ❸), ce qui permet d'afficher toutes les données d'une ligne. La syntaxe `$ligne->$nomcol` permet de lire chaque propriété de l'objet (repère ❹). Le résultat affiché est identique à celui de la figure 15-3.

☞ **Exemple 15-6. Lecture des données au moyen d'un objet**

```
<!DOCTYPE html>
<html lang="fr">
<head>
<meta http-equiv="Content-Type" content="text/html;charset=UTF-8" />
<title>Lecture de la table client</title>
<style type="text/css" >
table {border-style:double;border-width: 3px;border-color: red;background-color: yellow;}
</style>
</head>
<body>
<?php
include("connex.inc.php");
$idcom=connex("magasin","myparam");
$requete="SELECT id_client AS 'Code client',nom,prenom,adresse,age,mail
FROM client
WHERE ville ='Paris'
ORDER BY nom";
$result=@mysql_query($requete,$idcom);
```

```
if(!$result)
{
  echo "Lecture impossible";
}
else
{
  $nbcol=mysql_num_fields($result);
  $nbart=mysql_num_rows($result);
  echo "<h3> Il y a $nbart clients habitant Paris</h3>";
  // Affichage des titres du tableau
  echo "<table border=\"1\"> <tr>";
  for($i=0;$i<$nbcol;$i++)
  {
    echo "<th>", mysql_fetch_field($result,$i)->name," </th>"; ←❶
  }
  echo "</tr>";
  // Affichage des valeurs du tableau
  for($i=0;$i<$nbart;$i++)
  {
    $ligne=mysql_fetch_object($result); ←❷
    echo "<tr>";
    for($j=0;$j<$nbcol;$j++)
    {
      $nomcol=mysql_fetch_field($result,$j)->name; ←❸
      echo "<td>",$ligne->$nomcol,"</td>"; ←❹
    }
    echo "</tr>";
  }
  echo "</table>";
  mysql_free_result($result);
}
?>
</body>
</html>
```

Insertion de données dans la base

Un site interactif se doit de permettre aux utilisateurs d'effectuer des saisies de données dans un formulaire et de les enregistrer dans une base de données en vue d'une utilisation ultérieure. Les méthodes d'insertion à partir de phpMyAdmin ne peuvent évidemment pas convenir dans ce cas car elles sont réservées à l'administrateur du site.

En vous situant toujours dans la perspective de création d'un site de commerce en ligne, vous allez envisager comment réaliser la saisie puis l'insertion des coordonnées d'un visiteur dans la table client de la base magasin. Vous lui permettrez par la suite d'effectuer une mise à jour de ses paramètres personnels de façon que la base reste à jour, en cas de changement d'adresse, par exemple.

Insertion des données

Comme vous l'avez vu au chapitre 6, consacré aux formulaires, l'outil de communication essentiel entre le poste client et le serveur est le formulaire HTML. Ce dernier permet la saisie de données et leur envoi vers le serveur, sur lequel un script PHP enregistre les valeurs saisies dans la base MySQL.

Vous disposez déjà de la fonction personnalisée de connexion connex() et de mysql_query() pour envoyer la requête. Seule la requête qui contient la commande SQL INSERT, qui va être envoyée au serveur, distingue cette opération de celle de lecture des données.

Le script de l'exemple 15-7 réalise ce type d'insertion à partir d'un formulaire permettant à un client d'enregistrer ses coordonnées lors d'une commande. Comme ceux du chapitre 6, il commence par vérifier l'existence des saisies obligatoires correspondant aux variables $_POST['nom'], $_POST[adresse] et $_POST[ville] (repère ❶).

Dans le cas où une requête est formée en utilisant des saisies faites par l'utilisateur dans un formulaire, il est préférable d'utiliser un caractère d'échappement pour les caractères spéciaux des chaînes récupérées dans le tableau $_POST, en particulier les guillemets, qui peuvent poser problème. Vous disposez pour cela des fonctions mysql_escape_string() et mysql_real_escape_string(), dont les syntaxes respectives sont les suivantes :

```
string mysql_escape_string(string $chaine)
string mysql_real_escape_string(string $chaine[,resource $idcom])
```

La seconde présente l'avantage de tenir compte du jeu de caractères utilisé. Le jeu de caractères utilisé sur le client MySQL peut être lu en appelant la fonction mysql_client_encoding(), qui retourne ce code dans une chaîne explicite, par exemple 'latin1'. Par précaution, il est préférable d'appliquer ces fonctions à chacune des variables récupérées plutôt qu'à la chaîne de requête dans son entier. Aucune de ces deux fonctions n'échappe les caractères "%" et "_".

Vous récupérez et protégez ensuite toutes les valeurs du tableau $_POST dans des variables de façon à obtenir un code plus court par la suite (repères ❷ à ❽).

La valeur "\N" représente la valeur NULL de la variable $id_client. Elle permet que la colonne id_client de la table client soit incrémentée d'une unité à chaque nouvelle insertion car elle est déclarée avec l'option AUTO_INCREMENT.

La fonction mysql_insert_id(), dont la syntaxe est la suivante :

```
int mysql_insert_id([$idcom])
```

retourne la dernière valeur insérée dans une colonne ayant cette option AUTO_INCREMENT. Elle sert à donner son numéro au client pour qu'il puisse s'identifier lors d'une autre connexion.

La requête SQL INSERT contenue dans la variable $requete (repère ❾) permet l'insertion de toutes ces valeurs dans la table client. Dans le cas d'une commande INSERT, le résultat de la requête envoyée par la fonction mysql_query() n'est qu'une valeur booléenne TRUE ou FALSE selon que l'insertion a été réalisée ou non (repère ❿). Elle vous permet d'afficher un message d'information indiquant la bonne exécution de l'insertion. Le numéro attribué au client est récupéré dans la variable $num (repère **⑪**) et lui est alors communiqué dans une boîte d'alerte JavaScript (repère **⑫** et figure 15-5).

☞ **Exemple 15-7. Insertion des données avec un formulaire**

```
<!DOCTYPE html>
<html lang="fr">
<head>
<meta http-equiv="Content-Type" content="text/html;charset=UTF-8" />
<title>Saisissez vos coordonnées</title>
</head>
<body>
<form action= "<?php echo $_SERVER['PHP_SELF'];?>" method="post"
enctype="application/x-www-form-urlencoded">
<fieldset>
<legend><b>Vos coordonnées</b></legend>
<table>
<tr><td>Nom : </td><td><input type="text" name="nom" size="40" maxlength="30"/>
➡</td></tr>
<tr><td>Prénom : </td><td><input type="text" name="prenom" size="40" maxlength="30"/>
➡</td></tr>
<tr><td>Âge : </td><td><input type="text" name="age" size="40" maxlength="2"/>
➡</td></tr>
<tr><td>Adresse : </td><td><input type="text" name="adresse" size="40"
➡maxlength="60"/></td></tr>
<tr><td>Ville : </td><td><input type="text" name="ville" size="40" maxlength="40"/
</td></tr>
<tr><td>E-mail : </td><td><input type="text" name="mail" size="40" maxlength="50"/
</td></tr>
<tr>
<td><input type="reset" value="Effacer"></td>
<td><input type="submit" value="Envoyer"></td>
</tr>
</table>
</fieldset>
</form>
<?php
include('connex.inc.php');
if(!empty($_POST['nom'])&& !empty($_POST['adresse'])&& !empty($_POST['ville']))←❶
{
  $id_client="\N";←❷
  $nom= $_POST['nom'];←❸
  $prenom=$_POST['prenom'];←❹
  $age=$_POST['age'];←❺
  $adresse=$_POST['adresse'];←❻
  $ville=$_POST['ville'];←❼
  $mail=$_POST['mail'];←❽
  // Requête SQL
  $requete="INSERT INTO client  VALUES('$id_client','$nom','$prenom','$age',
  ➡'$adresse','$ville','$mail')";←❾
  $idcom=connex('magasin','myparam');
  $result=mysql_query($requete,$idcom);←❿
```

```
    $num=mysql_insert_id();  ←⑪
    mysql_close($idcom);
    if(!$result)
    {
      echo "<h2>Erreur d'insertion \n n°",mysql_errno()," : ",mysql_error()."</h2>";
    }
    else
    {
    echo $num;
    echo "<script type=\"text/javascript\">
      alert('Vous êtes enregistré. Votre numéro de client est : ".$num."')</script>";  ←⑫
    }
    }
else {echo "Formulaire à compléter !";}
?>
</body>
</html>
```

La figure 15-4 illustre la page de saisie. Un affichage du contenu de la table `client` à l'aide de phpMyAdmin vous permettrait de contrôler la bonne insertion des données du formulaire.

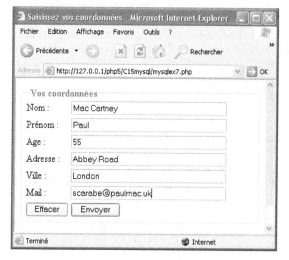

Figure 15-4

Formulaire d'insertion

Figure 15-5

Communication du numéro de client dans une boîte d'alerte

Mise à jour d'une table

Pour assurer le meilleur service aux clients du site, il est important de leur permettre de modifier leurs coordonnées en cas de changement d'adresse ou de nom. L'exemple 15-8 crée une page contenant un formulaire de saisie du code client dans une zone de texte. Vous pourriez tout aussi bien l'utiliser pour mettre à jour les tarifs de la table article.

L'attribut action du formulaire renvoie le traitement des données au fichier exemple15.9.php, dont le code est donné ci-après. La page créée est illustrée à la figure 15-6.

☞ **Exemple 15-8. Page de saisie du code client**

```html
<!DOCTYPE html>
<html lang="fr">
<head>
<meta http-equiv="Content-Type" content="text/html;charset=UTF-8" />
<title>Modifiez vos coordonnées</title>
</head>
<body>
  <form action= "exemple15.9.php" method="post" enctype="application/x-www-form-urlencoded">
    <fieldset>
    <legend><b>Saisissez votre code client pour modifier vos coordonnées</b></legend>
    <table> <tr> <td>Code client : </td>
    <td><input type="text" name="code" size="20" maxlength="10"/></td></tr>
    <tr><td>Modifier : </td> <td><input type="submit"  value="Modifier"/></td></tr>
    </table>
    </fieldset>
  </form>
</body>
</html>
```

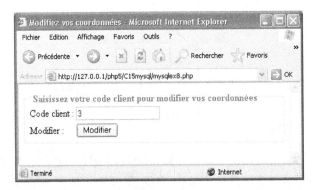

Figure 15-6

Page de saisie du code client

La mise à jour des coordonnées du client est réalisée par le script de l'exemple 15-9.

La première inclusion de code PHP renvoie le client vers la page de saisie du code s'il a validé le formulaire sans avoir effectué de saisie (repère ❶). Rappelons qu'elle doit figurer en tête du fichier car elle utilise la fonction header() pour effectuer la redirection.

La suite du fichier comporte deux parties distinctes. La première crée dynamiquement un formulaire permettant la modification des données, et la seconde enregistre ces données dans la base.

Lors du premier appel du fichier de l'exemple 15-9, la condition de l'instruction if (repère ❷) est nécessairement vérifiée car la variable $_POST['modif'] n'existe pas encore. Elle correspond à la valeur associée au bouton submit du formulaire qui n'est pas encore créé. Le script crée une connexion au serveur MySQL pour y lire les coordonnées actuelles du client, dont le code est contenu dans la variable $code issue de la page de saisie de l'exemple 15-8 (repère ❸).

La requête SQL sélectionne toutes les colonnes de la table client dont l'identifiant client (colonne id_client de la table client) correspond à la valeur de la variable $code (repère ❹) dans le but de compléter le formulaire avec les données actuelles. Cela permet de ne saisir que les modifications éventuelles de coordonnées du client, sans devoir ressaisir l'ensemble. Ces coordonnées sont lues à l'aide de la fonction mysql_fetch_row() (repère ❺) puisque le résultat de la requête SELECT ne comporte qu'une seule ligne. Elles sont alors contenues dans la variable $coord de type array. Pour afficher les coordonnées dans le formulaire, vous devez attribuer les valeurs de ses éléments aux attributs value des différents champs <input /> (repère ❻).

La figure 15-7 montre un exemple de création dynamique de formulaire pour le client dont l'identifiant vaut 3. Le champ caché code du formulaire permet de passer la valeur du code client à la partie du script chargée de l'enregistrement des données modifiées (repère ❼).

L'envoi du formulaire utilise la deuxième partie du script, qui met à jour les données du visiteur dans la table client après avoir vérifié l'existence de valeurs pour les champs obligatoires du formulaire (repère ❽). Seules les colonnes nom, adresse, ville et mail peuvent être mises à jour à l'aide de la requête suivante (repère ❾), le reste étant forcément inchangé :

```
UPDATE client SET nom='$nom',adresse='$adresse',ville='$ville',mail='$mail'
WHERE id_client='$code'
```

La vérification du résultat de la requête (repère ❿) permet d'afficher une boîte d'alerte JavaScript contenant soit un message d'erreur, soit la confirmation de l'enregistrement. La page ne devant pas être une impasse, le visiteur est redirigé d'office vers la page d'accueil du site index.htm. (repères ⓫ et ⓬).

☞ **Exemple 15-9. Page de modification des coordonnées**

```php
<?php
  if(empty($_POST['code'])){header("Location:exemple15.8.php");} ←❶
?>
<!DOCTYPE html>
```

```
<html lang="fr">
<head>
<meta http-equiv="Content-Type" content="text/html;charset=UTF-8" />
<title>Modifiez vos coordonnées</title>
</head>
<body>
<?php
if(!isset($_POST['modif']) )    ←❷
{
  // CRÉATION DU FORMULAIRE
  include('connex.inc.php');
  $code=mysql_real_escape_string($_POST['code']);    ←❸    mysql_real_escape_string(
  // Requête SQL
  $requete="SELECT * FROM client WHERE id_client='$code' ";    ←❹
  $idcom=connex('magasin','myparam');
  $result=@mysql_query($requete,$idcom);
  $coord=mysql_fetch_row($result);    ←❺
  mysql_close($idcom);
  // Création du formulaire    ←❻
  echo "<form action= \"". $_SERVER['PHP_SELF']."\" method=\"post\"enctype=\
  ➥"application/x-www-form-urlencoded\">";
  echo "<fieldset>";
  echo "<legend><b>Modifiez vos coordonnées</b></legend>";
  echo "<table>";
  echo "<tr><td>Nom : </td><td><input type=\"text\" name=\"nom\" size=\"40\"
  ➥maxlength=\"30\" value=\"$coord[1]\"/> </td></tr>";
  echo "<tr><td>Prénom : </td><td><input type=\"text\" name=\"prenom\" size=\"40\"
  ➥maxlength=\"30\" value=\"$coord[2]\"/></td></tr>";
  echo "<tr><td>Âge : </td><td><input type=\"text\" name=\"age\" size=\"40\"
  ➥maxlength=\"2\" value=\"$coord[3]\"/></td></tr>";
  echo "<tr><td>Adresse : </td><td><input type=\"text\" name=\"adresse\" size=\"40\"
  ➥maxlength=\"60\" value=\"$coord[4]\"/></td></tr>";
  echo "<tr><td>Ville : </td><td><input type=\"text\" name=\"ville\" size=\"40\"
  ➥maxlength=\"40\" value=\"$coord[5]\"/></td></tr>";
  echo "<tr><td>E-mail : </td><td><input type=\"text\" name=\"mail\" size=\"40\"
  ➥maxlength=\"50\" value=\"$coord[6]\"/></td></tr>";
  echo "<tr><td><input type=\"reset\" value=\"Effacer\"></td> <td><input
  ➥type=\"submit\" name=\"modif\" value=\"Enregistrer\"></td></tr></table>";
  echo "</fieldset>";
  echo "<input type=\"hidden\" name=\"code\" value=\"$code\"/>";    ←❼
  echo "</form>";
}
elseif(isset($_POST['nom'])&& isset($_POST['adresse'])&& isset($_POST['ville']))    ←❽
{
  // ENREGISTREMENT
  include('connex.inc.php');
  $nom=mysql_real_escape_string($_POST['nom']);
  $adresse=mysql_real_escape_string($_POST['adresse']);
  $ville=mysql_real_escape_string($_POST['ville']);
  $mail=mysql_real_escape_string($_POST['mail']);
  $code=mysql_real_escape_string($_POST['code']);
```

```
    // Requête SQL
    $requete="UPDATE client SET nom='$nom',adresse='$adresse',ville='$ville',mail='$mail'
    ➥WHERE id_client='$code'";  ←❾
    $idcom=connex('magasin','myparam');
    $result=mysql_query($requete,$idcom);
    mysql_close($idcom);
    if(!$result)  ←❿
    {
      echo "<script type=\"text/javascript\">
      alert('Erreur : ".mysql_error()."')</script>";  ←⓫
    }
    else
    {
      echo "<script type=\"text/javascript\"> alert('Vos modifications sont
      ➥enregistrées');window.location='exemple15.8.php';</script>";  ←⓬
    }
}
else
{
  echo "Modifiez vos coordonnées !";
}
?>
</body>
</html>
```

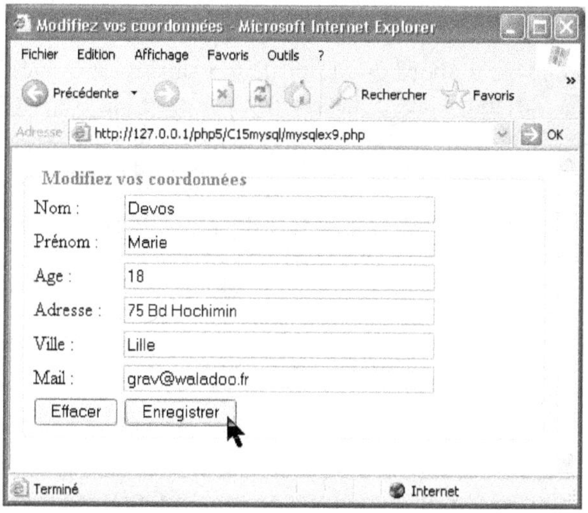

Figure 15-7

Page de saisie des coordonnées créée dynamiquement

Vérification

Pour vérifier que la mise à jour a bien été réalisée, vous pourriez appeler la fonction `mysql_affected_rows()`, dont la syntaxe est `int mysql_affected_rows([$idcom])`. Elle retourne le nombre de lignes concernées par les commandes SQL `INSERT`, `UPDATE` et `DELETE`. Lors de la mise à jour des coordonnées d'un client, elle retourne la valeur 1 si l'opération est menée à bien. Au repère ❿ de l'exemple 15-9, vous pourriez donc écrire :

```
if(mysql_affected_rows()!=1)
{ // Affichage de l'erreur}
else
{ // Message de confirmation}
```

Recherche dans la base

Un site de commerce en ligne doit permettre à ses visiteurs et futurs clients d'effectuer des recherches dans la base de données afin d'accéder plus rapidement à l'information sur le produit recherché. Il doit en outre permettre d'effectuer des statistiques marketing à l'usage du propriétaire du site. Ces recherches concernent aussi bien les sites de commerce en ligne que les annuaires et moteurs de recherche des sites de contenu.

L'exemple 15-10 crée un formulaire classique permettant de saisir un mot-clé et d'effectuer des choix de tri des résultats. Les critères de tri selon le prix, la catégorie ou l'identifiant d'article sont affichés sous forme de liste déroulante ainsi que celui du critère de tri selon le prix, la catégorie ou l'identifiant d'article. Le choix de l'ordre croissant ou décroissant s'effectue au moyen de deux boutons radio ayant le même attribut `name`, ce qui les rend exclusifs l'un de l'autre.

Le script contrôle d'abord que le visiteur a saisi un mot-clé dans le formulaire en vérifiant que la variable `$_POST['motcle']` n'est pas vide (repère ❶). Il récupère ensuite le mot-clé, la catégorie, le critère de tri et l'ordre d'affichage respectivement dans les variables `$motcle`, `$categorie`, `$ordre` et `$tri` (repères ❷ à ❺).

Si la catégorie choisie est `"tous"`, la partie de la commande `WHERE` concernant cette catégorie est vide. Pour les autres choix, elle est égale à `"AND categorie=$categorie"` (repère ❻). La requête de sélection suivante (repère ❼) est alors créée par le code :

```
"SELECT id_article AS 'Code article',designation AS 'Description',prix,categorie AS
'Catégorie'
FROM article
WHERE lower(designation) LIKE'%$motcle%'".$reqcategorie."
ORDER BY $tri $ordre"
```

On peut remarquer l'utilisation de la fonction MySQL `lower()` qui permet d'effectuer une recherche sans tenir compte de la casse ; de cette façon, que l'utilisateur cherche les mots-clés `sony` ou `Sony` il obtiendra bien les résultats présents dans la table `article`.

L'utilisation d'alias donne un meilleur affichage des titres du tableau de résultats. Après la connexion au serveur, vous récupérez le résultat de la requête dans la variable $result (repère ❽). La lecture des résultats et l'affichage de toutes les lignes retournées sont réalisés par le même code que celui de l'exemple 15-5 (repère ❾). La figure 15-8 illustre la page créée après la recherche du mot-clé portable.

☞ Exemple 15-10. Page de recherche d'articles

```html
<!DOCTYPE html>
<html lang="fr">
<head>
<meta http-equiv="Content-Type" content="text/html;charset=UTF-8" />
  <title>Rechercher un article dans le magasin</title>
 </head>
 <body>
  <form action= "<?php echo $_SERVER['PHP_SELF']?>" method="post" enctype=
  ➥ "application/x-www-form-urlencoded">
  <fieldset>
  <legend><b>Rechercher un article en magasin</b></legend>
  <table>
  <tr> <td>Mot-clé : </td>
  <td><input type="text" name="motcle" size="40" maxlength="40" value=""/></td>
  </tr>
  <tr>
  <td>Dans la catégorie : </td>
  <td>
  <select name="categorie">
  <option value="tous">Tous</option>
  <option value="vidéo">Vidéo</option>
  <option value="informatique">Informatique</option>
  <option value="photo">Photo</option>
  <option value="divers">Divers</option>
  </select>
  </td>
  </tr>
  <tr>
  <td>Trier par : </td>
  <td>
  <select name="tri">
  <option value="prix">Prix</option>
  <option value="categorie">Catégorie</option>
  <option value="id_article">Code</option>
  </select>
  </td>
  </tr>
  <tr><td>En ordre : </td>
  <td>Croissant<input type="radio" name="ordre" value="ASC" checked="checked"/>
  ➥Décroissant<input type="radio" name="ordre" value="DESC" />
```

```
    </td> </tr>
    <tr><td>Envoyer</td><td><input type="submit" name="" value="OK"/></td> </tr>
    </table>
    </fieldset>
    </form>
<?php
if(!empty($_POST['motcle'])) ←❶
{
  include('connex.inc.php');
  $motcle=strtolower(mysql_real_escape_string($_POST['motcle'])); ←❷
  $categorie=mysql_real_escape_string($_POST['categorie']); ←❸
  $ordre=mysql_real_escape_string($_POST['ordre']); ←❹
  $tri=mysql_real_escape_string($_POST['tri']); ←❺

  // Requête SQL
  $reqcategorie=($_POST['categorie']=="tous")?"":"AND categorie='$categorie'"; ←❻
  $requete="SELECT id_article AS 'Code article',designation AS 'Description',
➡prix,categorie AS 'Catégorie' FROM article WHERE lower(designation)
➡LIKE'%$motcle%'".$reqcategorie."ORDER BY $tri $ordre"; ←❼
  $idcom=connex('magasin','myparam');
  $result=mysql_query($requete,$idcom); ←❽
  if(!$result) ←❾
  {
    echo "Lecture impossible";
  }
  else
  {
    $nbcol=mysql_num_fields($result);
    $nbart=mysql_num_rows($result);
    echo "<h3>Il y a $nbart articles correspondant au mot-clé : $motcle</h3>";
    // Affichage des titres du tableau
    echo "<table border=\"1\"> <tr>";
    for($i=0;$i<$nbcol;$i++)
    {
      echo "<th>", mysql_field_name($result,$i)," </th>";
    }
    echo "</tr>";
    // Affichage des valeurs du tableau
    for($i=0;$i<$nbart;$i++)
    {
      $ligne=mysql_fetch_row($result);
      echo "<tr>";
      for($j=0;$j<$nbcol;$j++)
      {
        echo "<td>",$ligne[$j],"</td>";
      }
      echo "</tr>";
    }
```

```
        echo "</table>";
        mysql_free_result($result);
    }
}
?>
</body>
</html>
```

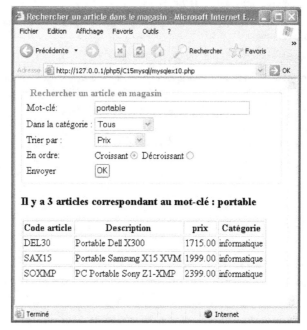

Figure 15-8

Formulaire de recherche et résultats obtenus

Ce chapitre a montré les différentes techniques qui permettent de lire les données d'une base et d'en enrichir le contenu à partir de saisies effectuées dans un formulaire.

La sélection d'informations en réponse à la requête d'un visiteur et l'affichage des résultats dans une page créée dynamiquement à partir de ces résultats sont les éléments prépondérants de la création de sites dynamiques. Les études de cas du chapitre 21 illustrent davantage ces techniques.

Mémo des fonctions

`int mysql_affected_rows([resource $idcom])`

Retourne le nombre de lignes concernées par la dernière requête SQL `INSERT`, `DELETE` ou `UPDATE` envoyée au serveur.

`string mysql_client_encoding([resource $idcom])`

Retourne le nom du jeu de caractères utilisé par le client MySQL pour la connexion en cours si elle n'est pas précisée.

`boolean mysql_close([resource $idcom])`

Ferme la connexion MySQL dont l'identifiant est précisé ou la connexion en cours. Retourne `TRUE` si l'opération a lieu et `FALSE` dans le cas contraire.

`resource mysql_connect(string $host,string $user,string $pass)`

Ouvre une connexion à un serveur MySQL identifié par `$host` pour le client `$user` et le mot de passe `$pass`. Retourne un identifiant de connexion.

`boolean mysql_data_seek(resource $result,int numéro_ligne)`

Place le pointeur dans le résultat `$result` à la ligne indiquée et retourne `TRUE` si l'opération est réussie. L'appel de la fonction `mysql_fetch_row()` retourne cette ligne.

`string mysql_db_name(resource $result,int N)`

Retourne le nom de la nième base figurant dans le résultat `$result` retourné par la fonction `mysql_list_dbs()`.

`int mysql_errno([resource $idcom])`

Retourne le numéro de la dernière erreur survenue pour la connexion précisée ou celle qui est en cours si le paramètre est omis.

`string mysql_error([resource $idcom])`

Retourne le dernier message d'erreur pour la connexion précisée ou celle qui est en cours si le paramètre est omis.

`string mysql_escape_string(string $ch)`

Protège les caractères spéciaux de la chaîne `$ch` (sauf % et _) et retourne la chaîne protégée.

`array mysql_fetch_array(resource $result[,int typetab])`

Retourne la ligne en cours du résultat dans un tableau. Chaque appel de la fonction retourne la ligne suivante ou `FALSE` s'il n'y a plus de ligne. Le paramètre `typetab` précise le type du tableau retourné : associatif avec la valeur `MYSQL_ASSOC`, indicé avec la valeur `MYSQL_NUM`, les deux avec `MYSQL_BOTH` (utilise plus de mémoire).

`array mysql_fetch_assoc(resource $result)`

Identique à la fonction `mysql_fetch_array()` utilisée avec le paramètre `MYSQL_ASSOC`.

`object mysql_fetch_field(resource $result [,int numero_colonne])`

Retourne un objet dont les propriétés contiennent des informations sur les données du résultat. Ces propriétés sont les suivantes :
`name` : nom de la colonne.
`table` : nom de la table contenant la colonne.
`max_length` : taille de la colonne de type `VARCHAR`.
`not_null` : vaut 1 si la colonne a cette option.
`primary_key` : vaut 1 si la colonne est une clé primaire.
`unique_key` : vaut 1 si la colonne a l'option `UNIQUE`.

`multiple_key` : vaut 1 si la colonne est une clé non unique.

`numeric` : vaut 1 si la colonne est de type numérique.

`blob` : vaut 1 si la colonne est de type `BLOB`.

`type` : type de la colonne.

`unsigned` : vaut 1 si la colonne a l'option `UNSIGNED`.

`zerofill` : vaut 1 si la colonne a l'option `ZEROFILL` (pour les types numériques).

`array mysql_fetch_lengths(resource $result)`

Retourne la taille de chaque colonne du résultat.

`object mysql_fetch_object(resource $result)`

Retourne une ligne du résultat dans un objet dont les propriétés ont pour nom celui des colonnes et qui contiennent les valeurs de chaque colonne.

`array mysql_fetch_row(resource $result)`

Retourne un tableau indicé contenant la ligne en cours du résultat précisé et `FALSE` s'il n'y a plus de ligne.

`string mysql_field_flags(resource $result, int numero_colonne)`

Retourne les options de la colonne précisée du résultat. Les valeurs possibles sont : `'not_null'`, `'primary_key'`, `'unique_key'`, `'multiple_key'`, `'blob'`, `'unsigned'`, `'zerofill'`, `'binary'`, `'enum'`, `'auto_increment'` et `'timestamp'`. Voir aussi la fonction `mysql_fetch_field()`.

`int mysql_field_len(resource $result, int N)`

Retourne la taille de la colonne `N` du résultat.

`string mysql_field_name(resource $result, int N)`

Retourne le nom de la nième colonne du résultat.

`int mysql_field_seek(resource $result, int numéro_colonne)`

Place le pointeur de résultat sur la nième colonne du résultat. L'appel de la fonction `mysql_fetch_field()` retourne la valeur du champ.

`string mysql_field_table(resource $result,int N)`

Retourne le nom de la table qui contient la nième colonne du résultat.

`string mysql_field_type((resource $result, int N)`

Retourne le type de la nième colonne du résultat.

`boolean mysql_free_result(resource $result)`

Libère la mémoire utilisée par le résultat et retourne `TRUE` en cas de réussite et `FALSE` dans le cas contraire.

`int mysql_insert_id(resource $idcom)`

Retourne la dernière valeur entière insérée dans une colonne ayant l'option `AUTO_INCREMENT`.

`resource mysql_list_dbs(resource $idcom)`

Retourne un identifiant de résultat contenant la liste des bases de données du serveur MySQL.

`resource mysql_list_fields(string base,string table[, resource $idcom])`

Retourne un identifiant de résultat contenant la liste des colonnes d'une table donnée située dans une base précisée.

`rsource mysql_list_tables(string base[, resource $idcom])`

Retourne un identifiant de résultat contenant la liste des tables d'une base.

```
int mysql_num_fields(resource $result)
```

Retourne le nombre de colonnes présentes dans un résultat.

```
int mysql_num_rows(resource $result)
```

Retourne le nombre de lignes d'un résultat.

```
resource mysql_pconnect(string $host,string $user,string $pass)
```

Identique à la fonction mysql_connect() mais crée une connexion permanente.

```
boolean mysql_ping([resource $idcom])
```

Vérifie si la connexion est toujours active et effectue une reconnexion dans le cas contraire. Retourne TRUE si la connexion est effectuée et FALSE dans le cas contraire.

```
resource mysql_query(string $requete[,resource $idcom[,int mode]])
```

Envoie une requête SQL au serveur et retourne un identifiant de résultat.

```
string mysql_real_escape_string(string $chaine [, resource $idcom])
```

Échappe la chaîne précisée afin de l'inclure dans une requête SQL.

```
divers mysql_result( resource $result,int N [,divers M])
```

Retourne la valeur du champ de la colonne M de la ligne N du résultat.

```
boolean mysql_select_db(string base[,resource $idcom])
```

Choisit la base sur laquelle vont s'effectuer les opérations suivantes. Retourne TRUE si la base existe et FALSE dans le cas contraire.

```
string mysql_tablename( resource $result,int N)
```

Utilise l'identifiant de résultat retourné par la fonction mysql_list_tables() et retourne le nom de la nième table de la base.

```
resource mysql_unbuffered_query(string $requete[,resource $idcom])
```

Envoie une requête au serveur mais ne met pas le résultat en buffer. Le résultat doit être utilisé avant l'envoi d'une autre requête.

Exercices

Tous les exercices ci-dessous portent sur la base de données voitures créée aux chapitres 13 et 14.

Exercice 1
Créez un script permettant d'afficher le contenu de la table modele dans un tableau HTML. Les résultats doivent être triés par marque.

Exercice 2
Créez un formulaire permettant l'insertion de nouvelles données dans la table modele.

Exercice 3

Créez un formulaire permettant l'insertion simultanée des coordonnées d'une personne dans les tables `proprietaire` et `cartegrise`. Il doit contenir les zones de saisie des coordonnées de la personne et la liste des modèles d'une marque créée dynamiquement à partir de la saisie de la marque.

Exercice 4

Créez un formulaire de recherche permettant de retrouver tous les propriétaires d'un type de véhicule de marque et de modèle donnés. Affichez les résultats sous forme de tableau HTML.

Exercice 5

Créez un formulaire de recherche permettant de retrouver tous les véhicules possédés par une personne donnée. Affichez les résultats sous forme de tableau HTML.

Exercice 6

Réécrivez entièrement le code de l'exercice 5 en récupérant tous les résultats dans des objets et en manipulant leurs propriétés.

16

Accès objet à MySQL
avec PHP

Une tendance évidente qui a prévalu dans le développement de PHP 5 est la programmation objet ; l'accès à MySQL n'y a pas échappé, et cela n'a fait que s'accentuer dans les versions successives de PHP 5. Cette possibilité est liée à l'utilisation de l'extension `mysqli`, dite « mysql améliorée », qui comprend les trois classes suivantes :

- La classe `mysqli` qui permet de créer des objets de type `mysqli_object`. Cette dernière possède pas moins de 33 méthodes et 15 propriétés pouvant remplacer ou compléter les fonctions de l'extension `mysql` comme la connexion à la base, l'envoi de requêtes, les transactions ou les requêtes préparées.

- La classe `mysqli_result`, permettant de gérer les résultats d'une requête SQL effectuée par l'objet précédent. Ses méthodes et propriétés sont également les équivalents des fonctions de l'extension `mysql` vues au chapitre 15.

- La classe `mysql_stmt` qui représente une requête préparée. Il s'agit là d'une nouveauté par rapport à l'extension `mysql`.

Nous allons maintenant reprendre des différents exemples du chapitre 15 et voir comment obtenir les mêmes résultats via un accès objet. Ce chapitre peut donc être abordé indépendamment du chapitre précédent.

Connexion au serveur MySQL

Comme il se doit, la première chose à faire est de se connecter au serveur MySQL. Pour cela nous créons un objet de la classe `mysqli` selon la syntaxe suivante :

```
$idcom = new mysqli (string $host, string $user, string $pass [,string $base]) ;
```

$idcom est un objet mysqli et $host, $user et $pass sont, comme dans le chapitre 15, le nom du serveur MySQL, le nom de l'utilisateur et le mot de passe. Le paramètre facultatif $base permet de choisir d'emblée la base sur laquelle seront effectuées les commandes SQL.

Nous pouvons également réutiliser le fichier myparam.inc.php, créé au chapitre 15, contentant les paramètres de connexions (ci-dessous en local) :

☞ **Exemple 16-1. Le fichier *myparam.inc.php***

```
<?php
define("MYHOST","localhost");
define("MYUSER","root");
define("MYPASS","");
?>
```

L'objet $idcom représentant la connexion sera utilisé directement ou indirectement pour toutes les opérations à effectuer sur la base. Si la connexion n'est pas effectuée, la variable $idcom contiendra la valeur FALSE, permettant ainsi de tester si la connexion est bien réalisée.

En cas d'erreur de connexion, nous pouvons récupérer le code d'erreur généré et le message d'erreur associé grâce aux propriétés connect_errno et connect_error.

La connexion prend fin quand l'exécution du script PHP est terminée, mais on peut y mettre fin explicitement pour observer le serveur MySQL. Si les résultats d'une requête sont entièrement récupérés, la connexion peut en effet être coupée avec la méthode close() selon la syntaxe suivante :

```
boolean $idcom->close()
```

Si le serveur comporte plusieurs bases de données et que le paramètre $base a été employé lors de la création de l'objet $idcom, il est possible de changer de base sans interrompre la connexion en cours en appelant la méthode select_db() avec la syntaxe suivante :

```
boolean $idcom->select_db (string $base)
```

Cette méthode retourne un booléen qui permet de tester la bonne fin de l'opération. Si le paramètre $base n'a pas été précisé lors de la création de l'objet mysqli, c'est cette méthode qui permet de choisir la base.

Sélection de la base via SQL

Comme nous l'avons vu au chapitre 15, vous pouvez aussi sélectionner une base en envoyant la requête "USE nom_base" au serveur à l'aide de la méthode query() détaillée dans les sections suivantes.

En cours de script, vous pouvez à tout moment tester si la connexion est encore active en appelant la méthode ping() selon la syntaxe suivante :

```
boolean $idcom->ping()
```

Celle-ci renvoie TRUE si la connexion est active, sinon elle renvoie FALSE et effectue une reconnexion avec les paramètres initiaux.

La structure d'un script accédant à MySQL est donc la suivante :

```php
<?php
//Inclusion des paramètres de connexion
include_once("myparam.inc.php");
//Connexion au serveur
$idcom = new mysqli(MYHOST,MYUSER,MYPASS,"ma_base");
//Affichage d'un message en cas d'erreurs
if(!$idcom)
{
    echo "<script type=text/javascript>";
    echo "alert('Connexion impossible à la base)</script>";
}
//*******************************
//Requêtes SQL sur la base choisie
//Lecture des résultats
//*******************************
//Fermeture de la connexion
$idcom->close();
?>
```

Comme nous l'avons fait pour l'accès procédural à MySQL, nous avons intérêt à créer une fonction de connexion au serveur que nous réutiliserons systématiquement dans tous les exemples qui suivent. C'est l'objet de l'exemple 16-2 qui crée la fonction connexobjet() dont les paramètres sont le nom de la base dans la variable $base et le nom du fichier .inc.php contenant les paramètres de connexion dans la variable $param.

La fonction inclut d'abord les paramètres de connexion (repère ❶) puis crée un objet mysqli (repère ❷) ; elle vérifie ensuite que la connexion est bien réalisée (repère ❸), affiche un message d'alerte JavaScript et sort de la fonction en cas de problème (repère ❹). Si la connexion est bien réalisée elle retourne l'objet $idcom (repère ❺).

☞ **Exemple 16-2. Fonction de connexion au serveur**

```php
<?php
function connexobjet($base,$param)
{
    include_once($param.".inc.php"); ←❶
    $idcom = new mysqli(MYHOST,MYUSER,MYPASS,$base); ←❷
    if (!$idcom) ←❸
    {
        echo "<script type=text/javascript>";
        echo "alert('Connexion impossible à la base')</script>";
        exit(); ←❹
    }
    return $idcom; ←❺
}
?>
```

Chacun de vos scripts d'accès à la base doit donc contenir les lignes suivantes :

```
include("exemple16.2.php");
$idcom = connexobjet ("nom_base","myparam");
```

L'opération de connexion est donc gérée en deux lignes.

Envoi de requêtes SQL au serveur

Les différentes opérations à réaliser sur la base MySQL impliquent l'envoi de requêtes SQL au serveur.

Pour envoyer une requête, il faut employer la méthode query() de l'objet mysqli dont la syntaxe est :

```
divers $idcom->query (string $requete [,int mode ])
```

La requête est soit directement une chaîne de caractères, soit une variable de même type. Le paramètre mode est une constante qui prend la valeur MYSQLI_USE_RESULT ou MYSQLI_ STORE_RESULT, cette dernière étant la valeur par défaut. Avec MYSQLI_STORE_RESULT, il est possible d'envoyer plusieurs requêtes sans libérer la mémoire associée à un premier résultat, tandis qu'avec l'autre méthode, il faut d'abord libérer cette mémoire à l'aide de la méthode free() appliquée à l'objet $result (de type mysqli_result).

La méthode query() retourne TRUE en cas de réussite et FALSE sinon, en plus d'un objet de type mysqli_result pour les commandes SQL de sélection comme SELECT. Nous pouvons donc tester la bonne exécution d'une requête. En résumé, un script d'envoi de requête a la forme suivante :

☞ **Exemple 16-3 Envoi de requête type**

```
<?php
include_once("exemple16.2.php"); ←❶
$idcom=connexobjet("magasin","myparam"); ←❷
$requete="SELECT * FROM article ORDER BY categorie"; ←❸
$result=$idcom->query($requete); ←❹
if(!$result)
{
  echo "Lecture impossible"; ←❺
}
else
{
  // Lecture des résultats ←❻
  while ($row = $result->fetch_array(MYSQLI_NUM))
  {
   foreach($row as $donn)
   {
     echo $donn," ";
   }
   echo "<hr />";
  }
  // Destruction de l'objet $result
```

```
    $result->free(); ←❼
}
// Fermeture de la connexion
$idcom->close(); ←❽
?>
```

Ce script effectue successivement l'inclusion du fichier `exemple16.2.php` (repère ❶), la connexion au serveur (repère ❷), l'écriture de la requête SQL dans la variable `$requete` (repère ❸), l'envoi de la requête et la récupération du résultat (repère ❹), l'affichage d'un éventuel message d'erreur (repère ❺) ou bien des résultats (repère ❻) – procédure que nous détaillerons dans le paragraphe suivant –, et enfin, la libération de la mémoire occupée par l'objet `mysqli_result` (repère ❼) et la fermeture de la connexion (repère ❽).

Lecture du résultat d'une requête

Pour les opérations d'insertion, de suppression ou de mise à jour de données dans une base, il est simplement utile de vérifier si la requête a bien été exécutée.

Par contre, lorsqu'il s'agit de lire le résultat d'une requête contenant la commande SELECT, la méthode `query()` retourne un objet de type `mysqli_result`, identifié dans nos exemples par la variable `$result`. La classe `mysqli_result` offre une grande variété de méthodes permettant de récupérer des données sous des formes diverses, la plus courante étant un tableau. Chacune de ces méthodes ne récupérant qu'une ligne du tableau à la fois, il faut recourir à une ou plusieurs boucles pour lire l'ensemble des données.

Lecture à l'aide d'un tableau

La méthode de la classe `mysqli_result` la plus perfectionnée la plus utile pour lire des données dans un tableau est `fetch_array()`, dont la syntaxe est :

```
array $result->fetch_array (int type)
```

Elle retourne un tableau qui peut être indicé (si la constante `type` vaut `MYSQLI_NUM`), associatif (si `type` vaut `MYSQLI_ASSOC`), dont les clés sont les noms des colonnes ou les alias de la table interrogée, ou encore mixte, contenant à la fois les indices et les clés (si `type` vaut `MYSQLI_BOTH`). Pour lire toutes les lignes du résultat, il faut écrire une boucle (`while` par exemple) qui effectue un nouvel appel de la méthode `fetch_array()` pour chaque ligne. Cette boucle teste s'il existe encore des lignes à lire, la méthode `fetch_array()` retournant la valeur `NULL` quand il n'y en a plus. Pour lire et afficher chaque ligne nous utilisons ensuite une boucle `foreach`. Notez encore une fois que si le tableau retourné est indicé, l'indice 0 correspond au premier attribut écrit dans la requête et ainsi de suite.

Les méthodes suivantes permettent également de récupérer une ligne de résultat à la fois :

```
array $result->fetch_assoc(void)
```

retourne un tableau associatif dont les clés sont les noms des colonnes de la table.

```
array $result->fetch_row(void)
```

donc les indices de 0 à N sont les positions des attributs dans la requête SQL.

L'exemple 16-4 met cette méthode en pratique dans le but d'afficher le contenu de la table `article` de la base `magasin` dans un tableau HTML. Après l'inclusion de la fonction de connexion (repère ❶) puis son appel sur la base `magasin` (repère ❷) nous écrivons la requête SQL de sélection (repère ❸). L'envoi de la requête avec la méthode `query()` permet de récupérer un objet `$result` ou `FALSE` en cas d'échec (repère ❹). Un test sur la variable `$result` (repère ❺) permet d'afficher un message d'erreur (repère ❻) ou le contenu de la table (repère ❼). Nous récupérons d'abord le nombre d'articles dans la table grâce à la propriété `num_rows` de l'objet `mysqli_result` (repère ❽) et affichons ce nombre dans un titre `<h4>` (repère ❾). Une boucle `while` permet de lire une ligne à la fois dans un tableau indicé (repère ❿), puis une boucle `foreach` permet d'afficher chacune des valeurs du tableau dans un tableau HTML (repère ⓫). L'objet `$result` est alors supprimé (repère ⓬) et la connexion fermée (repère ⓭). La figure 16-1 montre l'affichage obtenu dans un navigateur.

Si l'on veut récupérer toutes les lignes de résultats dans un seul tableau en une seule fois sans effectuer de boucle `while` comme au repère ❿ de l'exemple, il est possible d'utiliser la méthode `fetch_all()` dont la syntaxe est :

```
array $result->fetch_all(inttype)
```

Le paramètre type prend comme valeur les mêmes constantes que celles de la méthode `fetch_array()`. S'il y a plusieurs lignes de résultats, le tableau sera donc multidimensionnel et lisible avec deux boucles `foreach` imbriquées. Cette possibilité sera exploitée dans l'exemple 16-5.

☞ **Exemple 16-4. Lecture de la table article**

```php
<!DOCTYPE html>
<html lang="fr">
<head>
<meta http-equiv="Content-Type" content="text/html;charset=UTF-8" />
  <title>Lecture de la table article</title>
  <style type="text/css" >
  table {border-style:double;border-width: 3px;border-color: red;background-color: yellow;}
  </style>
 </head>
 <body>
<?php
include("exemple16.2.php"); ←❶
$idcom=connexobjet("magasin","myparam"); ←❷
$requete="SELECT * FROM article ORDER BY categorie"; ←❸
$result=$idcom->query($requete); ←❹
if(!$result) ←❺
{
  echo "Lecture impossible"; ←❻
}
else ←❼
{
  $nbart=$result->num_rows; ←❽
  echo "<h3>Tous nos articles par catégorie</h3>";
```

```
      echo "<h4>Il y a $nbart articles en magasin</h4>"; ←❾
      echo "<table border=\"1\">";
      echo "<tr><th>Code article</th> <th>Description</th> <th>Prix</th> <th>Catégorie</th></tr>";
      while($ligne=$result->fetch_array(MYSQLI_NUM)) ←❿
      {
        echo "<tr>";
        foreach($ligne as $valeur) ←⓫
        {
          echo "<td> $valeur </td>";
        }
        echo "</tr>";
      }
      echo "</table>";
    }
    $result->free(); ←⓬
    $idcom->close(); ←⓭
    ?>
</body>
</html>
```

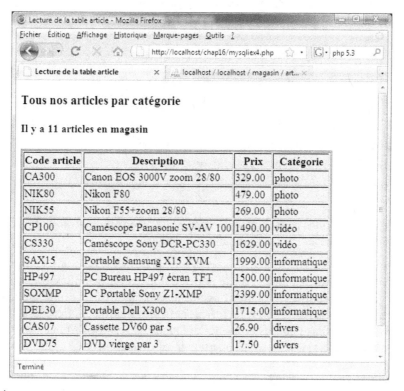

Figure 16-1

Lecture de la table article

Lecture des noms de colonnes

Dans l'exemple précédent, les titres des colonnes du tableau HTML étant écrits à l'avance dans le script, nous pouvons automatiser cette opération en récupérant les noms des colonnes de la table interrogée ou les alias figurant dans les requêtes SQL. La méthode fetch_fields() d'un objet mysqli_result nous fournit ces informations et bien d'autres concernant la table. Sa syntaxe est :

```
array $result->fetch_fields(void)
```

Le tableau retourné contient autant d'objets qu'il existe de colonnes dans la requête SQL. Ces derniers ont tous les mêmes propriétés, détaillées dans le tableau 16-1, permettant d'obtenir des informations sur les attributs de la table.

Tableau 16-1 Définition des propriétés

Propriété	Définition
name	Nom de la colonne
orgname	Nom initial de la colonne si un alias a été créé
+table	Nom de la table à laquelle la colonne appartient (s'il n'a pas été obtenu dynamiquement par concaténation, par exemple)
orgtable	Nom initial de la table si un alias a été créé
def	Valeur par défaut de l'attribut, donnée dans une chaîne de caractères
max_length	Longueur maximale du champ pour le jeu de résultats
length	Longueur du champ dans la définition de table
charsetnr	Jeu de caractères pour cet attribut
flags	Entier représentant le bit-flags pour cet attribut
type	Type de donnée utilisée pour l'attribut
decimals	Nombre de décimales utilisées (pour les attributs de type entier)

Ces informations peuvent nous permettre de reconstituer la structure de la table à laquelle nous avons accès sans en connaitre les détails.

Nous allons utiliser une de ces propriétés pour créer automatiquement les en-têtes d'un tableau HTML à partir des noms des colonnes ou des alias éventuels définis dans la requête. L'exemple 16-5 illustre cette possibilité à partir d'une requête SQL sélectionnant les articles de la table article dont la désignation contient le mot « Sony » en définissant des alias pour les noms des colonnes (repère ❶). Après l'envoi de la requête par la méthode query(), nous récupérons le résultat (repère ❷) puis son nombre de lignes (repère ❸) et le tableau d'objets $titres contenant les informations présentées dans le tableau 16-1 (repère ❹). Les noms des colonnes ou des alias employés ici sont contenus dans les propriétés $titres->name et lus un par un à l'aide d'une boucle foreach (repère ❺), puis affichés dans les en-têtes par des éléments <th> du tableau HTML (repère ❻). L'ensemble des lignes du résultat de la requête est obtenu dans le tableau `$tabresult`, dont chaque élément est lui-même un tableau, grâce à la méthode `fetch_all()` (repère ❼). Les résultats sont affichés à l'aide de deux boucles `foreach` imbriquées (repères ❽ et ❾). Le résultat et l'objet connexion sont ensuite supprimés.

☞ **Exemple 16-5. Lecture des noms des colonnes**

```
<!DOCTYPE html>
<html lang="fr">
<head>
<meta http-equiv="Content-Type" content="text/html;charset=UTF-8" />
  <title>Lecture de la table article</title>
  <style type="text/css" >
  table {border-style:double;border-width: 3px;border-color: red;background-color: yellow;}
  </style>
 </head>
<body>
<?php
include("exemple16.2.php");
$idcom=connexobjet("magasin","myparam");
//****************************************
$requete="SELECT id_article AS 'Code article',designation AS 'Désignation',prix
➡AS 'Prix Unitaire',categorie AS 'Catégorie' FROM article WHERE designation LIKE
➡'%Sony%' ORDER BY categorie"; ←❶
//****************************************
$result=$idcom->query($requete); ←❷
//****************************************
if(!$result)
{
    echo "Lecture impossible";
}
else
{
  $nbart=$result->num_rows; ←❸
  $titres=$result->fetch_fields(); ←❹
  echo "<h3>Tous nos articles de la marque Sony</h3>";
  echo "<h4>Il y a $nbart articles en magasin</h4>";
  echo "<table border=\"1\"> <tr>";
  // Affichage des titres
  foreach($titres as $colonne) ←❺
  {
      echo "<th>", htmlentities($colonne->name) ,"</th>"; ←❻
  }
  echo "</tr>";
  // Lecture de TOUTES les lignes du résultat
  $tabresult=$result->fetch_all(); ←❼
  foreach($tabresult as $ligne) ←❽
  {
    echo "<tr>";
```

```
      foreach($ligne as $valeur) ←❾
      {
        echo "<td> $valeur </td>";
      }
      echo "</tr>";
    }
    echo "</table>";
}
$result->free();
$idcom->close();
?>
</body>
</html>
```

La figure 16-2 illustre les résultats obtenus.

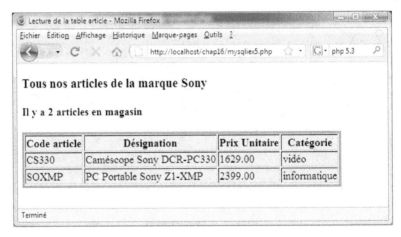

Figure 16-2

Lecture des noms des colonnes

Récupération des valeurs dans un objet

Les objets de type `mysqli_result` possèdent la méthode `fetch_object()` dont la syntaxe est :

```
object $result->fetch_object()
```

À chaque appel de cette méthode, l'objet retourné représente une ligne de résultat et possède autant de propriétés qu'il existe d'attributs dans la requête SQL `SELECT` ; les noms de ces propriétés sont ceux des colonnes de la table ou des alias éventuels.

Si nous récupérons une ligne de résultat dans la variable `$ligne` :

```
$ligne=$result->fetch_object()
```

La valeur d'un attribut nom est lue avec la ligne de code :

```
$ligne->nom
```

L'exemple 16-6 réalise, en employant cette méthode, la recherche et l'affichage dans un tableau HTML de tous les clients qui habitent Paris. Par contre, pour afficher les titres du tableau nous n'allons pas utiliser la méthode fetch_fields() comme précédemment. Dans la requête SQL nous définissons des alias qui vont être les en-têtes (repère ❶). Pour les lire, nous appelons une première fois la méthode fetch_object() pour l'objet $result (repère ❷) et récupérons un objet $titres. Ici, ce ne sont pas les valeurs de ses propriétés qui nous intéressent mais leurs noms. Ces derniers sont récupérables dans la variable $colonne en appliquant une boucle foreach à l'objet $titres (repère ❸). Nous intégrons alors ces valeurs dans des éléments <th> (repère ❹). Nous pourrions maintenant appeler de nouveau la méthode fetch_object() pour lire les données mais, à ce niveau, il se pose un problème. En effet, cette méthode ayant déjà été appelée, un deuxième appel lirait la deuxième ligne de résultat et la première serait perdue. Une solution est d'utiliser la méthode data_seek() (repère ❺), dont la syntaxe est :

```
boolean $result->data_seek(int N)
```

Le paramètre N désigne la ligne de résultat sur laquelle nous voulons pointer. Le booléen retourné permet de vérifier que l'opération est bien réalisée et que la ligne N existe bien, par exemple. Nous pouvons maintenant utiliser une boucle while pour lire chacune des lignes du résultat (repère ❻) et afficher les données. Remarquez que, comme nous l'avons déjà signalé, les noms des propriétés de l'objet $ligne sont ici les alias définis dans la requête SQL (repère ❼). Le tableau HTML obtenu est représenté à la figure 16-3.

☞ **Exemple 16-6. Lecture des données dans un objet**

```
<!DOCTYPE html>
<html lang="fr">
<head>
<meta http-equiv="Content-Type" content="text/html;charset=UTF-8" />
<title>Lecture de la table client</title>
<style type="text/css" >
table {border-style: double; border-width: 3px; border-color: red; background-color: yellow;}
</style>
</head>
<body>
<?php
include("exemple16.2.php");
$idcom=connexobjet("magasin","myparam");
$requete="SELECT id_client AS 'Code_client',nom,prenom,adresse,age,mail FROM client
➥WHERE ville ='Paris' ORDER BY nom"; ←❶
$result=$idcom->query($requete);
if(!$result)
{
  echo "Lecture impossible";
}
else
```

```
{
  $nbart=$result->num_rows;
  echo "<h3> Il y a $nbart clients habitant Paris</h3>";
  // Affichage des titres du tableau
  $titres=$result->fetch_object(); ←❷
  echo "<table border=\"1\"> <tr>";
  foreach($titres as $colonne=>$val) ←❸
    {
      echo "<th>", $colonne ,"</th>"; ←❹
    }
  echo "</tr>";
  // Affichage des valeurs du tableau
  echo "<tr>";
  $result->data_seek(0); ←❺
  while ($ligne = $result->fetch_object()) ←❻
  {
    echo"<td>", $ligne->Code_client,"</td>", "<td>", $ligne->nom,"</td>","<td>",
    ➥$ligne->prenom,"</td>","<td>", $ligne->adresse,"</td>","<td>", $ligne->age,
    ➥"</td>","<td>", $ligne->mail,"</td></tr>"; ←❼
  }
echo "</table>";
$result->free();
$idcom->close();
}
?>
</body>
</html>
```

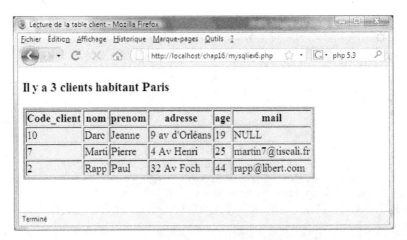

Figure 16-3

Lecture des noms des colonnes

Insertion de données dans la base

Dans un site interactif, il faut pouvoir enregistrer dans la base de données les informations saisies par les visiteurs dans un formulaire HTML en vue d'une réutilisation ultérieure, comme dans le cas des coordonnées complètes d'un client.

En vous situant, comme au chapitre 15, dans la perspective d'un site de e-commerce, vous allez réaliser la saisie puis l'insertion des coordonnées d'un client dans la table `client` de la base `magasin`. Dans un second temps, nous lui permettrons de mettre à jour ces informations.

Insertion des données

Le formulaire HTML est l'outil privilégié pour saisir de données et les envoyer vers le serveur PHP/MySQL. Nous disposons désormais de la fonction `connexobjet()` pour effectuer la connexion et de la méthode `query()` pour l'envoi des requêtes. Seule la commande SQL `INSERT` distingue cette opération de celle de lecture de données. Le script de l'exemple 16-7 réalise ce type d'insertion en récupérant les données saisies par le client dans un formulaire lors d'une commande. Nous commençons par vérifier l'existence des saisies obligatoires correspondant aux variables `$_POST['nom']`, `$_POST['adresse']` et `$_POST['ville']` (repère ❶). Quand une requête est formée en utilisant les saisies faites par l'utilisateur, il est préférable d'utiliser le caractère d'échappement pour les caractères spéciaux des chaines récupérées dans le tableau `$_POST`, en particulier les guillemets, qui peuvent poser problème dans la requête. Nous disposons pour cela de la méthode `real_escape_string()` des objets `mysqli` dont la syntaxe est :

```
string $idcom->real_escape_string(string $chaine)
```

La chaine obtenue contient le caractère d'échappement / devant les caractères spéciaux NULL, \n, \r, ', " et Control-Z.

Le script récupère toutes les saisies et les protège (repères ❸ à ❽). La colonne `id_client` de la table `client` ayant été déclarée avec l'option `AUTO_INCREMENT`, il faut y insérer la valeur `NULL` en lui donnant la valeur `"\N"` (repère ❷). Le résultat de la requête est ici un booléen permettant de vérifier la bonne insertion des données dans la table (repère ❾). Le script doit communiquer son identifiant au client pour qu'il puisse modifier éventuellement ses données. La valeur de la colonne `id_client` est récupérable à l'aide de la propriété `insert_id` de l'objet `mysqli`. Ce nombre entier est affiché dans une boite d'alerte JavaScript (repère ❿).

☞ **Exemple 16-7. Insertion de données**

```html
<!DOCTYPE html>
<html lang="fr">
<head>
<meta http-equiv="Content-Type" content="text/html;charset=UTF-8" />
  <title>Saisissez vos coordonnées</title>
```

```php
</head>
<body>
 <form action= "<?php echo $_SERVER['PHP_SELF'];?>" method="post"
enctype="application/x-www-form-urlencoded">
<fieldset>
<legend><b>Vos coordonnées</b></legend>
<table>
<tr><td>Nom : </td><td><input type="text" name="nom" size="40" maxlength="30"/></td></tr>
<tr><td>Prénom : </td><td><input type="text" name="prenom" size="40" maxlength="30"/></td></tr>
<tr><td>Âge : </td><td><input type="text" name="age" size="40" maxlength="2"/></td></tr>
<tr><td>Adresse : </td><td><input type="text" name="adresse" size="40" maxlength="60"/></td></tr>
<tr><td>Ville : </td><td><input type="text" name="ville" size="40" maxlength="40"/></td></tr>
<tr><td>E-mail : </td><td><input type="text" name="mail" size="40" maxlength="50"/></td></tr>
<tr>
<td><input type="reset" value="Effacer"></td>
<td><input type="submit" value="Envoyer"></td>
</tr>
</table>
</fieldset>
</form>
<?php
include("exemple16.2.php");
$idcom=connexobjet('magasin','myparam');
if(!empty($_POST['nom'])&& !empty($_POST['adresse'])&& !empty($_POST['ville']))←❶
{
  $id_client="\N"; ←❷
  $nom=$idcom->escape_string($_POST['nom']); ←❸
  $prenom=$idcom->escape_string($_POST['prenom']); ←❹
  $age=$idcom->escape_string($_POST['age']); ←❺
  $adresse=$idcom->escape_string($_POST['adresse']); ←❻
  $ville=$idcom->escape_string($_POST['ville']); ←❼
  $mail=$idcom->escape_string($_POST['mail']); ←❽
  // Requête SQL
  $requete="INSERT INTO client VALUES('$id_client','$nom','$prenom','$age',
  ➥ '$adresse','$ville','$mail')";
  $result=$idcom->query($requete); ←❾
    if(!$result)
  {
    echo $idcom->errno;
    echo $idcom->error;
    echo "<script type=\"text/javascript\">
  alert('Erreur : ".$idcom->error."')</script>";
    }
  else
  {
    echo "<script type=\"text/javascript\">
    alert('Vous êtes enregistré. Votre numéro de client est :
    ➥". $idcom>insert_id."')</script>"; ←❿
```

```
      $idcom->close();
   }
}
else {echo "<h3>Formulaire à compléter !</h3>";}
?>
</body>
</html>
```

La figure 16-4 illustre la page de saisie et la figure 16-5 la boîte d'alerte JavaScript qui donne son identifiant au client.

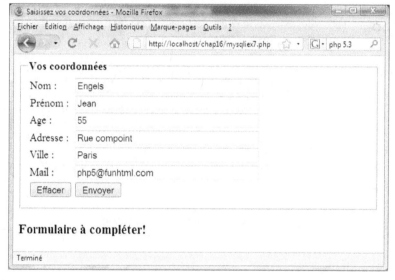

Figure 16-4

Formulaire d'insertion de données

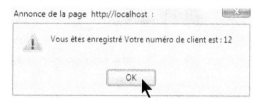

Figure 16-5

Boîte d'alerte JavaScript donnant le numéro de client

Mise à jour d'une table

Un client doit pouvoir modifier ses coordonnées, comme son adresse de livraison ou son e-mail. L'exemple 16-8 crée une page contenant un formulaire qui permet la saisie du code client dans une zone de texte HTML (repère ❶). L'attribut action de l'élément <form> renvoie le traitement de la saisie au fichier mysqliex9.php de l'exemple 16-9. La page créée est conforme à la figure 16-6.

☞ **Exemple 16-8 Page de saisies des modifications**

```
<!DOCTYPE html>
<html lang="fr">
<head>
<meta http-equiv="Content-Type" content="text/html;charset=UTF-8" />
   <title>Modifiez vos coordonnées</title>
</head>
<body>
  <form action= "exemple16.9.php" method="post" enctype="application/x-www-form-urlencoded">
  <fieldset>
  <legend><b>Saisissez votre code client pour modifier vos coordonnées</b></legend>
  <table><tbody>
  <tr>
  <td>Code client : </td>
  <td><input type="text" name="code" size="20" maxlength="10"/></td>←❶
  </tr>
  <tr>
  <td>Modifier : </td>
  <td><input type="submit" value="Modifier"/></td>
  </tr>
  </tbody></table>
  </fieldset>
  </form>
</body>
</html>
```

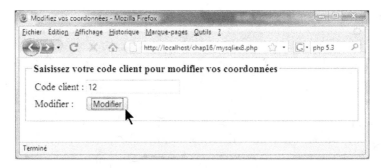

Figure 16-6

Page de saisie du code client

La mise à jour des coordonnées du client est réalisée par le script de l'exemple 16-9.

La première inclusion de code PHP renvoie le client vers la page de saisie du code s'il a validé le formulaire sans avoir effectué de saisie (repère ❶). Rappelons, comme nous l'avons déjà vu par ailleurs, que cette partie de code PHP doit figurer en tête du fichier car elle utilise la fonction header() pour effectuer la redirection.

La suite du fichier comporte deux parties distinctes. La première crée dynamiquement un formulaire permettant la modification des données et la seconde enregistre ces données dans la base.

Lors du premier appel du fichier de l'exemple 16-9, la condition de l'instruction if (repère ❷) est nécessairement vérifiée car la variable $_POST['modif'] ne contient rien. Elle correspond à la valeur associée au bouton submit du formulaire qui n'est pas encore créé. Le script crée une connexion au serveur MySQL pour y lire les coordonnées actuelles du client, dont le code est contenu dans la variable $code issue de la page de saisie de l'exemple 16-8 (repère ❸).

La requête SQL sélectionne alors toutes les colonnes de la table client dont l'identifiant client (colonne id_client de la table client) correspond à la valeur de la variable $code (repère ❹), dans le but de compléter le formulaire avec les données actuelles. Cela permet de ne saisir que les modifications éventuelles de coordonnées du client, sans devoir ressaisir l'ensemble. Ces coordonnées sont lues à l'aide de la méthode fetch_row() de l'objet $result de type mysqli_result (repère ❺), puisque le résultat de la requête SELECT ne comporte qu'une seule ligne. Elles sont alors contenues dans la variable $coord de type array. Pour afficher les coordonnées dans le formulaire, vous devez attribuer les valeurs de ses éléments aux attributs value des différents champs <input /> (repère ❻).

La figure 16-7 montre un exemple de création dynamique de formulaire pour le client dont l'identifiant vaut 12. Le champ caché code du formulaire permet de passer la valeur du code client à la partie du script chargée de l'enregistrement des données modifiées (repère ❼).

L'envoi du formulaire utilise la deuxième partie du script, qui met à jour les données du visiteur dans la table client après avoir vérifié l'existence de valeurs pour les champs obligatoires du formulaire (repère ❽). Seules les colonnes nom, adresse, ville et mail peuvent être mises à jour à l'aide de la requête suivante (repère ❾) le reste étant forcément inchangé :

```
UPDATE client SET nom='$nom',adresse='$adresse',ville='$ville',
mail='$mail'
WHERE id_client='$code'
```

La vérification du résultat de la requête (repère ❿) permet d'afficher une boîte d'alerte JavaScript contenant soit un message d'erreur, soit la confirmation de l'enregistrement (repère ⓫). Le visiteur est automatiquement redirigé vers la page exemple16.8.html de saisie d'un code (repère ⓬).

☞ **Exemple 16-9 Mise à jour de données**

```php
<?php
  if(empty($_POST['code'])){header("Location:exemple16.8.php");}   ←❶
?>
<!DOCTYPE html>
<html lang="fr">
<head>
<meta http-equiv="Content-Type" content="text/html;charset=UTF-8" />
<title>Modifiez vos coordonnées</title>
</head>
<body>
<?php
include('exemple16.2.php');
$idcom=connexobjet('magasin','myparam');

if(!isset($_POST['modif']))   ←❷
{
  $code=$idcom->escape_string($_POST['code']);   ←❸
  // Requête SQL
  $requete="SELECT * FROM client WHERE id_client='$code' ";   ←❹
  $result=$idcom->query($requete);
  $coord=$result->fetch_row();   ←❺
  // Création du formulaire complété avec les données existantes   ←❻
  echo "<form action= \"". $_SERVER['PHP_SELF']."\" method=\"post\"enctype=\
  ➥"application/x-www-form-urlencoded\">";
  echo "<fieldset>";
  echo "<legend><b>Modifiez vos coordonnées</b></legend>";
  echo "<table>";
  echo "<tr><td>Nom : </td><td><input type=\"text\" name=\"nom\" size=\"40\"
  ➥maxlength=\"30\" value=\"$coord[1]\"/> </td></tr>";
  echo "<tr><td>Prénom : </td><td><input type=\"text\" name=\"prenom\" size=\"40\"
  ➥maxlength=\"30\" value=\"$coord[2]\"/></td></tr>";
  echo "<tr><td>Âge : </td><td><input type=\"text\" name=\"age\" size=\"40\"
  ➥maxlength=\"2\" value=\"$coord[3]\"/></td></tr>";
  echo "<tr><td>Adresse : </td><td><input type=\"text\" name=\"adresse\" size=\"40\"
  ➥maxlength=\"60\" value=\"$coord[4]\"/></td></tr>";
  echo "<tr><td>Ville : </td><td><input type=\"text\" name=\"ville\" size=\"40\"
  ➥ maxlength=\"40\" value=\"$coord[5]\"/></td></tr>";
  echo "<tr><td>E-mail : </td><td><input type=\"text\" name=\"mail\" size=\"40\"
  ➥ maxlength=\"50\" value=\"$coord[6]\"/></td></tr>";
  echo "<tr><td><input type=\"reset\" value=\"Effacer\"></td> <td><input type=\
  ➥"submit\" name=\"modif\" value=\"Enregistrer\"></td></tr></table>";
  echo "</fieldset>";
  echo "<input type=\"hidden\" name=\"code\" value=\"$code\"/>";   ←❼
  echo "</form>";
  $result->free();
  $idcom->close();
}
```

```
elseif(isset($_POST['nom'])&& isset($_POST['adresse'])&& isset($_POST['ville']))←❽
{
  // ENREGISTREMENT
  $nom=$idcom->real_escape_string($_POST['nom']);
  $adresse=$idcom->real_escape_string($_POST['adresse']);
  $ville=$idcom->real_escape_string($_POST['ville']);
  $mail=$idcom->real_escape_string($_POST['mail']);
  $age=(integer)$_POST['age'];
  $code=$idcom->real_escape_string($_POST['code']);
  // Requête SQL
  $requete="UPDATE client SET nom='$nom', adresse=
➥'$adresse',ville='$ville',mail='$mail',age=$age WHERE id_client='$code'";←❾
  $result=$idcom->query($requete);

  if(!$result)←❿
  {
    echo "<script type=\"text/javascript\"> alert('Erreur : ".$result->error."')
    ➥</script>";←⓫
  }
  else
  {
    echo "<script type=\"text/javascript\"> alert('Vos modifications sont
    ➥enregistrées');window.location='exemple16.8.php';</script>";←⓬
  }
  $result->free();
  $idcom->close();
}
else
{
  echo "Modifiez vos coordonnées !";
}
?>
</body>
</html>
```

Vérification de l'insertion

La propriété `affected_rows` de l'objet `mysqli` contient le nombre de lignes affectées par une mise à jour. Elle peut donc nous permettre de savoir si la modification est bien réalisée, car elle doit ici être égale à 1. Au repère ❿ de l'exemple 16-9, vous pourriez donc écrire :

```
if($idcom->affected_rows()!=1)
{ // Affichage de l'erreur}
else
{ // Message de confirmation}
```

Figure 16-7

Formulaire de saisie des coordonnées créé dynamiquement

Recherche dans la base

Un site de commerce en ligne doit permettre à ses visiteurs et futurs clients d'effectuer des recherches dans la base de données afin d'accéder plus rapidement à l'information sur le produit recherché. Il doit en outre permettre d'effectuer des statistiques marketing à l'usage du propriétaire du site. Ces recherches concernent aussi bien les sites de commerce en ligne que les annuaires et moteurs de recherche des sites de contenu.

L'exemple 16-10 crée un formulaire classique permettant de saisir un mot-clé et d'effectuer des choix de tri des résultats. Les critères de tri selon le prix, la catégorie ou l'identifiant d'article sont affichés sous forme de liste déroulante. Le choix de l'ordre croissant ou décroissant s'effectue au moyen de deux boutons radio ayant le même attribut `name`, ce qui les rend exclusifs l'un de l'autre.

Le script contrôle d'abord que le visiteur a saisi un mot-clé dans le formulaire en vérifiant que la variable `$_POST['motcle']` n'est pas vide (repère ❶). Il récupère ensuite le mot-clé, la catégorie, le critère de tri et l'ordre d'affichage, respectivement dans les variables `$motcle`, `$categorie`, `$ordre` et `$tri` (repères ❷ à ❺).

Si la catégorie choisie est `"tous"`, la partie de la commande `WHERE` concernant cette catégorie est vide. Pour les autres choix, elle est égale à `"AND categorie=$categorie"` (repère ❻). La requête de sélection suivante (repère ❼) est alors créée par le code :

```
"SELECT id_article AS 'Code article',
designation AS 'Description',
prix,categorie AS 'Cat&#233;gorie'
FROM article WHERE lower(designation) LIKE'%$motcle%'".$reqcategorie.
"ORDER BY $tri $ordre";
```

On peut remarquer l'utilisation de la fonction MySQL `lower()` qui permet d'effectuer une recherche insensible à la casse. De cette façon, que l'utilisateur cherche les mots-clés « sony » ou « Sony », il obtiendra bien les résultats présents dans la table `article`.

L'utilisation d'alias donne un meilleur affichage des titres du tableau de résultats. Après la connexion au serveur, vous récupérez le résultat de la requête dans la variable `$result` (repère ❽). La lecture des résultats et l'affichage de toutes les lignes retournées sont réalisés avec la méthode `fetch_row()` (repère ❾). La figure 16-8 illustre la page créée après la recherche du mot-clé `portable`.

☞ **Exemple 16-10. Page de recherche d'articles**

```
<!DOCTYPE html>
<html lang="fr">
 <head>
  <meta http-equiv="Content-Type" content="text/html;charset=UTF-8" />
  <title>Rechercher un article dans le magasin</title>
 </head>
 <body>
  <form action= "<?php echo $_SERVER['PHP_SELF']?>" method="post" enctype=
➥"application/x-www-form-urlencoded">
  <fieldset>
  <legend><b>Rechercher un article en magasin</b></legend>
  <table>
  <tbody>
  <tr> <td>Mot-cl&#233;: </td>
  <td><input type="text" name="motcle" size="40" maxlength="40" /></td>
  </tr>
  <tr>
  <td>Dans la catégorie : </td>
  <td>
  <select name="categorie">
  <option value="tous">Tous</option>
  <option value="vidéo">Vidéo</option>
  <option value="informatique">Informatique</option>
  <option value="photo">Photo</option>
  <option value="divers">Divers</option>
  </select>
  </td>
  </tr>
  <tr>
  <td>Trier par : </td>
  <td>
  <select name="tri">
  <option value="prix">Prix</option>
  <option value="categorie">Catégorie</option>
  <option value="id_article">Code</option>
  </select>
  </td>
```

```
   </tr>
   <tr><td>En ordre : </td>
   <td>Croissant<input type="radio" name="ordre" value="ASC" checked="checked"/>
➡Décroissant<input type="radio" name="ordre" value="DESC" />
   </td> </tr>
   <tr><td>Envoyer</td><td><input type="submit" name="" value="OK"/></td> </tr>
   </tbody>
   </table>
   </fieldset>
   </form>
<?php
if(!empty($_POST['motcle']))←❶
{
  include('exemple16.2.php');
  $motcle=strtolower(($_POST['motcle']));←❷
  $categorie=($_POST['categorie']);←❸
  $ordre=($_POST['ordre']);←❹
  $tri=($_POST['tri']);←❺

  // Requête SQL
  $reqcategorie=($_POST['categorie']=="tous")?"":"AND categorie='$categorie'";←❻
  $requete="SELECT id_article AS 'Code article',designation AS 'Description',
➡prix,categorie AS 'Cat&#233;gorie' FROM article WHERE lower(designation) LIKE
➡lower('%$motcle%')".$reqcategorie."ORDER BY $tri $ordre";←❼
  $idcom=connexobjet('magasin','myparam');
  $result=$idcom->query($requete);←❽
  if(!$result)←❾
  {
    echo "Lecture impossible";
  }
  else
  {
  $nbcol=$result->field_count;
  $nbart=$result->num_rows;
  $titres=$result->fetch_fields();
  echo "<h3>Il y a $nbart articles correspondant au mot-clé : $motcle</h3>";
    // Affichage des titres du tableau
    echo "<table border=\"1\"> <tr>";
   foreach($titres as $nomcol=>$val)
    {
      echo "<th>", $titres[$nomcol]->name ,"</th>";
    }
    echo "</tr>";
    // Affichage des valeurs du tableau
   for($i=0;$i<$nbart;$i++)
    {
    $ligne=$result->fetch_row();
      echo "<tr>";
```

```
    for($j=0;$j<$nbcol;$j++)
      {
        echo "<td>",$ligne[$j],"</td>";
      }
    echo "</tr>";
    }
  echo "</table>";
  $result->free();
  $idcom->close();
    }
}
?>
</body>
</html>
```

Figure 16-8

Formulaire de recherche et résultats obtenus

Les requêtes préparées

Nous avons déjà construit des requêtes SQL dynamiquement à partir d'informations saisies par l'utilisateur dans l'exemple précédent. Les requêtes préparées permettent de créer des requêtes SQL qui ne sont pas directement utilisables mais qui contiennent des paramètres auxquels on peut donner des valeurs différentes en fonction des besoins, pour des appels répétitifs par exemple. Une requête préparée peut se présenter sous la forme suivante :

```
SELECT prenom,nom FROM client WHERE ville=? AND id_client>=?
```

Dans cette requête, les caractères ? vont être remplacés par des valeurs quelconques en fonction des besoins du visiteur.

La démarche à suivre pour utiliser une requête préparée est la suivante :

1. Écrire la chaîne de requête comme paramètre de la méthode prepare() de l'objet mysqli. Cette dernière retourne un objet de type mysqli_stmt qui représente la requête préparée.

2. Lier les paramètres dans l'ordre de leur apparition avec des valeurs ou des variables à l'aide de la méthode bind_param() de l'objet mysqli_stmt, selon la syntaxe : $mysqli_stmt->bind_param(string $types, $param1,...$paramN).

   La chaîne $types est la concaténation de caractères indiquant le type de chacun des paramètres. La signification de ces caractères est présentée au tableau 16-2.

Tableau 16-2. Signification des caractères de la chaîne $types

Caractère	Définition
i	Entier (integer)
d	Décimal
s	Chaîne de caractères (string)
b	Blob (texte long)

3. Pour trois paramètres qui seraient, dans l'ordre d'apparition dans la requête, un décimal, une chaîne et un entier, la chaîne $types serait par exemple "dsi".

4. Exécuter la requête en appelant la méthode execute() de l'objet mysqli_stmt.

5. Pour les requêtes préparées qui retournent des résultats, comme SELECT, il faut ensuite lier les résultats à des variables PHP, avec la méthode bind_result() selon la syntaxe : mysqli_stmt->bind_result($var1,...$varN) avec autant de paramètres qu'il existe de colonnes lues dans la requête. L'objet mysqli_result obtenu contient alors toutes les lignes du résultat.

6. Lire ces lignes à l'aide d'une boucle en appliquant la méthode fetch() à cet objet et utiliser ces résultats pour un affichage avec les noms des variable définies à l'étape 4.

7. Libérer la mémoire occupée par l'objet mysqli_stmt avec la méthode free_result().

L'exemple 16-11 présente une application de requête préparée dans laquelle ce sont les saisies d'un utilisateur qui déterminent les valeurs des paramètres et donc la requête finale. Un formulaire classique demande la saisie d'un nom de ville et d'un numéro de client (repères ❶ et ❷) dans le but de trouver tous les clients habitant cette ville et dont l'identifiant est supérieur ou égal à la valeur saisie. Ces saisies sont d'abord récupérées dans les variables $ville et $id_client (repères ❸ et ❹). Après la connexion à la base, nous écrivons la requête préparée avec la méthode prepare() (repère ❺), nous lions les paramètres de type string et integer aux variables $ville et $id_client (repère ❻), puis nous exécutons la requête ainsi complétée en appelant la méthode execute() (repère ❼). Comme il s'agit d'une requête SELECT, elle retourne une ou plusieurs lignes contenant chacune deux valeurs que nous lions aux variables $prenom et $nom (repère ❽). Les différentes lignes sont alors lues et affichées avec une boucle while en appelant la méthode fetch() (repère ❾), les valeurs cherchées étant contenues dans les variables $prenom et $nom. La mémoire est ensuite libérée (repère ❿) et l'objet mysqli supprimé (repère ⓫).

☞ **Exemple 16-11 Utilisation des requêtes préparées**

```
<!DOCTYPE html>
<html lang="fr">
 <head>
  <meta http-equiv="Content-Type" content="text/html;charset=UTF-8" />
   <title>Recherche de client</title>
   <style type="text/css" >
    div{font-size: 16px;}
   </style>
 </head>
 <body>
  <form method="post" action="exemple16.11.php">
  <fieldset>
    <legend>Recherche de client</legend>
    <label>Ville </label>
    <input type="text" name="ville" /><br />    ←❶
    <label>Id_client</label>
    <input type="text" name="id_client" />    ←❷
    <input type="submit" value="Envoyer" />
  </fieldset>
  </form>
 </body>
</html>
<?php
if(isset($_POST['ville']) &&  isset($_POST['id_client']))
{
   $ville=strtolower($_POST['ville']);    ←❸
   $id_client=$_POST['id_client'];    ←❹
   include('exemple16.2.php');
   $idcom=connexobjet('magasin','myparam');
   $reqprep=$idcom->prepare("SELECT prenom,nom FROM client WHERE lower(ville)
  ➥=? AND id_client>=? ");    ←❺
   $reqprep->bind_param("si",$ville,$id_client);    ←❻
   $reqprep->execute();    ←❼
   $reqprep->bind_result($prenom,$nom);    ←❽
   echo "<div><h3>Client(s) habitant à ", ucfirst($ville)," et dont l'identifiant est
  ➥supérieur ou égal à $id_client</h3>";
```

```
  // Affichage des résultats
  while ($reqprep->fetch()) ←⑨
  {
    echo "<h3> $prenom $nom</h3>";
  }
  echo "</div>";
  $reqprep->free_result(); ←⑩
  $idcom->close(); ←⑪
}
?>
```

Avec notre base de données magasin et les paramètres « Paris » et « 3 », nous obtenons par exemple l'affichage présenté à la figure 16-9

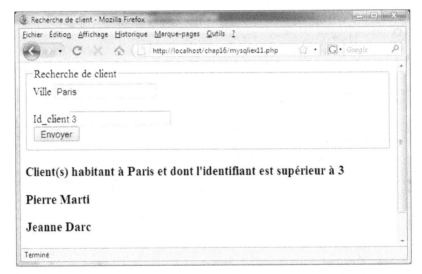

Figure 16-9
Résultats d'une requête préparée

Les transactions

Dans l'exemple de notre base magasin, si un client effectue un achat, il faut réaliser simultanément deux insertions : une dans la table commande et une dans la table ligne. Si, pour une raison quelconque, matérielle ou logicielle, la seconde insertion n'est pas réalisée alors que la première l'est déjà, la base contiendra une incohérence car il existera une commande ne comportant aucune ligne. L'inverse ne serait guère préférable car, dans ce cas, il existerait une ligne qui ne serait reliée à aucune commande. Les transactions permettent de gérer ce genre de situation en effectuant des commandes « tout ou rien » ce qui, en pratique pour notre exemple ci-dessus, signifie que si l'une des deux requêtes n'est pas exécutée, aucune ne l'est. L'intégrité de la base s'en trouve préservée.

Le langage SQL possède des commandes qui permettent de gérer les transactions, mais l'extension mysqli nous fournit des méthodes qui permettent de gérer les transactions sans y faire appel.

Dans l'exemple 16-12, nous illustrons la procédure à suivre pour effectuer deux requêtes INSERT dans la table article. Par défaut, le mode autocommit de MySQL est activé, ce qui signifie que chaque requête est automatiquement validée. Il nous faut donc le désactiver au moyen de la méthode autocommit() de l'objet mysqli avec pour paramètre la valeur FALSE (repère ❶). À partir de cet instant, les deux requêtes d'insertion que nous voulons réaliser (repères ❷ et ❸) ne seront validées que si nous effectuons explicitement la validation au moyen de la méthode commit() (repère ❻), ou bien l'ensemble sera annulé en appelant la méthode rollback() de l'objet mysqli (repère ❼). Pour choisir de valider ou annuler les insertions, nous comptons le nombre total de lignes insérées dans la base en lisant la propriété affected_rows (repères ❹ et ❺). S'il est bien égal à 2, la validation est effectuée (repère ❻), sinon tout est annulé et un message d'information s'affiche (repère ❼).

Pour tester l'efficacité du mécanisme, il suffit de créer une erreur en écrivant par exemple dans la variable $requete2 le nom articles, au lieu de article, comme nom de table inexistante. L'affichage de la table article avec phpMyAdmin permet de vérifier que même la première requête, qui était correcte, n'a pas été exécutée.

☞ **Exemple 16-12 Insertions avec transaction**

```php
<?php
include('exemple16.2.php');
$idcom=connexobjet('magasin','myparam');
$idcom->autocommit(FALSE); ←❶
$requete1="INSERT INTO article VALUES ('AZERT', 'Lecteur MP3', 59.50,'divers');"; ←❷
$requete2="INSERT INTO articles VALUES ('QSDFG', 'Bridge Samsung 10 Mo',
➥358.90,'photo');"; ←❸
// Pour empêcher la validation, écrire "articles" au lieu de "article" comme nom de table
//*************************************************************************************
$idcom->query($requete1);
$nb=$idcom->affected_rows; ←❹
echo "LIGNES INSEREES",$nb,"<hr />";
$idcom->query($requete2);
$nb+=$idcom->affected_rows; ←❺
if($nb==2)
{
  $idcom->commit(); ←❻
  echo $nb," lignes insérées";
}
else
{
  $idcom->rollback(); ←❼
  echo "transaction annulée";
}
?>
```

Mémo des méthodes et propriétés

Classe mysqli : méthodes

```
mysqli ( [string $host [, string $username [, string $passwd [, string $base [, int $port [,
string $socket]]]]]] )
}
```

Crée un objet mysqli.

```
boolean autocommit ( boolean $mode )
```

Active ($mode =TRUE) ou désactive ($mode=FALSE) le mode autocommit.

```
boolean change_user ( string $user, string $password, string $base )
```

Change l'utilisateur de la connexion et retourne TRUE en cas de réussite et FALSE sinon.

```
boolean close (void)
```

Ferme la connexion et retourne TRUE en cas de réussite et FALSE sinon.

```
boolean commit ( void )
```

Valide la transaction courante et retourne TRUE en cas de réussite et FALSE sinon.

```
string real_escape_string ( string $chaine )
```

Crée une chaîne SQL valide qui pourra être utilisée dans une requête SQL. La chaîne de caractères $chaine est encodée en une chaîne SQL échappée, en tenant compte du jeu de caractères courant de la connexion.

```
boolean kill ( int $processid )
```

Demande au serveur de terminer un thread MySQL identifié par son identifiant.

```
boolean multi_query ( string $query )
```

Exécute une ou plusieurs requêtes, rassemblées dans le paramètre query par des points-virgules.

```
boolean ping ( void )
```

Teste la connexion pour s'assurer que le serveur est bien en fonctionnement. S'il ne fonctionne pas et que l'option globale mysqli.reconnect est activée, une connexion automatique sera tentée avec les derniers paramètres utilisés.

```
divers query ( string $query [, int $mode] )
```

Exécute une requête sur la base de données. $mode est une constante qui vaut MYSQLI_USE_RESULT ou MYSQLI_STORE_RESULT (par défaut), suivant le comportement désiré. Retourne TRUE en cas de succès, FALSE en cas d'échec. Pour SELECT, SHOW, DESCRIBE ou EXPLAIN retourne un objet mysqli_result.

```
boolean rollback ( void )
```

Annule la transaction courante.

```
boolean select_db ( string $base )
```

Sélectionne une base de données.

```
string stat ( void )
```

Retourne une chaîne de caractères contenant des informations sur la connexion ouverte : le temps de fonctionnement, exprimé en secondes, le nombre de threads courant, le nombre de commandes, les tables rechargées et ouvertes.

```
objet mysqli_result store_result ( void )
```

Stocke un ensemble de résultats dans un objet mysqli_result à partir de la dernière requête.

Classe mysqli : propriétés

```
integer affected_rows
```

Contient le nombre de lignes affectées par la dernière requête INSERT, UPDATE, REPLACE ou DELETE.

```
integer errno
```

Contient un code d'erreur pour la dernière commande SQL.

```
integer error
```

Contient une chaîne décrivant la dernière erreur.

```
integer field_count
```

Contient le nombre de colonnes concernées dans la dernière requête.

```
integer insert_id
```

Contient l'identifiant automatiquement généré pour un attribut déclaré AUTO_INCREMENT ou 0 sinon.

```
thread_id
```

Contient l'identifiant du thread pour la connexion en cours.

```
integer warning_count
```

Contient le nombre d'avertissements générés par la dernière requête.

Classe mysqli_result : méthodes

```
boolean close ( void )
```

Supprime l'objet résultat.

```
boolean data_seek(integer N)
```

Déplace le pointeur interne de résultat à la position N.

```
divers fetch_array ( [integer $type] )
```

Retourne un tableau qui correspond à la ligne récupérée, ou NULL s'il n'y a plus de ligne dans le résultat. Le paramètre $type détermine le type du tableau ; il vaut MYSQLI_ASSOC, MYSQLI_NUM ou MYSQLI_BOTH respectivement pour obtenir un tableau associatif, indicé ou mixte.

```
array fetch_assoc ( void )
```

Retourne une ligne de résultat sous forme de tableau associatif.

```
object fetch_field ( void )
```

Retourne un objet qui contient les caractéristiques d'un attribut de table.

```
array fetch_fields ( void )
```

Retourne un tableau d'objets qui contient les caractéristiques de tous les attributs de table présents dans une requête.

```
object fetch_object (void)
```

Retourne un objet dont les propriétés sont les noms des colonnes utilisées dans la requête ou NULL s'il n'y a plus de ligne dans le résultat.

```
divers fetch_row ( void )
```

Retourne un tableau indicé contenant une ligne de résultat ou NULL s'il n'y a plus de ligne de résultat.

```
boolean field_seek ( int N )
```

Place le pointeur de résultat sur le champ N.

```
void free ( void ) ou void close (void)
```

Libère la mémoire associée à l'objet résultat.

Classe mysqli_result : propriétés

```
integer field_count
```

Contient le nombre de colonnes pour la dernière requête.

```
int num_rows
```

Retourne le nombre de lignes d'un résultat.

Classe mysqli_stmt : méthodes

```
boolean bind_param ( string $types, divers $var1 [...divers $varN] )
```

Lie des variables à une requête SQL préparée avec la méthode prepare().

```
boolean bind_result (divers $var1 [,...divers $varN] )
```

Associe des variables à un résultat de requête préparée et retourne TRUE en cas de réussite ou FALSE sinon.

```
boolean close ( void )
```

Termine une requête préparée et retourne TRUE en cas de réussite ou FALSE sinon.

```
void data_seek ( integer N)
```

Déplace le pointeur de résultat à la position N.

```
boolean execute ( void )
```

Exécute une requête préparée et retourne TRUE en cas de réussite ou FALSE sinon.

```
boolean fetch ( void )
```

Lit des résultats depuis une requête MySQL préparée dans les variables liées.

```
void free_result ( void )
```

Libère le résultat de la mémoire.

```
divers prepare ( string $requete )
```

Prépare une requête SQL et retourne TRUE en cas de succès, FALSE en cas d'échec.

```
boolean reset ( void )
```

Annule une requête préparée et retourne TRUE en cas de succès, FALSE en cas d'échec.

Classe *mysqli_stmt : propriétés*

```
integer affected_rows
```
Contient le nombre total de lignes concernées par la dernière requête.

```
integer errno
```
Contient un code erreur pour la dernière requête préparée.

```
string error
```
Contient la description de la dernière erreur.

```
integer field_count
```
Contient le nombre de colonnes dans la requête.

```
integer insert_id
```
Contient l'identifiant généré par la dernière requête `INSERT` pour la colonne `AUTO_INCREMENT`.

```
integer num_rows
```
Contient le nombre de lignes d'un résultat de requête préparée.

```
integer param_count
```
Contient le nombre de paramètres nécessaires dans la requête préparée.

Exercices

Tous les exercices ci-dessous portent sur la base de données `voitures` créée aux chapitres 13 et 14. Ils sont identiques à ceux du chapitre 15, mais vous devez les réaliser uniquement avec l'extension `mysqli` objet.

Exercice 1

Créez un script permettant d'afficher le contenu de la table `modele` dans un tableau HTML. Les résultats doivent être triés par marque.

Exercice 2

Créez un formulaire permettant l'insertion de nouvelles données dans la table `modele`.

Exercice 3

Créez un formulaire permettant l'insertion simultanée des coordonnées d'une personne dans les tables `proprietaire` et `cartegrise`. Il doit contenir les zones de saisie des coordonnées de la personne et la liste des modèles d'une marque créée dynamiquement à partir de la saisie de la marque.

Exercice 4

Créez un formulaire de recherche permettant de retrouver tous les propriétaires d'un type de véhicule de marque et de modèle donnés. Affichez les résultats sous forme de tableau HTML.

Exercice 5

Créez un formulaire de recherche permettant de retrouver tous les véhicules possédés par une personne donnée. Affichez les résultats sous forme de tableau HTML.

Exercice 6

Réécrivez entièrement le code de l'exercice 5 en récupérant tous les résultats dans des objets et en manipulant leurs propriétés.

Exercice 7

Refaire l'exercice 4 en utilisant une requête préparée.

Exercice 8

Refaire l'exercice 3 en utilisant une transaction pour s'assurer que les données sont bien insérées dans les différentes tables.

17

PDO et MySQL

PDO (*PHP Data Objects*) est une extension qui offre une couche d'abstraction de données introduite dans PHP 5, ce qui signifie qu'elle n'est pas liée, comme les extensions mysql ou mysqli que nous avons abordées dans les deux chapitres précédents, mais indépendante de la base de données utilisée. Grâce à elle, le code devient portable très facilement, c'est-à-dire qu'elle modifie uniquement la ligne de connexion, d'une base de données MySQL à SQLite, PostgreSQL, Oracle et d'autres encore par exemple. PDO offre donc aussi bien l'avantage de la portabilité, de la facilité d'utilisation que de la rapidité.

L'extension PDO comprend les trois classes suivantes :

- La classe PDO, qui permet de créer des objets représentant la connexion à la base et qui dispose des méthodes permettant de réaliser les fonctions essentielles, à savoir l'envoi de requête, la création de requêtes préparées et la gestion des transactions.

- La classe PDOStatement, qui représente, par exemple, une requête préparée ou un résultat de requête SELECT. Ses méthodes permettent de gérer les requêtes préparées et de lire les résultats des requêtes.

- La classe PDOException qui permet de gérer et d'afficher des informations sur les erreurs à l'aide d'objets.

Ce chapitre reprend exactement la même démarche que le précédent en utilisant exclusivement PDO ; nous allons y reprendre les différents exemples des chapitres 15 et 16 et voir comment obtenir les mêmes résultats via un accès objet PDO. Il peut donc être abordé indépendamment des deux chapitres précédents.

Connexion au serveur MySQL

Bien entendu, la première chose à faire est de se connecter au serveur. Pour cela nous créons un objet de la classe PDO en utilisant le constructeur de la classe PDO dont les paramètres changent selon le serveur auquel nous nous connectons. Par exemple :

• Pour MySQL :

```
$idcom= new PDO("mysql:host=$host;dbname=$base ,$user,$pass) ;
```

• PDO est aussi utilisable avec les bases de données SQLite.

Dans ces exemples, $idcom est un objet PDO. $host, $user, $pass et $base, quant à eux désignent, comme dans les chapitres précédents, le nom du serveur, l'utilisateur, le mot de passe et le nom de la base.

Nous pouvons également réutiliser le fichier myparam.inc.php créé au chapitre 15, contenant les paramètres de connexion (les paramètres suivants correspondent à une utilisation en local avec WampServer) :

☞ **Exemple 17-1. Le fichier *myparam.inc.php***

```php
<?php
define("MYHOST","localhost");
define("MYUSER","root");
define("MYPASS","");
?>
```

L'objet $idcom représentant la connexion sera utilisé directement ou indirectement pour toutes les opérations à effectuer sur la base. Si la connexion n'est pas effectuée, la variable $idcom est un booléen qui contient la valeur FALSE, ce qui permet de tester si la connexion est bien réalisée.

La connexion prend fin quand l'exécution du script PHP est terminée, mais on peut mettre fin explicitement à la connexion pour libérer le serveur MySQL. Si les résultats d'une requête sont entièrement récupérés, la connexion peut en effet être détruite en donnant à la variable $idcom la valeur NULL.

Sélection de la base via SQL

Comme nous l'avons vu au chapitre 15, vous pouvez aussi sélectionner une base en envoyant la requête "USE nom_base" au serveur à l'aide de la méthode query() détaillée dans les sections suivantes.

La structure de principe d'un script accédant à MySQL est donc la suivante :

```php
<?php
//Inclusion des paramètres de connexion
include_once("myparam.inc.php");
//Connexion au serveur
$dsn="mysql:host=".MYHOST.";dbname=".$base;
$user=MYUSER;
$pass=MYPASS;
```

```
$idcom = new PDO($dsn,$user,$pass);
//Contrôle de la connexion
if(!$idcom)
{
  echo "Erreur";
}
//********************************
//Requêtes SQL sur la base choisie
//Lecture des résultats
//********************************
//Fermeture de la connexion
$idcom=NULL;
?>
```

Comme nous l'avons fait pour l'accès procédural à MySQL, nous avons intérêt à créer une fonction de connexion au serveur que nous réutiliserons systématiquement dans tous les exemples qui suivent. C'est l'objet de l'exemple 17.2 qui crée la fonction connexpdo(), dont les paramètres sont le nom de la base dans la variable $base et le nom du fichier .inc.php qui contient les paramètres de connexion dans la variable $param.

La fonction inclut d'abord les paramètres de connexion (repère ❶), définit la chaîne DSN (*Data Source Name*) pour MySQL (repère ❷), puis crée un objet PDO dans un bloc try (repère ❸). En cas d'échec, un bloc catch crée un objet PDOException (repère ❹) qui permet d'afficher un message d'erreur en appelant la méthode getMessage() (repère ❺). Si la connexion est bien réalisée elle retourne l'objet $idcom ou FALSE dans le cas contraire.

☞ **Exemple 17-2. Fonction de connexion au serveur**

```
<?php
function connexpdo($base,$param)
{
  include_once($param.".inc.php"); ←❶
  $dsn="mysql:host=".MYHOST."; ←❷
dbname=".$base;
  $user=MYUSER;
  $pass=MYPASS;
  try
  {
    $idcom = new PDO($dsn,$user,$pass); ←❸
    return $idcom;
  }
  catch(PDOException $except) ←❹
  {
    echo"Échec de la connexion",$except->getMessage(); ←❺
    return FALSE;
    exit();
  }
}
?>
```

Chacun de vos scripts d'accès à la base doit de ce fait contenir les lignes suivantes :

```
include("connexpdo.inc.php")
$idcom = connexpdo ("nom_base","myparam ") ;
```

L'opération de connexion est donc là aussi gérée en 2 lignes, quel que soit le script ou le type de base.

Envoi de requêtes SQL au serveur

Les différentes opérations à réaliser sur la base MySQL impliquent l'envoi de requêtes SQL au serveur.

Pour envoyer une requête au serveur, nous avons le choix entre plusieurs méthodes.

Pour celles qui ne retournent pas de résultats, il existe la méthode exec() des objets PDO dont la syntaxe est la suivante :

```
integer $idcom->exec(string requete)
```

Elle est utilisée pour les requêtes INSERT, UPDATE ou DELETE par exemple. Elle retourne simplement un entier qui correspond au nombre de lignes concernées par la requête.

Pour les requêtes qui vont retourner des résultats, il faut employer la méthode query(), dont la syntaxe est :

```
object $idcom->query(string $requete)
```

Elle retourne FALSE en cas d'erreur ou, sinon, un objet de la classe PDOStatement représentant l'ensemble des lignes de résultats – pour lequelles il faut ensuite appeler les méthodes spécialisées pour afficher les valeurs. En résumé, un script d'envoi de requêtes se présente sous la forme suivante :

☞ **Exemple 17-3. Envoi type de requête**

```
<!DOCTYPE html>
<html lang="fr">
<head>
<meta http-equiv="Content-Type" content="text/html;charset=UTF-8" />
<title>Insertion et lecture de la table client</title>
</head>
<body>
<?php
include_once("exemple17.2.php"); ←❶
$idcom=connexpdo("magasin","myparam"); ←❷
// Requête sans résultats
$requete1="UPDATE client SET age=43 WHERE id_client=7"; ←❸
$nb=$idcom->exec($requete1); ←❹
echo "<p>$nb ligne(s) modifiée(s)<hr /></p>"; ←❺
// Requête avec résultats
$requete2="SELECT * FROM client ORDER BY nom"; ←❻
$result=$idcom->query($requete2); ←❼
```

```
if(!$result) ←❽
{
  $mes_erreur=$idcom->errorInfo();
  echo "Lecture impossible, code", $idcom->errorCode(),$mes_erreur[2];
}
else ←❾
{
  while ($row = $result->fetch(PDO::FETCH_NUM))
  {
    foreach($row as $donn)
    {
      echo $donn," ";
    }
    echo "<hr />";
  }
  $result->closeCursor(); ←❿
}
$idcom=null;
?>
</body>
</html>
```

Il effectue successivement l'inclusion du fichier `exemple17.2.php` (repère ❶), la connexion au serveur (repère ❷), l'écriture d'une première requête SQL dans la variable `$requete1` (repère ❸) et son envoi à l'aide de la méthode `exec()`, qui retourne le nombre de lignes affectées dans la variable `$nb` (repère ❹) et son affichage (repère ❺). Une seconde requête contenant la commande `SELECT` (repère ❻) est envoyée via la méthode `query()` qui retourne un résultat dans la variable `$result` – qui est un objet de type `PDOStatement` (repère ❼). Un test permet de vérifier la bonne exécution de la requête et l'affichage des résultats au moyen de méthodes que nous développerons dans les sections suivantes (repères ❽ et ❾). Enfin, pour libérer la mémoire occupée par le résultat obtenu, nous utilisons la méthode `closeCursor()` de l'objet `PDOStatement`, surtout utile avant d'envoyer une nouvelle requête `SELECT` au serveur (repère ❿).

Lecture du résultat d'une requête

Pour les opérations d'insertion, de suppression ou de mise à jour des données dans une base, il est utile de vérifier si la requête a bien été exécutée ou, comme dans l'exemple 17-3, de vérifier le nombre de lignes affectées.

En revanche, lorsqu'il s'agit de lire le résultat d'une requête contenant la commande `SELECT`, la méthode `query()` retourne un objet de type `PDOStatement` identifié dans nos exemples par la variable `$result`. La classe `PDOStatement` offre une variété de méthodes qui permettent de récupérer des données sous des formes diverses, la plus courante étant un tableau mais cela peut également être un objet.

Lecture à l'aide d'un tableau

La méthode des objets `PDOStatement` la plus courante pour lire des données dans un tableau est `fetch()` dont la syntaxe est :

```
array $result->fetch(integer type)
```

Elle retourne un tableau qui peut être indicé (si la constante `type` vaut `PDO::FETCH_NUM`), associatif (si `type` vaut `PDO::FETCH_ASSOC`), dont les clés sont les noms des colonnes ou les alias de la table interrogée, ou encore mixte contenant à la fois les indices et les clés (si `type` vaut `PDO::FETCH_BOTH`). Pour lire toutes les lignes du résultat, il faut écrire une boucle (`while` par exemple) qui effectue un nouvel appel de la méthode `fetch()` pour chaque ligne. Cette boucle teste s'il y a encore des lignes à lire, la méthode `fetch()` retournant la valeur `NULL` quand il n'y en a plus. Pour lire et afficher chaque ligne, nous utilisons ensuite une boucle `foreach`. Notez encore une fois que si le tableau retourné est indicé, l'indice 0 correspond au premier attribut écrit dans la requête, et ainsi de suite.

Nous pouvons également récupérer toutes les lignes de résultats dans un seul tableau multidimensionnel pour lequel le premier niveau est indicé de 0 à N-1 pour lire N lignes, chaque élément étant lui même un tableau qui peut être indicé, associatif ou mixte selon la valeur du paramètre type qui prend les mêmes valeurs que pour la méthode `fetch()`. Il s'agit de la méthode `fetchAll()` qui sera mise en œuvre dans l'exemple 17-5 et dont la syntaxe est :

```
array $result->fetchAll(integer type)
```

L'exemple 17-4 met cette méthode en pratique dans le but d'afficher le contenu de la table `article` de la base `magasin` dans un tableau HTML. Après l'inclusion de la fonction de connexion (repère ❶), puis son appel sur la base `magasin` (repère ❷), nous écrivons la requête SQL de sélection (requête ❸). L'envoi de la requête avec la méthode `query()` permet de récupérer un objet `$result` ou `FALSE` en cas d'échec (repère ❹). Un test sur la variable `$result` (repère ❺) permet d'afficher un message d'erreur (repère ❻) ou le contenu de la table (repère ❼). Nous récupérons d'abord le nombre d'articles dans la table grâce à la méthode `rowCount()` de l'objet `PDOStatement` (repère ❽) et affichons ce nombre dans un titre `<h4>` (repère ❾). Une boucle `while` permet de lire une ligne à la fois dans un tableau indicé (repère ❿), puis une boucle `foreach` permet d'afficher chacune des valeurs du tableau dans un tableau HTML (repère ⓫). L'objet `$result` est alors supprimé (repère ⓬) et la connexion fermée (repère ⓭). La figure 17-1 illustre l'affichage obtenu dans un navigateur.

☞ **Exemple 17-4. Lecture de la table article**

```html
<!DOCTYPE html>
<html lang="fr">
<head>
<meta http-equiv="Content-Type" content="text/html;charset=UTF-8" />
  <title>Lecture de la table article</title>
  <style type="text/css" >
```

```
    table {border-style: double; border-width: 3px; border-color: red; background-color: yellow;}
    </style>
  </head>
  <body>
<?php
include("exemple17.2.php"); ←❶
if($idcom=connexpdo("magasin","myparam")) ←❷
{
   $requete="SELECT * FROM article ORDER BY categorie"; ←❸
   $result=$idcom->query($requete); ←❹
   if(!$result) ←❺
   {
    $mes_erreur=$idcom->errorInfo();
    echo "Lecture impossible, code", $idcom->errorCode(),$mes_erreur[2]; ←❻
   }
   else ←❼
   {
   $nbart=$result->rowCount(); ←❽
   echo "<h3>Tous nos articles par catégorie</h3>";
   echo "<h4>Il y a $nbart articles en magasin</h4>"; ←❾
   echo "<table border=\"1\">";
   echo "<tr><th>Code article</th> <th>Description</th> <th>Prix</th>
➡<th>Cat&#233;gorie</th></tr>";
   while($ligne=$result->fetch(PDO::FETCH_NUM)) ←❿
   {
     echo "<tr>";
     foreach($ligne as $valeur) ←⓫
     {
       echo "<td> $valeur </td>";
     }
     echo "</tr>";
   }
   echo "</table>";
   }
   $result->closeCursor(); ←⓬
   $idcom=null; ←⓭
}
?>
</body>
</html>
```

Lecture des noms de colonnes

Dans l'exemple précédent, les titres des colonnes du tableau HTML sont écrits à l'avance dans le script. Nous pouvons automatiser cette opération en récupérant les noms des colonnes de la table interrogée, ou les alias figurant dans les requêtes SQL, ce qui peut permettre la réalisation d'un affichage dynamique.

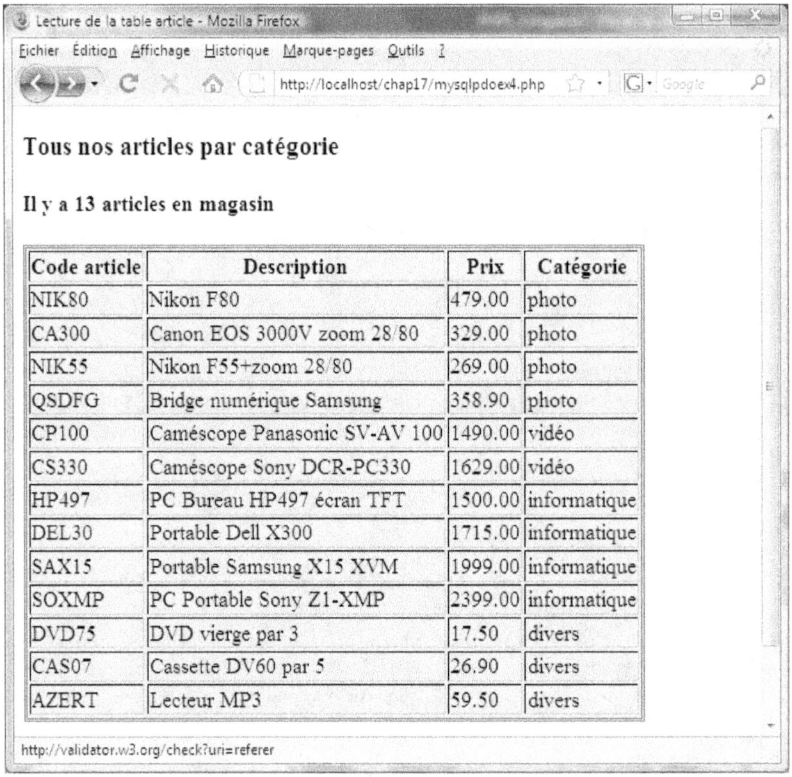

Tous nos articles par catégorie

Il y a 13 articles en magasin

Code article	Description	Prix	Catégorie
NIK80	Nikon F80	479.00	photo
CA300	Canon EOS 3000V zoom 28/80	329.00	photo
NIK55	Nikon F55+zoom 28/80	269.00	photo
QSDFG	Bridge numérique Samsung	358.90	photo
CP100	Caméscope Panasonic SV-AV 100	1490.00	vidéo
CS330	Caméscope Sony DCR-PC330	1629.00	vidéo
HP497	PC Bureau HP497 écran TFT	1500.00	informatique
DEL30	Portable Dell X300	1715.00	informatique
SAX15	Portable Samsung X15 XVM	1999.00	informatique
SOXMP	PC Portable Sony Z1-XMP	2399.00	informatique
DVD75	DVD vierge par 3	17.50	divers
CAS07	Cassette DV60 par 5	26.90	divers
AZERT	Lecteur MP3	59.50	divers

Figure 17-1
Lecture de la table article

Pour cela, nous allons lire les résultats dans un tableau associatif et récupérer les noms des colonnes de la table ou les alias éventuels, en récupérant les clés de ce tableau dans un autre tableau et en lui appliquant la fonction PHP `array_keys()` (voir le chapitre 5).

L'exemple 17-5 illustre cette possibilité à partir d'une requête SQL sélectionnant les articles de la table `article` dont la désignation contient le mot « Sony », en définissant des alias pour les noms des colonnes (repère ❶). Après l'envoi de la requête par la méthode `query()`, nous récupérons le résultat (repère ❷) puis son nombre de lignes (repère ❸). Nous utilisons ici la méthode `fetchAll()` pour récupérer toutes les lignes dans un unique tableau indicé `$tabresult` (repère ❹). Chacun des éléments de ce tableau est lui même un tableau associatif car nous avons passé la constante `PDO::FETCH_ASSOC` en paramètre à la méthode `fetchAll()`. Par exemple, le tableau `$tabresult[0]` contient les données de la première ligne du résultat ; il est associatif donc ses clés correspondent aux noms des colonnes ou alias précisés dans la requête SQL. Le tableau `$titres`, retourné par la fonction `array_keys()` (repère ❺), ne contient donc que ces clés que nous lisons dans une boucle `foreach` pour afficher les en-têtes du tableau HTML (repère ❻). Deux boucles, `for` puis `foreach` (repères ❼ et ❽), permettent la lecture du tableau multidimensionnel

$tabresult pour l'affichage des données. Les objets connexion et résultat sont ensuite détruits (repères ❾ et ❿).

☞ **Exemple 17-5. Lecture automatique des noms des colonnes**

```html
<!DOCTYPE html>
<html lang="fr">
<head>
<meta http-equiv="Content-Type" content="text/html;charset=UTF-8" />
  <title>Lecture de la table article</title>
  <style type="text/css" >
  table {border-style: double;border-width: 3px; border-color: red;
  ➥background-color: yellow;}
  </style>
 </head>
<body>
<?php
include("exemple17.2.php");
$idcom=connexpdo("magasin","myparam");
//**********************************
$requete="SELECT id_article AS 'Code article',designation AS 'Désignation',prix
➥AS 'Prix unitaire',categorie AS 'Catégorie' FROM article WHERE designation
➥LIKE '%Sony%' ORDER BY categorie"; ←❶

$result=$idcom->query($requete); ←❷
if(!$result)
{
  $mes_erreur=$idcom->errorInfo();
  echo "Lecture impossible, code : ", $idcom->errorCode(),"<br />",$mes_erreur[2];
}
else
{
  $nbart=$result->rowCount(); ←❸
  $tabresult=$result->fetchAll(PDO::FETCH_ASSOC); ←❹
  // Récupération des noms des colonnes ou des alias
  $titres=array_keys($tabresult[0]); ←❺
  // Affichage des titres de la page
  echo "<h3> Tous nos articles de la marque Sony</h3>";
  echo "<h4> Il y a $nbart articles en magasin </h4>";
  echo "<table border=\"1\"> <tr>";
  // Affichage des titres du tableau
  foreach($titres as $nomcol) ←❻
  {
      echo "<th>", htmlentities($nomcol) ,"</th>";
  }
  echo "</tr>";
  // Affichage des lignes de données
  for($i=0;$i<$nbart;$i++) ←❼
  {
    echo "<tr>";
    foreach($tabresult[$i] as $valeur) ←❽
```

```
    {
       echo "<td> $valeur </td>";
    }
    echo "</tr>";
  }
  echo "</table>";
}
$result->closeCursor();  ← ❾
$idcom=null;  ← ❿
?>
</body>s
</html>
```

La figure 17-2 illustre les résultats obtenus.

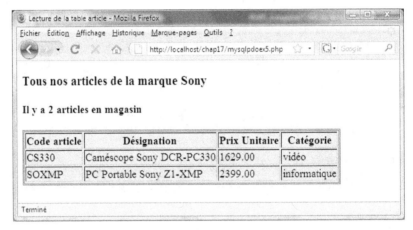

Figure 17-2
Lecture des noms des colonnes

Récupération des valeurs dans un objet

Les objets de type PDOStatement possèdent le méthode fetchObject(), dont la syntaxe est :

```
object $result->fetchObject()
```

À chaque appel de cette méthode, l'objet retourné représente une ligne de résultat et possède autant de propriétés qu'il existe d'attributs dans la requête SQL SELECT ; les noms de celles ci sont d'ailleurs ceux des colonnes de la table ou des alias éventuels. Nous pouvons également récupérer les lignes du résultat dans un objet en utilisant la méthode fetch() avec pour paramètre la constante PDO::FETCH_OBJ.

Si nous récupérons une ligne de résultat dans la variable :

```
$ligne=$result->fetchObject()
```

La valeur d'un attribut nom est lue avec la syntaxe :

```
$ligne->nom
```

L'exemple 17-6 réalise la recherche et l'affichage dans un tableau HTML de tous les clients qui habitent Paris en utilisant cette méthode. En revanche, pour afficher les titres du tableau, nous n'allons pas utiliser la méthode développée dans l'exemple précédent. Dans la requête SQL, nous définissons des alias qui vont correspondre aux en-têtes (repère ❶). Pour les lire, nous appelons la méthode fetchObject() pour l'objet $result (repère ❷) et récupérons la première ligne de résultat dans la variable $ligne. Cette variable est un objet de type StdClass (la classe de base de PHP 5) dont les propriétés ont pour nom ceux des colonnes ou des alias de la requête. Comme il s'agit d'un objet, nous pouvons le parcourir au moyen d'une boucle foreach pour écrire les en-têtes du tableau HTML (repère ❸). Les valeurs associées ne nous intéressent pas encore ici. Pour récupérer le tableau des données nous utilisons une boucle do...while (repère ❹), ce qui nous permet de ne pas perdre les valeurs de la première ligne par un deuxième appel de la méthode fetchObject(). Chaque nouvelle ligne est obtenue dans la condition de l'instruction while (repère ❺).

☞ **Exemple 17-6. Lecture des données dans un objet**

```
<!DOCTYPE html>
<html lang="fr">
<head>
<meta http-equiv="Content-Type" content="text/html;charset=UTF-8" />
<title>Lecture de la table client</title>
<style type="text/css" >
table {border-style: double; border-width: 3px; border-color: red; background-color: yellow;}
</style>
</head>
<body>
<?php
include("exemple17.2.php");
$idcom=connexpdo("magasin","myparam");
$requete="SELECT id_client AS 'Code_client',nom,prenom,adresse,age,mail FROM client
➥WHERE ville ='Paris' ORDER BY nom"; ←❶
$result=$idcom->query($requete);
if(!$result)
{
  $mes_erreur=$idcom->errorInfo();
  echo "Lecture impossible, code", $idcom->errorCode(),$mes_erreur[2];
}
else
{
  $nbart=$result->rowCount();
  $ligne=$result->fetchObject(); ←❷
  echo "<h3>Il y a $nbart clients habitant Paris</h3>";
  // Affichage des titres du tableau
  echo "<table border=\"1\"> <tr>";
  foreach($ligne as $nomcol=>$val) ←❸
```

```
    {
      echo "<th>", $nomcol ,"</th>";
    }
    echo "</tr>";
    // Affichage des valeurs du tableau
    echo "<tr>";
    // Il faut utiliser do while car sinon on perd la première ligne de données
    do
    {
      echo"<td>", $ligne->Code_client,"</td>", "<td>", $ligne->nom,"</td>","<td>",
      ➥$ligne->prenom,"</td>","<td>", $ligne->adresse,"</td>","<td>", $ligne->age,
      ➥"</td>","<td>", $ligne->mail,"</td></tr>"; ←❹
    }
    while ($ligne = $result->fetchObject()) ; ←❺
    echo "</table>";
    $result->closeCursor();
    $idcom=null;
  }
?>
</body>
</html>
```

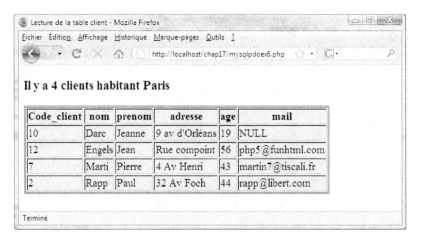

Figure 17-3

Lecture des noms des colonnes

Il est également possible de récupérer des résultats dans un objet avec la méthode
fetch(), en utilisant la syntaxe suivante :

```
object $result->fetch(PDO::FETCH_OBJ)
```

Par exemple, le code suivant permet d'afficher les résultats d'une requête SELECT :

```
while($ligne=$result->fetch(PDO::FETCH_OBJ))
{
```

```
    foreach($ligne as $donnee)
    {
      echo $donnee;
    }
    echo "<br />";
}
```

Insertion de données dans la base

Sur un site interactif, il faut pouvoir enregistrer dans la base de données les informations saisies par les visiteurs dans un formulaire HTML, en vue d'une réutilisation ultérieure (par exemple, pour consulter ou réutiliser les coordonnées complètes d'un client).

Comme dans les chapitres 15 et 16, placez-vous dans la perspective d'un site de e-commerce. Vous allez ainsi envisager la réalisation de la saisie puis de l'insertion des coordonnées d'un client dans la table client de la base magasin. Dans un second temps, vous lui permettrez de mettre à jour les informations enregistrées.

Insertion des données

Le formulaire HTML est l'outil privilégié pour saisir des données et les envoyer vers le serveur PHP/MySQL. Nous disposons désormais de la fonction connexpdo() pour effectuer la connexion et des méthodes exec() et query() pour l'envoi des requêtes. Seule la commande SQL INSERT distingue cette opération de celle de lecture de données. Le script de l'exemple 17-7 réalise ce type d'insertion en récupérant les données saisies par le client dans un formulaire lors d'une commande. Nous commençons par vérifier l'existence des saisies obligatoires correspondant aux variables $_POST['nom'], $_POST['adresse'] et $_POST['ville'] (repère ❶). Quand une requête est formée en utilisant les saisies faites par l'utilisateur, il est préférable d'utiliser le caractère d'échappement pour les caractères spéciaux des chaînes récupérées dans le tableau $_POST, en particulier les guillemets, qui peuvent poser problème dans la requête. Nous disposons pour cela de la méthode quote() des objets PDO dont la syntaxe est :

```
string $idcom->quote(string $chaine)
```

La chaîne obtenue contient les caractères d'échappement "/" devant les caractères spéciaux NULL, \n, \r, ', " et Control-Z.

Le script récupère toutes les saisies et les protège (repères ❸ à ❽). La colonne id_client de la table client ayant été déclarée avec l'option AUTO_INCREMENT, il faut y insérer la valeur NULL en lui donnant la valeur "\N" (repère ❷). L'envoi de la requête se faisant avec la méthode exec(), la valeur retournée est le nombre de lignes insérées (ici « 1 ») (repère ❾), nous pouvons contrôler la bonne fin de l'insertion (repère ❿). Le script doit communiquer son identifiant au client pour qu'il puisse modifier éventuellement ses données. La valeur de la colonne id_client, qui a été déclarée AUTO_INCREMENT dans la table client, est récupérable à l'aide de la méthode lastInsertId() de l'objet PDO. Ce nombre entier est affiché dans une boîte d'alerte JavaScript (repère ⓫).

☞ **Exemple 17-7 Insertion de données**

```
<!DOCTYPE html>
<html lang="fr">
<head>
<meta http-equiv="Content-Type" content="text/html;charset=UTF-8" />
  <title>Saisissez vos coordonnées</title>
 </head>
 <body>
  <form action= "<?php echo $_SERVER['PHP_SELF'];?>" method="post"
enctype="application/x-www-form-urlencoded">
<fieldset>
<legend><b>Vos coordonnées</b></legend>
<table>
<tr><td>Nom : </td><td><input type="text" name="nom" size="40" maxlength="30"/>
➥</td></tr>
<tr><td>Prénom : </td><td><input type="text" name="prenom" size="40" maxlength="30"
➥/></td></tr>
<tr><td>Âge : </td><td><input type="text" name="age" size="40" maxlength="2"/>
➥</td></tr>
<tr><td>Adresse : </td><td><input type="text" name="adresse" size="40"
➥maxlength="60"/></td></tr>
<tr><td>Ville : </td><td><input type="text" name="ville" size="40" maxlength="40"
➥/></td></tr>
<tr><td>E-mail : </td><td><input type="text" name="mail" size="40" maxlength="50"
➥/></td></tr>
<tr>
<td><input type="reset" value="Effacer"></td>
<td><input type="submit" value="Envoyer"></td>
</tr>
</table>
</fieldset>
</form>
<?php
include("exemple17.2.php");
$idcom=connexpdo('magasin','myparam');

if(!empty($_POST['nom'])&& !empty($_POST['adresse'])&& !empty($_POST['ville']))←❶
{
  $id_client="\N"; ←❷
  $nom=$idcom->quote($_POST['nom']); ←❸
  $prenom=$idcom->quote($_POST['prenom']); ←❹
  $age=$idcom->quote($_POST['age']); ←❺
  $adresse=$idcom->quote($_POST['adresse']); ←❻
  $ville=$idcom->quote($_POST['ville']); ←❼
  $mail=$idcom->quote($_POST['mail']); ←❽
  // Requête SQL
  $requete="INSERT INTO client
  VALUES($id_client,$nom,$prenom,$age,$adresse,$ville,$mail)"; // pas de guillemets
  ➥si on applique la méthode quote aux variables
  $nblignes=$idcom->exec($requete); ←❾
  if($nblignes!=1) ←❿
  {
```

```
        $mess_erreur=$idcom->errorInfo();
        echo "Insertion impossible, code", $idcom->errorCode(),$mess_erreur[2];
        echo "<script type=\"text/javascript\">
        alert('Erreur : ".$idcom->errorCode()."')</script>";
      }
      else
      {
        echo "<script type=\"text/javascript\">
        alert('Vous êtes enregistré. Votre numéro de client est :
        ➥". $idcom->lastInsertId()."')</script>"; ←⓫
      $idcom=null;
      }
    }
    else {echo "<h3>Formulaire à compléter !</h3>";}
    ?>
</body>
</html>
```

La figure 17-4 illustre la page de saisie et la figure 17-5 la boîte d'alerte JavaScript qui donne son identifiant au client.

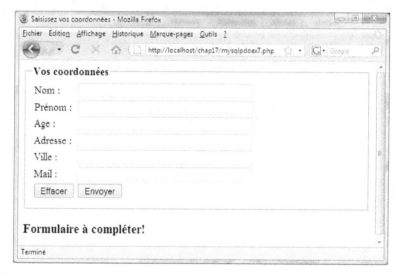

Figure 17-4

Formulaire d'insertion de données

Figure 17-5

Boîte d'alerte JavaScript donnant le numéro de client

Mise à jour d'une table

Un client doit pouvoir modifier ses coordonnées, son adresse de livraison ou son adresse mail par exemple. L'exemple 17-8 crée une page contenant un formulaire qui permet la saisie du code client dans une zone de texte HTML (repère ❶). L'attribut `action` de l'élément `<form>` renvoie le traitement de la saisie au fichier `mysqlpdoex9.php` de l'exemple 17-9. La page créée est conforme à la figure 17-6.

☞ **Exemple 17-8 Page de saisie des modifications**

```
<!DOCTYPE html>
<html lang="fr">
<head>
<meta http-equiv="Content-Type" content="text/html;charset=UTF-8" />
   <title>Modifiez vos coordonnées</title>
</head>
<body>
  <form action= "exemple17.9.php" method="post" enctype=
➡ "application/x-www-form-urlencoded">
  <fieldset>
  <legend><b>Saisissez votre code client pour modifier vos coordonnées</b></legend>
  <table><tbody>
  <tr>
  <td>Code client : </td>
  <td><input type="text" name="code" size="20" maxlength="10"/></td> ←❶
  </tr>
  <tr>
  <td>Modifier : </td>
  <td><input type="submit" value="Modifier"/></td>
  </tr>
  </tbody></table>
  </fieldset>
  </form>
</body>
</html>
```

Figure 17-6

Page de saisie du code client

La mise à jour des coordonnées du client est réalisée par le script de l'exemple 17-9.

La première inclusion de code PHP renvoie le client vers la page de saisie du code s'il a validé le formulaire sans avoir effectué de saisie (repère ❶). Rappelons, comme nous l'avons déjà vu par ailleurs, que cette partie de code PHP doit figurer en tête du fichier car elle utilise la fonction `header()` pour effectuer la redirection.

La suite du fichier comporte deux parties distinctes. La première crée dynamiquement un formulaire permettant la modification des données, quant à la seconde, elle enregistre ces mêmes données dans la base.

Lors du premier appel du fichier de l'exemple 17-9, la condition de l'instruction `if` (repère ❷) est nécessairement vérifiée car la variable `$_POST['modif']` n'existe pas encore. Elle correspond à la valeur associée au bouton Modifier du formulaire qui n'est pas encore créé. Le script génère une connexion au serveur MySQL pour y lire les coordonnées actuelles du client, dont le code est contenu dans la variable `$code` issue de la page de saisie de l'exemple 17-8 (repère ❸).

Dans le but de compléter le formulaire avec les données actuelles, la requête SQL sélectionne toutes les colonnes de la table `client` dont l'identifiant client (colonne `id_client` de la table `client`) correspond à la valeur de la variable `$code` (repère ❹). Cela permet de ne saisir que les modifications éventuelles de coordonnées du client, sans devoir ressaisir l'ensemble. Ces coordonnées sont lues à l'aide de la méthode `fetch()` de l'objet `$result` de type `PDOStatement` (repère ❺). Elles sont alors contenues dans la variable `$coord` de type `array`. Pour afficher les coordonnées dans le formulaire, vous devez attribuer les valeurs de ces éléments aux attributs `value` des différents champs `<input />` (repère ❻).

La figure 17-7 montre un exemple de création dynamique de formulaire pour le client dont l'identifiant vaut 12. Le champ caché `code` du formulaire permet de passer la valeur du code client à la partie du script chargée de l'enregistrement des données modifiées (repère ❼).

L'envoi du formulaire utilise la deuxième partie du script, qui met à jour les données du visiteur dans la table `client` après avoir vérifié l'existence de valeurs pour les champs obligatoires du formulaire (repère ❽). Seules les colonnes `nom`, `adresse`, `ville` et `mail` peuvent être mises à jour à l'aide de la requête suivante (repère ❾), le reste étant forcément inchangé :

```
UPDATE client SET nom='$nom',adresse='$adresse',ville='$ville',mail='$mail'
WHERE id_client='$code'
```

La vérification du résultat de la requête (repère ❿) permet d'afficher une boîte d'alerte JavaScript contenant soit un message d'erreur, soit la confirmation de l'enregistrement. La page ne devant pas être une impasse, le visiteur est redirigé d'office vers la page d'accueil du site `index.html` (repères ⓫ et ⓬).

☞ **Exemple 17-9 Mise à jour des données**

```php
<?php
  if(empty($_POST['code'])){header("Location:exemple17.8.php");} ←❶
?>
<!DOCTYPE html>
<html lang="fr">
```

```php
<head>
 <meta http-equiv="Content-Type" content="text/html;charset=UTF-8" />
 <title>Modifiez vos coordonnées</title>
</head>
<body>
<?php
include('exemple17.2.php');
$idcom=connexpdo('magasin','myparam');
if(!isset($_POST['modif']))    ←②
{
  $code=(integer)$_POST['code'];    ←③
  // Requête SQL
  $requete="SELECT * FROM client WHERE id_client='$code' ";    ←④
  $result=$idcom->query($requete);
  $coord=$result->fetch(PDO::FETCH_NUM);    ←⑤
  // Création du formulaire complété avec les données existantes ←⑥
  echo "<form action= \"". $_SERVER['PHP_SELF']."\" method=\"post\"enctype=
➥\"application/x-www-form-urlencoded\">";
  echo "<fieldset>";
  echo "<legend><b>Modifiez vos coordonnées</b></legend>";
  echo "<table>";
  echo "<tr><td>Nom : </td><td><input type=\"text\" name=\"nom\" size=\"40\"
➥maxlength=\"30\" value=\"$coord[1]\"/> </td></tr>";
  echo "<tr><td>Prénom : </td><td><input type=\"text\" name=\"prenom\" size=\"40\"
➥ maxlength=\"30\" value=\"$coord[2]\"/></td></tr>";
  echo "<tr><td>Âge : </td><td><input type=\"text\" name=\"age\" size=\"40\"
➥ maxlength=\"2\" value=\"$coord[3]\"/></td></tr>";
  echo "<tr><td>Adresse : </td><td><input type=\"text\" name=\"adresse\" size=\"40\"
➥ maxlength=\"60\" value=\"$coord[4]\"/></td></tr>";
  echo "<tr><td>Ville : </td><td><input type=\"text\" name=\"ville\" size=\"40\"
➥ maxlength=\"40\" value=\"$coord[5]\"/></td></tr>";
  echo "<tr><td>E-mail : </td><td><input type=\"text\" name=\"mail\" size=\"40\"
➥ maxlength=\"50\" value=\"$coord[6]\"/></td></tr>";
  echo "<tr><td><input type=\"reset\" value=\"Effacer\"></td> <td><input type=
➥\"submit\" name=\"modif\" value=\"Enregistrer\"></td></tr></table>";
  echo "</fieldset>";
  echo "<input type=\"hidden\" name=\"code\"  value=\"$code\"/>";    ←⑦
  echo "</form>";
  $result->closeCursor();
  $idcom=null;

}
elseif(isset($_POST['nom'])&& isset($_POST['adresse'])&& isset($_POST['ville']))←⑧
{
  // ENREGISTREMENT
  $nom=$idcom->quote($_POST['nom']);
  $adresse=$idcom->quote($_POST['adresse']);
  $ville=$idcom->quote($_POST['ville']);
```

```
$mail=$idcom->quote($_POST['mail']);
$age=(integer)$_POST['age'];
$code=(integer)$_POST['code'];
// Requête SQL
$requete="UPDATE client SET nom=$nom,adresse=$adresse,ville=$ville,mail=
➥$mail,age=$age WHERE id_client=$code"; ←❾
$result=$idcom->exec($requete);

if($result!=1) ←❿
{

  echo "<script type=\"text/javascript\">
  alert('Erreur : ".$idcom->errorCode()."')</script>"; ←⓫
}
else
{
  echo "<script type=\"text/javascript\"> alert('Vos modifications sont
  ➥enregistrées');window.location='exemple17.8.php';</script>"; ←⓬
}
$idcom=null;
}
else
{
  echo "Modifiez vos coordonnées !";
}
?>
</body>
</html>
```

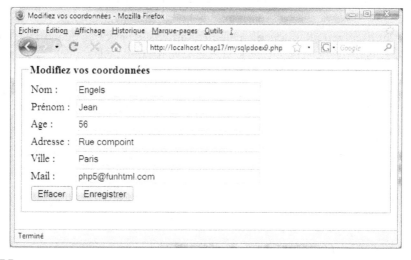

Figure 17-7

Formulaire de saisie des coordonnées créé dynamiquement

Recherche dans la base

Un site de commerce en ligne doit permettre à ses visiteurs et futurs clients d'effectuer des recherches dans la base de données afin d'accéder plus rapidement à l'information correspondant au produit recherché. Il doit en outre permettre d'effectuer des statistiques marketing à l'usage du propriétaire du site. Ces éléments concernent aussi bien les sites de commerce en ligne que les annuaires et moteurs de recherche des sites de contenu.

L'exemple 17-10 crée un formulaire classique permettant de saisir un mot-clé et de choisir le type de tri des résultats. Les critères de tri selon le prix, la catégorie ou l'identifiant d'article sont affichés sous forme de liste déroulante. Le choix de l'ordre croissant ou décroissant s'effectue au moyen de deux boutons radio possédant le même attribut name, ce qui les rend exclusifs l'un de l'autre.

Le script contrôle d'abord que le visiteur a saisi un mot-clé dans le formulaire en vérifiant que la variable $_POST['motcle'] n'est pas vide (repère ❶). Il récupère ensuite le mot-clé, la catégorie, le critère de tri et l'ordre d'affichage respectivement dans les variables $motcle, $categorie, $ordre et $tri (repères ❷ à ❺).

Si la catégorie choisie est "tous", la partie de la commande WHERE concernant cette catégorie est vide. Pour les autres choix, elle est égale à "AND categorie=$categorie" (repère ❻). La requête de sélection suivante (repère ❼) est alors créée par le code :

```
"SELECT id_article AS 'Code article',
designation AS 'Description',
prix,categorie AS 'Catégorie'
FROM article WHERE lower(designation) LIKE'%$motcle%'".$reqcategorie.
"ORDER BY $tri $ordre";
```

On peut remarquer l'utilisation de la fonction MySQL lower() qui permet d'effectuer une recherche insensible à la casse ; de cette façon, que l'utilisateur cherche les mots-clés « sony » ou « Sony », il obtiendra bien les résultats présents dans la table article.

L'utilisation d'alias donne un meilleur affichage des titres du tableau de résultats. Après la connexion au serveur, vous récupérez le résultat de la requête dans la variable $result (repère ❽). La lecture des résultats et l'affichage de toutes les lignes retournées sont réalisés avec la méthode fetch() de la même manière que dans les exemples précédents (repère ❾). La figure 17-8 montre la page créée après la recherche du mot-clé portable.

☞ **Exemple 17-10. Page de recherche d'articles**

```html
<!DOCTYPE html>
<html lang="fr">
<head>
<meta http-equiv="Content-Type" content="text/html;charset=UTF-8" />
  <title>Rechercher un article dans le magasin</title>
 </head>
 <body>
  <form action= "<?php echo $_SERVER['PHP_SELF']?>" method="post"
➡ enctype="application/x-www-form-urlencoded">
  <fieldset>
```

```
            <legend><b>Rechercher un article en magasin</b></legend>
            <table>
            <tbody>
            <tr> <td>Mot-clé : </td>
            <td><input type="text" name="motcle" size="40" maxlength="40" /></td>
            </tr>
            <tr>
            <td>Dans la catégorie : </td>
            <td>
            <select name="categorie">
            <option value="tous">Tous</option>
            <option value="vidéo">Vidéo</option>
            <option value="informatique">Informatique</option>
            <option value="photo">Photo</option>
            <option value="divers">Divers</option>
            </select>
            </td>
            </tr>
            <tr>
            <td>Trier par : </td>
            <td>
            <select name="tri">
            <option value="prix">Prix</option>
            <option value="categorie">Catégorie</option>
            <option value="id_article">Code</option>
            </select>
            </td>
            </tr>
            <tr><td>En ordre : </td>
            <td>Croissant<input type="radio" name="ordre" value="ASC" checked="checked"/>
        ➡Décroissant<input type="radio" name="ordre" value="DESC" />
            </td> </tr>
            <tr><td>Envoyer</td><td><input type="submit" name="" value="OK"/></td> </tr>
            </tbody>
            </table>
            </fieldset>
            </form>
<?php
if(!empty($_POST ['motcle'])) ←❶
{
  include("exemple17.2.php");
  $motcle=strtolower($_POST ['motcle']); ←❷
  $categorie=($_POST ['categorie']); ←❸
  $ordre=($_POST ['ordre']); ←❹
  $tri=($_POST ['tri']); ←❺

  // Requête SQL
  $reqcategorie=($_POST['categorie']=="tous")?"":"AND categorie='$categorie'"; ←❻
  $requete="SELECT id_article AS 'Code article',designation AS 'Description',
➡prix,categorie AS 'Catégorie' FROM article WHERE lower(designation)
➡LIKE'%$motcle%'".$reqcategorie."ORDER BY $tri $ordre"; ←❼
```

```
$idcom=connexpdo('magasin','myparam');
$result=$idcom->query($requete); ←❽
if(!$result) ←❾
{
  echo "Lecture impossible";
}
else
{
  $nbcol=$result->columnCount();
  $nbart=$result->rowCount();
  if($nbart==0)
  {
    echo "<h3>Il n'y a aucun article correspondant au mot-clé : $motcle</h3>";
    exit;
  }
  $ligne=$result->fetch(PDO::FETCH_ASSOC); // Tableau associatif
  $titres=array_keys($ligne);
  $ligne=array_values($ligne);
  // print_r($titres);
  echo "<h3>Il y a $nbart articles correspondant au mot-clé : $motcle</h3>";
  // Affichage des titres du tableau
  echo "<table border=\"1\"> <tr>";
  foreach($titres as $val)
  {
    echo "<th>", htmlentities($val) ,"</th>";
  }
  echo "</tr>";
  // Affichage des valeurs du tableau
  do
  {
    echo "<tr>";
    foreach($ligne as $donnees)
    {
      echo "<td>",$donnees,"</td>";
    }
    echo "</tr>";
  }
  while($ligne=$result->fetch(PDO::FETCH_NUM));
}
echo "</table>";
$result->closeCursor();
$idcom=null;
}
?>
</body>
</html>
```

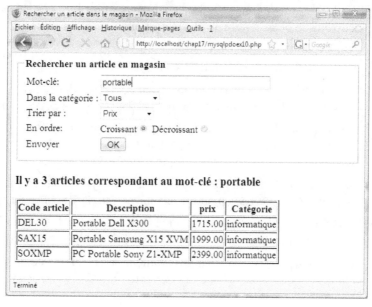

Figure 17-8

Formulaire de recherche et résultats obtenus

Les requêtes préparées

Nous avions déjà construit dynamiquement des requêtes SQL dans l'exemple précédent à partir d'informations saisies par l'utilisateur. Les requêtes préparées permettent de créer des requêtes SQL qui ne sont pas directement utilisables mais qui contiennent des paramètres auxquels on peut donner des valeurs différentes en fonction des besoins, par exemple, pour des appels répétitifs avec des valeurs différentes. Une requête préparée se présente, entre autres, sous la forme suivante :

```
SELECT prenom,nom FROM client WHERE ville=? AND id_client>=?
```

Dans laquelle les caractères ? vont être remplacés par des valeurs quelconques en fonction des besoins du visiteur. C'est la méthode que nous avons employée au chapitre 16.

Ou encore avec des paramètres nommés :

```
SELECT prenom,nom FROM client WHERTE ville=:ville AND id_client=:id_client
```

C'est d'ailleurs cette méthode que nous allons utiliser ici.

Les paramètres nommés :ville et :id_client, dont les noms sont ici les mêmes que ceux des attributs de la table client, sont en fait arbitraires.

La démarche à suivre pour utiliser une requête préparée est la suivante :

1. Écrire la chaîne de requête comme paramètre de la méthode prepare() de l'objet PDO. Cette méthode retourne un objet de type PDOStatement qui représente la requête préparée et qui est noté $reqprep dans notre exemple.

2. Lier les paramètres dans l'ordre de leur apparition avec des valeurs ou des variables. Cette liaison peut se faire de plusieurs manières :

   – En créant un tableau associatif de la forme :

   ```
   $tab=array(':ville'=>$ville, 'id_client'=>$id_client)
   ```

   les variables $ville et $id_client ayant déjà des valeurs à ce stade. Ce tableau sera ensuite passé en paramètre à la méthode execute() détaillée ci-après.

   – En appelant la méthode bindParam() des objets PDOStatement ou encore la méthode bindValue() pour chaque paramètre selon le modèle :

   ```
   bindParam(':ville',$ville,PDO::PARAM_STR)
   ```

   dans lequel le troisième paramètre désigne le type de la variable et peut prendre les valeurs PDO::PARAM_STR pour une chaîne et PDO::PARAM_INT pour un entier.

3. Exécuter la requête en appelant la méthode execute() de l'objet PDOStatement avec le tableau comme paramètre, s'il a été créé à l'étape 2, ou sinon sans paramètre.

4. Pour les requêtes préparées qui retournent des résultats, comme celles qui contiennent la commande SELECT, il faut ensuite lier les résultats à des variables PHP, avec la méthode bindColumn() selon les modèles :

   ```
   $regprep->bindColumn(1,$prenom)
   ```

   ou encore :

   ```
   $regprep->bindColumn(prenom,$prenom)
   ```

   Dans ce cas, la valeur de la colonne 1 désignée dans la requête sera contenue dans la variable $prenom, et ainsi de suite.

5. Les lignes de résultats sont obtenues en appliquant une des méthodes vues précédemment, comme fetch() ou fetchAll(), à l'objet PDOStatement représentant la requête préparée, désignée ici par $regprep. Une ou plusieurs boucles, selon les cas, permet d'afficher les résultats en utilisant les variables créées à l'étape 4.

6. Libérer la mémoire occupée par l'objet PDOStatement avec la méthode close-Cursor().

L'exemple 17-11 présente une application de requête préparée dans laquelle ce sont les saisies d'un utilisateur qui déterminent les valeurs des paramètres et donc la requête finale. Un formulaire classique demande la saisie d'un nom de ville et d'un numéro de client (repères ❶ et ❷) dans le but de trouver tous les clients habitant cette ville et dont l'identifiant est supérieur ou égal à la valeur saisie. Ces informations sont tout d'abord récupérées dans les variables $ville et $id_client (repères ❸ et ❹). Après la connexion à la base, nous écrivons la requête préparée avec la méthode prepare() (repère ❺). La liaison des paramètres aux variables $ville et $id_client est effectuée en appelant les méthodes bindParam() et bindValue() avec les arguments qui précisent le type de variable (repères ❻ et ❼). La requête est ensuite exécutée avec la méthode execute() sans paramètre (repère ❽). Les résultats des colonnes prenom et nom de la table client sont ensuite liés aux variables $prenom et $nom (repères ❾ et ❿). Une boucle while parcourt l'ensemble des résultats et permet l'affichage de toutes les lignes (repère ⓫).

Notez que, comme nous le venons de le voir en exposant la méthode générale, pour obtenir un résultat identique, les trois lignes de liaison des paramètres pourraient être remplacées par les lignes suivantes :

```
//*****Liaison des paramètres
$reqprep->execute(array(':ville' => $ville, ':id_client' => $id_client));
```

☞ **Exemple 17-11. Utilisation des requêtes préparées**

```
<!DOCTYPE html>
<html lang="fr">
<head>
<meta http-equiv="Content-Type" content="text/html;charset=UTF-8" />
  <title>Recherche de client</title>
  <style type="text/css" >
    div{font-size: 20px;}
  </style>
 </head>
 <body>
<form method="post" action="<?php echo $_SERVER['PHP_SELF'];?>">

  <fieldset>
    <legend>Recherche de client</legend>
    <label>Ville </label><input type="text" name="ville" /><br /><br /> ←❶
    <label>Id_client</label><input type="number" step="1" name="id_client" /><br /> ←❷
    <input type="submit" value="Envoyer" />
  </fieldset>
</form>
 </body>
</html>
<?php
if(isset($_POST['ville']) &&  isset($_POST['id_client']))
{
  $ville=strtolower($_POST['ville']); ←❸
  $id_client=$_POST['id_client']; ←❹
  include("exemple17.2.php");
  $idcom=connexpdo('magasin','myparam');
  $reqprep=$idcom->prepare("SELECT prenom,nom FROM client WHERE lower(ville)=
➥:ville AND id_client>= :id_client "); ←❺
  //*****Liaison des paramètres
  $reqprep->bindValue(':ville',$ville,PDO::PARAM_STR); ←❻
  $reqprep->bindParam(':id_client',$id_client,PDO::PARAM_INT); ←❼
  $reqprep->execute(); ←❽
  //*****Liaison des résultats à des variables
  $reqprep->bindColumn('prenom', $prenom); ←❾
  $reqprep->bindColumn('nom', $nom); ←❿
  //*****Affichage
  echo "<div><h3>Il y a ", $reqprep->rowCount() ," client(s) habitant à ",ucfirst($ville),
➥" et dont l'identifiant est supérieur ou égal à $id_client</h3><hr />";
  while($result=$reqprep->fetch(PDO::FETCH_BOUND)) ←⓫
  {
    echo "<h3> $prenom $nom</h3>";
  }
```

```
        echo "</div>";
        $reqprep->closeCursor();
        $idcom=null;
    }
    ?>
```

Avec notre base de données magasin et les paramètres `"Paris"` et `"3"` nous obtenons par exemple l'affichage présenté à la figure 17-9.

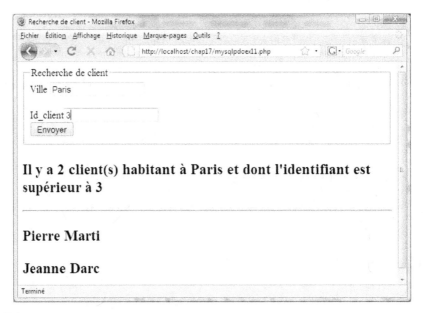

Figure 17-9
Résultats d'une requête préparée

Les transactions

Dans l'exemple de notre base magasin, si un client effectue un achat, il faut réaliser simultanément deux insertions, une dans la table `commande` et une dans la table `ligne`. Si pour une raison quelconque, matérielle ou logicielle, la seconde insertion n'est pas réalisée, alors que la première l'est déjà, la base contiendra une incohérence car il existera une commande ne comportant aucune ligne. L'inverse ne serait guère préférable puisqu'il existerait une ligne qui ne serait reliée à aucune commande. Les transactions permettent de gérer ce genre de situation en effectuant des commandes « tout ou rien » ce qui, en pratique pour notre exemple ci-dessus, permet d'exécuter les deux requêtes ou bien aucune si l'une des deux insertions n'a pas été effectuée. L'intégrité de la base est ainsi préservée.

Le langage SQL possède des commandes qui permettent de gérer les transactions, mais PDO nous fournit des méthodes qui permettent de gérer les transactions sans y faire appel.

Une transaction doit commencer par l'appel de la méthode beginTransaction() de l'objet PDO qui désactive le mode autocommit qui est automatiquement activé par défaut dans MySQL. L'envoi des requêtes au serveur se fait comme d'habitude avec les méthodes query() ou exec(), selon qu'elles retournent des résultats ou pas. Ce n'est qu'après avoir vérifié que les différentes requêtes ont été correctement effectuées que nous pouvons valider l'ensemble en appelant la méthode commit(). Dans le cas contraire, par exemple si l'une d'entre elles n'a pas été réalisée, nous annulons l'ensemble en appelant la méthode rollBack(). Nous pouvons vérifier que nous sommes en mode transaction en appelant la méthode inTransaction() qui retourne TRUE ou FALSE selon que la condition est vérifiée ou non.

Dans l'exemple 17-12, nous illustrons la procédure à suivre pour effectuer deux requêtes INSERT sur la table article (repères ❸ et ❹) qui doivent être impérativement réalisées toutes les deux. Après le déclenchement de la transaction avec la méthode beginTransaction () (repère ❶), nous vérifions que ce mode est bien actif (repère ❷). Nous envoyons ensuite ces requêtes au serveur avec la méthode exec() qui retourne le nombre de lignes affectées par chaque requête. La variable $verif cumule donc le nombre total d'insertions (repères ❺ et ❻). Si ce nombre vaut 2 (repère ❼), nous pouvons valider la transaction avec la méthode commit() (repère ❽), sinon elle est annulée avec la méthode rollBack() (repère ❾), un message d'erreur est affiché (repères ❿ et ⓫) et le tableau indicé retourné par la méthode errorInfo() contenant le code d'erreur pour l'indice 0 et le message d'erreur en clair pour l'indice 2. Pour tester l'efficacité du script, il suffit d'introduire une erreur dans la seconde requête en écrivant, par exemple, le nom de table inexistant "clients" à la place de "client", pour constater avec phpMyAdmin qu'aucune insertion n'est effectuée alors que la première est valable.

☞ **Exemple 17-12 Insertions avec transaction**

```php
<?php
include('exemple17.2.php');
$idcom=connexpdo('magasin','myparam');
$idcom->beginTransaction(); ←❶
if($idcom->inTransaction()){echo "Début transaction";} ←❷
echo "<hr />";
$requete1="INSERT INTO client(id_client,nom,prenom,age,adresse,ville,mail) VALUES
➡(NULL , 'Spencer', 'Marc', '32', 'rue du blues', 'New Orleans', 'marc@spencer.be');"; ←❸
echo $requete1,"<hr />";
$requete2="INSERT INTO client(id_client,nom,prenom,age,adresse,ville,mail) VALUES (NULL ,
➡'Spancer', 'Diss', '89', 'Metad Street', 'New York', 'diss@metad.fr');"; ←❹
echo $requete2,"<hr />";
// Insertions des données
$verif= $idcom->exec($requete1); ←❺
$verif+= $idcom->exec($requete2); ←❻
if($verif==2 ) ←❼
{
    $idcom->commit(); ←❽
    echo "Insertions réussies de $verif lignes<br />";
}
else
```

```
    {
        $idcom->rollBack();←❾
        $tab_erreur=$idcom->errorInfo();
        echo "Insertions annulées. Erreur n° :",$tab_erreur[0],"<br />";←❿
        echo "Info : ",$tab_erreur[2];←⓫
    }
    ?>
```

Mémo des méthodes

Classe PDO

```
boolean beginTransaction ( void )
```

Commence une transaction et retourne TRUE en cas de réussite ou FALSE sinon.

```
boolean commit ( void )
```

Valide une transaction.

```
objetPDO __construct ( string $dsn [, string $username [, string $password ]] )
```

Constructeur de la classe PDO. Crée un objet représentant la connexion.

```
string errorCode ( void )
```

Retourne un code d'erreur.

```
array errorInfo ( void )
```

Retourne un tableau contenant un code d'erreur (indice 0) et un message d'erreur (indice 2).

```
integer exec ( string $requete )
```

Exécute une requête qui ne retourne pas de résultat et retourne le nombre de lignes affectées.

```
boolean inTransaction ()
```

Retourne TRUE si le mode transaction est activé et FALSE sinon

```
string lastInsertId ()
```

Retourne l'identifiant de la colonne dont l'attribut est déclaré AUTO_INCREMENT.

```
objet PDOStatement prepare ( string $requete )
```

Crée une requête préparée et retourne un objet PDOStatement.

```
objet PDOStatement query ( string $requete )
```

Envoie une requête au serveur et retourne un objet résultat.

```
string quote( string $chaine )
```

Protège les caractères spéciaux d'une chaîne.

```
boolean rollBack ( void )
```

Annule la transaction courante.

Classe PDOStatement

```
boolean bindColumn ( divers $colonne, divers $var [, integer type] )
```

Lie une colonne désignée par son numéro ou son nom à une variable ; le type peut être PDO::PARAM_STR pour une chaîne ou PDO::PARAM_INT pour un nombre.

```
boolean bindParam (divers $parametre, divers $variable [, int type ] )
```

Lie un paramètre nommé ou interrogatif à une variable. La constante type prend les mêmes valeurs que ci-dessus.

```
integer columnCount ( void )
```

Retourne le nombre de lignes d'un résultat.

```
string errorCode ( void )
```

Retourne un code d'erreur.

```
array errorInfo ( void )
```

Retourne un tableau contenant les informations sur l'erreur en cours.

```
bool execute ( [array $parametre] )
```

Exécute une requête préparée ; le paramètre peut contenir les liaisons des paramètres nommés ou interrogatifs.

```
divers fetch ( [integer $style] )
```

Retourne une ligne de résultat sous forme de tableau indicé ou associatif. style est une constante qui vaut FETCH_NUM (indicé), FETCH_ASSOC (associatif), FETCH_OBJ (objet), FETCH_BOTH (indicé et associatif) ou FETCH_LAZY (indicé, associatif et objet).

```
array fetchAll ( [integer $style )
```

Retourne l'ensemble des lignes de résultat sous forme de tableau multidimensionnel indicé ou associatif. Idem que ci-dessus pour le paramètre.

```
object fetchObject ()
```

Retourne la ligne suivante de résultat dans un objet dont les propriétés ont pour nom ceux des champs et contiennent les valeurs de ceux-ci.

```
int rowCount ( void )
```

Retourne le nombre de lignes affectées par la dernière requête.

Classe PDOException

```
objet PDOException _construct()
```

Crée un objet exception.

```
string getCode()
```

Retourne le code d'erreur.

```
string getFile()
```

Retourne le nom du fichier dans lequel s'est produite l'erreur.

```
integer getLine()
```

Retourne le numéro de ligne du script où s'est produite l'erreur.

```
string getMessage()
```

Retourne le message d'erreur.

Exercices

Tous les exercices ci-dessous portent sur la base de données voitures créée aux chapitres 13 et 14. Ils sont identiques à ceux du chapitre 15 et 16 mais vous devez les réaliser uniquement avec PDO.

Exercice 1

Créez un script permettant d'afficher le contenu de la table modele dans un tableau HTML. Les résultats doivent être triés par marque.

Exercice 2

Créez un formulaire permettant l'insertion de nouvelles données dans la table modele.

Exercice 3

Créez un formulaire permettant l'insertion simultanée des coordonnées d'une personne dans les tables proprietaire et cartegrise. Il doit contenir les zones de saisie des coordonnées de la personne et la liste des modèles d'une marque créée dynamiquement à partir de la saisie de la marque.

Exercice 4

Créez un formulaire de recherche permettant de retrouver tous les propriétaires d'un type de véhicule de marque et de modèle donnés. Affichez les résultats sous forme de tableau HTML.

Exercice 5

Créez un formulaire de recherche permettant de retrouver tous les véhicules possédés par une personne donnée. Affichez les résultats sous forme de tableau HTML.

Exercice 6

Réécrivez entièrement le code de l'exercice 5 en récupérant tous les résultats dans des objets et en manipulant leurs propriétés.

Exercice 7

Refaire l'exercice 4 en utilisant une requête préparée.

Exercice 8

Refaire l'exercice 3 en utilisant une transaction pour s'assurer que les données sont bien insérées dans les différentes tables.

18

La base SQLite

SQLite était l'une des grandes nouveautés de PHP 5. Il s'agit d'une base de données relativement puissante. Contrairement à MySQL ou PostgreSQL, elle ne nécessite pas l'installation d'un serveur de base de données en plus d'un serveur PHP car elle est incorporée à PHP comme l'est le module standard.

D'après ses concepteurs et les tests réalisés, SQLite se révèle beaucoup plus rapide que MySQL et PostgreSQL pour les opérations de lecture. Les opérations d'écriture perdent un peu de cet avantage car dans ce cas la base est verrouillée dans son intégralité, même si l'opération ne concerne qu'une table.

Dans l'état actuel de son développement, SQLite n'est intéressant que pour les applications qui ne nécessitent pas un grand nombre d'accès concurrents en écriture à la base. Il y a peu de chance, par exemple, qu'un site comme Google l'adopte, mais elle pourrait suffire à des entreprises de taille moyenne et particulièrement pour des applications installées sur des terminaux mobiles.

Caractéristiques générales

Contrairement à de nombreux autres SGBD, comme MySQL, SQLite crée la base directement sur le disque dur de votre serveur. À chaque base correspond donc un seul fichier, quel que soit le nombre de tables qu'elle contient. Dans ce fichier sont à la fois enregistrées la structure des tables et les données (voir figure 18-1). Comme vous le voyez, ce fichier est inutilisable tel quel. Pour cette raison, la modification de la structure d'une table est impossible en utilisant la commande ALTER TABLE. Vous devez d'abord sauvegarder les données, effacer la table puis la recréer avec une nouvelle structure.

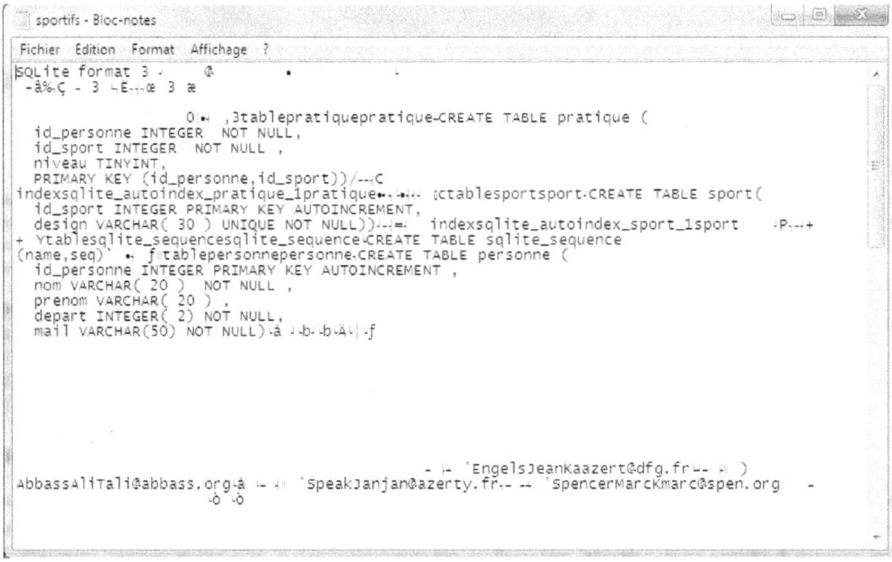

Figure 18-1
Structure d'un fichier de base SQLite

SQLite supporte l'essentiel des fonctionnalités du langage SQL.

D'après les tests publiés sur le site SQLite (*http://www.sqlite.org*), cette base est jusqu'à trois fois plus rapide que MySQL dans les accès en lecture de données. En revanche, le fait que toute la base soit contenue dans un seul fichier entraîne son verrouillage total lors des accès en écriture. Cela ralentit les opérations dans le cas d'accès concurrents à la base.

Dans sa version actuelle, la version 3, SQLite est dite *typeless*, c'est-à-dire qu'elle n'oblige pas à effectuer une déclaration du type de chaque colonne lors de la création des tables, contrairement à MySQL. Vous pouvez cependant conserver vos habitudes pour l'écriture des requêtes SQL de création des tables en définissant un type pour chaque colonne.

Dans la gestion de la base, SQLite ne gère que les types TEXT, INTEGER, REAL, NUMERIC, BLOB, NONE et NULL.

Si vous créez des tables à partir d'un code SQL standard, par exemple à partir d'un fichier .sql récupéré d'une table MySQL avec PhpMyAdmin, SQLite va gérer les déclarations comme indiqué dans le tableau 18-1.

Tableau 18-1 – Gestion des types déclarés par SQLite

Type déclaré dans une requête CREATE TABLE	Type créé dans SQLite3
INT	INTEGER

Tableau 18-1 – Gestion des types déclarés par SQLite *(suite)*

CHARACTER(20) VARCHAR(255) VARYING CHARACTER(255) NCHAR(55) NATIVE CHARACTER(70) NVARCHAR(100) TEXT CLOB	TEXT
BLOB	NONE
REAL DOUBLE DOUBLE PRECISION FLOAT	REAL
NUMERIC DECIMAL(10,5) BOOLEAN DATE DATETIME	NUMERIC
NULL	NULL

De nombreuses tables comportent une clé primaire, qui est un entier auto-incrémenté d'une unité à chaque nouvelle insertion. SQLite ne reconnaît pas l'attribut AUTO_INCREMENT utilisé avec MySQL pour créer ce type de colonne. Pour obtenir le même résultat, il faut déclarer la colonne avec le type INTEGER PRIMARY KEY, comme suit :

```
CREATE TABLE personne(id INTEGER PRIMARY KEY,nom VARCHAR(20));
```

L'insertion de la valeur NULL dans la colonne id permet cette incrémentation automatique.

L'interface SQLiteManager

Comme pour MySQL avec phpMyAdmin, des programmeurs bénévoles ont créé des interfaces de gestion en ligne des bases de données SQLite. Il en existe plusieurs, comme phpSQLiteAdmin et SQLiteManager.

Si votre hébergeur n'offre pas cette interface, vous pouvez l'installer vous-même puisqu'il s'agit de fichiers PHP (voir le site *http://www.sqlitemanager.org*). En local, vous pouvez utiliser SQLiteManager en installant une extension de Firefox téléchargeable à partir du menu Outils>Modules complémentaires.

La figure 18-2 montre la page d'accueil de SQLiteManager dans Firefox, à partir de laquelle vous pouvez créer une base et les tables qui la composent. L'application sur laquelle reposent les exemples de ce chapitre a pour but de créer un site de contact entre sportifs partageant la même passion et leur permettant de trouver des partenaires éventuels. Ce modèle pourrait être facilement transposé à d'autres applications pratiques. Vous aurez à développer entièrement cette application au chapitre 21.

Figure 18-2

La page d'accueil de SQLiteManager

Le modèle conceptuel de données (MCD) de la base nommée sportifs est illustré à la figure 18-3. Il comporte les contraintes suivantes :

- L'entité personne regroupe les données personnelles d'un visiteur inscrit.

- L'entité sport contient les caractéristiques de chaque sport.

- L'association pratique relie ces deux entités.

- Une personne pratique un ou plusieurs sports. La cardinalité du côté de l'entité personne est donc 1:N.

- Un sport est pratiqué par une ou plusieurs personnes. La cardinalité du côté de l'entité sport est donc 1:N.

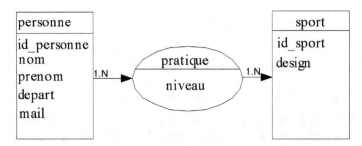

Figure 18-3

Le MCD de la base sportifs

Le modèle logique de données (MLD) correspondant, en application des règles vues au chapitre 13, est représenté à la figure 18-4. Chaque personne peut pratiquer de 1 à N sports, et un sport peut être pratiqué par 1 à N personnes.

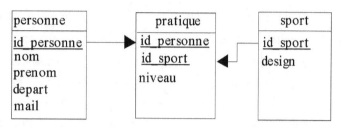

Figure 18-4

Le MLD de la base sportifs

La base sportifs comprend donc les trois tables suivantes :

- La table personne, qui contient les coordonnées de chaque personne inscrite sur le site (nom, prénom, département, adresse e-mail). L'identifiant auto-incrémenté id_personne est la clé primaire de la table.

- La table sport, qui contient le nom de chaque sport pratiqué contenu dans l'attribut design. Elle sera enrichie par les visiteurs du site en fonction de leurs besoins. Chaque sport a un identifiant unique auto-incrémenté id_sport, qui est la clé primaire de la table.

- La table pratique est la représentation de l'association entre les tables personne et sport. Sa clé primaire est constituée des clés primaires des tables personne et sport. On obtient ainsi l'association entre une personne et un sport. L'attribut niveau contient le niveau de pratique de chaque utilisateur pour un sport donné.

Pour créer les tables, vous utilisez SQLiteManager. Complétez les zones de saisie conformément à la figure 18-2, puis cliquez sur Enregistrer. Un fichier nommé sportifs est alors créé dans le répertoire choisi à partir du menu Directory. La création des tables se déroule ensuite selon la même démarche qu'avec phpMyAdmin. Il faut d'abord saisir le nom de la table et son nombre de colonnes, puis une nouvelle page permet la définition des caractéristiques de chaque colonne.

Méthodes d'accès à SQLite

L'extension sqlite de PHP est devenue obsolète ; par conséquent un accès procédural n'est désormais plus possible. L'accès objet à une base SQLite3 peut s'effectuer de deux manières.

- En utilisant les méthodes de l'extension php_sqlite3 qui doit être installée sur le serveur.

- En utilisant PDO, comme nous l'avons vu au chapitre 17 avec MySQL.

La méthode SQLite3

L'extension sqlite3 offre trois classes qui permettent de créer des objets dont les métho-des gèrent différentes situations.

- La classe SQLite3 permet la connexion à la base et l'envoi des requêtes.

- La classe SQLite3Stmt permet d'utiliser des requêtes préparées.

- La classe SQLite3Result permet la lecture des résultats des requêtes de sélection.

Pour utiliser une base SQLite, la démarche est identique à celle que nous avons suivie avec MySQL. Elle consiste à effectuer les étapes suivantes.

1. Ouverture de la base, qui s'apparente plutôt à une ouverture de fichier en créant un objet SQLite3.

2. Envoi des requêtes SQL à effectuer sur la base.

3. Récupération de la valeur de retour de la fonction de requête, qui est soit une valeur booléenne pour contrôler que la requête est bien exécutée – par exemple, CREATE TABLE, INSERT, UPDATE –, soit un objet SQLite3Result quand la requête SQL retourne des données – par exemple, SELECT.

4. Utilisation le cas échéant des fonctions spécialisées de récupération des résultats, et création d'un affichage dynamique approprié avec PHP et HTML.

5. Suppression des résultats et fermeture de la base.

Connexion à la base

Pour se connecter à une base SQLite, vous devez créer un objet instance de la classe SQLite3 en appelant son constructeur selon la syntaxe suivante :

```
$objdb= new SQLite3('base',['drapeau']);
```

dans laquelle le paramètre 'base' correspond au nom de la base à ouvrir ou à créer, par exemple "mabase.db" ou "mabase.sqlite". Si l'on indique le mot-clé ":memory:" en premier paramètre, la base est créée en mémoire vive et donc effacée quand elle est fermée. Le second paramètre est facultatif, il s'agit d'une constante qui prend les valeurs suivantes :

- SQLITE3_OPEN_READONLY qui ouvre en lecture seule ;

- SQLITE3_OPEN_READWRITE qui ouvre en lecture/écriture ;

- SQLITE3_OPEN_CREATE qui crée, puis ouvre la base si elle n'existe pas encore.

Si l'objet SQLite3 existe toujours mais que la connexion a été fermée, il est possible avec cet objet d'appeler la méthode open() avec les mêmes paramètres que ceux du construc-teur de l'objet pour rétablir la connexion. Cette méthode retourne un booléen (TRUE ou FALSE) afin de s'assurer que l'opération est réussie.

Envoi des requêtes

L'étape suivante consiste à envoyer des requêtes à la base à l'aide de commandes SQL standards. Les connaissances que vous avez acquises au chapitre 14 sont mises en pratique avec SQLite, aussi bien qu'avec MySQL. Pour envoyer une requête à la base ouverte, il faut appeler le plus souvent la méthode query() dont la syntaxe est la suivante :

```
$result = $objdb->query($requete);
```

La requête est une chaîne de caractères qui doit être délimitée par des guillemets simples ou doubles, ou être contenue dans une variable.

Avec cette méthode, la valeur retournée est un objet de type SQLite3Result dont les méthodes vont nous permettre de lire les valeurs des champs. Nous utiliserons typiquement cette méthode pour des requêtes SELECT.

Pour les requêtes qui ne retournent pas de résultat comme INSERT ou UPDATE, nous pouvons appeler la méthode exec() dont la syntaxe est la suivante :

```
$test=$objdb->exec($requete);
```

Elle retourne simplement un booléen qui permet de vérifier la bonne exécution.

En dernier lieu, si l'on ne veut obtenir qu'un seul résultat, il suffit d'appeler la méthode querySingle() de l'objet SQLite3 avec la syntaxe :

```
$result=$objdb->querySingle($requete,TRUE | FALSE);
```

Elle va retourner la valeur de la première colonne du résultat si le second paramètre vaut FALSE (valeur par défaut) ou toute la première ligne dans un tableau associatif dont les clés sont les noms de champs de la table.

Si une requête échoue, nous pouvons récupérer le code d'erreur généré avec la méthode lastErrorCode() et le message d'erreur correspondant avec lastErrorMsg() de l'objet SQLite3 afin de les afficher.

Après avoir envoyé une requête à la base et récupéré éventuellement un résultat, nous pouvons fermer la connexion avec la méthode close() de l'objet SQLite3 selon le modèle suivant :

```
$objdb->close();
```

Dans ce cas, l'objet existe toujours mais il n'est plus possible d'effectuer des opérations sur la base. Pour y accéder de nouveau, il faut appeler la méthode open() étudiée précédemment.

L'exemple 18-1 donne un modèle de script de connexion à une base SQLite3.

☞ **Exemple 18-1. Connexion et envoi de requête SQL**

```php
<?php
$objdb=new SQLite3("sportifs.db");
$requete = "SELECT * FROM personne";
if($result=$objdb->query($requete))
{
  echo "La requête est réalisée";
// Lecture des résultats
var_dump($result);
}
else
{
  echo "Erreur n° :",$objdb->lastErrorCode(),"...",$objdb->lastErrorMsg();
}
$objdb->close();
?>
```

Si l'on ne dispose pas de l'interface SQLiteManager, il est possible de créer les tables de la base à l'aide d'un script. C'est le but de l'exemple 18-2 qui envoie les requêtes SQL de création des trois tables en utilisant la méthode exec() (repères ❶, ❸ et ❺). Si une requête n'est pas exécutée, nous affichons un message d'erreur (repères ❷,❹ et ❻).

☞ **Exemple 18-2. Création des tables avec un script**

```php
<?php
if ($objdb = new SQLite3('sportifs.db'))
{
  echo "La base sportifs est ouverte <br />";
  //*****************************
  // Création de la table personne
  $req_personne="CREATE TABLE IF NOT EXISTS personne (
  id_personne INTEGER PRIMARY KEY AUTOINCREMENT,
  nom VARCHAR(20) NOT NULL,
  prenom VARCHAR(20),
  depart INTEGER(2) NOT NULL,
  mail VARCHAR(50) NOT NULL)";
  if( $objdb->exec($req_personne)) echo "La table personne est créée<br />"; ←❶
  else{echo $objdb->lastErrorMsg();} ←❷
  //*************************************
  // Création de la table sport

  $req_sport="CREATE TABLE IF NOT EXISTS sport(
  id_sport INTEGER PRIMARY KEY AUTOINCREMENT,
  design VARCHAR(30) UNIQUE NOT NULL)";
  if($objdb->exec($req_sport))echo "La table sport est créée<br />"; ←❸
  else{echo $objdb->lastErrorMsg();} ←❹
  //*****************************
  // Création de la table pratique
  $req_pratique="CREATE TABLE IF NOT EXISTS pratique (
  id_personne INTEGER NOT NULL,
```

```
   id_sport INTEGER NOT NULL,
   niveau TINYINT,
   PRIMARY KEY (id_personne,id_sport))";
   if($objdb->exec($req_pratique)) echo "La table pratique est créée<br />"; ←❺
   else{echo $objdb->lastErrorMsg();} ←❻
   $objdb->close() ;
}
else
{
   echo "ERREUR de connexion";
}
?>
```

Insertion de données

L'insertion de données a déjà été abordée au chapitre 15 avec MySQL. Elle ne présente pas de difficultés particulières dans SQLite. Vous pouvez donc utiliser de la même façon la commande SQL INSERT pour procéder à une insertion. Les données insérées dans la base proviennent des saisies effectuées par les visiteurs lors de leur inscription sur le site. Vous retrouvez ici le code de création d'un formulaire qui vous est familier. La récupération des valeurs côté serveur s'effectue également à l'aide de la variable $_POST, qui est un tableau superglobal accessible dans tous les scripts.

Dans les tables qui comportent une clé primaire auto-incrémentée, il est possible, après l'envoi de la requête d'insertion, de récupérer la valeur de la clé en utilisant la méthode lastInsertRowID() de la classe SQLite3, dont la syntaxe est la suivante :

```
$num=$objdb->lastInsertRowID();
```

Elle retourne un entier, la valeur de la clé primaire qui vient d'être insérée.

Les chaînes saisies dans le formulaire peuvent contenir des caractères spéciaux susceptibles de poser problème lors de leur incorporation aux chaînes de requête SQL. Pour protéger ces caractères, il faut appeler la méthode escapeString(), selon la syntaxe suivante :

```
$chaine=$objdb->escapeString(string $chaine)
```

Elle retourne une chaîne dans laquelle les caractères spéciaux sont précédés du caractère d'échappement antislash (\).

L'exemple 18-3 réalise l'insertion des coordonnées d'un visiteur saisies dans un formulaire similaire à celui utilisé dans l'exemple 15-7 avec MySQL. La gestion des données saisies est attribuée au script lui-même dans l'attribut action de l'élément <form> (repère ❶). Lors de son inscription, le visiteur doit saisir son nom, son prénom, son département et son adresse e-mail dans des zones de saisie nommées respectivement nom, prenom, depart et mail. Le script récupère les valeurs saisies dans les variables $nom, $prenom, $depart et $mail à partir des variables $_POST['nom'], $_POST['prenom'], $_POST['depart'] et $_POST['mail'] (repères ❷ à ❺).

Cette création de nouvelles variables sert uniquement à améliorer la lisibilité du code, en particulier celle de la requête SQL d'insertion (repère ❻) envoyée par la méthode exec() (repère ❼). Si la requête n'est pas exécutée, vous affichez le code d'erreur retourné par la fonction lastErrorCode() (repère ❽). Dans le cas contraire, vous informez le visiteur que l'enregistrement est réalisé en lui communiquant son numéro d'enregistrement retourné par la méthode lastInsertRowID() et en affichant une boîte d'alerte JavaScript (repère ❾). Dans tous les cas, la base est ensuite fermée (repère ❿).

☞ Exemple 18-3. Insertion de données

```
<!DOCTYPE html>
<html lang="fr">
 <head>
  <meta http-equiv="Content-Type" content="text/html;charset=UTF-8" />
  <title>Saisissez vos coordonnées</title>
 </head>
 <body>
<form action= "<?php echo $_SERVER['PHP_SELF'];?>" method="post"
enctype="application/x-www-form-urlencoded"> ←❶
<fieldset>
<legend><b>Vos coordonnées</b></legend>
<table>
<tr><td>Nom : </td><td><input type="text" name="nom" size="40" maxlength="30"/>
➡</td></tr>
<tr><td>Prénom : </td><td><input type="text" name="prenom" size="40" maxlength="30"/>
➡</td></tr>
<tr><td>Département : </td><td><input type="number" step="1" name="depart" /></td>
➡</tr>
<tr><td>E-mail : </td><td><input type="email" name="mail" size="40" maxlength="50"/>
➡</td></tr>
<tr>
<td><input type="reset" value="Effacer"></td>
<td><input type="submit" value="Envoyer"></td>
</tr>
</table>
</fieldset>
</form>
<?php
if(!empty($_POST['nom'])&& !empty($_POST['depart']) && !empty($_POST['mail']))
{
 $objdb=new SQLite3("sportifs.db");
 $nom= $objdb->escapeString($_POST['nom']); ←❷
 $prenom= $objdb->escapeString($_POST['prenom']); ←❸
 $depart= $objdb->escapeString($_POST['depart']); ←❹
 $mail= $objdb->escapeString($_POST['mail']); ←❺
 // Requête SQL
 $requete="INSERT INTO personne VALUES(NULL,'$nom','$prenom','$depart','$mail')"; ←❻
 $result=$objdb->exec($requete); ←❼
 if(!$result)
  {
```

```
        echo "<h2>Erreur d'insertion \n n´",$objdb->lastErrorCode(),"</h2>"; ←8
    }
    else
    {
        echo "<script type=\"text/javascript\">
        alert('Vous êtes enregistré. Votre numéro de client est :
        ➡ ". $objdb->lastInsertRowId()."')</script>"; ←9
    }
    $objdb->close() ; ←10
}
else {echo "Formulaire à compléter !";}
?>
</body>
</html>
```

La figure 18-5 illustre la page de saisie et la boîte d'alerte qui indique l'identifiant du client après l'insertion.

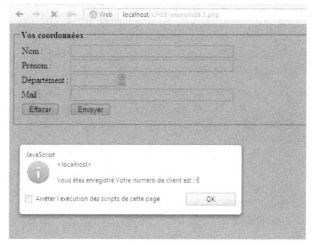

Figure 18-5

La page d'insertion et l'affichage du code

Les transactions

Dans le cas de la base sportifs, que vous aurez à développer au chapitre 21, quand un utilisateur s'inscrit sur le site, il saisit ses coordonnées, le sport qu'il pratique et son niveau. Lorsqu'il valide son formulaire, il faut que le script réalise les opérations suivantes :

1. Récupération des coordonnées du visiteur, du sport et du niveau indiqué dans des variables PHP.

2. Création de la requête d'écriture des coordonnées dans la table personne.

3. Récupération de l'identifiant et du niveau du visiteur, qui a été créé dans la table personne, dans la colonne id_personne.

4. Récupération de l'identifiant du sport choisi par le visiteur.

5. Requête d'écriture de l'identifiant du visiteur, de l'identifiant du sport et du niveau dans la table pratique qui représente l'association entre une personne et un sport.

Si les deux requêtes SQL sont exécutées sans problème, il n'y a pas à se poser de question. Mais que se passe-t-il si, après l'envoi de la première requête, la connexion à la base est interrompue pour une raison quelconque (panne du serveur, erreur dans la deuxième requête, etc.) ? Vous vous retrouvez dans la situation où une personne est enregistrée dans la base mais ne correspond à aucun sport, ce qui crée une incohérence dans la base.

Pour éviter cela, le langage SQL propose le mécanisme des transactions, qui consiste à délimiter un ensemble de requêtes qui doivent être exécutées en bloc ou pas du tout. En cas de problème avant l'exécution de la deuxième requête SQL, l'effet de la première dans la table personne est annulé. La base conserve ainsi son intégrité.

Pour supprimer ce danger, il faut utiliser les transactions en délimitant l'ensemble des commandes SQL à exécuter en « tout ou rien » par la commande BEGIN TRANSACTION avant toute autre commande et par la commande COMMIT TRANSACTION après la dernière. Tant que cette commande n'est pas rencontrée, aucune insertion n'a lieu. Après son apparition, l'ensemble des insertions est réalisé en bloc.

L'exemple 18-4 a pour but d'insérer deux des informations dans deux tables. Il nous faut donc envoyer d'abord la commande SQL BEGIN TRANSACTION en donnant le nom trans qui permettra d'identifier la transaction (repère ❶), puis l'envoi de deux requêtes d'insertion dans les tables personne (repère ❷) et pratiques (repère ❹ avec une erreur volontaire sur le nom de la table). Si les deux requêtes sont bien exécutées, ce qui est contrôlé dans les variables $test1 et $test2 (repères ❸,❺ et ❻), la transaction est validée avec l'envoi de la commande COMMIT TRANSACTION trans (repère ❼) qui évite le danger de l'insertion de lignes orphelines. Dans le cas contraire, l'ensemble des insertions (sauf les éventuelles commandes SELECT) est supprimé à l'aide de la commande ROLLBACK TRANSACTION trans (repère ❽).

☛ **Exemple 18-4. Utilisation d'une transaction**

```php
<?php
if ($objdb=new SQLite3("sportifs.db"))
{
  $requete1="BEGIN TRANSACTION trans;"; ←❶
   $objdb->exec($requete1);
  $requete2="INSERT INTO personnes(id_personne,nom,prenom,depart,mail) VALUES
  ➡(NULL,'Spencer','Marc','75','marc@spen.org');"; ←❷
  $test1= $objdb->exec($requete2); ←❸
  $requete3="INSERT INTO pratique(id_personne,id_sport,niveau)
  ➡VALUES(last_insert_rowid(),2,3);"; ←❹
  $test2= $objdb->exec($requete3); ←❺
  if($test1 and $test2 ) ←❻
```

```
   {
     $requete4="COMMIT TRANSACTION trans"; ←❼
     $objdb->exec($requete4);
     echo "<br />Les requêtes ont été exécutées<hr />";
   }
   else
   {
     $requete5="ROLLBACK TRANSACTION trans"; ←❽
     $objdb->exec($requete5);
     echo "<br />Les requêtes n'ont pas été exécutées<hr />";
   }
     $objdb->close();
 }
 else
 {
   echo "ERREUR !";
 }
 ?>
```

L'erreur sur le nom de la table pratiques étant maintenue, le script affiche un message d'erreur et un avis, mais vous êtes assuré qu'aucune donnée parasite ne figure dans la base. La commande COMMIT peut aussi être envoyée séparément des autres et après avoir envoyé d'autres requêtes, comme c'est le cas ici. Ce n'est qu'après cet envoi que les commandes précédentes ont un effet dans la base s'il n'y a pas d'erreur. En corrigeant le nom de la table de "personnes" en "personne", qui est la table existante, la condition (repère ❻) est vérifiée et on peut constater dans SQLiteManager, par exemple, que l'insertion a bien eu lieu.

Lecture des résultats d'une requête

Contrairement à PDO qui permet de récupérer un résultat de différentes manières, l'objet SQLite3Result retourné par la méthode query() ne possède que la méthode fetchArray() pour lire les valeurs obtenues par une requête. Sa syntaxe est la suivante :

```
$tab=$result->fetchArray(int tabtype)
```

La constante tab_type détermine le type du tableau retourné. Elle vaut SQLITE3_NUM pour un tableau indicé, SQLITE3_ASSOC pour un tableau associatif ou SQLITE3_BOTH (valeur par défaut) pour un tableau possédant à la fois des indices et des clés.

Lors de son premier appel, elle retourne un tableau contenant les données de la première ligne du résultat $result retourné par query(). À chaque nouvel appel, ce tableau contient la ligne suivante. Pour lire l'ensemble des données par une requête de sélection, il faut réaliser une boucle while, par exemple.

Pour libérer la mémoire après avoir lu les résultats, il faut appeler la méthode finalize() de l'objet SQLite3Result selon le modèle :

```
$result->finalize();
```

Signalons enfin les méthodes suivantes de l'objet résultat qui donnent des informations sur les champs de la table.

- La méthode columnName(N) retourne le nom de la colonne placée au rang N dans le résultat d'une requête SELECT (la première colonne ayant le rang 0).

- La méthode columnType(N) retourne le type de la colonne placée au rang N dans le résultat d'une requête SELECT (la première colonne ayant le rang 0).

- La méthode numsColumns() retourne le nombre de colonnes du résultat et peut être utile pour indexer une boucle.

Pour relire les résultats en vue d'une autre utilisation, il est possible de recommencer la lecture au début en appliquant la méthode reset() à l'objet SQLiteResult.

L'exemple 18-5 utilise la méthode fetchArray() pour lire et afficher toutes les données de la table "personne" dans un tableau HTML (requête SELECT, repère ❶). La requête est envoyée et le résultat contenu dans la variable $result (repère ❷). Nous récupérons également le nombre de colonnes (repère ❸) pour écrire une boucle (repère ❹) qui va afficher l'en-tête du tableau en lisant les noms des colonnes de la table (repère ❺). Une boucle while permet d'effectuer une lecture de l'ensemble en récupérant chaque ligne dans le tableau associatif $ligne (repère ❻). Ses éléments permettent de créer le corps du tableau HTML (repères ❼ et ❽). Le résultat est ensuite fermé pour libérer la mémoire (repère ❾).

☞ **Exemple 18.5. Lecture des résultats d'une requête**

```
<!DOCTYPE html>
<html lang="fr">
 <head>
  <meta http-equiv="Content-Type" content="text/html;charset=UTF-8" />
  <title>Lecture des personnes enregistrées</title>
  <style>
  table,td,th {border: 2px solid red; font-size: larger;}
  </style>
 </head>
 <body>

<?php
if ($objdb=new SQLite3("sportifs.db",SQLITE3_OPEN_READONLY))
{
  $requete = "SELECT * FROM personne"; ←❶
  if ($result = $objdb->query ($requete)) ←❷
  {
    echo "<h3>Liste des personnes enregistrées</h3>";
    echo "<table><thead><tr>";
    $nbcol=$result->numColumns(); ←❸
    for($i=0;$i<$nbcol;$i++) ←❹
    {
      echo "<th>",$result->columnName($i),"</th>"; ←❺
    }
```

```
        echo "</tr></thead><tbody>";
        while($ligne=$result->fetchArray(SQLITE3_NUM)) ←❻
        {
         echo "<tr>";
         for($i=0;$i<$nbcol;$i++) ←❼
         {
                echo "<td>{$ligne[$i]} </td>"; ←❽
         }
         echo "</tr>";
        }
        echo "</tbody></table>";
        $result->finalize(); ←❾
     }
    else echo " La requête n'a pas aboutie";
    $objdb->close();
}
else echo $objdb->lastErrorCode();
?>

</body>
</html>
```

Ce script affiche la liste des personnes inscrites dans la table personne comme le montre la figure 18-6.

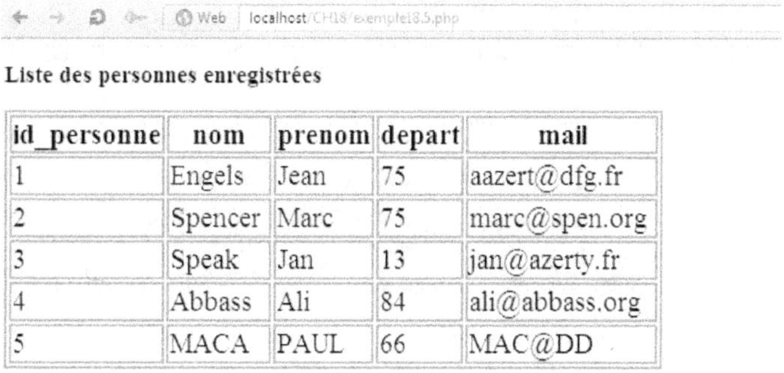

Liste des personnes enregistrées

id_personne	nom	prenom	depart	mail
1	Engels	Jean	75	aazert@dfg.fr
2	Spencer	Marc	75	marc@spen.org
3	Speak	Jan	13	jan@azerty.fr
4	Abbass	Ali	84	ali@abbass.org
5	MACA	PAUL	66	MAC@DD

Figure 18-6

Affichage des personnes enregistrées

Création de fonctions SQL personnalisées

Le langage SQL offre un grand nombre de fonctions utilisables dans les requêtes. Nous en avons donné une liste dans les chapitres précédents. Au cas où vous auriez besoin d'une fonction qui n'existe pas, SQLite vous permet de créer vos propres fonctions et de les enregistrer. L'avantage de cette technique est qu'une fonction écrite dans une requête est appliquée automatiquement à toutes les lignes du résultat pour les colonnes choisies dans la requête SQL. Cela évite de devoir effectuer un traitement répétitif *a posteriori* sur les données après lecture des lignes.

Pour parvenir à ce résultat, il suffit de suivre les deux étapes suivantes :

1. Créez une fonction personnalisée à l'aide de code PHP selon la méthode habituelle (voir le chapitre 7).

2. Déclarez cette fonction comme utilisable par SQL à l'aide de la méthode `createFunction()` de l'objet SQLite3, selon la syntaxe suivante :

```
boolean $objdb->createFunction(string nom_sql, string nom_php [,integer nb_param])
```

Le paramètre `nom_sql` est le nom qui servira à appeler la fonction personnalisée dans le code SQL. Il doit être différent d'un nom de fonction SQL existant. Le paramètre `nom_php` est le nom de la fonction personnalisée qui a été créée dans le code PHP à l'étape précédente. Le paramètre `nb_param` précise le nombre de paramètres nécessaires à cette fonction. Bien que facultatif, il est préférable de l'utiliser pour les fonctions ayant un nombre fixe de paramètres.

L'exemple 18-6 crée une fonction personnalisée nommée `present`, qui retourne une chaîne dont l'initiale seule est en majuscule (repère ❶). Cette fonction est enregistrée par SQLite sous le nom `initiale` (repère ❷). Elle est ensuite utilisée sous ce nom dans une requête SQL (repère ❸) pour normaliser l'affichage des données. Dans la même requête, vous utilisez une fonction native du langage SQL, la fonction `lower()` (repère ❸). L'affichage des résultats est ensuite réalisé en utilisant les indices du tableau `$ligne` (repère ❹) et pourrait aussi l'être avec les clés de ce même tableau (repère ❺).

> **Attention**
>
> Pour utiliser les clés du tableau `$lignes`, vous devez impérativement définir des alias. Ces derniers doivent être les clés du tableau pour les colonnes auxquelles vous appliquez des fonctions personnalisées ou PHP, faute de quoi vous n'obtenez aucun résultat. Cela n'est pas nécessaire si vous utilisez seulement les indices pour l'affichage des données.

☞ **Exemple 18-6. Création d'une fonction SQL**

```php
<?php
function presentation($mot) ←❶
{
  return ucfirst(strtolower($mot));
}

if ($objdb=new SQLite3("sportifs.db",SQLITE3_OPEN_READONLY))
{
  $objdb->createFunction('initiale','presentation'); ←❷
  $requete = "SELECT initiale(nom) AS nom, initiale(prenom) AS prenom,lower(mail)
  ➡AS mail FROM personne" ; ←❸
  if ($result = $objdb->query($requete))
  {
```

```
    echo "<h3>Liste des personnes enregistrées</h3>";
     while($ligne=$result->fetchArray(SQLITE3_BOTH))
     {

      echo $ligne[0],"    ", $ligne[1] , "  :    ",
     ➥$ligne[2],"<br />"; ←❹
      //ou encore : echo $ligne['nom'] ,"    ", $ligne['prenom'], "  
     ➥:    ", $ligne['mail'] ,"<br />"; ←❺
     }
    }
    else echo "La requête n'a pas aboutie";
    $objdb->close();
  }
  else echo $erreur;
  ?>
```

Le résultat obtenu a la forme suivante :

```
Liste des personnes enregistrées
Engels    Jean   :    aazert@dfg.fr
Spencer   Marc   :    marc@spen.org
Speak     Jan    :    jan@azerty.fr
Abbass    Ali    :    ali@abbass.org
Maca      Paul   :    mac@dd.........................................
```

Les requêtes préparées

Au chapitre 17, nous avons réalisé des requêtes préparées à l'aide de PDO. SQLite3 permet également cette création à partir d'informations saisies par l'utilisateur. Les requêtes préparées permettent de créer des requêtes SQL non immédiatement opérationnelles mais qui contiennent des paramètres auxquels on peut donner des valeurs différentes en fonction des besoins, par exemple pour des appels répétés avec des valeurs différentes. Une requête préparée se présente sous la forme suivante, qui utilise des paramètres nommés :

```
SELECT prenom, nom FROM personne WHERE ville=:ville AND id_personne=:id
```

Ici les paramètres nommés :ville et :id sont des noms arbitraires. La démarche à suivre pour utiliser une requête préparée est la suivante.

1. Écrivez la chaîne de la requête SQL conformément à la syntaxe précédente.

2. Utilisez cette chaîne comme paramètre de la méthode prepare() de l'objet SQLite3. Cette méthode retourne un objet SQLite3Stmt.

3. Liez les paramètres nommés créés précédemment à des valeurs ou à des variables à l'aide des méthodes bindValue() ou bindParam() selon les syntaxes suivantes :

```
$objetStmt->bindValue(':param',valeur,type);
```

Le paramètre valeur est une valeur scalaire nombre ou chaîne, par exemple, dont le type est précisé éventuellement par une des constantes SQLITE3_INTEGER, SQLITE3_FLOAT, SQLITE3_TEXT, SQLITE3_BLOB ou SQLITE3_NULL.

```
$objetStmt->bindParam(':param",$variable,type);
```

La différence entre ces deux méthodes est qu'avec bindParam(), on doit passer une variable comme second argument et non plus une valeur (sinon il se produit une erreur). Le type prend les mêmes valeurs des constantes.

3. Exécutez la requête préparée avec la méthode execute() de l'objet SQLiteStmt comme on le fait habituellement avec query(). Cette méthode retourne un objet SQLiteResult que nous pouvons alors lire comme nous savons déjà le faire. On aura donc le code :

```
$result=$objetStmt->execute();
```

L'exemple 18-7 présente une application de requête préparée dans laquelle une saisie d'un utilisateur détermine la valeur du paramètre et donc la requête finale. Un formulaire classique demande la saisie d'un numéro de département (repère ❶) dans le but de trouver tous les clients qui y habitent. Cette information est tout d'abord récupérée dans la variable $dep (repère ❷). Après la connexion à la base (repère ❸), nous écrivons la requête préparée avec la méthode prepare() (repère ❹). La liaison du paramètre à la variable $dep est effectuée en appelant la méthode bindParam() avec les arguments qui précisent le type de la variable (repère ❺). La requête est ensuite exécutée avec la méthode execute() sans paramètre (repère ❻). Les résultats des colonnes id_personne, nom et prenom de la table personne sont ensuite affichés avec une boucle while qui parcourt l'ensemble des résultats et permet l'affichage de toutes les lignes (repère ❼). L'objet SQLiteResult est ensuite fermé (repère ❽) et la connexion arrêtée en appelant la méthode close() (repère ❾).

☞ Exemple 18-7. Requêtes préparées

```
<!DOCTYPE html>
<html lang="fr">
<head>
<meta http-equiv="Content-Type" content="text/html;charset=UTF-8" />
  <title>Recherche de client</title>
  <style type="text/css" >
    div{font-size: 20px;}
  </style>
</head>
<body>
<form method="post" action="<?php echo $_SERVER['PHP_SELF'];?>">

  <fieldset>
    <legend>Recherche de client par département</legend>
    <label>Département</label><input type="number"  name="departement" /><br />    <!-- 1 -->
    <input type="submit" value="Envoyer" /> ←❶
  </fieldset>
```

```
    </form>
   </body>
  </html>
  <?php
  if( isset($_POST['departement']))
  {
    $dep=$_POST['departement'];  ←❷
    $objdb = new SQLite3('sportifs.db');  ←❸
    $objstmt=$objdb->prepare("SELECT id_personne,nom,prenom FROM personne
   ➥WHERE  depart= :dep ");  ←❹
    //*****Liaison du paramètre
    $objstmt->bindParam(':dep',$dep,SQLITE3_INTEGER);  ←❺
    $result=$objstmt->execute();  ←❻
    //*****Affichage
    echo "<div><h3>Client(s) dans le département $dep</h3><hr />";
    while($ligne=$result->fetchArray())  ←❼
    {
      echo "<h3> ID: ", $ligne[0],"   ",$ligne[1],"   ",$ligne[2],"</h3>";
    }
    $result->finalize();  ←❽
    $objdb->close();  ←❾
    echo "</div>";
  }
  ?>
```

Accès à SQLite avec PDO

Il est également possible d'accéder à une base SQLite au moyen de PDO, comme nous l'avons fait au chapitre 17 pour MySQL. Pour cela, il faut réaliser la connexion en créant un objet PDO au moyen de son constructeur selon la syntaxe :

```
$db=new PDO("sqlite:sportifs.db")
```

Cette ligne de code permet d'accéder à notre base sportifs créée précédemment. Même pour une base SQLite3, il faudra écrire sqlite en début de chaîne de connexion sans préciser le numéro de version, comme c'était le cas pour la version 2. L'objet $db de la classe PDO que nous obtenons représente la connexion, de la même façon que dans les sections précédentes. Toutes les méthodes des objets PDO étudiées au chapitre 17 sont également utilisables pour gérer la base SQLite et nous ne les détaillerons pas ici. L'exemple 18-8 illustre une connexion réalisée avec PDO (repère ❶), suivie de l'envoi au serveur d'une requête de sélection au moyen de la méthode query() (repère ❷), puis de la lecture des lignes de résultat à l'aide de la méthode fetch() (repère ❸) et d'une boucle foreach (repère ❹). Hormis la chaîne de connexion à la base, écrite dans le constructeur de l'objet PDO, vous pouvez constater qu'il n'y a rien de neuf ici. C'est là tout l'intérêt de PDO, le même script pouvant être réutilisé pour des bases de type très différent au prix d'une modification mineure. Après avoir lu le chapitre 17, vous pouvez remarquer que PDO possède beaucoup plus de méthodes que les objets SQLite3 et il appartiendra donc à chacun de faire le choix de l'extension qu'il préfère utiliser.

☞ **Exemple 18-8. Connexion avec PDO**

```php
<?php
if ($db=new PDO("sqlite:sportifs.db",SQLITE3_OPEN_READONLY)) ←❶
{
  $requete = "SELECT id_personne as 'Numéro', nom as 'Nom', prenom as 'Prénom',
  ➥mail FROM personne";
  if ($result=$db->query($requete)) ←❷
  {
  unset($db);
  // Lecture des résultats
  echo "<h3>Personnes enregistrées</h3>";
  while($tab=$result->fetch(PDO::FETCH_ASSOC)) ←❸
  {
    foreach($tab as $cle=>$valeur) ←❹
    {
      echo $cle," :   ",$valeur,"  ";
    }
    echo "<br />";
  }
  }
  else echo "La requête n'a pas aboutie";
}
else echo "ERREUR",$db->ErrorInfo();
?>
```

Mémo des méthodes des objets

Dans la syntaxe des méthodes suivantes, la variable $db désigne un objet SQLite3, la variable $result un objet SQLite3Result et la variable $stmt un objet SQLite3Stmt.

Classe SQLite3

```
integer $db->changes()
```

Retourne le nombre de lignes insérées, supprimées ou mises à jour par la requête SQL.

```
boolean $db->close()
```

Ferme la connexion à la base mais ne détruit pas l'objet SQLite3.

```
integer $db->createFunction(string $nom_sql, string $nom_php [, int nb_param])
```

Crée une fonction SQL personnalisée à partir d'une fonction PHP.

```
boolean $db->createFunction(string nom_sql, string nom_php [,integer N])
```

Enregistre la fonction personnalisée nom_php sous le nom nom_sql pour pouvoir l'utiliser dans des requêtes SQL. *N* désigne le nombre de paramètres de la fonction nom_php.

```
string $db->escapeString(string $ch)
```

Retourne la chaîne $ch dans laquelle les caractères spéciaux sont échappés.

```
boolean $db->exec($requete)
```

Exécute une requête qui ne retourne pas de résultat.

```
integer $db->lastErrorCode()
```

Retourne le dernier code d'erreur.

```
string $db->lastErrorMsg()
```

Retourne le dernier message d'erreur.

```
integer $db->lastInsertRowID()
```

Retourne la valeur du dernier identifiant auto incrémenté qui a été inséré.

```
void $db->open(string $nom_base [, int SQLITE3_OPEN_READWRITE | SQLITE3_OPEN_CREATE])
```

Ouvre la base si elle a été fermée : lecture/écriture I ouverte et création.

```
object SQLite3Stmt $db->prepare(string $requete)
```

Prépare une requête SQL.

```
object SQLiteResult $db->query($requete)
```

Exécute une requête et retourne un objet résultat.

```
divers $db->querySingle($requete,TRUE | FALSE)
```

Envoie la requête et ne retourne que le premier résultat : soit le premier champ (FALSE), soit la première ligne dans un tableau (TRUE).

Classe SQLite3Result

```
string $result->columnName(integer N)
```

Retourne le nom de la énième colonne du résultat.

```
integer $result->columnType(integer N)
```

Retourne le type de la énième colonne du résultat.

```
array $result->fetchArray(int type)
```

Retourne la ligne suivante du résultat dans un tableau. La constante type vaut SQLITE3_NUM, SQLITE3_ASSOC ou SQLITE3_BOTH (par défaut) pour obtenir un tableau indicé, associatif ou les deux à la fois.

```
boolean $result->finalize()
```

Rend le résultat inaccessible et libère la mémoire.

```
integer $result->numColumns()
```

Retourne le nombre de colonnes du résultat.

```
boolean $result->reset()
```

Replace le pointeur du résultat au début.

Classe SQLite3Stmt

```
boolean $stmt->bindParam(string :param , divers $param [, int type])
```

Lie un paramètre nommé avec une variable dans une requête. La constante type prend les valeurs SQLITE3_INTEGER, SQLITE3_FLOAT, SQLITE3_TEXT, SQLITE3_BLOB ou SQLITE3_NULL selon le type de la variable.

```
boolean $stmt->bindValue(string :param , divers valeur [, int type])
```

Lie un paramètre nommé avec une valeur scalaire. Le paramètre type prend les mêmes valeurs que précédemment.

```
boolean $stmt->clear()
```

Supprime les paramètres liés.

```
boolean $stmt->close()
```

Ferme la requête préparée avec la méthode prepare() de l'objet SQLite3.

```
object SQLiteResult $stmt->execute()
```

Envoie la requête préparée à la base et retourne un objet comme résultat.

```
integer $stmt->paramCount()
```

Retourne le nombre de paramètres de la requête.

```
boolean $stmt->reset()
```

Réinitialise la requête préparée ce qui permet de modifier les paramètres.

Pour les méthodes des objets PDO, référez-vous au mémo du chapitre 17.

Exercices

Le but de ces exercices est de réaliser avec SQLite la même application que celle réalisée avec MySQL au cours des exercices des chapitres 13 et 14.

Exercice 1

Créez une base nommée voitures à l'aide de SQLiteManager. Créez ensuite les tables de la base voitures selon le modèle logique défini dans les exercices du chapitre 13 (en cas de problème, voir le corrigé des exercices de ce chapitre). Vérifiez la structure de chaque table.

Exercice 2

Créez un formulaire permettant l'insertion des coordonnées d'une personne dans la table proprietaire en utilisant la méthode objet.

Exercice 3

Insérez des données dans la table modele en utilisant SQLiteManager, puis créez un script qui affiche la liste de tous les modèles de voiture dans un tableau HTML en effectuant un tri par marque. Utilisez la méthode procédurale.

Exercice 4

Créez dynamiquement un formulaire contenant une liste de sélection HTML (avec les éléments <select> et <option>) qui donne la liste de tous les modèles présents dans la table modele. Ajoutez manuellement à l'aide de SQLiteManager un ou plusieurs modèles à la table, et vérifiez que la liste de sélection prend bien en compte ces ajouts.

Exercice 5

Utilisez le mécanisme des transactions pour insérer simultanément et en toute sécurité des données dans les tables proprietaire et cartegrise. Utilisez la méthode SQLite3, puis la méthode PDO.

Exercice 6

Créez un formulaire de recherche permettant de trouver toutes les personnes propriétaires d'un modèle de véhicule donné. Affichez les résultats sous forme de tableau HTML. Utilisez l'exercice 4 pour créer la liste de sélection des modèles.

Exercice 7

Reprendre les exercices précédents et les réécrire en utilisant systématiquement des objets PDO.

19

PHP et SimpleXML

L'extension SimpleXML fut une des nouveautés importantes de PHP 5. Cette nouveauté n'est pas vraiment révolutionnaire puisque l'extension DOMXML permettait déjà d'accéder au contenu d'un fichier XML à partir d'un script PHP.

À la différence de DOMXML, SimpleXML apporte, comme son nom l'indique, un accès facile à toutes sortes de documents XML, même s'ils ont une structure complexe. Cette extension est dotée de peu de méthodes pour le moment, mais elle ne tardera pas à s'enrichir au fur et à mesure des besoins manifestés par ses utilisateurs.

Les fonctions de SimpleXML retournent des objets qui possèdent des méthodes intéressantes d'analyse des fichiers. Les fonctions et méthodes disponibles permettent de lire et de modifier le contenu des éléments ou des attributs d'un fichier XML, de sauvegarder ces modifications et d'effectuer des recherches sur les contenus. Cela représente déjà un large éventail d'activités.

Notions de XML

Le langage XML (*eXtensible Markup Language*) est un vecteur privilégié d'échange de données entre applications différentes. Comme l'illustre la figure 19-1, XML peut être le point commun d'applications qui ne pourraient pas communiquer entre elles sans son intermédiaire.

À l'instar du HTML, XML est un langage de structuration de contenu au moyen de balises.

Pour délimiter des éléments ayant un contenu explicite, XML utilise les structures générales suivantes :

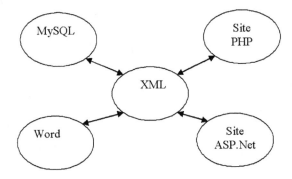

Figure 19-1
XML est un format d'échange entre applications

```
<balise> contenu de l'élément </balise>
```

Pour les éléments n'ayant pas de contenu explicite (éléments vides), dans lesquels l'information est donnée uniquement dans un ou plusieurs attributs, il utilise les balises suivantes :

```
<balise attribut = "valeur"/>
```

En HTML 5, il existe moins d'une centaine d'éléments prédéterminés. Les navigateurs implémentent ces éléments et associent à chacun d'eux un type de présentation de leur contenu.

Par exemple, les lignes suivantes :

```
<h1>PHP 5 MySQL</h1>
```

écrivent dans un navigateur un gros titre suivi d'un saut de ligne, mais cette présentation peut être modifiée avec l'emploi de feuilles de styles CSS.

DTD (Document Type Definition)

Une DTD contient la description des éléments admis dans un document HTML ou XML, comme le type d'un contenu et ses attributs. Pour être conforme, le document doit respecter ces définitions. Par exemple, l'élément `<html>` ne peut avoir comme éléments fils que les éléments `<head>` et `<body>` et comme attributs que `xmlns`, `lang` et `dir`.

L'objectif de XML est différent. Il consiste à décrire un grand nombre de types d'informations différents, allant de la description des coordonnées d'un client jusqu'à celle d'une base de données complète, ce que ne permet pas le HTML.

L'idée essentielle à l'origine de XML est de structurer l'information en séparant le contenu de sa présentation, que ce soit dans un navigateur ou dans des médias les plus divers. Le contenu est écrit dans un fichier XML, et la présentation dans une feuille de style CSS ou XSLT.

Pour écrire un document XML, vous n'êtes plus limité par un nombre d'éléments fixe. Le créateur d'un document peut même choisir les noms des éléments qu'il souhaite utiliser pour structurer ses informations.

L'écriture d'un document XML doit obéir à des règles syntaxiques strictes afin d'être bien formé et lisible par un parseur XML, celui d'un navigateur pour ce qui nous concerne.

Les principales règles syntaxiques de XML sont les suivantes :

• Chaque document commence par l'élément suivant :

```
<? xml version = "1.0" encoding="ISO-8859-1" standalone = "yes">
```

dans lequel l'attribut version définit la version de XML utilisée. La dernière version publiée par le W3C est la 1.1, mais elle n'est actuellement pas bien reconnue par tous les navigateurs. L'attribut encoding contient le jeu de caractères utilisé dans le document. L'attribut standalone indique si le document est indépendant (valeur "yes") ou s'il doit faire appel à un autre document externe, comme une DTD, pour pouvoir être utilisé (valeur "no").

• Chaque document doit avoir un élément racine qui englobe tous les autres. C'est l'équivalent de l'élément <html> </html> dans un document HTML.

• Les noms des éléments sont écrits le plus souvent en minuscules. Les majuscules sont cependant autorisées, à condition que la balise d'ouverture ait la même casse que celle de fermeture.

• Chaque élément ayant un contenu doit avoir une balise d'ouverture et une balise de fermeture, comme en HTML selon la forme :

```
<element>contenu</element>
```

• Les éléments n'ayant pas de contenu peuvent avoir la forme suivante :

```
<element />
```

• Chaque élément peut en contenir d'autres, sans limite de nombre. Les éléments qui en contiennent d'autres doivent être fermés après tous ceux qu'ils contiennent. On dit qu'ils doivent être correctement emboîtés. Leur structure doit respecter la forme générale suivante :

```
<element>
  <souselement>
    contenu du sous-élément
  </souselement>
</element>
```

Vous obtenez une hiérarchie père-fils selon le modèle présenté à la figure 19-2.

• Tous les éléments peuvent avoir des attributs contenus dans la balise d'ouverture. Les valeurs de ces attributs doivent être écrites entre guillemets :

```
<element attribut="valeur">contenu </element>
```

- Les caractères spéciaux suivants présents dans le contenu d'un élément doivent être remplacés par des entités prédéfinies :

```
'<' par '&lt;'
'>' par '&gt;'
'&' par '&amp;'
 "  par '&quot;'
 '  par '&apos;'
```

La structure type d'un document XML est la suivante :

```
<?xml version="1.0" encoding="UTF-8" standalone="yes"?>
<racine>
  <element1 attribut="valeur">
    <souselementA attribut="valeur">contenu A</souselementA>
    <souselementB attribut="valeur">contenu B</souselementB>
  </element1>
  <element2 attribut="valeur">
    <souselementC attribut="valeur">contenu C</souselementC>
    <souselementD attribut="valeur">contenu D</souselementD>
  </element2>
</racine>
```

En conséquence de la règle d'emboîtement des éléments, un document a une structure arborescente, comme illustré à la figure 19-2.

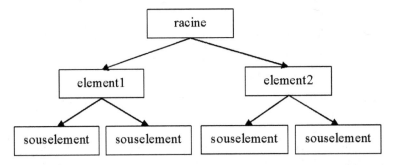

Figure 19-2

Structure arborescente d'un fichier XML

Si vous ouvrez ce fichier dans un navigateur Firefox, vous obtenez un affichage sans grand intérêt pratique, comme le montre la figure 19-3.

Dans le navigateur Amaya créé par le W3C, vous obtenez l'affichage du contenu des éléments sans les balises qui les délimitent ni leurs attributs, comme l'illustre la figure 19-4.

Pour exploiter le contenu d'un fichier XML dans une page web, il vous faut envisager les moyens de lire un fichier XML et de récupérer le contenu de ses éléments dans des variables utilisables par des scripts PHP.

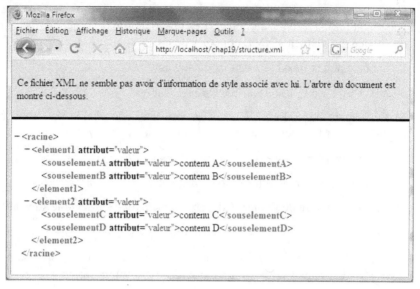

Figure 19-3

Visualisation du fichier dans Firefox

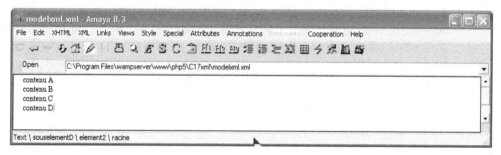

Figure 19-4

Visualisation du fichier dans Amaya

Lecture d'un fichier XML

L'extension SimpleXML fournit des fonctions qui permettent un accès simple et rapide au contenu d'un fichier XML à l'aide d'objets de type `simplexml_element`. Ces objets comportent des propriétés et des méthodes qui permettent d'accéder au contenu des éléments, de le modifier ou d'effectuer des recherches dans le fichier.

Accéder au contenu d'un fichier XML

Pour accéder au contenu d'un fichier XML, vous disposez de la fonction `simplexml_load_file()`.

Cette fonction transfère le contenu du fichier dans un objet de type `simplexml_element` contenant l'arborescence du fichier. Les propriétés de cet objet prennent pour noms ceux de chacun des éléments XML et pour valeurs les contenus des éléments du fichier.

La syntaxe de `simplexml_element` est la suivante :

```
object simplexml_load_file (string nom_fichier)
```

Si l'ensemble du code XML est contenu dans une chaîne de caractères `$code`, vous pouvez utiliser la fonction suivante à la place de la précédente :

```
object simplexml_load_string (string $code)
```

Cette fonction retourne le même type d'objet.

Un script de lecture de fichier XML commence donc par le code suivant :

```
$xml = simplexml_load_file ("nom_fichier.xml");
```

Il est suivi de la lecture des données du fichier XML au moyen des propriétés et des méthodes de l'objet `$xml` de type `simplexml_element` ainsi obtenu.

Pour lire le contenu d'un élément nommé, par exemple, `<livre>` vous écrivez :

```
echo $xml->livre;
```

Le fichier XML `biblio1.xml` suivant contient une bibliographie dont l'élément racine est `<biblio>` et dont les éléments `<titre>`, `<auteur>` et `<date>` contiennent les caractéristiques d'un seul livre.

Le fichier *biblio1.xml*

```
<?xml version="1.0" encoding="UTF-8"?>
<biblio>
  <titre>L'empire de la honte</titre>
  <auteur>Jean Ziegler</auteur>
  <date>2005</date>
</biblio>
```

Le script de l'exemple 19-1 permet de lire le contenu du fichier `biblio1.xml`. Après le chargement du contenu du fichier dans l'objet `$xml` (repère ❶), le script affiche le contenu de chacun des éléments en utilisant les propriétés `titre`, `auteur` et `date` de l'objet `$xml` (repères ❷, ❸ et ❹).

☞ **Exemple 19-1. Lecture des éléments**

```
<?php
$xml=simplexml_load_file("biblio1.xml"); ←❶
echo "Titre :",$xml->titre,"<br />" ←❷;
echo "Auteur :",$xml->auteur,"<br />" ←❸;
echo "Date :",$xml->date,"<br />" ←❹;
?>
```

L'exemple retourne le résultat suivant :

```
Titre : L'empire de la honte
Auteur : Jean Ziegler
Date :2005
```

Ce premier fichier biblio1.xml est très simple et n'a pour but que d'introduire la méthode de lecture des éléments. Vous allez maintenant aborder la méthode de lecture d'un fichier XML plus proche d'un fichier réel.

Le fichier biblio2.xml contient encore une bibliographie, mais il est maintenant capable de contenir un nombre quelconque de livres. Pour cela, sa structure a été modifiée. L'élément racine <biblio> contient autant d'éléments <livre> que nécessaire, chaque livre étant encore caractérisé par les sous-éléments <titre>, <auteur> et <date>.

Le fichier *biblio2.xml*

```
<?xml version="1.0" encoding="UTF-8"?>
<biblio>
  <livre>
   <titre>L'empire de la honte</titre>
   <auteur>Jean Ziegler</auteur>
   <date>2005</date>
   </livre>
   <livre>
     <titre>Ritournelle de la faim </titre>
     <auteur>J.M.G Le Clézio</auteur>
     <date>2008</date>
   </livre>
   <livre>
     <titre>Singue Sabour : La pierre de patience</titre>
     <auteur>Atiq Rahimi</auteur>
     <date>2008</date>
   </livre>
</biblio>
```

Pour accéder au contenu d'un élément <livre>, vous devez utiliser une syntaxe proche de celle des tableaux. La variable $xml->livre[0] est maintenant un objet de type simplexml_ element. Cet objet représente le premier livre du fichier et possède autant de propriétés que l'élément <livre> a de sous-éléments.

Vous accédez aux informations utiles en écrivant le code suivant :

```
echo $xml->livre[0]->titre;
echo $xml->livre[0]->auteur;
echo $xml->livre[0]->date;
```

Ce code affiche le titre, l'auteur et la date de publication du premier livre. Pour lire l'ensemble des livres, il est préférable d'effectuer une boucle.

Le script de l'exemple 19-2 commence par charger le fichier `biblio2.xml` (repère ❶). Il lit ensuite l'ensemble du fichier avec le minimum de code en effectuant une boucle `foreach` sur l'objet `$xml->livre` (repère ❷). La variable `$cle` contient la même valeur `livre` à chaque itération. La variable `$val` est aussi un objet de type `simplexml_element`, dont les propriétés sont `titre`, `auteur` et `date`. Vous y accédez avec la même syntaxe qu'à l'exemple 19-1 (repère ❹). L'utilisation du mot-clé `static` pour la variable compteur `$i` et son incrémentation permet d'afficher le numéro de chaque livre (repères ❸ et ❺). La figure 19-5 illustre le résultat obtenu.

> **La fonction *count()***
>
> La fonction `get_object_vars($xml)` retourne un tableau de toutes les propriétés de l'objet `$xml`. En appliquant la fonction `count()` à ce tableau, vous obtenez le nombre de propriétés de l'objet.

☞ **Exemple 19-2. Lecture d'un ensemble d'éléments**

```php
<?php
$xml=simplexml_load_file("biblio2.xml"); ←❶
// Lecture du contenu des éléments
foreach($xml->livre as $cle=>$val) ←❷
{
  static $i=1; ←❸
  echo ucfirst($cle)," $i : $val->titre de $val->auteur paru en $val->date<hr />"; ←❹
  $i++; ←❺
}
?>
```

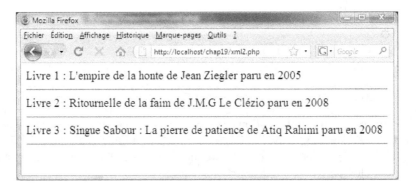

Figure 19-5
Affichage de tous les éléments du fichier biblio2.xml

Lecture des attributs d'un élément

Chaque élément du document XML peut avoir des attributs. Les attributs constituent un complément d'information inclus dans un élément. Leur définition ressort d'un choix du programmeur, car la même information peut être enregistrée dans un sous-élément. Vous verrez que la transformation d'une base de données en fichier XML par phpMyAdmin ne crée aucun attribut et crée uniquement des éléments. Si ce choix de créer des éléments et des attributs est fait, il vous faut lire la valeur des différents attributs d'un élément.

Le fichier XML `biblio3.xml` comporte les mêmes éléments que le fichier `biblio2.xml`, mais chaque élément `<livre>` a désormais deux attributs, qui précisent l'éditeur et le prix de chaque livre.

Le fichier *biblio3.xml*

```
<?xml version="1.0" encoding="UTF-8" standalone="yes"?>
<biblio>
  <livre editeur="FAYARD" prix="20.00">
    <titre>L'empire de la honte</titre>
    <auteur>Jean Ziegler</auteur>
    <date>2005</date>
  </livre>
  <livre editeur="GALLIMARD" prix="18.00">
    <titre>Ritournelle de la faim </titre>
    <auteur>J.M.G Le Clézio</auteur>
    <date>2008</date>
  </livre>
  <livre editeur="POL" prix="15.00">
    <titre>Singue Sabour : La pierre de patience</titre>
    <auteur>Atiq Rahimi</auteur>
    <date>2008</date>
  </livre>
</biblio>
```

Les méthodes précédentes ne permettent pas la lecture de ces attributs. Pour parvenir à lire ces valeurs, vous disposez des deux possibilités suivantes :

• Si vous connaissez le nom des attributs, vous pouvez lire leur valeur à l'aide de la syntaxe :

```
$xml->livre["editeur"];
$xml->livre["prix"];
```

• Si vous ne connaissez pas le nom des attributs ou si ces noms sont appelés à changer, vous avez intérêt à abstraire la lecture de leur nom et de la valeur associée en utilisant une méthode spécifique. Chaque objet de type `simplexml_element` possède en effet une méthode nommée `attributes()`, qui retourne elle aussi un objet de même type. Comme précédemment, une boucle `foreach` sur cet objet permet de récupérer le nom et la valeur de chaque attribut des différents éléments `<livre>`.

Le script de l'exemple 19-3 réalise à la fois la lecture des éléments et celle des attributs. Après l'habituel chargement du fichier XML (repère ❶), une première boucle foreach, semblable à celle de l'exemple précédent, lit le contenu des éléments à l'aide des propriétés de l'objet $val (repère ❷) et les affiche (repère ❸). Une seconde boucle foreach imbriquée dans la première (repère ❹) lit et affiche (repère ❺) les propriétés de l'objet $val en récupérant le nom des attributs dans la variable $att et leur valeur dans la variable $valatt.

☞ **Exemple 19-3. Lecture des éléments et des attributs**

```php
<?php
$xml=simplexml_load_file("biblio3.xml"); ←❶
//Lecture du contenu des éléments
foreach($xml->livre as $val) ←❷
{
  echo  "<h3>$val->titre de $val->auteur</h3><b> Paru en $val->date </b> "; ←❸
  //Lecture du nom et du contenu des attributs
  foreach($val->attributes() as $att=>$valatt) ←❹
  {
    echo "<b> $att : $valatt </b>"; ←❺
  }
  echo "<hr />";
}
?>
```

La mise en forme du contenu obtenue à l'aide d'éléments HTML réalise l'affichage illustré à la figure 19-6.

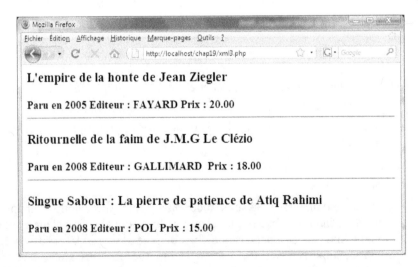

Figure 19-6

Affichage des éléments et des attributs

Lecture d'un fichier à structure complexe

Les fichiers XML précédents ont tous une structure homogène et ne contiennent que la hiérarchie suivante répétée autant de fois que la bibliographie contient d'ouvrages :

```
<livre>
     <titre> </titre>
     <auteur> </auteur>
     <date> </date>
</livre>
```

Si le fichier contient divers éléments fils de l'élément racine, ces exemples ne permettent plus une lecture aisée du contenu des éléments. Le fichier biblio4.xml présente un type de structure complexe contenant un élément <ouvrage> (repère ❶) qui contient des éléments <livre> comme précédemment. En plus, un élément <musique> (repère ❷) contient des éléments <disque>, qui contiennent à leur tour des éléments <titre>, <auteur> et <date>. Chaque grande catégorie (ouvrage et musique) est donc constituée de trois niveaux d'éléments imbriqués.

Le fichier biblio4.xml

```
<?xml version="1.0" encoding="UTF-8" standalone="yes"?>
<biblio>
  <ouvrage> ←❶
    <livre editeur="FAYARD" prix="20.00">
    <titre>L'empire de la honte</titre>
    <auteur>Jean Ziegler</auteur>
    <date>2005</date>
  </livre>
    <livre editeur="GALLIMARD " prix="18.00">
    <titre>Ritournelle de la faim </titre>
    <auteur>J.M.G Le Clézio</auteur>
    <date>2008</date>
  </livre>
    <livre editeur="POL" prix="15.00">
    <titre>Singue Sabour : La pierre de patience</titre>
    <auteur>Atiq Rahimi</auteur>
    <date>2008</date>
  </livre>
  </ouvrage>
  <musique> ←❷
    <disque editeur="Deutsche Grammophon" Prix="14.00">
      <titre>5 eme Symphonie </titre>
      <auteur>Ludwig van BEETHOVEN</auteur>
      <date>1808</date>
```

```
      </disque>
      <disque editeur="EMI" Prix="14.00">
        <titre>Suites pour violoncelle </titre>
        <auteur>Johann Sebastian BACH</auteur>
        <date>1725</date>
      </disque>
    </musique>
  </biblio>
```

Pour lire le contenu de ces deux catégories, vous disposez de la méthode `children()` de l'objet `$xml` de type `simplexml_element` retourné par la fonction `simplexml_load_file()` de chargement du fichier XML. Chaque fois qu'elle est appliquée, elle retourne un objet de type `simplexml_element` contenant tous les sous-éléments de même niveau situés dans le document, et donc tous les enfants du nœud précédent.

Un premier appel (repère ❶) retourne les éléments `<ouvrage>` et `<musique>`, donc tous les enfants de l'élément racine `<biblio>`. Un deuxième appel appliqué à ces éléments retourne ceux qu'ils contiennent, et ainsi de suite (repères ❷ et ❸).

Sur ce principe, l'exemple 19-4 permet la lecture des trois niveaux de chaque catégorie à l'aide de trois boucles `foreach` imbriquées l'une dans l'autre. Le code des deux boucles les plus internes est identique. En imbriquant une quatrième boucle, vous pourriez lire quatre niveaux d'éléments imbriqués.

☞ **Exemple 19-4. Lecture d'une hiérarchie d'éléments complexe**

```php
<?php
$xml=simplexml_load_file("biblio4.xml");
foreach($xml->children() as $element=>$val) ←❶
{
  echo "<h3>", ucfirst($element) ,": $val</h3>";
  foreach($val->children() as $element=>$val) ←❷
  {
    echo "$element : <b>$val</b><br />";
    foreach($val->children() as $element=>$val ←❸
    {
      echo "   $element : <b>$val</b><br />";
    }
  }
}
?>
```

La figure 19-7 illustre le résultat du script de lecture du fichier.

Figure 19-7

Lecture du fichier à structure complexe

Modification des valeurs des éléments et des attributs

En utilisant les propriétés de l'objet de type `simplexml_element` retourné par la fonction `simplexml_load_file()`, un script peut modifier la valeur du contenu d'un élément ou d'un attribut. Il suffit pour cela d'utiliser la notation objet qui permet de lire une propriété et de lui affecter une nouvelle valeur. L'exemple 19-5 réalise ces modifications et enregistre le fichier modifié sur le serveur.

Pour modifier, par exemple, les caractéristiques du premier livre du fichier `biblio3.xml`, vous pouvez écrire le code de l'exemple 19-5. Il commence par charger le fichier dans l'objet `$xml` (repère ❶) puis change le titre et la date du premier élément `<livre>` (repères ❷ et ❸).

À ce stade, les données sont censées être modifiées dans l'objet $xml. Si vous le vérifiez en effectuant une boucle de lecture (repère ❹), vous constatez que le fichier XML n'est pas modifié. La raison à cela est que les modifications n'ont pas été enregistrées. Pour enregistrer les modifications, vous appelez la méthode asxml() des objets simplexml_element, dont la syntaxe est la suivante :

```
string $xml->asxml([string nom_fichier])
```

Cette méthode retourne le contenu de l'objet $xml dans une chaîne de caractères $chxml (ou FALSE en cas d'erreur). Utilisée avec comme paramètre un nom de fichier (ici biblio3a.xml afin de ne pas écraser l'ancien fichier), la méthode enregistre également le fichier sur le serveur (repère ❺). Un contrôle sur la valeur de la variable $chxml permet d'afficher un message de confirmation (repère ❻).

☞ **Exemple 19-5. Modification et enregistrement des données**

```php
<?php
$xml=simplexml_load_file("biblio3.xml"); ←❶
// Modification d'un élément et d'un attribut
$xml->livre[0]->titre="La haine de l'Occident"; ←❷
$xml->livre[0]->date="2008"; ←❸
// Affichage des données du fichier
foreach($xml->livre as $cle=>$val) ←❹
{
  static $i=1;
  echo ucfirst($cle)," $i : $val->titre de $val->auteur paru en $val->date<hr />";
  $i++;
}
// Enregistrement des modifications
$chxml= $xml->asxml("biblio3a.xml"); ←❺
if($chxml) echo "Enregistrement réalisé"; ←❻
?>
```

Après l'exécution du script de l'exemple 19-5, le premier élément <livre> du fichier XML est le suivant :

```
<livre editeur="FAYARD" prix="20.00">
    <titre>La haine de l'Occident </titre>
    <auteur>Jean Ziegler</auteur>
    <date>2008</date>
</livre>
```

Recherche dans un fichier

L'extension SimpleXML permet d'effectuer des recherches dans un fichier XML grâce à la méthode xpath() des objets de type simplexml_element.

La syntaxe de la méthode xpath() est la suivante :

```
array xpath(string requete_xpath)
```

La fonction retourne un tableau de tous les contenus d'éléments ou d'attributs qui correspondent à la requête qui lui est passée en paramètre. Pour effectuer une recherche, vous devez décrire l'arborescence permettant de parvenir à l'information recherchée.

Considérant que vous effectuez des recherches de titres, d'auteurs et d'éditeurs dans le fichier `biblio4.xml`, vous pouvez écrire les exemples de requêtes suivants :

- Pour trouver tous les titres de livre (seuls les éléments fils de l'élément `<livre>` ont un contenu textuel dans le fichier) :

```
$xml->xpath("/biblio/ouvrage/livre/titre");
$xml->xpath("//ouvrage/livre/titre");
$xml->xpath("//livre/titre");
```

- Pour trouver les auteurs, vous remplacez `titre` par `auteur`. Faites de même pour les dates.

- Pour trouver tous les titres de disque :

```
$xml->xpath("/biblio/musique/disque/titre");
$xml->xpath("//musique/disque/titre");
$xml->xpath("//disque/titre");
```

- De même que précédemment, pour trouver tous les compositeurs, vous remplacez `titre` par `auteur`. Faites de même pour les dates.

- Pour trouver tous les titres ou les auteurs, qu'ils soient dans la catégorie `ouvrage` ou `musique`, vous écrivez :

```
$xml->xpath("//titre");
$xml->xpath("//auteur");
```

- Pour trouver la valeur d'un attribut, vous écrivez le nom de l'attribut à la place de celui de l'élément, en le faisant précéder du caractère `@`. Par exemple, pour trouver tous les attributs `editeur` des éléments `<livre>`, vous écrivez :

```
$xml->xpath("/biblio/ouvrage/livre/@editeur");
$xml->xpath("//ouvrage/livre/@editeur");
$xml->xpath("//livre/@editeur");
```

- Pour trouver toutes les valeurs des attributs `editeur`, qu'ils soient ceux des éléments `<livre>` ou `<disque>`, vous écrivez :

```
$xml->xpath("//@editeur");
```

XPath

XPath est un langage puissant permettant la création de requêtes. Nous ne nous étendons pas ici sur la composition des requêtes XPath, mais vous pouvez consulter à ce sujet la recommandation du W3C sur le site *http://www.w3.org/TR/xpath*.

Les résultats de ces recherches étant retournés dans un tableau indicé, vous pouvez utiliser une boucle `for` ou `foreach` pour les lire.

L'exemple 19-6 propose une illustration du mécanisme de recherche utilisant la méthode xpath(). Le fichier est composé d'une partie HTML, qui crée le formulaire comprenant deux listes de sélection nommées choix (repère **❶**) et cat (repère **❷**), avec lesquelles l'utilisateur peut choisir respectivement le contenu qu'il désire (titre, auteur ou éditeur) et la catégorie (ouvrage, musique ou les deux à la fois). La valeur associée à chaque option servira à composer la chaîne de la requête XPath. Ces valeurs sont récupérées par le script dans les variables $_POST['choix'] et $_POST[cat'] (repères **❸** et **❹**).

Après le chargement du fichier biblio4.xml (repère **❺**), l'objet $xml appelle la méthode xpath(), dont la chaîne de requête est la concaténation de deux variables, $cat et $choix, les résultats étant retournés dans le tableau $result (repère **❻**). L'élimination des doublons s'effectue en appliquant la fonction array_unique() au tableau $result (repère **❼**). L'utilisation d'une boucle foreach permet l'affichage de tous les résultats sous forme de liste ordonnée (repère **❽**).

La figure 19-8 illustre les résultats obtenus après une recherche de tous les titres de la catégorie ouvrage, la chaîne de requête étant alors la concaténation des chaînes //ouvrage/ livre/ et titre.

☞ **Exemple 19-6. Recherche dans un fichier XML**

```
<!DOCTYPE html>
<html lang="fr">
<head>
<meta http-equiv="Content-Type" content="text/html;charset=UTF-8" />
<title>Bibliographie XML</title>
</head>
<body>
  <form action= "<?php echo $_SERVER['PHP_SELF'] ?>" method="post"
  ➥enctype="application/x-www-form-urlencoded">
  <fieldset>
  <legend><b>Bibliographie</b></legend>
  <table><tbody>
  <tr>
  <td>Rechercher tous les : </td>
  <td>
  <select name="choix"> ←❶
  <option value="titre">Titre</option>
  <option value="auteur">Auteur</option>
  <option value="@editeur">Éditeur</option>
  </select>
  </td>
  <td>Dans les catégories
  <select name="cat"> ←❷
  <option value="//ouvrage/livre/"> Ouvrages </option>
  <option value="//musique/disque/"> Musique </option>
  <option value="//">Toutes</option>
  </select>
  <input type="submit" name="envoi" value="OK"/>
  </td>
```

```
    </tr>
    </tbody></table>
    </fieldset>
    </form>

<?php
if(isset($_POST['envoi']))
{
  $choix= $_POST['choix']; ←③
  $cat= $_POST['cat']; ←④
  $xml=simplexml_load_file("biblio4.xml"); ←⑤
  $result= $xml->xpath($cat.$choix); ←⑥
  // Éliminer les doublons
  $result=array_unique($result); ←⑦
  echo "<h3>Résultats de la recherche</h3>";
  // Affichage sous forme de liste
  echo "<div><ol>";
  foreach($result as $valeur) ←⑧
  {
    echo "<li><big>$valeur </big></li>";
  }
  echo "</ol></div>";
}
?>
</body>
</html>
```

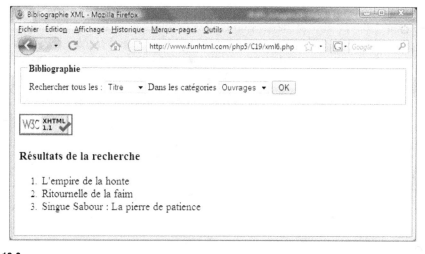

Figure 19-8

Résultats de la recherche des titres dans le fichier XML

Création d'un fichier XML à partir d'un formulaire

Il est possible de créer un fichier XML à partir des données saisies dans un formulaire, comme vous l'avez déjà réalisé dans un fichier texte ou dans une base de données MySQL. Vous verrez dans la section suivante qu'il est aussi possible de transférer des données d'une table de base de données dans un fichier XML et même de réaliser l'opération inverse.

L'exemple 19-7 crée une bibliographie en ligne, qui sera enregistrée dans un fichier XML à partir des données saisies dans un formulaire. Ce formulaire contient trois champs de type texte, dans lesquels un visiteur peut indiquer le titre, l'auteur et la date de parution de l'ouvrage qu'il souhaite ajouter à la bibliographie. Celle-ci peut s'enrichir des choix de chaque visiteur. Les scripts utilisés précédemment permettent ensuite l'affichage de l'ensemble des livres.

Le script de traitement des données est contenu dans le fichier trait.php. La partie de code PHP qui se situe dans le même fichier que le code HTML vérifie d'abord l'envoi du formulaire et si les champs texte sont bien complétés (repère ❶). Les valeurs de ces champs sont ensuite récupérées dans les variables $titre, $auteur et $date. Les caractères spéciaux XML sont transformés en entités de caractères en utilisant la fonction html-specialchars() (repères ❷, ❸ et ❹).

Si le fichier biblio6.xml qui va contenir les données n'existe pas encore, vous l'écrivez dans la variable $chxml. Ici, nous réutilisons le fichier biblio3.xml (repère ❺) pour y ajouter un élément. L'élément racine se nomme <biblio> et contient un seul élément <livre> (repère ❻). S'il existe, son contenu est récupéré dans la variable objet $xml (repère ❼) et transféré dans la variable chaîne de caractères $chxml en appelant la méthode asxml() (repère ❽).

Il vous faut à ce stade supprimer la balise de fermeture </biblio> en utilisant la fonction str_replace(), qui la remplace par une chaîne vide dans la variable $chxml (repère ❾). Vous pouvez concaténer les nouvelles données avec les anciennes et ajouter la balise </biblio> afin que le document XML soit bien formé (repère ❿). Il ne reste plus qu'à enregistrer le contenu de la chaîne $chxml dans le fichier biblio6.xml à l'aide de la fonction file_put_contents() (repère ⓫).

☛ **Exemple 19-7. Enregistrement des données d'un formulaire au format XML**

```
<!DOCTYPE html>
<html lang="fr">
<head>
<meta http-equiv="Content-Type" content="text/html;charset=UTF-8" />
<title>Enregistrement en XML</title>
</head>
<body>
  <form action= "trait.php" method="post" enctype=
  ➡"application/x-www-form-urlencoded">
  <fieldset>
  <legend><b>Saisie de données</b></legend>
```

```
                <table><tbody>
                <tr>
                  <td>Titre :
                   <input type="text" name="titre" />
                  </td>
                </tr>
                <tr>
                  <td>Auteur :
                   <input type="text" name="auteur" />
                  </td>
                </tr>
                <tr>
                  <td> Date :
                   <input type="text" name="date" />
                  </td>
                </tr>
                <tr>
                <td>
                <input type="submit" name="envoi" value="OK"/>
                </td>
                </tr>
                </tbody></table>
                </fieldset>
                </form>
        </body>
        </html>
```

Voici le script de traitement des données `trait.php`.

```
<?php
if(isset($_POST['envoi'])&& !empty($_POST['titre'])&& !empty($_POST['auteur'])
➥&& !empty($_POST['date'])) ←❶
{
  $titre= htmlspecialchars($_POST['titre']); ←❷
  $auteur= htmlspecialchars($_POST['auteur']); ←❸
  $date= htmlspecialchars($_POST['date']); ←❹
  if(!file_exists("biblio3.xml")) ←❺
  {
    $chxml= "<?xml version=\"1.0\" encoding=\"UTF-8\" ?>\n<biblio>\n <livre>
    ➥\n  <titre>$titre</titre>\n <auteur>$auteur</auteur>\n <date>$date</date>\n
    ➥</livre>\n</biblio>"; ←❻
  }
  else
  {
  $xml=simplexml_load_file("biblio3.xml"); ←❼
  $chxml = $xml->asXML(); ←❽
  $chxml = str_replace("</biblio>", "", $chxml); ←❾
  $chxml.= "<livre>\n <titre>$titre</titre>\n <auteur>$auteur</auteur>
  ➥\n <date>$date</date>\n</livre>\n</biblio>"; ←❿
  }
  $verif=file_put_contents("biblio6.xml",$chxml); ←⓫
}
?>
```

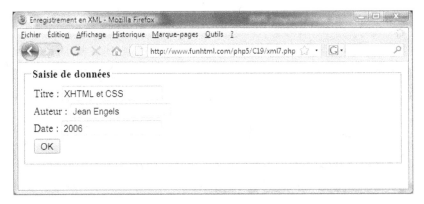

Figure 19-9

Formulaire de saisie des données à enregistrer au format XML

Relations entre XML et une base MySQL

Les fichiers XML étant lisibles par de nombreux médias, ils constituent un excellent moyen d'échange de données entre différents systèmes. En particulier, vous allez les utiliser pour stocker les données d'une table MySQL dans un format structuré. Cela vous permettra de les transmettre à d'autres applications, qui seraient incapables d'accéder directement aux données d'une base MySQL. Vous verrez également les moyens permettant de réaliser l'opération inverse.

Création d'un fichier XML à partir d'une table MySQL

Différentes méthodes permettent de transférer les données d'une table MySQL dans un fichier XML. Ce dernier est alors utilisable par toutes sortes d'applications, incluant PHP, JSP et ASP.Net.

Utilisation de phpMyAdmin

La méthode la plus simple et la plus rapide pour créer un fichier XML à partir d'une base de données consiste à utiliser phpMyAdmin. Cette interface est dotée d'un script, qui réalise cette opération automatiquement. La structure du fichier XML créé a une structure bien déterminée, qui ne correspond pas nécessairement aux désirs du programmeur.

Les règles de transformation appliquées par ce script sont les suivantes :

- Le nom de la base devient l'élément racine du document XML.

- Le nom de la ou des tables devient un élément de premier niveau. Il y a donc autant d'éléments de ce type que de lignes dans la table MySQL.

- Le nom de chaque colonne de la table devient celui d'un élément imbriqué dans le précédent, dont le contenu est la valeur du champ de la table.

- Aucun attribut n'est créé.

Plus généralement, si vous exportez une base entière comportant plusieurs tables, la structure du fichier XML résultant est de la forme de l'exemple 19-8. Ce dernier est le résultat de l'exportation de la base magasin utilisée aux chapitres 14 et 15.

Les étapes pour exporter cette base en utilisant l'interface phpMyAdmin sont les suivantes :

1. Choisissez la base dans la liste de sélection.

2. Cliquez sur le bouton Exporter.

3. Sélectionnez la ou les tables désirées.

4. Cliquez sur le bouton radio XML.

5. Cochez la case Exécuter.

En principe, une boîte de dialogue apparaît, vous invitant à enregistrer le fichier sur le poste. Cela ne fonctionne toutefois que si vous choisissez la compression zippé ou gzippé. Si vous ne choisissez aucune compression, le fichier XML s'affiche dans son intégralité. Vous pouvez le sauvegarder avec l'extension .xml en cliquant sur la fenêtre qui contient le code et en sélectionnant Fichier, Enregistrer sous, Nom de fichier et Type .xml.

La figure 19-10 présente la page de l'utilitaire phpMyAdmin qui permet l'exportation des données au format XML.

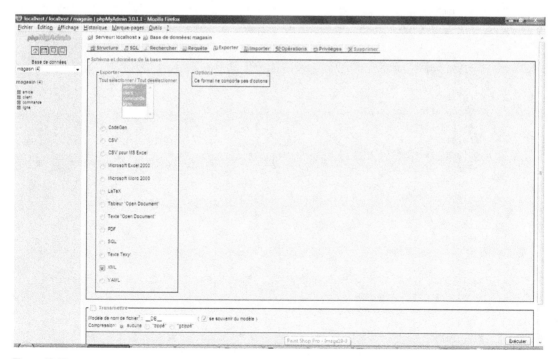

Figure 19-10

Exportation de la table article *au format XML avec phpMyAdmin*

☞ **Exemple 19-8. Le fichier magasin.xml**

```xml
<!-- - phpMyAdmin XML Dump - version 3.5.1 - http://www.phpmyadmin.net - - Client : localhost
- Généré le : Sam 12 Janvier 2013 à 18:18 - Version du serveur : 5.5.16-log - Version de
PHP : 5.4.3 -->
<!-- - Base de données : 'magasin' -->
<pma_xml_export>
<database name="magasin">
<!-- Table article -->
<table name="article">
<column name="id_article">CA300</column>
<column name="designation">Canon EOS 3000V zoom 28/80</column>
<column name="prix">329.00</column>
<column name="categorie">photo</column>
</table>
<!-Suite de la table article -->

<!-- Table client -->
<table name="client">
<column name="id_client">
1
</column>
<column name="nom">
Marti
</column>
<column name="prenom">
Jean
</column>
<column name="age">
36
</column>
<column name="adresse">
5 Av Einstein
</column>
<column name="ville">
Orléans
</column>
<column name="mail">
mart@marti.com
</column>
</table>
<!-Suite de la table client -->

<!-- Table commande -->
<table name="commande">
<column name="id_comm">
1
</column>
<column name="id_client">
5
</column>
```

```
<column name="date">
2012-06-11
</column>
</table>
<table name="commande">
<column name="id_comm">
2
</column>
<column name="id_client">
9
</column>
<column name="date">
2012-06-25
</column>
</table>
<!-Suite de la table commande -->

<!-- Table ligne -->
<table name="ligne">
<column name="id_comm">
1
</column>
<column name="id_article">
CAS07
</column>
<column name="quantite">
3
</column>
<column name="prixunit">
26.90
</column>
</table>
<table name="ligne">
<column name="id_comm">
1
</column>
<column name="id_article">
CS330
</column>
<column name="quantite">
1
</column>
<column name="prixunit">
1629.00
</column>
</database>
<!-Suite de la table ligne -->

</pma_xml_export>
```

Utilisation d'un script PHP

L'inconvénient de la méthode précédente est que le structure du fichier XML créé par le script de phpMyAdmin est déterminée par avance et qu'elle ne définit aucun attribut. Si, pour une raison quelconque d'organisation, vous souhaitez que certaines colonnes d'une table deviennent des attributs ou toute autre structure particulière, il vous faut écrire un script personnalisé qui créé par un fichier XML approprié.

L'exemple 19-9 en donne une illustration en créant un fichier XML nommé `article.xml`, contenant les données de la table `article` de la base `magasin` créée et utilisée à plusieurs reprises dans l'ouvrage.

La structure choisie pour l'exportation des données est la suivante :

```
<article id="CS330" categorie="vidéo">
  <designation>Caméscope Sony DCR-PC330 </designation>
  <prix>1629.00 </prix>
</article>
```

L'élément `<article>` contient les informations sur les quatre colonnes de la table `article` mais dans une organisation différente. La clé primaire `id_article` de la table devient l'identifiant unique de l'élément `<article>`, et la colonne `catégorie` un attribut de cet élément. Les sous-éléments `<designation>` et `<prix>` correspondent aux colonnes de même nom dans la table.

Comme vous devez accéder à la base `magasin`, le script commence par inclure la fonction de connexion (repère ❶). Il établit ensuite la connexion au serveur MySQL et récupère l'identifiant de connexion dans la variable `$idcom` (repère ❷). La requête SQL est très simple puisque vous souhaitez lire toutes les colonnes de la table (repère ❸). Après envoi de la requête (repère ❹), l'ensemble des résultats est accessible au moyen de la variable `$result`. Vous créez alors une variable `$chxml` contenant la déclaration XML et l'élément racine `<magasin>` (repère ❺).

Une boucle `while` de lecture des résultats récupère chaque ligne dans un tableau associatif (repère ❻) et concatène les différents éléments à la chaîne `$chxml` (repères ❼, ❽, ❾ et ❿). La balise de fermeture de l'élément racine `</magasin>` est finalement ajoutée à la chaîne du code XML (repère ⓫), qui est enregistrée dans le fichier `article.xml` (repère ⓬).

☞ **Exemple 19-9. Transfert de données d'une table dans un fichier XML**

```php
<?php
include("exemple15.2.php"); ←❶
$idcom=connex("magasin","myparam"); ←❷
$requete="SELECT * FROM article"; ←❸
$result=mysql_query($requete,$idcom); ←❹
$chxml="<?xml version=\"1.0\" encoding=\"UTF-8\" standalone=\"yes\"?>\n<magasin>"; ←❺
while($ligne=mysql_fetch_array($result,MYSQL_ASSOC)) ←❻
{
  $chxml.="<article id=\"{$ligne['id_article']}\" categorie=\"{$ligne['categorie']}
  \">\n"; ←❼
  $chxml.=" <designation>{$ligne['designation']} </designation>\n"; ←❽
```

```
      $chxml.=" <prix>{$ligne['prix']} </prix>\n"; ←❾
      $chxml.= "</article>\n"; ←❿
   }
   $chxml.="</magasin>"; ←⓫

   file_put_contents("article2.xml",$chxml); ←⓬
   ?>
```

La figure 19-11 présente une partie du fichier XML créé par ce script.

Figure 19-11

Le fichier article.xml visualisé dans Internet Explorer

Création d'une table MySQL à partir d'un fichier XML

Vous pouvez maintenant réaliser l'opération inverse en insérant dans une table d'une base MySQL les données d'un fichier XML en provenance d'une source quelconque. La structure de ce fichier doit être connue pour permettre de créer à l'avance la table destinée à recevoir les données.

Dans l'exemple 19-11, vous récupérez les données d'un fichier XML ayant une structure identique à celle du fichier `biblio3.xml` utilisé précédemment. L'élément racine se nommait `<biblio>` et son contenu était de la forme suivante :

```
<livre editeur="FAYARD" prix="20.00">
    <titre>L'empire de la honte</titre>
    <auteur>Jean Ziegler</auteur>
    <date>2005</date>
</livre>
```

Les étapes nécessaires sont les suivantes :

- Création d'une base nommée `biblio` si le serveur admet plusieurs bases. Dans le cas contraire, l'étape suivante suffit.

- Création d'une table nommée `livre` contenant six colonnes, cinq correspondant aux valeurs contenues dans un élément `<livre>` plus un indispensable identifiant numérique entier auto-incrémenté. Ce dernier sera la clé primaire de la table de façon à ne pas déroger aux règles énoncées au chapitre 13.

Pour les détails de création d'une base et d'une table, reportez-vous au chapitre 14. Le code de l'exemple 19-10 donne la commande SQL de création de la table `livre`. La figure 19-12 illustre la structure affichée par phpMyAdmin.

☞ **Exemple 19-10. Code SQL de création de la table *livre***

```
CREATE TABLE livre (
    idlivre smallint(5) unsigned NOT NULL auto_increment,
    editeur varchar(20) NOT NULL default '',
    prix decimal(4,2) unsigned NOT NULL default '0.00',
    titre varchar(40) NOT NULL default '',
    auteur varchar(30) NOT NULL default '',
    date year(4) NOT NULL default '0000',
    PRIMARY KEY (idlivre)
)
```

Afin d'opérer ce transfert de données, vous commencez par récupérer le contenu du fichier `biblio3.xml` dans la variable objet `$xml` (repère ❶). La connexion au serveur MySQL est réalisée comme aux chapitres précédents par la fonction `connex()`, dont vous devez inclure le code (repère ❷) avant d'effectuer la connexion (repère ❸). Vous lisez avec `count()` le nombre d'éléments `<livre>` présents dans le document XML en comptant le nombre d'éléments du tableau retourné par `$xml->livre` (repère ❹). Ce nombre est utilisé par un boucle `for` (repère ❺), qui lit l'ensemble des attributs `editeur` et `prix` des éléments <livre> (repères ❻ et ❼) et le contenu des sous-éléments <titre>, <auteur> et <date> (repères ❽, ❾ et ❿).

Champ	Type	Attributs	Null	Défaut	Extra
idlivre	smallint(5)	UNSIGNED	Non		auto_increment
editeur	varchar(20)		Non		
prix	decimal(4,2)	UNSIGNED	Non	0.00	
titre	varchar(40)		Non		
auteur	varchar(30)		Non		.
date	year(4)		Non	0000	

Figure 19-12
Structure de la table livre

La requête d'insertion des données dans la table livre est écrite dans la variable $requete (repère ⓫) puis soumise au serveur (repère ⓬). Une vérification est opérée pour s'assurer que les données sont insérées dans la table (repère ⓭).

☞ **Exemple 19-11. Transfert de données XML dans une table**

```php
<?php
$xml=simplexml_load_file("biblio3.xml"); ←❶
// Connexion à la base
include_once("exemple15.2.php"); ←❷
$idcom= connex("biblio","myparam"); ←❸
// Lecture du contenu des éléments
$nblivre= count($xml->livre); ←❹
echo "Nombre de livres : ",$nblivre,"<hr />";
for($i=0;$i<$nblivre;$i++) ←❺
{
  echo "NB = ",$i;
  $editeur=$xml->livre[$i][@editeur]; ←❻
  $prix=$xml->livre[$i][@prix]; ←❼
  $titre=htmlentities($xml->livre[$i]->titre); ←❽
  $auteur=htmlentities($xml->livre[$i]->auteur); ←❾
  $date=$xml->livre[$i]->date; ←❿
  // Requête SQL
  $requete= "INSERT INTO livre(idlivre,editeur,prix,titre,auteur,date)
➡ VALUES('\N','$editeur','$prix','$titre','$auteur','$date')"; ←⓫
    // Envoi de la requête d'insertion
  $verif=mysql_query($requete,$idcom); ←⓬
    if($verif) echo "<br /> $titre de $auteur a été inséré dans la base<hr />"; ←⓭
}
?>
```

Mémo des fonctions et méthodes

```
object simplexml_import_dom(nodedom node)
```
Crée un objet simplexml_element à partir d'un objet DOM.

```
object simplexml_load_file(string nom_fichier)
```
Transfère le contenu d'un fichier XML dans un objet de type simplexml_element.

```
object simplexml_load_string(string chaine_xml)
```
Transfère un contenu XML d'une chaîne de caractères dans un objet de type simplexml_element.

```
string asxml([string nom_fichier])
```
Transfère le contenu d'un objet de type simplexml_element dans une chaîne. Si vous fournissez un paramètre, la méthode enregistre le fichier sur le serveur.

```
object attributes()
```
Retourne un objet dont les propriétés sont les attributs de l'objet simplexml_element auquel vous appliquez la méthode.

```
object children()
```
Retourne un objet dont les propriétés sont les éléments enfants de l'élément auquel vous appliquez la méthode.

```
array xpath(string requete_path)
```
Effectue une requête XPath sur les données de l'objet auquel vous appliquez la méthode.

Exercices

Exercice 1

Créez un fichier XML nommé iut.xml, dont l'élément racine est <iut>. Les éléments principaux nommés <etudiant> ont comme attributs id (numéro d'inscription) et nom. Chaque élément <etudiant> peut contenir autant d'éléments <uv> que désiré. Chaque UV doit avoir un nom, une durée et une note enregistrés dans des sous-éléments. Visualisez ce fichier dans un navigateur pour vérifier qu'il est bien formé.

Exercice 2

Lisez les éléments et les attributs du fichier iut.xml, et affichez-les dans un tableau HTML.

Exercice 3

Créez un formulaire permettant d'insérer des données dans le fichier iut.xml. Le script doit permettre la visualisation éventuelle du fichier après l'insertion.

Exercice 4

Créez un formulaire de recherche permettant d'afficher à la demande les noms des étudiants par ordre alphabétique, ainsi que la liste des UV et leur nom.

Exercice 5

Transférez toutes les données de la base `voitures` créée aux chapitres 13 et 14 dans un fichier XML d'abord en utilisant phpMyAdmin puis en écrivant un script PHP. La répartition des données dans des attributs ou comme contenu des éléments est libre.

Exercice 6

Transférez les données du fichier `iut.xml` de l'exercice 3 dans une table MySQL. Créez la table auparavant en lui donnant comme clé primaire la valeur de l'attribut `id` de l'étudiant.

Le framework PEAR

En informatique, et particulièrement en POO, il est d'usage de dire qu'il ne faut pas réinventer la roue. En effet, à quoi bon réécrire du code qui a déjà été fait et testé par d'autres, pour parvenir au même résultat. C'est cette idée qui a prévalu lors de la création des frameworks et de PEAR en particulier. PEAR est un ensemble de très nombreux modules adaptés aux situations les plus diverses que l'on peut rencontrer lors de la création de sites web. Chaque module ou package est un ensemble de scripts écrits en PHP. L'arrivée de PHP 5 et de son modèle objet plus élaboré que celui, très primaire, de PHP 4, permet à PEAR de proposer désormais, pour chaque module, des classes dotées de nombreuses méthodes qui vous permettent d'utiliser aisément, et surtout d'adapter à vos besoins particuliers, chaque module. Il existe d'autres frameworks open source que PEAR comme Zend, Symphony… mais notre choix s'est porté sur PEAR non seulement parce que c'est l'un des plus anciens, qu'il est bien établi et constamment mis à jour, mais surtout parce qu'il nous semble plus facile d'accès.

Installer PEAR

Il est possible de récupérer les différents packages de PEAR sur le site *http://pear.php.net*, mais il existe un moyen plus pratique qui consiste à utiliser un installeur qui permet non seulement d'installer les packages de base, mais aussi de gérer la recherche et l'installation des packages en fonction de vos besoins ainsi que de les mettre à jour en un clic. Pour cela, il vous faut tout d'abord récupérer le fichier nommé `go-pear.php` soit sur le site de PEAR cité plus haut, soit dans le répertoire `wamp/apps` dans lequel vous avez installé le serveur local WampServer 2. Transférez-le ensuite sur le serveur de votre site distant via un logiciel FTP, comme pour les fichiers habituels, puis lancez-le à partir d'un navigateur. Vous obtiendrez la page présentée à la figure 20-1. Laissez-vous alors guider et fournissez vos paramètres de connexion FTP. L'installeur PEAR se chargera de transférer sur le serveur les fichiers nécessaires à toutes les applications PEAR.

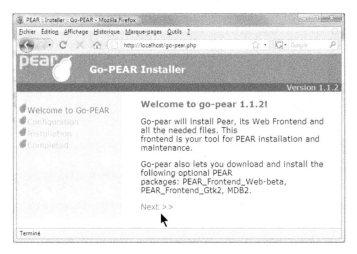

Figure 20-1

L'installeur de PEAR

Une fois les packages de base installés, vous disposerez d'un gestionnaire de packages. La page du PEAR Package Manager est présentée à la figure 20-2.

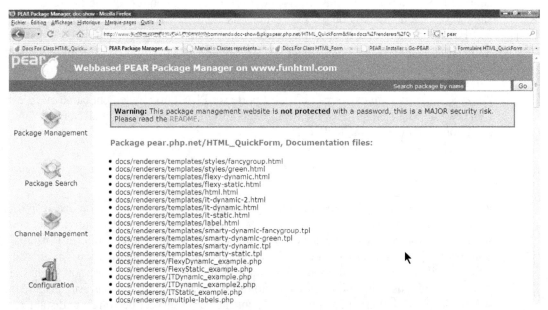

Figure 20-2

Le PEAR package Manager

Grâce à ce dernier, vous pouvez choisir puis installer automatiquement les packages dont vous avez besoin. Pour vous donner une idée de ce que PEAR peut vous offrir nous allons maintenant, à titre d'initiation, mettre en œuvre de package PEAR `HTML_QuickForm` qui permet de créer des formulaires HTML.

Le package HTML_QuickForm

Installez tout d'abord, dans le Package Manager, le package `HTML_QuickForm` dans le répertoire `www/pear/` de votre serveur, par exemple. Celui-ci vous permet, comme son nom l'indique, de créer simplement des formulaires sans avoir à écrire directement de code HTML. Il est même envisageable de créer ces formulaires dynamiquement et d'adapter leurs champs au visiteur du site, afin de créer, par exemple, un questionnaire différent s'il s'agit d'un particulier ou d'une entreprise, d'un homme ou d'une femme.

La démarche à suivre est la suivante.

1. Inclure les fichiers PEAR nécessaires (en règle générale ils sont indiqués dans la documentation des classes).

2. Créer un objet représentant l'ensemble du formulaire correspondant à l'élément HTML `<form>`.

3. Créer les objets représentant les composants visibles (ou éventuellement cachés) du formulaire. Il peut s'agir d'éléments de saisie de texte ou de mot de passe, de boutons radio, d'envoi, d'effacement, de cases à cocher ou encore de listes déroulantes de sélection correspondant aux éléments HTML `<input />`, `<select>` et `<option>`. Notez que les éléments seront visibles dans l'ordre de leur codage.

4. Ajouter ces objets à l'objet formulaire.

5. Créer des règles de validation du formulaire qui consistent à vérifier qu'il est bien complété ou que les données ont un format correct.

6. Afficher le formulaire explicitement dans la page HTML.

Ce sont ces différentes phases que nous allons aborder maintenant.

L'objet formulaire

C'est une instance de la classe `HTML_QuickForm` dont le constructeur a pour syntaxe :

```
HTML_QuickForm(string nomp,string methode,string action)
```

Les paramètres correspondent aux attributs de l'élément `<form>` : `nomp` correspond aux attributs `id` ou `name` qui identifient l'élément pour y faire référence dans un style CSS par exemple ; `methode` vaut `'get'` ou `'post'` et c'est cette dernière valeur que nous utiliserons ; `action` désigne le nom du fichier PHP qui traitera les données saisies dans le formulaire, si vous l'omettez ce sera par défaut le fichier qui crée le formulaire lui-même.

Avant de créer l'objet, il faut inclure le fichier `QuickForm.php` qui contient le code de la classe instanciée.

Nous avons donc par exemple le code suivant :

```
require_once"HTML/QuickForm.php";
$form = new HTML_QuickForm('form1', 'post', 'traitement.php');
```

Nous pouvons ensuite créer un en-tête de présentation contenant un texte à l'attention du lecteur. Ceci se fait, comme l'ajout des autres éléments, avec la méthode addElement() de l'objet $form selon la syntaxe :

```
$form->addElement('header', '', 'Complétez le questionnaire');
```

Composants de saisie de texte

Les composants de saisie de texte permettent au visiteur de donner son nom, son e-mail, son mot de passe (dans ce cas, les caractères saisis sont cachés) ou des longs textes, comme des commentaires. Il existe plusieurs techniques pour ajouter des composants à un formulaire, la plus simple étant la méthode addElement() de l'objet $form, dont les paramètres indiquent le type de l'élément, mais nous avons choisi ici d'employer celle qui utilise les classes spécialisées, adaptées à chaque type de composant.

Les éléments de texte simple

Les éléments de texte simple sont des instances de la classe HTML_QuickForm_text dont le constructeur a pour syntaxe :

```
HTML_QuickForm_text(string nom, string label, divers attributs)
```

Outre le nom de l'élément, la définition du paramètre label permet d'afficher un texte devant la zone de saisie. Le paramètre attributs permet d'affecter des valeurs aux _attributs de l'élément HTML <input />, sous la forme soit d'une chaîne du type "attribut=valeur", soit d'un tableau associatif dont les éléments s'écrivent attribut =>valeur.

Pour créer, par exemple, une zone de texte demandant le nom d'une personne, précédée du label « Votre nom » et d'une largeur visible de 55 caractères, nous écririons le code suivant :

```
require_once 'HTML/QuickForm/text.php';
$txtnom=new HTML_QuickForm_text('nom','Votre nom','size=55');
$form->addElement($txtnom);
```

Cet objet possède plusieurs méthodes dont on peut retenir les suivantes :

- setSize(string N) fixe la taille visible à N caractères ;
- setMaxlength(string N) limite la taille du texte saisi à N caractères ;
- getValue() récupère la valeur saisie ;
- setValue(string texte) définit le texte de la zone (afin de pré-remplir un questionnaire par exemple).

Le résultat obtenu est représenté à la figure 20-3, repère ❶.

Les éléments de saisie de mot de passe

Ils se différencient des précédents par le fait que les caractères saisis sont remplacés par des points. Ce sont des objets de type HTML_QuickForm_password dont la syntaxe du constructeur est :

```
HTML_QuickForm_password(string nom, string label, divers attributs)
```

Les paramètres ont ici les mêmes rôles que pour l'élément texte. La méthode setMaxlength(N) permet de forcer un mot de passe à avoir N caractères au maximum. Le fichier à inclure est password.php.

Le code de création d'une zone de saisie de mot de passe limité à 6 caractères serait :

```
require_once 'HTML/QuickForm/password.php';
$pass= new HTML_QuickForm_password('pass','Votre pass');
$pass->setMaxLength('6');
$form->addElement($pass);
```

Le résultat obtenu est représenté à la figure 20-3 repère ❷.

Les éléments de texte multiligne

Ils permettent à un visiteur de saisir, par exemple, un commentaire de plusieurs lignes. Ce sont des objets du type HTML_QuickForm_textarea dont le constructeur a pour syntaxe :

```
HTML_QuickForm_textarea(string nom, string label, divers attributs)
```

Dans le cas de cet élément, certains attributs sont indispensables et vous devez les définir sous la forme d'un tableau qui sera passé comme troisième paramètre. Par exemple, pour créer une zone de saisie de texte de 55 caractères de large et de 16 lignes de haut, nous créons le tableau suivant :

```
$optarea=array("rows"=>16,"cols"=>55);
```

puis l'objet lui-même :

```
require_once 'HTML/QuickForm/textarea.php';
$zone= new HTML_QuickForm_textarea('zone1','Vos commentaires',$optarea);
$form->addElement($zone);
```

La méthode setValue() permet de définir un texte qui sera affiché dans la zone de saisie pour préciser la demande, comme :

```
$zone->setValue('Ecrivez vos commentaires ici');
```

Les dimensions peuvent être modifiées dynamiquement avec les méthodes :

```
$zone->setCols(50); //pour avoir 50 caractères de marge
$zone->setRows(15); //pour avoir 15 lignes de haut
```

Le résultat obtenu est représenté à la figure 20-3 repère ❸.

Les boutons radio

Ils permettent d'effectuer des choix, exclusifs l'un de l'autre si vous leur attribuez le même nom, ou indépendants si les noms sont différents. Les objets sont du type HTML_QuickForm_radio et le fichier à inclure est radio.php. La syntaxe du constructeur est :

```
HTML_QuickForm_radio(string nom, string label, string texte, string valeur,
➡divers attributs)
```

Le paramètre label permet de présenter le ou les boutons, texte constitue le choix proposé et valeur est la chaîne qui sera récupérée par le programme de traitement des données.

Le code de création de deux boutons radio exclusifs l'un de l'autre (même paramètre nom) et proposant le choix du sexe serait donc :

```
require_once 'HTML/QuickForm/radio.php';
$radio1=new HTML_QuickForm_radio('sex','Votre sexe','Homme','H');
$radio2=new HTML_QuickForm_radio('sex','','Femme','F');
$form->addElement($radio1);
$form->addElement($radio2);
```

Le résultat obtenu est représenté à la figure 20-3 repère ❹.

Les cases à cocher

Les cases à cocher permettent de faire des choix et autorisent les choix multiples. Les objets correspondants sont du type HTML_QuickForm_checkbox et il faut inclure le fichier checkbox.php. La syntaxe du constructeur est la suivante :

```
HTML_QuickForm_checkbox(string nom, string label, string texte, divers attributs)
```

Les paramètres nom, label et texte sont identiques à ceux des boutons radio et il est nécessaire d'ajouter au moins un attribut, sous la forme d'une chaîne "value=valeur", pour désigner la valeur associée à chaque case qui sera récupérée sur le serveur.

Pour proposer au visiteur de préciser ses goûts, nous aurions par exemple deux cases à cocher créées par le code suivant :

```
require_once 'HTML/QuickForm/checkbox.php';
$case1=new HTML_QuickForm_checkbox('case1', 'Vos Goûts', 'Sucré', 'value=1');
$case2=new HTML_QuickForm_checkbox('case2', '', 'Salé', 'value=2');
$form->addElement($case1);
$form->addElement($case2);
```

Les objets checkbox possèdent, entre autres, les méthodes getText() et setText() employées respectivement pour lire ou définir le texte associé à la case ; les méthodes getValue() et setValue() pour lire ou modifier la valeur associée et, enfin, getChecked() qui permet de cocher dynamiquement un case.

Le résultat obtenu est représenté à la figure 20-3 repère ❺.

Les listes de sélection

Les listes de sélection permettent d'effectuer un ou plusieurs choix dans une liste déroulante d'options prédéterminées. L'objet PEAR est du type `HTML_QuickForm_select` et le fichier à inclure est `select.php`. Le constructeur a pour syntaxe :

```
HTML_QuickForm_select(string nom, string label, array options);
```

Les options de la liste sont fournies dans un tableau associatif dont les clés correspondent aux valeurs qui seront récupérées sur le serveur et les valeurs aux textes visibles des options. La méthode `addOption(string texte, string valeur)` permet d'ajouter dynamiquement des options à la liste (notez que les paramètres sont dans l'ordre inverse par rapport au tableau). Pour autoriser les choix multiples dans la liste, il faut appeler la méthode `setMultiple(boolean)`. Pour créer une liste de trois options, puis ajouter une nouvelle option et autoriser les choix multiples, nous aurions le code suivant :

```
require_once 'HTML/QuickForm/select.php';
$taboptions=array('un'=>'Option 1', 'deux'=>'Option 2', 'trois'=>'Option 3');
$liste= new HTML_QuickForm_select('liste', 'Votre choix', $taboptions);
$form->addElement($liste);
$liste->addOption('Option 4','quatre');
$liste->setMultiple(TRUE);
```

Le résultat obtenu est présenté à la figure 20-3, repère ❻.

Le package `QuickForm` permet aussi de créer, avec très peu de code, des listes de sélection de dates avec plusieurs listes déroulantes pouvant contenir l'heure, le jour, le mois ou l'année pour saisir des informations comme une date de naissance complète. Ce type d'objet est très pratique car, pour écrire l'équivalent en HTML, il faudrait créer trois listes contenant une option par jour, mois ou année, ce qui représenterait des dizaines de lignes. Le type d'objet est `HTML_QuickForm_date` et il faut inclure le fichier `date.php`. La syntaxe du constructeur est :

```
HTML_QuickForm_date(string nom, string label, array options)
```

Le tableau associatif options contient quatre éléments dont les clés sont `'language'`, `'format'`, `'minYear'` et `'maxYear'`. Pour avoir les jours et les mois en français, il suffit de donner la valeur `'fr'` au paramètre `'language'`. Le format définit les informations que va contenir la liste à partir des options présentées dans le tableau 20-1.

Tableau 20-1. Options du paramètre format de l'objet QuickForm

Caractère	Signification
D	Le jour de la semaine en trois lettres
l (L minuscule)	Le jour de la semaine en entier
d	Le quantième du mois
M	Le nom du mois en trois ou quatre lettres
F	Le nom du mois en entier

Tableau 20-1. Options du paramètre format de l'objet QuickForm *(suite)*

m	Le numéro du mois
Y	L'année en quatre chiffres
y	L'année en deux chiffres
h	L'heure de 0 à 12
H	L'heure de 0 à 23
i	Les minutes
s	Les secondes
a	Affichage am/pm
A	Affichage AM/PM

Pour définir un intervalle de saisie de dates comprenant le jour du mois, le mois et l'année comprise entre 1959 et 2009, nous aurons le tableau suivant :

```
$options = array(
        'language'  => 'fr',
        'format'    => 'dMY',
        'minYear'   => '1959',
        'maxYear'   => '2009'
    );
```

Pour créer l'objet date ci-dessus nous écrivons le code suivant :

```
$options = array(
        'language'  => 'fr',
        'format'    => 'dMY',
        'minYear'   => '1959',
        'maxYear'   => '2009'
    );
$listedate= new HTML_QuickForm_date('listedate', 'Date de naissance', $options);
$form->addElement($listedate);
```

Comme il n'y a qu'un seul nom pour ce composant et en réalité trois éléments HTML <select>, pour pouvoir récupérer les informations dans des variables via la superglobale $_POST, la classe crée un tableau multidimensionnel dont les clés de premier niveau sont les lettres utilisées dans la définition du format. Pour l'objet date, dont le nom est listedate, le tableau retourné est le suivant :

```
["listedate"]=> array(3) { ["d"]=> string(1) "1" ["M"]=> string(1) "1" ["Y"]=>
➡ string(4) "1959"
```

Le résultat obtenu est présenté à la figure 20-3, repère ❼.

Les champs cachés

Comme leur nom l'indique, ce sont les seuls éléments du formulaire qui ne sont pas visibles par l'utilisateur. Ils servent à transmettre au serveur des informations non saisies, comme le nom du navigateur utilisé ou la date exacte d'envoi du formulaire. Ce sont des objets du type HTML_QuickForm_hidden et le fichier à inclure est hidden.php. Le constructeur a pour syntaxe :

```
HTML_QuickForm_hidden(string nom, string valeur);
```

Pour illustrer leur emploi nous créons avec le code ci-dessous un champ caché qui transmet le timestamp de l'envoi, fourni par la fonction time() :

```
require_once 'HTML/QuickForm/hidden.php';
$cache=new HTML_QuickForm_hidden('ladate', time());
$form->addElement($cache);
```

La valeur transmise est bien un élément du tableau $_POST.

Les boutons d'envoi

Un formulaire ne se conçoit pas sans quelques boutons, au minimum un bouton d'envoi (*submit*) déclenchant l'envoi des données au serveur qui les traite et, éventuellement, un bouton de réinitialisation qui remet les champs dans leur état initial en cas de mauvaises saisies. Chacun d'eux correspond aux types d'objets HTML_QuickForm_submit et HTML_QuickForm_reset. Les fichiers à inclure sont submit.php et reset.php. Les constructeurs ont pour syntaxe :

```
HTML_QuickForm_submit(string nom, string valeur)
HTML_QuickForm_reset(string nom, string valeur)
```

Le paramètre valeur est surtout utile quand le formulaire contient, par exemple, plusieurs boutons d'envoi, ce qui permet de décider quelle action effectuer dans le script de traitement des données après l'envoi. Un formulaire se termine donc généralement par le code suivant :

```
require_once 'HTML/QuickForm/submit.php';
require_once 'HTML/QuickForm/reset.php';
$reset=new HTML_QuickForm_reset('efface','Effacer');
$form->addElement($reset);
$envoi=new HTML_QuickForm_submit('envoi','Envoyer');
$form->addElement($envoi);
```

Le résultat obtenu est présenté à la figure 20-3, repères ❽ et ❾.

Les règles de validation

Un bon formulaire doit également être capable de vérifier si les saisies du visiteur sont conformes à certaines règles. Certains champs peuvent, par exemple, être obligatoires, le mot de passe peut être limité à un nombre de caractères minimal ou maximal et l'e-mail doit obligatoirement répondre à un format international reconnu. C'est dans ce domaine, bien plus que dans la création automatique de code HTML, que QuickForm révèle tout son intérêt pour vous faire gagner du temps de développement et de test. Il est en effet très simple d'ajouter des règles de validation au formulaire avec la méthode addRule(), dont la syntaxe est la suivante :

```
$form->addRule(string nom_element, string message, string regle, divers info,
➡string lieu);
```

Le premier paramètre est le nom du composant de formulaire à valider et le second, le message affiché en cas de non conformité. Le paramètre regle précise, quant à lui, le type de règle à utiliser. Il en existe une dizaine, adaptées aux cas les plus courants. Les mots-clés à utiliser sont énumérés dans le tableau 20-2.

Tableau 20-2. – Les règles de validation.

Règle	Signification
required	Le champ doit obligatoirement être complété.
maxlength	Il faut saisir un nombre maximum de caractères.
minlength	Il faut saisir un nombre minimum de caractères.
rangelength	Il faut saisir un nombre de caractères compris dans un intervalle.
email	L'adresse e-mail doit être conforme au format normalisé.
lettersonly	Seuls les caractères alphabétiques sont autorisés.
alphanumeric	Seuls les caractères alphanumériques sont autorisés.
numeric	Seuls les chiffres sont autorisés.
nopunctuation	Aucun signe de ponctuation n'est admis.
nonzero	La saisie ne doit pas comporter de zéro.

Certaines règles doivent être précisées à l'aide du quatrième paramètre, qui peut être une chaîne de caractères contenant un nombre pour les règles maxlength et minlength, ou un tableau de la forme array(Min,Max) pour la règle rangelength. Le dernier paramètre, lieu, indique si la vérification doit être effectuée côté client avec JavaScript, ou côté serveur avec PHP ; ce paramètre prend donc la valeur 'client' ou 'server'. Pour rendre la saisie du mail obligatoire et vérifier sa conformité coté client nous écrivons :

```
$form->addRule('mail', 'Indiquez un mail valide', 'email', null, 'client');
$form->addRule('mail', 'Indiquez votre mail', 'required', null, 'client');
```

Les messages d'information indiquant qu'un champ est obligatoire et ceux des boîtes d'alerte JavaScript étant libellés en anglais, nous pouvons les franciser à l'aide des méthodes suivantes de l'objet `$form` :

```
//Francisation des messages
$form->setRequiredNote('* = Saisie obligatoire');
```

pour l'avis des saisies obligatoires et :

```
$form->setJsWarnings('Réponse non valide ','Corrigez la saisie');
```

pour les boîtes d'alerte.

L'exemple 20-1 récapitule la création de tous les éléments que nous venons d'aborder. Nous y trouvons tout d'abord l'inclusion des différents fichiers nécessaires à la création des objets du formulaire (repère ❶), puis nous créons l'objet représentant le formulaire (repère ❷) suivi par l'en-tête de présentation (repère ❸). Viennent ensuite les champs de texte et d'e-mail (repère ❹), le mot de passe (repère ❺) et la zone de saisie de commentaires (repère ❻), puis les boutons radio (repère ❼) et les cases à cocher (repère ❽). Les éléments suivants sont les listes déroulantes classiques (repère ❾) et de dates (repère ❿). Nous concluons la liste des éléments visibles par la création des boutons d'envoi et d'effacement (repère ⓫). Un champ caché termine la création des composants (repère ⓬). L'ajout de règles de validation permet de contrôler les saisies de l'e-mail, du nom et du code (repère ⓭) et, enfin, nous appelons des méthodes de francisation des messages (repère ⓮). La méthode `display()` permet alors d'afficher le formulaire (repère ⓯).

☞ **Exemple 20-1. Création d'un formulaire avec QuickForm**

```
<!DOCTYPE html>
<html lang="fr">
<head>
<meta http-equiv="Content-Type" content="text/html; charset=UTF-8" />
<title>Formulaire HTML_QuickForm</title>
</head>
<body>
<?php
// Inclusion des fichiers ←❶
require_once "HTML/QuickForm.php";
require_once 'HTML/QuickForm/textarea.php';
require_once 'HTML/QuickForm/text.php';
require_once 'HTML/QuickForm/radio.php';
require_once 'HTML/QuickForm/checkbox.php';
require_once 'HTML/QuickForm/select.php';
require_once 'HTML/QuickForm/password.php';
require_once 'HTML/QuickForm/date.php';
```

```
require_once 'HTML/QuickForm/hidden.php';
require_once 'HTML/QuickForm/submit.php';
require_once 'HTML/QuickForm/reset.php';

// Création du formulaire ←❷
$form = new HTML_QuickForm('form1', 'post','traitement.php');

// Création d'un en-tête ←❸
$form->addElement('header','', 'Complétez le questionnaire');

// Composants de texte ←❹
$txtnom=new HTML_QuickForm_text('nom','Votre nom','size=55');
$form->addElement($txtnom);
// Ou encore
// $form->addElement('text','nom','Votre nom','size=55');
$txtprenom=new HTML_QuickForm_text('prenom','Votre prénom','size=55');
$form->addElement($txtprenom);
$mail=new HTML_QuickForm_text('mail','Votre e-mail');
$form->addElement($mail);

// Password ←❺
$pass= new HTML_QuickForm_password('pass','Votre pass');
$pass->setMaxLength('6');
$form->addElement($pass);

// Texte long ←❻
$optarea=array("rows"=>"16","cols"=>"55");
$zone= new HTML_QuickForm_textarea('zone1','Vos commentaires',$optarea);
$zone->setCols(50);
$zone->setRows(5);
$zone->setValue('Écrivez vos commentaires ici');
$form->addElement($zone);

// Radio ←❼
$radio1=new HTML_QuickForm_radio('sex','Votre sexe','Homme','H');
$radio2=new HTML_QuickForm_radio('sex','','Femme','F');
$form->addElement($radio1);
$form->addElement($radio2);

// Checkbox ←❽
$case1=new HTML_QuickForm_checkbox( 'case1', 'Vos goûts ','Sucré','value=1');
$case2=new HTML_QuickForm_checkbox( 'case2', '','Salé','value=2');
$form->addElement($case1);
$form->addElement($case2);

// Select ←❾
$taboptions=array('un'=>'Option 1','deux'=>'Option 2','trois'=>'Option 3');
```

```
$liste= new HTML_QuickForm_select('liste','Votre choix',$taboptions);
$form->addElement($liste);
$liste->addOption('Option 4','quatre');
$liste->setMultiple(TRUE);

// Sélection de dates ←❿
$options = array('language'  => 'fr','format'   => 'dMY','minYear'  => '1959',
➡'maxYear'   => '2009');
$listedate= new HTML_QuickForm_date('listedate','Date de naissance',$options);
$form->addElement($listedate);

// Boutons envoi et effacement ←⓫
$reset=new HTML_QuickForm_reset('efface','Effacer');
$form->addElement($reset);
// Ou encore
// $form->addElement('reset', 'efface', 'Effacer');
$envoi=new HTML_QuickForm_submit('envoi','Envoyer');
$form->addElement($envoi);
// Ou encore
// $form->addElement('submit', 'envoi', 'Envoyer');

// Champ caché ←⓬
$cache=new HTML_QuickForm_hidden('ladate',time());
$form->addElement($cache);

// Règles de vérification ←⓭
$form->addRule('mail', 'Indiquez un mail valide', 'email',null,'client');
$form->addRule('mail', 'Indiquez votre mail', 'required', null, 'client');
$form->addRule('nom', 'Indiquez votre nom', 'required', null, 'client');
$form->addRule('pass', 'Pass !', 'required', null, 'client');
$form->addRule('pass', 'Code numérique', 'numeric', null, 'client');
$form->addRule('pass', 'Code 4 chiffres mini', 'minlength', '4', 'client');

// Francisation des messages ←⓮
$form->setRequiredNote('* = Saisie obligatoire');
$form->setJsWarnings('Réponse non valide ','Corrigez la saisie');

// Affichage du formulaire complet ←⓯
$form->display();
?>
 </body>
</html>
```

La figure 20-3 montre le résultat obtenu.

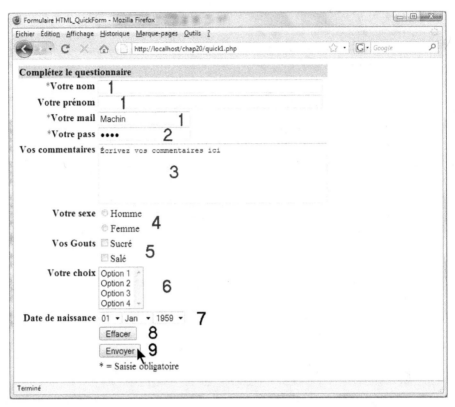

Figure 20-3

Le formulaire créé avec QuickForm

Récupération des données

Les données du formulaire sont récupérables dans la variable superglobale $_POST, comme nous l'avons vu au chapitre 6. Pour le formulaire que nous venons de créer certaines données, comme celles du composant de date, sont transmises sous forme de tableau. Le fichier traitement.php, désigné comme dernier paramètre du constructeur de l'objet formulaire, peut avoir la forme suivante pour afficher toutes les saisies :

```php
<?php
foreach($_POST as $cle=>$valeur)
{
  if(is_array($valeur))
  {
    foreach($valeur as $cle=>$ssvaleur) echo "Element : $cle  Valeur associée :
    ➥$ssvaleur <hr />";
  }
  else
```

```
    {
        echo "Element : $cle  Valeur associée : $valeur <hr />";
    }
}
?>
```

PEAR : une multitude de packages

Comme nous l'avons indiqué dès le début de ce chapitre, PEAR fournit une très grande quantité de packages adaptés à toutes les situations de création de sites statiques ou dynamiques. Le tableau 20-3 présente la liste des catégories de packages, les chiffres entre parenthèses indiquant le nombre de packages de chacune d'elles, soit un total de plusieurs centaines. Il semble difficile de ne pas y trouver l'application désirée. On peut conseiller, entre autres, les packages HTML_CSS dans le groupe HTML pour la création de styles, MDB2 dans le groupe Database, couche d'abstraction pour la connexion à une base de données quelconque, Auth_HTTP dans le groupe Authentification pour la sécurité d'accès et le groupe Mail. Vous pouvez retrouver cette liste et les liens vers la liste complète des packages de chaque groupe à l'adresse : *http://pear.php.net/packages.php*. Chaque package possède sa documentation propre avec généralement, des exemples très utiles pour démarrer ainsi que la syntaxe des méthodes et des propriétés des objets qu'il contient.

Tableau 20-3 – La liste des catégories de packages PEAR

Authentication (8)	Benchmarking (1)
Caching (2)	Configuration (1)
Console (7)	Database (31)
Date and Time (22)	Encryption (13)
Event (2)	File Formats (33)
File System (6)	Gtk Components (4)
Gtk2 Components (7)	HTML (40)
HTTP (14)	Images (19)
Internationalization (6)	Logging (1)
Mail (8)	Math (19)
Networking (55)	Numbers(2)
Payment (5)	PEAR (20)
PEAR Website (5)	PHP (20)
Processing (1)	Science (1)
Semantic Web (5)	Streams (2)
Structures (30)	System (8)
Text (19)	Tools and Utilities (9)
Validate (29)	Web Services (41)
XML (32)	

Exercices

Exercice 1

Créez un formulaire ayant pour titre « Adresse client ». Il doit contenir les champs de saisie du nom, du prénom, de l'adresse, de la ville et du code postal. Ajoutez-y les règles de vérification qui s'imposent.

Exercice 2

Réalisez un formulaire de saisie de login, e-mail et mot de passe, ce dernier doit comprendre entre 6 et 9 caractères. Créez les règles de vérification.

Exercice 3

Concevez un formulaire demandant la saisie d'un prix HT et d'un taux de TVA. Le script doit afficher le montant de la TVA et le prix TTC dans deux zones de texte créées dynamiquement. Les champs ne devant comporter que des chiffres et être obligatoires, créez les règles de vérification correspondantes.

21

Travaux personnels

Plutôt que de clore l'ouvrage par des études de cas, souvent difficiles à suivre pour qui ne les pas écrites, nous vous proposons quatre thèmes de travaux personnels qui constituent en quelque sorte des sujets de mémoire de fin d'études sur PHP. Chacun d'eux consiste à créer un site de complexité croissante. Des uns aux autres, les descriptifs sont de moins en moins détaillés afin de vous mettre progressivement dans une situation réelle de création de site.

Les corrigés de ces travaux personnels sont téléchargeables depuis le site des éditions Eyrolles *(http://www.editions-eyrolles.com)* sur la page dédiée à l'ouvrage. Les sites correspondants peuvent en outre être consultés en fonctionnement réel sur le site Web *http://www.funhtml.com/php5*.

Démarche à suivre

Pour chaque projet vous devrez suivre la démarche suivante :

1. Lire attentivement le cahier des charges proposé.

2. Décomposer le site en différents modules, auxquels correspondront autant de pages.

3. Établir un schéma général de fonctionnement mettant en relief les liens entre ces différentes pages.

4. Tracer les grandes lignes de l'organisation de chaque page sous forme de schéma, en séparant le code HTML du code PHP.

5. Écrire le code de chaque partie sans trop entrer dans les détails de design dans un premier temps. Le design relevant plus du designer que du programmeur, il ne vous concerne pas ici.

6. Effectuer des tests approfondis sur chaque page en essayant d'envisager les divers comportements des utilisateurs, leurs erreurs éventuelles et les effets de celles-ci sur votre code.

7. Mettre en place l'ensemble des pages et tester leurs interactions dans les mêmes conditions.

8. Si possible, faire tester le site par des personnes n'ayant aucune connaissance particulière du domaine et noter leur comportement vis-à-vis de l'interface proposée. Noter en particulier leurs hésitations et les questions qu'elles se posent pour accéder au service rendu par le site. Ce qui est évident pour le concepteur ne l'est pas forcément pour les utilisateurs.

TP n° 1. Un site de rencontres

Ce premier thème, déjà ébauché au chapitre 16, est le plus simple.

Son cahier des charges est le suivant :

• Le site offre aux internautes sportifs la possibilité d'entrer en contact avec d'autres personnes pratiquants ou supporters d'un même sport dans un département donné.

• Le site est réalisé avec PHP et une base SQLite.

• Chaque page affiche un en-tête commun.

• Pour avoir accès aux informations du site, chaque visiteur s'enregistre au préalable en tant que pratiquant ou supporter d'au moins un sport.

• L'identification se fait par le biais de l'e-mail du visiteur. Une fois identifié, le visiteur a accès à une page de recherche affichant les coordonnées des personnes qui répondent aux critères qu'il a définis. L'autorisation d'accès et l'e-mail sont stockés dans un cookie.

• Un visiteur non enregistré souhaitant accéder à la page de recherche est redirigé automatiquement vers la page d'inscription.

• Si un visiteur déjà identifié veut s'inscrire pour un autre sport que celui de sa première inscription, le formulaire affiche ses coordonnées automatiquement dans le formulaire afin de lui faciliter la saisie.

L'interface

L'interface comprend trois pages, la page d'accueil, la page d'inscription et la page de recherche, chacune dotée de fonctionnalités spécifiques.

La page d'accueil

Nommée index.php, la page d'accueil contient les éléments suivants :

• En-tête commun.

• Liste des sports existants dans la base.

- Zone de saisie de l'e-mail pour identifier le visiteur. Si l'e-mail figure déjà dans la base, un message de bienvenue s'affiche avec le nom du visiteur, et les données personnelles du visiteur sont enregistrées dans un cookie. Deux nouveaux liens sont créés dynamiquement, un vers la page de recherche et un vers la page d'inscription, permettant de s'enregistrer pour un nouveau sport. Si l'e-mail ne figure pas dans la base, le visiteur est redirigé automatiquement vers la page d'inscription.

- Lien vers la page d'inscription pour les personnes non encore enregistrées.

La page d'inscription

Nommée `ajout.php`, la page d'inscription contient les éléments suivants :

- En-tête commun.

- Formulaire HTML d'enregistrement comprenant trois zones principales :

  – La première comporte les zones de saisie de texte pour le nom, le prénom, le département et l'e-mail.

  – La deuxième contient une zone de sélection proposant le choix des sports existant dans la table `sport`. Cette liste est construite dynamiquement à partir des sélections des sports existants dans la base par les utilisateurs. Une seconde liste de sélection permet à l'utilisateur de choisir son niveau. Les choix possibles sont « débutant », « confirmé », « pro » ou « supporter ». Une zone de saisie de texte et un bouton d'envoi particulier permettent au visiteur d'ajouter un nouveau sport dans la table s'il n'est pas proposé dans la liste. Après l'enregistrement du nouveau sport, le visiteur est dirigé vers la page d'inscription mise à jour avec ce nouveau sport.

  – Le formulaire se termine par les habituels boutons d'envoi et de réinitialisation.

- Lien vers la page d'accueil.

- Script vérifiant l'existence de saisies dans les zones de texte et les listes de sélection, enregistrant les données dans la base `sportifs` et affichant l'identifiant généré.

La figure 21-1 illustre ce que pourrait être le formulaire de la page d'inscription.

La page de recherche

Nommée `recherche.php`, la page de recherche contient les éléments suivants :

- En-tête commun.

- Formulaire de saisie contenant trois listes de sélection :

  – La première contient la liste des sports existants. Elle est construite dynamiquement à partir des données de la table `sport`, comme dans la page d'inscription.

  – La deuxième indique le niveau des pratiquants et comporte les mêmes valeurs que dans le formulaire d'inscription.

  – La troisième contient la liste des départements dans lesquels il existe des personnes inscrites. Elle est construite dynamiquement à partir des données de la table `personne`.

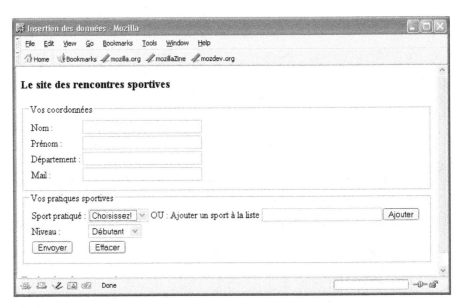

Figure 21-1
Le formulaire d'inscription

- Lien vers la page d'accueil.

- Lien vers la page d'inscription.

- Script traitant les informations saisies et affichant la liste des partenaires correspondants dans un tableau HTML. Les données saisies sont réaffichées dans le formulaire afin de faciliter une éventuelle nouvelle recherche de l'utilisateur.

Le formulaire de recherche doit ressembler à celui illustré à la figure 21-2.

Figure 21-2
Le formulaire de recherche

La base de données SQLite

La définition des besoins pour la conception de la base de données `sportifs` a déjà été abordée au chapitre 16. Les contraintes à respecter sont les suivantes :

- Les entités en présence sont une `personne` et un `sport`.

- Une personne peut pratiquer un ou plusieurs sports. La cardinalité du coté de l'entité `personne` est donc 1.N.

- Un sport peut être pratiqué par une ou plusieurs personnes. La cardinalité du coté de l'entité `sport` est donc également 1.N.

- Ces entités sont reliées par l'association `pratique`, qui possède l'attribut `niveau`.

Le modèle conceptuel de données, ou MCD, est illustré à la figure 21-3.

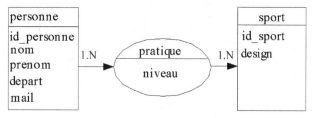

Figure 21-3

Le modèle conceptuel de données de la base

En appliquant les règles de normalisation présentées au chapitre 13, vous obtenez le modèle logique de données illustré à la figure 21-4. La table `pratique` représente l'association entre les tables `personne` et `sport`. Sa clé primaire est la concaténation des clés primaires des tables qu'elle associe. Elle a de plus un attribut `niveau`.

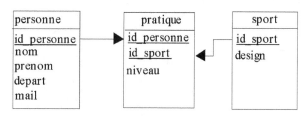

Figure 21-4

Le modèle logique de données (MLD) de la base

TP n° 2. Dictionnaire de citations interactif

Ce TP est une première mise en œuvre simple d'une base de données MySQL. Le projet consiste à créer un dictionnaire de citations littéraires interactif en ligne. Il ne s'agit pas donc d'une banque de données statique mise en consultation. Chaque visiteur peut en enrichir le contenu avec ses citations préférées, qui sont ensuite rendues accessibles à tous. Le concept du site se rapproche de celui d'un forum puisque les données ne sont pas figées.

L'interface

Pour créer une unité dans le site, chaque page doit incorporer les mêmes en-tête et pied de page. L'interface comprend trois pages, la page d'accueil, la page d'affichage des résultats et la page d'insertion.

La page d'accueil

Nommée index.php, la page d'accueil comporte, outre les éléments décoratifs laissés à votre libre choix, les éléments suivants :

- Bandeau contenant la citation du jour tirée au sort dans la base et affichée lors de chaque connexion.

- Formulaire de recherche contenant une zone de saisie de texte dans laquelle le visiteur saisit un mot-clé de recherche d'une citation. Il peut aussi préciser sa recherche en choisissant dans une liste de sélection parmi les auteurs présents dans la base. Cette liste est construite dynamiquement en interrogeant la base. Un dernier critère de sélection est constitué d'une seconde liste de sélection permettant de choisir le siècle des citations, du XVIe au XXIe. Le critère de tri des résultats se fait par auteur ou par siècle en fonction du choix effectué à l'aide de boutons radio. Aucun de ces critères n'étant obligatoire, chaque choix doit posséder une valeur par défaut consistant à afficher l'ensemble des citations. Le script de traitement de ce formulaire se trouve sur la page d'affichage des résultats.

- Lien vers la page d'insertion de nouvelles citations.

La page d'affichage des résultats

Nommée affichecit.php, la page d'affichage des résultats contient les éléments suivants :

- Script gérant les saisies du formulaire. Ce script construit la requête SQL dynamiquement en fonction des choix opérés par le visiteur dans la page de recherche et gère l'absence de mot-clé et de choix dans les listes de sélection afin de ne pas créer de blocage du fait d'une requête mal construite.

- Résultats de la recherche effectuée par un visiteur. Chaque citation est présentée dans une cellule de tableau HTML et est suivie du nom de l'auteur et de son siècle. Le tri des citations se fait par siècle ou par nom d'auteur selon le choix fait par le visiteur.

- Lien vers la page d'accueil.

- Lien vers la page d'insertion.

La page d'insertion

Nommée `saisiecit.php`, la page d'insertion comprend les éléments suivants :

- Formulaire contenant deux zones de saisie de texte pour le nom et le prénom de l'auteur, une liste de sélection du siècle, une zone de saisie multiligne pour le texte de la citation, ainsi que les habituels boutons d'effacement et d'envoi.

- Script de traitement des données situé dans le fichier lui-même, devant vérifier si l'auteur existe déjà dans la base puis insérer les données et afficher un avis d'insertion pour le visiteur.

- Lien vers la page d'accueil.

La figure 21-5 donne une idée de ce que pourrait être le formulaire d'insertion (ici pour les rencontres sportives du TP n° 1).

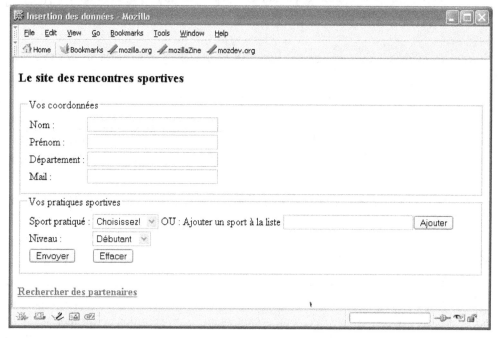

Figure 21-5

Le formulaire d'insertion

La base de données MySQL

Nommée `dico`, la base de données doit répondre au modèle conceptuel de données représenté à la figure 21-6. Les contraintes sont les suivantes :

- Un auteur peut avoir écrit plusieurs citations.

- Une citation donnée ne peut être l'œuvre que d'un seul auteur.

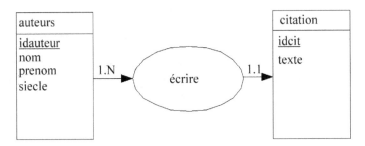

Figure 21-6

Le modèle conceptuel de données de la base dico

Le modèle logique de données réalisé en appliquant les règles du chapitre 13 est illustré à la figure 21-7. Il montre que la base dico ne contient que deux tables.

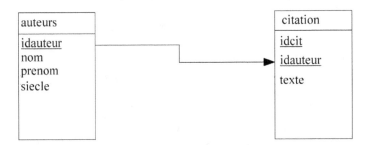

Figure 21-7

Le modèle logique de données de la base dico

TP n° 3. Commerce en ligne

Ce troisième thème a pour but de vous placer dans une situation professionnelle.

Vous y jouez le rôle d'un concepteur indépendant vis-à-vis d'un client qui n'est pas un professionnel du Web mais un commerçant. Il ne peut donc exprimer ses besoins dans un langage technique propre à Internet et à la programmation PHP, dont il ignore tout.

Les besoins du client

Le client dirige une PME qui vend des produits informatiques et vidéo. Vous devez lui créer un site de commerce en ligne pour vendre ses produits par correspondance. Son budget ne lui permettant pas de vous rémunérer en permanence pour maintenir le site, vous lui créez une interface Internet à accès privé lui permettant d'ajouter ou d'enlever des produits dans la base de données sans avoir à passer par un logiciel FTP.

Votre travail

Comme vous n'allez pas réinventer le concept de commerce en ligne et partir de zéro, vous vous inspirerez de ce qui existe déjà. Vous consulterez pour cela des sites de vente en ligne tels que *eyrolles.com* pour en étudier le fonctionnement.

Il vous faudra en dégager les points essentiels et n'en retenir que ce qui correspond au cas relativement simple de votre client.

En particulier, le nombre d'articles vendus par cette PME est relativement limité comparativement à ceux du site d'Eyrolles. Cela peut entraîner des simplifications dans la structure de la base, comme le fait de ne pas créer de table spéciale pour enregistrer le nom des marques des produits en magasin.

Pour accéder à MySQL, utilisez de préférence l'extension mysqli (voir le chapitre 16) ou, encore mieux, pour les courageux, réalisez une version mysqli puis une version PDO (voir le chapitre 17).

Fonctionnement du site

Le site répond aux conditions suivantes :

- Dans la page d'accueil, le client recherche un type de produit dans une des catégories `informatique`, `vidéo` et `divers` (pour les accessoires et consommables). Un tri par marque et par prix est proposé pour l'affichage des résultats.

- Les résultats de la recherche sont affichés en respectant le critère de tri. Chaque produit est suivi d'un lien permettant sa sélection.

- La sélection d'un produit entraîne sa mise en panier.

- Après chaque sélection, le client peut soit rechercher un autre produit, soit terminer sa commande.

- Dans ce dernier cas, l'ensemble de sa commande est affichée, et vous lui demandez ses coordonnées.

- Si le client n'est pas encore enregistré, il saisit ses coordonnées complètes. Son adresse e-mail et un mot de passe lui serviront à s'identifier par la suite. Il saisit également le cas échéant l'adresse de livraison, qui peut être différente de l'adresse du client. Ces informations sont stockées à l'aide de sessions pour être transmises aux pages suivantes de la procédure d'achat.

- Si le visiteur est déjà client, il ne saisit que son e-mail et son mot de passe. L'authenticité de ces informations est vérifiée dans la base, et les coordonnées complètes du client sont récupérées. Ces coordonnées sont utilisées pour remplir automatiquement un formulaire identique à celui du visiteur non enregistré. Ces informations sont également stockées à l'aide de sessions.

- La phase de paiement par carte bancaire n'étant pas réalisable sans une convention bancaire, vous vous contentez de demander la saisie d'un numéro de carte et d'utiliser un algorithme de vérification du numéro. Vous trouverez cet algorithme sur Internet en faisant une recherche à partir du mot-clé clé de Luhn.

- Si le paiement est bien réalisé, vous finalisez la transaction en enregistrant l'ensemble des informations dans les tables client, commande et ligne puis affichez le numéro de commande à destination du client.

- Pour finir, vous envoyez un e-mail de confirmation au client et au dépôt du magasin chargé de la livraison.

La base de données MySQL

La base de données étant susceptible d'être soumise à de nombreux accès concurrents, le choix de MySQL s'impose par rapport à SQLite. La base magasin a déjà été présentée en détail au chapitre 13. La figure 21-8 présente le modèle conceptuel de données de cette base.

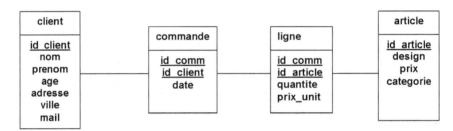

Figure 21-8

Le modèle conceptuel de données de la base magasin

Ce modèle est imposé afin que chaque lecteur travaille sur la même base. N'ajoutez aucun attribut aux entités représentées dans le modèle. Il vous appartient de recréer le MLD correspondant avant de créer la base avec phpMyAdmin.

Conseils

Les quelques conseils suivants vous permettront de réaliser plus facilement ce TP :

- Établissez le schéma de fonctionnement du site avant de commencer le moindre codage.

- Reportez-vous au chapitre 13 pour établir précisément le MLD de la base.

- Reportez-vous aux chapitres 14 et 15 pour utiliser MySQL et revoir la partie concernant les jointures entre tables.

- Reportez-vous au chapitre 12 pour implémenter les sessions, les cookies et les e-mails.

- La création de fonctions de traitement est recommandée.

- Ne vous précipitez pas sur le corrigé en cas de problème. Laissez d'abord décanter vos idées.

TP n°4. Création d'un blog

Voici comment le site Wikipédia définit un blog (*http://fr.wikipedia.org/wiki/Blog*) : « un blog (mot-valise de *web log*) ou blogue est un site web constitué par la réunion de billets agglomérés au fil du temps et souvent classés par ordre déchronologique (les plus récents en premiers). Chaque billet (appelé aussi note ou article) est, à l'image d'un journal de bord ou d'un journal intime, un ajout au blog ; le blogueur (celui qui tient le blog) y délivre un contenu souvent textuel, enrichi d'hyperliens et d'éléments multimédias, sur lequel chaque lecteur peut généralement apporter des commentaires. »

Il existe quantité de sites proposant soit d'héberger des blogs, soit des logiciels de création de blog (Wordpress par exemple, à l'adresse *http://fr.wordpress.org/*). Mais, encore une fois, notre but est de comprendre le fonctionnement d'une technologie et non pas d'utiliser un produit fini.

Vous devez donc gérer :

- L'accès réservé pour une ou plusieurs personnes munies d'un identifiant et d'un mot de passe.

- La saisie par ces personnes d'un contenu (généralement sans intérêt).

- L'affichage de ces contenus impérissables (le plus récent d'abord).

- La possibilité pour les visiteurs passionnés d'ajouter des commentaires.

- La validation des commentaires par les personnes autorisées.

L'ensemble doit être réalisé avec PHP et MySQL, géré par PDO.

Index

Symboles

$_SERVER 164, 331
$_COOKIE 20, 360
$_ENV 21
$_FILES 21, 186, 189
$_GET 21, 173
$_POST 21, 173, 457, 543
$_REQUEST 21
$_SERVER 21
$_SESSION 21, 365, 366, 371
$GLOBALS 20, 214
$HTTP_COOKIE_VARS 361
$HTTP_GET_VARS 175
$HTTP_POST_VARS 175
$this 257
__clone() 287
__construct() 265
__destruct() 265
__FILE__ 23
__get() 295
__isset() 295
__LINE__ 23
__set() 295
__unset 295

A

abs() 30
abstract 282
acos() 30
acosh() 30
addslashes() 81
affectation
    par référence 19
    par valeur 18
affected_rows 491, 499
aléatoire 141
ANSI 399
append() 149

array() 105
array_change_key_case() 144
array_combine() 134
array_count_values() 113
array_diff() 134
array_filter() 145
array_intersect() 134
array_keys() 512
array_merge() 132
array_merge_recursive() 132
array_pop() 129
array_push() 129
array_reduce() 148
array_reverse() 136
array_shift() 130
array_slice() 127
array_unique() 131
array_unshift() 129
array_walk() 146
ArrayObject 149
arsort() 142
as 58
    opérateur 278
asin() 30
asinh() 30
asort() 142
association 388
    attributs 391, 395
    binaire 388, 391, 394
    cardinalités 388, 391
    n-aire 388
    réflexive 388, 396
    représentaion graphique 388
    type
        1.1 390
        1.N 390
        N.M 391
asxml() 572, 586

atan() 30
atan2() 30
atanh() 30
attribut 387
attributes() 567, 586
AUTO_INCREMENT 407
autocommit 499
autocommit() 499
AVG 433

B

base de données 385
   relationnelle 386
base_convert() 30
basename() 353
BCMath 28
beginTransaction() 531
BIGINT 404
binaire 27
bind_param() 496
bind_result() 496
bindColumn() 528
bindec() 30
bindParam() 552
bindValue() 551
BLOB 405
   type 536
bloc d'instructions 48
boolean 24
boucle
   à plusieurs variables 55
   arrêt anticipé 61
   do...while 58
   foreach 58
   imbriquée 55
   interruption partielle 62
   while 57
break 52, 61

C

caddie 371
calculatrice en ligne 192
calendrier 242
   grégorien 242
   Julien 242
   révolutionnaire 244
caractère d'échappement 81
caractères spéciaux 74, 81
   $ 17
   antislash 36
   dates 235

   échappement 81, 91
   formatage du type de donnée 75
   métacaractères 81
   MySQL 457
   SQLite 543
   XML 562
cardinalité
   maximale 389, 394
   minimale 389
case 52
casse 40
   chaîne de caractères 79
   des variables 18
   sensibilité 88
catch 66
ceil() 30
chaîne
   de formatage 74
   et tableau 78
   formatée 74
chaîne de caractères 17, 35, 73
   affichage 73
   affichage formaté 74
   capture de sous-chaînes 86
   comparaison 87
   définir des chaînes 35
   extraire des sous-chaînes 86
   gestion des espaces 80
   guillemets 81
   longueur 77
   mise en forme 78
   modifier la casse 78
   recherche de sous-chaînes 83
   supprimer les espaces 80
   transformation de chaînes en tableaux 89
champs visibles ou invisibles du formulaire 165
CHAR 404
checkdate() 233
children() 570, 586
class 249
class_exists() 296
classe 41, 249
   dérivée 271
   enfant 271
   parente 271
clé
   étrangère 394
   primaire 387
clonage 287
clone 287
close() 541
closeCursor() 509, 528

codes des caractères 77
columnName() 548
columnType() 548
commentaires 15
commit() 499, 531
comparer des chaînes 87
concaténation 37
conception du MCD 391
conflit de nom de méthode 278
connexion persistante 444
constante 22
    CASE_LOWER 144
    CASE_UPPER 144
    const 250
    de classe 250
    MYSQL_STORE_RESULT 447
    MYSQL_USE_RESULT 447
    PDO::FETCH_OBJ 516
    PDO::PARAM_INT 528
    PDO::PARAM_STR 528
    personnalisée 22
    PHPSESSID 375
    prédéfinie 23
    SID 375
    SQLITE3_ASSOC 547
    SQLITE3_BOTH 547
    SQLITE3_NUM 547
    UPLOAD_ERR_FORM_SIZE 186
    UPLOAD_ERR_INI_SIZE 186
    UPLOAD_ERR_NO_FILE 186
    UPLOAD_ERR_OK 186
    UPLOAD_ERR_PARTIAL 186
constructeur 149
contexte booléen 32
continue 62
conversion
    de degrés en radians 30
    de la casse 78
    en hexadécimal 30
    en octal 30
convertir un type 25
cookie 357
    $_COOKIE 20
    date de fin 358
    de session 365
    domaine 359
    écriture 358
    effacer 359
    lecture 360
    securité 359
    tableau $_COOKIE 360

copy() 349
cos() 30
cosh() 30
cosinus 30
    hyperbolique 30
couleur de transparence 303
COUNT 433
count() 38, 112, 150
createFunction() 550

D

data_seek() 483
DATE 406
date 229
    afficher 235
    calcul de durée 230
    définir 232
    en français 238
    paramètres locaux 241
    timestamp 229
    vérifier 233
date() 235
DATETIME 406
decbin() 30
dechex() 30
DECIMAL 404
decoct() 30
DEFAULT 406
default 52
DEFAULT_INCLUDE_PATH 23
define() 22
defined() 22
définir
    les couleurs 301
    une date 232
deg2rad() 30
dépendance fonctionnelle 392
DESC 439
détermination des cardinalités 389
détruire les variables de session 375
do...while 58
DOMXML 559
DOUBLE 404
double 24
DROP DATABASE 402
DTD (Document Definition Type) 560

E

E_ALL 65
E_ERROR 65
E_NOTICE 65

E_PARSE 65
E_WARNING 65
easter_date() 242
echo 9, 73
éditeur
   HTML 3
   Maguma Studio 3
   NuSphere 3
   PHP 3
   WebExpert 3
élément
   <form> 164
   racine XML 564
   XML 559
else 48
elseif 49
e-mail 164, 357, 376
   destinataire 376, 380
   en-têtes 376, 380
   en-têtes MIME 381
   format HTML 376, 381
   format texte 376, 377
   mailing list 381
   objet 376
   texte 376
   type MIME 381
empty() 26
encapsulation 257
entité
   associations binaires 388
   attribut 387
   clé 387
      primaire 387
   HTML 81
   représentation graphique 388
entité/association 386
ENUM 405
envoi des données 164
épaisseur des lignes 305
erreur
   messages 65
   suppresion des messages 65
error_reporting() 65
escape_string() 485
escapeString() 543
évaluation booléenne 33
Excel 421
exception 66
   __toString() 67
   classe Exception 66
   code 67
   file 67

   gestionnaire 68
   getCode() 67
   getFile() 67
   getLine() 67
   getMessage() 67
   line 67
   message 67
   méthodes 67
exec() 508, 541, 544
execute() 496, 528, 552
exit 61
exp() 30
explode() 89, 111, 342
exponentielle 30
expression
   booléenne 32
   conditionnelle 33
   rationnelle 90
   régulière 90
      classes de caractères 92
      fonctions de recherche 95
      interdire un groupe de caractères 93
      modèles complexes 97
      modèles généraux 94
      motif 91
      recherche d'un nombre donné de caractères 95
      recherche de caractères 91
      rechercher un mot 92
      remplacement de sous-chaînes 96
      restriction 93
      validation d'un nom 97
      valider une adresse e-mail 98
extends 70, 271
extension des fichiers PHP 7
extension mysqli 473

F

FALSE 17, 32
fclose() 326
fetch() 496, 516, 521, 524
fetch_array() 477
fetch_assoc() 477
fetch_fields() 480, 483
fetch_object() 482
fetch_row() 477, 489, 493
fetchAll() 510
fetchArray() 547
fetchObject() 514
fgetc() 339
fgetcsv() 331, 342
fgetcvs() 333
fgets() 333

fichier 323
  chemin d'accès 353
  copier 349
  création 323, 324
  date 352
  écriture 323, 328
  effacer 350
  extension
    .csv 421
    .sql 416
  fermeture 323, 326
  formatage des données 330
  identifiant 326
  informations 350
  lecture 333
  lecture de données formatées 342
  lire
    la totalité 344
    un caractère 339
    un nombre de caractères 335
    une partie 340
  mode d'accès 325
  modification 324, 349
  ouverture 323, 324
  stockage de données 323
  taille 351
  téléchargé 352
  temporaire 186, 326
  vérifier l'existence 350
  verrouillage 327
  XML 560
file() 345
file_exists() 324, 350, 351
file_put_contents() 576
fileatime() 352
filectime() 352
filemtime() 352
filesize() 341, 351
filetype() 352
final 271, 286
FLOAT 404
flock() 327, 331
floor() 30
fmod() 30
fonction 197
  argument par référence 217
  créer ses fonctions 199
  déclarer 200
  définir une fonction 200
  disponible sur le serveur 200
  dynamique 220
  mathématique 30

native de PHP 197
  nombre de paramètres variable 210
  paramètre 201
    de type array 210
    par défaut 208
  personnalisées 200
  portée des variables 213
  retourner
    plusieurs valeurs 207
    une valeur 205
  variable
    globale 214
    statique 215
fopen() 324
for 54
foreach 58, 124
  et les objets 61
forme normale 392
formulaire 163, 607
  bouton
    d'envoi 168
    d'envoi multiple 191
    radio 167
  case à cocher 168
  champ
    caché 169
    de mot de passe 166
    de saisie d'e-mail 166
    de saisie de date 167
    de saisie de nombre 167
    de saisie de téléphone 166
    de saisie de texte 165
    de texte multilignes 169
  création 163
  élément 165
  liste de sélection 170
  maintenir de l'état 176
  méthode
    GET 164, 175
    POST 164, 173
  option 170
  récupération des données 172
  réinitialisation 168
  structure 163
  structurer le formulaire 165
  transfert de fichiers 169, 185, 189
  type 170
  valeurs multiples 182
fpassthru() 346
fputs() 328
framework 589
  PEAR Voir PEAR

Symphony 589
Zend 589
fread() 328, 333, 335, 346
free_result() 496
fseek() 333, 341
ftell() 341
func_get_arg() 211
func_get_args() 211
func_num_args() 211
function 250
function_exists() 199
fusion de tableaux 133
fwrite() 328, 330

G

GD (Graphic Device) 299
gd_info() 319
générateur de nombres aléatoires 31
gestion
    de panier 371
    des erreurs 64
GET 21, 175
get_class() 296
get_class_methods() 297
get_class_vars() 297
get_declared_classes() 297
get_declared_interfaces() 297
get_extensions_funcs() 198
get_loaded_extensions() 197
get_object_vars() 297, 566
get_parent_class() 297
getArrayCopy() 150
getdate() 237
getimagesize() 302
getMessage() 507
getrandmax() 30
gettype() 24, 87, 254
global 257
gmmktime() 232
gmstrftime() 241
GMT 241
gregoriantojd() 242
guillemets 35
    doubles et simples 81

H

header() 300, 358, 461, 489, 521
héritage 69, 269
héritage multiple 273
hexdec() 31
HTML 8, 605
    enlever les balises 83

html_entity_decode() 82
HTML_QuickForm 591
htmlentities() 82
htmlspecialchars() 81, 576
HTTP 163
hypot() 31

I

identifiant 375
    de session 365
if 47
IF EXISTS 414
IF NOT EXISTS 412
if...else 48
imagearc() 309
imagecolorallocate() 300, 303
imagecolortransparent() 303
imagecreate() 300, 301
imagecreatefromgif() 302, 312
imagecreatefromjpeg() 302
imagecreatefrompng() 302
imagecreatefromwbmp() 302
imagecreatetruecolor() 302
imagedestroy() 300
imagefill() 311
imagefilledarc() 310
imagefilledellipse() 310
imagefilledpolygon() 308
imagefilledrectangle() 307, 312
imagefttext() 314
imagegif() 300
imageistruecolor() 302
imagejpg() 300
imageline() 305
imagepng() 300
imagepolygon() 307
imagerectangle() 307
images
    affichage 300
    couleur
        de fond 303
        RGB 303
    création 300
        des couleurs 300, 303
        du cadre 301
    dynamiques 299
    écriture de texte 313
    extension GD 299
    formes géométriques 300
    GIF 299
    histogramme 315
    identifiant 302

image de fond 311
JPEG 299
PNG 299
remplissage de surface 311
texte dans une image 314
tracé
    d'arc 309
    d'ellipse 309
    de cercle 309
    de courbe 304
    de droite 305
    de points 304
    de polygone 307
    de rectangle et de carré 307
    géométrique 304
transparence 303
TrueColor 302
imagesetpixel() 304
imagesetthickness() 305
imagesettile() 312
imagestring() 313
imagestringup() 313
imagettftext() 313
implode() 89
include() 13, 254
include_once() 13
inclusion de fichier 12
INDEX 407
INSERT 517
instance d'une classe 41
insteadof
    opérateur 278
instruction 47
    boucle 53
    break 52, 61
    case 52
    catch 66
    conditionnelle 47
    continue 62
    default 52
    do...while 58
    else 48
    elseif 49
    for 53
    foreach 58, 566
    if 47
    switch...case 52
    throw 66
    try 66
    while 57

INTEGER 404
    type 536
integer 24, 27
interface 283
is_array() 25
is_bool() 25
is_double() 24
is_file() 351
is_finite() 31
is_infinite() 31
is_integer() 24
is_nan() 31
is_null() 25
is_numeric() 25
is_object() 25
is_readable() 351
is_resource() 25
is_scalar() 25
is_string() 24
is_subclass_of() 297
is_uploaded_file() 352
is_writable() 352
isset() 26, 116

J

JavaScript 2, 69, 82, 216, 362, 446, 458
jddayofweek() 243
jointure 437
    de deux tables 437

K

krsort() 143
ksort() 143

L

LAMP (Linux, Apache, MySQL, PHP) 2
lastErrorCode() 541
lastErrorMsg() 541
lastInsertId() 517
lastInsertRowID() 543, 544
lcg_value() 31
lecture de tableaux associatifs 125
list() 122
liste
    des fonctions d'un module 198
    des modules 197
livre d'or 343
localhost 5, 400, 444
log() 31
log10() 31
log1p() 31

logarithme
   décimal 31
   népérien 31
LONGBLOB 405
LONGTEXT 405
lower() 524
ltrim() 80

M

mail() 198, 376
MAX 433
max() 31
MEDIUMBLOB 405
MEDIUMINT 403
MEDIUMTEXT 405
message d'erreur 69
method_exists() 297
méthode magique 265, 295
microseconde 231
microtime() 230
MIME 381
MIN 433
min() 31
mktime() 232
mode autocommit 499
modèle
   conceptuel de données 386
   entité/association 386
   logique de données 386, 393
   physique de données 396
   relationnel 393
modules d'extension 197
mot-clé
   abstract 282
   as 124
   class 249
   clone 287
   const 250
   extends 271
   final 286
   function 200
   global 214
   implements 284
   interface 284
   namespace 289
   parent: 271
   public 249, 260
   static 215, 263
   var 250
move_uploaded_file() 186
mt_getrandmax() 31
mt_rand() 31

mt_srand() 31
MySQL 393, 396, 443, 473, 505, 611
   connexion
      au serveur 443
      persistante 445
   création des tables 407
   envoi de requêtes SQL 443, 447, 508
   et XML 578, 584
   fin de la connexion 445
   fonctions
      mathématiques 432
      statistiques 433
   identifiant de connexion 444
   insertion 417
      à partir d'un fichier Excel 421
      à partir d'un fichier texte 419
      de données 456
   jointures 437
   lecture
      à l'aide d'un tableau 448
      des noms de colonnes 451
      des résultats dans un objet 455
   libération de la mémoire 449
   lire le résultat d'une requête 448
   mise à jour d'une table 460
   modification d'une table 413
   nombre
      de colonnes d'un résultat 448
      de lignes d'un résultat 448
   opérateurs
      arithmétiques 432
      logiques 430
   paramètres de connexion 444
   phpMyAdmin 399
   recherche
      dans une base de données 464, 492
   regroupement 434
   renommer une table 414
   résultat d'une requête 443
   sélection
      dans une table 424
      de lignes 425
      des données 424
   suppression d'une table 414
   types
      de données 403
      numériques 403
mysql_affected_rows() 464
MYSQL_ASSOC 448
MYSQL_BOTH 448
mysql_client_encoding() 457
mysql_close() 445

mysql_connect() 444
mysql_escape_string() 457
mysql_fetch_array() 448, 451
mysql_fetch_assoc() 450
mysql_fetch_field() 455
mysql_fetch_object() 455
mysql_fetch_row() 450, 453
mysql_field_name() 453
mysql_free_result() 449
mysql_insert_id() 457
MYSQL_NUM 448
mysql_num_fields() 448
mysql_num_rows() 448
mysql_pconnect() 444
mysql_ping() 445
mysql_query() 447
mysql_real_escape_string() 457
mysql_select_db() 445
mysql_stmt 473
MYSQL_USE_RESULT 447
mysqli 473
    constructeur 474
mysqli_result 473, 477, 482
mysqli_stmt 496

N

namespace 289
    global 292
natcasesort() 138, 142
natsort() 138, 142
new 66, 149, 254
nl2br() 82
nombre
    aléatoire 31
    binaire 30
    d'éléments d'un tableau 112
    de caractères communs à deux chaînes 89
    décimal 17, 27
    entier 17
    flottant 28
    hexadécimal 27
    octal 27, 31
    réel 28
NONE
    type 536
normalisation
    de la casse 79
    du MCD 391
NOT NULL 406
NULL 24, 406, 537
    type 536
num_rows 478

NUMERIC
    type 536
numsColumns() 548

O

object 24
objet 41
    $this 263
    __get() 295
    __isset() 295
    __set() 295
    __unset() 295
    abstract 282
    accessibilité
        des méthodes 261
        des propriétés 260
    ajouter des propriétés 269
    alias de namespace 294
    ArrayObject 149
    class 249
    classe
        abstraite 281
        dérivée 271
        finale 286
    clonage d'objet 287
    const 290
    constructeur 265
    copie et clonage 288, 292
    créer
        un objet 253
        une classe 249
    déréférencement 267
    destructeur 265
    extends 271
    foreach 256
    héritage 269
    instance 249
    interface 283
    lecture des propriétés 259
    méthode 248
        __clone() 287
        abstraite 281
        finale 286
        magique 295
        privée 261
        protégée 261
        publique 261
        statique 263
    modificateurs d'accessibilité 260
    mysqli 475
    namespace 289
    Namespace global 292

new 254
notation 290
private 260
propriété 248
    statique 263
protected 260
public 260
référence 257
static 280
terminologie 248
typage des paramètres 269
octdec() 31
offsetExists() 150
offsetGet() 151
offsetSet() 151
offsetUnset() 151
open source 589
open() 541
opérateur
 - 29
 -- 29
 ! 35
 != 34
 !== 34
 % 29
 %= 22
 && 35
 * 29
 *= 21
 + 29
 ++ 29
 += 21
 .= 22
 / 29
 /= 22
 < 34
 <= 34
 -= 21
 == 34, 48
 === 34, 48
 > 34
 >= 34
 ? 51
 @ 65
 || 34
addition et affectation 21
affectation 19
    combinée 21
AND 35
arithmétique 87
booléen 33
comparaison 34

concaténation 73
    puis affectation 22
de concaténation 37
décrémentation 29
division puis affectation 22
égalité 34, 87
identité 34, 87
incrémentation 24, 29
inégalité 34
instanceof 254
logique 34
modulo 29
    puis affectation 22
multiplication puis affectation 21
NOT 35
numérique 29
OR 34
OU 92
soustraction puis affectation 21
XOR 35
ordre
    « naturel » 88
    ASCII 87
organisation de PHP 6
outils de création 3

P

paramètres nommés 527
parent:: 271
partie entière 30
passthru() 333
PDO 505
    beginTransaction() 531
    bindColumn() 528
    closeCursor() 509, 528
    commit() 531
    connexion 506
    envoi de requêtes SQL 508
    exec() 508, 517
    execute() 528
    fetch() 521, 524
    fetchAll() 510, 512
    fetchObject() 514
    getMessage() 507
    insertion de données 517
    lastInsertId() 517
    lecture à l'aide d'un tableau 510
    lecture des noms de colonnes 511
    mise à jour 520
    paramètres nommés 527
    PDO::FETCH_ASSOC 510, 512
    PDO::FETCH_BOTH 510

PDO::FETCH_NUM 510
PDO::FETCH_OBJ 516
prepare() 527
query() 508, 517
recherche dans une base de données 524
récupération des valeurs dans un objet 514
requêtes préparées 527
rollBack() 531
rowCount() 510
transactions 530
PDOException 505
PDOStatement 505, 514, 527
PEAR 589
    gestionnaire de packages 590
    HTML_QuickForm 591
    HTML_QuickForm_checkbox 594
    HTML_QuickForm_date 595
    HTML_QuickForm_hidden 597
    HTML_QuickForm_password 593
    HTML_QuickForm_radio 594
    HTML_QuickForm_reset 597
    HTML_QuickForm_select 595
    HTML_QuickForm_submit 597
    HTML_QuickForm_text 592
    HTML_QuickForm_textarea 593
    installer 589
PHP Data Objects 505
PHP_OS 23
php_sqlite3 539
PHP_VERSION 23
phpinfo() 7
phpMyAdmin 399
    exportation d'une table 415
    fichier XML 578
    installation 4
    tables 410
phpSQLiteAdmin 537
pi() 31
ping() 474
police
    FreeType 314
    TrueType 313
POST 21, 173
post-incrémentation 29
pow() 31
précédence 277
preg_match() 95
preg_replace() 96
pré-incrémentation 29
prepare() 527, 551
PRIMARY KEY 407, 537
print() 74

print_r 108
private 260, 271
programmation orientée objet 247
propriété
    privée 260
    protégée 260
    publique 260
protected 260
public 260
puissance 31

Q

query() 476, 485, 508, 541, 547
querySingle() 541
quote() 517
quotemeta() 81

R

rad2deg() 31
radians 31
rand() 31
range() 210
readfile() 333, 344
REAL
    type 536
realpath() 353
recherche insensible à la casse 83
rechercher
    des caractères alphabétiques 92
    une suite quelconque de caractères 94
register_globals 361
règles d'évaluation booléenne 33
relation 393
rename() 349
répéter la même chaîne 76
représentation des entités 387
requête
    HTTP 10
    préparée 473, 495, 527, 551
    XPath 574
require() 13, 254
require_once() 13
reset() 119
resource 24, 42, 444
return 201, 207
rewind() 341
rollback() 499, 531
round() 31
rowCount() 510
rsort() 136
rtrim() 80

S

saut de ligne 82
SELECT 418, 425
select_db() 474
self:: 257, 263
sensibilité à la casse 95
séquences d'échappement 36
serveur local 3
session 357, 364
   $_SESSION 21
   authentification 366
   bloquer les cookies 375
   cookie 365
   dossier 365
   fermeture 365
   identifiant 365, 375
   mécanisme 365
   nom 375
   ouverture 365
   panier 371
   PHPSESSID 375
   sans cookie 375
   tableau $_SESSION 365
   terminer 375
   variable 21, 365
session.auto_start 366
session.use_cookies 365
session_destroy() 375
session_id() 376
session_name() 376
session_save_path() 383
session_start() 365, 366
session_unset() 375
session_write_close() 383
SET 405
setcookie() 358
setlocale() 241
settype() 26
SGBD 385
   conception du MLD 394
   entité 386
   modèle physique de données 396
   représentation d'une table 394
   table 394
SGBDR 386
shuffle() 141
similar_text() 89
SimpleXML 559
   chargement d'un fichier 570
   enregistrer un fichier 572
   lecture
      d'un fichier XML 563
      d'une hiérarchie d'éléments 570

      des attributs d'un élément 567
   objet simplexml_element 563
   recherche dans un fichier 572
   relation avec MySQL 578
   structure d'un fichier XML 562
simplexml_element 565
simplexml_load_file() 563, 570, 571, 586
simplexml_load_string() 564, 586
sin() 31
sinh() 31
sinus 30
   hyperbolique 30
sleep() 232
SMALLINT 403
sort() 136
sous-chaîne 83, 84
   remplacement 84
sous-classe 271
spécification du type 76
sprintf() 74
SQL 396, 399
   ADD 413
   ADD INDEX 414
   ADD UNIQUE 414
   AFTER 413
   ALTER TABLE 412, 413, 535
   AND 430
   AUTO_INCREMENT 407, 457, 517
   BETWEEN 427
   CHANGE 413
   CHAR 404
   COALESCE 428
   CREATE DATABASE 402
   CREATE TABLE 412
   création
      d'une base de données 401
      de tables 403
   DATE 406
   DATETIME 406
   DEFAULT 406
   DELETE 464
   destruction d'une base 403
   DISTINCT 425
   DROP 413
   DROP DATABASE 402
   DROP INDEX 414
   DROP TABLE 414
   ENUM 405
   fonctions
      mathématiques 432
      statistiques 433
   FROM 425

FULLTEXT 414
GROUP BY 434, 436, 439
HAVING 436
INDEX 407
INSERT 418, 457, 464
insertion de données 417
IS NULL 427
ISNULL 428
jointures 437
LIKE 427, 436
LIMIT 419
LONGBLOB 405
LONGTEXT 405
MEDIUMBLOB 405
MEDIUMTEXT 405
mise à jour 418
NOT 430
NOT IN 428
NOT LIKE 427
NOT NULL 406
NOT REGEXP 427
NULL 406
opérateurs
    de comparaison 426, 427
    logiques 430
options des types de données 406
OR 431
ORDER BY 438
PRIMARY KEY 407
REGEXP 427
RENAME TABLE 414
REPLACE 418
requête 428
SELECT 424, 464
SET 405, 418
SQLiteManager 537
TEXT 405
TIME 406
TIMESTAMP 406
TINYTEXT 405
types
    chaînes de caractères 404
    de dates et d'heures 405
UNIQUE 407
UPDATE 419, 461, 464, 489, 521
USE 445
VALUES 418
VARCHAR 405
WHERE 419, 426
XOR 431
YEAR 406

SQLite 393, 396, 535, 606, 609
    BEGIN TRANSACTION 546
    clé primaire auto-incrémentée 543
    colonne auto-incrémentée 537
    COMMIT TRANSACTION 546
    CREATE TABLE 540
    créer les tables 539
    envoi
        des requêtes 540
    fermeture de la base 540
    fonction SQL personnalisée 549
    INSERT 540, 543
    insertion de données 543
    ouverture de la base 540
    résultat d'une requête 547
    ROLLBACK 546
    SELECT 540
    transactions 545
    UPDATE 540
SQLite avec PDO 553
SQLite3
    objet 540
SQLITE3_OPEN_CREATE 540
SQLITE3_OPEN_READONLY 540
SQLITE3_OPEN_READWRITE 540
SQLite3Result
    objet 540
SQLite3Stmt
    objet 540
SQLiteManager
    installation 4
sqrt() 31
srand() 31, 141
sscanf() 86
static 263, 280
str_repeat() 76
str_replace() 84, 576
strcasecmp() 88
strchr() 83
strcmp() 88
strftime() 240
string 24
stripos() 85
strips_tags() 83
stripslashes() 81
strlen() 77, 139
strnatcasecmp() 88
strnatcmp() 88
strncasecmp() 88
strncmp() 88
strpos() 85
strrchr() 84

strrpos() 85
strstr() 83
strtolower() 78
strtoupper() 78
structure HTML d'un formulaire 163
substr() 84, 231
substr_count() 84
suite
    de lettres 110
    de nombres 110
SUM 433
switch...case 52
Symphony 589
Système de gestion de base de données relationnelle
  386

T

tableau
    ajout d'éléments 130
    appliquer une fonction aux éléments 146
    ArrayObject 149
    associatif 37, 106
        superglobal 173
    clé 38, 106
    clé-valeur 114
    couples clé-valeur 118
    créer
        des suites 110
        des tableaux 105
        un tableau à partir d'une chaîne 111
    différence 134
    éliminer les éléments en double 131
    extraire une partie 127
    fusionner des tableaux 132
    indicé 37, 105
    indice-valeur 114
    intersection 134
    lecture
        d'un tableau indicé 117, 124
        d'un tableau multidimensionnel 117, 120, 125
    lire 114
        avec each() 118
        avec each() et list() 122
        avec for 114
        avec foreach 124
        avec while 116
    manipulation 126
    mélange aléatoire 141
    multidimensionnel 37, 107
    nombre de valeurs 112
    opérations sur plusieurs tableaux 132
    pointeur interne 119

sélection des éléments 145
superglobal 20
supprimer des éléments 129
transformation en chaînes 89
tri
    de tableau associatif 141
    des clés 143
    des éléments 136
    des valeurs 142
    selon l'ordre ASCII 136
    selon l'ordre naturel 137
    selon un critère personnel 139
    utilisation 40
taille totale d'un fichier 341
tan() 31
tangente 30
    hyperbolique 30
tanh() 31
TEMPORARY 412
TEXT 405
    type 536
throw 66
TIME 406
time() 230
TIMESTAMP 406
timestamp 229
TINYBLOB 405
TINYINT 403
TINYTEXT 405
tmpfile() 326
touch() 324
tracés géométriques 302
trait 273
    création et utilisation d'un 274
traitement des données d'un formulaire 180
transactions 498, 530, 545, 546
transfert de fichiers 165, 185
tri
    ordre ASCII 136
    ordre naturel 136
    selon un critère personnel 139
    tableau 136
trim() 80
TRUE 17, 32
TrueColor 302
TrueType 299, 300
try 66
type
    array 105
    boolean 32
    booléen 24, 32
    chaîne de caractères 24

conversion 25
d'encodage des données 165
déterminer le type d'une variable 24
données 24
double 28
entier 24, 27
flottant 24
MIME 300
NULL 17, 42
null 24
object 41
objet 24
resource 17, 24, 42, 326
string 73
tableau 17, 24

U

uasort() 142
ucfirst() 78
ucwords() 78
uksort() 143
UNICODE 78, 82
UNIQUE 407
unlink() 350
unset() 130, 266
use
    mot-clé (traits) 274
usleep() 232
usort() 140

V

valeur booléenne 17
validation d'une transaction 499
var_dump() 109, 256, 266
VARCHAR 405
variable
    affectation 18
        par valeur 18
    contrôler l'état 26
    de classe 249

déclaration 18
environnement 21
existence 27
globale 20, 213
    et superglobale 257
identifiant 17
initialisation 18
locale 213
noms 17
portée 213
prédéfinie de PHP 20
serveur 20
static 215
statique 215
vide 27
verrouillage de fichier 331
vote en ligne 339
vprintf() 74, 76
vsprintf() 74, 76

W

WAMP(Windows, Apache, MySQL, PHP) 2
WampServer
    installation 5
Wampserver 4
while 57
wordwrap() 80

X

XML (eXtensible Markup Language) 559
XPath 573
xpath() 572, 586

Y

YEAR 406

Z

Zend 589
Zend Engine 2 1

www.ingramcontent.com/pod-product-compliance
Lightning Source LLC
LaVergne TN
LVHW062258060326
832902LV00013B/1942